THOMAS MÜNTZER

STUDIES
IN MEDIEVAL AND
REFORMATION THOUGHT

EDITED BY

HEIKO A. OBERMAN, Tucson, Arizona

IN COOPERATION WITH

THOMAS A. BRADY, Jr., Eugene, Oregon
E. JANE DEMPSEY DOUGLASS, Princeton, New Jersey
PIERRE FRAENKEL, Geneva
GUILLAUME H. M. POSTHUMUS MEYJES, Leiden
DAVID C. STEINMETZ, Durham, North Carolina
ANTON G. WEILER, Nijmegen

VOLUME XLVI

ULRICH BUBENHEIMER

THOMAS MÜNTZER
HERKUNFT UND BILDUNG

THOMAS MÜNTZER
HERKUNFT UND BILDUNG

VON

ULRICH BUBENHEIMER

E.J. BRILL

LEIDEN · NEW YORK · KØBENHAVN · KÖLN

1989

Library of Congress Cataloging-in Publication Data

Bubenheimer, Ulrich.
  Thomas Müntzer: Herkunft und Bildung / von Ulrich Bubenheimer.
    p.   cm.—(Studies in medieval and Reformation thought,
  ISSN 0585-6914; v. 46)
  Bibliography: p.
  Includes index.
  ISBN 9004088504
  1. Münzer, Thomas, 1490 (ca.)-1525—Childhood and youth.
  2. Münzer, Thomas, 1490 (ca.)-1525—Knowledge and learning.
  3. Reformers—Germany—Biography. 4. Radicals—Germany—Biography.
  5. Reformation—Germany—Biography. 6. Anabaptists—Germany—
  Biography. 7. Revolutionists—Germany—Biography. I. Title. II. Series.
BX4946.M8B8   1989
  284'.3'0924—dc 19
  [B]   89-31185
                                                   CIP

ISSN   0585-6914
ISBN   90 04 08850 4

© *Copyright 1989 by E. J. Brill, Leiden, The Netherlands*

PRINTED IN THE NETHERLANDS BY E. J. BRILL

Für Brigitte

Ave flos perennis rosae
Germinansque lilium

INHALT

a) Handschriftenbeschreibung 276. b) Müntzers Niederschrift
als Vorlesungsnachschrift und ihre Parallelüberlieferungen 277.
c) Entstehung und Inhalt von Müntzers Niederschrift 281.
d) Die Edition 286.

ABBILDUNGSNACHWEIS

VORWORT

Mit diesem Buch lege ich den Ertrag sechsjähriger Forschungen zur »Frühzeit« Thomas Müntzers vor, die ich zum größeren Teil während meiner Tätigkeit an der 1987 aufgelösten Pädagogischen Hochschule Reutlingen durchführen und 1987-88 an der Pädagogischen Hochschule Heidelberg zu einem vorläufigen Abschluß bringen konnte. Die letztgenannte Hochschule hat es mir durch Bereitstellung von Forschungsmitteln ermöglicht, den bildungsgeschichtlichen Fragestellungen zu Müntzers Entwicklung besondere Aufmerksamkeit zu widmen. Dem Rektor meiner Hochschule, Herrn Professor Dr. Horst Hörner, danke ich für seinen Einsatz. Ergänzend hat die Deutsche Forschungsgemeinschaft zwei Reisebeihilfen gewährt zur Durchführung von Archiv- und Bibliotheksforschungen.

An die Müntzerforschung bin ich durch den verstorbenen Tübinger Kirchenhistoriker Klaus Scholder geraten. Für den von ihm und seinem damaligen Assistenten Dieter Kleinmann zum Lutherjubiläum herausgegebenen Sammelband *Protestantische Profile* (Königstein/Taunus 1983) schrieb ich 1982 den Beitrag über Müntzer. Als ich zu diesem Zweck den Briefwechsel Müntzers las, fielen mir in einigen Briefen Namen von Personen auf, die von den Herausgebern in Halberstadt gesucht wurden, mir jedoch früher bei der Beschäftigung mit dem Karlstadtschüler Gottschalk Kruse als Braunschweiger Bürger begegnet waren. Damit war die Voraussetzung für die Erhellung einer frühen Lebensstation Müntzers gegeben. Den reichen Ertrag, den die daraufhin unternommenen Archivforschungen erbrachten, habe ich auch der großzügigen Unterstützung durch Herrn Dr. Manfred R. W. Garzmann, Leiter des Stadtarchivs Braunschweig, und Herrn Dr. Günter Scheel, Direktor des Niedersächsischen Staatsarchivs Wolfenbüttel, zu verdanken. Eine Diskussion meiner Hypothesen in einem fachkundigen Kollegenkreis an der Universität Braunschweig, die Herr Professor Dr. Karl Heinz Oelrich in die Wege leitete, gab mir zahlreiche Anregungen.

Auf Müntzers Braunschweiger Zeit (1514-17) folgte seine Wittenberger Studienzeit (1517/18-19), was mich veranlaßte, mich auch in der Lutherstadt Wittenberg auf Spurensuche zu begeben. Auf die Begleitung durch Ortskenner war ich dabei angewiesen. Herrn Pfarrer Hellmut Hasse und Herrn Dr. Hansjürgen Schulz, damals Direktor des Evangelischen Predigerseminars in Wittenberg, bin ich für ihre warmherzige Aufnahme und Orientierungshilfe zu Dank verbunden. Frau Erika Schulz, Leiterin der Bibliothek des Predigerseminars, erschloß mit mir wertvolle Schätze, die jahrhundertelang dort schlummerten. Die Enttäuschung, in Wittenberg nicht unmittelbar eine neue Quelle von oder über Müntzer gefunden zu haben, wurde durch die Entdeckung neuer Lutherautographen mehr als kompensiert. Die Predigerseminarbibliothek bietet darüber hinaus reichen Stoff zur Erhellung des Studienmilieus, an dem Müntzer in Wittenberg partizipierte.

Die Einladung zu einem Vortrag an der Universität Erlangen durch Herrn Professor Dr. Berndt Hamm im November 1985 schuf die Voraussetzung, daß ich mich unterwegs in der »Müntzerstadt« Nürnberg umsehen konnte. Bei der Spurensuche im Archiv der Familie von Scheurl in Fischbach bei Nürnberg, das mir großzügig Herr Gymnasialprofessor Dr. Siegfried Freiherr von Scheurl zugänglich machte, konnte ich ein unbekanntes Müntzerautograph zu Tage fördern. Herr von Scheurl hat freundlicherweise die Erlaubnis zur Publikation dieses wertvollen Stückes erteilt.

Die in der vorliegenden Arbeit aufgeworfenen Fragen erforderten Interdisziplinarität als methodisches Prinzip. Ohne ständigen kollegialen Austausch hätte ich die Vielfalt und Differenziertheit historischer Methodik nicht im erstrebten Maße ausschöpfen können. Mein paläographischer Lehrer, Herr Professor Dr. Rudolf Seigel, jetzt an der Pädagogischen Hochschule Weingarten, lieh mir immer wieder seine geschärften Augen. Herr Professor Dr. Ekkehard Westermann an der Pädagogischen Hochschule Karlsruhe, Spezialist für Wirtschaftsgeschichte des 16. Jahrhunderts, war mir ein hilfsbereiter Mentor in sozialgeschichtlichen Fragen. Viel Förderung hat mir Herr Kirchenrat Dr. Herbert von Hintzenstern in Weimar zuteil werden lassen, der ein kollegiales Gespräch auf der Jahrestagung der Gesellschaft für thüringische Kirchengeschichte im Jahr 1986 in die Wege leitete. Bei dem Mitarbeiterstab des Instituts für Spätmittelalter und Reformation an der Universität Tübingen fand ich immer Gehör. Der jetzige Direktor des Instituts, Herr Professor Dr. Ulrich Köpf, und die Herren Privatdozent Dr. Christoph Burger, Gerhard Hammer und Dr. Walter Simon haben mir wiederholt wertvolle Anregungen gegeben. Befruchtend waren die Gespräche mit Herrn Professor Dr. Dr. h. c. Max Steinmetz in Leipzig. Die Diskussion mit dem Kollegium am Institut für Europäische Geschichte in Mainz hat dessen Leiter, Herr Professor Dr. Peter Manns, ermöglicht. Hilfe habe ich ferner erfahren durch Herrn Professor Dr. Siegfried Hoyer, Karl-Marx-Universität Leipzig, und Herrn Manfred Kobuch, Staatsarchiv Dresden. Mein ständiger sachkundiger Gesprächspartner und Helfer vor Ort war Herr Diplom-Pädagoge Dieter Fauth, der an der Pädagogischen Hochschule Heidelberg das Thema »Thomas Müntzer in bildungsgeschichtlicher Sicht« bearbeitet hat. Er war mir Schüler, Lehrer und Freund zugleich. Er hat mit mir zusammen die Register erstellt.

Es fiel mir nicht immer leicht, meinen zeitraubenden, auf systematische Spurensuche ausgerichteten Forschungsansatz durchzuhalten. Herr
Professor Dr. Heiko Augustinus Oberman DD, jetzt an der University
of Arizona in Tucson, der einst in Tübingen als Direktor des Instituts für
Spätmittelalter und Reformation meine ersten wissenschaftlichen
Schritte begleitete, hat mich nicht nur als einer der kritischsten Leser
meiner Manuskripte inspiriert, sondern bot mir auch in Krisenphasen
des Arbeitsprozesses ermutigende Rückenstärkung. Dafür sei ihm wärm-
stens gedankt. Heiko Oberman hat auch die Anregung gegeben, meine
bereits erschienenen Müntzeraufsätze zu einer Monographie über den
»jungen« Müntzer auszubauen, und durch Aufnahme in die Reihe *Studies in Medieval and Reformation Thought* die äußeren Voraussetzungen für
ein solches Vorhaben geboten. Beim Verlag E. J. Brill hat Frau Drs. M.
G. Elisabeth Venekamp Entstehung und Drucklegung dieses Buches
betreut. Ihr danke ich für das Verständnis, mit der sie geduldig meiner
Arbeit ihre Reifezeit ließ.

In dieses Buch ist der Inhalt einiger schon publizierter Aufsätze ganz
oder teilweise mit aufgenommen worden. Dabei konnten frühere
Erkenntnisse differenziert und korrigiert, vereinzelt auch revidiert werden. Wo ich früher vertretene Positionen verändert habe, wurde das an
wichtigen Stellen ausdrücklich vermerkt. Die Müntzerforschung ist sehr
im Fluß. Deshalb erwarte ich neue Erkenntnisse auch zu der hier dargestellten »Frühzeit« Müntzers in den nächsten Jahren.

Reutlingen, den 2. August 1988   ULRICH BUBENHEIMER

ABKÜRZUNGEN

a.a.O.	am angegebenen Ort
Abb.	Abbildung
ADB	Allgemeine deutsche Biographie. Leipzig 1875-1912. 56 Bde.
AEPHE.R	Annuaire. École pratique des hautes études: section des sciences religieuses
AErfurt	Acten der Erfurter Universitaet/ bearb. v. Hermann Weissenborn. Halle 1881-1899. 3 Bde.
AGBM	Akten zur Geschichte des Bauernkriegs in Mitteldeutschland. Bd. 1, 1/ hg. v. Otto Merx. Leipzig 1923; Bd. 1, 2/ hg. v. Günther Franz. Leipzig 1934; Bd. 2/ hg. v. Walther Peter Fuchs. Jena 1942
AGE	Allgemeine Geschichte in Einzeldarstellungen
AKeG	Archief voor Kerkelijke Geschiedenis
AKG(B)	Arbeiten zur Kirchengeschichte. Berlin
AKG(W)	Arbeiten zur Kirchengeschichte. Weimar
Album	Album Academiae Vitebergensis. Bd. 1. Leipzig 1841; Bd. 2-3. Halle 1894-1905
ALGHJ	Arbeiten zur Literatur und Geschichte des hellenistischen Judentums
ARG	Archiv für Reformationsgeschichte
ARG.E	——, Ergänzungsband
Aug(L)	Augustiniana. Louvain
AUUF	Akten und Urkunden der Universität Frankfurt a.O.
AWA	Archiv zur Weimarer Ausgabe der Werke Martin Luthers
bacc. art.	baccalaureus artium
bacc. bibl.	baccalaureus biblicus
bacc. form.	baccalaureus formatus
bacc. sent.	baccalaureus sententiarius
bacc. utr. iuris	baccalaureus utriusque iuris
BAGerm	Bibliotheca Anastatica Germanica
BBBw	Beiträge zum Buch- und Bibliothekswesen
BDLG	Blätter für deutsche Landesgeschichte
Bearb.	Bearbeiter
bearb.	bearbeitet
begr.	begründet
Beih.	Beiheft
Benzing	Josef Benzing: Lutherbibliographie. Baden-Baden 1966
BGZN	Bijdragen tot de Geschiedenis van het Zuiden van Nederland
BHTh	Beiträge zur historischen Theologie
Bibl.	Bibliothek
BJb	Braunschweigisches Jahrbuch
BK	Thomas Müntzers Briefwechsel/ hg. v. Heinrich Böhmer und Paul Kirn. Leipzig 1931
BKMR	Beiträge zur Kulturgeschichte des Mittelalters und der Renaissance
BLVS	Bibliothek des literarischen Vereins in Stuttgart
BM	Braunschweigisches Magazin
BSGRT	Bibliotheca scriptorum Graecorum et Romanorum Teubneriana
BWS	Braunschweiger Werkstücke

CChr.SL	Corpus Christianorum: series Latina
CDS	Die Chroniken der deutschen Städte vom 14. bis 16. Jahrhundert
CR	Corpus Reformatorum
CSEL	Corpus scriptorum ecclesiasticorum Latinorum
CUFr	Collection des universités de France
d	Pfennige
DL II A	Die deutsche Literatur: biographisches und bibliographisches Lexikon. Reihe II: Die deutsche Literatur zwischen 1450 und 1620/ hg. v. HANS-GERT ROLOFF. Abt. A: Autorenlexikon. Lfg. 1 und 2, Bern 1985
DRTA.JR	Deutsche Reichstagsakten: jüngere Reihe
DWb	Deutsches Wörterbuch/ begr. v. JACOB und WILHELM GRIMM. Leipzig 1854-1954. Neuausgabe 1965ff.
DZPh	Deutsche Zeitschrift für Philosophie
EAS	ERASMUS VON ROTTERDAM: Ausgewählte Schriften: Ausgabe in acht Bänden lateinisch und deutsch/ hg. v. WERNER WELZIG. Darmstadt 1967-1980
EKGB	Einzelarbeiten aus der Kirchengeschichte Bayerns
EThSt	Erfurter Theologische Studien
FA	Familienarchiv
FB	Familienbibliothek
fl	Gulden
FoB	Forschungsbibliothek
FREYS/BARGE	E. FREYS; H. BARGE: Verzeichnis der gedruckten Schriften des Andreas Bodenstein von Karlstadt. ZfB 21 (1904) 153-179. 209-243. 305-331 (Nachdruck Nieuwkoop 1965)
FS	Franziskanische Studien
FSB	Flugschriften der Bauernkriegszeit/ hg. v. der Akademie der Wissenschaften der DDR: Zentralinstitut für Geschichte; Zentralinstitut für Literaturgeschichte. Köln ²1978
GBSLM	Geschichtsblätter für Stadt und Land Magdeburg
GermSac	Germania sacra
Gesch.	Geschichte
GPS	Geschichtsquellen der Provinz Sachsen und angrenzender Gebiete
GPSFA	Geschichtsquellen der Provinz Sachsen und des Freistaates Anhalt
gr	Groschen
H.	Heft
HAB	Herzog August Bibliothek
HAIN	LUDWIG HAIN: Repertorium typographicum... Stuttgart 1826-1838. Bd. 1, 1-2, 2
HarzZ	Harz-Zeitschrift
hd.	hochdeutsch
HerChr	Herbergen der Christenheit: Jahrbuch für deutsche Kirchengeschichte
Hg.	Herausgeber
hg.	herausgegeben
HM	Hallische Monographien
HosEc	Hospitium Ecclesiae: Forschungen zur Bremischen Kirchengeschichte
Hs	Handschrift
imm.	immatrikuliert
JGNKG	Jahrbuch der Gesellschaft für niedersächsische Kirchengeschichte

Jh.	Jahrhundert
JHI	Journal of the History of Ideas
JHSCH	The John Hopkins Symposia in Comparative History
JusEcc	Jus ecclesiasticum
JWG	Jahrbuch für Wirtschaftsgeschichte
KantonsB	Kantonsbibliothek
KB	Kongelige Bibliotek
KeTh	Kerk en Theologie
KÖSTLIN	JULIUS KÖSTLIN (Hg.): Die Baccalaurei und Magistri der Wittenberger philosophischen Fakultät. Halle 1887-1891. 4 Bde.
KP	Der Kleine Pauly: Lexikon der Antike
LB	Landesbibliothek
Lfg.	Lieferung
Liber Decanorum	Liber Decanorum: das Dekanatsbuch der theologischen Fakultät zu Wittenberg in Lichtdruck nachgebildet/ mit einem Vorwort von JOHANNES FICKER. Halle a. S. 1923
lic. iur. can.	licentiatus iuris canonici
lic. theol.	licentiatus theologiae
lic. utr. iuris	licentiatus utriusque iuris
LÖSCHER	VALENTIN ERNST LÖSCHER: Vollständige Reformations-Acta und Documenta ... Leipzig 1720-1729. 3 Bde.
LStA	MARTIN LUTHER: Studienausgabe/ hg. v. HANS-ULRICH DELIUS. Berlin 1979ff. Bd. 1ff.
LÜAMA	Leipziger Übersetzungen und Abhandlungen zum Mittelalter
LuJ	Lutherjahrbuch
M	Mark
MAB	Alte Briefe und Zettel, welche zum Theil Thomas Münster, zum Theil andere an ihn als D. Andr: Carolstadius, Joh: Agricola Islebiensis pp. an ihn geschrieben pp. (Leninbibl. Moskau, Handschriftenabt.: Fonds 218, Nr. 390)
mag. art.	magister artium
Matrikel Frankfurt	Aeltere Universitäts-Matrikeln. I: Universität Frankfurt a.O./ hg. v. ERNST FRIEDLAENDER. Leipzig 1887-1891. 3 Bde.
Matrikel Heidelberg	Die Matrikel der Universität Heidelberg/ bearb. und hg. v. GUSTAV TOEPKE. Heidelberg 1884-1893
Matrikel Köln	Die Matrikel der Universität Köln/ bearb. v. HERMANN KEUSSEN. Bd. 1. Bonn ²1928; Bd. 2-3. Bonn 1919-1931
Matrikel Leipzig	Die Matrikel der Universität Leipzig/ hg. v. GEORG ERLER. Leipzig 1895-1902
MB	Mühlhäuser Beiträge
MBL	Thomas Müntzers Briefwechsel: Lichtdrucke Nr. 1-73 nach Originalen aus dem Sächs. Landeshauptarchiv Dresden/ bearb. v. H. MÜLLER. [Leipzig 1953]
MBW	Melanchthons Briefwechsel: kritische und kommentierte Gesamtausgabe/ hg. v. HEINZ SCHEIBLE. Stuttgart-Bad Cannstatt 1977ff.
MDF	Mitteldeutsche Forschungen
MGP	Monumenta Germaniae paedagogica
mhd.	mittelhochdeutsch
MKB	Marktkirchenbibliothek
MSB	THOMAS MÜNTZER: Schriften und Briefe: kritische Gesamtausgabe/ hg. v. GÜNTHER FRANZ. Gütersloh 1968 (Stellenangaben nach dieser Edition stehen in Klammern, wenn die Edition fehlerhaft ist.)
MVGN	Mitteilungen des Vereins für Geschichte der Stadt Nürnberg
MWA	Melanchthons Werke in Auswahl/ hg. v. ROBERT STUPPERICH. Gütersloh 1951-1980. 7 Bde.

NAKG	Nederlands Archief voor Kerkgeschiedenis
NDB	Neue deutsche Biographie. Berlin 1953ff.
ndt.	niederdeutsch
NF	Neue Folge
NLF.S	Niedersächsischer Landesverein für Familienkunde, Sonderveröffentlichung
NMHAF	Neue Mitteilungen aus dem Gebiet historisch-antiquarischer Forschungen
NNBW	Nieuw Nederlandsch Biografisch Woordenboek
NR	Neue Reihe
NS	Neue Serie
NSGTK	Neue Studien zur Geschichte der Theologie und Kirche
o.D.	ohne Datum
ÖNB	Österreichische Nationalbibliothek
o.J.	ohne Jahr
o.O.	ohne Ort
o.O.u.D.	ohne Ort und Datum
PG	Patrologiae cursus completus: series Graeca
PGRGK	Publikationen der Gesellschaft für rheinische Geschichtskunde
PL	Patrologiae cursus completus: series Latina
PPSA	Publikationen aus den preußischen Staatsarchiven
PS	Predigerseminar
Q	Quelle (kennzeichnet die hier im Quellenteil edierten Stücke)
QDGNS	Quellen und Darstellungen zur Geschichte Niedersachsens
QFRG	Quellen und Forschungen zur Reformationsgeschichte
Reg. Stolb.	Regesta Stolbergica: Quellensammlung zur Geschichte der Grafen zu Stolberg im Mittelalter/ bearb. v. BOTHO GRAFEN ZU STOLBERG-WERNIGERODE; neu bearb., vermehrt u. ... hg. v. GEORGE ADALBERT VON MÜLVERSTEDT. Magdeburg 1885
RGST	Reformationsgeschichtliche Studien und Texte
RoMo	Rowohlts Monographien
S	Sommersemester
SB	Staatsbibliothek, Staatliche Bibliothek
SCBO	Scriptorum classicorum bibliotheca Oxoniensis
SCES	Sixteenth Century Essays and Studies
sch	Schilling(e)
SHCT	Studies in the History of Christian Thought
s.l. et a.	sine loco et anno
SMRT	Studies in Medieval and Reformation Thought
SPFUA	Schriften der philosophischen Fachbereiche der Universität Augsburg
SQS	Sammlung ausgewählter kirchen- und dogmengeschichtlicher Quellenschriften
st	Suhrkamp Taschenbuch
StaatsA	Staatsarchiv
StadtA	Stadtarchiv
StadtB	Stadtbibliothek
StRen	Studies in the Renaissance
SuR	Spätmittelalter und Reformation
ThLZ	Theologische Literaturzeitung
ThZ	Theologische Zeitschrift. Basel
ThZ.S	——, Sonderband
TOp	Opera Q. Septimii Florentis Tertulliani... Basel: Johan Froben 1521.
TOp.M	Randbemerkungen Thomas Müntzers in: Opera... Tertulliani... Basel 1521, Exemplar der LB Dresden: Mscr. Dresd. App. 747

TRE	Theologische Realenzyklopädie. Berlin 1977ff. Bd. 1ff.
TThZ	Trierer theologische Zeitschrift
UA	Universitätsarchiv
UB	Universitätsbibliothek
UB. Wittenberg	Urkundenbuch der Universität Wittenberg. Teil 1 (1502-1611)/ bearb. v. WALTER FRIEDENSBURG. Magdeburg 1926
ULB	Universitäts- und Landesbibliothek
UnNachr	Unschuldige Nachrichten oder Sammlung von alten und neuen theologischen Sachen, Büchern, Urkunden... Leipzig 1702-1719
Veröff.	Veröffentlichungen
VFG	Veröffentlichungen der Forschungsbibliothek Gotha
Vg	Vulgata
VHVOPf	Verhandlungen des historischen Vereins von Oberpfalz und Regensburg
VIHLUG	Veröffentlichungen des Instituts für historische Landesforschung der Universität Göttingen
VSWG	Vierteljahresschrift für Sozial- und Wirtschaftsgeschichte
v.u.	von unten
W	Wintersemester
WA	MARTIN LUTHER: Werke: kritische Gesamtausgabe. Weimar 1883-1988. Bd. 1-63
WA.B	——, Briefwechsel. Weimar 1930-1985. Bd. 1-18
WA.DB	——, Die Deutsche Bibel. Weimar 1906-1961. Bd. 1-12
WVLG	Württembergische Vierteljahrshefte für Landesgeschichte
WZ(L).GS	Wissenschaftliche Zeitschrift der Karl-Marx-Universität Leipzig: gesellschafts- und sprachwissenschaftliche Reihe
ZBKG	Zeitschrift für bayerische Kirchengeschichte
ZdZ	Zeichen der Zeit
ZfB	Zentralblatt für Bibliothekswesen
ZfB.B	——, Beiheft
ZfG	Zeitschrift für Geschichtswissenschaft
ZHTh	Zeitschrift für die historische Theologie
ZHVG	Zeitschrift des Harz-Vereins für Geschichte und Altertumskunde
ZKG	Zeitschrift für Kirchengeschichte
ZVHG	Zeitschrift des Vereins für hessische Geschichts- und Landeskunde

Die klassischen lateinischen Quellen werden abgekürzt nach dem Thesaurus linguae latinus: Index, Leipzig 1904; Supplementum, Leipzig 1956.

EINLEITUNG

Hauptziel der hier vorgelegten Arbeit ist die Erforschung des äußeren Lebenslaufes und des geistigen Werdegangs Thomas Müntzers bis zum Jahre 1519. Der untersuchte Abschnitt von Müntzers Lebenslauf wird hier als seine Bildungsphase ins Auge gefaßt. Diese Phase wird gelegentlich als »Frühzeit« Müntzers bezeichnet[1]. Seine »Spätzeit« wäre dann seine fünfjährige Wirksamkeit als reformatorischer Prediger an verschiedenen Orten, beginnend im Mai 1520 in Zwickau. Der Begriff »Frühzeit« ist aber insofern mißverständlich, als er Rückschlüsse auf Müntzers Lebensalter suggeriert, die die Quellen nicht erlauben, da Müntzers Geburtsjahr unbekannt ist. Man darf daher »Frühzeit« nur als einen relativen Begriff verstehen, mit dem die Lebensphase bezeichnet wird, die vor Müntzers eigentlicher reformatorischer Wirksamkeit liegt. Problematisch ist aber auch der Versuch, eine »vorreformatorische« Phase Müntzers chronologisch eindeutig von einer »reformatorischen« abgrenzen zu wollen. Den Ausdruck »reformatorisch« will ich hier anwenden auf die Phase von Müntzers Wirken, in der er sich nach seinem subjektiven Wollen in den Dienst der reformatorischen Bewegung stellte. Dann gehören aber auch seine drei Jüterboger Osterpredigten aus dem Jahre 1519 zu seiner reformatorischen Wirksamkeit. Zudem bleibt mangels Quellen offen, ab wann auch schon die davorliegende Wittenberger Zeit zwischen 1517/18 und 1519 von Müntzer unter dem Eindruck der Erkenntnis erlebt wurde, daß eine Reformation der Kirche jetzt in Angriff genommen werden müsse. Angesichts dieser Schwierigkeiten, Müntzers Biographie eindeutig zu periodisieren, habe ich mit dem Jahr 1519 den Endpunkt von Müntzers Ausbildungsphase gewählt, der markiert wird durch das Ende seiner Wittenberger Studienzeit, das spätestens auf Herbst 1519 zu datieren ist. In Wittenberg hat Müntzer seine Universitätsstudien abgeschlossen. Natürlich hat er sich auch danach durch Selbststudium gebildet und weiterentwickelt, unter anderem während des Winters 1519/20 in seinem Moratorium im Nonnenkloster zu Beuditz. Hier studierte er patristische und historische Literatur. Dennoch führe ich die geschlossene biographische Untersuchung nur bis zum Ende der Wittenberger Zeit durch, während in den geistesgeschichtlich ausgerichteten Teilen dieser Arbeit die späteren Literaturstudien Müntzers mit aufgenommen werden, um seine Bildung möglichst umfassend beschreiben zu können.

---

[1] Zum Beispiel bei M. BENSING: Thomas Müntzers Frühzeit, in: ZfG 14 (1966[a]) 423-430.

Die Zeit bis 1519 ist der am lückenhaftesten dokumentierte und am wenigsten erforschte Abschnitt der Müntzerbiographie. Dieser Sachverhalt erklärt sich zu einem Teil aus der schwierigen Quellensituation. Nur für die letzten Lebensjahre Müntzers von Ende 1519 bis 1525 gibt es Quellen in nennenswertem Umfang, wenngleich auch in diesem Zeitraum noch biographische Lücken klaffen. Für die Zeit davor bieten die Quellen nur Fragmente zu Müntzers Leben. Zur Kindheit und Schulzeit Müntzers, mindestens für etwa die ersten fünfzehn Jahre seines Lebens, haben wir fast keine Quellen. Diese Quellenlage war nicht dazu angetan, zu Forschungen über Müntzers »Frühzeit« zu ermuntern. Dazu kam, daß ein Großteil der Müntzerinterpreten von der eigenen Interessenlage her sich um Müntzers »Frühzeit« allenfalls nur nebenher kümmerte. Das Schwergewicht des Interesses lag bei dem »Bauernkriegsmüntzer«. Der konfessionell-lutherischen und der marxistischen Müntzerinterpretation ist gemeinsam der Ansatz, Müntzers Leben von seinem Ende her zu deuten, wobei die Wertung dieses Endes bei den einen negativ, den anderen positiv ausfiel. Dementsprechend rückten die späten Jahre Müntzers, von Allstedt 1523 bis Mühlhausen 1525, ins Zentrum der Forschungsbemühungen. Walter Elliger[2] wollte zwar umgekehrt den Müntzer des Bauernkriegs von der davorliegenden Entwicklung her, beginnend mit der Kindheit und Studienzeit[3], interpretieren. Dieser Ansatz wurde aber durch zwei Momente durchkreuzt. Erstens war sein erkenntnisleitendes Interesse die Widerlegung eines marxistischen Bildes von Müntzer als einem seiner Zeit vorauseilenden, die Interessen des Proletariats antizipierenden Sozialrevolutionärs. Die antimarxistische Stoßrichtung bewirkte bei Elliger, daß er implizit entgegen dem beschriebenen Ansatz einen Teil seiner Fragestellungen im Blick auf die Deutung von Müntzers Ende entwickelte. Zweitens fehlt bei Elliger trotz einiger mit Spekulationen gefüllter Abschnitte zu Müntzers Herkunft, Jugendjahren und Studienzeit eine solide und eigenständige Erforschung von Müntzers Frühzeit, so daß ihm die historische Basis für eine konsequente Durchführung seines Ansatzes abging. Ich vertrete meinerseits nicht die Auffassung, Müntzer solle nun ganz von seinen Anfängen her interpretiert werden. Vielmehr halte ich es für die Aufgabe des Historikers, alle Teile einer Biographie, soweit es die Quellen erlauben, mit gleichmäßiger Intensität aufzuarbeiten und wechselseitig aufeinander zu beziehen. Deshalb bedarf die Frühbiographie Müntzers beim gegenwärtigen For-

---

[2] W. ELLIGER: Thomas Müntzer (1975), Göttingen [3]1976.
[3] Ebd. 9-49 (Müntzers Weg bis Frose), teilweise auch noch 49-73 (über Müntzer in Jüterbog und Orlamünde mit Erwägungen über seine Beziehungen zu Braunschweig und Wittenberg).

schungsstand besonderer Bemühungen, um die bisher vernachlässigten Aufgaben nachzuholen.

Die Quellenbasis zu Müntzers Frühbiographie läßt sich durch Verbesserung des hilfswissenschaftlichen Standards, insbesondere im Bereich der Paläographie und Editionstechnik, sowie durch systematische Archivforschungen erheblich erweitern. In der Müntzerliteratur der letzten Jahrzehnte wurde wiederholt explizit oder implizit die Meinung genährt, die schmale Quellenbasis zu Müntzers Leben und Werk, insbesondere zu seiner Frühzeit, werde sich kaum mehr erweitern lassen. Diese Sicht hat sich im Verlauf meiner Arbeit als Fehleinschätzung erwiesen. Denn außer für die »Bauernkriegsphase« waren systematische Archivrecherchen in der Geschichte der Müntzerforschung für die anderen Abschnitte von Müntzers Leben nicht durchgeführt worden. Im Jahre 1842 hat Johann Karl Seidemann[4] den wichtigsten Quellenschatz der Müntzerinterpreten, das berühmte Dresdener, heute in Moskau befindliche Müntzerfaszikel[5] bekannt gemacht. Allerdings hat er nur einen Teil der darin enthaltenen Texte ediert und ausgewertet. Erst 80 Jahre später hat Heinrich Boehmer begonnen, das von Seidemann übergangene Material zu sichten[6]. Ansonsten haben sich die Müntzerforscher weitgehend von Zufallsfunden abhängig gemacht. Darin spiegelt sich der Sachverhalt wieder, daß die Müntzerforschung hinsichtlich ihres historisch-hilfswissenschaftlichen Standards und damit auch hinsichtlich ihrer Methodik das in anderen Teilgebieten der Reformationsgeschichte mittlerweile erzielte Niveau nicht erreicht hat. Die vorliegende Arbeit wird zeigen, daß der Versuch, systematisch neue Quellen zu Müntzer zu erschließen, aussichtsreich ist. In diesem Vorhaben sind dem Einzelforscher natürlich Grenzen gesetzt. So konnte ich Archivforschungen zu Müntzers Verbindungen mit Braunschweig vor Ort, insbesondere im Stadtarchiv Braunschweig, durch systematische — allerdings auch noch nicht erschöpfende — Sichtung umfangreicher Archivbestände sehr weit vorantreiben. Der Versuch, auch zu Müntzers Aufenthalt in Wittenberg unbekannte Quellen zu heben, hat zwar durch die von mir unternommenen Recherchen vor Ort keine neuen Texte erbracht. Doch durch Beschäftigung mit den schon bekannten, jedoch noch nicht edierten Handschriften des Moskauer Müntzerfaszikels wurde eine bisher nicht erkannte Wittenberger Vorlesungsnachschrift

---

[4] J. K. SEIDEMANN: Thomas Münzer: eine Biographie, nach den im Königlich Sächsischen Hauptstaatsarchive zu Dresden vorhandenen Quellen bearbeitet, Dresden 1842.

[5] Bis 1949 StaatsA Dresden: Geh. Rat., Loc. 10237, jetzt Staatliche Leninbibliothek der UdSSR Moskau, Handschriftenabt.: Fonds 218, Nr. 390 (hier abgekürzt: MAB). Seit 1953 liegt eine Faksimileausgabe vor: Thomas Müntzers Briefwechsel: Lichtdrucke Nr. 1-73 nach Originalen aus dem Sächs. Landeshauptarchiv Dresden/ bearb. v. H. MÜLLER, [Leipzig 1953] (hier abgekürzt: MBL).

[6] H. BOEHMER: Studien zu Thomas Müntzer, Leipzig 1922.

Müntzers zu Tage gefördert. Noch nicht sehr weit getrieben sind Archiv-
forschungen zu Müntzers familiärer Herkunft. Vor Abschluß dieser
Arbeit konnte ich von den im Staatsarchiv Magdeburg befindlichen
Archivalien zu Stadt und Grafschaft Stolberg nur einige auf briefliche
Anfrage hin reproduzierte Stücke auswerten. Der Inhalt der Magdebur-
ger Bestände läßt erwarten, daß künftige Archivforschungen vor Ort
weiteres einschlägiges Material und neue Erkenntnisse zu Müntzers
Herkunft erbringen werden.

Ebenso wie eine intensive Beschäftigung mit dem bekannten Moskauer Müntzerfaszikel zur Identifizierung und Erschließung wichtiger
bislang nicht ausgewerteter Quellen geführt hat, ist mit einer umfassenden Einbeziehung der lange bekannten, aber unedierten Randbemerkungen Müntzers zu Tertullian die Quellenbasis erweitert worden. Zum
erstenmal konnte zu einem Teil der Randbemerkungen ihr »Sitz im
Leben« erschlossen werden, nämlich die Auseinandersetzung Müntzers
mit Egranus und den Erasmianern.

Der vergleichsweise niedrige hilfswissenschaftliche Standard der
Müntzerforschung läßt sich besonders deutlich an der Qualität der
modernen Editionen und an deren Rezeption ablesen. Heinrich Boehmer hat zusammen mit Paul Kirn 1931 das genannte Müntzerfaszikel
ediert, allerdings unvollständig[7]. Diese Ausgabe ist mit schwerwiegenden
Mängeln behaftet, vor allem weil die paläographische Durchdringung
des zum Teil schwer entzifferbaren Materials nicht weit genug gediehen
war. Dieser Sachverhalt ist aber von der Müntzerforschung zunächst
nicht registriert worden. Günther Franz hat 1968 in seiner *Kritischen
Gesamtausgabe*[8] für den Briefwechsel Müntzers die Edition von Boehmer
und Kirn nahezu unverändert übernommen[9]. Zu den paläographischen

---

[7] Thomas Müntzers Briefwechsel/ auf Grund der Handschriften und ältesten Vorlagen hg. v. H. BOEHMER und P. KIRN, Leipzig 1931 (hier abgekürzt: BK).

[8] THOMAS MÜNTZER: Schriften und Briefe: kritische Gesamtausgabe/ unter Mitarbeit
von P. KIRN hg. v. G. FRANZ, Gütersloh 1968 (hier abgekürzt: MSB). Stellenangaben
nach dieser Ausgabe setze ich in Klammern, wenn der Text fehlerhaft ediert ist.

[9] Zu den Lesefehlern in der Edition von BOEHMER/KIRN sind bei der Übernahme der
Texte in die Ausgabe von FRANZ noch eine Reihe gravierender Druckfehler hinzugekom-
men, so daß insgesamt die Ausgabe von BOEHMER/KIRN noch vorzuziehen ist. Vgl. einige
Rezensionen zu MSB: M. STEINMETZ: Schriften und Briefe Thomas Müntzers, in: ZfG
17 (1969[b]) 739-748 hat die paläographische Seite nicht geprüft, jedoch wegen anderer
Mängel der Ausgabe das Prädikat »Kritische Gesamtausgabe« aberkannt. H. VOLZ, in:
BDLG 105 (1969) 599-603 korrigiert nur die Edition der Druckschriften Müntzers und
macht die unzutreffende Angabe, die Handschriften seien anhand der Faksimileausgabe
neu kollationiert worden (FRANZ hat nach eigener Aussage S. 10 diese Ausgabe beim
Korrekturenlesen benützt, von »Kollation« kann aber keine Rede sein). R. SCHWARZ, in:
ThZ 26 (1970) 147f vermerkt Mängel nur in der Beschreibung der Handschriften. S.
BRÄUER: Die erste Gesamtausgabe von Thomas Müntzers Schriften und Briefe, in: LuJ
38 (1971) 121-131 vermerkt im Blick auf die aus Handschriften geschöpften Teile voll-

Mängeln kommen in dieser Edition Unzulänglichkeiten in der editorischen Darbietung. Zum Beispiel werden erschlossene Daten häufig nicht als solche gekennzeichnet. Da die Müntzerforschung diese Edition in der Folgezeit weitgehend unkritisch rezipiert hat, sind Fehler der Edition teilweise Allgemeingut der Müntzerliteratur geworden. In dieser Situation bleibt der Müntzerforschung nichts übrig, als bis zum Erscheinen einer besseren Ausgabe[10] konsequent hinter die vorliegenden Editionen auf die Handschriften zurückzugreifen. Bei einem solchen Vorgehen bieten die Texte dem Müntzerbiographen weit mehr, als bisher erkennbar war. Das Kapitel über Müntzers Aufenthalt in Braunschweig (Kap. 3) wird dies am deutlichsten demonstrieren. Im Quellenteil habe ich nicht nur bisher unbekannte[11] oder bisher unedierte Texte von oder über Müntzer wiedergegeben, sondern wegen der beschriebenen Mängel der Ausgaben auch solche bereits bekannten Stücke aus Müntzers Briefwechsel verbessert ediert, die entweder in meinen Untersuchungszeitraum fallen oder eng mit den behandelten Themen zusammenhängen.

Fortschritte der Müntzerforschung werden gehemmt durch das Phänomen, daß gehäuft Hypothesen als bewiesene Fakten rezipiert werden. Dadurch geht die forschungsfördernde heuristische Funktion von Hypothesenbildung verloren. Großen Einfluß übten auf die biographische Müntzerforschung bis in die Gegenwart Heinrich Boehmers *Studien zu Thomas Müntzer* (1922) aus. Die Tatsache, daß Boehmer eine Fülle von neuen Texten bekannt machte, sicherte ihm eine hohe Autorität in der Müntzerforschung. Boehmer konnte natürlich den neuen Quellen unmittelbar eine Reihe neuer Fakten zur Biographie Müntzers entnehmen. Zusätzlich hat er aber weitere Daten genannt, die auf Vermutungen und Spekulationen beruhen. Einen Teil dieser Hypothesen hat schon Boehmer selbst der Fachwelt wie erwiesene Fakten vorgestellt. An anderen Stellen, wo er vorsichtiger formulierte, haben seine Rezipienten die Hypothesen unter der Hand in Fak-

---

ständig fehlende Stücke, nicht jedoch Textlücken in den edierten Stücken und erwähnt die »geringfügigen Korrekturen« der Edition von FRANZ gegenüber BOEHMER/KIRN, nicht jedoch die Verschlechterungen. So wurde die Forschung über das Ausmaß der den paläographischen Standard betreffenden Unzulänglichkeit der Ausgabe nicht informiert.

[10]   Eine Neuedition des Briefwechsels wird von Siegfried Bräuer (Berlin) und Manfred Kobuch (Dresden) vorbereitet. Vgl. CH. GRIESE/L. ROMMEL: Aus der Werkstatt einer Müntzerbiographie, in: ZfG 36 (1988) 428.

[11]   Als Q 1.10 drucke ich einen bisher unbekannten Schriftwechsel zwischen Christoph Fürer in Nürnberg und Thomas Müntzer ab, den ich in die Zeit von Müntzers Aufenthalt in Nürnberg im Herbst 1524 datiere. Obwohl diese Quelle chronologisch außerhalb des Untersuchungszeitraums dieser Arbeit fällt, wollte ich diesen neuen Müntzertext der Forschung hier bekannt machen. Inhaltlich habe ich diesen Text hier nur ausschnittweise im Blick auf Müntzers Verflechtungen mit wohlhabenden Stadtbürgern, seine Bildung (Augustinrezeption) und sein Verhältnis zu Luther (Kritik an Luthers Lehre vom unfreien Willen) ausgewertet. Eine Neudarstellung von Müntzers Aufenthalt in Nürnberg steht aus.

ten verwandelt. Die Folge ist, daß das bis heute weitgehend auf
Boehmers Studien basierende Datenraster der Müntzerbiographie
erstens viele Fehler enthält und zweitens Fakten präsentiert, die
ursprünglich spekulative Annahmen waren. Zu solchen vermeintlich
gesicherten, tatsächlich aber teils hypothetischen, teils falschen Annahmen der Müntzerbiographie gehören z.B. die Datierung der Geburt
Müntzers ins Jahr 1489/90 (vielmehr ist das Geburtsjahr offen); die Behauptung eines zeitweiligen Aufenthalts Müntzers in Halberstadt (Irrtum) oder eines Aufenthalts in Orlamünde im Mai/Juni 1519 (falsch datiert); die Behauptung, Müntzer habe an der Leipziger Disputation teilgenommen (eine Hypothese) und habe diese vorzeitig verlassen (ein rei-
ne Spekulation). Im Zuge der Rezeption solcher Annahmen kamen
aufgrund von Mißverständnissen und wegen des oft fehlenden durchge-
henden Rückgriffs auf die Primärquellen neue Fehler hinzu, so daß die
Geschichte der Müntzerhistoriographie seit Boehmer teilweise eine Geschichte der Vermehrung von Fehlern und Spekulationen geworden ist,
was insbesondere für die Frühbiographie Müntzers gilt. So wurden in
der Forschung des 20. Jahrhunderts neue biographische Legenden über
Müntzer entwickelt[12], während man andererseits Legenden des 16. Jahrhunderts durch historische Kritik zu entlarven suchte. Allerdings gab es
in den letzten beiden Jahrzehnten einzelne Autoren, die dazu beigetragen
haben, in Spezialstudien die Standards der biographischen Müntzerforschung zu verbessern durch bewußte Reduzierung des spekulativen
Anteils in der Hypothesenbildung, durch stärkere Unterscheidung von
Hypothesen und erwiesenen Fakten, durch einen neuen konsequenten
Rückgriff auf die Quellen und durch eine Verbesserung und Erweiterung der hilfswissenschaftlichen Methodik. Ich führe hier diejenigen
Arbeiten auf, die in ihrem methodischen Ansatz meiner Vorgehensweise
nahestehen und Fragestellungen behandeln, die in den Rahmen dieser
Studie fallen. Günter Vogler hat mit seinem Aufsatz über Müntzers
Frankfurter Studienzeit (1981) Präzisierungen hinsichtlich der Chrono-
logie von Müntzers Universitätsstudien (hier Kap. 2) erreicht[13]. Siegfried Bräuer hat gleichzeitig mit mir archivalische Forschungen zu
Müntzers Braunschweiger Zeit (hier Kap. 3) unternommen und 1984
einige dabei gewonnene Erkenntnisse mitgeteilt[14]. Für Müntzers Aufent-

---

[12] Ein Beispiel, das nicht in den Untersuchungszeitraum dieser Arbeit fällt, hat jüngst
L. ROMMEL: Heinrich Pfeiffer und Thomas Müntzer oder die Geschichte einer Legende,
in: Jb. f. Gesch. des Feudalismus 11 (1987) 203-221 dargestellt.
[13] G. VOGLER: Thomas Müntzer auf dem Wege zur Bildung — Anmerkungen zur
Frankfurter Studienzeit, in: MB 4 (1981) 28-35.
[14] S. BRÄUER: Thomas Müntzers Beziehungen zur Braunschweiger Frühreformation,
in: ThLZ 109 (1984) 636-638.

halt in Wittenberg und Jüterbog haben Manfred Bensing und Winfried Trillitzsch (1967) die damals bekannten Quellen zusammengestellt und präzis diskutiert[15]. Ihre Arbeit war der Ausgangspunkt für meine Forschungen über Müntzers Wittenberger Studienzeit (hier Kap. 4). Im Blick auf den geistesgeschichtlichen Teil dieser Arbeit, in dem insbesondere Müntzers Verhältnis zum Humanismus untersucht wird (Kap. 5), sind einige wegweisende Arbeiten von Max Steinmetz zu nennen. Der Bildung Müntzers ist er detailliert nachgegangen in mehreren Versuchen, die von Müntzer gelesenen Bücher zusammenzustellen[16]. In diesem Zusammenhang hat er auch die Aufgabe erkannt, Müntzers Verhältnis zum Humanismus zu klären. Mit einem Aufsatz über Müntzers Rezeption mystischer Traditionen hat Steinmetz der theologiegeschichtlichen Müntzerforschung einen neuen Impuls gegeben[17].

Die vorliegende Arbeit verbindet sozialgeschichtliche und geistesgeschichtliche Zugänge zu Müntzers Frühbiographie. Zum einen wird in den biographischen Teilen großes Gewicht auf die Bestimmung des sozialen Charakers von Müntzers Herkunftsmilieu gelegt. Die marxistische Müntzerinterpretation hat mit ihrer These vom Klassencharakter der von Müntzer vertretenen Position die Forschung für Fragen der Sozialgeschichte sensibilisiert. Zum anderen bildet die Untersuchung der geistigen Entwicklung Müntzers einen weiteren Schwerpunkt dieser Arbeit. Müntzers Werdegang muß gesehen werden im Kontext der Bildungsgeschichte seiner Zeit. Die Bildungstraditionen, herkömmlich von der Scholastik bestimmt, gerieten unter dem Einfluß des Humanismus in einen grundlegenden Umbruch. Daher wurde mit der Untersuchung der Beziehung Müntzers zum Humanismus und zu Humanisten seiner Zeit ein von der Müntzerforschung bislang nicht bearbeites Thema aufgegriffen.

Die sozial- und die bildungsgeschichtliche Seite dieser Arbeit hängen eng zusammen. Müntzers Herkunftsmilieu war, wie sich zeigen wird (Kap. 1), im städtischen Besitz- und Bildungsbürgertum angesiedelt. Diese soziale Schicht war um 1500 einer der Träger humanistischer Bil-

---

[15] M. BENSING; W. TRILLITZSCH: Bernhard Dappens »Articuli... contra Lutheranos«, in: Jb. f. Regionalgesch. 2 (1967) 113-147. Hier sei auch die Müntzerbiographie von M. BENSING: Thomas Müntzer (1969), Leipzig ³1983[a] hervorgehoben, die trotz ihrer Kürze von allen neueren Müntzerbiographien hinsichtlich der biographischen Daten am exaktesten ist.

[16] Nach mehreren früheren Ansätzen zuletzt in folgenden Aufsätzen: M. STEINMETZ: Thomas Müntzer und die Bücher, in: ZfG 32 (1984[b]) 603-611; DERS.: Bemerkungen zu Thomas Müntzers Büchern in Mühlhausen, in: Archiv und Geschichtsforschung: Kolloquium anläßlich des 25-jährigen Berufsjubiläums von Gerhard Günther am 29. Februar 1984, Mühlhausen Thomas-Müntzer-Stadt 1985, 45-51.

[17] M. STEINMETZ: Thomas Müntzer und die Mystik, in: Bauer, Reich und Reformation/ hg. v. P. BLICKLE, Stuttgart 1982, 148-159.

dung in den Städten. Die Bildungsbedürfnisse des im Handel engagier-
ten Bürgertums sowie ihr Streben nach Unabhängigkeit von kirchlichen
Bildungseinrichtungen hatten vielerorts zur Einrichtung städtischer
Lateinschulen geführt. Die akademisch gebildeten Lehrkräfte dieser
Schulen vermittelten den Stadtbürgern Bildungsideale und -inhalte des
Humanismus. Eine Schicht von zunächst für den Humanismus aufge-
schlossenen Stadtbürgern begegnet wieder als wichtige Trägergruppe
frühreformatorischer Bewegungen in den Städten. Analog war für eine
Reihe von Reformatoren der Humanismus eine Vorstufe für ihre Hin-
wendung zur Reformation. Daher ist zu prüfen, ob nicht auch auf
Müntzers Weg zur Reformation der Humanismus eine wichtige Rolle
gespielt hat. Dabei darf Humanismus nicht auf ein neues philologisches
Instrumentarium zur Texterschließung verengt werden, woran man im
Rahmen theologiegeschichtlicher Forschung vielleicht zuerst denken
möchte. Die Berücksichtigung der zentralen Rolle, die in den Bildungs-
bemühungen der Humanisten die Pflege der klassischen Rhetorik
spielte, erweitert den Blick bei der Suche nach einem möglichen humanistischen Erbe in Müntzers Werk.

TEIL I

DARSTELLUNG

KAPITEL 1

HERKUNFT

Der Historiker muß eine Darstellung von Müntzers Leben mit dem Ein-
geständnis beginnen, Müntzers frühe Lebensumstände nicht zu kennen.
Zwar kann er den Geburtsort Stolberg benennen, aber Quellen zum
Geburtsjahr, zur Person seiner Eltern und zu seiner Kindheit fehlen völlig. Dennoch verzichtet die Forschung nicht darauf, aus späteren Quellen hypothetisch auf Müntzers Frühzeit zurückzuschließen. Auch hier
sollen Hypothesen zu Müntzers Geburtsjahr und zu seiner familiären
Herkunft gebildet werden. Diese können allerdings nicht Lücken in
Müntzers Lebenslauf schließen, sondern sollen heuristische Funktion für
künftige Forschungen haben.

1.1. Geburtsort

Müntzers Geburtsort ist die Bergstadt Stolberg im Südostharz[1]. Seinen
Geburtsort nennt Müntzer selbst 1521 in der *Prager Protestation*[2]; mehr-
fach bezeichnet er sich selbst als »Thomas Müntzer von Stolberg«[3] oder
ausführlicher als »Thomas Müntzer von Stolberg aus dem Harz«[4] (s.
Abb. 1). Dementsprechend wurde er im Winter 1512/13 in der Frankfur-
ter Universitätsmatrikel als *Thomas Müntzer Stolbergensis* eingeschrieben[5].
    Stolberg war Residenzstadt der Grafen zu Stolberg und Wernigerode.
Der wichtigste gräfliche Beamte in der Stadt war der Rentmeister. Das
Stadtregiment bestand aus zwölf Ratsherren, die der gräflichen Bestäti-
gung bedurften und von denen jeweils vier für ein Jahr den Sitzenden
Rat bildeten[6]. Einer von ihnen stand als Ratsmeister an der Spitze des

[1] Vgl. J. A. ZEITFUCHS: Stolbergische Kirchen- und Stadt-Historie, Frankfurt 1717.
Eine moderne wissenschaftliche Stadtgeschichte Stolbergs fehlt.
[2] »Ich Thomas Muntzer, bortig von Stolbergk...« (MSB 495, 2, längere dt. Fassung
vom 25.11.1521; vgl. die lat. Fassung sowie die kürzere dt. Fassung, letztere vom
1.11.1521: MSB 505, 5; 491, 1).
[3] In drei Briefen bezeichnet sich Müntzer so: an Achatius Glor, [Beuditz], 1520
Januar 3: MSB 353, 21; 354, 12; vgl. 355, 1; an Kurfürst Friedrich, Allstedt, 1523 Oktober 4: MSB 397, 19; in einem undatierten Briefentwurf aus der Zwickauer Zeit 1520/21:
MSB 537, 14.
[4] So am Anfang der um Neujahr 1524 gedruckten *Protestation oder Entbietung*: MSB 224,
8 (s. Abb. 1). Ähnlich auf dem Titelblatt: ebd. 224, 1f.
[5] Siehe unten S. 63 Anm. 133.
[6] Vgl. z.B. Reg. Stolb. Nr. 2196. 2891.

Zum erſten.

Ch Tomas Müntzer võ Stolbergk aus dem Hartze ein knecht des lebendigẽ Gottes son/durch den vnwandelbaren willen/vnd vnvorruͤcklicke barmherzickeit Gotes des vaters/Entpiethe vñ wuͤntzsche ym heyligen geyſt/allen/euch außer welten/freunden Gottes/die reyne rechtſchaffene forcht des herzen/vnd den fride/deme die welt feind iſt/ Nach deme euch der allwiſſende/vnd achthabende haußvatter/zum reynen weyzen gemacht hat/vnd dem fruchtbaren vnd wuchergebendem lande/befolen ſeyt/yr (Got ſey es erbermlich geclagt) darzu komen/das nicht vaſt groſſer vnterſcheyd vnter euch vñ dem vnkraut zu mercken iſt/dann die gotloßen ſone der heimlichen/hinterliſtigen ſchalckheit/ſcheinen vñ erglaſten weyt weit vber euch/hinden vnd von forne erzu. Alſo hoch auch/das das ellende iamerliche ſeufftzen/in euch von wegen der hochgezirten laruen/der rothbluͤenden roßen vnnd der kornblumen auch der ſtachlichen diſteln/in ein mißfalle de geſpenſte/vnd hochhoͤmſchen/ geſpot verwãdelt vñ ſchiere außgetilgt iſt/welch einbrünſtig ſeufftzen vñ ſehnen/nach Gottes ewigem willen vnvorruͤgklich/der einige vnbetriegliche fußſtapffen/der Apoſtoliſchenn warhafftigen Chriſtenheit iſt/dann daſſelbige quillet / aus den harten felßen der lebendigenn waſſer/ zur ankunfft vnd vrſprung der außerwelten/ Es kan vnnd mag kein ander weg erfunden werden/der ellenden/ armen iamerlichen/ dürfftigen groben zurfallen Chriſtenheyt zuhelffen/dann das die außerwelten auffs ſelbige mit emſiger begir/arbeit vnd vngeſpartem fleiß hin geweyſet werdẽ

Zum andern.

Sunſt iſt die Chriſtliche kirche/ vil toͤller vñ vnſinni

A ij

Marginalia: Ro.1 · malach.3. · Pſal.18. · Joan.14 · Math.13 · Marci.4 · Luce.8 · Eſaye.5. · Joan.15 · Eccláſ.8. · Roma.8. · Can.2 · Treno.4. · Eſaye.40 · Joan.1. · Joan.4 · Pſal.15. · Pſal.17. · Pſal.76 · Joan.14 · Roma.3. · De oppoſito. · Ezech.23.

1. Müntzer: Protestation oder Entbietung (1524), A 2ʳ

städtischen Regiments. Aus den Jahrzehnten um 1500 sind keine schwerwiegenden Konflikte zwischen den Grafen und dem Stolberger Stadtregiment überliefert.

Die wichtigsten Wirtschaftsfaktoren der Bergstadt waren Handwerk, Handel und Bergbau. Städtische Familien partizipierten am nahegelegenen thüringischen Kupferabbau und waren auf diese Weise mit der frühkapitalistischen Montanwirtschaft verflochten.

Die Kleinstadt Stolberg besaß bei einer Einwohnerzahl von vielleicht zwei- bis dreitausend[7] zwar einen für unsere Begriffe umfangreichen Klerus, fällt damit aber nicht aus dem damals üblichen Rahmen. Neben dem Pfarrherrn der Pfarrkirche St. Martin gab es etwa 20 Vikare als Lehensinhaber an jener Kirche sowie an den Kapellen der Stadt[8]. Dazu kamen etwa sechs Chorschüler (*chorales*)[9] sowie eine anzunehmende Anzahl von Meßpriestern, die in Vertretung der genannten Pfründner als Offizianten tätig waren. 1482 stiftete Graf Heinrich d.Ä. ein Predigerlehen, dessen Inhaber Magister oder Bakkalaureus sowie im geistlichen Recht bewandert sein sollte[10]. Der Pfarrherr selbst sollte möglichst Doktor der Theologie, mußte aber mindestens *baccalaureus biblicus* oder *baccalaureus formatus* (*sententiarius*) sein[11]. Das Präsentationsrecht auf die Pfarrei besaß die theologische Fakultät der Universität Erfurt, die allerdings bei einer Besetzung gegebenenfalls Anwärter aus der Grafschaft bevorzugen sollte[12]. Die engen kirchlichen und religiösen Verflechtungen zwischen Stolberg und Erfurt zeigen sich auch anderweitig. Graf Heinrich d.Ä. wurde 1473 mit seiner Familie in die Bruderschaft des Benediktinerklosters St. Peter zu Erfurt aufgenommen[13], 1482 gewährte der Graf diesem Kloster seinen besonderen Schutz[14]. Der Abt von St. Peter nahm auch Rechte an der Stolberger Pfarrkirche wahr. So wurde er 1487 bei der Errichtung neuer Opferstöcke auf dem Kirchhof beigezogen[15]. Ab 1502 begegnet er als päpstlich bestellter Konservator der Statuten des

---

[7] Im Jahre 1525 gab es 352 schoßzahlende Familien. E. JACOBS: Das Stolbergische Ratsjahrbuch, in: ZHVG 17 (1884) 203. Schätzungen der Gesamteinwohnerzahl auf 2500-3000 finden sich bei E. PFITZNER: Die Kirche St. Martini zu Stolberg am Harz, in: ZHVG 23 (1890) 300f; H. GOEBKE: Thomas Müntzer — familiengeschichtlich und zeitgeschichtlich gesehen, in: DEUTSCHE HISTORIKERGESELLSCHAFT: Die frühbürgerliche Revolution in Deutschland, Berlin 1961, 94.
[8] Am 11. Mai 1465 gab es 21 Vikare, davon 13 an St. Martin, am 12. September 1465 waren es 20, am 3. Dezember 1502 18 Vikare. Reg. Stolb. Nr. 1668. 1673. 2519.
[9] Sechs *chorales* werden 1465 genannt. Ebd. Nr. 1673.
[10] Ebd. Nr. 1942. 2106. Dieser Pfründner sollte jährlich 15 Predigten halten.
[11] Ebd. Nr. 1653. 1803.
[12] Ebd. Nr. 1653. 1658. 1803.
[13] Ebd. Nr. 1806.
[14] Ebd. Nr. 1943.
[15] Ebd. Nr. 1487.

Klerus der Stolberger Pfarrkirche[16]. So lag es nahe, daß auch aus Stadt und Grafschaft Stolberg Mönche in das Erfurter Peterskloster aufgenommen wurden. Kontakte Müntzers zu Landsleuten in diesem Konvent sind Ende 1521, vermutlich im Dezember, belegt. Die beiden Mönche Vitus Goldsmedt und Martinus Gentzel boten Müntzer mit Bewilligung ihres Abtes an, in ihrem Kloster für 30 Gulden ihr Sprachlehrer zu werden[17]. Martin Gentzel, in Erfurt im Wintersemester 1507/08 immatrikuliert[18], stammte wie Müntzer aus einer Stolberger Familie. Auch Veit Goldschmied kam höchstwahrscheinlich aus Stolberg[19].

Die engen Verbindungen zwischen Stolberg und Erfurt erklären sich vor allem aus der geographischen Nähe, im kirchlichen Bereich auch aus dem Umstand, daß beide Städte zur Mainzer Diözese gehörten. Die Universität Erfurt war daher auch die Hochschule, an der die weitaus meisten Landeskinder studierten. Daneben wurde auch die Universität Leipzig von Stolbergern aufgesucht, später auch Wittenberg (ab 1502) und vereinzelt Frankfurt an der Oder (ab 1506). Müntzer hat die nahegelegene Heimatuniversität Erfurt aus unbekannten Gründen nicht aufgesucht.

Nicht nur zu Stolberger Landsleuten hielt Müntzer später Kontakt, auch zu seiner Geburtstadt selbst ist die Verbindung nicht abgerissen. Müntzer hatte in den Jahren seines reformatorischen Wirkens auch dort seine Anhänger. Im Sommer 1523 schrieb er seinen Stolberger Freunden eine Mahnung, die er über den Druck verbreitete unter dem Titel: *Ein ernster sendebrieff an seine lieben bruder zu Stolberg, unfuglichen auffrur zu meiden*[20].

Da in der zweiten Hälfte des 15. Jahrhunderts in Stolberg und Umgebung Ketzergruppen nachgewiesen sind, wurde mehrfach eine mögliche Beeinflussung Müntzers durch diese Gruppen vermutet[21]. Allerdings lassen sich historische Verbindungen zwischen diesen Gruppen und

---

[16] Ebd. Nr. 2519. 2618.

[17] MAB, Bl. 68 / MBL, T. 26 (MSB 378). Der Schreiber des Briefes ist Martin Gentzel: MSB 378, 10f. Die richtige Lesung der Namen der Absender bei M. BENSING: Thomas Müntzer und die Reformationsbewegung in Nordhausen 1522 bis 1525, in: Beitr. zur Heimatkunde aus Stadt und Kreis Nordhausen/ Meyenburg-Museum Nordhausen 8 (1983 [b]) 5.

[18] »Martinus Gentzel de Stolbergk«. AErfurt 2, 253b, 11.

[19] Ein Jodokus Genzel (Günzel) aus Stolberg erhielt 1505 ein Altarlehen zu St. Martin in Stolberg, wurde 1509 Stiftsvikar in Wernigerode und ist als solcher noch 1528 belegt. Reg. Stolb. Nr. 2262. 2756; Urkundenbuch der Stadt Wernigerode bis zum Jahre 1460/ bearb. v. E. JACOBS, Halle 1891, 428f. Zu Goldschmied s.u. Anm. 93.

[20] MSB 22-24; vgl. 21f.

[21] M. BENSING: Thomas Müntzer, Leipzig ³1983[a], 18f; U. BUBENHEIMER: Thomas Müntzer, in: Protestantische Profile/ hg. v. K. SCHOLDER und D. KLEINMANN, Königstein/Ts. 1983, 34. Eher an Einflüssen auf Müntzer zweifelnd W. ELLIGER: Thomas Müntzer (1975), Göttingen ³1976, 17.

Müntzer nicht plausibel machen, da es an Grundlagenforschung über die betroffenen Ketzergruppen fehlt. Die bekannten Vorgänge seien dennoch hier zusammengestellt in der Absicht, weitere Forschungen hierüber anzuregen. Die Stolberger Ketzer des 15. Jahrhunderts werden von den Zeitgenossen mit Konrad Schmid von Sangerhausen in Verbindung gebracht, der 1370 in Thüringen die Bewegung der Geißelbrüder angeführt hatte, die sich durch ihr selbstquälerisches körperliches Leiden angesichts des nahen Gottesgerichts zu reinigen suchten. Kritik an Päpsten, Klerus und Mönchen war in diesem Zusammenhang laut geworden[22]. Die Wandlung der Altarsakramente wurde bestritten und — eine besonders interessante Parallele zu Müntzers späterer Auffassungen — die Wiederkehr von Elia und Henoch wurde behauptet. Daß die Konrad-Schmid-Sekte noch anfangs des 16. Jahrhunderts keine vergessene Geschichte war, zeigten 1520 die Schriften des Franziskaners Augustinus Alfeld, der sich im Rahmen seiner Auseinandersetzung mit Luther mehrfach gegen Konrad Schmid und die »Ketzer von Sangerhausen« wandte[23].

Im Frühjahr 1454 wurden in den Städten Sangerhausen, Weißensee, Sondershausen, Stolberg und Heringen viele Ketzer von den weltlichen Obrigkeiten gefangen genommen und der Lehre des Konrad Schmid beschuldigt. Mehr als 30 Personen aus Stolberg und einigen Nachbarorten wurden am 20. März verhaftet und nach einem in Stolberg durchgeführten Inquisitionsverfahren am 3. April auf dem Marktplatz verbrannt, darunter Frauen und Kinder[24]. Die Sekte lebte aber offenbar im Untergrund weiter. Erneut ließ die gräfliche Obrigkeit am 21. Oktober 1493, dem Tag der 11 000 Jungfrauen, in Stolberg um die Messezeit einige Bürger mit Frau und Kind verhaften, die von Hans Wedige denunziert worden waren, der Konrad-Schmid-Sekte anzugehören. Zwei Verdächtige starben im Gefängnis, laut dem Stolberger Ratsjahrbuch »als frome cristenluthe im cristeglouben«[25]. Nach mehrtägigen Verhandlungen vor den Ratsherren und zwei gräflichen Amtleuten sollen sich die Vorwürfe nach dem zitierten Ratsjahrbuch als unbegründet

[22] BUBENHEIMER 1983, 34.
[23] Super apostolica sede... p(er) .F. Augustinū Alueldēsem Franciscanū,..., Leipzig: Melchior Lotter d.Ä. 1520, A 2r-v. — Eyn gar fruchtbar vñ nutzbarlich buchleyn vō dē Babstlichē stul: vnnd von sant Peter:... gemacht durch bruder Augustinū Alueldt sant Francisci ordens tzu Leiptzk. [Leipzig: Melchior Lotter d.Ä. 1520], B 2r. 4r. — TRACtatus de cōmunione Sub vtraque Specie... Nuper editus A Fratre Augustino Alueldiano Frāciscano..., s.l. et a. [1520], E 4v. F 3r-v.
[24] Reg. Stolb. Nr. 1451; JACOBS 1884, 167; PFITZNER 1890, 329. Auf diesen Vorgang scheint sich Alfeld zu beziehen, wenn er 1520 die Sangerhäuser Ketzer in die Zeit »vor 60 Jahren« datiert: Super apostolica sede..., A 2v.
[25] JACOBS 1884, 158; Reg. Stolb. Nr. 2193.

erwiesen haben, woran man begründete Zweifel haben kann, zumal sich weitere Untersuchungen zu dieser Angelegenheit noch drei Jahre hinzogen[26]. Graf Heinrich d. J. traute dem religiösen Frieden in den nächsten Jahren nicht. Am 20. März 1503 forderte er seinen Rentmeister Heinrich Schneidewein auf, dafür zu sorgen, daß der Gottesdienst in der Fastenzeit nicht gehindert werde[27].

Die genannten Daten lassen erwarten, daß Müntzer von den geschilderten Vorgängen wenigstens Kenntnis hatte. Ob er geistig von den Stolberger Sektierern beeinflußt war, muß bis auf weiteres offen gelassen werden.

1.2. Das unbekannte Geburtsjahr

Wir besitzen nicht den geringsten Hinweis auf Müntzers Geburtsjahr oder auf sein Lebensalter zum Zeitpunkt seiner Hinrichtung am 27. Mai 1525. In der Literatur wird das Geburtsjahr meistens auf »1488 oder 1489«[28], teilweise auf 1489[29], gröber auch in die Zeit »um 1490«[30] angesetzt, ohne daß es dafür einen stichhaltigen Beleg gibt. Für diese Berechnung geht man von der — allerdings nicht völlig gesicherten — Immatrikulation Müntzers an der Universität Leipzig[31] aus und rechnet mit einem Mindestalter von 17 Jahren für den Studienbeginn[32]. Diese Berechnung ist unhaltbar, weil es im damaligen Studienbetrieb weder ein Regelalter noch ein Mindestalter von 17 Jahren für den Studienbeginn gab. Vielmehr gab es große Altersunterschiede bei damaligen Studenten[33]. Eine Untersuchung der Studienlaufbahnen von 18 Personen aus Müntzers Umgebung zeigt, daß sich in dieser Gruppe das

---

[26] PFITZNER 1890, 329.

[27] Reg. Stolb. Nr. 2535.

[28] Diese Datierung geht zurück auf H. BOEHMER, Studien zu Thomas Müntzer, Leipzig 1922, 12. Danach ELLIGER 1976, 17; E. WOLGAST: Thomas Müntzer, Göttingen 1981, 9. »Um 1488« wird angegeben in: Thomas Müntzer — von Thüringen in den Klettgau 1524/25/ hg. v. der Landeszentrale für politische Bildung Baden-Württemberg, Vaihingen/Enz 1984, 9.

[29] In der Deutschen Demokratischen Republik wird 1989 des 500. Geburtstags Müntzers gedacht. In den zu diesem Jubiläum veröffentlichten Thesen über Thomas Müntzer: Zum 500. Geburtstag, in: Einheit 43 (1988) 40 wird 1489 als »mögliches Geburtsjahr« bezeichnet.

[30] Zum Beispiel S. BRÄUER; H.-J. GOERTZ: Thomas Müntzer, in: Gestalten der Kirchengeschichte/ hg. v. M. GRESCHAT, Bd. 5, Stuttgart 1981, 335.

[31] Siehe unten S. 45.

[32] So zuerst BOEHMER 1922, 12, zuletzt wiederholt in: Thesen über Thomas Müntzer, 1988, 40.

[33] Ein statistisches Mittel, das man aus vielen Einzelfällen erheben könnte, eignet sich nicht zur Berechnung eines individuellen Geburtsjahres.

Lebensalter bei Studienbeginn zwischen 12 und 26 Jahren bewegt[34]. Danach könnte Müntzers Geburtsjahr mindestens im Zeitraum zwischen 1480 und 1494 liegen. Auch die Bestimmungen über das Mindestalter bei der Graduierung zum *magister artium* ermöglichen keine klare Datierung. In Leipzig betrug dieses Mindestalter im Regelfall 21 Jahre[35]; ähnlich dürfte es an anderen Universitäten gewesen sein. Demnach müßte Müntzer spätestens 1494 geboren sein, da er 1515 zum erstenmal als Magister belegt ist[36]. Aber von dieser Regel gab es auch Ausnahmen[37].

Eine etwas genauere Berechnung des *terminus ad quem* scheint der Umstand zu ermöglichen, daß Müntzer bei seiner Präsentation auf ein Altarlehen in Braunschweig am 6. Mai 1514 bereits Priester war[38]. Bei Beachtung der kanonischen Altersbestimmungen für die Priesterweihe — vollendetes 24. Lebensjahr — müßte Müntzer spätestens im Jahre

---

[34] Die folgende Tabelle nennt: Alter bei der Immatrikulation, Name, Geburtsjahr, erster Studienort, Immatrikulationsjahr.

12	Philipp Melanchthon	*1497	Heidelberg	1509
13	Andreas Bodenstein	*1486	Erfurt	1499
13	Justus Jonas	*1493	Erfurt	1506
14	Georg Spalatin	*1484	Erfurt	1498
15	Tilemann Plettner aus Stolberg	*1490	Leipzig	1505
16	Nikolaus von Amsdorff	*1483	Leipzig	1500
16	Johann Bugenhagen	*1485	Greifswald	1502
17	Martin Luther	*1483	Erfurt	1501
18	Heinrich Winkel aus Wernigerode	*1493	Leipzig	1511
18	Hieronymus Weller	*1499	Wittenberg	1517
19	Urbanus Rhegius	*1489	Freiburg	1508
19	Johann Forster	*1496	Ingolstadt	1515
21	Melchior Lotter d.J.	*1490	Leipzig	1511
22	Hermann Tulken	*1486	Wittenberg	1508
24	Otto Beckmann	*1476	Leipzig	1500
24	Johannes Spangenberg aus Hardegsen	*1484	Erfurt	1508
24	Paul vom Rode aus Quedlinburg	*1489	Wittenberg	1513
26	Konrad Glitsch	*1465/66	Leipzig	W 1491/92

Es ergibt sich ein Durchschnittsalter von etwa 18 Jahren bei der Immatrikulation. Ausgewertet wurden folgende prosopographische Hilfsmittel: TRE; Gestalten der Kirchengeschichte/ hg. v. M. GRESCHAT, Bd. 5. 6, Stuttgart 1981; R. STUPPERICH: Reformatorenlexikon, Gütersloh 1984; GermSac 1, 3, 2; J. BENZING: Die Buchdrucker der 16. und 17. Jahrhunderts im deutschen Sprachgebiet, Wiesbaden ²1982. Zur Präzisierung einiger Daten wurden die Matrikeln überprüft und folgende Literatur herangezogen: M. LIEBMANN: Urbanus Rhegius und die Anfänge der Reformation, Münster 1980; M. BRECHT: Martin Luther, Bd. 1 (1981), Stuttgart ²1983.

[35] S. HOYER: Die scholastische Universität bis 1480, in: Alma Mater Lipsiensis/ hg. v. L. RATHMANN, Leipzig 1984, 29.

[36] Q 1.3.

[37] Zum Beispiel wurde Philipp Melanchthon in Tübingen 1514 mit 17 Jahren Magister. Unten in Kap. 2.3. wird übrigens gezeigt werden, daß Müntzer nicht in Leipzig Magister wurde.

[38] Q 4.4.

1490 bzw. vor 1491 geboren sein[39]. Jedoch war es nicht unüblich, mithilfe eines Dispenses die Priesterweihe schon früher erwerben zu können[40]. Ein Zeitgenosse klagt z.B. darüber, daß kaum zwanzigjährige Jünglinge Priester würden[41].

Bei kritischer Abwägung der genannten Gesichtspunkte muß man zu dem Urteil kommen, daß ein genauer *terminus ad quem* für Müntzers Geburt nicht genannt werden kann. Man kann nur sehr unpräzis sagen, daß Müntzer spätestens in der ersten Hälfte der 1490er Jahre das Licht der Welt erblickt haben muß.

Im Blick auf den *terminus post quem* ergibt sich ein noch wesentlich größerer Datierungsspielraum. Selbst die von Hermann Goebke vorgeschlagene Datierung »um das Jahr 1467 oder 1468« kann bislang nicht ausgeschlossen werden[42]. Goebke hat eine Quelle aus den Stolberger Ratsrechnungen des Jahres 1484 vorgelegt, in der ein Thomas Montzer genannt wird. Dieser wurde 1484 »ummb ungeberde uffm tantzhuse geubet« mit einer Geldbuße von 15 Groschen belegt. Unter den wegen desselben Delikts mit Montzer bestraften weiteren sechs Personen befinden sich auffälligerweise auch »Peltz knecht« und ein »Hans Moller«[43]. Unser Thomas Müntzer hatte später — belegt ab 1515 — enge Beziehungen zu einer Familie Pelt in Braunschweig[44] und stand 1515 im Briefwechsel mit Hans Pelts Knecht (Handelsdiener) Klaus Winkeler[45]. Hans Moller ist zwar ein Allerweltsname, dennoch sei registriert, daß sich ein Hans Möller später unter Müntzers Korrespondenten bzw. Freunden

---

[39] So U. BUBENHEIMER: Radikale Reformation: von Luther zu Müntzer, Grünwald 1984[a], 12; DERS.: Thomas Müntzer und der Anfang der Reformation in Braunschweig, in: NAKG 65 (1985[c]) 19.

[40] Häufiger als im Weltklerus kam eine frühere Priesterweihe bei Ordensangehörigen vor. Jedoch ist die Annahme, Müntzer sei Augustiner gewesen (so H. GOEBKE: Neue Forschungen über Thomas Müntzer bis zum Jahre 1520, in: HarzZ 9 [1957] 5f), hinreichend widerlegt worden. Siehe A. ZUMKELLER: Thomas Müntzer — Augustiner? In: Aug(L) 9 (1959) 380-385.

[41] Johannes Geiling, Student in Wittenberg, hielt zwischen 1516 und 1520 in seinem Exemplar der Hieronymusausgabe des Erasmus folgende Kritik an der Praxis der Priesterweihe fest: »Frater sancti Hieronymi sacerdotali donatur dignitate: xxx vix annos gerens. Sed heu nos ineptissimi sacerdotales suscipientes dignitates et gradus, vix viginti habentes annos.« OMNIVM OPERVM DIVI EVSEBII HIERONYMI STRIDONENSIS TOMVS PRIMVS..., Basel: Johann Froben 1516, β 2ʳ zur *Hieronymi vita* des Erasmus (LB Stuttgart: Theol. fol. 825).

[42] Mit Goebkes Datierung haben sich seine Kritiker nicht genügend auseinandergesetzt. Vgl. E. ISERLOH: Zur Gestalt und Biographie Thomas Müntzers, in: TThZ 71 (1962) 252f; M. BENSING: Thomas Müntzers Frühzeit, in: ZfG 14 (1966[a]) 427f.

[43] StaatsA Magdeburg: Rep. H Stolberg-Wernigerode, Stolberg-Stolberg F Nr. 35, Bl. 262ᵛ; abgebildet bei GOEBKE 1957, Tafel I.

[44] Siehe unten Kap. 3.7.4 und 3.8.

[45] Q 1.3, vgl. Q 1.2.

befand[46]. Diese auffallenden Zusammenhänge zwingen dazu, das Stolberger Dokument aus dem Jahre 1484 im Blick auf eine mögliche Identität des darin genannten Thomas Montzer mit unserem Thomas Müntzer
im Auge zu behalten[47]. Zwar erscheint es eher unwahrscheinlich, daß
unser Thomas schon 1484 in einem Alter gewesen sein sollte, in dem er
in der genannten Weise rechtlich belangt werden konnte. Auch müßte
man sich wundern, daß dann bis Leipzig 1506 eine Überlieferungslücke
von 22 Jahren in der Biographie Müntzers bestehen sollte. Aber ausschließen kann man eine Frühdatierung von Müntzers Geburtsjahr in
die Zeit um 1470 dennoch nicht. So bleibt uns nichts anderes übrig, als
uns bis auf weiteres mit der unbefriedigenden Auskunft abzufinden, daß
Müntzer ungefähr zwischen 1470 und 1495 geboren wurde, wobei eine
höhere Wahrscheinlichkeit für die zweite Hälfte dieses Zeitraums als für
deren erste Hälfte spricht.

1.3. Familiäre und soziale Herkunft

Thomas über seine Eltern

In dem erhaltenen Rest von Müntzers Briefwechsel ist von seinen Eltern
im Zusammenhang mit dem Tod seiner Mutter die Rede. In der ersten
Junihälfte 1521, kurz vor dem Aufbruch zu seiner zweiten Reise nach
Böhmen, schrieb Müntzer an Markus Thomae (Stübner): »Aus dem
Nachlaß meiner jetzt im Herrn verstorbenen Mutter besitze ich viel
Hausrat. Da ich diesen jetzt nicht fortführen kann, bleibt dieser auch im
väterlichen Haus, bis sich eine andere Gelegenheit bieten wird.«[48] Um

---

[46] Zu dem in MSB 536 Anm. 1 edierten, von Theodericus Gaff (sic!) geschriebenen
Mandat des Generalgerichts [zu Erfurt] hat Müntzer am linken Rand vermerkt: »Hans
Möller«: MAB, Bl. 81 / MBL, T. 66 (in MSB ist diese Notiz nicht ediert). Vgl. auch
den Müntzeranhänger Hans Moller in Halle, dem nach dem Bauernkrieg unter anderem
vorgeworfen wurde, er habe in Halle auf dem Tanzhaus das Volk aufgefordert, den Rat
zu entsetzen: AGBM 2, 746 Nr. 1959.

[47] S. BRÄUER: Zu Müntzers Geburtsjahr, in: LuJ 36 (1969) 82f weist auf eine Bemerkung von ZEITFUCHS 1717, 256 hin, wonach seit 1488 in den Stolberger Ratsrechnungen
ein Matthäus Möntzer vorkomme »und ein ander Thomas und Hanns in den alten
Todten-Registern gefunden wird«. Zwar wird man dadurch gewarnt, den Beleg aus dem
Jahr 1484 vorschnell unserem Thomas Müntzer zuzuweisen. Aber umgekehrt bringt
Zeitfuchs diese Namen nur als Beleg für die Existenz des Geschlechtes Müntzer in Stolberg und sagt nichts darüber aus, wann der »ander Thomas« belegt sei. Daß in Stolberg
in vorreformatorischer Zeit bereits »Totenregister« der verstorbenen Bürger geführt worden sein sollten, ist im Lichte der Geschichte des Kirchenbücherwesens unwahrscheinlich. Daß die Daten von Zeitfuchs unzuverlässig sind, zeigt sich hier an der Erwähnung
eines Matthäus Möntzer, bei dem es sich offensichtlich um den in den Stolberger Ratsrechnungen jener Zeit belegten Matthias Montzer handelt (s. u. S. 25).

[48] »Sunt mihi multa suppellectilia ex morte matris iam defuncte in domino. Que cum
iam deduci non possunt, etiam in laribus paternis remanent, donec se alia obtulerit occa-
sio.« MSB 370, 4-6. Der nur mit »sabatho« datierte Brief ist MSB 369 auf Samstag, den

das mütterliche Erbe war es zu einer Auseinandersetzung zwischen Thomas und seinem Vater gekommen. In einem nur fragmentarisch erhaltenen, undatierten Briefkonzept schrieb der Sohn an den Vater:

> »Das Heil Christi voran, mein lieber Vater! Ich hatte mich nicht versehen, solche Untreue in Euch zu finden, welche Ihr an mir also unbillig beweist, daß Ihr mich wollt abweisen von meinem natürlichen Rechte, gleichwie ich ein Hurenkind wäre, ja gleichwie ich ein Heide wäre. Es verwundert mich über die Maßen, daß ich Eures Unglaubens, den Ihr lange zu Gott gehabt, nämlich daß Ihr Euch nicht würdet ernähren können, muß entgelten. Meine Mutter hat genug zu Euch gebracht, das mir viele Leute zu Stolberg und Quedlinburg bezeugen. Sie hat ihr Brot wohl dreifach verdient ...«[49]

Von der Mutter erfahren wir hier, daß Thomas sie als eine fleißige Frau in Erinnerung hatte. Nach ihrem Tod beanspruchte Thomas einen Erbteil, den ihm der Vater vorenthalten wollte. Müntzer warf seinem Vater einen Verstoß gegen das natürliche Recht eines Kindes vor und fühlte sich von ihm wie ein Hurenkind oder ein nichtswürdiger, ungläubiger Heide behandelt. Der Vater seinerseits hatte, so kann man aus den Vorwürfen des Sohnes erschließen, geltend gemacht, er benötige den umstrittenen Nachlaß zur Sicherung seines Lebensunterhaltes. Thomas legte dem Vater seine schon alte Sorge ums tägliche Brot als Unglauben aus. Rückschlüsse auf die tatsächliche materielle Lage des Vaters läßt dieser Vorwurf nicht zu. Denn Kritik an der nach Müntzer allzu großen Sorge der Menschen seiner Umgebung um Nahrung, Geld und Gut zieht sich kontinuierlich durch das Schrifttum des Theologen. Solche Sorge wird von ihm als Ausdruck fehlenden Glaubens gedeutet[50]. Somit enthält der Brief des Sohnes ein religiöses Urteil über den Vater: In der beschriebenen Art des Unglaubens steht der Vater schon lange. Dagegen scheint Thomas über seine Mutter zu urteilen, daß sie im Glauben ver-

---

15. Juni 1521 datiert, da Müntzer an diesem Tag einen anderen, seinen Aufbruch nach Böhmen betreffenden Brief geschrieben hat (MSB 371 Nr. 24). Jedoch könnte Müntzer den Brief an Thomae auch schon am 8. Juni geschrieben haben.

[49] MAB, Bl. 51ʳ und 54ᵛ / MBL, T. 13 / MSB 361, 11-18. Das Stück gehört ins Jahr 1521 vor den in Anm. 48 zitierten Brief an Markus Thomae. Müntzer hat das Konzept des Briefes an den Vater kräftig mit breiten Tintenspuren durchgestrichen. Auf der Rückseite dieses Brieffragments findet sich die erst nach dem Brief Müntzers an den Vater von anderer Hand geschriebene Bücherliste (mit einem Nachtrag von Müntzers Hand), die MSB 556-560 ediert ist. Diese kann also nicht schon »Ende 1520« (so MSB 556) geschrieben sein.

[50] Besonders deutlich im Brief an die Brüder in Sangerhausen, Allstedt, 1524 [um 15. Juli]; MSB 411, 33 - 412, 2: »Nu leret aber die furcht Gotts wie ein frommer mensch sol gelassen stehen umb Gotts willen und sich erwegen seyns leybs, gutts, hauß und hoff, kynder und weyber, vater und mutter sampt der ganzen welt. O das ist aber ein mechtiger greuel den fleischlichen menschen, die yr leben langk alle yr vornunfft dorauf erstregkt han, das sie mochten narung erwerben, und nicht weyter gedacht.« Ferner ebd. 413, 19-29.

storben sei, wenn er an Thomae schreibt, daß sie »im Herrn« verstorben
sei.

Trotz der heftige Töne, die Thomas in seinem Schreiben anschlug,
wurde der Erbstreit bald beigelegt. Thomas erbte »viel Hausrat« und dieser konnte vorläufig im Hause des Vaters bleiben. Über die wirtschaftlichen Verhältnisse von Müntzers Eltern erfahren wir, daß die Mutter bei
der Heirat Besitz in die Ehe einbrachte, der einen Erbanspruch des Sohnes Thomas begründete.

Müntzer nennt in diesem Zusammenhang die Orte Stolberg und
Quedlinburg: In diesen Städten könnten viele Leute bezeugen, was die
Mutter einst in die Ehe eingebracht hatte. Dieser Sachverhalt läßt sich
am einfachsten durch die Annahme erklären, daß der eine Elternteil aus
Stolberg, der andere aus Quedlinburg stammte[51].

Die eigenen Aussagen Müntzers über seine Eltern ergeben zusammenfassend: Die Eltern stammen aus städtischem Milieu, wahrscheinlich aus Stolberg bzw. Quedlinburg. Die Mutter brachte Vermögen in
die Ehe ein, über dessen Wert nichts gesagt werden kann. Bei ihrem Tod
hinterließ sie ein im Wert ebenfalls unbestimmtes Vermögen, aus dem
Thomas »viel Hausrat« erbte.

Hinweise auf Müntzers Verwandtschaft in zeitgenössischen Quellen

Wer Müntzers Eltern waren und wie sie hießen, bleibt offen. Zur Beantwortung dieser Fragen fehlen alle Quellen. Jedoch gibt es wenige zeitgenössische Überlieferungen, in denen einzelne Verwandte Müntzers
genannt werden. Diese Bruchstücke zu Müntzers Verwandtschaft sollen
zunächst zusammengestellt werden, bevor der Frage nach Müntzers
Herkunftsfamilie weiter nachgegangen wird.

1. Ein mit Thomas Müntzer verwandter Träger desselben Familiennamens war Michael Müntzer[52]. Er war Ratsher (belegt 1534) und zeitweilig Bürgermeister (belegt 1525) in Bautzen. Nach dem Bauernkrieg
befürchtete der Rat von Bautzen, bei Herzog Georg in den Verdacht der

---

[51] In Verbindung mit der Immatrikulation eines Thomas Müntzer aus Quedlinburg
in Leipzig im W 1506/07 (s. S. 45 Anm. 16) hat H. BOEHMER: Studien zu Thomas
Müntzer, Leipzig 1922, 12 aus der Erwähnung Quedlinburgs in Müntzers Brief an seinen Vater gefolgert, Müntzers Eltern seien von Stolberg nach Quedlinburg umgesiedelt.
Aber wie sollten dann »viele Leute« in Quedlinburg wissen, was Müntzers Mutter mit
in die Ehe gebracht hatte? Vielmehr muß man annehmen, daß Müntzer die damals übli-
che Eheabsprache im Auge hatte, die zwischen den Verwandten bzw. Vertrauens-
personen beider Partner getroffen wurde und in der die vermögensrechtliche Vereinba-
rungen fixiert und bezeugt wurden.
[52] Möglicherweise ist er identisch mit Michael Montzer aus Meißen, imm. Leipzig W
1490/91; bacc. art. W 1493/94. Matrikel Leipzig 1, 381 M 1; 2, 341.

Konspiration mit Thomas Müntzers »Handlung« geraten zu sein, insbesondere wegen der Verwandtschaft ihres Bürgermeisters Müntzer mit dem Aufrührer[53]. Michael Müntzer war wiederum ein Onkel väterlicherseits (*patruus*) des Anton Lauterbach aus Stolpen (1502-1569)[54], eines bekannten Schülers und Amanuensis' Martin Luthers[55]. Das überraschende Auftauchen des Familiennamens Lauterbach bei einem Stolpener Neffen Michael Müntzers in einer väterlichen Seitenlinie[56] zeigt, wie schwankend der Familienname in der Sippe noch war. Dies spricht dafür, daß der Zuname Müntzer von einem Beruf abgeleitet war, der noch in Thomas Müntzers Zeit oder kurz davor von einem oder mehreren Sippenmitgliedern ausgeübt wurde.

2. Verwandtschaftliche Beziehungen hatte Thomas Müntzer nach Braunschweig[57]. Er hatte dort einen Schwager und einen nicht identifizierten Gevatter. Von der Bezeichnung »Gevatter« kann man allerdings

---

[53] Herzog Georg von Sachsen an den Rat zu Bautzen, Dresden, 1525 September 9: »Als yr kurzvorweilter zeit eure geschickten hie gehabt und durch dieselben ... anzeigen lassen, wy an euch gelanget, als das yr in merklicher vordacht bey uns weret aus dem, als soltet yr mit Thomasen Muntzer seyner handlung eyn vorstand und gefallen gehabt, uns auch der straf, so wir wider die ufrurischen furgenomen, schimplich nachgeredt haben, und bevorn weyl euer bürgermayster eyner des zunamens auch Muntzer heyßet und Thomasen Muntzer vorwandt gewesen sey ...« Des weiteren versichert der Herzog, den genannten Verdacht revolutionärer Konspiration des Rats mit Müntzer nicht zu hegen, führt jedoch reformatorische Bestrebungen in Bautzen auf den Einfluß von Müntzers Lehre zurück. Akten und Briefe zur Kirchenpolitik Herzog Georgs von Sachsen/ hg. v. F. Gess, Bd. 2, Leipzig 1917, 395 Nr. 1134. Die zitierte Quelle wurde bereits von S. Bräuer: Thomas Müntzer, in: ZdZ 29 (1975) 122 herangezogen. Allerdings läßt sich dieser Quelle nicht entnehmen, der Bautzener Bürgermeister sei »ein Onkel« Thomas Müntzers gewesen. Der Vorname des Bürgermeisters Müntzer findet sich in der in Anm. 54 zitierten Quelle.

[54] Anton Lauterbach an Georg Helt in Wittenberg, Leisnig, 1534 Februar 15: »D. doctorem Casparum Lyndeman cum coniuge eius meo nomine salutes, praecipue illam sororis illius nomine, uxoris Michaelis Munczers consulis Budissini patrui mei, quo cum paucis elapsis diebus fui, salutes ...« Georg Helts Briefwechsel/ hg. v. O. Clemen, Leipzig 1907, 64 Nr. 90. Lauterbach wurde immatrikuliert in Leipzig S 1517, bacc. art. 10.3.1519; imm. Wittenberg W 1528/29 (Matrikel Leipzig 1, 557 M 46; 2, 534; Album 1, 133b). 1533-1537 wirkte Lauterbach in einem geistlichen Amt in Leipzig. Weitere Daten s. Stupperich 1984, 128f.

[55] Nach der in Anm. 54 zitierten Aussage Anton Lauterbachs waren die Ehefrauen Michael Müntzers und Dr. Kaspar Lindemanns (1485-1536), der u. a. als Medizinprofessor in Leipzig und Wittenberg wirkte, Schwestern. Luther war mit Kaspar Lindemann über seine Mutter Margarethe geb. Lindemann verwandt; nach I. Siggins: Luther and His Mother, Philadelphia 1983, 46 waren sie »first cousins«. So ergibt sich eine weitläufige Verschwägerung der Familien Thomas Müntzers und Luthers.

[56] Die Familie Lauterbach ist in Stolpen schon ausgangs des 15. Jahrhunderts nachweisbar, zuerst über Bartholomäus Lauterbach aus Stolpen, imm. Leipzig W 1496/97 (Matrikel Leipzig 1, 416 M 22). Offen ist, ob Matthäus Lauterbach, um 1500 Bürgermeister in Stolpen, der Vater Antons war, wie H. Kramm: Studien über die Oberschichten der mitteldeutschen Städte im 16. Jahrhundert, Köln 1981, 2, 783 Anm. 173 vermutet.

[57] Ausführlich dazu Kap. 3.8.1.

nicht sicher auf Verwandtschaft schließen. Bei dem Schwager handelt es
sich vermutlich um den 1527 in den Rat aufgestiegenen Fernhändler
Hans Pelt, Freund und Korrespondent Müntzers. Der Familienname
Pelt ist — in der hochdeutschen Variante Peltz — in jener Zeit auch in
Stolberg belegt. Eine Stolberger Quelle, nach der 1484 gleichzeitig ein
Thomas Montzer und »Peltz' Knecht« wegen »Ungebärde auf dem
Tanzhaus« bestraft wurden, ist oben schon genannt worden[58]. An
Michaelis 1484 zahlte »der alte Peltz« für sein Haus Zins an die Stadt[59].
1498 schwor ein Hans Peltz Urfehde, wobei Peltz' Delikt nicht genannt
ist[60].

3. Zu Müntzers Verwandtschaft gehörte ein namentlich nicht
bekannter Priester, der Ende 1522 als Bote zwischen zwei Mönchen des
Benediktinerklosters St. Peter in Erfurt und Thomas Müntzer
fungierte[61].

Diese wenigen Hinweise auf Müntzers Verwandtschaft belegen ebenfalls, daß Müntzers Herkunftsfamilie im Stadtbürgertum angesiedelt
war. Die weite Streuung der Verwandtschaft über Bautzen, Stolpen,
Braunschweig und Stolberg weist auf eine hohe räumliche Mobilität seiner Herkunftsfamilie hin. Michael Müntzer in Bautzen, Ratsherr und
Bürgemeister, und Hans Pelt, ab 1527 Ratsherr in Braunschweig, sind
aufgrund ihrer Partizipation am Ratsregiment dem gehobenen Bürger-
tum zuzuordnen. Der nicht identifizierte mit Müntzer verwandte Priester zeigt, daß auch das klerikale Element in der Sippe vertreten und
Müntzers Priesterlaufbahn somit im Rahmen seiner Verwandtschaft
nicht einmalig war.

Bisherige Hypothesen zu Müntzers Vater

Obwohl es bislang keine Quellen gibt, die eine Aussage zur Person von
Müntzers Vater machen, finden sich in der Müntzerliteratur mehrere
divergierende Annahmen über Müntzers Vater oder über seine Her-

---

[58] Siehe oben S. 18f.

[59] »Item iij sch der alde Peltz van sinem husze Michael(is)«. StaatsA Magdeburg: Rep.
H Stolberg-Wernigerode, Stolberg-Stolberg F II 35, Bl. 262va.

[60] »Hans Peltz orfeide gethon suntag(es) nach Dionisy und Claus Stog und Simon
Schoneman zu borgen gesatzt.« StaatsA Magdeburg: Rep. H Stolberg-Wernigerode,
Stolberg-Stolberg B, Stadt Stolberg 2a, Bl. 52r. Auf diese Stelle machte GOEBKE 1957,
13 Anm. 39 aufmerksam. Jedoch ist die von ihm vorgenommene Identifikation des Stolberger Hans Peltz mit dem (Braunschweiger) Hans Pelt, der mit Müntzer in Briefwechsel stand (Q 1.9.), unbegründet.

[61] Martin Genzel und Veit Goldschmied an Müntzer, Erfurt, 1521 [etwa Dezember];
MSB 378, 18-20: »Nam quicquid in buccas venit, tibi scripsimus aliaque commissa
noster amicus et tibi cognatus presens dominus informaverit ...« Zu den aus Müntzers
Heimat stammenden Briefschreibern s.o. S. 14.

kunftsfamilie. Ihnen fehlt bislang die nötige quellenmäßige und methodische Absicherung.

Eine erste Annahme hat sich im Müntzerbuch Ernst Blochs (1921) niedergeschlagen, wonach Müntzer als »Sohn kleiner Leute« in desolaten sozialen Verhältnissen aufgewachsen sei: »So erfuhr schon der Knabe alle Bitternisse der Schande und des Unrechts.«[62] Hintergrund dieser Annahme ist vermutlich ein vereinfachtes Klassenmodell, wonach derjenige, der später so vehement für die Armen eingetreten sei, auch armer Herkunft gewesen sein müsse[63]. Einen Quellenbeleg für diese Annahme gibt es nicht.

Eine soziale Stufe höher wird Müntzers Herkunftsfamilie im Rahmen einer zweiten Annahme von Marianne Schaub (1984) angesiedelt: Müntzers Vater sei von Beruf Seiler gewesen und habe als solcher eine »mittelmäßige Wohlhabenheit« genossen[64]. Die Behauptung, Müntzers Vater sei ein Seilermeister namens Karl Münter gewesen, stammt von Hermann Goebke (1957)[65]. Von einzelnen Autoren wurde sie aufgenommen[66], obwohl die Gestalt dieses angeblichen Seilermeisters eine Erfindung ist, erwachsen aus mehreren paläographischen und sprachlichen Irrtümern. Ein Seilermeister Karl Münter hat in Müntzers Verwandtschaft nie existiert[67].

---

[62] E. BLOCH: Thomas Müntzer als Theologe der Revolution (1921), Frankfurt a.M. 1980, 18.

[63] Vgl. ebd. 95.

[64] M. SCHAUB: Müntzer contre Luther, Paris 1984, 37: »médiocre aisance«.

[65] GOEBKE 1957, 7f. 11-13 sowie beigefügte genealogische Tafel. Dieser Seilermeister soll zunächst in Stolberg gelebt haben und später nach Aschersleben umgezogen sein. GOEBKE 1961, 92 hielt übrigens diesen Seiler für einen armen Mann.

[66] E. WOLGAST: Thomas Müntzer, Göttingen 1981, 9: »möglicherweise war er Seilermeister, vielleicht auch Münzmeister«. ELLIGER 1976, 10 bezweifelt nicht die Existenz dieses Seilermeisters, hält ihn jedoch nicht für Thomas Müntzers Vater.

[67] GOEBKE 1957 hat die archivalischen Quellen, auf die er seine Behauptung stützt, seinem Aufsatz in Tafel II-III Abb. 2-5 faksimiliert beigegeben. Sie sind sämtlich der Kirchenrechnung von St. Stephani in Aschersleben entnommen. Goebkes Hauptbeleg stammt aus dem Jahr 1505 (Abb. 4): »It(em) ij golt gul(den) vn(de) dat taü so dat ey(m) steylle meker an hort tho dem antwercke d(edi)t karle mü(n)t tho testame(n)te.« Karle Münt war also Stellmacher; GOEBKE 12 Anm. 33 hat falsch »seyllemeker« entziffert. Außerdem hat er falsch aus der Quelle herausgelesen, Karle Münt habe der Kirche ein Seil vermacht. »Tau« bzw. »getau« (Abb. 2) bedeutet jedoch nicht »Seil«, sondern im Mittelniederdeutschen »Gerät«, »Werkzeug«: Vgl. StadtA Braunschweig: B I 23:8 Bl. 41ᵛ (1518): »Brw taw« bzw. »Brw getawe« = »Braugerät«; F. KLUGE; W. MITZKA: Etymologisches Wörterbuch der deutschen Sprache, Berlin ²⁰1967, 772 s. v. »Tau«. Schließlich ist Goebkes Lesung »Münte(r)« falsch. In den faksimilierten Quellen (Abb. 2-4) steht dreimal eindeutig »Münt«. Die diesbezüglichen paläographischen Ausführungen bei GOEBKE 2f sind falsch. Daß der vorliegende Name »Münt« nichts mit dem Familiennamen »Münter« zu tun hat, ergibt sich vollends aus der Schreibweise in Abb. 5: »de karle mündessche«. Das gesamte von Goebke aus Aschersleben beigebrachte Material ist aus der Erörterung unserer Frage als nicht einschlägig zu streichen.

Eine dritte Annahme schließlich ordnet Müntzer »den Kreisen des Besitzbürgertums in Stolberg am Harz«[68] zu. Näherhin wird gelegentlich in dem ebenfalls von Goebke in die Forschung eingeführten Matthias Montzer in Stolberg, den Goebke selbst als Onkel Thomas Müntzers einstufte[69], der Vater unseres Thomas vermutet[70]. Dieser Matthias Montzer ist erstmals 1484 im Stolberger Schoßregister nachgewiesen[71]. 1486 war Meister Matthias Montzer für das von Junker Henning von Bertigkow erkaufte Haus noch 100 rheinische Gulden schuldig[72]. Im Jahre 1488 hat er geheiratet[73]. Im selben Jahr hat er sich an Ratsknechten vergriffen und nächtlichen Unfug auf der Straße getrieben, was ihm fünf Schilling Buße kostete[74]. Als Gründe für die Zuordnung des Matthias zum Besitzbürgertum werden angeführt: 1. Der erwähnte, 1486 belegte Erwerb von Haus und Hof. — 2. 1492 hat er selbstschuldnerisch Bürgschaft über mehr als 200 Gulden für den straffällig gewordenen Hans Heunig (Heune) geleistet[75]. — 3. Schließlich hat Goebke diesen Matthias Montzer mit einem 1497/98 in Stolberger Quellen belegten

---

[68] Zum Beispiel S. Bräuer; H.-J. Goertz: Thomas Müntzer, in: Gestalten der Kirchengeschichte/ hg. v. M. Greschat, Bd. 5, Stuttgart 1981, 335 ohne Nennung eines Namens für Müntzers Vater.

[69] Goebke 1957, 9f und genealogische Tafel.

[70] Bensing 1983a, 16f (»große Wahrscheinlichkeit«).

[71] Goebke 1957, 9.

[72] Jacobs 1884, 189 Anm. 1.

[73] Nach der Stolberger Ratsrechnung des Jahres 1488 zahlte er Buße, weil er mehr Hochzeitsgäste geladen hatte, als erlaubt war: »Item iiij sch Johannes Laubichen ubir die czall angerichtet zu siner hochzeit. Item iiij sch curd kangisßer ead(em) racione. Item iiij sch Matt(es) Montzer ea(dem) racione.« StaatsA Magdeburg: Rep. H Stolberg-Wernigerode, Stolberg-Stolberg F II 36, Bl. 31ʳᵃ. Zur Stolbergischen Hochzeitsordnung, die eine Höchstzahl von Gästen festsetzte, vgl. E. Jacobs: Hochzeitsordnungen der Städte Stolberg und Halberstadt aus der ersten Hälfte des 16. Jahrhunderts, in: ZHVG 16 (1883) 370-373. Das Heiratsdatum des Matthias würde zur bisherigen Annahme passen, Müntzer sei um 1489/90 geboren. Aber man sollte nun nicht deswegen Matthias zum Vater des Thomas erklären. Denn erstens sagen die Quellen nichts, ob Matthias 1488 zum erstenmal geheiratet hat, und zweitens ist, wie oben gezeigt, das Geburtsjahr des Thomas nicht einmal annähernd bekannt.

[74] »Item v sch dedit Matt(es) Montzer, hatte frebild an rat(es) knechten und ungefug des nacht(s) uff der gaßen begangen.« StaatsA Magdeburg: a.a.O. (wie Anm. 73). Dieser Beleg ist bei Goebke 1961, 94 verwendet.

[75] Im gräflichen Handelsbuch ist unter dem Jahre 1492 verzeichnet: »Uf mitewochen Jacobi [1492 Juli 25] habenn Ditterich Prepich, Lorentz Koch und Mattes Muntzer der ubertretunge, als Hanns Hewnig gegen der herrschaeften geubt, darumb er dann gefenglichenn angnomen, bewilligt unnd verhandelt, das Hanns Hewne meyner g. herschaeft soelicher ubertetunge halbenn ijᶜ reynische guldenn j orth vonn dato in dreyer wochenn zu straffe gebenn soll. Burg und selbgelde Mattes Muntzer. Actum in beywesenn des marschalgks und rendtmeysters die ut supra anno etc. xcijᵒ.« StaatsA Magdeburg: Rep. H Stolberg-Wernigerode, Stolberg-Stolberg F I 1, Bl. 278ʳ. In Reg. Stolb. Nr. 2133 ist der Nachname des straffälligen Bürgers falsch mit »Herwing«, bei Goebke 1957, 9 mit »Henning« entziffert. Eine Erfindung ist Goebkes Mitteilung, der Bestrafte stamme aus Quedlinburg.

»Meister Mattis dem muntzmeister« identifiziert[76]. Diese Gleichsetzung ist aber fraglich[77], da erstens aus der von Goebke herangezogenen Quelle nicht eindeutig Stolberg als Wohnort des Münzmeisters Mattis hervorgeht[78] und zweitens in demselben Jahrzehnt im nahegelegenen Wenigerode eine Matthias Münzmeister alias Montzer begegnet[79].

So wertvoll diese Angaben für eine sozialgeschichtliche Einordnung der Stolberger Familie Müntzer sein könnten, so fehlt doch noch ein einigermaßen plausibles Argument dafür, warum gerade Matthias Montzer der Vater des Thomas Müntzer sein solle, nachdem noch weitere Träger dieses Familiennamens in der zweiten Hälfte des 15. Jahrhunderts in Stolberg belegt sind[80]. Damit soll nicht in Abrede gestellt werden, daß Matthias Montzer der Vater Müntzers sein könnte[81]. Eine solche Hypothese kann aber auf das bislang vorgelegte Material noch nicht gebaut werden.

Das soziale Herkunftsmilieu Müntzers

a) Verflechtungsanalyse als methodisches Instrument der biographischen Forschung

Die Wahrscheinlichkeit, die Person von Thomas Müntzers Vater eines Tages direkt und zweifelsfrei aus einer noch nicht bekannten Quelle belegen zu können, ist gering. Zwar sind weiterhin alle diese Familie betreffenden Belege zunächst im Blick auf mögliche genealogische Zusammenhänge sorgfältig zu diskutieren[82]. Die Forschung darf sich aber nicht

---

[76] GOEBKE 1957, 9 mit sehr verschwommenen Angaben über seine Quelle.

[77] Sie wurde als bewiesenes Faktum rezipiert von ELLIGER 1976, 11 und BENSING 1983a, 16.

[78] Der Beleg stammt aus den Amtsrechnungen der gräflichen Rentei zu Stolberg aus dem Jahre 1497/98: StaatsA Magdeburg: Rep. H Stolberg-Wernigerode, Stolberg-Stolberg F I 3, Bl. 93vb. Hier findet sich eine Aufstellung von Personen, an die die Rentei Gerste verkauft hat. An »Meister Mattis dem muntzmeister« wurden 10 Fuhren und 3 Scheffel Gerste verkauft. Eine Ortsangabe fehlt. Einige Zeilen vorher wird ein Tile Erich mit dem Zusatz »czu Stalbergk« gekennzeichnet. Eine Person von außerhalb Stolbergs ist eindeutig Kurt Hartmann »huttenmeister zu Rott(elobero)de«.

[79] In Erfurt wurde im W 1492/93 ein »Mathias Mynczmeister de Wernigerode« immatrikuliert (AErfurt 2, 173a, 4). Er wurde bacc. art. im Herbst 1494, jetzt eingetragen als »Matthias Monczer de Wernigenode« (StadtA Erfurt: 1-1/X B XIII/46 Bd. 6, Bl. 62rb). Der in der Stolberger Rechnung 1497/98 genannte Münzmeister Mattis könnte also auch entweder mit dem Erfurter Studenten (1492/93-1494) identisch oder der Vater bzw. ein anderer in Wernigerode ansässiger naher Verwandter des Studenten sein.

[80] Vgl. GOEBKE 1961, 93f.

[81] Ähnlich ELLIGER 1975, 11.

[82] Über Thomas Müntzer hat genealogisch bislang nur Hermann Goebke geforscht. Neben GOEBKE 1957 und 1961 s. noch die weitgehend unveränderten Ausführungen in DERS: Thomas Müntzer: familiengeschichtlich und zeitgeschichtlich gesehen, in: Kulturbote f. den Kreis Quedlinburg, Jg. 1962, 44-48. 61-66. 84-89. Goebkes genealogische Ergebnisse sind aus zwei Gründen wertlos: Erstens hat er verschiedene Träger des Fami-

darauf fixieren, den Weg zu einer sozialgeschichtlichen Beschreibung von Thomas Müntzers Herkunftsfamilie über die Rekonstruktion direkter genealogischer Linien gewinnen zu wollen. Daher ersetze ich den Begriff »Herkunftsfamilie« durch den weiteren Begriff »Herkunftsmilieu«, der nicht die genealogische, sondern die sozialgeschichtliche Fragestellung betont.

Das soziale Herkunftsmilieu Müntzers kann auch ohne direkten Aufweis genealogischer Verbindungen durch eine möglichst umfassende Beschreibung und Analyse der sozialen Verflechtungen Müntzers annäherungsweise erfaßt werden. Das Verfahren der Verflechtungsanalyse[83] erforscht die vielfältigen sozialen Verflechtungen der Mitglieder einer Gruppe mit dem Ziel, grundlegende Strukturen dieser Verflechtungen erfassen zu können. Das Verfahren kann sowohl auf soziographische als auch auf biographische Fragestellungen angewandt werden. Bei soziographischer Anwendung wird versucht, die in der zu untersuchenden Gruppe bestehenden wechselseitigen Beziehungen und Interaktionen möglichst in ihrer Totalität unter gleichmäßiger Berücksichtigung aller Gruppenmitglieder zu erfassen. Bei biographischer Ausrichtung wird die Untersuchung auf eine einzelne Person, das sogenannte »Ego« konzentriert, wobei den Verbindungen des »Ego« zu den anderen Gruppenmitgliedern das primäre Interesse gilt. Bei diesem Verfahren müssen sekundär natürlich auch Verbindungen der übrigen Gruppenmitglieder untereinander berücksichtigt werden, soweit diese Verbindungen Rückwirkungen auf das »Ego« haben. In der vorliegenden Arbeit wird die Verflechtungsanalyse als Hifsmittel biographischer Forschung angewandt, wobei Thomas Müntzer das im Zentrum der Untersuchung stehende »Ego« ist. Eine solche Verflechtungsanalyse ist eine Art historischer Rasterfahndung, die dazu verhelfen soll, biographische Lücken zu verkleinern oder durch methodisch begründete Hypothesenbildung zu überbrücken.

Ein einfaches Beispiel eines Verflechtungsmodells ist die Genealogie: Personen verschiedener Generationen sind aufgrund verwandtschaftlicher Merkmale miteinander verflochten. Zur Erhebung der genealogi-

---

liennamens Müntzer willkürlich in eine genealogische Linie gebracht, weil er darauf fixiert war, einen Stammbaum zu erstellen. Zweitens hat er mehrere andere, ähnlich lautende Familiennamen (Mut, Mund, Münder, Monester usw.) ebenfalls einbezogen. Diese Namen sind jedoch auszuscheiden, und die Untersuchung ist — bis zum eindeutigen Gegenbeweis im Einzelfall — auf die Namensformen Müntzer/Montzer, Münter/Monter, Monetarius und deren Schreibvarianten (z.B. Münzer, Monczer, Monetarii) zu beschränken.

[83] Ich nehme hier methodische Anregungen auf von W. REINHARD: Freunde und Kreaturen: »Verflechtung« als Konzept zur Erforschung historischer Führungsgruppen, München 1979, 19-41.

schen Verflechtung ist für jede Person die Erhebung von zwei oder drei
Daten hinreichend: Vater, Mutter und gegebenenfalls Konubium. Bei
Müntzer kann gerade dieser Aspekt sozialer Verflechtung im Blick auf
seine Eltern nicht dargestellt werden. Die Verwandtschaft im weiteren
Sinn wurde jedoch bereits einbezogen, indem die wenigen Daten zu
Müntzers Verwandtschaft ausgewertet wurden. Diese wenigen bekannten genealogischen Daten führten zu einer im Stadtbürgertum angesie-
delten, teilweise an der politischen Führung partizipierenden Sippschaft,
in der auch das klerikale Element vertreten war.

Angesichts der genealogischen Lücken gewinnen bei der Untersuchung der Biographie Müntzers andere konstitutive Faktoren sozialer
Verflechtung erhöhtes Gewicht. Dazu gehören Landsmannschaft, kon-
stituiert durch Herkunft aus einem gemeinsamen Lebensraum oder
durch längeres Zusammenleben an einem Ort; beruflich bedingte Verflechtungen, wobei neben den Verbindungen, die aus Müntzers eigenen
beruflichen Kontakten herrühren, insbesondere die Berufe zu registrieren sind, die in dem Geflecht sozialer Beziehungen, in dem Müntzer
steht, wiederholt auftauchen; durch Erziehung und Ausbildung konstituierte Verflechtungen (Lehrer-Schüler-Verhältnisse, Kommilitonen
usw.); institutionell konstituierte Verflechtungen durch die Wahrneh-
mung bestimmter Ämter; Freundschaften usw.

Eine einigermaßen umfassende und befriedigende Verflechtungsanalyse kann für Müntzers Herkunftsort Stolberg, seine Beziehungen nach
Quedlinburg wie überhaupt für seine gesamte Kindheit und Jugend aufgrund des Datenmangels nicht unternommen werden. Zur Erschließung
von Müntzers Herkunftsmilieu muß daher vorrangig auf seine Braunschweiger Zeit (1514-1517) und auf seine später (bis 1522) belegten Kontakte mit dieser Stadt zurückgegriffen werden. Dieses Vorgehen legt sich
aus zwei Gründen nahe: 1. Angesichts der bislang rudimentären Dokumentation des anzunehmenden primären Lebenskreises Müntzers in seiner Stolberger Heimat haben wir es in Braunschweig mit der in Müntzers Biographie ersten dokumentierten Personengruppe zu tun, die sich
aufgrund des Datenreichtums befriedigend prosopographisch untersuchen und im Blick auf Müntzers soziale und familiäre Herkunft und Verflechtung auswerten läßt[84]. — 2. In Müntzers Braunschweiger Bezie-

---

[84] In den vier noch erhaltenen Briefen Braunschweiger Korrespondenten an Müntzer
aus den Jahren 1515 bis 1521 (Q 1.2, 1.3, 1.5, 1.9) werden insgesamt 15 Einzelpersonen
in oder aus Braunschweig namentlich genannt. Diese Personen können in Braunschweig
nachgewiesen und prosopographisch beschrieben werden. Dazu kommen sechs weitere
ohne Namensnennung in den Briefen bezeichnete Personen, die teilweise wegen ihrer
sozialen Nähe zu Müntzer von besonderer Bedeutung sind: Hans Dammanns Sohn, der
sich bei Müntzer in Frose befindet (1515); Müntzers Köchin; ein von Ludolf Wittehovet
erwähnter »Schwager«, dem Müntzer schreiben solle (1515?); der Rektor des Martins-

hungsgeflecht spielt der verwandtschaftliche Faktor eine Rolle, wodurch sich die Plausibilität von Rückschlüssen von dem Milieu, in dem Müntzer in Braunschweig verkehrte, auf sein Herkunftsmilieu erhöht.

b) *Fernhändler, Goldschmiede, Münzmeister*

In den städtischen Kreisen, in denen Müntzer verkehrte, fallen zwei Berufsgruppen besonders auf: Fernhändler und Goldschmiede. Müntzers Freunde in Braunschweig waren in ihrer Mehrzahl im Fernhandel der Hansestadt engagiert[85]. Mit dem vermögenden Fernhändler und späteren Ratsherrn (ab 1527) Hans Pelt war Müntzer nicht nur eng befreundet, sondern vermutlich auch verschwägert. Müntzer wohnte mindestens zeitweise im Hause Pelts, war mit dessen Familie, Gesinde und Freundschaft vertraut.

In Braunschweig stoßen wir auch bereits auf Personen aus Müntzers Umgebung, die nicht nur im Fernhandel, sondern auch im Goldschmiedebereich engagiert waren. Die Berufsgruppe der *Goldschmiede* wird für Müntzers Biographie als bedeutsam erkannt, wenn seine Beziehungen zu Goldschmieden in einem Längsschnitt durch sein Leben verfolgt werden. Daher stelle ich die in Müntzers Lebenslauf immer wieder begegnenden »Goldschmiedekontakte« hier geschlossen zusammen, wobei Beobachtungen aus seinen Braunschweiger Verflechtungen den Ausgangspunkt liefern.

1. Der Braunschweiger Ratsherr *Hans Dammann* gehörte zu den im Handel engagierten Braunschweiger Goldschmiedekreisen. Dammann war mit mehreren Personen aus Müntzers Freundeskreis verschwägert. Ein Sohn Dammanns weilte 1515 als Privatschüler bei Müntzer in Frose[86].

2. Auch der ebenfalls im Handel nachgewiesene Braunschweiger Ratsherr *Henning Binder* hatte höchstwahrscheinlich einen Sohn bei Müntzer in Frose. Jedenfalls schickte er Müntzer dahin im Juli 1515 einen Brief und ein Paket. Binder hinterließ 1519 nur einen noch nicht mündigen Sohn, nämlich Bartold, der Goldschmied wurde[87].

---

gymnasiums, der sich als Schüler Müntzers bezeichnet (1517); Müntzers Gevatter und Hans Pelts Frau (1521). Von diesen Personen konnte der Rektor des Martinsgymnasiums, der Müntzer in einem undatierten Brief kritische Fragen über den Ablaß stellte, identifiziert werden (s. Kap. 3.6 und Q 1.5).

[85] Die Daten sowie eine umfassende Verflechtungsanalyse werden in Kap. 3.8 vorgelegt. Ich teile hier vorwegnehmend nur die für die Bestimmung von Müntzers sozialem Herkunftsmilieu bedeutsamen Ergebnisse dieses Kapitels mit.

[86] Mehr über Dammann s. u. S. 139f. 244.

[87] Mehr über Binder s. u. S. 140. 245.

3. Der Wittenberger Goldschmied *Christian Döring* schrieb Müntzer am 11. Januar 1519 von Wittenberg nach Leipzig[88]. Er hatte mit dem Wittenberger Magister Bartholomäus Bernhardi, Propst zu Kemberg, gesprochen wegen einer Anstellung Müntzers als Kaplan[89]. Müntzer hielt sich davor (1517/18) in Wittenberg auf[90]. Aufgrund welcher Verbindungen er mit Döring in eine solche Beziehung kam, daß dieser veranlaßt war, Müntzers berufliche Interessen zu protegieren, ist unbeantwortet.

4. Im Jahr 1521, vermutlich im Dezember, erreichte Müntzer ein Einladungsschreiben aus dem Benediktinerkloster St. Peter in Erfurt, das institutionalisierte Verbindungen zum gräflichen Haus und zur Pfarrkirche in Stolberg hatte. Briefbote war ein mit Müntzer verwandter Priester[91]. Die Mönche *Veit Goldschmied* und Martin Genzel wollten Müntzer als Sprachlehrer gewinnen[92]. Martin Genzel stammte sicher, Veit Goldschmied höchstwahrscheinlich aus Stolberg[93]. Die Frage, wieweit die Bezeichnung »Goldschmied« hier bereits reiner Familienname ist oder wieweit sie auf die Ausübung des Goldschmiedehandwerks in Veits Herkunftsfamilie hinweisen könnte, muß offen bleiben[94].

5. Gegen Ende von Müntzers Tätigkeit als Prediger in Allstedt (März 1523 bis 7./8. August 1524) lassen sich gleichzeitig Verbindungen Müntzers zu zwei von auswärts nach Allstedt gekommenen Goldschmieden belegen: mit dem Zürcher Goldschmied Hans Hujuff und einem Goldschmied aus Nordhausen. Zunächst zu *Hans Hujuff*. Aus der zeitgenössischen Goldschmiedekunst ist bekannt ein Goldschmied Hans Hujuff (I.), der aus Böhmen nach Halle zugewandert war[95]. Dieser fertigte zwischen 1492[96] und 1517[97] kostbare Kleinode im Dienst der Mag-

---

[88] Über Döring s. u. S. 173f.
[89] Siehe unten S. 174f.
[90] Siehe unten Kap. 4.
[91] Siehe oben S. 23.
[92] Siehe oben S. 14.
[93] Zu Genzel s. o. Anm. 19. Ein Joseph Goltsmeth (Aurifabri) aus Stolberg wurde in Erfurt im W 1509 immatrikuliert, mag. art. 1516. AErfurt 2, 264a, 29; E. KLEINEIDAM: Universitas Studii Erffordensis, Bd. 1, Leipzig 1964, 395. Vgl. BENSING 1983b, 16 Anm. 17.
[94] Belege für »Goldschmied« als Familienbezeichnung in Stolberg sind für unseren Zeitraum von 1464 bis 1525 bekannt. Reg. Stolb. Nr. 1648. 1668. JACOBS 1884, 176.
[95] H. KÖRBER: Mainz und Halle, in: Bl. f. pfälzische Kirchengesch. 37/38 (1970/71) 682.
[96] C. R. AF UGGLAS: Ärkebiskoparna av Magdeburg och guldsmeden Hans Huauf i Halle, in: Nationalmusei Årsbok NS 7 (1937) 26. 51.
[97] E. JACOBS: Briefwechsel Cardinal-Erzbischof Albrechts mit seinem Hofmeister Botho, Grafen zu Stolberg-Wernigerode, aus dem Jahre 1517, in: GBSLM 10 (1875) 288. 293; M. SAUERLANDT: Hans Huauf, Goldschmied von Halle, in: Jb. f. Kunstsammler 2 (1922) 16f.

deburger Erzbischöfe Ernst (1476-1513) und Albrecht von Brandenburg (1513-1545) an[98]. In städtischer Ämterlaufbahn ist er als Ratsherr (1496) und Bornmeister in Halle belegt, wo er 1536 starb[99]. Von ihm ist zu unterscheiden Hans Hujuff (II.), ein Sohn Hans Hujuffs (I.)[100]. Dieser jüngere Goldschmied Hans Hujuff (II.) aus Halle wurde am 3. September 1520 Bürger in Zürich[101]. Dort ist er ab September 1524 als Mitglied der Gruppe belegt, aus der bald darauf die Täufergemeinde erwuchs. Er hat selbst zwei Personen getauft und vor seinem Haus mit Huldrych Zwingli diskutiert. Im Rahmen des Zürcher Täuferprozesses wurde er auf Urfehde hin kurz vor Weihnachten 1525 aus dem Gefängnis entlassen[102]. Danach ist er nicht mehr als Täufer aufgefallen. Ab 1526 wurden Hans Hujuff (II.) in Zürich zehn Kinder geboren. 1554 starb er[103]; sein Handwerk übernahm sein Sohn Hans Hujuff (III.), der 1558 Goldschmiedemeister in Zürich wurde[104].

Wie wir aus einem von zwei Briefen Zürcher Täufer an Müntzer vom 5. September 1524[105] erfahren, war Hans Hujuff (II.)[106] nicht lange vor-

---

[98] Siehe noch J. M. FRITZ: Gestochene Bilder, Köln 1966, 245f. 484f. 547.

[99] SAUERLANDT 1922, 15; L. GÖTZE: Die Magdeburger und Hallenser auf der Universität Wittenberg in den Jahren 1502-1560, in: GBSLM 4 (1869) 134.

[100] CH. VON DREYHAUPT: Genealogische Tabellen oder Geschlechts-Register sowohl derer vornehmsten im Saal-Creyse mit Ritter-Gütern angesessenen Familien als auch derer vornehmsten… Geschlechter zu Halle, Halle 1750, 67.

[101] StadtA Zürich: Alphabetisches Namenregister zum Zürcher Bürgerbuch Nr. 3248. Vgl. K. SIMON: Die Zürcher Täufer und der Hofgoldschmied Kardinal Albrechts, in: Zwing. 6 (1934) 52 (hier falsches Einbürgerungsdatum: 2. September).

[102] Quellen zur Geschichte der Täufer in der Schweiz, Bd. 1: Zürich/ hg. v. L. VON MURALT und W. SCHMID, Zürich 1952, 17-21. 58f. 62. 67. 121. 127. 149.

[103] SIMON 1934, 52-54. — O. SCHIFF: Thomas Müntzer als Prediger in Halle, in: ARG 23 (1926) 291 hat den für die Magdeburger Erzbischöfe arbeitenden Goldschmied Hans Hujuff (I.) irrtümlich mit dem Müntzerfreund Hans Hujuff (II.) identifiziert, ebenso W. DELIUS: Die Reformationsgeschichte der Stadt Halle a.S., Berlin 1953, 28. Richtig MSB 442 Anm. 27.

[104] SIMON 1934, 193.

[105] In der KantonsB St. Gallen: Vadianische Briefsammlung XI 97 befinden sich zwei Briefe Konrad Grebels und weiterer »Täufer« an Müntzer, die von der Hand Grebels geschrieben sind:
Brief I: Konrad Grebel, Andres Kastelberg, Felix Mantz, Hans Oggenfüß, Bartlime Pur, Heinrich Aberli an Müntzer, Zürich, 1524 September 5: KantonsB St. Gallen: Vad. Briefslg. XI 97, S. 5-12 (MSB 437, 11 - 445, 7).
Brief II: Konrad Grebel, Andres Kastelberg, Felix Mantz, Heinrich Aberli, Hans Brötli (Panicellus), Hans Oggenfüß, Hans Hujuff an Müntzer, o.D. [Zürich, 1524 September 5]: Vad. Briefslg. XI 97, S. 1-4 (MSB 445, 8 - 447, 16).
Die beiden Briefe wurden am selben Tag geschrieben, jedoch waren sie jeweils gesondert adressiert und versiegelt und müssen daher editorisch als zwei Briefe (nicht als Brief plus Anhang wie in MSB Nr. 69) behandelt werden. Nach Fertigstellung von Brief I verzögerte sich die Abreise des Briefboten »regenß halb«. In der dadurch gewonnenen Zeit wurde Brief II verfaßt — vermutlich am Abend des 5. September —, nachdem noch der an Brief I nicht beteiligte Hans Hujuff mit einem Brief seines leiblichen Bruders und Luthers Schrift gegen Müntzer (s.u. Anm. 107. 109) zur Gruppe der Briefschreiber gestoßen

her bei Müntzer gewesen[107] und hatte mit diesem ein freundschaftlich
verlaufenes Gespräch über Glaubensfragen geführt[108]. Aus den Angaben
des Täuferschreibens läßt sich rekonstruieren, daß jene Begegnung vor
dem 31. Juli 1524 in Allstedt stattgefunden haben muß[109]. Wann die sich
in diesem Vorgang wiederspiegelnde freundschaftliche Beziehung zwischen Müntzer und dem Goldschmied Hans Hujuff (II.) zustande kam,
ist offen. Die Annahme Elligers, daß sich beide während Müntzers Aufenthalt in Halle im Winter 1522/23 persönlich kennenlernten[110], ist
unzureichend, da Hans Hujuff (II.) bereits 1520 Bürger in Zürich
geworden war. Es gibt aber Hinweise auf Kontakte Müntzers mit weiteren Gliedern der Familie Hujuff. Zwei Schwestern Hans Hujuffs (II.),
Ottilia und Barbara (I.), waren Nonnen im Zisterziensernonnenkloster
St. Georg zu Glaucha vor Halle[111], an dessen Kirche Müntzer vor Weihnachten 1522 bis Anfang März 1523 Kaplan war[112]. Schließlich stand ein
Bruder Hans Hujuffs (II.)[113] mit Müntzer in Kontakt: Der Zürcher

war: Vad. Briefslg. XI 97, S. 3 (MSB 445, 10-27). Nicht seitengleiches Faksimile der
Briefe in: Conrad Grebel's Programmatic Letters of 1524/ transcribed and translated by
J. C. WENGER, Scottdale, Pennsylvania 1970, 49-69.
[106] »Hanß Huiuf, din lantzman von Hall«. Brief II: Vad. Briefslg. XI 97, S. 4 / MSB
447, 1f.
[107] »In dem so kumpt Hansen Huiufen von Hall hie unserem mitburger und mittbrů-
der, der bey dir gewåsen ist inn kurtzem, ein brief und schantlich bůchlin des Lutherß...«
Brief II: Vad. Briefslg. XI 97, S. 3 (MSB 445, 16-18).
[108] Er kann identifiziert werden mit dem in Brief I genannten Bruder, dem Müntzer
»also früntlich geloset» hat: Vad. Briefslg. XI 97, S. 8 / MSB 441, 12. Dieser Bruder hat
laut Brief I der Zürcher »Täufergruppe« über Müntzers Behauptung eines Rechts zu
defensiver Gewaltanwendung berichtet: ebd. S. 9 (MSB 442, 27-29). Keine der Personen, die Brief I mitverfaßt haben (s.o. Anm. 105) kann dieser Bruder gewesen sein, da
die Briefverfasser ausdrücklich als Müntzer unbekannt bezeichnet werden: ebd. S. 5 /
MSB 447, 18.
[109] Beide Täuferbriefe sind noch nach Allstedt adressiert. Von Müntzers Weggang aus
Allstedt (7./8. August) ist den Absendern am 5. September noch nichts bekannt. Hans
Hujuff muß Müntzer also noch in Allstedt besucht haben. Zwischen Abfassung von Brief
I und Brief II brachte Hans Hujuff in die »Täufergruppe« als Neuigkeit Luthers *Brief an
die Fürsten zu Sachsen von dem aufrührerischen Geist* (s.o. Anm. 107). Da Müntzer diese gegen
ihn gerichtete Lutherschrift spätestens am 31. Juli 1524 bekannt war (C. HINRICHS: Luther und Müntzer, Berlin ²1962, 143f), Hujuff aber von ihr in Allstedt nichts erfahren
hatte, ist sein Besuch bei Müntzer vor dem 31. Juli anzusetzen.
[110] ELLIGER 1976, 244. 247.
[111] VON DREYHAUPT 1750, 67.
[112] SCHIFF 1926, 287-291.
[113] VON DREYHAUPT 1750, 67 führt folgende Brüder auf: Andreas, Hans (II.), Blasius,
Thomas, Wolff. Weitere Nachrichten sind nur über Andreas bekannt: Im Sommersemester 1503 wurde er in Wittenberg immatrikuliert (Album 1, 8a). Er erhielt ein Hochzeits-
geschenk von Erzbischof Ernst (†1513); 1516 erwarb er in Halle anläßlich der Predigt
des Petersablasses mit seiner Ehefrau Barbara (II.) einen Ablaßbrief; 1522 ist er in Halle
als erzbischöflicher Sekretär belegt; 1530 war er Bornschreiber (VON DREYHAUPT 1750, 67;
H. VOLZ: Martin Luthers Thesenanschlag und dessen Vorgeschichte, Weimar 1959, 53f;
AGBM 2, 221 Anm.). Genealogisch nicht eingeordnet ist der im W 1507/08 in Leipzig
immatrikulierte Franciscus Hujuff aus Halle (s.u. S. 53).

Goldschmied erhielt von einem seiner leiblichen Brüder am 5. September 1524 oder kurz davor einen Brief, der Mitteilungen über Müntzers Predigt enthielt[114]. Es darf demnach angenommen werden, daß Müntzer mit der ganzen Hallenser Familie Hujuff bekannt war.

6. Als Thomas Müntzer in der Nacht vom 7. auf 8. August 1524 heimlich über die Allstedter Stadtmauer stieg und die Stadt verließ, befand er sich in Begleitung eines Goldschmieds aus Nordhausen[115]. Manfred Bensing hat diesen Goldschmied mit plausiblen Argumenten als den Goldschmied *Martin Rüdiger* aus Nordhausen identifiziert[116]. Dieser entstammte einer seit 1456 in Mühlhausen ansässigen Goldschmiedefamilie[117]. Martin Rüdiger, ein Sohn des Mühlhäuser Goldschmieds Hans Rüdiger (II.), war Bürger in Nordhausen geworden und dort verheiratet[118]. Im Bauernkrieg war er in Nordhausen anfänglich an den gegen das alte Ratsregiment gerichteten Aktivitäten beteiligt[119], dann reiste er nach Mühlhausen und hielt sich während des Höhepunkts des Thüringer Aufstands dort bei seinem Vater auf. Nach dem Bauernkrieg versuchte er, seine aktive Beteiligung herunterzuspielen, jedoch zeigt schon der Umstand, daß er noch 1527 nicht nach Nordhausen zurückkehren durfte, daß er kein Unbeteiligter war[120]. Ein Bruder Hans (III.) war Mitglied des Ewigen Rates in Mühlhausen gewesen[121], weitere Familienmitglieder waren ebenfalls am Aufstand beteiligt[122]. Nach dem Bauernkrieg wandten sich einige Frauen aus dieser unter dem Einfluß Müntzers stehenden Goldschmiedefamilie dem Täufertum zu: Martins Mutter Katharina Rüdiger und ihre Tochter Ottilia wurden 1537 verhaftet. Die wiedergetaufte Ottilia wurde 1538 ertränkt, während Katharina nach Widerruf und auf Fürbitte ihres Mannes freigelassen wurde.

[114] »Deß Huiufen brüder schribt, du habest wider die fürsten gepredigt, daß man sy mit der funst angriffen solte.« Brief II (s.o. Anm. 105): Vad. Briefslg. XI 97, S. 3 / MSB 445, 26f.

[115] Hans Zeiß, Schösser zu Allstedt, an Herzog Johann von Sachsen, Allstedt, 1524 August 25; K. E. FÖRSTEMANN (Hg.): Zur Geschichte des Bauernkriegs im Thüringischen und Mansfeldischen, in: NMHAF 12 (1869) 202.

[116] M. BENSING: Thomas Müntzer und der Thüringische Aufstand 1525, Berlin 1966, 63f. 258; BENSING 1983b, 10f. Eine entsprechende Vermutung äußerte bereits R. JORDAN: Wiedertäufer in Mühlhausen (Thür.), in: Mühlhäuser Geschichtsblätter 15 (1914/15) 44.

[117] Der Goldschmied Hans Rudiger (I.) wurde 1456 Neubürger in Mühlhausen. B. KAISER: Mühlhäuser Neubürger im 15. und 16. Jahrhundert, Mühlhausen 1979, 36.

[118] BENSING 1983b, 10.

[119] Ebd. und BENSING 1966, 258.

[120] AGBM 2, 883f.

[121] BENSING 1983b, 14.

[122] AGBM 2, 884. Die Namen von Martin Rüdigers Geschwistern bei BENSING 1983b, 10. Ein Bastian Rüdiger, bei dem allerdings Verwandtschaft mit den Vorgenannten nicht nachgewiesen ist, fungierte als Überbringer von Briefen Heinrich Pfeiffers: AGBM 2, 878.

Jedoch wurde Katharina 1545 erneut, diesmal zusammen mit ihrer Tochter Veronika, verhört; weiteren Verhören entzogen sich beide durch Flucht[123].

Die geschilderten verwandtschaftlichen Verhältnisse der Familie Rüdiger lassen nicht nur vermuten, daß Müntzers Weg von Allstedt nach Mühlhausen dank des ihn bei der Flucht aus Allstedt begleitenden Martin Rüdiger über Nordhausen führte[124], sondern auch, daß bei der Aufnahme Müntzers in Mühlhausen im August 1524 diese Goldschmiedefamilie eine Rolle gespielt haben dürfte.

7. Erneut spielte ein Goldschmied eine Rolle, als Müntzer nach seiner Ausweisung aus Mühlhausen (September 1524) und seiner Reise durch Süddeutschland Ende Februar 1525 nach Mühlhausen zurückkehrte: *Dietrich Wismeler*[125]. Er war eine der Führungsgestalten des im April 1523 gegen Ratswiderstand von der Mühlhäuser Bürgerschaft gewählten Achtmännerkollegiums[126]. Offenbar in seiner Eigenschaft als einer der Achtmänner holte er zusammen mit zwei weiteren Mitgliedern dieses Gremiums[127] Müntzer in einem Dorf in der Umgebung Mühlhausens ab[128]. Er hat zudem Müntzer und Heinrich Pfeiffer bei sich beherbergt[129]. Zu Müntzer stand er in der Folgezeit in engem Kontakt und beteiligte sich aktiv am Aufstand. Nach dem Bauernkrieg floh er nach Göttingen[130]. Aus derselben Familie waren Eobanus Wismeler[131] und Hans Wismeler an der Abfassung des Rezesses beteiligt[132], zu dessen Annahme der Rat am 3. Juli 1523 von der bürgerlichen Opposition gezwungen worden war. Hans Wismeler taucht dann auch wieder in der revolutionären Bewegung vom Frühjahr 1525 auf[133]. Ein Kurt Wismeler, der beschuldigt wurde, zu den Führern des Aufruhrs gehört zu haben, war noch 1527 flüchtig[134].

---

[123] JORDAN 1914/15, 45f; BENSING 1983b, 14.

[124] BENSING 1983b, 11.

[125] D. LÖSCHE: Achtmänner, Ewiger Bund Gottes und Ewiger Rat, in: JWG 1960, 162; BENSING 1966, 259.

[126] LÖSCHE 1960, 147-149. 162.

[127] Michael Koch — neben Wismeler in diesem Gremium führend — und Hans Schmit. Zu ihnen s. ebd. 149. 162.

[128] AGBM 2, 872.

[129] Ebd. 2, 752 Anm. 7. Dasselbe wird auch von Michael Koch, von Beruf Wollweber, gesagt.

[130] AGBM 2, 752. 754. 871-874. 876. 883.

[131] Er wurde 1511 Neubürger in Mühlhausen: KAISER 1979, 46.

[132] AGBM 2, 874f. 935.

[133] Hans Wismeler war mitbeteiligt, als ein Pfund Silber aus den Kirchenschätzen »dem goltschmede an der ratsgaßen ecken« verkauft wurde. AGBM 2, 714. Wer dieser Goldschmied war, kann ich nicht sagen. Dietrich Wismeler wohnte in der Marktgasse: LÖSCHE 1960, 162.

[134] Akten und Briefe zur Kirchenpolitik Herzog Georgs von Sachsen, 2, 543, 31-38.

Bei der Bewertung der dargestellten Kontakte Müntzers mit Goldschmieden könnten im Einzelfall Zweifel angemeldet werden, ob das
berufliche Merkmal »Goldschmied« ausschlaggebend war für das
Zustandekommen einschlägiger Kontakte. So könnten bei Christian
Döring dessen buchhändlerische Unternehmungen zu der Bekanntschaft
mit Müntzer geführt haben, der sich zu der Zeit, als ihm Döring schrieb,
in Leipzig bei einem Buchführer aufhielt. Bei Dietrich Wismeler in
Mühlhausen (1524/25) könnte für seine Bemühungen um Müntzer seine
Amtsfunktion als Mitglied des Achtmännerkollegiums ausschlaggebend
gewesen sein. Die Einzelfälle erscheinen aber im Rahmen ihrer Einbet-
tung in eine ganze Kette von »Goldschmiedekontakten« Müntzers in
anderem Licht.

Eine plausible Erklärung für dieses Phänomen finden wir, wenn wir
von den Goldschmieden zur Berufsgruppe der *Münzmeister* übergehen,
von der auch der Familienname »Müntzer« herkommt. Der »Münzer«
bezeichnet vorrangig den mit der Münzprägung an einer Münze beauf-
tragten Münzmeister. Die Verwendung des Familiennamens in Müntzers Korrespondenz läßt an einer Stelle noch erkennen, daß die Ableitung des Namens aus einem in der Familie ausgeübten Beruf in
Müntzers Frühzeit noch bekannt war. Im ältesten datierten Stück des
Briefwechsels, dem Brief des Braunschweiger Handelsfaktors Klaus
Winkeler an Müntzer, wird in der Adresse der lateinische Genitiv *Monetarii* gebraucht, d.h. Müntzer wird als »Thomas, des Münzmeisters«
bezeichnet[135]. Man kann dies als Indiz werten, daß der Briefschreiber
davon ausging, daß einer der nächsten Vorfahren Müntzers — wahrscheinlich sein Vater, vielleicht aber auch sein Großvater — das Amt des
Münzmeisters ausübte. In diesem Licht darf man die in der Forschung
vertretene Auffassung, daß in Müntzers Stolberger Herkunftsfamilie
Münzmeister vertreten waren, als sehr plausibel betrachten.

Mit den Ämtern des Münzmeisters als auch des Münzwardeins wurden in jener Zeit häufig Goldschmiede betraut[136], da diese die nötigen
handwerklichen Kenntnisse zum Umgang mit den Edelmetallen, insbesondere zur Prüfung des Feingehalts der bei der Münzprägung verwendeten Edelmetalle besaßen[137]. Diese Zusammenhänge erlauben die

---

[135] Q 1.3 Z. 1 / MSB 349, 1.

[136] Zahlreiche Belege finden sich in den Goldschmiedeverzeichnissen von W. SCHEFF-
LER: Goldschmiede Niedersachsens, Berlin 1965; Goldschmiede Rheinland-Westfalens,
Berlin 1973; Goldschmiede Hessens, Berlin 1976; Goldschmiede Mittel- und Nordostdeutschlands von Wernigerode bis Lauenburg in Pommern, Berlin 1980 (289: Quedlinburg).

[137] Vgl. M. ROSENBERG: Geschichte der Goldschmiedekunst auf technischer Grundlage, [H. 1], Frankfurt a.M. 1910, 39-48; G. SCHADE: Deutsche Goldschmiedekunst,
Leipzig 1974, 32f.

Hypothese, daß in Müntzers Herkunftsfamilie nicht nur das Amt des
Münzmeisters, sondern in Verbindung damit auch der Beruf des
Goldschmieds vertreten war und daß sich von daher die signifikante
Häufigkeit von Verflechtungen Müntzers mit Goldschmieden erklärt.

Ein Blick auf den Berufsstand der Münzmeister kann eine weitere
Hilfe zur Beschreibung von Müntzers sozialem Herkunftsmilieu sein.
Wenn man den Namen »Münzer« führte, konnte man der Öffentlichkeit
Herkunft aus gutem Hause suggerieren. Denn die Münzmeister waren
in der Regel wohlhabende bis ausgesprochen reiche Leute. Bevor man
allmählich im 16. Jahrhundert dazu überging, die Münzmeister mit
einem festen Gehalt zu besolden, hatten sie ihre Gewinne aus ihrer
Tätigkeit zu ziehen. Die Verführung, durch Reduzierung des Feinge-
halts der Münzen die Gewinne zu erhöhen, war groß. Auch die fürstlichen Münzherren nutzten oft Münzverschlechterungen als Mittel zur
Erhöhung des eigenen Profits an der Münzprägung aus. Anders war die
Interessenlage der Städte, die zugunsten ihres Handels für die Stabilität
der Münzwährungen kämpften. Unerlaubte Münzmanipulationen und
Münzfälschungen waren mit der Todesstrafe bedroht. So standen die
Münzmeister immer auch mit einem Bein im Grabe. Bei vielen Münz-
meistern beobachtet man hohe räumliche Mobilität, da sie oft gleichzeitig oder kurz hintereinander an mehreren Münzstätten tätig waren[138].

c) *Schlußfolgerungen: Müntzers Herkunft aus dem Besitz- und Bildungsbürgertum
   des thüringischen Raumes*

Nehmen wir für eine abschließende sozialgeschichtliche Wertung des
vorgelegten Materials die Berufsgruppen der Fernhändler sowie der
Goldschmiede und Münzmeister zusammen, so sind sowohl die vielfältigen Verflechtungen dieser Berufsgruppen als auch ihre Zugehörigkeit zu
derselben sozialen Schicht zu vermerken. Müntzers Verbindungen mit
beiden Berufsgruppen zeigen, daß er einem sozialen Milieu entstammt,
das man im Rahmen der sozialen Schichtung jener Zeit als ein relativ
wohlhabendes, in den größeren Städten auch politisch einflußreiches
Besitz- und Bildungsbürgertum charakterisieren muß.

Nachdem wir auf die Bedeutung des Goldschmiedehandwerks in
Müntzers Biographie aufmerksam geworden sind, erlaubt es seine
Herkunft aus der Bergbaustadt Stolberg, den Kreis seines sozialen
Herkunftsmilieus noch etwas größer zu ziehen: Er ist seiner Herkunft
und seinen persönlichen Lebenskreisen nach verflochten in die Kreise

---

[138] Siehe unten Anm. 153.

der frühkapitalistischen Montanwirtschaft des Harzraumes[139] und
Thüringens[140]. Neben den Goldschmieden und den an jenem Wirt-
schaftszweig partizipierenden Fernhändlern tauchen auch noch andere
Gewerke aus dem Bereich der Metallgewinnung und -verarbeitung in
Müntzers Freundeskreis auf. Ich nenne hier nur ausgewählte Beispiele:
Bereits 1514 soll Müntzer in Braunschweig Kontakte zu *Kannengießern*
gehabt haben[141]. Im Juli 1520 trägt Hermann Ferwer in Weißenfels
Müntzer brieflich Grüße auf an seine Schwägerin »Blessingk Kannengis-
sern« (Blasius Kannengießerin)[142], der Frau des Zwickauer Kannengie-
ßers Blasius, dessen Arbeiten für Kurfürst Friedrich den Weisen Anfang
1524 belegt sind[143]. Eines der für unseren Zusammenhang wichtigsten
Beispiele aus dem umrissenen Wirtschaftsmilieu ist die Freundschaft
Müntzers mit Christoph Meinhard in Eisleben, der ab 1523 als ein enger
Vertrauter Müntzers und Vertreter von dessen religiöser Gedankenwelt
belegt ist. Drei Briefe Müntzers an Christoph Meinhard sind erhalten[144].
Dieser Christoph Meinhard war *Hüttenmeister* in Eisleben und betrieb
sowohl Erb- als auch Herrenfeuer gleichzeitig mit Luthers Vater Hans
Luder[145]. Nach dem Bauernkrieg trat Luther vermutlich für Christoph
Meinhard ein, der Luther 1526 einen kunstvoll gestalteten silbernen
Kelch schenkte[146].
Über Christoph Meinhard sind wir auf Gemeinsamkeiten in Müntzers
und Luthers Herkunftsmilieu gestoßen. Diese Beobachtung soll Anlaß
sein, abschließend die gemeinsame Herkunft der beiden Reformatoren
aus dem Bergbaugebiet des Thüringer Raums vergleichend darzustellen.

---

[139] Vgl. H.-J. KRASCHEWSKI: Der Bergbau des Harzes im 16. und zu Beginn des 17.
Jahrhunderts, in: Montanwirtschaft Mitteleuropas vom 12. bis 17. Jahrhundert/ bearb.
v. W. KROKER und E. WESTERMANN, Bochum 1984, 134-143.

[140] Vgl. E. WESTERMANN: Das Eislebener Garkupfer und seine Bedeutung für den
europäischen Kupfermarkt 1460-1560, Köln 1971; DERS.: Silbererzeugung, Silberhandel
und Wechselgeschäft im Thüringer Saigerhandel von 1460-1620, in: VSWG 70 (1983)
192-214; W. FISCHER: Bergbau und Hüttenwesen Thüringens am Vorabend der frühbürgerlichen Revolution, in: MB 9 (1986) 32-42.

[141] Siehe unten S. 67f.

[142] MSB 357, 9f.

[143] Er wird zum Neujahrsmarkt 1524 von Kurfürst Friedrich mit 6 fl entlohnt für die
Anfertigung von Flaschen und Schüsseln aus Zinn. R. BUCK: Friedrich der Weise als
Förderer der Kunst, Straßburg 1903, 328.

[144] MSB Nr. 47 S. 398-400 (Allstedt, 1523 Dezember 11); Nr. 49 S. 402-404 (Allstedt,
1524 Mai 30); Nr. 71 S. 449f (o.O.u.D. [ca. November/Dezember 1524]).

[145] E. WESTERMANN: Hans Luther und die Hüttenmeister der Grafschaft Mansfeld im
16. Jahrhundert, in: Scripta Mercaturae 2 (1975) 68-75 (Belege für Christoph Meinhard
bis 1524; ab 1527 ist an seiner Stelle Alexius Meinhard belegt).

[146] WA.B 3, 508, 33-36; 4, 55, 11-13.

Müntzers und Luthers Herkunft im Vergleich

Die soziale Herkunft Luthers aus dem Besitz- und Bildungsbürgertum der Grafschaft Mansfeld kann als bekannt vorausgesetzt werden. Familiär vermittelte Bildungsansprüche flossen über die städtische Herkunft der Mutter Margarete Lindemann ein, während der Vater Hans Luder, tätig als Hüttenmeister im Eislebener und Mansfelder Kupferbergbau, als erfolgreich aufsteigender, neureicher Unternehmer charakterisiert werden kann. Hier soll auf einige auffallende Parallelen und Überschneidungen in der Herkunft Luthers und Müntzers aufmerksam gemacht werden.

Die geographische Nähe von Luthers und Müntzers Herkunftsorten, gelegen im Südostharz bzw. dessen Vorland, zeigt der Blick auf die Karte: Die Entfernung zwischen Stolberg und Mansfeld beträgt etwa 40 km. Ökonomische und verwandtschaftliche Verflechtungen zwischen den Orten der Grafschaften Stolberg und Mansfeld waren naturgegeben. Luther war verwandt mit der Familie des Stolberger Rentmeisters Wilhelm Reifenstein, der mit dem Mansfelder Hüttenmeister Hans Reinecke, Luthers einstigem Magdeburger Schulkamerad, Hauptgesellschafter der Steinacher und Ludwigstädter Saigerhandelsgesellschaften war[147]. Im April 1525 holte man Luther nach Stolberg zur Predigt gegen den Aufruhr. Umgekehrt hatte auch Müntzer alte Beziehungen ins Mansfeldische. Mehrere Indizien sprechen dafür, daß er sich in den noch unerhellten Phasen seiner Biographie im Raum Eisleben/Mansfeld aufhielt oder intensive Verbindungen dahin pflegte.

Erstens: Bekannt ist Müntzers Freundschaft mit Johann Agricola von Eisleben, die allerdings in der gemeinsamen Braunschweiger Zeit (ab 1514) ihren Anfang genommen haben könnte[148].

Zweitens: Martin Seligmann aus Heilbronn, vermutlich schon 1516 Vikar in Talmansfeld[149], schreibt am 13. Mai 1524 an Müntzer, daß er mit ihm schon »viele Jahre« Umgang gehabt habe[150].

Drittens: In Müntzers Briefwechsel befindet sich ein undatierter Brief eines Johann Esche. Bei dem Schreiber handelt es sich um den Antwerpener Augustinermönch Johann von Essen[151], der am 1. Juli 1523 mit

---

[147] WESTERMANN 1975.
[148] Siehe unten Kap. 3.7.2.
[149] So WA.B 1, 533 Anm. 1. Der erste sichere Beleg stammt allerdings erst vom 4. April 1519: E. JACOBS: Thalmansfeld, Luther, seine Familie und Mansfelder Freundschaft: Brief von Phil. Melanthon, in: ZHVG 2 (1869) 54. Seligmann hatte insofern Verbindungen nach Stolberg, als die Vikare der Pfarrkirche St. Georg zu Mansfeld, an der Seligmanns Vikarei war, einen Zins vom Rat zu Stolberg bezogen: ebd.
[150] Seligmann an Müntzer, Talmansfeld, 1524 Mai 13; MSB 401, 1-4.
[151] Vgl. unten S. 94 Anm. 162.

seinem Klosterbruder Hendrik Vos in Brüssel verbrannt wurde. Nach einer Angabe des Chronisten Cyriakus Spangenberg (1528-1604) hatten sich die beiden genannten Augustinermönche zeitweilig im 1515 gegründeten Eislebener Konvent aufgehalten[152].

Viertens ist hier noch einmal die Freundschaft Müntzers mit Christoph Meinhard in Eisleben zu nennen. Zwei Mitglieder der Familie Meinhard sind übrigens in der zweiten Hälfte des 16. Jahrhunderts als Münzmeister in Eisleben belegt[153].

Fünftens: Kontakte Müntzers mit dem damals größten Nürnberger Montanunternehmer Christoph Fürer ergeben sich aus einem in Nürnberg entdeckten Schriftwechsel Fürers mit Müntzer (1524)[154]. Fürer war ab 1497/98 zwei Jahre in Eisleben tätig als Faktor der Arnstädter und Gräfenthaler Saigerhandelsgesellschaften. Später war er als Vorsteher der Arnstädter Saigerhütte oft im Thüringer Raum[155]. Wir stoßen hier auf einen Freundeskreis Müntzers im Mansfeldischen mit Verflechtungen nach Nürnberg. Philipp Gluenspieß in Mansfeld schickte Müntzers Mahnbriefe an die Mansfelder Grafen vom 12. Mai 1525 sofort, noch vor der Schlacht von Frankenhausen (15. Mai), abschriftlich an seinen Verwandten, den aus Mansfeld stammenden Georg Römer (1505-1557) in Nürnberg[156]. Vermutlich über ihn erhielt Christoph Fürer Abschriften derselben Briefe[157]. Schon 1521 setzte sich Müntzer ein für einen Philipp Römer, einen aus Wertheim stammenden Verwandten des genannten Georg Römer[158], und zwar beim Rat von Neustadt an der Orla in der Eheangelegenheit Philipps mit Dorothea Normbergerin[159].

Zusammenfassend läßt sich feststellen: Luther und Müntzer entstammen einem landschaftlich und wirtschaftlich zusammengehörigen Raum, dem die Städte Eisleben, Mansfeld und Stolberg mit ihrer Beteiligung am Kupferbergbau angehören. Ferner sind ihre Familien in derselben sozialen Schicht angesiedelt, nämlich in dem durch umfangreiche

---

[152] J. BOEHMER: Die Beschaffenheit der Quellenschriften zu Heinrich Voes und Johann van den Esschen, in: ARG 28 (1931) 123. 125-133.

[153] Berthold Meinhart 1582-1594 und dessen Sohn Georg Meinhart 1595-1615. Georg ist ein typisches Beispiel für die Mobilität der oft gleichzeitig an mehreren Orten tätigen Münzmeister. Er war während seiner Eislebener Amtszeit zwischendurch als Münzmeister tätig in Halle, Halberstadt und Stolberg. O. TORNAU: Münzwesen und Münzen der Grafschaft Mansfeld von der Mitte des fünfzehnten Jahrhunderts bis zum Erlöschen des gräflichen und fürstlichen Hauses, Prag 1937, 186. 502-504.

[154] Q 1.10.

[155] Weitere Daten und Literatur zu Fürer s. Einführung zu Q 1.10.

[156] LB Dresden: Mscr. Dresd. C 109ᵈ, Bl. 21ʳ.

[157] FA Scheurl Nürnberg: XII D 4a, Bl. 1ʳ-2ᵛ. Vgl. unten S. 268-270.

[158] Am 21. Mai 1518 wurden gemeinsam in Wittenberg immatrikuliert: Philipp Römer aus Wertheim und Georg Römer aus Mansfeld. Album 1, 82b.

[159] MSB 366f.

Teilhabe an den Wirtschafts- und Bildungsgütern gehobenen Stadtbürgertum, das durch Bergbau, Handwerk und Handel an der frühkapitalistischen Montanwirtschaft des Mansfelder Landes und des Harzes partizipierte.

KAPITEL 2

SCHULZEIT UND UNIVERSITÄTSSTUDIEN —
QUEDLINBURG, LEIPZIG, FRANKFURT AN DER ODER

2.1. Akademische Laufbahn

Thomas Müntzer brachte es in seiner akademischen Laufbahn bis zum
Grad eines *baccalaureus biblicus*. Das bedeutet, daß er zuvor das vorge-
schriebene Grundstudium in einer Artistenfakultät durchlaufen und
dabei die Grade eines *baccalaureus artium* und danach den eines *magister
artium* erworben haben mußte. Aus der Zeit, in der Müntzer bereits Bakkalar der Künste, aber noch nicht Magister war, gibt es keinen Briefwechsel und keine Dokumente, die jenen ersten akademischen Grad
belegen würden. Im ersten datierten Stück des Briefwechsels wird Müntzer bereits als Magister angeredet, und zwar am 25. Juli 1515 von seinem Braunschweiger Korrespondenten Klaus Winkeler[1]. Als *baccalaureus
biblicus* ist Müntzer zweimal belegt. In einer eigenhändigen Notiz aus der
Zwickauer Zeit (1520/21) nennt sich Müntzer »artium magister et sancte
scripture baccalaureus«[2]. Am 25. Juli 1521 nennt ihn sein Braunschweiger Freund Hans Pelt brieflich »backalarien der hylgen geschryfft«[3].

Es ist unbekannt, wann und wo Müntzer die genannten Grade erworben hat. Die Quellen zu Müntzers Studienlaufbahn vor 1515 sind extrem
bruchstückhaft. Sie reduzieren sich auf zwei Matrikeleinträge in Leipzig
und Frankfurt an der Oder, wobei bei dem ersteren noch nicht einmal
mit letzter Sicherheit bewiesen werden kann, daß er sich auf unseren
Thomas Müntzer bezieht. Ich werde jedoch in der folgenden Rekonstruktion von Müntzers Studienlaufbahn den Leipziger Matrikeleintrag
einbeziehen. Somit ergeben sich folgende Eckdaten: Müntzer wurde —

---

[1] Q 1.3 Z. 1. Müntzer selbst bezeichnete sich als Magister im Brief an Bürgermeister und Rat von Neustadt an der Orla, Zwickau, 1521 Januar 17: MSB 367, 3. Weitere
Belege für Müntzers Magistertitel sind zusammengestellt bei G. VOGLER: Thomas Müntzer auf dem Wege zur Bildung — Anmerkungen zur Frankfurter Studienzeit, in: MB
4 (1981) 31f.
[2] MSB 537, 14. Müntzer hat hier einen undatierten Briefentwurf feierlich eröffnet und
dabei auf seine volle Titelei sichtlich Wert gelegt. »In Christo Jesu lux et veritas nobis
orta, fratres charissimi, Thomas Munczer de Stolbergk, artium magister et sancte scripture baccalaureus, predicator urbis Cignee...« MSB 537, 1-3.
[3] Q 1.9 Z. 1f / MSB 373, 12f. Es gibt keinen Anlaß, Müntzer Hochstapelei und
Titelfälschung zu unterstellen, wie es W. ELLIGER: Thomas Müntzer (1975), Göttingen
³1976, 37f in Voreingenommenheit gegenüber Müntzers Charakter tut, nur weil sich
kein Nachweis aus den erhaltenen einschlägigen Universitätsakten führen läßt.

höchstwahrscheinlich — im Winter 1506/07 in Leipzig immatrikuliert, im Winter 1512/13 in Frankfurt an der Oder. Diese zwei Daten müssen mit den akademischen Promotionen Müntzers, in denen er die oben genannten drei Grade erworben hat, in einer plausiblen Weise kombiniert werden. Da sich dieser Aufgabe eine Reihe von Schwierigkeiten entgegenstellen, will ich zunächst zusammenfassend ein mögliches Modell der Studienlaufbahn Müntzers skizzieren, bevor in den folgenden Abschnitten die wenigen Quellen im einzelnen vorgelegt und diskutiert werden sollen.

Müntzer kam ohne akademische Grade nach Leipzig und hat dort nachweislich auch keinen Grad erworben[4]. In Frankfurt an der Oder kann Müntzer längstens bis vor 6. Mai 1514[5] studiert haben, also maximal drei Semester. Dieser kurze Zeitraum erlaubte nach damaligen Studienvorschriften im Regelfall höchstens den Erwerb *eines* akademischen Grades. Ferner scheidet hier der Erwerb der artistischen Grade durch Müntzer ebenfalls aus[6]. Da Müntzer im Juli 1515 aber bereits Magister war, muß der Schluß gezogen werden, daß er zwischen Leipzig und Frankfurt noch an einer weiteren, vorläufig unbekannten Universität studiert hat[7]. Für ein Studium zwischen Leipzig und Frankfurt hätte maximal ein Zeitraum zwischen Sommer 1507 bis Sommer 1512, also 5 ½ Studienjahre, zur Verfügung gestanden. Für einen solchen dritten Studienaufenthalt Müntzers könnten die Universität Mainz, deren Matrikel verloren ist[8], oder eine der ausländischen Universitäten in Frage kommen, deren Matrikeln und Akten im Blick auf Müntzer noch der Überprüfung harren.

An der dritten Universität zwischen Leipzig und Frankfurt muß Müntzer die beiden artistischen Grade erworben haben. Seinen dritten, nämlich den untersten theologischen Grad (*baccalaureus biblicus*) könnte er an jener unbekannten Universität, in Frankfurt oder später bei seinem Studienaufenthalt in Wittenberg (1517/18, 1519)[9] erworben haben. Für

---

[4] Siehe Kapitel 2.3.

[5] Etwa von diesem Zeitpunkt an ist seine Anwesenheit in Braunschweig vorauszusetzen, wo er allerdings auch schon vorher gewesen sein könnte. Vgl. unten S. 84.

[6] Siehe Kapitel 2.5. Ohne Grundlage in den Quellen setzt ELLIGER 1976, 33. 36 voraus, Müntzer sei in Leipzig *baccalaureus artium*, in Frankfurt/Oder *magister artium* geworden. Zu Elligers Hypothesen s. noch oben Anm. 3.

[7] Diese Annahme findet sich bereits bei R. DRUCKER; B. RÜDIGER: Thomas Müntzers Leipziger Studienzeit, in: WZ(L).GS 23 (1974) 450, wo Wittenberg oder Erfurt als mögliche Studienorte genannt werden.

[8] Auf Mainz als möglichen Studienort Müntzers haben H. BOEHMER: Thomas Müntzer und das jüngste Deutschland, in: DERS.: Gesammelte Aufsätze, Gotha 1927, 198 und V. HUSA: Thomáš Müntzer a Čechy, in: Rozpravy Ceskoslovenské Akademie Věd 67 (1957), H. 11, 37 hingewiesen.

[9] Siehe Kap. 4.

den Erwerb dreier Grade an der unbekannten Universität erscheint der zur Verfügung stehende Zeitraum doch etwas knapp. So möchte man Müntzers theologisches Bakkalaureat eher mit Frankfurt in Verbindung bringen. Für die Annahme, Müntzer habe in Wittenberg einen theologischen Grad erworben, sprechen jedenfalls nicht die Wittenberger Quellen. Denn er ist dort weder in der Matrikel noch im Dekanatsbuch der theologischen Fakultät genannt[10]. Da Müntzers theologischer Grad aber erst in seiner Zwickauer Zeit (1520/21) belegt ist[11], möchte ich vorsichtshalber Wittenberg aus der Diskussion um Müntzers theologischen Grad nicht völlig ausklammern. Allerdings wäre diese Variante mit der großen Schwierigkeit behaftet, daß man gleichzeitig je eine Lücke in der allgemeinen Universitätsmatrikel und im theologischen Dekanatsbuch voraussetzen müßte[12].

Unter Berücksichtigung der genannten Daten und Gesichtspunkte läßt sich für Müntzers Studiengang zusammenfassend folgendes Modell entwerfen: Er begann im Winter 1506/07 mit dem Studium in Leipzig, wechselte zu einem unbekannten Zeitpunkt an eine andere, noch unbekannte Universität. An dieser brachte er es bis zum *magister artium*. Im Winter 1512/13 setzte er die Studien in Frankfurt/Oder fort, wo er längstens bis zum Frühjahr 1514 blieb. Möglicherweise wurde er hier *baccalaureus biblicus*. Für den Erwerb des dritten Grades muß man alternativ allerdings bis auf weiteres noch die unbekannte Universität vor Frankfurt sowie Müntzers spätere Wittenberger Studienzeit zwischen 1517/18 und 1519 im Auge behalten.

Angesichts der Lückenhaftigkeit der Daten läßt sich — abgesehen von der späten Wittenberger Studienzeit — über Müntzers akademische Lehrer in den von ihm absolvierten artistischen und theologischen Studiengängen keine sichere Aussage machen. Abgesehen von der Feststellung, daß Müntzer mit dem Studium der *artes* in Leipzig begonnen haben muß, können wir bis einschließlich Frankfurt/Oder nicht sagen, an welchem Ort er welche Inhalte studierte. Alle Behauptungen über eine bestimmte schulmäßige Prägung Müntzers, z.B. über sein angeblich »thomistisch geprägtes Wissen«[13], gehören beim gegenwärtigen Forschungsstand in den Bereich der Spekulation. Die Tatsache, daß Müntzer die zwei artistischen Grade und den untersten theologischen

---

[10] Es sei vermerkt, daß Müntzer auch im Dekanatsbuch der Wittenberger Artistenfakultät nicht genannt ist.

[11] Wenn man annimmt, Müntzer sei schon vor 1515 *baccalaureus biblicus* geworden, dann könnte das Fehlen des Titels in Müntzers Briefwechsel vor Zwickau damit erklärt werden, daß »Bakkalar der Heiligen Schrift« nicht so regelmäßig in Anrede und Adresse gebraucht wurde wie der Magistertitel.

[12] Weitere Erörterungen zu dieser Hypothese s. u. S. 151.

[13] ELLIGER 1976, 35.

Grad erworben hat, erlaubt nur, die Studieninhalte zu benennen, mit
denen sich ein Student damals in den betreffenden Studiengängen
pflichtgemäß beschäftigen mußte, um die betreffenden Grade erwerben
zu können. Das zu absolvierende Curriculum war an allen Universitäten
im wesentlichen gleich[14]. Die wichtigsten Pflichtvorlesungen sollen hier
zusammengestellt werden, da man dadurch auch eine Übersicht über die
Pflichtliteratur eines damaligen Studenten erhält, die Müntzer gekannt
haben muß, auch wenn er sie später nicht zitiert.

Von den *septem artes liberales* war in der mindestens einjährigen, in der
Praxis meistens zweijährigen Studienphase bis zur Bakkalaureatsprü-
fung zunächst das Trivium — Grammatik, Rhetorik und Dialektik — zu
studieren. Für den Grammatikunterricht waren die *Ars minor*, d.h. der
erste Teil der Grammatik des Aelius Donatus (4. Jh.), sowie das *Doctri-
nale puerorum* des Alexander von Villa Dei († um 1250) maßgeblich. Die
Bedeutung dieser Lehrbücher mußte 1508 in Leipzig angesichts des Ein-
dringens neuer, vom Humanismus beeinflußter Grammatiken eigens
eingeschärft werden[15]. Ferner wurden die *Institutiones grammaticae* des
Priscianus (um 500) durchgenommen. In der Logik wurde über die *Sum-
mulae logicales* des Petrus Hispanus († 1277) gelesen, dann über die Einführung des Neuplatonikers Porphyrius (3. Jh.) in die aristotelischen
Kategorien. Schließlich wandte man sich über die *Analytica* des Aristoteles dem Philosophen zu, dessen Kenntnis und Kommentierung A und O
des damaligen Philosophiestudiums war. Zur Einführung in die Naturphilosophie wurden die Physik und *De anima* des Aristoteles behandelt.
Vorlesungen über Mathematik und Rhetorik gehörten ebenfalls ins Pro-

---

[14] Bei der folgenden Übersicht über die damals üblichen Studieninhalte habe ich
jeweils die Akten von Leipzig und Frankfurt/Oder verglichen. Ich führe nur das in
Müntzers Zeit diesen Universitäten Gemeinsame auf. Besonderheiten der Universitäten oder bestimmter Dozenten übergehe ich. Die Vorschriften für das Leipziger
Curriculum der Artisten finden sich in den Statuten, und zwar nach den Statutenredak-
tionen von 1499 und 1507: s. Die Statutenbücher der Universität Leipzig aus den ersten
150 Jahren ihres Bestehens/ hg. v. F. ZARNCKE, Leipzig 1861, 464. 490. Was in den Jahren, in denen Müntzer in Leipzig gewesen sein kann, wirklich im offiziellen Lehrangebot
enthalten war, findet sich unter Nennung der Themen und Dozenten zu jedem Semester
im artistischen Dekanatsbuch: s. Matrikel Leipzig 2, 428f. 433. 437. 441. 445. 451f. Die
Anforderungen für den artistischen Studiengang in Frankfurt/Oder liegen in einer Ordnung aus dem Jahre 1512 vor: Aus dem ersten Jahrhundert der Universität und die ältesten Dekanatsbücher der Juristen und der Mediziner: Festschrift zur vierhundertjährigen
Jubelfeier der Alma Mater Viadrina 26. April 1906/ hg. v. G. BAUCH, Breslau 1906, 40-
46; ebd. 34-39 findet sich das offizielle Frankfurter Vorlesungsangebot für das Sommersemester 1512. Ferner vgl. S. HOYER: Die scholastische Universität bis 1480, in: Alma
Mater Lipsiensis: Geschichte der Karl-Marx-Universität Leipzig/ hg. v. L. RATHMANN,
Leipzig 1984, 27-30; ELLIGER 1976, 24f. 33; M. STEINMETZ: Müntzer und Leipzig, in:
Leipziger Beitr. zur Universitätsgesch. 1 (1987) 33f; M. BRECHT: Martin Luther, Bd. 1
(1981), Stuttgart ²1983, 42f. 98.
[15] Matrikel Leipzig 2, 444.

SCHULZEIT UND UNIVERSITÄTSSTUDIEN

gramm der Anfänger. Die Vorbereitung auf das Magisterexamen erforderte mindestens etwa zwei Jahre. In dieser Zeit wurde die logische Ausbildung mit Hilfe der Topik des Aristoteles vertieft. In der Naturphilosophie wurden von Aristoteles *De coelo* und *De generatione et corruptione* sowie noch weitere kleinere Schriften aus den sogenannten *Parva naturalia* gelesen. Der Ausbildung in Mathematik lagen die *Elementa* Euklids (300 v. Chr.) zugrunde. Hauptvorlesungen der zweiten Studienphase waren der Metaphysik und der Nikomachischen Ethik des Aristoteles gewidmet. Die Beschäftigung mit der Politik und Ökonomie des Aristoteles sowie mit Musik kamen hinzu.

Für den ersten Teil des Theologiestudiums bis zur Graduierung zum *baccalaureus biblicus* muß man wiederum mindestens anderthalb Jahre ansetzen. Zum Lehrstoff gehörte unter anderem die kursorische Auslegung ausgewählter biblischer Texte. Daß der Student schon in dieser Zeit mit dem theologischen Hauptlehrbuch, dem *Liber sententiarum* des Petrus Lombardus († 1160) Bekanntschaft machte, ist selbstverständlich, auch wenn die Sentenzen erst nach Erwerb des biblischen Bakkalaureats ins Zentrum des Unterrichts rückten.

Während der geschilderten Studien mußte Müntzer auch praktische Erfahrungen als Lehrer sammeln. Bereits als *baccalaureus artium* mußte er für die Studienanfänger einfache Übungen in Grammatik, Rhetorik und in den Anfängen der Logik abhalten. Der Erwerb des Magisteriums verpflichtete ihn, zwei Jahre lang unentgeltlich Vorlesungen und Disputationen im Lehrbetrieb der Artisten durchzuführen. Als *baccalaureus biblicus* hatte er begrenzte, ihm von der Fakultät zugewiesene Stücke aus dem Alten und Neuen Testament kursorisch, d.h. mit nur kurzen Erklärungen zum Text, auszulegen.

2.2. »Thomas Munczer de Quedilburck«: Hypothesen zu Müntzers Schulzeit

Bevor ich im folgenden näher auf die Umstände von Müntzers Aufenthalten in Leipzig und Frankfurt/Oder eingehe, sollen zuvor einige Hypothesen zu Müntzers Schulzeit gebildet werden, für die es keine unmittelbaren Quellen gibt. Anlaß für die Rückfrage nach Müntzers Schulzeit an dieser Stelle bietet der Wortlaut des Leipziger Matrikeleintrags.

Im Wintersemester 1506/07 wurde in Leipzig ein Thomas Müntzer aus Quedlinburg unter den Studierenden der sächsischen Nation eingeschrieben[16]. Seit Heinrich Boehmer (1922) ging die Müntzerfor-

---

[16] Der Matrikeleintrag lautet im Kontext:
»Andreas Appenrad de Quedilburck 6 g. *totum*
Thomas Munczer de Quedilburck 6 g.«
»totum« ist nachgetragen. Matrikel Leipzig 1, 477 S 10f. Die Matrikel ist in zwei Hand-

schung davon aus, daß der Quedlinburger Thomas Müntzer mit dem Stolberger identisch sei[17]. Bei dieser Annahme handelt es sich jedoch nicht um ein zweifelsfrei erwiesenes Faktum[18], sondern um eine Hypothese[19]. Allerdings kann diese Hypothese aufgrund von zwei Indizien ein hohes Maß an Plausibilität beanspruchen: 1. Es gab enge Verbindungen zwischen der Herkunftsfamilie Müntzers und Quedlinburg[20]. 2. Zwischen 1508 und 1509 wurden mindestens zwei Personen, mit denen Müntzer später befreundet war (Mauritius Reinhart aus Naumburg, Heinrich von Bünau aus Elsterberg) in Leipzig immatrikuliert[21]. Man kann bislang keinen anderen Ort als Leipzig benennen, an denen Müntzer diese Personen kennengelernt haben könnte.

Die Leipziger Matrikel gibt, sofern der Quedlinburger Thomas Müntzer wirklich der unsrige ist, nicht Müntzers Geburtsort Stolberg an. Quedlinburg war vielmehr der Ort, aus dem Müntzer nach Leipzig kam[22] und den er bei seiner Einschreibung nannte. Da er ohne einen akademischen Grad in Leipzig anfing[23], darf vermutet werden, daß er vor Aufnahme des Universitätsstudiums in Quedlinburg die Schule besuchte[24]. Bei dem zusammen mit Müntzer immatrikulierten »Andreas Appenrad de Quedilburck«[25] scheint der Fall ähnlich zu liegen. Denn wahrscheinlich war dieser Andreas Appenrodt[26] auch nicht in Quedlin-

---

schriften überliefert. Nach je einer der beiden miteinander übereinstimmenden Handschriften ist der Eintrag abgebildet bei M. STEINMETZ: Die Universität Leipzig und der Humanismus, in: Alma Mater Lipsiensis, Leipzig 1984[c], 47 bzw. bei M. BENSING: Thomas Müntzer, Leipzig ³1983[a], 17. Ich habe den Text nach diesen Abbildungen transkribiert. Daraus erklären sich die geringfügigen Abweichungen des oben gebotenen Textes von der Matrikeledition Erlers.

[17] H. BOEHMER: Studien zu Thomas Müntzer, Leipzig 1922, 12: »... Eintrag in der Leipziger Matrikel, den wir jetzt erst mit Sicherheit auf unseren Thomas beziehen können.«

[18] Im Anschluß an Boehmer wird die Identifikation des Stolberger Thomas Müntzer mit dem Quedlinburger wie ein bewiesenes Faktum behandelt bei DRUCKER/RÜDIGER 1974, 445-453; M. STEINMETZ: Thomas Müntzer ca. 1490 bis 1525, in: Berühmte Leipziger Studenten, Leipzig 1984[a], 17-23; STEINMETZ 1987, 31-42.

[19] Es kann nicht ausgeschlossen werden, daß es in Quedlinburg einen zweiten Thomas Müntzer gab, der mit dem Stolberger den Namen gemeinsam hatte. Vgl. U. BUBENHEIMER: Thomas Müntzer und der Anfang der Reformation in Braunschweig, in: NAKG 65 (1985[c]) 21 Anm. 104.

[20] Siehe oben S. 20f.

[21] Siehe unten S. 53.

[22] Wenn STEINMETZ 1987, 32 schreibt, mit Quedlinburg sei der Wohnort der Eltern Müntzers genannt, so beruht dies auf der unbegründeten Hypothese, Müntzers Eltern seien von Stolberg nach Quedlinburg umgezogen.

[23] Siehe unten S. 54f.

[24] Vgl. BOEHMER 1927, 196: »Er besuchte die Trivialschule zu Stolberg und Quedlinburg...« Für Schulbesuch Müntzers in Stolberg, der natürlich im Bereich der Möglichkeiten liegt, gibt es keinen Beleg.

[25] Siehe oben Anm. 16.

[26] Anläßlich seiner Promotion zum *baccalaureus artium* ist er mit dieser Namensform eingetragen (»Andreas Appenrodt Quedlingborgensis«). Matrikel Leipzig 2, 448. 450.

burg geboren, sondern enstammte der Familie Appenrodt in Blankenburg am Nordrand 'des Harzes[27]. So dürften Andreas Appenrodt und
Müntzer nach der Schulzeit in Quedlinburg gemeinsam nach Leipzig
gereist sein[28].

In Quedlinburg gab es in vorreformatorischer Zeit (vor 1539) zwei
städtische Schulen, je eine in der Altstadt und in der Neustadt[29]. Die Existenz eines einschlägigen Lateinschulwesens in Quedlinburg ist auch
durch die Nachricht belegt, der mit Müntzer später befreundete Humanist Hermann Tulken[30] habe 1511/12 als *baccalaureus artium* in Quedlinburg eine kurze Lehrtätigkeit ausgeübt[31]. Über Lehrkräfte aus Müntzers
Schulzeit ist nichts bekannt.

Auf einen zeitgenössischen Humanisten aus Stolberg, dessen Schüler
Müntzer gewesen sein könnte, weisen uns die Leipziger Universitätsakten: Im Sommer 1506 und damit im Semester vor Müntzers Immatrikulation wurde in der theologischen Fakultät Hermann Keiser aus Stolberg
als Doktor der Theologie rezipiert[32]. Seine Biographie sei im Blick auf
mögliche Verbindungen zu Müntzer kurz vorgestellt. Gleichzeitig bietet
die gut dokumentierte Bildungslaufbahn dieses Stolbergers ein Beispiel
für Bildungsmöglichkeiten und Bildungsansprüche Stolberger Stadtkin-
der zur Zeit Müntzers.

Hermann Keiser[33] (Caesar) wurde im Wintersemester 1487/88 in Leipzig immatrikuliert[34]. Er erwarb dort die zwei artistischen Grade (*baccalaureus artium* Sommer 1489, *magister artium* Winter 1493/94)[35]. Er wandte
sich dann der Theologie zu. Am 19. November 1495 promovierte er zum
baccalaureus biblicus (*cursor*). Am 9. Juli 1496 absolvierte er seine letzte
Leipziger Prüfung mit der Graduierung zum *baccalaureus formatus* (*sententiarius*)[36], nachdem er kurz zuvor, am 2. April 1496, in Merseburg zum

---

[27] Ein Andreas Appenrodt, Bürger zu Blankenburg, lag 1490 in Rechtsstreit mit der
Stadt Nordhausen und erhielt in dieser Sache Unterstützung durch den Grafen Heinrich
von Stolberg. Dieser Andreas Appenrodt dürfte entweder der Vater des 1506/07 in Leipzig immatrikulierten gleichnamigen Studenten oder zumindest ein naher Verwandter
gewesen sein. Reg. Stolb. S. 709 Nr. 2107.
[28] Bei der Verflechtung der beiden Studenten könnten auch die in Anm. 27 dokumentierten Verbindungen der Familie Appenrodt mit Stolberg eine Rolle gespielt haben.
[29] F. E. KETTNER: Kirchen- und Reformationshistorie/ Des Kåyserl. Freyen Weltlichen Stiffts Quedlinburg..., Quedlinburg 1710, 242.
[30] Imm. Wittenberg S 1508, bacc. art. 31.3.1511, imm. Leipzig S 1512. Album 1,
25b; KÖSTLIN 1, 11; Matrikel Leipzig 1, 520 S 19.
[31] GermSac 1, 3, 2, 139.
[32] Siehe unten Anm. 58.
[33] Ich wähle diese mehrfach belegte Schreibweise des Nachnamens, da mir die in der
Literatur eingebürgerte Schreibweise »Kaiser« in den Quellen nicht begegnet ist.
[34] Matrikel Leipzig 1, 360 M 19.
[35] Ebd. 2, 311. 340. 1489 erhielt er als *pauper* Gebührenerlaß (ebd. 2, 312), nicht
jedoch 1493/94 (vgl. ebd. 2, 340).
[36] Die theologischen Promotionen auf der Universität Leipzig 1428-1539/ hg. v. TH.
BRIEGER, Leipzig 1890, 17.

Diakon geweiht worden war[37]. Spätestens ab 1499 war er auch Priester. Befreundet war der angehende Theologe mit Andreas Proles, dem Vikar der deutschen Augustinerkongregation[38]. Seit seinen Leipziger Jahren betätigte sich Keiser als Privatlehrer und Mentor. Er muß einen guten Ruf in dieser Hinsicht genossen haben, denn seine Schüler kamen auch aus adeligem Hause. In Leipzig betreute er ab Sommer 1497 die jungen Grafen Albrecht und Gebhard von Mansfeld[39]. In Zusammenhang mit dieser pädagogischen Tätigkeit wirkte Keiser einige Zeit in Mansfeld[40]. Auf seine Leipziger Zeit zurückzuführen ist seine Erziehertätigkeit für die Familie Leimbach, die auf Zschepplin bei Eilenburg ansässig war und in Leipzig Handel betrieb[41]. Hans und Markus, die Söhne des herzoglich-sächsischen Landrentmeisters Hans Leimbach d.Ä., 1494 in Leipzig immatrikuliert, wurden im Frühjahr 1502 zur Fortzetzung ihrer Studien von Keiser nach Köln begleitet[42]. Doch schon am 6. April 1502

---

[37] G. BUCHWALD (Hg.): Die Matrikel des Hochstifts Merseburg 1469 bis 1558, Weimar 1926, 50.

[38] Am 27. Oktober 1499 schrieb Proles einen Brief an Keiser, wonach beide schon länger im Briefwechsel standen. Proles kündigt seinen Besuch in Leipzig an und ließ die Juristen Breitenbach und Wilde und den Arzt Pistoris grüßen. Der Briefinhalt zeigt, daß Proles mit Keiser auch religiösen Gedankenaustausch pflegte. Er bezeichnet Keiser als »vir dei« und adressiert: »... hermano keyszer de stolberg... in lypczensi commoranti studio et Christo colendo«. Der Brief ist gedruckt bei TH. KOLDE: Die deutsche Augustiner-Congregation und Johann von Staupitz, Gotha 1879, 434f; Textkorrekturen bei O. CLEMEN: Aus den Anfängen der Universität Wittenberg (1906), in: DERS.: Kleine Schriften zur Reformationsgeschichte (1897-1944)/ hg. v. E. KOCH, Bd. 2, Leipzig 1983, 356 Anm. 3. In dem genannten Brief wird Keiser mit »dominus« angeredet wie dann später öfter. Diese Anrede belegt Keiser als Priester.

[39] In diesem Semester präparierte Keiser die Zöglinge auf die feierliche *Disputatio de quolibet*, an der sich Gebhard mit einem Beitrag über den wahren Adel, Albrecht mit einem solchen über das Alter der Grafen beteiligte. G. BAUCH: Geschichte des Leipziger Frühhumanismus mit besonderer Rücksicht auf die Streitigkeiten zwischen Konrad Wimpina und Martin Mellerstadt, Leipzig 1899, 58f.

[40] Brief von Paulus N. an Keiser, 16. November o.J. (Ortsangabe im Datum unentziffert). Die Adresse lautet: »Venerabili et egregio viro domino Hermanno Cesari Stalbergensi sacrarum litterarum interpreti suo dignissimo domino et fratri ad suas manus czw Mansfelt«. Der Absender unterzeichnet mit »Tuus Paulus«. Paulus bittet um Empfehlung bei den Mansfelder Grafen. Der zitierte Brief befindet sich in der FoB Gotha: Chart. A 395, Bl. 9r-v. In diesem Faszikel befinden sich 5 an Keiser gerichtete Briefe: 1) Bl. 1: Martin Polich von Mellerstadt an Keiser [in Erfurt], Quedlinburg, 1502 Juni 12. — 2) Bl. 2: Polich an Keiser in Köln, o.O., 1502 April 5. — 3) Bl. 7: Simon Funk an Keiser, Wittenberg, 1507 Februar 27. — 4) Bl. 9: Paulus an Keiser in Mansfeld (Abfassungsort unentziffert), o.J., November 16. — 5) Bl. 10: Dr. Matthias Besold, Torgau, 1502 April 10. Die beiden Briefe Polichs (Nr. 1 und 2) sind ediert bei CLEMEN 1983, 357f. Bei Simon Funk und Paulus, der seinen Nachnamen nicht nennt, handelt es sich um Schüler Keisers.

[41] WA.B 3, 67f Anm. 2; 84f.

[42] Vgl. G. BAUCH: Aus der Geschichte des Mainzer Humanismus, in: Archiv f. hessische Gesch. und Altertumskunde NF 5 (1907) 58. Nur Hans wurde im April 1502 in Köln immatrikuliert (Matrikel Köln Nr. 453, 32), zu Markus s.u. Anm. 45.

versuchte der Mediziner und Theologe Martin Polich von Mellerstadt, einer der Mitbegründer der Universität Wittenberg, den ihm von Leipzig her befreundeten Keiser für Wittenberg zu gewinnen, und bot ihm im Auftrag des Kurfürsten die Propstei am dortigen Allerheiligenstift an[43]. Auf dem Weg nach Wittenberg befand sich Keiser im Juni 1502 in Erfurt[44], unter anderem um die Zukunft der Leimbachsöhne noch besorgt[45], von denen ihm dann der begabtere Markus nach Wittenberg folgte[46]. Als Propst und Dozent wirkte Keiser etwa ein Jahr in Wittenberg, vom Wintersemester 1502/03 bis zum Sommersemester 1503[47]. In Wittenberg, von wo aus Keiser auch Kontakte zum Kirchenwesen seiner Heimatstadt weiterpflegte[48], wird die Zugehörigkeit des Gebildeten zu den Humanisten offenkundig. Gleichzeitig mit ihm wurde von Polich der bekannte Poet Hermann von dem Busch angeworben[49], der mit Keiser befreundet war[50] und mit ihm zusammen die Elbestadt auch bald wieder verließ. Keiser stand aber noch 1507, als er wieder in Leipzig wirkte, mit

---

[43] Polich an Keiser in Köln, 1502 April 5; FoB Gotha: Chart. A 395, Bl. 2ʳ / CLEMEN 1983, 46f. Dr. Matthias Besold an Keiser, Torgau, 1502 April 10, a.a.O. Bl. 10ʳ teilt mit, daß Keiser die Propstei aufgrund von seiner und Polichs Fürsprache beim Kurfürsten erwerben könne.

[44] Polich an Keiser, 1502 Juni 12; FoB Gotha: Chart. A 395, Bl. 1ʳ. Polich wollte Keiser, den er als »theologie professor« bezeichnet, am 22. Juni in Erfurt treffen. Keiser sollte sich dort bemühen, Wolfgang Schenk, der die *Coelifodina* des Johannes von Paltz und andere Bücher auf Veranlassung Kurfürst Friedrichs gedruckt habe, als Buchdrucker für Wittenberg zu gewinnen. Schenk kam allerdings nicht nach Wittenberg.

[45] Vgl. den eben genannten Brief sowie Dr. Matthias Besold an Keiser, Torgau, 1502 April 10; FoB Gotha: Chart. A 395, Bl. 10ʳ. Matthias berät Keiser, wie er die Befürchtungen des Vaters Leimbach, er wolle dessen Söhne im Stich lassen, zerstreuen könne.

[46] Imm. Wittenberg W 1502/03: »Marcus leympach de liptzk«. Album 1, 4b.

[47] Imm. W 1502/03 »Hermannus Keyser de stolberg arcium magister et Sacre theologie Baccalaureus formatus, ecclesie collegiate huius opidi prepositus. lip.« Album 1, 1a-b. Im W 1503/04 wurde bereits der neue Propst in der Matrikel eingeschrieben: »Fridericus de kytscher Arcium et Decretorum Doctor. Decanus Ecclesie collegiate Wurcenen. Et prepositus ecclesie collegiate omnium sanctorum in wittenberg.« Album 1, 10b-11a.

[48] Am 21. Januar 1503 (nicht 1502!) stellte Kardinal Raimundo Peraudi auf Bitten Keisers, Propstes zu Wittenberg, ein Ablaßprivileg für die Ursulakapelle der Pfarrkirche zu Stolberg aus. Reg. Stolb. Nr. 2466.

[49] Neben Keiser und Busch sollte nach Polichs Wunsch ein weiterer Humanist, der Arzt Erasmus Stuler, nach Wittenberg kommen (FoB Gotha: Chart. A 395, Bl. 2ʳ / CLEMEN 1983, 357). Stuler, der nicht nach Wittenberg ging, hat später Müntzer in Zwickau unterstützt (s.u. S. 227).

[50] Polich bezeichnet Busch in seinem Brief an Keiser vom 5. April 1502 als »tuum... Buschium« und bittet Keiser, er möge dafür sorgen, daß Busch mit ihm nach Wittenberg komme (FoB Gotha: Chart. A 395, Bl. 2ʳ / CLEMEN 1983, 358). Dr. Matthias Besold schreibt am 10. April 1502 an Keiser, daß ein Brief Buschs an Mellerstadt, an dessen Latinität er sich erfreut habe, in Leipzig im Druck sei und auf der nächsten Messe (Leipziger Ostermesse) verkauft werde (FoB Gotha: Chart. A 395, Bl. 10ʳ). Es handelt sich um folgendes bei BAUCH 1899, 132-136 beschriebenes Druckerzeugnis: Prestabili et rare eruditionis viro Martino Mellerstat alias Polichio ducali phisico et litteratorum omnium fauissori, Leipzig: Jakob Thanner [1502].

seinem Wittenberger Freundes- und Schülerkreis in Verbindung. Am
27. Februar 1507 schrieb ihm aus Wittenberg der Stiftsherr Simon
Funk[51], der Keiser als seinen Lehrer bezeichnete[52], daß er beim Rat von
Zahna und beim Präfekten von Seyda für Keiser Geld eingetrieben
habe[53]. 1507 stand der Humanist auch in Verbindung mit seinem aus
der Stolberger Umgebung stammenden Landsmann Konrad Glitsch[54],
damals Pfründner am Wittenberger Allerheiligenstift, bei dem sich Müntzer 1519 zeitweilig in Orlamünde aufhielt[55]. Nach Keisers Weggang aus
Wittenberg verlieren sich zunächst seine Spuren, bis er am 20. März
1505 in Venedig auftaucht. Dort hielt er sich zusammen mit dem humanistisch gebildeten Edelmann Johann Wolf von Hermannsgrün auf, der
1504/05 Graf Hoyer von Mansfeld auf einer Pilgerreise ins Heilige Land
begleitet hatte und Venedig auf der Rückreise besuchte[56]. Angesichts der
Verbindungen Keisers zu den Mansfelder Grafen liegt die Vermutung
nahe, daß auch er an der Pilgerfahrt teilgenommen hatte. Auf der Rückreise blieb er zu Studienzwecken in Italien. Im März 1506 hielt sich Keiser in Bologna auf, wo er mit dem Nürnberger Christoph Scheurl
verkehrte[57]. Spätestens Anfang Mai trat er von hier aus die Rückkehr
nach Deutschland an, nun mit der Würde eines Doktors der Theologie
ausgestattet[58]. Keiser begab sich nun umgehend an seine alte Universität
in Leipzig, wo er am 25. Juni 1506 als Doktor in die theologische Fakul-

---

[51] Über ihn s. GermSac 1, 3, 2, 118. 120. Funk wurde wie Keiser im W 1502/03 in
Wittenberg immatrikuliert: »Simon funck de Wittenberg«. Album 1, 3b.
[52] Die Adresse von Funks Brief lautet: »Magnifico ac egregio domino Hermanno Kei-
szer sacre theologie doctori etc. domino ac preceptori meo amantissimo« (FoB Gotha:
Chart. A 395, Bl. 7ᵛ). Funk nennt nicht den Aufenthaltsort Keisers, jedoch erlauben die
unten zu nennenden Daten die Annahme, daß er damals in Leipzig war.
[53] Ebd. Bl. 7ʳ. Die beiden Orte liegen in der Nähe Wittenbergs.
[54] Funk schreibt ebd. an Keiser: »... litteras vestras suavissimas in absencia domini
Magistri Conradi desiderate acceptavi...« Magister Konrad war offenbar der Briefbote.
Er war, wie die Bezeichnung »dominus« zeigt, ebenfalls Priester. »Magister Conradus«
war die damals in Wittenberg geläufige Bezeichnung für Magister Konrad Glitsch, der
ebenfalls 1502/03 in Wittenberg immatrikuliert wurde. Siehe unten S. 175 Anm. 180.
[55] Zu Glitsch und Müntzers Aufenthalt in Orlamünde s.u. Kap. 4.4.
[56] BAUCH 1899, 6 Anm. 5.
[57] Christoph Scheurl an Kaspar Emerich, [Bologna, 1506 März]; Christoph Scheurl's
Briefbuch/ hg. v. F. VON SODEN und J. K. F. KNAAKE, Bd. 1, Potsdam 1867, 16.
[58] Scheurl an Emerich, [Bologna], 1506 Mai [11?]; Scheurl's Briefbuch 1, 18; »Doctor
Stolbergus et ille alius et ante eos concivis meus Hieronimus Schucz, hic in utroque iure
doctoratus, in Germaniam profecti sunt.« Unbekannt ist, wo Keiser den Doktorhut
erwarb. Die Universität Bologna scheint auszuscheiden, da Keiser bei G. C. KNOD:
Deutsche Studenten in Bologna (1289-1562), Berlin 1899 nicht aufgeführt ist. Als Promo-
tionsort käme Rom (Sapienza oder päpstliche Kurie) in Frage, wo später auch der
Humanist Johannes Rhagius Doktor der Theologie wurde (s.u. S. 161). Die oben
genannte Mansfelder Pilgergruppe kam auf der Rückfahrt über Rom (BAUCH 1899, 6
Anm. 6).

tät aufgenommen wurde[59]. Obwohl Keiser damit Professor der Theologie war und zudem Mitglied des kleinen Kollegs in Leipzig wurde, ist von seiner Leipziger Lehrtätigkeit nichts bekannt. Schon nach zwei Jahren, am 9. August 1508, starb er auf einer weiteren Italienreise in Trient[60].

Für die Möglichkeit von Verbindungen zwischen Keiser und Müntzer sprechen folgende Punkte:

1. Gemeinsame Herkunft aus Stolberg im Harz.
2. Die Erziehertätigkeit Keisers in Mansfeld. Wir haben oben gesehen, daß sich Müntzer in seinen jungen Jahren eine gewisse Zeit im Raum Eisleben/Mansfeld aufgehalten haben müßte. Möglicherweise gehörte Müntzer dort um 1500 zum Schülerkreis Keisers.
3. Keisers und Müntzers Freundeskreise überschneiden sich direkt in der Person ihres Landsmannes Konrad Glitsch.
4. Müntzer nahm sein Studium in Leipzig auf, kurz nachdem Keiser im Juni 1506 dorthin zurückgekehrt war. Keiser könnte in Leipzig der Mentor seines Landsmannes gewesen sein. So könnte sich Müntzers Entscheidung erklären, in Leipzig mit dem Studium zu beginnen.

2.3. *Leipzig*

An die Leipziger Matrikel, in der Thomas Müntzer im Wintersemester 1506/07 eingeschrieben wurde, können folgende Fragen gerichtet werden:

— Wo kam Müntzer her? Die Angabe von Quedlinburg als Herkunftsort des eingeschriebenen Thomas Müntzer ist im vorhergehenden Abschnitt schon erörtert worden.
— Wann kam Müntzer nach Leipzig?
— Welcher Nation gehörte er an?
— Welche Studenten aus Müntzers Heimat wurden gleichzeitig mit ihm eingeschrieben? Welche Personen, die in Müntzers Leben später eine Rolle spielten, studierten gleichzeitig in Leipzig?
— Welche Gebühr hat er entrichtet? Aus dem Gebührenvermerk ergeben sich Hinweise zur Klärung der Frage, ob Müntzer mit einem akademischen Grad nach Leipzig kam oder einen solchen dort erworben hat.
— Welche Lehrer hat Müntzer in Leipzig möglicherweise gehabt?

---

[59] »Eodem Anno in Vigilia Joannis et pauli receptus est ad gremium facultatis theologice doc. Hermannus Cesar de stolbergk soluitque soluenda et juravit juranda solita et consueta.« Die theologischen Promotionen auf der Universität Leipzig, 21.
[60] BAUCH 1899, 29.

1. Über den *Zeitpunkt* von Müntzers Immatrikulation sagt die Matrikel aus, daß er im Verlauf des Wintersemesters 1506/07 eingeschrieben wurde. Das Wintersemester begann am 16. Oktober 1506 und endete am 22. April 1507[61]. Auch in Leipzig war es damals üblich, daß die Studenten das ganze Jahr über in der Universitätsstadt eintrafen und sich dann einschreiben ließen[62]. Die Immatrikulation wurde vom Rektor vorgenommen. Im Wintersemester 1506/07 hatte dieses Amt der Theologieprofessor Martin Meyendorn aus Hirschberg inne[63]. Der Rektor schrieb die Studenten in der Reihenfolge ihrer Meldung auf[64]. Da Müntzer von 11 Neuimmatrikulierten der sächsischen Nation der letzte ist, dürfte er nicht am Anfang des Wintersemesters, sondern eher zu einem späteren Zeitpunkt nach Leipzig gekommen sein.

2. Müntzer wurde zusammen mit seinem Studienkollegen Andreas Appenrodt der sächsischen *Nation* zugeordnet, wie das bei Studenten aus Quedlinburg auch sonst die Regel war. Zu den Studenten der eigenen Nation hatte man im Rahmen des Studienbetriebs mehr Kontakt als zu anderen. Jede Nation hatte eine eigene Burse, in der ein großer Teil der Studenten wohnte. Allerdings waren Privatunterkünfte in der Stadt zu Müntzers Zeit schon erlaubt. Die Zugehörigkeit zur Nation hatte auch Folgen für das Studium. Denn einen etwaigen Prüfer sollte man aus der eigenen Nation wählen[65]. Entsprechend suchte man sich auch oft in der eigenen Nation einen Mentor. Aus Quedlinburg wurde im Sommer 1509 Christian Martini immatrikuliert[66], auf den hier aufmerksam gemacht sei, da er später im selben Semester wie Müntzer die Universität Frankfurt/Oder bezog[67]. In der sächsischen Nation begegnete Müntzer u.a. auch Studenten aus Braunschweig[68], Jüterbog[69] und

---

[61] Matrikel Leipzig 1, 475. 477.

[62] DRUCKER/RÜDIGER 1974, 445 Anm. 6. In Wittenberg wurde ab S 1512 in der Matrikel der Tag der Einschreibung notiert. Die Immatrikulationsdaten sind über das gesamte Semester gestreut.

[63] Matrikel Leipzig 1, 475.

[64] Die Reinschrift der Matrikel wurde erst am Ende des Semesters angefertigt (STEINMETZ 1987, 31). Es gibt keinen Hinweis darauf, daß dabei die Reihenfolge der Immatrikulierten geändert wurde, abgesehen davon, daß man gelegentlich Honoratioren den Ehrenplatz am Anfang ihrer Nation zuwies. So steht Johannes Rhagius im W 1507/08 als Rhetorikprofessor ganz am Anfang: Matrikel 1, 481 M 1.

[65] HOYER 1984, 27f.

[66] Matrikel Leipzig 1, 493 S 34; bacc. art. 8.3.1511 (ebd. 2, 462; Promotor Arnold Wöstefeld von Lindau, der der sächsischen Nation angehörte, vgl. ebd. 2, 445).

[67] W 1512/13, Matrikel Frankfurt 1, 34a, 39f.

[68] Aus Braunschweig wurden im W 1506/07 immatrikuliert: Henrik Everdes und Henning Bungenstede (Matrikel Leipzig 1, 447 S 4f). Zu den beiden Braunschweiger Ratsfamilien s. W. SPIESS: Die Ratsherren der Hansestadt Braunschweig 1231-1671, Braunschweig ²1970, 90. 107.

[69] Bartholomäus Gattingast aus Jüterbog imm. W 1506/07 (Matrikel Leipzig 1, 477 S 7).

Halle[70], so daß er in Leipzig eventuell auch Freundschaften zu Personen aus diesen Orten knüpfen konnte, an denen er später gewirkt hat. Im Winter 1507/08 wurde Franziskus Hujuff immatrikuliert[71], ein Mitglied der mit Müntzer später befreundeten Hallenser Goldschmiedefamilie Hujuff[72].

Mit der Zuordnung zur sächsischen Nation gehörte Müntzer nicht zu der Nation, in der in der Regel seine Stolberger Landsleute untergebracht waren, nämlich in der meißnischen[73]. Natürlich war die Nationenzugehörigkeit kein Hindernis für Freundschaften mit Mitgliedern anderer Nationen. In der meißnischen Nation wurde im Sommer 1508 — drei Semester nach Müntzer — der 1520/21 als Korrespondent und Schüler Müntzers belegte Mauritius Reinhart aus Naumburg immatrikuliert[74]. Dieser ist 1520 in den Diensten des mit Müntzer befreundeten Archidiakons Heinrich von Bünau zu Elsterberg belegt[75], der seinerseits im Sommer 1509 an der Universität, und zwar ebenfalls in der meißnischen Nation aufgenommen worden war[76]. Wenn die Vermutung zutrifft, daß die Beziehungen Müntzers zu Reinhart und Heinrich von Bünau auf die gemeinsame Leipziger Studienzeit zurückgehen, dann wäre Müntzer bis mindestens Sommer 1509 in Leipzig geblieben. Schließlich ist hier noch auf Johannes Wildenauer, genannt Sylvius Egranus, aufmerksam zu machen, der 1520 Müntzer als seinen Vertreter nach Zwickau holte, dort jedoch ab Herbst 1520 mit Müntzer in eine heftige Kontroverse geriet[77]. Er war im Sommer 1500 immatrikuliert und am 14. September 1501 zum *baccalaureus artium* promoviert worden. Am 28. Dezember 1507, also bald nach Müntzers Immatrikulation, wurde er Magister[78]. So könnte auch die Beziehung zwischen Müntzer und Egranus bereits in Leipzig ihren Anfang genommen haben.

[70] Johannes Menau aus Halle imm. W 1506/07 (ebd. 1, 476 S 1).
[71] Ebd. 1, 483 S 11.
[72] Siehe oben S. 30-33.
[73] Aus Stolberg wurde im W 1506/07 in der meißnischen Nation Martinus Rudolphi immatrikuliert (Matrikel Leipzig 1, 476 M 38). Zur meißnischen Nation gehörten aus Stolberg bzw. Stolberger Umgebung früher u.a. schon: Hermann Keiser, imm. W 1487/88 (s.o. S. 47); Konrad Glitsch (aus Güntersberge bei Stolberg) und Martin Wediger, imm. W 1491/92 (Matrikel Leipzig 1, 387 M 31f). In jenen Jahrzehnten konnte ich nur zwei Ausnahmen feststellen: Im S 1505 wurden Tilemann Plettner und Martin Ramme aus Stolberg der sächsischen Nation zugeordnet (ebd. 1, 466 S 13f).
[74] Bacc. art. 5.9.1510. Ebd. 1, 486 M 17; 2, 457.
[75] Siehe unten S. 203 Anm. 54, wo sich mehr über Reinhart findet. Zur Beziehung Bünaus und Müntzers s. den Brief Bünaus an Müntzer, Leipzig, 1520 April 21, in dem sich Bünau bemühte, Müntzer als Vikar (»conventor«) für Elsterberg zu gewinnen. Das vertraute Verhältnis zwischen beiden zeigt sich in der von Bünau gebrauchten Anrede: »... Hans Worst, Hans Brathworst, mein leve soennchen.« MSB 355, 17 - 356, 4. 10f.
[76] Matrikel Leipzig 1, 498 M 108.
[77] Siehe unten S. 216-228.
[78] Matrikel Leipzig 1, 433 B 12; 2, 381. 434. Siehe noch unten S. 227.

3. Als *Gebühr* zahlte Müntzer bei der Immatrikulation 6 Groschen[79]. Die meisten Studenten zahlten damals bei der Einschreibung zunächst diesen Betrag[80]. Die Höhe der von Müntzer bezahlten Gebühr erlaubt einen Rückschluß auf seine damaligen wirtschaftlichen Verhältnisse: Er wurde nicht als »Armer« (*pauper*) eingestuft[81], was zumindest soviel bedeutete, daß von ihm die Finanzierung des Studiums aus eigenem Vermögen oder eigenen Einkünften erwartet werden konnte.

Die volle Studiengebühr betrug zu jener Zeit eigentlich 10 Groschen. Wer einen akademischen Grad erwerben wollte, mußte den noch fehlenden Anteil nachzahlen[82], worauf in der Matrikel der Vermerk »totum« nachgetragen wurde[83]. Aber auch die Studenten, die bereits an einer anderen Universität Bakkalaureus oder Magister geworden waren, mußten bei der Einschreibung in Leipzig den vollen Betrag von 10 Groschen zahlen[84]. Damit haben wir ein erstes Indiz, daß Müntzer noch ohne akademischen Grad nach Leipzig kam. Zwei weitere Indizien treten hinzu. Die bereits auswärts Graduierten wurden in den meisten Fällen mit ihrem Grad in der Matrikel eingetragen[85]. Ein Teil von ihnen taucht zudem mit dem auswärts erworbenen Grad im Dekanatsbuch der Artistenfakultät auf[86], wenn dort ihre Rezeption in die Fakultät eingetragen wurde, was die Anerkennung der auswärtigen Graduierung bedeutete. Da aber für Müntzer weder in der Matrikel noch im Dekanatsbuch ein Vermerk über einen auswärts erworbenen Grad vorhanden ist, muß in

---

[79] Siehe oben Anm. 16.

[80] Im W 1506/07 zahlten von 118 Immatrikulierten 92 diesen Betrag.

[81] Im W 1506/07 erhielten 7 von 118 den Vermerk »pauper«.

[82] DRUCKER/RÜDIGER 1974, 450; VOGLER 1981, 31f.

[83] Bei 34 im W 1506/07 Immatrikulierten findet sich dieser Nachtrag. Zwei weitere Studenten, die anfänglich 5 gr gezahlt hatten, zahlten nur 3 gr nach (Matrikel Leipzig 1, 476 B 38f), erwarben allerdings keinen Grad. — Die genannten Vermerke lassen sich am Original der Matrikel als Nachträge erkennen. Vgl. die Farbabbildungen aus der Matrikel in: Alma Mater Lipsiensis, 1984, Abb. 8 und 12.

[84] Bei den Studenten, die von S 1505 bis W 1509/10 als bereits Graduierte in Leipzig eingetragen wurden, gibt es von dieser Regel keine Ausnahme.

[85] Von S 1505 bis W 1509/10 wurden mit Vermerk des Grades 30 *baccalaurei* und 4 *magistri* eingeschrieben. *Baccalaurei:* Matrikel Leipzig 1, 470 S 7f; 471 B 36; 483 M 18-20; 483 B 48. 65. 109; 486 M 14; 489 P 2. 25; 490 P 1. 7; 490 B 23; 491 B 34; 492 M 11; 493 S 21. 33; 494 B 3; 495 B 109; 497 M 47. 65f; 500 S 19-22; 501 B 53. *Magistri:* 1, 470 M 16; 470 S 11; 481 M 1; 491 B 73.

[86] Rezeptionen auswärts Graduierter in der Artistenfakultät: Matrikel Leipzig 2, 431. 436. 437. 438. 446. 454. Der Vergleich des Dekanatsbuches mit der allgemeinen Matrikel zeigt, daß es Fälle gab, in denen bei auswärts Graduierten deren Grad in der Matrikel nicht notiert wurde. In unserem Zeitraum lassen sich 4 solche Fälle registrieren: Vgl. 1, 473 M 39 mit 2, 431 (Nikolaus Pfundstein von Freiberg); 1, 483 P 8 mit 2, 436 (Jakob Iaspar von Thorn); 1, 478 B 44 mit 2, 437 (Johannes Pistoris von Hüssen); 1, 485 B 109 mit 2, 438 (Wolfgang Löner von Coburg). Aber die genannten 4 Personen mußten alle 10 gr Immatrikulationsgebühr zahlen. Eine Parallele liegt in Müntzers Fall also nicht vor, da er nur 6 gr zahlte.

Verbindung mit der Gebühr von 6 Groschen vollends geschlossen werden, daß er als Nichtgraduierter nach Leipzig kam. Daher darf man auch annehmen, daß Leipzig Müntzers erster Studienort war.

Müntzer hat Leipzig auch ohne akademische Grad verlassen[87]. Denn erstens hat er laut Matrikel die vor einer Graduierung fällige Nachgebühr von 4 Groschen nicht entrichtet. Instruktiv ist der Vergleich mit dem Quedlinburger Kommilitonen Andreas Appenrodt, der unmittelbar neben Müntzer in der Matrikel steht: Bei ihm ist die Entrichtung der Nachgebühr in der Matrikel vermerkt[88], und erwartungsgemäß finden wir ihn auch im Dekanatsbuch der Artistenfakultät, und zwar unter den Bakkalaureanden vom 11. September 1509[89]. Wollte man im Falle Müntzers noch mit Lückenhaftigkeit der Gebührenvermerke in der Matrikel rechnen[90], so zwingt bei ihm dennoch die Übereinstimmung des Befundes in der Matrikel mit demjenigen in den Promotionsverzeichnissen der Artisten zu dem Schluß, daß Müntzer in Leipzig nicht graduiert wurde: Müntzers Name taucht in den letzteren nicht auf, wie übrigens auch nicht unter den Promotionen der theologischen Fakultät[91].

4. Da Müntzer in Leipzig keinen Grad erworben hat, besitzen wir kein festes Datum über die Dauer seines Aufenthalts an der Universität. Ich habe oben vermutet, daß er mindestens bis zum Sommersemester

---

[87] Durch einen Vergleich der Matrikel mit den Promotionslisten (W 1506/07 bis W 1517/18) habe ich festgestellt, wieviel von den im W 1506/07 mit Müntzer immatrikulierten 118 Studenten in der Leipziger Artistenfakultät promoviert wurden. Dabei ist als Ausgangsbasis noch festzuhalten, daß sich bei keinem dieser 118 Studenten ein Hinweis auf eine frühere auswärtige Graduierung findet. Ergebnis: Von 118 Studenten des Wintersemesters 1506/07 promovierten in Leipzig 33 zum *baccalaureus artium*: 2 im W 1507/08, 15 im S 1508, 7 im W 1508/09, 6 im S 1509, 1 im W 1510/11, 1 im S 1511, 1 im W 1517/18. Von diesen 33 wurden 2 in Leipzig Magister: Jakob Crauß von Rothenburg, bacc. art. W 1507/08, mag. art. W 1514 (Matrikel Leipzig 1, 475 B 3; 2, 436. 498); Faustinus Blenne von Pyritz, bacc. art. S 1508, mag. art. W 1516/17 (ebd. 1, 477 S 9; 2, 440. 516). Letzterer, der in der Matrikel unmittelbar vor Andreas Appenrodt und Müntzer (s.o. Anm. 16) steht, ist später als Greifswalder Humanist bekannt geworden: s. BAUCH 1899, 172 Anm. 3.

[88] Hinter seinem Namen ist »totum« nachgetragen: s.o. Anm. 16.

[89] Matrikel Leipzig 2, 448.

[90] Bei den im W 1506/07 immatrikulierten Studenten fehlt bei einem Studenten der fällig gewordene Nachtrag »totum«: Matthias Fabri entrichtete laut Matrikel bei der Einschreibung 6 gr Gebühr (ebd. 1, 475 B 28). Der Vermerk über eine Nachzahlung fehlt, obwohl Fabri im S 1508 Bakkalaureus wurde (ebd. 2, 440).

[91] Vgl. Matrikel Leipzig 2, 427-475; Die theologischen Promotionen auf der Universität Leipzig, 21-26. Fehler- oder Lückenhaftigkeit der Matrikel und der Promotionslisten sollte man solange nicht voraussetzen, als ein voll vergleichbarer Fall aus Müntzers Zeit nicht nachgewiesen ist. In Müntzers Fall müßte man den offiziellen Universitätsakten gleichzeitig drei Fehler bzw. Lücken unterstellen (beim Gebührenvermerk der Matrikel und je eine Lücke in den Verzeichnissen der Bakkalaureanden bzw. der Magistranden), wollte man den Erwerb akademischer Grade durch Müntzer in Leipzig behaupten. Eine solche Hypothesenbildung erscheint methodisch fragwürdig.

1509 dort blieb; aber sicher ist das nicht. Über seine *Lehrer* läßt sich dementsprechend wenig ausmachen. Die besoldeten Dozenten, die in der Artistenfakultät das offizielle Lehrangebot bestritten, finden sich zu jedem Semester im Dekanatsbuch[92]. Von den meisten kennen wir heute nicht viel mehr als ihre Namen, entweder weil sie keine Schriften hinterlassen haben oder weil es an einschlägiger Forschung fehlt. Aber es finden sich doch auch einzelne Gestalten mit Profil darunter, deren mögliche Bedeutung für Müntzer die künftige Forschung im Auge behalten sollte.

Die Dozenten hatten pflichtgemäß den traditionellen scholastischen Lehrbetrieb zu tragen. In der Philosophie war ebenso wie in der Theologie der Thomismus die herrschende Richtung. Dennoch gab es damals eine Reihe von Gestalten »der humanistisch-scholastischen Mischsorte, die man wohl als das Durchschnittsprodukt der zeitlichen Leipziger Universitätsbildung... betrachten darf«[93]. Zu dieser Gruppe gehörten Gregor Breitkopf aus Konitz und Arnold Woestefeld. Breitkopf, Rektor im Winter 1508/09, las ab Sommer 1508 zwei Semester über naturphilosophische Stoffe (»spheram et theoricas planetarum«)[94]. Er beschäftigte sich aber auch mit klassischen und humanistischen Autoren[95]. Woestefeld, Rektor im Sommer 1507, las 1508/09 Poetik im Rahmen des scholastischen Lehrangebots[96]. Er versuchte aber auch in eigenen poetischen Versuchen dem Humanismus seinen Tribut zu zollen und erklärte ebenfalls in seinen Privatvorlesungen Klassiker- und Humanistentexte[97]. Die scholastische Vorlesung über Rhetorik hielt vom Winter 1507/08 bis zum Winter 1511/12 Andreas Propst aus Delitzsch[98] als Kommentierung der Rhetorik des Aristoteles[99]. Auch der Scholastiker Propst wollte gleichzeitig als Humanist gesehen werden.

Die genannten Dozenten der Poetik und Rhetorik hatten ab Winter 1507/08 einen kämpferischen Humanisten als Rivalen: Johannes Rhagius Aesticampianus[100], der wandernde Humanist, der mit seinem Schüler Ulrich von Hutten von Frankfurt/Oder nach Leipzig kam und dort 1507-1511 »professor rhetorice artis«[101] war. Bei seiner Stelle handelte es

---

[92] Für Müntzers erstes Semester (W 1506/07) fehlen diese Daten. Vgl. Matrikel Leipzig 2, 428.
[93] BAUCH 1899, 81.
[94] Matrikel Leipzig 2, 437. 441. Von den hier zu nennenden Dozenten führe ich nur die Vorlesungen auf, die sie von Winter 1506/07 bis Sommer 1509 gehalten haben.
[95] Siehe BAUCH 1899, 80-91.
[96] Matrikel Leipzig 2, 437. 441.
[97] BAUCH 1899, 78-81.
[98] Ebd. 170f.
[99] Matrikel Leipzig 2, 433. 437. 441. 445. 451. 455. 460. 463. 468.
[100] Mehr über ihn s.u. S. 161-164.
[101] Matrikel Leipzig 1, 481.

sich um einen vom Herzog geförderten, von den Scholastikern aber ungeliebten »humanistischen Anhang«[102] der Artistenfakultät. Rhagius war bald mit den Scholastikern in Streitigkeiten verwickelt, unter denen Andreas Propst sein Hauptfeind war. Im Jahre 1511 schuf eine provokatorische öffentliche Rede des Rhagius, in der er alle vier Fakultäten aufs Korn nahm, den Eklat — er wurde auf 10 Jahre von der Universität relegiert und mußte weichen[103]. Da sich Rhagius 1517/18 in Wittenberg als Lehrer Müntzers belegen läßt, muß erwogen werden, ob er nicht schon in Leipzig den Studenten aus Stolberg unter seinen Schülern hatte. Zum Schülerkreis des Rhagius gehörte auch Johannes Sylvius Egranus[104], der nach dem Erwerb des Magisteriums Ende 1507 die anschließende zweijährige Lehrverpflichtung zu absolvieren hatte. Außerdem kommentierte er Ambrosius und Humanistentexte[105]. So könnte Müntzer auch zu Füßen seines späteren Zwickauer Kollegen und Gegners gesessen haben, der ihm Gelegenheit zu einer grundsätzlichen Abgrenzung vom Humanismus bieten sollte[106].

Zu den Humanisten, die zwar in der Artistenfakultät den herkömmlichen Lehrbetrieb mittragen mußten, aber sich ihrer Distanz von der scholastischen Tradition schon damals bewußt waren, gehörte Heinrich Stromer von Auerbach[107]. Der später bekannte Humanist und Leibarzt mehrerer Fürsten, seit Winter 1501/02 Leipziger Magister und im Sommer 1508 als etwa 26jähriger Rektor, widmete sich damals dem Medizinstudium. In Müntzers Leipziger Studienjahren war er einer der für Neuerungen aufgeschlossenen Magister. Als besoldeter Dozent las er im Sommer 1507 und im Winter 1507/08 über Petrus Hispanus[108]. Man wird vermuten dürfen, daß sich in der Kommentierung von dessen Lehrbuch der scholastischen Logik nicht gerade die persönlichen Interessen des Humanisten Stromer widerspiegeln. Kontakte Müntzers zu Stromer sind desto wahrscheinlicher, als sich die Freundeskreise beider Männer überschneiden. Stromer hielt sich im Jahre 1519/20 der Pest wegen in Altenburg auf. Dort pflegte er im Oktober 1519 Umgang mit dem Elsterberger Pfarrherrn Heinrich von Bünau, dem schon genannten Freund

---

[102] M. STEINMETZ: Der Humanismus an der Universität Leipzig, in: Beitr. zur Gesch. der Universität Erfurt 21 (1987/88) 28.
[103] BAUCH 1899, 172-182.
[104] Auf ihn macht STEINMETZ 1987, 34 aufmerksam.
[105] STEINMETZ 1977/78, 38.
[106] Siehe unten S. 227f.
[107] G. WUSTMANN: Der Wirt von Auerbachs Keller: Dr. Heinrich Stromer von Auerbach, Leipzig 1902. Zu Stromers früher Kritik an seinen älteren Kollegen s. STEINMETZ 1987/88, 32.
[108] Matrikel Leipzig 2, 429. 433.

Müntzers[109]. In Altenburg finden wir dann 1520 auch den in den Diensten Bünaus stehenden Mauritius Reinhart, einen Schüler Müntzers. Reinhart verspottete 1520 die Predigt der Altenburger Franziskaner in einer pseudonymen *littera obscurata*[110], die ein Seitenstück darstellt zu einem ebenfalls gegen Franziskanerpredigten gerichteten Brief Heinrich Stromers an seinen Magdeburger Kollegen Gregor Kopp, den Stromer am 7. Januar in Altenburg verfaßte und der mit Kopps Antwort im Herbst 1520 im Druck erschien[111]. Kontakte Reinharts mit Stromer in Altenburg kann man vermuten.

Daß Stromer auch ein sozialkritisches Urteil besaß, zeigt sein genannter Brief: »Ein Mensch mit scharfer Urteilskraft muß sich wundern, daß Felder und Dörfer die Güter und 'Spiritualia' der Kirche sein sollen und nicht die in ihnen wohnenden Bauern, wo doch christliche Bauern Seelen haben, die Wohnstätten des Heiligen Geistes sind«[112]. Ob solche Gedanken schon zu Müntzers Studentenzeit in Leipzig unter Freunden geäußert worden waren? Wir wissen es vorläufig nicht. Aber es sei doch registriert, daß unter den Leipziger Magistern damals auch eine später im Bauernkrieg hervortretende Gestalt war: Christoph Schappeler von St. Gallen[113], der 1525 als Memminger Prediger an der Abfassung der *Zwölf Artikel der Bauernschaft in Schwaben* beteiligt war[114]. In seiner Leipziger Lehrtätigkeit war er 1507-1510 Aristotelesinterpret (Winter 1507/08 bzw. 1508/09 las er über die Physik und *De generatione et corruptione*; Sommer 1508 über Naturphilosophie; Sommer 1509 bis Sommer 1510 über *De anima, De coelo* u.a.)[115]. Gleichzeitig studierte Schappeler Theologie, bis er nach seiner Lizentiatenpromotion (1510) Leipzig verließ[116].

---

[109] Stromer an Georg Spalatin, Altenburg, 1519 Oktober 17: »Hesterna luce mecum fuit Henricus de Pinkau [sic!], dominici gregis in Elsterberg pastor.« WUSTMANN 1902, 95.

[110] Siehe unten S. 202f.

[111] Duae Epistole: Hērici Stromeri Auerbachij: & Gregorij Coppi Calui medicorū: que statū reipublicae Christianae hoc seculo degenerātis attīgut. ... Leipzig: Melchior Lotter d.Ä. 1520, mit Widmungsvorrede des Andreas Frank von Kamenz an Willibald Pirckheimer vom 17. September 1520. Stromers Brief steht Bl. A 3ᵛ - B 3ᵛ.

[112] »Miratur homo acerrimi iudicii, agros pagosque esse bona ecclesiae, et spiritualia, et non rusticos in eis habitantes, cum tamen Christiani rustici animulas habeant spiritussancti habitacula.« Ebd. B 1ᵛ.

[113] Imm. Leipzig S 1498; bacc. art. S 1499; mag. art W 1501/02; bacc. bibl. 6.3.1507; bacc. form. 26.9.1508; lic. theol. 18.6.1510. Schappelers Promotor war bei den theologischen Graden jeweils Hieronymus Dungersheim von Ochsenfurt. Matrikel Leipzig 1, 422 B 5; 2, 369. 384; Die theologischen Promotionen auf der Universität Leipzig, 21-23. Schappeler war schon 1507 mit Andreas Bodenstein von Karlstadt in Wittenberg befreundet: s. FREYS/BARGE Nr. 2.

[114] Auf Schappelers Leipziger Zeit haben schon DRUCKER/RÜDIGER 1974, 452 und STEINMETZ 1987, 35 hingewiesen.

[115] Matrikel Leipzig 2, 433. 437. 441. 445. 451. 455.

[116] Noch eine weitere spätere »Bauernkriegsgestalt« studierte damals in Leipzig Theo-

Welche von den genannten Lehrern Müntzer in Leipzig wirklich gehört und kennengelernt hat, wissen wir nicht. Daß er jedoch Verbindungen knüpfte, auf die er später zurückgreifen konnte, können wir annehmen. Persönliche Beziehungen, die später aktenkundig wurden (Mauritius Reinhart, Bünau, Rhagius) oder die vermutet werden können (Stromer), legen den Rückschluß nahe, daß schon in der Leipziger Zeit die Humanisten einen Teil seines Lebenskreises bildeten.

2.4. Zwischenspiel als Lehrer in Aschersleben und Halle?

Am 16. Mai 1525 wurde Müntzer einen Tag nach seiner Gefangennahme im Schloß Heldrungen verhört. Im »peinlichen« Teil des Verhörs, in dem die Folter angewandt wurde, waren nur Herzog Georg von Sachsen, Graf Ernst von Mansfeld, der Henker und der Schreiber anwesend[117]. Der Schreiber notierte in diesem Teil des Verhörs:

> »Zu Aschersleben und Halla do habe er [scil. Müntzer] in der jugent, als er collabrator gewest, auch eyn verbuntnus gemacht. Dar inne seyn Peter Blinde zu Aschersleben, Peter Engel eyn kirchner zu Halla, Hans Buttener und Cuntz Sander doselbest am Steyn thore. Ist widder bischoven Ernsten hochloblicher gedechtnus gewest«[118].

Es ist der Forschung bisher nicht gelungen, für die in dieser Verhörnotiz festgehaltenen Daten irgendwelche Nachweise aus anderen Quellen beizubringen[119]. Weder ließ sich eine der genannten Personen in Aschersleben bzw. Halle belegen noch gibt es andere Hinweise auf einen Aufenthalt Müntzers in Aschersleben und Halle zur Zeit des Erzbischofs Ernst von Magdeburg (1476-1513). Auch läßt sich in dem in Frage kommenden Zeitraum keine einschlägige Verschwörung gegen Erzbischof Ernst in den genannten Städten benennen. Solange nicht wenigstens eine der genannten Daten aus anderen Quellen verifiziert werden kann, ist

---

logie, nämlich Johannes Teuschlein (alias Herolt) von Frickenhausen: imm. Leipzig W 1501; bacc. art. S 1503; mag. art. W 1505/06; bacc. bibl. 28.6.1506; bacc. form. 17.7.1507; imm. Wittenberg W 1508/09; lic. theol. 7.11.1508; dr. theol. 11.11.1508; danach als Theologieprofessor rezipiert, verließ jedoch Wittenberg bald. Matrikel Leipzig 1, 444 B 25; 2, 396. 420; Die theologischen Promotionen der Universität Leipzig, 21; Album 1, 27a; Liber Decanorum, 14r. Als Prediger in Rothenburg ob der Tauber (ab 1512) wurde er 1525 nach Niederschlagung des Bauernaufstandes wegen seiner Unterstützung des Anschlusses Rothenburgs an die Bauern hingerichtet. P. SCHATTEN-MANN: Die Einführung der Reformation in der ehemaligen Reichsstadt Rothenburg ob der Tauber (1520-1580), München 1928, 28-67.

[117] MSB 547 Anm. 68.
[118] MSB 548, 28 - 549, 3.
[119] Ich habe allerdings den Eindruck, daß die erforderlichen systematischen Archivforschungen bisher nicht durchgeführt wurden. Ich konnte diese Forschungslücke vor Abschluß vorliegender Studie nicht schließen.

Skepsis gegenüber dem Wahrheitsgehalt jener unter der Folter erpreßten Aussage angebracht. Man muß bei erpreßten Geständnissen immer damit rechnen, daß entweder der Verhörte Daten verfälscht, um sich oder andere zu schützen, oder daß die Peiniger ihrem Delinquenten erwünschte Aussagen suggerieren. Die Interessen, die die verhörende Instanz verfolgte, ließen sich am besten erkennen, wenn nicht nur Müntzers Antworten, sondern auch die Fragen der Verhörenden protokolliert worden wären. Leider fehlen die Fragen in Müntzers *Bekenntnis*. Man muß aus den notierten Antworten sowie aus der Reihenfolge der Antworten auf die Interessen der Fragesteller zurückschließen.

Die zitierte Aussage steht am Schluß einer Reihe von Äußerungen, die sich mit Verbündnissen Müntzers beschäftigen. Bereits im »gütlichen« Teil des Verhörs, bei dem keine Folter angewandt wurde, hat Müntzer dazu einige Angaben gemacht. Dabei fällt auf, daß zunächst nur der Allstedter Bund zur Sprache kam, nicht etwa entsprechende Aktionen Müntzers in Mühlhausen oder an anderen Orten. Den Fragestellern war bereits bekannt, daß Müntzer in Allstedt ein Verbündnis initiiert hatte. Dieser Verschwörung forschten sie gezielt nach. Sie wollten wissen, wer die Mitglieder des Bundes waren, gegen wen er gerichtet war und wo sich das Bundesregister befand. Im gütlichen Teil gab Müntzer wesentlich weniger Informationen preis als im peinlichen. Er nannte die Namen von zwei Hauptträdelsführern (Barthel Krumpe und Balthasar Stübener) sowie den Allstedter Schösser (Hans Zeiß), der nur widerstrebend beigetreten sei. Müntzer konnte voraussetzen, daß den Fürsten die Namen der ersten beiden ohnehin schon bekannt waren[120]; Zeiß wurde von ihm entschuldigt. Das Bündnis sei gegen die Verfolger des Evangeliums gerichtet gewesen. Über das Register gibt Müntzer die Auskunft, daß es die beiden genannten Mitanführer bei sich gehabt hätten[121], ohne genau zu sagen, wo es sich zum Zeitpunkt des Verhörs befand. Daß die verhörenden Fürsten sich mit diesen Auskünften nicht zufrieden gaben, zeigt das peinliche Verhör. Der Allstedter Bund nimmt dort den breitesten Raum ein. In zwei Ansätzen werden Müntzer die Namen von je sechs weiteren Mitgliedern abgepreßt[122]. Die Reihenfolge der Protokollnotizen läßt erkennen, daß Müntzer — höchstwahrscheinlich unter Verschärfung der Folter — gedrängt wurde, zunehmend mehr Namen preiszugeben. Als er schließlich zum Verbleib des Registers präziser angab, es befinde sich bei Barthel Krumpe[123], stellten die Fürsten ihre Nach-

---

[120] Aus dem Aufruf Müntzers an die Allstedter, Mühlhausen, 1525 [ca. 26. oder 27. April]; MSB 455, 8.
[121] MSB 545, 3-8.
[122] MSB 548, 7-13 bzw. 19-25.
[123] MSB 548, 26f.

fragen zu diesem Punkt ein. Sie konnten jetzt hoffen, die Namen weiterer Bundesmitglieder dem Register entnehmen zu können. Jetzt gingen sie vom Allstedter Bund weg und bohrten nach, ob Müntzer noch andere Verbündnisse gemacht habe. Müntzer wich geschickt auf ein für ihn weniger gefährliches Thema aus, indem er nicht auf die anderen Verbündnisse der letzten Jahre (Mühlhausen, Verbündnisse mit anderen Orten) einging, sondern auf eine längst zurückliegende angebliche Konspiration gegen den schon 12 Jahre zuvor verstorbenen Erzbischof Ernst zu sprechen kam. Er befriedigte dadurch allerdings gleichzeitig das Interesse der Peiniger, ihn gewissermaßen zum Berufsaufrührer zu stempeln[124]. Das Interesse an den konkreten Details der alten Geschichte war bei den Fürsten vergleichsweise gering, denn sie fragten weder nach den Zielen jenes Jugendverbündnisses noch nach einem Register. Man kann daher vermuten, daß an dieser Stelle des Verhörs nicht die volle Schärfe der Folter eingesetzt worden war, was es Müntzer erleichtern konnte, aus taktischen Erwägungen Falschangaben zu machen.

Um Freunde zu schützen, hätte Müntzer falsche Namen, falsche Orte und falsche chronologische Angaben machen können. Daher sind weder die genannten Personennamen noch die Erwähnung der Orte Aschersleben und Halle noch die Angabe, das Verbündnis sei zur Zeit des Erzbischofs Ernst geschlossen worden, über jeden Zweifel erhaben. Natürlich ist es unwahrscheinlich, daß alle genannten Daten gleichzeitig falsch sind. Aber wir können bis zum Auftauchen weiterer Quellen richtige und falsche Daten nicht unterscheiden.

Das einzige unverdächtige Datum in Müntzers Aussage ist meines Erachtens die Angabe, daß er in seinen jungen Jahren *collaborator* gewesen sei. Es gab weder bei den Fürsten ein Interesse, von Müntzer dies zu erfahren, noch bei Müntzer ein Motiv, dies zu verschweigen. Es handelt sich hierbei um ein im Blick auf den Verhörzweck neutrales Datum. *Collaborator* war eine damals gängige Titulatur für einen bereits akademisch vorgebildeten Hilfslehrer (»Mitarbeiter«), der im damaligen Schulwesen *baccalaureus artium* sein mußte[125]. Dabei handelte es sich häufig um eine sehr kurzfristige Tätigkeit, die sich nur über einige Monate zu erstrecken brauchte und z.B. als Nebentätigkeit über die Winterzeit oder in einer kurzen Studienunterbrechung ausgeübt wurde. So wären in dem Zeitraum zwischen Müntzers Leipziger und Frankfurter Studien durchaus je ein kürzerer Aufenthalt in Aschersleben und Halle unterzubringen. Nehmen wir an, Müntzer sei bis Sommer 1509 in Leipzig gewe-

---

[124] Ähnlich ELLIGER 1976, 30f.
[125] F. KOLDEWEY (Hg.): Braunschweigische Schulordnungen von den ältesten Zeiten bis zum Jahre 1828, Bd. 1, Berlin 1886, XLIIIf.

sen und dann sofort an eine andere Universität gegangen, dann könnte er bis Frühjahr 1510 Bakkalaureus geworden sein[126] und anschließend für kurze Zeit als Kollaborator gewirkt haben. Dann würde Müntzers Angabe passen, das angebliche Verbündnis sei zur Zeit des Erzbischofs Ernst ins Werk gesetzt worden.

Aber diese Chronologie bereitet wiederum Schwierigkeiten in Verbindung mit den Ortsangaben. Denn für Aufenthalte Müntzers in Aschersleben oder Halle gibt es einerseits vor 1514 keine Quellen, andererseits hielt sich Müntzer später nachweislich zeitweise an oder bei diesen Orten auf. 1515/16 ist er als Propst in Frose belegt[127], 6 km von Aschersleben entfernt, und hatte von dort aus Kontakte zu Freunden in Aschersleben[128]. Außerdem übte er damals auch private Unterrichtstätigkeit aus. Eine gleichzeitige Tätigkeit an einer Schule in Aschersleben wäre nicht ausgeschlossen, so daß das von Müntzer im Bekenntnis angesprochene Ereignis möglicherweise in die Jahre 1515/16 gehört. Ähnlich könnte man im Blick auf Halle argumentieren. In Winter 1522/23[129] war Müntzer als Kaplan am Zisterzienserinnenkloster in Glaucha vor Halle tätig. Für ein Verbündnis in jener Zeit[130] könnte der Umstand sprechen, daß Müntzer damals aus Halle vertrieben wurde[131]. Zu seinen Hallenser Schülern und Freunden gehörte der *Küster Engel*hard Mohr[132]. Es ist immerhin auffällig, daß Müntzer im Bekenntnis als Mitglied des frühen Verbündnisses einen *Küster* (»Kirchner«) Peter *Engel* in Halle nennt.

Weitere künftige Quellenerschließung wird die hier aufgestellten Hypothesen vielleicht verifizieren oder verwerfen können. Für den Bildungsweg Müntzers können wir jedenfalls als sicher festhalten, daß er eine zeitlang als Kollaborator an einer oder zwei Schulen tätig war.

2.5. *Frankfurt an der Oder*

Im Wintersemester 1512/13 wurde Müntzer an der 1506 gegründeten Universität Frankfurt an der Oder im Rektorat des Magisters und Philo-

---

[126] In Leipzig konnte ein Student, der schon an einer anderen Universität studiert hatte, frühestens nach einem halben Jahr einen Grad erwerben, d.h. nach Absolvierung eines Semesters. Ähnlich dürfte es auch an anderen Universitäten gewesen sein.
[127] Siehe unten Kap. 3.5.
[128] Q 1.4.
[129] Vgl. Müntzer an unbekannte Brüder, o.O., 1523 März 19; MSB 387f. O. SCHIFF: Thomas Müntzer als Prediger in Halle, in: ARG 23 (1926) 288-293.
[130] Vgl. SCHIFF 1926, 129: »Ich vermute, daß die Verschwörung in Müntzers zweiten Hallenser Aufenthalt fällt, und daß er sie in den ersten zurückverlegt hat, um statt seiner noch lebenden Mitverschworenen nur Tote nennen zu können.«
[131] MSB 387, 20f; 388, 13.
[132] Engelhard Mohr an Müntzer, Halle, 1523 März 31; MSB 388f. Mohr bezeichnet sich als »aedituatus« (ebd. 389, 5).

sophieprofessors Achatius Frundt (Philostorgus), eines Dozenten der Artistenfakultät, eingeschrieben. Als »Thomas Müntzer aus Stolberg« steht er in der fränkischen Nation[133], der man Studenten aus Stolberg im Harz in Frankfurt zuzuordnen pflegte[134]. Die Person des Stolberger Studenten Müntzer ist durch den vermutlich um die Mitte des 16. Jahrhunderts beigefügten[135] Zusatz »seditiosus« (»Aufrührer«) eindeutig als unser Thomas Müntzer identifiziert. Müntzer steht in der Matrikel unter 12 Neuimmatrikulierten der fränkischen Nation an dritter Stelle. Man kann daraus schließen, daß er ungefähr am Anfang des Wintersemesters 1512/13, das am 16. Oktober begann, immatrikuliert wurde.

Im Unterschied zu Leipzig findet sich unter den Frankfurter Studenten jener Jahre keine einzige Person, die später in Müntzers Beziehungsgeflecht wieder auftaucht. Dieser Umstand könnte als Indiz gewertet werden, daß Müntzer nicht lange in Frankfurt blieb. Einige Studenten aus den Orten, die in Müntzers Biographie eine Rolle spielen, seien dennoch genannt. Gleich hinter Müntzer steht in der Matrikel Wolfgang Hauenschilt aus Leipzig[136]. Ob Müntzer ihn schon von Leipzig her kannte? Christian Martini aus Quedlinburg, der gleichzeitig mit Müntzer in Leipzig studierte und dort *baccalaureus artium* geworden war, ist oben unter Leipzig schon genannt worden[137]. Im Winter 1512/13 steht er in der Frankfurter Matrikel bei der märkischen Nation[138]. Aus Quedlinburg kamen noch im Winter 1513/14 Martin Lowke und Johann Yden an die Universität[139]. In der fränkischen Nation konnte Müntzer auch einzelne Nürnberger kennenlernen. Mit ihm wurde Petrus Hartel aus Nürnberg eingeschrieben[140]. Da die nächste belegte Station Münt-

---

[133] »Thomas Müntczer Stolbergensis 10 *seditiosus*«. (»seditiosus« ist später nachgetragen.) Matrikel Frankfurt 1, 34a, 10f.

[134] Aus Stolberg wurde im S 1506 Johannes Spangenberg immatrikuliert. Dieser wurde mag. art. im W 1506/07, anschließend studierte er in der Juristenfakultät. Matrikel Frankfurt 1, 3, 25f; Das älteste Decanatsbuch der philosophischen Facultät an der Universität zu Frankfurt a.O./ hg. v. G. BAUCH, Teil 1, Breslau 1897, 22; Aus dem ersten Jahrzehnt der Universität, 52. — Dieser Stolberger Johannes Spangenberg ist gegen VOGLER 1983, 30 nicht identisch mit dem später als Lateinschulrektor und Prediger in Stolberg tätigen Johannes Spangenberg aus Hardegsen (1484-1550), der Müntzer predigen hörte. Letzterer wurde in Erfurt immatrikuliert im W 1508/09 (»Johannes Spangenberg de Herdegessen«), wo er bacc. art. und mag. art. wurde. AErfurt 2, 259b, 42; G. KAWERAU: Spangenberg, Vater und Sohn, evangelische Theologen, in: RE³ 18, 1906, 564, wo schon zu Unrecht Identität der beiden Spangenbergs vermutet worden war.

[135] Näheres bei VOGLER 1983, 30f.

[136] Matrikel Frankfurt 1, 34a, 12f: »Wolfgangus Hawenschilt Libsensis«. »Libsensis« ist Schreibvariante zu »Lipsensis«.

[137] Siehe oben S. 52.

[138] Matrikel Frankfurt 1, 34a, 39f.

[139] Ebd. 1, 37b, 11f. 14f.

[140] Ebd. 1, 34b, 2.

zers Braunschweig war, sei auf den im Sommer 1513 eingeschriebenen Heinrich Eggeling aus Braunschweig aufmerksam gemacht, der es in Frankfurt bis zum Medizinprofessor bringen sollte[141].

Der Frankfurter Matrikeleintrag erlaubt — anders als die Leipziger Matrikel — keinen Rückschluß darauf, ob Müntzer mit einem akademischen Grad nach Frankfurt kam oder dort einen solchen erwarb. Die auswärtig Graduierten wurden in der Matrikel in zahlreichen Fällen nicht mit ihrem Grad eingetragen[142]. Müntzer zahlte die Immatrikulationsgebühr, die in Frankfurt die Regel war, wenn keine Ermäßigung gewährt wurde: 10 Groschen. Müntzer war also wiederum kein *pauper*. Wer einen Grad erwerben wollte, mußte in Frankfurt weitere 6 Groschen Gebühr zahlen. Entsprechende Vermerke in der Matrikel über die Entrichtung dieser Gebühr (»totum« oder ähnlich) sind nur sehr unregelmäßig eingetragen[143]. Bei Müntzer fehlt jedenfalls ein solcher Vermerk. In den Promotionsverzeichnissen des artistischen Dekanatsbuchs[144] ist Müntzers Name nicht enthalten. Müntzer hat in Frankfurt demnach keinen artistischen Grad erworben. Er muß, da er im Juli 1515 bereits als Magister belegt ist, bereits als Magister nach Frankfurt gekommen sein. Das Dekanatsbuch der theologischen Fakultät und damit deren Promotionsverzeichnisse sind verloren, so daß nicht überprüft werden kann, ob Müntzer an der Oderuniversität zum *baccalaureus biblicus* promoviert wurde[145].

Was hat Müntzer in Frankfurt studiert? Da er nach unserer Rekonstruktion dort schon als Magister ankam, konnte er in einer der drei oberen Fakultäten studieren. Das bedeutet konkret, daß er hier Theologie studiert haben dürfte. Aus dem Jahr 1512, in dem Müntzer immatrikuliert wurde, ist ein Vorlesungsverzeichnis erhalten[146], das u. a. auch die Namen der Theologiedozenten und deren Kollegs aufzählt[147]. Es zeigt, daß in Frankfurt die beiden Richtungen der *via antiqua*, Thomismus und Skotismus, vertreten waren, nicht jedoch die *via moderna*. Der damals führende Frankfurter Theologe war der Thomist Konrad Wimpina (ca.

---

[141] Ebd. 1, 36a, 13f.
[142] Das ergibt sich insbesondere durch einen Vergleich der Promotionsverzeichnisse der Artistenfakultät (in: Das älteste Decanatsbuch der philosophischen Facultät, Teil 1, Breslau 1897), wobei die von Bauch zu den Namen der Promovenden hinzugefügten prosopographischen Daten mitzuberücksichtigen sind. Ein Beispiel aus Müntzers Immatrikulationssemester W 1512/13: Bei »Christianus Martini Quedelburgensis« (Matrikel Frankfurt 1, 34a, 39f) ist kein Grad angegeben, obwohl er Leipziger Bakkalaureus war (s.o.).
[143] Vgl. Das älteste Decanatsbuch 1, 5f.
[144] Siehe ebd. 46-49.
[145] Entsprechend VOGLER 1983, 32.
[146] Aus dem ersten Jahrzehnt der Universität, 34-39.
[147] Ebd. 134f.

1460-1531), der 1506 zur Gründung der Oderuniversität von Leipzig nach Frankfurt gekommen war. Später wurde er dadurch bekannt, daß er Johann Tetzel in dessen Auseinandersetzung mit Luthers 95 Thesen unterstützte. Seine konservative Grundhaltung war schon in Leipzig im Rahmen seiner Auseinandersetzung mit Martin Polich von Mellerstadt über das Verhältnis von Poesie und Theologie deutlich geworden, die ihn in Distanz zu den Humanisten brachte[148]. Der Scholastiker Wimpina konnte dennoch auch seinerseits eine begrenzte humanistische Bildung vorweisen. Aber als führender Frankfurter Theologe gehörte er zu denjenigen, die die neuen geistigen Einflüsse des Humanismus bremsten. Er las 1512 über verschiedene Schriften des Thomas von Aquin: Über *De potentia dei*, anschließend über *De veritate*. Auch über die Tugenden und das Böse las er »ex sententia beati Thome«. Von den anderen Theologen kennen wir nicht viel mehr als die Namen. Die thomistische Fraktion verstärkte Nikolaus von Rochlitz, der als Bakkalar Boethius' *De trinitate* auslegte »iuxta mentem beati Thome«. Den skotistischen Lehrstuhl versah seit dem Winter 1512/13 Gerhard Funk, der in Bologna den Doktorhut erworben hatte. Während er über den Sentenzenkommentar des Duns Scotus las (Buch I), erläuterte sein Kollege Georg Volprecht Bonaventuras Sentenzenkommentar (Buch II). Das Vorlesungsverzeichnis nennt daneben noch vier Bakkalare der Theologie, von denen jeder je eines der vier Bücher der Sentenzen behandelte. Auffallend ist an dem Vorlesungsverzeichnis, daß keine biblischen Kollegs aufgeführt werden[149], wie sie Müntzer in Vorbereitung auf die Graduierung zum *baccalaureus biblicus* hätte absolvieren müssen. Daher kennen wir die vermutlich unbesoldeten Dozenten nicht, die den Anfängern im Theologiestudium in der vorgeschriebenen Weise Bibeltexte erklärten.

Die Artistenfakultät hatte in Frankfurt auch einen kleinen humanistischen Anhang. In Müntzers Frankfurter Zeit las dort als *poeta et orator* Hermann Trebelius über die Metamorphosen Ovids[150].

Ob Müntzer von einem der genannten Lehrer oder von den genannten Inhalten irgendwie geprägt wurde, ist völlig offen. Das genannte Vorlesungsverzeichnis bietet der künftigen Müntzerforschung jedoch Anregungen für gezielte einschlägige Nachforschungen.

---

[148] BAUCH 1899.
[149] Vgl. aus dem ersten Jahrzehnt der Universität, IX.
[150] Ebd. 39. Der hier noch aufgeführte Publius Vigilantius wurde im S 1512 ermordet: ebd. VII.

KAPITEL 3

BRAUNSCHWEIG UND FROSE

3.1. Forschungsstand[1]

Hinweise auf Beziehungen Müntzers nach Braunschweig und auf einen
möglichen Aufenthalt des Theologen in dieser Stadt lagen der Müntzerforschung seit längerem in fünf zeitgenössischen Quellen vor:

1. Im Staatsarchiv Dresden befindet sich das Original einer *Präsentationsurkunde*, mit der Thomas Müntzer am 6. Mai 1514 vom Rat der Altstadt Braunschweig auf eine Pfründe am Marienaltar der Michaelskirche
zu Braunschweig präsentiert wurde[2] (s. Abb. 2 S. 83).

2. Der Franziskaner *Bernhard Dappen* berichtete am 4. Mai 1519 aus
Jüterbog in einem Brief an den bischöflich-brandenburgischen Vikar
Jakob Gropper über den Streit der Jüterboger Franziskaner in der
Fasten- und Osterzeit 1519 mit dem dortigen lutherischen Ratsprediger
Franz Günther und mit Müntzer als dessen Vertreter. Dappen behaup-
tete, Müntzer sei aus der Stadt Braunschweig vertrieben worden, und
zwar nicht lange Zeit bevor er nach Jüterbog gekommen sei (zu Ostern
1519)[3].

---

[1] Ich gebe hier zunächst den Forschungsstand wieder, wie er in der Müntzerliteratur
bis 1983 unangefochten herrschende Meinung war, jedoch auch noch in den jüngsten
Müntzerbiographien unverändert zu finden ist: s. K. EBERT: Thomas Müntzer, Frankfurt 1987, 72f; G. MÜTZENBERG: Thomas Müntzer ou l'illuminisme sanglant, Lausanne
1987, 18. Die seit 1983 vorgelegten neuen Forschungen zum vorliegenden Thema müssen als noch kaum rezipiert gelten. Siehe U. BUBENHEIMER: Thomas Müntzer, in: Protestantische Profile/ hg. v. K. SCHOLDER u. D. KLEINMANN, Königstein/Ts. 1983, 35f;
DERS.: Thomas Müntzer in Braunschweig: Teil 1. 2, in: BJb 65 (1984[b]) 37-78; 66
(1985[b]) 79-114; DERS.: Thomas Müntzer und der Anfang der Reformation in Braunschweig, in NAKG 65 (1985[c]) 1-30; S. BRÄUER: Thomas Müntzers Beziehungen zur
Braunschweiger Frühreformation, in: ThLZ 109 (1984) 636-638. Teilweise sind die
neuen Daten bereits rezipiert in: Thesen über Thomas Müntzer: zum 500. Geburtstag,
in: Einheit 43 (1988) 40.
[2] Q 4.4.
[3] »... in quo quidem tempore, nescio a quo vocatus, alius magister eiusdem secte [scil.
Luteranae] nomine Thomas advenit, non longo tempore elapso expulsus e civitate Bruns-
vicensi, quem fecit [scil. Franciscus Gunterus] predicare loco sui ...« ARTICVLI PER
FRATRES MINORES DE obseruantia propositi Reuerendissimo domino Episcopo
Brandenburgeñ contra LVTERANOS. ... [Ingoldstadt: Andreas Lutz? 1519], A 3ʳ; M.
BENSING; W. TRILLITZSCH: Bernhard Dappens »Articuli... contra Lutheranos«, in: Jb. f.
Regionalgesch. 2 (1967) 136. Zu Müntzer in Jüterbog s. u. Kap. 3.5.

3. In den von Müntzer hinterlassenen Briefschaften ist ein undatierter *Brief des* namentlich nicht genannten *Rektors des Martinsgymnasiums in Braunschweig* an Müntzer[4] erhalten, der von den Herausgebern unterschiedlich, aber jedenfalls zwischen etwa 1516 und 1518 datiert wurde[5].

4. In der etwa Juni/Juli 1525 verfaßten Flugschrift *Ein nützlicher Dialogus oder Gesprächbüchlein zwischen einem müntzerischen Schwärmer und einem evangelischen frommen Bauern* wird eine Aussage gemacht, die der Äußerung Bernhard Dappens über einen negativen Ausgang von Müntzers Wirken in Braunschweig entspricht. Der Autor läßt auf die Bemerkung des müntzerischen Schwärmers, daß Müntzer doch das Wort Gottes gehabt habe, den lutherisch gesinnten Bauern antworten:»Ja wenn ers nicht falsch hett ausgelegt, man weis wol wie er sich allenthalben gehaltten hatt wo er gewesen ist, nemlich zu Braunschweig, zu Zwigkaw, Prag ynn Behmen, zu Halle und an vilen orthen mehr; er ist allewegen wie ein ertzbube entlauffen.«[6] Damit wird behauptet, Müntzer habe sich in Braunschweig nach gewissen nicht genannten Vorkommnissen seinerseits aus dem Staube gemacht, wie später in Zwickau, Prag und Halle[7]. Der anonyme Dialog wird Johann Agricola aus Eisleben zugeschrieben[8], der nach seinem Studium in Leipzig (ab 1509/10) spätestens ab 1514 Lehrer in Braunschweig war bis zu seiner Immatrikulation in Wittenberg im Wintersemester 1515/16. Zu Müntzer hatte Agricola ursprünglich freundschaftliche Kontakte[9]. Er konnte also gute Informationen über Müntzer in Braunschweig haben[10], zumal er seinerseits noch 1521 Kontakt zu Müntzers Braunschweiger Freund Hans Pelt hatte.

5. In einer späteren Osterpredigt macht *Johann Agricola* eine weitere in unserem Zusammenhang interessante Äußerung:»... er habe 1514 in Braunschweig gesehen, wie in einem Kandelgießergesellen der 'Satan

---

[4] Q 1.5.

[5] G. KAWERAU: Kleine Nachlese zum Briefwechsel des Thomas Münzer, in: ZHVG 12 (1879) 641f (Datierung:»1516?«); BK 1f Nr. 2 (»1517 vor Ende Juni«); MSB 347f Nr. 2 (»1517 oder 1518«).

[6] FSB 528, 30f; L. FISCHER (Hg.): Die lutherischen Pamphlete gegen Thomas Müntzer, Tübingen 1976, 93, 12-16. Die Stelle wird in der Müntzerforschung zuerst erwähnt bei G. TH. STROBEL: Leben, Schriften und Lehren Thomä Müntzers, des Urhebers des Bauernaufruhrs in Thüringen, Nürnberg 1795, 12, jedoch zweifelt Strobel an einem Aufenthalt Müntzers in Braunschweig. In der neueren Literatur wird die Stelle ohne Erörterung zitiert bei M. STEINMETZ: Das Müntzerbild von Martin Luther bis Friedrich Engels, Berlin 1971, 87. 105.

[7] Vgl. den folgenden Satz:»*Schwermer*: Must doch Sant Paulus auch entlauffen und wart uber die mauren von den aposteln weg gesant [Act 9, 25].« FSB 528, 31-33.

[8] H. BOEHMER: Studien zu Thomas Müntzer, Leipzig 1922, 2f; STEINMETZ 1971, 80f; FSB 636.

[9] Zu Agricola und Müntzer s.u. S. 113.

[10] Vgl. das Urteil von STEINMETZ 1971, 87 über Agricolas Müntzerkenntnis:»hervorragend informiert«.

Thomas Müntzers' jenen samt seinem Wirt und Bruder geplagt, sie
schändlich belogen und betrogen habe«[11].

Obwohl also eine Reihe zeitgenössischer und größtenteils voneinander
unabhängiger[12] Hinweise auf einen Aufenthalt Müntzers in Braunschweig vorlag, hat ein Teil der Müntzerbiographen einen solchen in die
Rekonstruktion von Müntzers Frühzeit nicht einbezogen[13]. Andere Forscher haben, ohne das gesamte genannte Material einer umfassenden
kritischen Prüfung zu unterziehen, mehr beiläufig einige Hypothesen
hinsichtlich eines etwaigen Aufenthalts Müntzers in Braunschweig auf-
gestellt.

Zuerst hatte 1842 Johann Karl Seidemann aus dem Brief des Rektors
des Martinsgymnasiums in Braunschweig an Müntzer geschlossen,
Müntzer sei »etwa um 1517, Lehrer am Martinigymnasium zu Braunschweig geworden«[14]. In der neueren Forschung griff Manfred Bensing
die Hypothese auf und wandelte sie leicht ab: Er ging von einer »zeitweiligen Lehrtätigkeit Müntzers an der dortigen Martinsschule« als gesi-
chertem Faktum aus, wobei er nur hinsichtlich der Datierung noch unsicher war; 1517/18 sei »wahrscheinlich« der Zeitpunkt dieser
Lehrtätigkeit[15]. Da er aber über Seidemann hinaus Kenntnis von der

---

[11] So gibt G. KAWERAU: Johann Agricola von Eisleben, Berlin 1881, 12 Anm. 2 —
ohne wörtliches Zitat — eine Äußerung Agricolas wieder, deren Fundort er nur mit
»Osterpredigten Bl. 88« kennzeichnet. Die Stelle konnte bislang nicht wieder identifiziert
werden. S. BRÄUER: Die zeitgenössischen Dichtungen über Thomas Müntzer und den
Thüringer Bauernaufstand, theol. Diss. Leipzig 1973, 454 Anm. 590 macht die unzutreffende Angabe, die Aussage Agricolas finde sich in J. AGRICOLA: Drey Sermon vnd Predigen…, Wittenberg: Hans Lufft 1537. In dieser Schrift (38 Blätter) finden sich zwar zwei
Osterpredigten (D 3[r] - K 4[r]), jedoch ohne die gesuchte Aussage.
[12] Nur bei der Quelle Nr. 4 ist nicht auszuschließen, daß Agricola (1525) die Kenntnis
über das Ende von Müntzers Braunschweiger Aufenthalt aus dem gedruckten Brief
Bernhard Dappens (1519) geschöpft haben könnte.
[13] Vgl. E. W. GRITSCH: Reformer Without A Church: the Life and Thought of
Thomas Muentzer 1488 [?]-1525, Philadelphia 1967, 5. — G. RUPP: Patterns of Reformation, London 1969, 159f, wo der Rektor des Martinsgymnasiums irrtümlich nach
Münster versetzt wird. — G. WEHR: Thomas Münzer in Selbstzeugnissen und Bilddokumenten, Reinbek bei Hamburg 1972, 18.
[14] J. K. SEIDEMANN: Thomas Münzer, Dresden 1842, 3. Übernommen von C.
HESSENMÜLLER: Heinrich Lampe, der erste evangelische Prediger in der Stadt Braunschweig, Braunschweig 1852, 12f Anm. 23. Angezweifelt von C. W. SACK: Geschichte
der Schulen zu Braunschweig von ihrer Entstehung an und die Verhältnisse der Stadt
in verschiedenen Jahrhunderten, Braunschweig 1861, 107. Danach taucht das Thema
»Müntzer in Braunschweig« in der Braunschweiger lokalgeschichtlichen Forschung nicht
mehr auf. Die Feststellung von BENSING/TRILLITZSCH 1967, 119, »in der Literatur über
Kirche und Schulwesen in Braunschweig« sei »Thomas Müntzers Wirken nicht vermerkt«, ist entsprechend zu modifizieren.
[15] So der letzte Stand in M. BENSING: Thomas Müntzer, Leipzig, 3. neubearb. Aufl.
1983[a], 20. 25. Ursprünglich setzte Bensing diese Lehrtätigkeit Müntzers am Martineum später an, nämlich 1518 bis Frühjahr 1519: M. BENSING: Thomas Müntzer, Leipzig (1965) [2]1975, 26. Damals hielt er eine Datierung auf 1516 und 1517 für ausgeschlos-

Präsentationsurkunde aus dem Jahre 1514 hatte, konstruierte er zwei voneinander unabhängige Aufenthalte in Braunschweig: Auf den ersten Aufenthalt Müntzers in Braunschweig 1514 weise die Präsentation auf eine Altarpfründe an der Michaelskirche durch den Rat der Altstadt Braunschweig hin[16]. Zwischen diesem Datum und dem zweiten (nicht mit jener Pfründe in Verbindung gebrachten) Braunschweigaufenthalt Müntzers 1517/18 liege das »ausreichend belegte Wirken Müntzers im Nonnenkloster Frose« bei Aschersleben[17]. Die Kombinationen Bensings wurden von Eike Wolgast weiter ausgebaut: Die Präsentation des Rates setze eine Anwesenheit Müntzers in Braunschweig im Mai 1514 zwar voraus, aber Müntzer habe die Pfründe nicht übernommen. 1518 sei Müntzer »dann erneut in Braunschweig«[18].

Walter Elliger nahm die Präsentationsurkunde zwar zum Anlaß für Spekulationen über das Datum von Müntzers Priesterweihe[19], konnte ihr aber im Blick auf einen Aufenthalt Müntzers in Braunschweig nichts abgewinnen[20]. Auf Anwesenheit Müntzers in Braunschweig schloß er aber «mit ziemlicher Sicherheit« für das Jahr 1518 aus der Äußerung Bernhard Dappens. Allerdings meinte Elliger: »Was er [Müntzer] dort getrieben hat, ob er etwa an der Martinsschule als Lehrkraft beschäftigt war, bleibt dunkel.«[21]

Zusammenfassend läßt sich feststellen, daß hinsichtlich eines Aufenthaltes Müntzers in Braunschweig bei den Biographen große Unsicherheit herrschte und über den Aussagegehalt der bereits bekannten Quellen keine Klarheit bestand.

Die Müntzerforschung hatte mit der Interpretation dieser Stücke deshalb große Schwierigkeiten, weil sich ein entsprechender Aufenthalt Müntzers in Braunschweig in das Bild von Müntzers Lebenslauf bis 1518, wie es die Forschung mit vielen Hypothesen und Spekulationen entworfen hatte, schwer einbauen ließ. Bevor im folgenden die Quellenbasis zu diesem Thema erweitert werden soll, müssen die bisherigen Interpretationsfehler ausgeräumt werden, die sich auf die bereits bekannten Quellen beziehen und auch ohne neue Quellen als solche

sen: BENSING/TRILLITZSCH 1967, 121. Die veränderte Datierung auf 1517/18 findet sich dann ab M. BENSING: Thomas Müntzers Kampf und Weggefährten, Bad Frankenhausen 1977, 7.

[16] BENSING/TRILLITZSCH 1967, 119f.

[17] Ebd. 120.

[18] E. WOLGAST: Thomas Müntzer, Göttingen 1981, 11f.

[19] Siehe oben S. 17f.

[20] Vgl. W. ELLIGER: Thomas Müntzer, Göttingen (1975) ³1976, 32 Anm. 20: »Die Präsentation Müntzers für eine Altarpfründe an St. Michael würde am ehesten noch auf diese Spur weisen, die ernsthaft zu verfolgen jedoch bei den damaligen Formen des Präsentationswesens schwerlich zum Ziele führt.«

[21] Ebd. 50.

erkannt werden können. Zwei Fehlschlüsse haben die Forschung beherrscht: 1. Müntzer habe das Altarlehen, auf das ihn der Rat der Altstadt in Braunschweig 1514 präsentierte, gar nicht angenommen. — 2. Müntzer selbst sei Lehrer oder gar Rektor am Martinsgymnasium in Braunschweig gewesen, ungefähr 1517/18.

Hinsichtlich der Bewertung der Präsentationsurkunde vom 6. Mai 1514 herrschte in der Forschung eine paradoxe Situation. Obwohl gerade jene Urkunde von allen genannten Quellen die eindeutigsten Daten liefert, wurde ihr in der Rekonstruktion der Müntzerbiographie jener Jahre weniger Gewicht beigemessen als den unklareren Angaben der übrigen Quellen. Die Ursache liegt in einer Fehlbewertung des Dokuments durch die ersten Herausgeber, von der die gesamte Forschung beeinflußt war. Böhmer und Kirn hatten das mit dem Siegel der Altstadt Braunschweig versehene Original der Präsentationsurkunde in den Beständen des heutigen Staatsarchivs Dresden gefunden und es 1931 in ihrer Ausgabe von Müntzers Briefwechsel publiziert. Diese Urkunde ist in der Anrede gerichtet an den damaligen Pfarrherrn der Michaelskirche zu Braunschweig, Henning Breyger[22]. Aus dem Fundort der Urkunde im Staatsarchiv Dresden haben die Herausgeber geschlossen, daß sie aus dem zum Zeitpunkt von Müntzers Gefangennahme in Mühlhausen befindlichen schriftlichen Nachlaß Müntzers — dem sogenannten »Briefsack Müntzers« — stamme, den Herzog Georg von Sachsen nach der Schlacht von Frankenhausen (15. Mai 1525) beschlagnahmt hatte[23] und der mit anderen Müntzeriana in das Dresdner Archiv kam[24]. Dieser Annahme ist zuzustimmen[25], nicht jedoch der weiteren Schlußfolgerung, der Verbleib der Urkunde in Müntzers Hand bis zu seinem Tod lasse

---

[22] Q 4.4 Z. 1-3 / MSB 553, 1-3.

[23] Vgl. BK S. VIIf, wieder abgedruckt MSB 457f.

[24] Diese Müntzeriana bilden jetzt den Hauptanteil des einst im StaatsA Dresden (Loc. 10327), jetzt in der Leninbibliothek Moskau (Fonds 218, Nr. 390) befindlichen Bandes, der auf Bl. 1ʳ den Titel trägt: »Alte Briefe und Zettel, welche zum Theil Thomas Münster, zum Theil andere an ihn als D. Andr: Carolstadius, Joh: Agricola Islebiensis pp. an ihn geschrieben pp.« (abgekürzt: MAB).᾿Verwenden konnte ich nur die Faksimileausgabe diese Bandes: Thomas Müntzers Briefwechsel: Lichtdrucke Nr. 1-73 nach Originalen aus dem Sächs. Landeshauptarchiv Dresden/bearb. v. H. MÜLLER, [Leipzig 1953] (abgekürzt: MBL). — Ich mache darauf aufmerksam, daß MAB nicht identisch ist mit Müntzers »Briefsack«, da der Band Stücke enthält, die nicht aus Müntzers Nachlaß stammen können, sondern aus anderen Provenienzen hinzugefügt wurden. Umgekehrt gibt es Hinweise, daß auch Stücke, die zu einem früheren Zeitpunkt mit den in MAB befindlichen Müntzeriana eine archivalische Einheit bildeten, nachträglich wieder ausgeschieden wurden (vgl. Einleitung zu Q 4.4). Eine Untersuchung der Überlieferungsgeschichte des in MAB gesammelten Materials ist notwendig.

[25] Die ursprüngliche Zusammengehörigkeit der Präsentationsurkunde und eines Teils der in MAB gesammelten Müntzeriana wird durch die zu Q 4.4 mitgeteilte alte Signatur der Originalurkunde bestätigt.

Zweifel aufkommen, ob Müntzer wirklich in den Besitz der Pfründe, für die er präsentiert worden war, eingetreten sei. Böhmer und Kirn setzen dabei voraus, die Präsentationsurkunde hätte bei der Institution dem Adressaten, nämlich dem Pfarrherrn von St. Michael, ausgehändigt werden und bei diesem verbleiben müssen[26]. Diese Voraussetzung ist rechtshistorisch nicht zwingend. Die Präsentationsurkunde wurde im vorliegenden Fall vom Aussteller dem Präsentierten übergeben, der im Text als *praesentium litterarum exhibitor*, d.h. als »Vorweiser dieses Briefes« bezeichnet wird[27]. Diese Bezichnung impliziert zwar, daß der Präsentierte bei seiner Institution (*institutio corporalis*)[28] dem Pfarrherrn die Präsentationsurkunde »vorweist«, der die Einweisung in die Pfründe und in das mit ihr verbundene geistliche Amt vollzog. Rechtlich bestand aber keine Notwendigkeit für den Pfarrherrn, die Präsentationsurkunde nach erfolger Institution einzubehalten, da die Gefahr einer Wiederholung der Institution nicht bestand. Andererseits konnte der Präsentierte ein Interesse daran haben, auch nach erfolgter Institution die Präsentationsurkunde in der Hand zu behalten. Bei einem städtischen Altarlehen wie dem vorliegenden, bei welchem dem Rat das Patronat zustand, war die durch die Präsentationsurkunde vollzogene Kollation bzw. Ernennung der Pfründers[29] der für die ökonomischen Rechtsfolgen entscheidende rechtliche Akt. Demgegenüber war die Institution durch den Pfarrherrn bei solchen Pfründen ein formalrechtlicher Akt, dessen Ausführung der Pfarrherr in der Regel nicht verweigern konnte[30]. Diese Umstände bieten hinreichend Erklärung dafür, daß auch nach der Institution die Präsentationsurkunde in Müntzers Hand bleiben konnte. Natürlich sind Einzelfälle denkbar, in denen ein präsentierter Kleriker nach erfolgter Präsentation auf das ihm zugedachte Lehen verzichtet hat. Da aber natürlicherweise bereits das Besetzungsvorhaben mit dem ins Auge gefaßten Kandidaten abgesprochen wurde, ist das etwaige Nichtzustandekommen der Institution ein zwar möglicher Ausnahmefall, der aber ohne Quellenbeleg nicht zur Grundlage biographischer Rekonstruktion gemacht werden kann. Vielmehr hätte man bis zum Beweis des Gegenteils davon ausgehen können, daß Müntzer aufgrund seiner Präsentation die Braunschweiger Pfründe auch übernommen hat.

---

[26] BK 129 Anhang 1 Anm. 1; MSB 553.

[27] Q 4.4 Z. 10f / MSB 553, 9.

[28] Vgl. J. HEEPE: Die Organisation der Altarpfründen an den Pfarrkirchen der Stadt Braunschweig im Mittelalter, in: Jb. des Geschichtsvereins f. das Herzogtum Braunschweig 12 (1913) 21f.

[29] Ebd. 9-13.

[30] Vgl. Ebd. 8: »Dem Pfarrer bleibt nur die Institution des vom Rat erwählten Priesters, eine Pflicht, deren Erfüllung er nicht verweigern darf ...«

Diesen Schluß zu ziehen, hat die Forschung noch ein zweiter Umstand gehindert. Müntzer ist nämlich in den Folgejahren[31] als Kleriker in Frose bei Aschersleben belegt. Auch von daher schienen sich Zweifel an der erfolgten Übernahme des Braunschweiger Lehens durch Müntzer nahezulegen, so lange man dieses Lehen — rechtshistorisch unzutreffend — vorwiegend unter dem Aspekt der damit verbundenen priesterlichen Verpflichtungen Müntzers gesehen hat. Der Irrtum lag hier darin, daß man das Phänomen der Pfründenkumulation und der Möglichkeit des Genusses der Pfründeinkünfte in Abwesenheit (in absentia) unter Bestellung eines die priesterlichen Funktionen stellvertretend versehenden Offizianten[32] nicht in Rechnung gestellt hat. Daß Müntzer ein Amt in Frose hatte, stößt sich so gesehen biographisch nicht mit der Annahme, daß er die Braunschweiger Pfründe übernommen hat.

Dann aber besteht die Möglichkeit, auch Müntzers späteren Aufenthalt in Braunschweig mit seiner Braunschweiger Pfründe in Verbindung zu bringen. Das ist desto naheliegender, wenn weiter erkannt wird, daß auch die Annahme, Müntzer sei zeitweilig Rektor oder Lehrer am Martineum gewesen, auf einem Interpretationsfehler beruht. Man bezieht sich dafür auf den oben unter Nr. 3 aufgeführten undatierten lateinischen Brief, dessen Absender sich ohne Namensnennung im ersten Satz folgendermaßen einführt: »Qui nunc regit literarum gymnasium S. Martini Brunsvick magistri discipulus quidam, venerabili domino artiumque magistro Thome N.«[33] Der Absender bezeichnet sich als Schüler Müntzers. Die Schlußfolgerung, der jetzige Rektor des Martinsgymnasiums müsse, weil er sich als »Schüler« Müntzers bezeichnet, früher von Müntzer am Martinsgymnasium unterrichtet worden sein, war ein erster Trugschluß. Denn Müntzer könnte auch außerhalb des Martinsgymnasiums jenen späteren Braunschweiger Rektor als Schüler unterrichtet haben. Bei ihm könnte es sich auch um einen der Privatschüler Müntzers handeln, die er nachgewiesenermaßen bei sich zu haben und zu unterrichten pflegte[34]. Auch die Selbstvorstellung des Rektors als desjenigen, der »jetzt (nunc)« das Rektorat innehat, läßt nicht die Interpretation zu, vor ihm sei Müntzer der Rektor gewesen. »Jetzt« deutet lediglich auf eine nicht lange vor Abfassung des Briefes erfolgte Neubesetzung des Rektorats hin, ohne daß aber der geringste Hinweis auf die Person des Amts-

---

[31] Für den Aufenthalt in Frose wurden in der neueren Forschung die Jahre 1516-17 angegeben, was in 1515-16 zu korrigieren ist. Siehe unten S. 90.
[32] Vgl. HEEPE 1913, 29-32; U. BUBENHEIMER: Consonantia Theologiae et Iurisprudentiae: Andreas Bodenstein von Karlstadt als Theologe und Jurist zwischen Scholastik und Reformation, Tübingen 1977, 31f.
[33] Q 1.5 Z. 3-5 / MSB 347, 13f.
[34] Siehe unten S. 95f.

vorgängers des Schreibers gegeben wird. Es war daher ein zweiter Trugschluß, Müntzer zum Amtsvorgänger des Absenders im Rektorat des
Martinsgymnasiums zu Braunschweig zu machen.

Als Ausgangspunkt für eine neue Rekonstruktion von Müntzers
Beziehungen zu Braunschweig bleibt also positiv zunächst nur ein einzig
sicheres Datum übrig: die Präsentation Müntzers auf ein Altarlehen an
der Michaelskirche in Braunschweig durch den Rat der Altstadt am 6.
Mai 1514. Eine weitere Klärung von Müntzers Beziehungen zu Braunschweig mußte über eine systematische und methodische Erweiterung
der Quellenbasis versucht werden.

3.2. Neue Quellen: ein Überblick

Beim Versuch, die Quellenbasis zum Thema »Müntzer und Braunschweig« zu erweitern, boten sich zwei Möglichkeiten an: *erstens* eine
neue Ausschöpfung von Müntzers Briefwechsel unter Rückgriff hinter
die Editionen auf die Handschriften selbst und *zweitens* Archivforschungen an Ort und Stelle, nämlich in Braunschweig (Stadtarchiv) und in der
nahegelegenen einstigen herzoglichen Residenzstadt Wolfenbüttel (Niedersächsisches Staatsarchiv, Herzog August Bibliothek).

Müntzers Briefwechsel

Unter die neuen Quellen sind zunächst drei bereits bekannte Stücke aus
Müntzers Briefwechsel aufzunehmen, die aufgrund von Fehldeutungen
nicht mit Braunschweig, sondern mit Halberstadt und Aschersleben in
Verbindung gebracht wurden. Zu »neuen« Quellen werden sie nicht nur
durch die richtige Einordnung, sondern auch durch eine verbesserte
Transkription, da die älteren Editionen aufgrund vieler Lesefehler, die
auch wichtige biographische Fakten betreffen, die Forschung an diesem
Punkt teilweise in die Irre geführt haben.

Im einzelnen handelt es sich um folgende Stücke:

a) *Brief von Klaus, Diener des Hans Pelt, an Müntzer* in Frose, in Halberstadt am 25. Juli 1515 »myt hast gescreven«[35]. In den Ausgaben ist die
Jahreszahl des Datums falsch mit »1517« entziffert worden[36], so daß sich
Veränderungen auch im Blick auf Müntzers Aufenthalt in Frose ergeben. Ferner wurde die Tatsache, daß Klaus seinen Brief in Halberstadt
geschrieben hat, zum Anlaß genommen, ohne Beleg Halberstadt als

---

[35] Q 1.3.
[36] Die richtige Datierung »1515« findet sich schon bei SEIDEMANN 1842, 3; danach J.
ZIMMERMANN: Thomas Münzer, Berlin 1925, 22; H. LOHSE: Geschichte des Dorfes Frose
i. Anhalt, Quedlinburg [1936], 78.

ständigen Aufenthaltsort sowohl des Schreibers wie seines Dienstherrn Hans Pelt in die Forschung einzuführen. Mit der Möglichkeit, daß Klaus seinen Brief unterwegs im Verlauf einer Reise geschrieben haben könnte, wurde nicht gerechnet. Aus Braunschweiger Archivalien konnte ich den Briefschreiber als Klaus Winkeler identifizieren, der ab 1509 in Braunschweiger Handelsdiensten und 1513 bis 1516 als Kaufgeselle im Dienst des Fernhändlers Hans Pelt nachgewiesen ist. In dessen Auftrag unternahm er zum Teil weitgespannte Handelsreisen zur Eintreibung ausstehender Schulden. Den Brief an Müntzer schrieb er auf einer Reise von Halberstadt aus. Er fungierte im vorliegenden Fall als Briefbote für Müntzers Post aus Braunschweig, die er bis nach Halberstadt mitgenommen hatte und von dort aus nach Frose weiterschickte. Mit seinem Begleitbrief übermittelte Klaus Brief-, Paket- und Geldsendungen an Müntzer und dessen Privatschüler, die Braunschweiger Bürgersöhne waren. Klaus stand seinerseits zu Müntzer in einem freundschaftlichen Verhältnis.

b) *Brief Ludolf Wittehovets an Müntzer* in Frose, ohne Angabe von Ort und Datum[37]. Da hier wiederum »Clawes Pelten« als Briefübermittler erwähnt wird, wurde der Brief in Anlehnung an den vorgenannten bisher auf ca. 1516/17 datiert, was wegen der Neudatierung des vorhergehenden Stückes in ca. 1515/16 geändert werden muß. Näherhin könnte der Brief unter den von Klaus Winkeler am 25. Juli 1515 aus Halberstadt an Müntzer weitergeleiteten Braunschweiger Briefen gewesen sein. Bisher hat man den Absender in der Umgebung von Frose gesucht: Böhmer und Kirn in Halberstadt wegen der Fehldeutung des vorgenannten Briefes, Franz in dem von Frose 6 km entfernten Aschersleben. Der Brief stammt jedoch ebenfalls aus Braunschweig, wo der Braunschweiger Bürgersohn Ludolf Wittehovet (†1525) gleichzeitig mit Müntzer Pfründner am Marienaltar der Michaelskirche war. Er war mit Müntzers Köchin, die während dessen Abwesenheit in Braunschweig geblieben war, wegen gemeinsamer Wohnrechte in ein und demselben Haus in Streit geraten.

c) *Brief Hans Pelts an Müntzer* vom 25. Juni 1521 mit einem Nachtrag vom 6. September 1521[38]. Obwohl eine Ortsangabe fehlt, wurde es von den Editoren und der gesamten darauf fußenden Literatur als bewiesen betrachtet, daß der Brief aus Halberstadt stamme. Das einzige Argument war die Abfassung des unter a) genannten Briefes des Peltschen Dieners Klaus in Halberstadt. Jedoch sind nicht nur Hans Pelt, sondern auch zahlreiche in dem Brief genannte Personen Bürger Braunschweigs, von wo aus Pelt an Müntzer geschrieben hat. Der Brief hat zwei Haupt-

---

[37] Q 1.2.
[38] Q 1.9.

themen: *Erstens* geht es um Müntzers Braunschweiger Altarlehen, da Müntzer an Pelt geschrieben hatte, er wolle es aufgeben. *Zweitens* macht Hans Pelt eine Fülle von Mitteilungen über die frühreformatorische Bewegung in Braunschweig, der er selbst angehört.

d) Der undatierte *Brief des Rektors des Martinsgymnasiums zu Braunschweig an Müntzer*[39] ist das einzige Stück aus Müntzers Briefwechsel, in dem der Ortsname Braunschweig direkt genannt ist und das dementsprechend in den Editionen bereits richtig eingeordnet worden war. Der Vollständigkeit halber wird auch dieses Stück hier aufgeführt, um einen Gesamtüberblick über die sicher auf Braunschweig bezüglichen Stücke aus Müntzers Briefwechsel zu geben. Eine für die Deutung wesentliche Korrektur ist jedoch auch hier möglich: Thomas Müntzer, der Briefempfänger, hielt sich, wie die Adresse angibt, zum Zeitpunkt der Abfassung im Hause Hans Pelts auf[40]. Damit haben wir für den Zeitpunkt der Abfassung des Briefes einen Beleg für die Anwesenheit Müntzers in Braunschweig, nicht in Halberstadt[41]. Der Brief kann auf Juli/August 1517 datiert werden.

Archivalische Quellen zur Geschichte von Müntzers Braunschweiger Pfründe

Zu den für die Müntzerbiographie neu erschlossenen Quellen aus dem Stadtarchiv Braunschweig gehört eine Gruppe, die sich auf die Geschichte des Altarlehens am Marienaltar der Michaelskirche zu Braunschweig bezieht[42], auf das Müntzer am 6. Mai 1514 präsentiert wurde[43]. Aus diesen Quellen ergibt sich: Müntzer hatte die ihm vom Rat verliehene Pfründe mehr als sieben Jahre inne. Sein Nachfolger wurde am 22. Februar 1522 präsentiert, nachdem Müntzer damals erst auf den Besitz der Braunschweiger Pfründe verzichtet hatte[44]. Darüber hinaus ermöglichen die Quellen eine Dokumentation der Geschichte dieses Altarlehens von ihrer Stiftung im Jahre 1493 an und damit eine Erhellung der rechtlichen und ökonomischen Folgen, die sich aus dem Besitz der Pfründe für den Inhaber ergaben.

---

[39] Q 1.5.

[40] Q 1.5 Z. 1f / MSB 347, 11f.

[41] M. STEINMETZ: Thomas Müntzer ca. 1490 bis 1525: für die Wahrheit in der Welt, in: Berühmte Leipziger Studenten/ hg. v. H. PIAZZA [u.a.], Leipzig 1984[a], 21 hat in Abweichung von den oben mitgeteilten Deutungen aus dem Brief geschlossen, Müntzer sei Lehrer in Halberstadt gewesen.

[42] Q 4.1-5 sowie die dort genannten weiteren Quellen.

[43] Q 4.4.

[44] Q 4.5.

Archivalische Quellen zu Müntzers Bekannten- und Freundeskreis in Braunschweig

Die von Braunschweiger Absendern stammenden Briefe an Müntzer enthalten eine Fülle von Personennamen, die sich aus dem Material des Stadtarchivs Braunschweig identifizieren lassen[45]. Da zu dem Personenkreis, in dessen Zentrum Hans Pelt steht, umfangreiches Material vorhanden ist, wird Müntzers Freundes- und Bekanntenkreis in Braunschweig näher beschreibbar. Dies ist insofern von erheblicher Bedeutung, als zu Müntzers Geburtsort Stolberg entsprechendes Material bislang fehlt, während sich in Braunschweig im Rahmen der Biographie Müntzers zuerst ein sozialer und ökonomischer Kontext beschreiben läßt, in dem sich Müntzer in seinen »vorreformatorischen« Jahren vor 1518 bewegte: Ein Kreis vorwiegend von Fernhändlern und Goldschmieden, von denen einzelne dem Rat angehörten oder — so Hans Pelt — in Zusammenhang mit dem reformatorischen Umbruch in den Rat aufstiegen.

Ferner sind diese Personen teilweise bekannt aus der Geschichte der Reformation in Braunschweig. Einige von ihnen waren an den Anfängen der reformatorischen Bewegung in Braunschweig wesentlich beteiligt. So wirft die Untersuchung von Müntzers Beziehungen zu Braunschweig auch neues Licht auf die Frühreformation in der Stadt Braunschweig. Die Verbindung Müntzers mit diesen Leuten bietet jetzt genügend Anlaß, die — kaum untersuchte und quellenmäßig weitgehend versunkene — vorbugenhagensche, möglicherweise »radikalere« Frühphase der reformatorischen Bewegung in Braunschweig (1518-1527) in ihrer Eigenart zu untersuchen und stärker zu gewichten, als das bislang geschehen ist.

3.3. Zur Geschichte von Müntzers Pfründe in Braunschweig: die Stiftung Godeken

Das Altarlehen an der Michaeliskirche in der Altstadt zu Braunschweig, auf das Müntzer 1514 präsentiert wurde, geht zurück auf eine testamentarische *Stiftung* des Braunschweiger Bürgers Henning Godeken, dessen besondere Beziehungen zur Michaeliskirche in dem Amt eines Altermannes (Ältesten) der Michaeliskirche zum Ausdruck kommen, in dem er

---

[45] Ein Teil dieser Personen begegnet auch in der Literatur zur Braunschweiger Reformationsgeschichte, insbesondere in folgenden Arbeiten: PH. J. REHTMEYER: Der berühmten Stadt Braunschweig Kirchen-Historie, Teil 1/2. 3, Braunschweig 1707-1710; B. LANGE: D. Gottschalk Kruse in seiner Bedeutung für die Reformation in der Stadt Braunschweig und im Fürstentum Lüneburg, in: JGNKG 56 (1958) 97-149; O. MÖRKE: Rat und Bürger in der Reformation: soziale Gruppen und kirchlicher Wandel in den welfischen Hansestädten Lüneburg, Braunschweig und Göttingen, Hildesheim 1983.

(mindestens) seit 1487 stand[46]. In seinem Testament vom 18. Januar 1493[47] stiftete er zwei neue Lehen am Marienaltar der Michaelskirche[48], von denen das erste mit 400, das zweite mit 300 Gulden Kapital ausgestattet werden sollte. Nach dem vor 11. November 1495 erfolgten Tod Godekens[49] errichteten im Jahr 1500 die von ihm eingesetzten Testamentare (Vormünder) die beiden gestifteten Lehen. Beide Fundationsurkunden sind erhalten: Das »erste«, mit 400 Gulden ausgestattete Lehen wurde am 25. Mai errichtet[50], nachdem das »zweite«, dessen Stiftungskapital mittlerweile von 300 auf 320 Gulden aufgestockt worden war, bereits am 4. April 1500 fundiert worden war[51].

In der Fundationsurkunde für das zweite Lehen, das später Müntzer innehaben wird, werden folgende geistliche *Pflichten* des Meßpriesters[52] festgelegt: 1. Eine tägliche Messe am Marienaltar, und zwar schon morgens um 6 Uhr, da um diese Zeit in der Kirche keine anderen Dienste versehen werden. Dabei soll der Opfermann oder sein Stellvertreter ministrieren[53]. — 2. Eine besondere wöchentliche Messe von St. Philipp und St. Jakob. — 3. Das wöchentliche Lesen einer Vigilie zugunsten der Stifter und Fundatoren des Lehens[54]. — 4. Teilnahme am Chordienst bei Vesper und Hochmesse der Feiertage sowie an den an diesen Tagen abgehaltenen Kirchhofsprozessionen[55]. — 5. Selbstverständlich ist der

---

[46] StadtA Braunschweig: A III 4:92 (1487 Februar 12), zusammen mit Brant Witten und Roleff Gilderhart. Alle drei wurden vom revolutionären Rat 1488 (Ludeke Hollands Schicht) als Alterleute bestätigt; Godeken wurde zudem einer der Hauptleute der Altstadt: CDS 16, 136, 1052; 137, 1090-1094; 365, 2. 21f.

[47] Q 4.1.

[48] Q 4.1 Z. 20-44. Der Name des Altars ergibt sich aus den in Q 4.3-4.5 genannten Präsentationsurkunden. Henning Godeken war bereits 1487 mit 80 (von 400) fl an der Stiftung eines weiteren Altarlehens am Marienaltar beteiligt: A III 1:223 (Originalurkunde) = B I 14:4, 93r-94v (Abschrift).

[49] A III 1:234, vgl. unten Anm. 62.

[50] Originalurkunde: A III 1:241; gleichzeitige Abschrift von der Hand des Ratsschreibers Ulrich Elers im Fundationsbuch B I 14:4, 99v-100v mit der Überschrift: »Fundatio testamentariorum Henningi Goedeken prima«.

[51] Originalurkunde fehlt. Abschrift in B I 14:4, 100v-101v, bezeichnet als »Fundatio ... secunda«, abgedruckt in Q 4.2. Entsprechend der Reihenfolge der beiden Lehen im Testament Godekens und der Zählung im Fundationsbuch bezeichne ich auch hier weiterhin das mit 400 fl ausgestattete Lehen als »erstes«, das zunächst mit 300, dann mit 320 fl ausgestattete Lehen als »zweites«, obwohl die chronologische Reihenfolge der Fundationen umgekehrt ist. Die genannte Fundationsurkunde wird verschiedentlich zitiert von HEEPE 1913 unter der Bezeichnung »F. B. 118, 1500«.

[52] Vgl. HEEPE 1913, 51-67.

[53] Q 4.2 Z. 46-56. Die im Vergleich zu anderen Stiftungen singuläre besondere Beauftragung des Opfermanns, die diesem gleichzeitig zusätzliche Einnahmen erbringt, hängt mit der Tatsache zusammen, daß ein Sohn des Opfermanns der erste Lehensinhaber sein sollte: Q 4.1 Z. 37f; Q 4.2 Z. 28-30.

[54] Q 4.2 Z. 66-74.

[55] Z. 93-97.

Altarpriester der Stiftung auch beteiligt an der Feier der gleichzeitig für
die Stifter festgelegten, aus Vigilie und Seelmesse bestehenden Memorie
am St.-Vinzenz-Tag (22. Januar)[56] sowie an den Memorien, die in
Zukunft neu an der Kirche gestiftet würden[57].

Die *Einnahmen*[58], die der Lehensinhaber aus den in Form des Rent-
kaufs angelegten gestifteten Kapitalien bezog, lassen sich genau berech-
nen. Nachdem Henning Godeken 1493 in seinem Testament zunächst
300 rheinische Gulden als Stiftungskapital für das zweite Lehen
bestimmt hatte, haben die Testamentare diese Summe auf 320 Gulden
erhöht, vermutlich weil 320 Gulden zu jener Zeit in Braunschweig eine
wiederholt auftauchende Grundausstattung eines Meßpriesterlehens wie
des vorliegenden darstellten[59]. Da sich die Höhe des Stiftungskapitals
von 320 Gulden dennoch an der unteren Grenze vergleichbarer Stiftungen hielt[60], spricht Hans Pelt 1521 mit Recht von einem »armen
Lehen«[61]. Die Erhöhung der Stiftungssumme auf 320 Gulden können
wir bereits einer Obligationsurkunde aus dem Jahr 1495 entnehmen,
laut der die Testamentare des mittlerweile verstorbenen Henning Godeken 320 Gulden beim Gemeinen Rat der Stadt zu einem Zinsfuß von 5 %
anlegten[62]. Das zweite Lehen warf daher, wie auch die Fundationsurkunde ausdrücklich sagt, eine Rente von 16 Gulden ab[63]. Davon hatte
der Pfründer bestimmte regelmäßige Abgaben an die Alterleute der Kirche abzuführen: Eine halbe Mark für den für die Messen erforderlichen
Sachaufwand[64] sowie sieben Schillinge, die als Präsenzgelder für das bei
der jährlichen Memorie mitwirkende Kirchenpersonal und zur Entlohnung des Opfermanns für seine Ministrantendienste bei der täglichen
Messe vorgesehen waren[65]. Diese Ausgaben machten insgesamt 2,2 Gul-

---

[56] Z. 36-46.
[57] Z. 98-101. Der Umfang der Pflichten ist für den Inhaber des ersten Lehens (A III
1:241) gleich und erweist sich als unabhängig von der Höhe des Pfründeinkommens.
Vgl. HEEPE 1913, 51f.
[58] Vgl. HEEPE 1913, 22-26.
[59] Weitere Beispiele: B I 14:4, 110ʳ-111ʳ. 113ᵛ-114ᵛ (1510 und 1511). Auch die Ausstattung des ersten Lehens mit 400 fl entspricht einer wiederkehrenden Standardsumme:
A III 1:207. 223 (1473 und 1487); A III 7:44 (1506); B I 14:4, 106ʳ-107ʳ. 108ᵛ-109ʳ
(beide 1507).
[60] Bei der unvollständigen Durchsicht des Materials sind mir zwei mit 300 fl ausgestattete Lehen begegnet: A III 7:50 (1479); A III 1:222 (1486).
[61] Q 1.9 Z. 12 / MSB 373, 20.
[62] Obligation des Gemeinen Rats gegenüber den Vormündern Henning Godekens,
1495 November 11: A III 1:234.
[63] Q 4.2 Z. 25f. Aus dem Kapital des ersten Lehens wurde entsprechend eine Rente
von 20 fl erzielt (A III 1:241). Auch in den beiden folgenden Jahrzehnten waren 5 % der
vorherrschende Zinsfuß. So z.B. A III 1:252. 267. 269. 272. 282 (1505-1523).
[64] Q 4.2 Z. 33-36.
[65] Ebd. Z. 36-56. Der Opfermann erhielt davon 2 sch.

den aus[66]. Der Inhaber des mit 320 Gulden dotierten zweiten Lehens erzielte also aus seiner Pfründe 13,8 Gulden jährliche Nettoeinnahmen. Dieser Betrag blieb ihm allerdings nur, wenn er selbst residierte[67]. Bei eventuellem Pfründgenuß *in absentia* mußte er den ihn vertretenden Offizianten mit dem üblichen Satz entlohnen[68], der 3 Mark oder 9 Gulden betrug[69]. In diesem Fall blieb dem nicht selbst amtierenden Pfründner noch eine bescheidene Nebeneinnahme von 4,8 Gulden jährlich übrig. Immerhin sicherte eine solche Einnahme das Existenzminimum. Eine Vergleichszahl: Mit 5 Gulden jährlich wurde damals in Braunschweig das Kostgeld eines Schülers angesetzt[70].

Über *Residenzpflicht und Abwesenheit* sind nur für das erste, mit 400 Gulden ausgestattete Lehen explizite Bestimmungen getroffen worden. Sowohl im Testament Godekens als auch in der Fundationsurkunde des ersten Lehens ist die Erlaubnis, die Pfründeinkünfte in Abwesenheit zu genießen, für den Zweck vorgesehen, dem Pfründner dadurch eine Ausbildung zu ermöglichen[71]. Durch eine solche Bestimmung wurde indirekt ein Stipendium für eine Schulausbildung und ein Universitätsstudium geschaffen. Die Fundationsurkunde des zweiten Lehens enthält im Blick auf die Person des Pfründners nur die Normalformel, daß er Priester sein oder binnen eines Jahres Priester werden müsse[72]. Daraus könnte der Schluß gezogen werden, daß bei der Fundation im Blick auf den Lehensinhaber an einen residierenden Priester als Regelfall gedacht war. Andererseits enthalten weder das Testament Godekens noch die Funda-

---

[66] Der Umrechnung liegt folgender Schlüssel zugrunde, bezogen auf rheinische Gulden und neue braunschweigische Pfennige: 1 M = 3 fl = 30 sch = 360 d. Grundlage bilden die Angaben in dem 1503 angelegten Zollbuch des Hermann Bote: B I 9:57, bes. S. 97. 111. 113. 125. Vgl. E. DÖLL: Die Kollegiatstifte St. Blasius und St. Cyriacus zu Braunschweig, Braunschweig 1967, 357.

[67] Der selbst amtierende Pfründner konnte zusätzliche Einnahmen erzielen durch Präsenzgelder aus solchen Festen und Memorien, die nach Errichtung seiner eigenen Pfründe gestiftet wurden und an denen er selbst mitwirkte (Q 4.2 Z. 97-101). Bei »jungen« Pfründen waren diese Nebeneinnahmen geringfügig (vgl. HEEPE 1913, 25). Bei Absenz des Pfründners erhielt die Präsenzgelder wahrscheinlich sein Offiziant: so A III 4:109 (1508).

[68] Nach der Fundationsurkunde des ersten Lehens (A III 1:241) ist der Offiziant in der ortsüblichen Höhe zu entlohnen.

[69] Der Betrag ist 1487 ausdrücklich in der Fundationsurkunde des Lehens am Marienaltar genannt, an dessen Stiftung Henning Godeken mitbeteiligt war: A III 1:223 = B I 14:4, 93ᵛ.

[70] B II 1:59, 25ʳ; H V 113, S. 238f (1500).

[71] Testament: Q 4.1 Z. 27-31; Fundationsurkunde: A III 1:241. An beiden Stellen ist diese Möglichkeit im Blick auf den ersten vorgesehenen Pfründner Konrad Wittehovet formuliert. HEEPE 1913, 18 Anm. 2 zieht daraus den Schluß, daß spätere Pfründner von dieser Möglichkeit ausgeschlossen werden sollten, doch zeigt die weitere Geschichte des Lehens, daß diese Bestimmung nicht restriktiv ausgelegt wurde.

[72] Q 4.2 Z. 76-78. Vgl. HEEPE 1913, 17.

tionsurkunde eine die Absenz ausdrücklich ausschließende Formel, wie das in anderen Fundationsurkunden jener Zeit der Fall war, wenn die Residenz dem Meßpriester zur Pflicht gemacht werden sollte[73]. So war die Möglichkeit gegeben, bei diesem Lehen gegebenenfalls auf eine gewohnheitsrechtliche Praxis, die das Halten eines Offizianten gestattete, zurückzugreifen[74]. Letztlich war hierfür die Absprache zwischen dem Pfründner einerseits und den Testamentaren bzw. dem Rat als den Inhabern der Nominations- und Kollationsrechte andererseits ausschlaggebend. Wie die tatsächliche Praxis in der Geschichte der beiden von Godeken gestifteten Lehen aussah, können wir feststellen, wenn wir uns den einzelnen Inhabern der Lehen zuwenden.

Zunächst zu den *Inhabern des ersten Lehens*, das mit 400 Gulden dotiert war. Unter den vier von Henning Godeken als Nachlaßverwalter eingesetzten Vormündern befand sich sein Gevatter Hans Wittehovet, Krämer in der Altstadt[75], der dem Erblasser 350 rheinische Gulden schuldig war[76]. Mußte er dieses Geld zwar dem für das erste Lehen vorgesehenen Stiftungskapital von insgesamt 400 Gulden zuführen, so wurden doch über die Besetzung der Pfründe zunächst seine Kinder begünstigt. Henning Godeken hatte noch selbst 1493 in seinem Testament Hans Wittehovets Sohn Konrad als ersten Pfründner bestimmt, der die Pfründeinkünfte zunächst für ein Studium verwenden sollte[77]. Diese Begünstigung für Konrad wurde in der Fundationsurkunde vom 25. Mai 1500 wiederholt[78] und seinem Vater Hans bzw. dessen nächsten Erben die

---

[73] HEEPE 1913, 30f kommt zum Schluß, daß am Vorabend der Reformation etwa zwei Fünftel der Lehen die Präsenz gefordert haben.

[74] HEEPE 1913, 30 stellt für das erste Drittel des 15. Jahrhunderts fest: »... die Erwägung, dass wohl die Forderung der Residenz, nicht aber ihre Freistellung die Aufnahme einer besonderen Bemerkung in den Stiftungsbrief notwendig machte«, spricht »dafür, dass man in dieser Zeit den Priestern der ... Lehen das Halten eines Offizianten allgemein gestattete.« Diese gewohnheitsrechtliche Praxis herrschte in Braunschweig auch noch am Anfang des 16. Jahrhunderts mit der Verschiebung, daß Residenzpflicht ausdrücklich fordernde Bestimmungen jetzt häufiger in den Fundationsurkunden auftauchen.

[75] Hans Wittehovet (II.) war Sohn des Hans Wittehovet (I.), der in seinem Testament 1466 Januar 18 als einen seiner Vormünder Henning Godeken eingesetzt hatte (B I 23:2, 45rb-vb). Hans (II.) war 1488-1490 Mitglied des während Ludeke Hollands Schicht an die Macht gekommenen Gremiums der Vierundzwanzig Männer sowie des Geheimen Rats: CDS 16, 126, 735; 363, 11-15; W. SPIESS: Die Ratsherren der Hansestadt Braunschweig 1231-1671, Braunschweig ²1970, 32. 234. In seinem Testament 1496 Oktober 6 (B I 23:2, 164va-b) setzte Hans (II.) als Vormünder ein: Seine Ehefrau Ilse, seinen Schwiegersohn Hans Dammann (s. Q 1.3 Anm. 7), seinen Schwager Henning Rode (Stiefsohn des Henning Godeken: Q 4.1 Z. 4f) und Hinrik Middendorp (s. ebd. Z. 5). 1505 Oktober 21 testierte Hans' Witwe Ilse (B I 23:2, 227vb-228ra).

[76] Q 4.1 Z. 24-26.

[77] Q 4.1 Z. 23-31.

[78] A III 1:241.

Nomination der nächsten beiden Pfründner eingeräumt[79]. Als am 12. Februar 1501 vom Rat der Altstadt die erste Präsentationsurkunde für das neue Lehen ausgefertigt wurde, war Konrad Wittehovet aber bereits verstorben und an seine Stelle trat Heinrich Wittehovet[80], wahrscheinlich ein Bruder des Verstorbenen[81], der ebenfalls noch nicht Priester war[82]. Aber bereits am 22. Dezember 1503 mußte Hans Wittehovets jüngster Sohn Ludolf[83] an die Stelle des ebenfalls verstorbenen Heinrich nachrücken[84].

Bei Ludolf Wittehovet, der später als Korrespondent Thomas Müntzers begegnet[85], können wir Pfründgenuß in Abwesenheit belegen. Er wurde am 24. April 1511 oder bald danach an der Universität Wittenberg immatrikuliert[86] und promovierte dort am 28. März 1514 zum *baccalaureus artium*[87]. Bald danach muß er nach Braunschweig auf seine Pfründe zurückgekehrt sein, da er in Wittenberg keinen weiteren akademischen Grad mehr erwarb und in der Folgezeit, vermutlich 1515, aus Braunschweig an Müntzer schrieb. Später hat er — vermutlich auf dem Weg der Permutation[88] — ein anderes Altarlehen an der Michaelskirche erworben und ist vor dem 25. August 1525 verstorben[89].

Über die *Inhaber des zweiten Lehens* vor Müntzers Präsentation läßt sich folgendes erschließen: Laut Testament und Fundationsurkunde wurde mit diesem Lehen zunächst ein Sohn Johann des Opfermannes an St. Michael begünstigt. Dieser Opfermann namens Heinrich (I.) Kill (Kiell,

---

[79] Ebd. in Übereinstimmung mit dem Testament, Q 4.1 Z. 32-34.

[80] Präsentationsurkunde für Heinrich: B I 3:2, S. 127.

[81] Hans Wittehovet (II.) hatte nach seinem Testament (s. Anm. 75) mit seiner Ehefrau Ilse neun gemeinsame Kinder.

[82] In der Präsentationsurkunde als »clericus« bezeichnet.

[83] Ilse, Witwe Hans Wittehovets, bezeichnet ihn 1505 in ihrem Testament (s. Anm. 74) als »myne(n) lutken szone Ludeken«. Zum Wechsel Ludolf/Ludeke s. H. BAHLOW: Deutsches Namenlexikon, Frankfurt ⁵1980, 324. — Ilse hinterließ noch einen weiteren Sohn Hans (III.), der 1491 an der Universität Leipzig immatrikuliert worden war: H. MEIER: Braunschweiger Bürgersöhne auf deutschen Universitäten vor Errichtung der Julius-Universität zu Helmstedt, in: Jb. des Geschichtsvereins f. das Herzogtum Braunschweig 7 (1908) 104.

[84] Präsentationsurkunde für Ludolf: B I 3:2, S. 178. Auch er war nur »clericus«.

[85] Q 1.2.

[86] Album 1, 37b mit entstelltem Namen: »Ludolffus Mittelrauff [statt »Wittehaupt«] de Brunswick Hilden. dioc.« Die Identität ergibt sich durch einen Vergleich der Immatrikulationen mit der Promotionsmatrikel der Artistenfakultät (s. Anm. 87).

[87] KÖSTLIN 1, 15: »Ludolphus Wittehoveth Brunsvicensis« zusammen mit den 1512 immatrikulierten Braunschweigern Bartold Külstein (so statt »Rülstein« zu lesen!), Johann Bere und Otto Pralle.

[88] Dazu s. HEEPE 1913, 13-15.

[89] Johann Köneken wird am 25. August 1525 als Nachfolger des verstorbenen Ludolf Wittehovet auf ein Lehen am Altar des Hl. Kreuzes in der Michaelskirche präsentiert: B I 3:2, S. 405.

Kyle) testierte in der Altstadt am 18. März 1506[90]. Der Sohn Johann wurde wegen des Berufs des Vaters teils als Johann Oppermann[91], teils als Johann Kill[92] bezeichnet. Er war 1493 zum Zeitpunkt der Testamentserrichtung Godekens bereits Priester[93] und wurde als solcher am 10. Mai 1501 — zwei Tage nach Heinrich Wittehovet, dem Inhaber der Parallelpfründe — auf sein mit 320 Gulden dotiertes Lehen präsentiert[94]. Als zweiten Pfründner hatte 1493 noch Godeken selbst Johann Kills Bruder Heinrich (II.) vorgesehen, sofern dieser zum entsprechenden Zeitpunkt Priester wäre oder Priester werden wollte[95]. Er dürfte bereits in den folgenden Jahren gestorben sein, denn er wird weder 1500 in der Fundationsurkunde noch 1506 im Testament seines Vaters Heinrich (I.) Kill erwähnt. So konnte anstelle des ursprünglich vorgesehenen Heinrich (II.) Kill am 6. Mai 1514 Thomas Müntzer, der damals schon Priester der Diözese Halberstadt war, als Nachfolger des verstorbenen Johann Kill auf das Lehen präsentiert[96] und dessen zweiter Inhaber werden.

3.4. Pfründner in Braunschweig

Die Institution[97] des neuen Pfründners wurde in der Regel kurz nach der Präsentation (s. Abb. 2) vorgenommen[98]. Sie war pflichtgemäß vom damaligen Pfarrherrn der Michaelskirche Henning Breyger[99] durchzufüh-

---

[90] B I 23:2, 219rb-va. Als Vormünder setzt er ein: Seine Ehefrau Alheid sowie Sander Buschappel und Hinrik Bulsken (Bolsink), die zu jener Zeit Alterleute an St. Michael waren (belegt 1505-1525: A III 4:100. 125). Als Erben nennt Heinrich (I.) Kill nur seine Ehefrau Alheid und den Sohn Johann. Er siegelt mit einem neuen Braunschweigischen Pfennig, führt also kein eigenes Siegel.

[91] Q 4.3 Z. 1. 10; 4.4 Z. 7 / MSB 553, 6.

[92] Q 4.2 Z. 30; 4.3 Z. 10.

[93] Q 4.1 Z. 37: »Her Johan«.

[94] Q 4.3.

[95] Q 4.1 Z. 38-40.

[96] Q 4.4.

[97] HEEPE 1913, 21f.

[98] Ein Beispiel zum Vergleich: Die Präsentationsurkunde des Heinrich Hanner für ein Lehen an der Martinskirche ist datiert vom 1. Dezember 1505 (A III 1:252a), die von Diethard Uphoff als Notar beglaubigte Institutionsurkunde (A III 1:252b) wurde sechs Tage später, am 7. Dezember 1505, ausgefertigt. Ein weiteres Beispiel s. Anm. 101. — Müntzers Institutionsurkunde ist nicht erhalten.

[99] Als Pfarrherr an St. Michael belegt seit 12. Mai 1500 (B I 3:2, S. 115), †1515. Am 9. Mai 1515 wurde sein Nachfolger Tilemann Kröger präsentiert (A III 4:115; B I 2:4, S. 337), der in Erfurt studiert hatte: imm. W 1501/02 (AErfurt 2, 217b, 11), bacc. art. 29.9.1502 zusammen mit Martin Luther (StadtA Erfurt: 1-1/X B XIII/46, Bd. 6, Bl. 70ra-b). Kröger wirkte ab 1528 als evangelischer Pfarrer an der Michaelskirche weiter (StadtA Braunschweig: H III 7:1, S. 19) und starb 1543 (A I 4:1 Stück 63). Vgl. H.-G. WERNSDORFF: Der für die Kinder deines Volkes steht! 800 Jahre Geschichte der St. Michaeliskirche zu Braunschweig 1157-1957, Braunschweig 1957, 40. 42f.

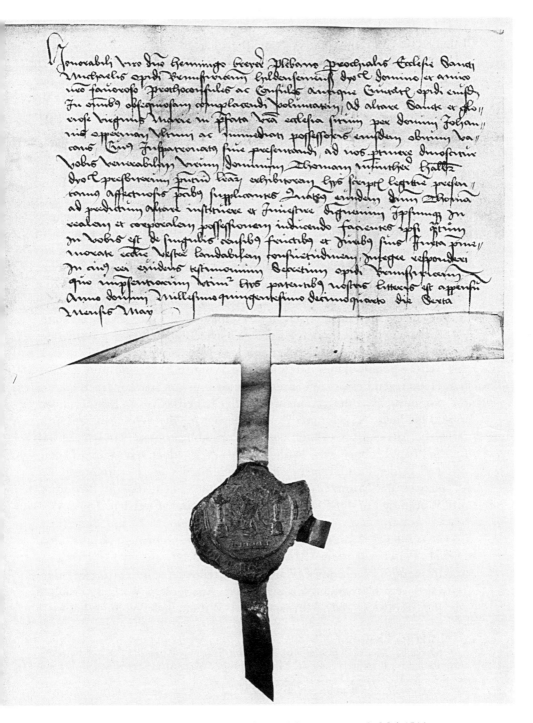

2. Braunschweiger Präsentationsurkunde Müntzers vom 6. Mai 1514

ren. In diesem Zusammenhang hatte der neue Pfründner dem Rat als Inhaber des Patronats einen Treueid zu leisten[100].

Die Annahme der Anwesenheit Thomas Müntzers bei der Institution ist nicht zwingend[101], jedoch ist die persönliche Entgegennahme der Institution der Regelfall, so daß wir annehmen können, daß Müntzer im Mai 1514 in Braunschweig weilte. Diese Annahme wird gestützt durch die oben wiedergegebene Erinnerung Johann Agricolas an ein Wirken Müntzers in Braunschweig im Jahre 1514[102]. Einen sicheren Beleg dafür, daß Müntzer zeitweise in Braunschweig residierte, gewinnen wir aus dem undatierten Brief, den Ludolf Wittehovet an Müntzer in Frose schrieb[103]. Die beiden hatten Streit wegen Wohnrechten und angeblich von Wittehovet ausgestreuten Gerüchten über Müntzers Beziehungen zu Frauen. Während sich Müntzer in Frose aufhielt, war seine Köchin in Braunschweig geblieben und hatte den Versuch gemacht, Wittehovet aus einem heizbaren Zimmer zu verdrängen, das dieser zuvor bewohnt hatte. Wegen dieser Angelegenheit wandte er sich an Müntzer. Aus diesem Vorgang läßt sich erschließen, daß Wittehovet und Müntzer in Braunschweig unter einem Dach gewohnt hatten und sich dort Wohnrechte teilten. Da die beiden Kleriker gleichzeitig je eines der von Godeken gestifteten Lehen am Marienaltar der Michaelskirche besaßen, liegt der weitere Schluß nahe, daß auch ihre Wohnrechte in ein und demselben Haus irgend etwas mit ihren Pfründen zu tun hatten. Im Blick auf die Wohnung der Inhaber entsprechender Lehen gab es in Braunschweig unterschiedliche Regelungen[104]. Die Kosten für die Wohnung waren in der Regel aus den Einkünften der Pfründe zu bestreiten. Manchmal war für die Pfründe eine eigene Wohnung gestiftet, jedoch fehlt im vorliegenden Fall in der Fundationsurkunde eine einschlägige Bestimmung. Bei Wittehovet und Müntzer kann auch die Möglichkeit, daß die Pfründner ihre Wohnung auf der Pfarre hatten, ausgeschieden werden. Denn Wittehovet rekurriert in dem Streitfall mit Müntzer nicht auf den Pfarrherrn, sondern er bittet Müntzer, dem Briefüberbringer Klaus, dem Diener Pelts, auf dem Rückweg einen Brief an »den Schwager« mitzugeben[105]. Nach der Erwartung Wittehovets sollte Müntzer »dem Schwager« ein klärendes Wort schreiben. Aus diesem Vorgang erhalten wir den Hinweis, daß Müntzers und Wittehovets Wohnverhältnisse

---

[100] CDS 16, LXVI Anm. 99.
[101] Der am 9. Mai 1515 präsentierte Tilemann Kröger (s. Anm. 99) ließ sich bei seiner Institution zum Pfarrherrn von St. Michael am 12. Mai 1515 durch einen Prokurator vertreten (A III 4:116. 117).
[102] Siehe oben S. 67f unter Nr. 5.
[103] Q 1.2.
[104] Zur Wohnung von Lehensinhabern s. HEEPE 1913, 27-29.
[105] Q 1.2 Z. 21f / MSB 350, 20f.

einen verwandtschaftlichen Hintergrund haben. Im Rahmen der Untersuchung verwandtschaftlicher Verflechtungen in Müntzers Braunschweiger Freundeskreis wird dieser Sachverhalt erneut aufzugreifen
sein.

Hinsichtlich des Zeitraums, in dem Müntzer persönlich in Braunschweig mit seiner Köchin wohnte, läßt sich bis zum Auftauchen weiterer
Quellen keine sichere Aussage machen. Es gibt zwei Möglichkeiten: Entweder versah er seine Pfründe persönlich im unmittelbaren Anschluß an
die Präsentation, bevor er nach Frose bei Aschersleben ging, wo er durch
den Brief des Dieners Klaus Winkeler am 25. Juli 1515 erstmals nachgewiesen ist[106]. Oder er hielt sich abwechselnd zeitweise in Braunschweig
und zeitweise in Frose auf. So könnte der Umstand eine Erklärung finden, daß Müntzers Köchin noch dann in Braunschweig in einem Haus
mit Wittehovet lebte, als Müntzer in Frose weilte[107].

Die relativ niedrigen Einkünfte, die das Braunschweiger Lehen abwarf, können für Müntzer Anlaß genug gewesen sein, sich um weitere
Einkünfte zu bemühen[108]. Sein Priesteramt in Braunschweig mußte er
während der Zeiten seiner Abwesenheit durch einen Offizianten versor-
gen lassen. Die Namen von Müntzers Offizianten sind nicht direkt
belegt. Jedoch scheint sich in Müntzers Briefwechsel ein Hinweis auf
einen Offizianten Müntzers erhalten zu haben. Johann Kaphan, ein biographisch bislang nicht eingeordneter Korrespondent Müntzers, schrieb
diesem gegen Ende 1520 einen Brief aus Wittenberg und bezeichnete
sich darin selbst als Müntzers Kaplan[109]. Da 'Kaplan' auch den Offizianten bezeichncn konnte[110], vermute ich, daß Kaphan in der vor seinem
Brief liegenden Zeit Müntzers Braunschweiger Stellvertreter gewesen
war[111].

---

[106] Q 1.3.

[107] Möglicherweise folgte die Köchin Müntzer etwas später nach Frose. Denn Wittehovet schreibt in seinem Brief an Müntzer, daß die Köchin nach den Wohnstreitigkeiten
zu Müntzer gekommen sei und diesem falsche Gerüchte aufgetischt habe: Q 1.2 Z. 11ff
/ MSB 350, 11ff. Die Köchin könnte allerdings nur besuchsweise bei Müntzer gewesen
sein.

[108] Allerdings kann nicht ausgeschlossen werden, daß Müntzer bereits Propst in Frose
war, als er die Braunschweiger Pfründe erhielt. Denn wann Müntzer das Amt in Frose
angetreten hat, ist unbekannt.

[109] Johann Kaphan an Müntzer in Zwickau, Wittenberg [1520 nach 10. Dezember]:
»Datum Wyttenberge a Joanne tuo {cappellano / Caphano} in edibus Ysleven.« MBL, T. 15 / MAB,
Bl. 77ʳ / BK 16 (MSB 363, 19f). »Cappellano« und »Caphano« sind im Sinn eines Wort-
spiels wegen des gemeinsamen Anfangs »cap-« untereinander geschrieben. Meines
Erachtens bezeichnet sich der Schreiber mit der Formulierung »Johann, dein Kaplan
Kaphan« als Hilfspriester Müntzers.

[110] Zur Bezeichnung des Offizianten als *cappellanus* in Braunschweig s. CDS 16, S.
LXVI Anm. 99.

[111] Wenn diese Vermutung zutrifft, dann hatte Kaphan zur Zeit der Abfassung seines
Briefes seine Stellung in Braunschweig bereits aufgeben müssen. Er bittet Müntzer, ihm

Ein sicheres Datum für Müntzers Pfründbesitz in Braunschweig erhalten wir erst wieder 1521, nachdem er sich mittlerweile in Wittenberg, Orlamünde, Jüterbog, Beuditz und Zwickau aufgehalten hatte. In dem gesamten Zeitraum bis einschließlich 1521 muß er die Einkünfte *in absentia* bezogen haben. Erst gegen Ende der Zwickauer Zeit problematisierte der Priester selbst seinen Pfründbesitz. Um Ostern (31. März) 1521 teilte er Hans Pelt brieflich mit, daß er sein Braunschweiger Lehen resignieren wolle. Diese Absicht ist im Zusammenhang mit der reformatorischen Kritik an den Privat- und Seelmessen sowie am Pfründenwesen zu sehen. Der Besitz mehrerer geistlicher Pfründen sowie die Abwesenheit des Hirten von seinen Schafen, wie es beim Pfründgenuß *in absentia* der Fall war, galt den Kritikern mittlerweile als ein zu beseitigendes Übel. Müntzer bezog jetzt auch in Zwickau als Prediger von St. Katharinen ein Halbjahresgehalt von 25 oder 30 Gulden[112], so daß er zur Existenzsicherung auf die Einnahmen aus dem »armen Lehen« in Braunschweig nicht angewiesen war. 1524 übt Müntzer folgende Kritik an dem Einkommen zeitgenössischer Prediger: »Es wil ir keiner predigen, er hab dann 40 oder 50 gulden. Ja die pesten wöllen mer dann hundert oder zwaihundert gulden haben, da wirt an inen war dye weyssagung Michee 3[, 11]: Die pfaffen predigen umb lons willen...«[113] Obwohl Hans Pelt 1521 bereits ein Glied der reformatorischen Bewegung in Braunschweig war, ver-

---

bei der Suche nach einer Stelle, eventuell einer Lehrtätigkeit, für den folgenden Sommer behilflich zu sein: MSB 363, 16-18. Auf Beziehungen zu Braunschweig könnte auch die Tatsache hinweisen, daß Kaphan durch Müntzers Vermittlung einen Unterschlupf bei Johann Agricola in Wittenberg fand: MSB 363, 3-5; vgl. auch Agricola an Müntzer, 1520 November 2: MSB 362, 12-14. Agricola war ebenfalls in früheren Jahren in Braunschweig. Vgl. auch W. GERICKE: Luthers Verbrennungstat vom 10. Dezember 1520 und der Bericht Agricolas in seinen verschiedenen Fassungen, in: HerChr 1981/82, 44 Anm. 4. Im übrigen könnte Johann Kaphan aus Müntzers Heimat stammen, da in Stolberg der relativ seltene Familienname Kaphahn 1491 mit Hans und Erich Kaphahn belegt ist: Reg. Stolb. 724 Nr. 2145. Vgl. auch R. ZODER: Familiennamen in Ostfalen, Hildesheim 1968, 1, 847 s. v. Kaphahn.

[112] MSB 564: Am 9. Oktober 1520 quittierte Müntzer den Empfang von 14½ fl, die er auf Michaelis 1520 für seine seit Mai 1520 an der Marienkirche in Vertretung Johann Egrans geleistete Predigttätigkeit verdient hatte. Am 16. April 1521, dem Tag seiner Entlassung, quittierte er den Empfang von 25 fl, jedoch vermerkte der Kämmerer, daß er ihm noch weitere 5 fl gegeben habe, »damit er seins gantzen soldes xxx fl. entpfangen«. Da der Zeitraum, für den die letztere Entlohnung erfolgt ist, nicht genannt ist, ist mir ein sicherer Rückschluß auf das Halbjahresgehalt nicht möglich. Entweder bezogen sich die 25 fl auf den Zeitraum von 1.10.1520 bis 31.3.1521 und die 5 fl waren das Müntzer für den gesamten April zustehende Gehalt. Oder Müntzer erhielt zunächst das ihm bis 16. April *de jure* zustehende Gehalt und darauf um des Friedens willen weitere 5 fl, die er bei Fortsetzung seiner Tätigkeit bis Pfingsten 1521 noch verdient hätte. Müntzer hatte jedenfalls als Prediger an St. Katharinen ein Jahresgehalt von 50-60 fl.

[113] *Hochverursachte Schutzrede* (1524), MSB 325, 11-14. Vgl. auch die Polemik Müntzers und seiner Anhänger in Zwickau gegen die angebliche Geldgier des Predigers Egran: ELLIGER 1975, 170-172.

suchte er noch, Müntzer in seiner Resignationsabsicht zu bremsen. Bis
zum 25. Juni 1521 unternahm er von sich aus beim Rat gar nichts und
bat Müntzer dann, ihm seinen Willen noch einmal eindeutig zu
schreiben[114]. Er erklärte Müntzer ausdrücklich seine Bereitschaft, sich in
seinem Auftrag um das Lehen kümmern zu wollen und ihm die anfallen-
den Einkünfte zu übermitteln[115]. Wenn Müntzer aber dennoch auf seine
Pfründe verzichten wolle, solle er dies dem Rat schriftlich mitteilen[116].
Als der Brief Pelts den Adressaten in Zwickau nicht mehr erreichte —
er wurde schon von Naumburg aus wieder zurückgeschickt — adressierte Pelt den Brief nach Prag um und fügte mit Datum vom 6. September 1521 einen Nachtrag hinzu[117]. In diesem Nachtrag ging er erneut auf
das Lehen ein. Mittlerweile waren bereits altgläubige Bittsteller beim
Rat wegen Müntzers Lehen vorstellig geworden, nicht ohne dabei Müntzers Verhalten in ein negatives Licht zu rücken. Doch hat der Rat ohne
»festen Grund« in der Angelegenheit nichts entscheiden wollen[118].
Erneut forderte Pelt Müntzer auf, sowohl an ihn als auch an den Rat in
der Angelegenheit zu schreiben[119].

Hans Pelt vertrat in seinem Brief nicht nur Müntzers Interessen in
Braunschweig und drängte ihn nicht nur zu einer Klärung seiner Absichten, sondern er versuchte auch, mit Hilfe Müntzers im Fall von dessen
Resignation gleichzeitig einen Mann eigener Wahl als Müntzers Nachfolger auf die Pfründe zu bringen. Hans Pelt hatte sich bereits vor 25.
Juni mit Müntzers »Gevatter«[120] und mit dem als konsequentem reformatorischen Aktivisten bekannten Brauer Hans Horneborch[121] über
einen geeigneten Nachfolger beraten. Sie schlugen Müntzer vor, er solle
für den Fall seines Pfründverzichts dem Rat gleichzeitig als nächsten
Pfründner den Zollschreiber Marsilius benennen[122], der seit 1513 als
Zollschreiber in Ratsdiensten stand[123] als Nachfolger des bekannten

---

[114] Q 1.9 Z. 11-14 (MSB 373, 19-22).
[115] Q 1.9 Z. 21-23 (MSB 374, 3-5).
[116] Q 1.9 Z. 17f (MSB 373, 26 - 374, 1).
[117] Siehe die Einführung zu Q 1.9.
[118] Q 1.9 Z. 81-83 (MSB 377, 8-10). Bei Fehlverhalten oder Pflichtverletzung des
Pfründners sah die Fundationsurkunde die vorübergehende *suspensio a beneficio* bis zur
Besserung vor (Q 4.2 Z. 102-109), nicht die *privatio beneficii*. Vgl. HEEPE 1913, 47f, wo
unsere Urkunde falsch zugeordnet ist.
[119] Q 1.9 Z. 80. 83f (MSB 377, 7f. 11).
[120] Dazu s.u. S. 126.
[121] Siehe unten S. 117-122.
[122] Q 1.9 Z. 14-21 (MSB 373, 22 - 374, 3).
[123] B II 2:1, Bl. 8r. 27v usw. — Die Belehnung von städtischen Schreibern mit Altarlehen ist in Braunschweig ein wiederkehrender Vorgang. Beispiele für Pfründbesitz von
Schreibern: Mag. Heinrich Reyndes von Wunstorf (Schreiber und Ratssyndikus bis
1513): B I 2:4, S. 335; Mag. Ulrich Elers (Schreiber 1486-1532): B I 3:2, S. 47; Johann
Reinbolt (Schreiber vor 1506 bis 1517): B I 2:4, S. 309.

Chronisten Hermann Bote († ca. 1520)[124]. Für diese Wahl hatte das genannte Braunschweiger Trio ein religiöses Motiv. Mit Marsilius sollte die eigene reformatorische Partei gestärkt werden, denn — so schreibt Pelt — Marsilius »hanget Christo wol an mit der lere Martini«[125]. Wann Müntzer die nötigen Schreiben an Pelt und den Rat der Altstadt Braunschweig gerichtet hat, ist nicht belegt. Pelts Briefbote nach Prag war ein Jude, der zu Martini (11. November) wieder nach Braunschweig zurückkehren wollte. Pelt bat Müntzer, seine Antwort diesem Juden mitzugeben. Möglicherweise hat Müntzer, der im November in Prag die *Prager Protestation* verfaßte, bereits zu dem genannten Termin seine Resignationserklärung — die Rechtsform hierfür war im Regelfall eine notariell beglaubigte Resignationsurkunde[126] — nach Braunschweig geschickt. Eine andere Möglichkeit wäre, daß Müntzer nach dem Ende seines Prager Aufenthalts[127] die Angelegenheit geregelt hat, wobei auch eine persönliche Anwesenheit Müntzers in Braunschweig nicht ausgeschlossen werden kann.

Wie Müntzers Pfründangelegenheit in Braunschweig schließlich ausgegangen ist, ergibt sich aus der Präsentationsurkunde für seinen Nachfolger vom 22. Februar 1522: Nach dem Verzicht Müntzers präsentierte der Rat der Altstadt Gregor Harwen aus Ülzen, Priester der Verdener Diözese und Erfurter Bakkalar der Künste[128], auf das Lehen am Marienaltar in Braunschweig. Dabei findet sich in der Präsentationsurkunde eine auffallende Formulierung: Gregor Harwen werde »auf Vorschlag der Testamentare des seligen Henning Godeken, denen hier das Nominationsrecht zustehen soll«, präsentiert[129]. Stimmt der Vorgang rechtlich zwar mit den Bestimmungen der Fundationsurkunde überein, wonach den Testamentaren nach Johann Kill noch zwei weitere Nominationen zustanden, so fällt die Formulierung doch aus zwei Gründen auf: Erstens weicht sie vom Normalformular der Präsentationsurkunden ab, und

---

[124] Hermen Bote: Braunschweiger Autor zwischen Mittelalter und Neuzeit/ hg. v. D. SCHÖTTKER u. W. WUNDERLICH, Wiesbaden 1987; M. KINTZINGER: »harmen boten [...] to scrivende« — Hermann Bote und Anthonius Brandenhagen im Dienst für die Stadt Braunschweig und ihre Erwähnung in den Kämmereirechnungen, in: Korrespondenzbl. des Vereins f. niederdt. Sprachforschung 92 (1985) 58-66.
[125] Q 1.9 Z. 17 / MSB 373, 25.
[126] Vgl. G. MAY: Die geistliche Gerichtsbarkeit des Erzbischofs von Mainz im Thüringen des späten Mittelalters, Leipzig 1956, 271.
[127] Einen sicheren *terminus ante quem* für Müntzers Rückkehr aus Prag bietet der Brief Franz Günthers an Müntzer, Lochau, 1522 Januar 25. Günther hat gehört, daß sich Müntzer in Thüringen aufhalte: MSB 379, 2-4. ELLIGER 1975, 214 nimmt an, daß Müntzer noch Ende November 1521 Prag verlassen mußte und Anfang Dezember »wieder auf deutschem Boden« gewesen sei. Jedenfalls ist Rückkehr vor Jahresende wahrscheinlich.
[128] Siehe Q 4.5 Anm. 1.
[129] Q 4.5 Z. 12f; vgl. Q 4.2 Z. 75ff.

zweitens wurde sie vom Ratsschreiber Ulrich Elers in sein Reinkonzept der Präsentationsurkunde am Rand nachgetragen. Daran läßt sich ablesen, daß es bei der Neuvergabe des Lehens nicht mit der üblichen routinemäßigen Selbstverständlichkeit zuging. Der im Juni 1521 von Hans Pelt mitgeteilte Plan, beim Rat die Präsentation des »lutherischen« Zollschreibers Marsilius durchsetzen zu wollen, wurde nicht verwirklicht. Um die Jahreswende 1521/22 war der Konflikt zwischen Reformationsanhängern und Altgläubigen in Braunschweig soweit eskaliert, daß es — offenbar auf Druck Herzog Heinrichs d.J. von Braunschweig-Wolfenbüttel (1514-1568) hin — zu ersten Ausweisungen aus Braunschweig kam: Ende 1521 oder Anfang 1522 mußte Hans Horneborch aus Braunschweig weichen[130], dem noch im Januar 1522 der Benediktiner Gottschalk Kruse[131] ins Exil folgte, der als Wittenberger Doktor der Theologie Ende 1521 im Ägidienkloster Vorlesungen im reformatorischen Geist begonnen hatte. In diesem Kontext dürfte eine Besetzung von Müntzers Lehen mit Marsilius hinfällig geworden sein. Auch dieser wurde der Stadt verwiesen[132], und zwar um Martini 1522[133]. Sein durch die Ausweisung verwaistes Zollschreiberamt erhielt der in der Literatur bislang unbekannt gebliebene Braunschweiger Johann Pekedole, der sich auch als Verfasser einer erhaltenen Braunschweiger Chronik nachweisen ließ[134].

---

[130] Siehe unten S. 121.

[131] Siehe unten S. 115.

[132] REHTMEYER 1707-10, 3, 21 ohne Nennung eines Datums. Marsilius ging nach Halberstadt: s. S. 121f Anm. 317.

[133] Marsilius erhielt seine zu Pfingsten fällige halbjährliche Entlohnung wie schon in den früheren Jahren persönlich am 9. Juli 1522 (B II 1:70, Bl. 25ᵛ); den zu Martini 1522 fälligen Lohn erhielt er ebenfalls noch in voller Höhe am 9. Januar 1523, jedoch wurde ihm das Geld durch »Jurien Weddinghusen Gorieß Lesers knechte« überbracht (ebd.). Dieser Vorgang deutet bereits darauf hin, daß sich Marsilius nicht mehr in Braunschweig befand. Daß Marsilius nach Martini 1522 nicht mehr im Amt war, ergibt sich aus der Entlohnung seines Nachfolgers Johann Pekedole zu Pfingsten 1523: Dieser erhielt die volle Entlohnung für das vorhergehende Halbjahr (ebd. Bl. 27ʳ). Gories Leser, dessen Knecht dem Marsilius seinen letzten Lohn überbrachte, war 1514 Mitglied der Krämergilde (G VIII 270 B, S. 37) und 1522 im Tuchhandel engagiert (B I 3:2, S. 380). 1528-29 — unmittelbar nach dem politischen Durchbruch der Reformation in Braunschweig — ist er Armenkastenherr in der Neustadt (B IV 11:2, Bl. 3ʳ). Daraus läßt sich zurückschließen, daß er schon zuvor ein Parteigänger der reformatorischen Bewegung war.

[134] HAB Wolfenbüttel: Cod. Guelf. 193 Helmst., Bl. 1ʳ-77ᵛ ist ein Fragment dieser Chronik, das auf Bl. 1ʳ mitten in der Darstellung der Ereignisse des Jahres 1492 einsetzt. Die Darstellung Pekedoles geht bis 1559 und wird auf Bl. 77ᵛ-82ʳ für die Jahre 1559-1565 (mit einem Nachtrag zu 1569) fortgesetzt (Fortsetzung verfaßt 1568/69) von dem Braunschweiger Pfarrer Ludolf Wagenfürer. Dieser bemerkt zum Jahr 1559 am Rand: »Ende des tolners historien« und nennt dann den Verfasser genauer: »Huc usque collegerat vir ille pius et honestus Pekedal telonii prefectus Brunswigae has historias...« (Bl. 77ᵛ) Da O. VON HEINEMANN: Die Handschriften der Herzoglichen Bibliothek zu Wolfenbüttel, Bd. 1, 1, Wolfenbüttel 1884, 174 den Namen des Verfassers der Chronik

3.5. Müntzer im Kanonissenstift Frose

Das etwa 6 km von Aschersleben entfernte Kanonissenstift Frose bildete mit dem nahegelegenen Mutterstift Gernrode[135] eine gemeinsamen Abtei unter der Äbtissin von Gernrode. Das Tochterstift Frose muß in vorreformatorischer Zeit in seinem Personalbestand schon sehr geschrumpft gewesen sein, denn unter der Äbtissin Elisabeth von Weida und Wildenfels (1504-1532) ist in den Jahren nach 1510 einmal von nur drei dort residierenden Kanonissen die Rede[136]. Müntzer ist in Frose mit zwei sicheren Daten belegt: am 25. Juli 1515 durch den Brief Klaus Winkelers[137] und Ende August 1516 durch ein Anschreiben des Ascherslebener Bürgers Matthäus Volmar[138]. In den Adressen der Briefe von Klaus Winkeler und Ludolf Wittehovet wird Müntzer als *praepositus* in Frose bezeichnet[139]. Nach dieser Titulatur war Müntzer als »Propst« am Kanonissenstift in Frose tätig. Eine gewisse Schwierigkeit bereitete der Forschung[140] der Umstand, daß das Amt eines Propstes für das Stift Frose nicht nachgewiesen werden konnte[141]. Im Licht der Rechts- und Personalverhältnisse des Stifts Gernrode und seines Tochterstifts Frose erweist es sich als unzutreffend, unter Müntzers Bezeichnung als »Propst« an einen Stiftspropst im Vollsinne zu denken, der vorrangig für die Erledigung der Rechtsgeschäfte des Damenstifts zuständig gewesen wäre. Denn erstens gab es sowohl in Gernrode als auch in Frose unter den Dignitäten der Kanonissen jeweils das Amt der Pröpstin[142]. Und zweitens war der Vertreter der Äbtissin in allen Fällen, in denen sie nicht selbst handeln konnte, im Mittelalter ihr in Gernrode residierender Kaplan (*capellanus abbatissae*), der seit der Mitte des 15. Jahrhunderts von

---

falsch als »Tehodol« entziffert hatte, blieb die Identität des Verfassers bislang unbekannt. Hinfällig sind damit die auf die Lesung »Tehodol« gebauten Spekulationen zur Verfasserfrage von U. STANELLE: Die Hildesheimer Stiftsfehde in Berichten und Chroniken des 16. Jahrhunderts, Hildesheim 1982, 59-61. Cod. Guelf. 378 Helmst. bietet eine vollständige Abschrift der Pekedoleschen Chronik (beginnend mit dem Jahr 769); Cod. Guelf. 33 Extrav. enthält eine veränderte Fassung, wobei der Bearbeiter nach der Überschrift Ludolf Wagenfürer war. Vgl. STANELLE 1982, 59.

[135] ANDREAS POPPEROD: Annales Gernrodensium, in: J. CH. BECKMAN: Accessiones historiae Anhaltinae, Zerbst 1716, 27-82; H. K. SCHULZE: Das Stift Gernrode, Köln 1965.

[136] POPPEROD 66f. Unter den drei Kanonissen befand sich eine Magdalene von Braunschweig.

[137] Q 1.3.

[138] Q 1.4.

[139] Q 1.3 Z. 1f; Q 1.2 Z. 1 / MSB 349, 1f; 350, 1.

[140] Vgl. BUBENHEIMER 1984b, 55.

[141] Vgl. SCHULZE 1965, 42f.

[142] Ebd. 39f.

dem Präfekten (*praefectus*) verdrängt wurde[143]. Müntzers Propsttitel ist in einem anderen Rahmen zu deuten. Dieser Titel hatte sich bis in jene Zeit auch für den bei klausurierten Klosterfrauen tätigen Kaplan erhalten[144], der vorrangig die priesterlichen und seelsorgerlichen Aufgaben bei den Kanonissen wahrnahm[145], d.h. vor allem die Meßgottesdienste zelebrierte und Beichte hörte[146].

Müntzer kam vermutlich über persönliche Beziehungen aus früheren Jahren nach Frose. Äbtissin Elisabeth von Weida war, als sie 1504 zur Äbtissin von Gernrode und Frose gewählt wurde, Kanonisse im Servatiusstift in Quedlinburg[147]. Um jene Zeit scheint auch Müntzer in Quedlinburg geweilt zu haben. Auf persönliche Kontakte zum Kreis um Elisabeth von Weida weisen auch andere Verflechtungen Müntzers hin. Ende 1519 stand er in Briefwechsel mit dem Dominikaner Johannes von Weida[148]. Elisabeth von Weida brachte 1504 aus Quedlinburg als Dienerin eine Margarete von Bünau mit[149]. Ein anderes Mitglied des Ge-

---

[143] Ebd. 41f. Gegen WOLGAST 1981, 11 war Müntzer in Frose nicht »Präfekt, an der Spitze von wahrscheinlich sechs Stiftsgeistlichen«. Weder gab es in Frose das Amt eines Präfekten noch sind dort sechs Stiftsgeistliche belegt.

[144] PHILIPP HOFMEISTER: Propst, in: LThk² 8, 1963, 509.

[145] WOLGAST 1981, 11 vermutet, daß Müntzer als »Propst« auch die Seelsorge »für die zum Stift gehörende Dorfgemeinde« in Frose versah. Das wäre immerhin möglich, denn 1493 verlieh die Äbtissin von Gernrode »die ihr von Hermann Haken resignierte Pfarrei St. Sebastian in Frose und Präbende in der Kollegiatkirche St. Cyriaci daselbst an Hinricus Dulle« (Regesten der Urkunden des Herzoglichen Haus- und Staatsarchivs zu Zerbst aus den Jahren 1401-1500/ hg. v. H. WÄSCHKE, Dessau 1909, 565 Nr. 1250). Frose hatte im Mittelalter zwei Pfarreien — St. Sebastian und St. Stephan —, die ebenso wie das Dorf dem Kanonissenstift gehörten (E. WEYHE: Landeskunde des Herzogtums Anhalt, Dessau 1907, 2, 270). Offenbar war es üblich, daß die Inhaber der Pfarreien Präbenden an der Stiftskirche besaßen (vgl. LOHSE 1936, 27f). Aber es ist offen, ob Müntzer eine dieser Präbenden innehatte. Ob in Frose noch anfangs des 16. Jahrhunderts zwei Pfarreien existierten, ist übrigens auch ungeklärt.

[146] Ein vergleichbarer Fall: 1507 erhielten die Kanonissen des Cyriakusstiftes in Eschwege einen Propst als Beichtvater. J. SCHMINCKE: Geschichte des Cyriakusstiftes zu Eschwege, in: ZVHG 6 (1854) 234. 237. — Es sei hier registriert, daß 1489 anläßlich eines Jubiläumsablasses in Gernrode dort ein »D. Henningus Muntmester prior de porta coeli« als Beichtvater für die Kanonissen eingesetzt war (POPPEROD 63). Prosopographische Untersuchungen zu Henning Muntmester sollten im Blick auf den Nachnamen noch angestellt werden.

[147] POPPEROD 65; FRANKE: Elisabeth von Weida und Wildenfels, Äbtissin des freien weltlichen Stiftes Gernrode, in: Mitt. des Vereins f. Anhaltische Gesch. und Altertumskunde 8 (1900) 315.

[148] Johannes von Weida an Müntzer in Beuditz, Naumburg, [1519] Dezember 12; MSB 351f. Johannes war Mitglied des Leipziger Dominikanerkonvents und Terminarier in Naumburg: MSB 352, 11f. Er lag, als er Müntzer schrieb, mit diesem zwar in Streit, doch standen beide davor in einer freundschaftlichen Beziehung: MSB 351, 13-15. — Es ist allerdings noch ungeklärt, ob Johannes von Weida mit Elisabeth verwandt war.

[149] POPPEROD 65; SCHULZE 1965, 50.

schlechtes von Bünau, der Archidiakon Heinrich von Bünau in Elster-berg[150], bemühte sich 1520, Müntzer als Kaplan zu sich zu ziehen[151].

Aus Müntzers gottesdienstlicher Praxis in Frose hat sich in seinem Nachlaß möglicherweise noch ein Stück erhalten. Die dortige Stiftskirche war dem Hl. Cyriakus geweiht. Aus diesem Grund datiert die Forschung ein von Müntzers Hand geschriebenes lateinisches *Officium St. Cyriaci*[152] (s. Abb. 3) in dessen Froser Zeit. Das Stück gehört jedenfalls in die vor-reformatorische Phase Müntzers, und eine Verbindung mit Frose ist daher immerhin naheliegend, wenngleich nicht bewiesen[153]. Eine gründ-liche liturgiegeschichtliche Untersuchung dieses Stückes fehlt. In einer ersten kurzen Analyse[154] hat Friedrich Wiechert festgestellt, daß Münt-zers Niederschrift genauer aus zwei Offizien zu Ehren des Hl. Cyriakus[155] sowie aus Bruchstücken einer Cyriakusmesse[156] besteht. Ergänzend läßt sich noch feststellen, daß das erste Offizium für die Feier des Cyriakustages am 8. August (*dies translationis*) bestimmt war[157]. Beim gegenwärtigen rudimentären Forschungsstand läßt sich soviel sagen: Müntzers Texte enstammen mindestens größtenteils der liturgischen Tradition. Jedoch hat er seine Liturgie nicht einer einzigen Quelle ent-nommen, sondern die Überlieferungen verschiedener Breviere und Mis-salien kombiniert[158]. Vielleicht hat er daneben auch einzelne Stücke neu in die Cyriakusliturgie eingebaut[159].

---

[150] Über ihn s. S. 203 Anm. 54.

[151] Heinrich von Bünau an Müntzer in Beuditz, Leipzig, 1520 April 21; MSB 355f.

[152] MBL, T. 63 / MAB, Bl. 58ʳ-63ʳ. Die Edition in MSB 481-490 ist insofern unvoll-ständig, als hier die auf Bl. 62ᵛ unten stehenden Singnoten (s. Abb. 3) fehlen, die den Melodieanfang für die davorstehende Sequenz *De torrente passionis* (MSB 489, 21 - 490, 17) wiedergeben (vgl. MSB 481).

[153] In MSB 484 und in der Literatur wird die genannte Einordnung wie ein gesichertes Faktum behandelt. Jedoch wurden die Cyriakusfeste auch andernorts gefeiert. Auch in Braunschweig gab es ein Cyriakusstift (s. Döll 1967).

[154] Als Einleitung zur Edition des Stücks abgedruckt in MSB 481-484.

[155] MSB 485, 2 - 487, 34 und 487, 35 - 489, 20. Diese Feststellung von Wiechert in MSB 481 wird erhärtet durch den Umstand, daß Müntzer zwischen diesen Teilen einen über die ganze Kolumnenbreite gehenden Querstrich gezogen und damit einen Ein-schnitt in seinen Aufzeichnungen markiert hat (MAB, Bl. 60ᵛ). An keiner anderen Stelle des Textes findet sich ein solcher Querstrich.

[156] MSB 489, 21 - 490, 17 (Sequenz *De torrente passionis*) und 490, 18f (*Versus alleluiati-cus*). Wiechert in MSB 483f weist explizit nur den letzteren *Versus* dem Meßformular zu.

[157] Das ergibt sich aus 485, 16; 487, 19. 26f. 487, 19 wird gesagt, daß Cyriakus »in hac sacra die« in die Gemeinschaft der Engel aufgenommen worden sei, was sich nur auf den 8. August beziehen kann. In 485, 16 und 487, 26f werden neben Cyriakus noch des-sen Gefährten Largus und Smaragdus genannt (487, 27: »pariter hodie«!), deren mit Cyriak ebenfalls am 8. August gedacht wird. Die weiteren Cyriakusfeste nennt Wie-chert in MSB 481: 16. März (*dies natalis*) und 15. Juli (*dedicatio tituli Sancti Cyriaci in Thermis*).

[158] Siehe Wiechert in MSB 481-484.

[159] Wiechert sagt ebd. 481 zwar ungenau, »alle« Texte seien in der liturgischen Tra-dition nachzuweisen, jedoch diskutiert er 482 Texte, die er »anderweitig nicht ausweisen konnte«.

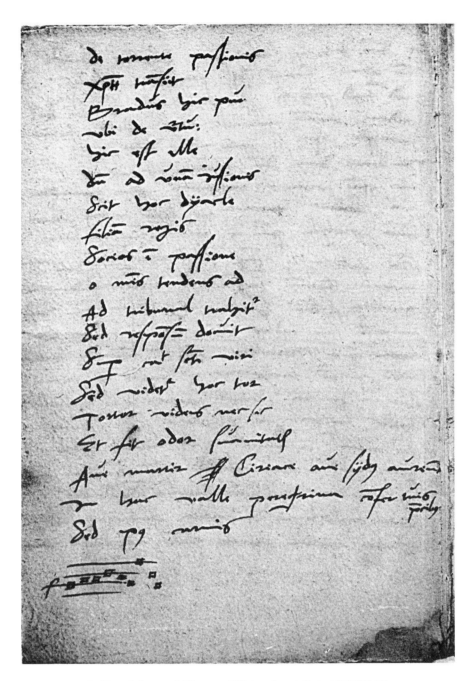

3. Eine Seite aus Müntzers *Officium Sancti Cyriaci* (1515/16?)

Das *Officium St. Cyriaci* kann auch als Dokument für Müntzers Bildungsweg beurteilt werden. Es zeigt, daß Müntzer spätestens 1515/16 die liturgische und musikalische Vorbildung besaß, die seine Ausbildung und sein beruflicher Werdegang ohnehin erwarten lassen. Die Art und Weise, wie er die Cyriakusliturgie zusammenbaute, ist auch ein Indiz seiner liturgischen Interessen. Es wird eine Aufgabe künftiger Forschung sein, diese frühe liturgische Arbeit Müntzers in eine Beziehung zu setzen zu den späteren deutschen Messen der Allstedter Zeit (1523/24).

Inhaltlich steht Müntzers Cyriakusliturgie, da sie mindestens weitgehend aus überliefertem liturgischem Gut besteht, natürlich in der altkirchlich-mittelalterlichen Tradition. Aber gerade an diesem Stück können wir beobachten, wie der Umgang mit solchen Texten den Priester bleibend geprägt hat. Die Liturgie des Märtyrers Cyriakus spiegelt eine Wertschätzung des Martyriums wieder, wie sie später auch ein Kennzeichen von Müntzers Frömmigkeit ist. Die konsequente Nachfolge Christi führt in das Martyrium[160]. Ein Lieblingszitat Müntzers und seiner Anhänger zur Begründung ihrer Martyriumserwartung war der Satz: »Der Herr ist nicht über dem Meister« (Mt 10,24)[161]. Dieses Bibelwort wurde im Lichte von Joh 15,20 interpretiert: »Der Knecht ist nicht größer als sein Herr. Wenn sie mich verfolgt haben, werden sie auch euch verfolgen...«[162] Wie sehr Müntzer damit an die Tradition herkömmlicher Märtyrerverehrung anknüpft, zeigt die Tatsache, daß beide Bibelstellen in entsprechender Weise bereits im *Officium Sancti Cyriaci* verbunden sind[163].

Einen anderen Aspekt von Müntzers Bildung zeigt der am 28. August 1516 geschriebene Brief des Matthäus Volmar, eines Ratsherrn aus Aschersleben an Müntzer in Frose[164]. Volmar hatte erfahren, daß Müntzer mit Erfolg einigen Personen ein Heilmittel gegen eine nicht näher beschriebene Halskrankheit verordnet hatte. Er schickte daher einen an derselben Krankheit leidenden Verwandten mit der Bitte um entsprechende Behandlung zu Müntzer. Dieser Vorgang zeigt, daß Müntzer auch medizinische Kenntnisse besaß und diese in seiner Umgebung auch

---

[160] Vgl. im *Officium Sancti Cyriaci* besonders 488, 3-21.
[161] Müntzer an Nikolaus Hausmann, o.O., 1521 Juni 15; MSB 372, 20-22. — Hans Sommerschuh d.J. an Müntzer, Zwickau, [1521] Juli 31; MSB 376, 18-24. — Niederschrift Müntzers über die Nachfolge Christi; MSB 527, 12 - 528, 2.
[162] Vgl. MSB 376, 19-23. Aus Joh 15, 20 zitiert in entsprechendem Sinn der Augustinermönch Johann van Essen (Eschen) in seinem Brief an Müntzer, o.D., MSB 384, 7f. Essen wurde am 1. Juli 1523 in Brüssel einer der ersten protestantischen Märtyrer. Vgl. F. S. KNIPSCHEER: Essen (Johannes van), in: NNBW 9 (1933) 247; BUBENHEIMER 1985b, 100.
[163] MSB 488, 11. 19f.
[164] Q 1.4.

praktisch anwandte. Medizinische Kenntnisse konnten gebildete Kleriker wie Müntzer im Rahmen des Artes-Studiums durch Lektüre einschlägiger klassischer Quellen erwerben. Darauf hingewiesen sei auch, daß sich im Zuge der humanistischen Zuwendung zu den antiken Quellen auch ein besonderes Interesse für die Medizin beobachten läßt. Zum Beispiel erwarb der Humanist Johannes Rhagius Aesticampianus noch 1518 in Wittenberg, wo er über klassische und patristische Texte las, als etwa 60jähriger den Grad eines Doktors der Medizin[165]. Auch Andreas Bodenstein von Karlstadt pflegte und lehrte die Heilkunde[166]. In diesem Rahmen ist die Beschäftigung des Magisters und Priesters Müntzer mit praktischer Heilkunst keine aus dem Rahmen fallende Erscheinung.

Über Matthäus Volmar sind Beziehungen Müntzers nach Aschersleben während seiner Tätigkeit in Frose belegt. Es sei daher an die Aussage aus Müntzers *Bekenntnis* (1525) erinnert, er sei in seiner Jugend Kollaborator (Hilfslehrer) in Aschersleben und Halle gewesen[167]. Der Kontext dieser unter der Folter gemachten Aussage plaziert jene angebliche Lehrtätigkeit in Aschersleben zwar in die Zeit des Erzbischofs Ernst von Magdeburg († 1513). Rechnet man mit teilweiser Unrichtigkeit der erpreßten Geständnisse Müntzers, so ist auch die Möglichkeit zu erörtern, daß Müntzer gleichzeitig Propst in Frose und Lehrer im benachbarten Aschersleben gewesen sein könnte. Während diese Erwägung im Bereich der Hypothesenbildung bleiben muß, finden wir in Müntzers Briefwechsel aus der Froser Zeit den ersten unmittelbaren Beleg für eine pädagogische Unterrichtstätigkeit Müntzers. Aus dem Brief des Peltschen Handelsfaktors Klaus Winkeler an Müntzer vom 25. Juli 1515 erfahren wir, daß Müntzer Braunschweiger Schüler bei sich in Frose hatte. Es ist wahrscheinlich, daß Müntzer mit dieser Form von Privatunterricht schon in Braunschweig begonnen haben dürfte. Klaus übermittelte Müntzer mit seinem Brief Sendungen zweier Braunschweiger Bürger, die ihre Kinder bei Müntzer hatten. Hans Dammann († 1530), Fernhändler und Ratsherr in der Altstadt zu Braunschweig, schickte seinem bei Müntzer befindlichen Sohn Geld für den Erwerb eines Buches und Müntzer selbst zwei Gulden[168]. Diese zwei Gulden dürften die Entlohnung Müntzers gewesen sein. Auch der mit Hans Pelt verschwägerte, im

---

[165] UA Halle: Dekanatsbuch der medizinischen Fakultät der Universität Wittenberg, Bl. 21ᵛ: Rhagius, bereits bacc. med., wurde am 13.9.1518 mit drei weiteren Kandidaten zum Doktor der Medizin promoviert. Zu Rhagius als Lehrer Müntzers s.u. Kap. 3.2.
[166] Vgl. Bodenstein an Oswald Mykonius, Zürich, 1532 Juni 2 bei H. BARGE: Andreas Bodenstein von Karlstadt, Leipzig 1905, 1, 594. In Basel, wo Bodenstein 1534-41 Professor der Theologie war, las er auch über medizinische Themen. U. BUBENHEIMER: Karlstadt, Andreas Rudolff Bodenstein von (1486-1541), in: TRE 17, 1988, 653.
[167] MSB 548, 28 - 549, 3.
[168] Q 1.3 Z. 8-14 (MSB 349, 7-12).

Hagen wohnhafte Bürger und spätere Ratsherr (1516-1519) Henning Binder läßt durch Klaus ein Paket und einen Brief übermitteln[169]. Im Kontext der vorhergehenden Mitteilungen kann vermutet werden, daß auch er einen Sohn bei Müntzer hatte.

Klaus Winkelers Brief enthält schließlich noch indirekte Hinweise auf die Religiosität, die die Beziehung zwischen Klaus und Thomas mitprägte. Mit der abschließenden Grußformel »in der hitzegen leve der reynicheyt«[170] läßt Klaus ein mystisches Element der hier gepflegten Religiosität erkennen. Mit der »hitzigen Liebe der Reinheit« ist die Liebe zu Christus angesprochen, die die Identifikation mit Christus und seinem Leiden sucht[171]. Auffallend ist die Anrede »Verfolger der Ungerechtigkeit«, die Klaus Müntzer zuteil werden läßt. Klaus gebraucht diese Formulierung in der Anrede wie einen Titel[172]. Dadurch erhält die Formulierung einen programmatischen Charakter. Leider ist sie angesichts des fehlenden historischen Kontexts schwer zu deuten[173]. Was waren die Ungerechtigkeiten, die Müntzer verfolgt hat? Waren es weltliche oder — was im Lichte von Müntzers Entwicklung näherliegt — kirchliche Angelegenheiten? Hatte die Formulierung des aus Aschersleben oder Umgebung stammenden Klaus Winkeler etwas mit dem in Müntzers *Bekenntnis* erwähnten angeblichen Verbündnis gegen den Erzbischof Ernst[174] zu tun? Oder stehen im Hintergrund Vorgänge aus Braunschweig? Alle diese Fragen bleiben offen. Die Formulierung zeigt jedoch, daß Müntzer seiner Umwelt in gewissen Hinsichten kritisch gegenüberstand und daß die Herstellung von »Gerechtigkeit«, was immer auch näher damit gemeint gewesen sein mag, schon 1515 zu Müntzers Zielen gehörte. Erst zwei Jahre später können wir in Braunschweig einen Gegenstand von Müntzers Kritik auch inhaltlich fassen: den Ablaß.

3.6. Müntzer und der Ablaß in Braunschweig

Der Ablaß war nicht nur in Wittenberg das erste öffentliche Thema eines kirchen- und traditionskritischen Prozesses, der in den Folgejahren zur reformatorischen Umwälzung führte. Auch am Anfang der Braun-

---

[169] Q 1.3 Z. 14-16 (MSB 349, 12-14).

[170] Q 1.3 Z. 19f (MSB 349, 18).

[171] Vgl. BUBENHEIMER 1983, 36f.

[172] »...hochgelarde unde vorfolger der unrechtvердicheyt, werdiger leybber her.« Q 1.3 Z. 5f (MSB 349, 3f).

[173] Vgl. die unterschiedlichen und sehr hypothetischen Interpretationen dieser Stelle bei BUBENHEIMER 1983, 35f und BRÄUER 1984, 637f. Dazu s. E. W. GRITSCH: Thomas Müntzer and Luther, in: Radical Tendencies in the Reformation/ hg. v. H. J. HILLERBRAND, St. Louis 1988, 57. 79.

[174] MSB 548, 28 - 549, 3.

schweiger Reformation steht die Diskussion des Ablasses. Das erste
Dokument, das dies belegt, ist der Brief des Rektors des Martinsgymna-
siums an Müntzer[175], dessen einziges Thema kritische Fragen zum
Ablaß sind. Ein entscheidendes Kriterium für eine adäquate historische
Bewertung dieses Briefes ist die Frage, ob dieser undatierte Brief vor
oder nach Luthers Ablaßthesen geschrieben worden ist. Zur Klärung
dieser Frage ist es hilfreich, die Geschichte des Ablasses in der Stadt
Braunschweig am Vorabend der Reformation zur Kenntnis zu nehmen.

Nach der Aussage eines Braunschweiger Zeitgenossen aus dem Jahr
1494 war die Hansestadt Braunschweig damals größer als Nürnberg und
kleiner als Erfurt[176]. Wie in jeder vergleichbaren Stadt gab es in Braunschweig eine Fülle von Ablässen, die der Gläubige im Laufe des Jahres
in der Stadt durch seine Andacht oder seine milden Gaben erwerben
konnte. Von 144 — teils noch erhaltenen, teils nur belegten — Ablaßpri-
vilegien, die zwischen 1227 und 1509 den Stiften, Klöstern, Pfarrkirchen
und Kapellen oder auch dem Rat der Stadt verliehen worden waren,
haben wir noch Kenntnis[177]. Neben diese regulären Ablässe traten die
Ablässe, die aus besonderen Anlässen durch päpstlich autorisierte Ablaßprediger verkündet wurden, und zwar im Verlaufe des Spätmittelalters
in immer kürzeren Zeitabständen. Einen Jubiläumsablaß, der aus Anlaß
der Jahrhundertmitte 1450 fällig geworden war, verkündete 1451 in
Braunschweig der Kardinal Nikolaus von Kues (1401-1464)[178]. 1488 predigte Kardinal Raimundo Peraudi (1435-1505) bereits seinen ersten
Jubiläumsablaß zugunsten eines Türkenkreuzzuges in Braunschweig[179].
1503 kam er als päpstlicher Ablaßkommissar für Deutschland und
Skandinavien erneut nach Braunschweig aus Anlaß des zur Jahrhundert-
wende fällig gewordenen Jubiläumsablasses, der wiederum dem Kreuz-
zug gegen die Türken zugute kommen sollte. In Peraudis Auftrag wirkte
als Ablaßprediger der Erfurter Augustinertheologe Johann Paltz

---

[175] Q 1.5 (MSB 347f).
[176] TILEMANN RASCHE aus Zierenberg (ORNATOMONTANUS): Descriptio belli inter Hen-
ricos iuniorem et seniorem duc. Brunsv. et Luneb. civitatemque Brunsvicensem circa
annum MCCCCXCII gesti (1494), in: Scriptores Brunsvicensia illustrantes/ hg. v. G.
W. LEIBNIZ, Bd. 2, Hannover 1710, 88. 1551 wurden in Braunschweig 16192 Personen
gezählt. W. J. L. BODE: Beitrag zu der Geschichte der Unterrichtsanstalten, besonders
der Bürgerschulen der Stadt Braunschweig, in: BM 43 (1830) 172.
[177] Die genannte Zahl ist errechnet nach den Aufstellungen von R. PIEKAREK: Die
Braunschweiger Ablaßbriefe, in: BJb 54 (1973) 110-137.
[178] Ebd. 105f.
[179] CDS 16, 154-156. Dieser Aufenthalt Peraudis in Braunschweig fiel in die Zeit des
»revolutionären« Regiments Ludeke Hollands und seiner Anhänger (»Ludeke Hollands
Schicht« 1487-1489); dazu s. H. L. REIMANN: Unruhe und Aufruhr im mittelalterlichen
Braunschweig, Braunschweig 1967, 98-111. Vgl. unten Anm. 187.

(† 1511)[180]. Der Aufenthalt des Kardinals in Braunschweig im Jahr 1503
war bereits aus einigen Quellen bekannt[181]; daß aber auch Johann Paltz
hier wirkte, war der Forschung entgangen. Diese Nachricht verdanken
wir einer bislang unbeachteten Handschrift der Stadtbibliothek Braunschweig, in der ein Augenzeuge das Ritual der Ablaßverkündigung in
Braunschweig 1502/03 beschreibt[182].

Johann Paltz war im September 1502 in Braunschweig[183] und hielt
dort 15 Tage lang je eine Morgen- und Abendpredigt über den Jubiläumsablaß. Danach wurden diese Predigten von Braunschweiger Kleri-
kern — von Dominikaner- und Franziskanermönchen sowie von einem
Weltpriester Magister Konrad — bis vor Heilig Abend fortgesetzt, und
zwar in der Weise, daß täglich eine Ablaßpredigt gehalten wurde. Dieser
Vorgang ist so zu interpretieren, daß Paltz durch seine Predigten das
Vorbild für die darauf folgenden Ablaßpredigten einheimischer Kleriker
lieferte. Dieser Verlauf spiegelt anschaulich den primären »Sitz im
Leben« der Predigtstoffe wider, die Johann Paltz 1504 in seinem *Supple-*
mentum coelifodinae als Vorbild für andere Ablaßprediger veröffent-
lichte[184]. Von Magdeburg über das Stift Steterburg kam schließlich Kardinal Peraudi selbst nach Braunschweig, wo er sich vom 21. Februar bis
Ende März 1503 aufhielt, um dann nach Lübeck weiterzuziehen[185]. Am
4. und 7. März rechneten Herzog Heinrich d.Ä. (1495-1514), das Kapitel von St. Blasien und der Rat der Stadt Braunschweig 3895 Gulden bis
dahin eingegangener Ablaßgelder ab, wovon dem Kardinal jedoch nur
das zur Tilgung seines Aufwandes bestimmte Drittel, nämlich 1298 Gulden, ausgehändigt wurde. Der Rest sollte im Blasiusstift verwahrt werden, bis der vom Kardinal angekündigte Türkenkreuzzug wirklich statt-

---

[180] B. HAMM: Frömmigkeitstheologie am Anfang des 16. Jahrhunderts: Studien zu
Johannes von Paltz und seinem Umkreis, Tübingen 1982, 84-91.

[181] CDS 16, 402, 6 - 404, 7; 531-534; PIEKAREK 1973, 107f. 136.

[182] Unter den Einblattdrucken der StadtB Braunschweig befinden sich die bei C.
BORCHLING; B. CLAUSSEN: Niederdeutsche Bibliographie, Bd. 1, Neumünster 1931, Nr.
387 und 388 beschriebenen zusammengehörigen beiden Blätter, gedruckt [Braun-
schweig: Hans Dorn 1505], mit denen der Rat der Stadt Braunschweig ein von Kaiser
Maximilian I. erhaltenes Marktprivileg bekannt macht (Bekanntmachung des Rats
datiert 1505 August 30). Auf der Rückseite des bei BORCHLING/CLAUSSEN Nr. 388
beschriebenen Druckes hat ein Mönch des Benediktinerklosters St. Ägidien den genannten Bericht über den Aufenthalt von Paltz und Peraudi in Braunschweig niedergeschrieben.

[183] Damit erhalten wir ein neues festes Datum in der Paltzbiographie, das bei HAMM
1982, 337 einzuordnen ist.

[184] JOHANNES VON PALTZ: Werke 2: Supplementum Coelifodinae/ hg. u. bearb. v. B.
HAMM, Berlin 1983, 3, 6 - 4, 11; 447, 2-19. Zwei Musterpredigten 4, 14 - 13, 25. Vgl.
HAMM 1982, 124-128.

[185] Peraudi war am 9. April in Lüneburg und traf am 12. April in Lübeck ein. O. CLE-
MEN: Eulenspiegels Epitaphium (1904), in: DERS.: Kleine Schriften zur Reformationsgeschichte (1897-1944), hg. v. E. KOCH, Bd. 2, Leipzig 1983, 5 Anm. 2.

finden würde[186]. Bekanntlich ist dieser Türkenkreuzzug nie in die Tat umgesetzt worden. Dieser Vorgang wie auch die Tatsache, daß der Rat dem Kardinal bereits vor dem Betreten der Stadt Bedingungen stellte[187], zeigt, daß die weltlichen Autoritäten diesen Ablaßkampagnen in politischer Hinsicht bereits nicht mehr kritiklos gegenüber standen[188]. Aber auch Ansätze religiöser Kritik deuten sich bereits an in der Gefangensetzung eines Priesters, der den Kardinal »der Büberei gestraft«[189].

Nachdem 1509 in Braunschweig auch der Livländer Kreuzzugsablaß gepredigt worden war[190], entfaltete sich schließlich das kritische Bewußtsein in Sachen Ablaß weiter in Zusammenhang mit dem St.-Peters-Ablaß, dessen Verkündigung Papst Leo X. 1515 Kardinal Albrecht von Brandenburg, Erbischof von Mainz und Magdeburg und Administrator von Halberstadt, übertragen hatte. Dieser Ablaß ist verbunden mit dem Namen Johann Tetzels, der im Jahr 1517 als Subkommissar den Petersablaß in der Erzdiözese Magdeburg und im Stift Halberstadt sowie in der Mark Brandenburg gepredigt hat[191].

Es gibt verschiedene Hinweise, daß Tetzel im Sommer 1517 auch im Braunschweiger Raum war. Zunächst haben wir legendär gefärbte Überlieferungen, in denen verschiedene am Elm gelegene Orte südöstlich von Braunschweig als Stätten Tetzelscher Ablaßpredigt genannt werden[192]. Daß diese Überlieferungen einen gemeinsamen historischen Kern haben, nämlich die Tatsache eines Aufenthaltes Tetzels in diesem Raum, wird durch zeitgenössische Quellen erhärtet. Tetzel selbst rech-

---

[186] StadtA Braunschweig: B I 2:4, S. 363f; Teiledition bei C. HESSENMÜLLER: Heinrich Lampe, der erste evangelische Prediger in der Stadt Braunschweig, Braunschweig 1852, 141f. Genauso wurde in Bremen mit den Ablaßgeldern aus der Peraudischen Kampagne verfahren: O. RUDLOFF: Quod dictus assertus frater Henricus de ambone publice praedicabat: zu Heinrich von Zütphens Bremer Predigten im Januar und Februar 1523, in: HosEc 15 (1987) 107 Anm. 5.
[187] Der Rat erlaubte dem Kardinal das Betreten der Stadt nur unter der Bedingung, daß er Ludeke Holland oder Leute aus dessen Anhang (s. o. Anm. 179) nicht in die Stadt zurückbringen dürfe: CDS 16, 403, 16 - 404, 1. Der Kardinal machte andernorts von einem Amnestieprivileg Gebrauch, wonach Verbannte, die sich am Zügel seines Pferdes festhielten, mit ihm in ihre Heimatstadt zurückkehren konnten.
[188] Vgl. die Kritik des Bremer Bürgermeisters Daniel von Büren d.Ä. an der Kampagne Peraudis: RUDLOFF 1987, 79f.
[189] Chronik des Johann Pekedole (s. Anm. 134): Cod. Guelf. 193 Helmst., Bl. 7r.
[190] Ebd. Bl. 8v. Dieser Ablaß für den Deutschen Ritterorden in Livland zu einem Heerzug gegen die Russen wurde von Johann Tetzel als Generalsubkommissar in ausgedehnten Kampagnen vertrieben, so daß ein Aufenthalt Tetzels in Braunschweig bereits 1509 (21. Dezember 1508 in Görlitz, Juli 1509 in Annaberg, im Herbst 1509 in Schwaben, 21. November 1509 in Straßburg) möglich ist. Vgl. N. PAULUS: Johann Tetzel der Ablaßprediger, Mainz 1899, 6-23.
[191] PAULUS 1899, 34-44.
[192] Siehe HESSENMÜLLER 1852, 26; F.-J. CHRISTIANI: Tetzels Ablaßkiste, Braunschweig 1983. Unter den hier genannten Orten befindet sich auch Königslutter.

nete nämlich in einem am 22. Juni 1517 aus Halle an den Abt von Königslutter gerichteten Brief damit, daß er den Abt »in Kürze« sehen werde[193]. Er bereitete also zu jenem Zeitpunkt eine Reise in den Braunschweiger Raum vor, die ihn über Königslutter bringen sollte. Schon bevor er da war, hatte sein Vorgehen in Königslutter Aufregung ausgelöst. In Magdeburg hatte Tetzel nicht lange vor dem 11. Juni unter Anwendung eines Privilegs der Ablaßbulle Leos X. vom 31. März 1515[194], mit der dem Mainzer Kardinal der Petersablaß bewilligt worden war, alle anderen Ablässe in den Diözesen Magdeburg und Halberstadt für die Dauer seiner Ablaßverkündigung suspendiert. Dabei hatte er ausdrücklich den berühmten Ablaß des Benediktinerklosters Königslutter eingeschlossen[195], der jährlich am Peters- und Paulstag (29. Juni) viele Pilger anzog. Der Rat der Stadt Braunschweig stellte jährlich einen Geleitschutz für die Wallfahrt seiner Bürger nach dem 23 km entfernten Königslutter[196]. Herzog Heinrich d. J. von Braunschweig-Wolfenbüttel, zu dessen Gebiet Königslutter gehörte, intervenierte umgehend zugunsten des Klosters, damit »dem gemeinen Volcke mit affbrekinge des aflats nein erringe gemaket« werde[197]. Tetzel hob in dem schon genannten Brief an den Abt von Königslutter vom 22. Juni 1517 die Suspension des Königslutterer Ablasses auf[198], so daß das Kloster eine Woche später sein Ablaßfest wie üblich abhalten konnte.

Herzog Heinrich hatte in diesem Zusammenhang am 11. Juni 1517 aber auch seine Bereitschaft zum Ausdruck gebracht, Tetzel gegebenenfalls zu unterstützen, sofern er im Fall Königslutter einlenke[199]. Das konnte Tetzel als Ermunterung zur Ausführung seiner das Braunschweiger Gebiet betreffenden Pläne verstehen. Ob Tetzel persönlich auch in der Stadt Braunschweig war, läßt sich nicht beantworten. Daß sein Ablaß — gegebenenfalls auch durch von ihm eingesetzte weitere Unterkommissare — auch hier verkündet wurde, ist angesichts von Tetzels

---

[193] J. E. KAPP (Hg.): Kleine Nachlese einiger ... zur Erläuterung der Reformations-Geschichte nützlichen Urkunden, Leipzig 1730, Bd. 3, 233.

[194] Die Bulle bei W. KÖHLER (Hg.): Dokumente zum Ablaßstreit von 1517, Tübingen ²1934, 83-93; hier 89, 16 - 90, 7.

[195] Herzog Heinrich d. J. von Braunschweig-Wolfenbüttel an Dekan und Kapitel zu Magdeburg, Sickte, 1517 Juni 11 (KAPP 1730, 3, 224f); Henricus Campis, Generalvikar der Karmeliter und Prior in Magdeburg, an Abt Johann von Königslutter, 1517 Juni 16 (ebd. 3, 222).

[196] Der Gemeine Rat zu Braunschweig stellte dieses Geleit bis 1525 oder 1526. In den Kämmereirechnungen ist der betreffende Ausgabeposten bis 1525 aufgeführt, für 1526 fehlt die Kämmereirechnung, ab 1527 wird das Geleit nicht mehr verbucht: H V 113, S. 147f; B II 2:1, Bl. 28ᵛ. 46ʳ. 63ᵛ; B II 2:2, Bl. 110ʳ. 152ʳ. 226ᵛ. 259ᵛ.

[197] In seinem in Anm. 195 genannten Brief (KAPP 1730, 3, 224-226).

[198] KAPP 1730, 3, 232f.

[199] Ebd. 3, 226.

Autorisierung für die gesamte Diözese Halberstadt, zu der der östlich der Oker gelegene Teil der Stadt gehörte, von vornherein wahrscheinlich. In einer Handschrift der bis 1559 geführten Stadtchronik des Zollschreibers Johann Pekedole hat eine Hand im letzten Drittel des 16. Jahrhunderts zum Bericht von Tetzels Wirken am Rand nachgetragen: »Romsche ablas zu Braunswich etc. ausgetheilet.«[200]

In dem geschilderten historischen Kontext schrieb der Rektor des Martinsgymnasiums an Müntzer. Seine persönliche Betroffenheit von den Vorgängen kann auch in Verbindung gebracht werden mit dem Umstand, daß Schulrektoren kraft Amtes mit ihren Schülern am Zeremoniell der feierlichen Einführung solcher Ablässe beteiligt waren[201]. Der Rektor bittet Müntzer unter anderem um schriftliche Beantwortung der Frage, »... was er selbst hält [erstens] von den Ablässen, die uns kürzlich die Brüder des Predigerordens publizierten unter heftigem Widerstand der Prälaten, wie bekannt ist; entsprechend [zweitens] von den Ablässen in Königslutter, die schon vor vielen Jahren gepredigt wurden — ob sie widerrufen wurden, wie gewisse Leute zu behaupten wagen, oder nicht.«[202]

Der zweite, Königslutter betreffende Teil der Frage bezieht sich eindeutig auf den durch Tetzel ausgelösten Streit um das Königslutterer Ablaßfest des Jahres 1517. Erstens hat der Rektor Kenntnis von einer angeblichen Aufhebung dieses Ablasses. Zweitens findet sich zu der Bemerkung des Rektors, daß der Königslutterer Ablaß schon vor vielen Jahren gepredigt worden sei, eine Parallele im Schreiben des Abtes Johann von Königslutter an Graf Botho von Stolberg und Wernigerode, Hofmeister Kardinal Albrechts von Mainz, vom 17. Juni 1517. Der Abt bekräftigt seinen Widerstand gegen das Tetzelsche Vorgehen mit dem Hinweis, daß der Ablaß in Königslutter schon 420 Jahre bestanden habe[203]. Dieses Argument kannte also auch der Braunschweiger Rektor.

Uninterpretiert war der erste Teil der Frage des Rektors, wonach die Dominikaner erst »kürzlich« (nuper) einen Ablaß in Braunschweig publiziert hätten. Die unmittelbare Verbindung dieser Mitteilung mit der

---

[200] Cod. Guelf. 193 Helmst., Bl. 11[r]. Derselbe Schreiber hat Bl. 10[r] eine Wetterbeobachtung aus dem Jahr 1573 und Bl. 32[r] ein Erlebnis, das er 1592 in Braunschweig hatte, notiert.

[201] Zur Beteiligung von Rektoren und Schülern an Prozession und Gesängen bei der Einführung des Petersablasses s. H. VOLZ: Der St. Peter-Ablaß in Göttingen 1517/18, Göttinger Jb. 6 (1958) 78. 81 (Belege aus Northeim, Heiligenstadt, Hannoversch-Münden, Uslar). Die Beteiligung der Schüler an der Prozession bei der Einführung Kardinal Peraudis in Braunschweig im Jahr 1503 erwähnt die in Anm. 182 genannte Handschrift.

[202] Q 1.5 Z. 30-34 / MSB 348, 18-22.

[203] KAPP 1730, 3, 228f.

Frage nach dem Königslutterer Ablaß legt den Gedanken nahe, daß der Rektor mit dem in Braunschweig jüngst publizierten Ablaß den Tetzelschen Ablaß im Auge hatte. Eine weitere Verfolgung dieses Gedankens hat wohl die Tatsache verhindert, daß der Rektor eine Mehrzahl von Brüdern des Dominikanerordens nennt, die den Ablaß publiziert hätten. Tetzel selbst war zwar Dominikaner, aber das deckt noch nicht hinreichend die Formulierung des Rektors ab. Zur Erklärung des Sachverhalts gibt es jedoch mehrere Hinweise: 1. Wir haben gesehen, daß Johann Paltz 1502 in Braunschweig den Jubiläumsablaß zuerst selbst predigte und dann die Fortsetzung einheimischen Predigern überließ. — 2. Tetzel konnte, auch ohne selbst nach Braunschweig zu kommen, einen oder mehrere Ordensbrüder als Unterkommissare mit der Ablaßpredigt beauftragen[204]. — 3. Schließlich bestimmte die Ablaßbulle Leos X., daß die Prediger der Orden einschließlich der Bettelorden auf Anforderung der (Sub-)kommissare die nötige Unterstützung leisten sollten[205]. Es besteht also keine Schwierigkeit, hinter der vom Rektor des Martinsgymnasiums berichteten neuerlichen Ablaßpublikation in Braunschweig den von Tetzel verbreiteten Petersablaß zu sehen. Dafür spricht schließlich auch die Mitteilung, daß die Prälaten der Ablaßpublikation heftigen Widerstand entgegengesetzt hätten. Den Widerstand gegen Tetzels Ablaß können wir auch sonst nachweisen. Neben dem Protest des Abtes von Königslutter gegen Tetzels Vorgehen, in dem ihm schon der Generalvikar der Karmeliter Henricus Campis, Prior in Magdeburg, vorangegangen war[206], ist hier auch an das Verbot der Tetzelschen Ablaßpredigt durch Herzog Georg von Sachsen und seinen Vetter Kurfürst Friedrich zu erinnern[207]. Anlaß für diesen Widerstand war die Konkurrenz des Petersablasses mit den eigenen Ablässen, die Tetzel dadurch verschärfte, daß er die örtlichen Ablässe zugunsten des von ihm verkündeten Ablasses vorübergehend außer kraft setzte. Unter die von Tetzel suspendierten Ablässe in der Diözese Halberstadt fielen auch die lokalen Ablässe im Ostteil der Stadt Braunschweig, was zu finanziellen Einbußen der betroffenen Gotteshäuser führen mußte.

Wenn wir den Brief des Rektors vor diesem historischen Hintergrund lesen, dann fallen noch weitere Elemente auf, die auf den Petersablaß hinweisen. In seinen Fragen zum Ablaß bringt der Rektor verschiedene Zitate und Formeln aus der Ablaßpraxis, die er nach eigener Aussage

---

[204] PAULUS 1899, 42.
[205] KÖHLER 1934, 91, 4-8. Ein Beispiel zur Beteiligung der Dominikaner: Tetzel hatte in seinem Heimatkloster Leipzig vor dem 14. Februar 1517 den Petersablaß zusammen mit anderen Brüdern seines Klosters gepredigt: PAULUS 1899, 36.
[206] KAPP 1730, 3, 222f.
[207] PAULUS 1899, 36. 40.

teilweise der Ablaßpredigt entnimmt[208] und in einem Fall auf die »apostolischen Briefe«, d.h. die päpstliche Ablaßbulle, selbst zurückführt[209], mit deren Publikation er sich in einem weiteren Teil seines Briefes auseinandersetzt[210]. Tatsächlich lassen sich die Zitate und Anspielungen des Rektors auf die im Zusammenhang mit dem Petersablaß verbreiteten Dokumente — Ablaßbulle sowie Instruktionen für Subkommissare, Ablaßprediger und Beichtväter — oder auf die Tetzelsche Ablaßpredigt zurückführen[211]. Dagegen läßt sich bei einem genauen literarischen Vergleich des Briefes mit Luthers 95 Thesen und seinem 1518 in Braunschweig in niederdeutscher Übersetzung gedruckten *Sermon von Ablaß und Gnade* kein Beleg für eine Abhängigkeit des Rektors von Luther finden. Der Brief des Rektors ist durchgehend erklärbar aus der Verkündigung des Petersablasses durch Tetzel oder seine Substituten.

Für die chronologische Einordnung des Briefes bedeutet das: Die Datierung »1517 vor Ende Juni«, die sich in der ersten Edition des Briefwechsels Müntzers von Heinrich Böhmer und Paul Kirn (1931) findet[212], ist die plausibelste. Von ihr ist die Forschung später wieder abgerückt, weil man hinter der in den Fragen des Rektors implizierten theologischen Ablaßkritik den Einfluß Luthers voraussetzte, ohne einen solchen allerdings jemals zu belegen[213]. Daß der Rektor in seinem Brief noch die Behauptung »einiger« Leute[214] zitiert, der Ablaß in Königslutter sei widerrufen worden, könnte so gedeutet werden, daß ihm die Rücknahme der Suspension durch Tetzel vom 22. Juni bei Abfassung des Briefes

---

[208] Q 1.5 Z. 16f. 28. 34 / MSB 348, 5. 16. 22.
[209] Q 1.5 Z. 11 / MSB 347, 21.
[210] Q 1.5 Z. 22-26 / MSB 348, 10-14.
[211] Zum Vergleich im einzelnen s. Q 1.5 Anm. 3-8.
[212] BK 1 mit 2 Anm. 1.
[213] BENSING 1983a, 25. Zuletzt BRÄUER 1984, 637 mit der Begründung: »Die Fragen des Schulrektors betreffen nicht mehr nur den Mißbrauch des Bußsakraments durch Tetzels Ablaßhandel, sondern zielen bereits auf die theologische Begründung und auf Probleme der Bibelhermeneutik.« Die Bibel wird im Brief nur in der Frage angesprochen, ob der korrekt publizierten Ablaßbulle derselbe Glaube zu schenken sei wie dem Evangelium: Q 1.5 Z. 22-26 / MSB 348, 10-14. Dahinter steht nicht Luther, sondern die schon alte Diskussion des Augustinworts: »Ego vero evangelio non crederem, nisi me catholicae ecclesiae commoveret auctoritas.« Dazu s. Q 1.5 Anm. 7. Im Zusammenhang mit dem Ablaß wurde das Wort als Argument für die Legitimation einer nicht in der Schrift, sondern im Gewohnheitsrecht der römischen Kirche begründeten Ablaßpraxis verwendet. — Auch die Definition des *thesaurus ecclesiae* als *passio Christi* ohne der Verdienste der Heiligen im Brief des Rektors (Q 1.5 Z. 27f / MSB 348, 15f) ist kein Beleg für eine Abhängigkeit von Luther. Dessen Auseinandersetzung mit dem *thesaurus* in These 56-62 der Ablaßthesen vom 31. Oktober 1517 (WA 1, 236, 10-23) geht inhaltlich in eine andere Richtung.
[214] Q 1.5 Z. 34 / MSB 348, 22: »⟨ut⟩ quidam presumunt dicere«. Bei »quidam« ist an die zuvor schon genannten Prediger zu denken. Die *Instructio summaria* verpflichtete die Ablaßprediger dazu, in jeder Predigt die erfolgte Suspension anderer Ablässe bekannt zu machen: KÖHLER 1902, 109, 3-5. 13-20.

noch nicht bekannt gewesen sei. Dann müßte der Brief noch im Juni verfaßt sein, und zwar noch vor der Wallfahrt nach Königslutter am 29.
Juni. Da allerdings Tetzel seine geplante Reise nach Königslutter und
damit ins Braunschweigische Gebiet am 22. Juni noch nicht begonnen
hatte — er weilte in Halle —, wäre für die Abfassung des Briefes eher
an einen etwas späteren Zeitpunkt zu denken. Es könnte auch sein, daß
die Suspension und die darauffolgende Rücknahme der Suspension
Unsicherheit hinterließ im Blick auf die Frage, welche Entscheidung nun
gültig sei. Denn die Ablaßbulle untersagte, die von den Kommissaren
ausgesprochenen Suspensionen zu behindern[215]. Angesichts dieses Unsi-
cherheitsfaktors, der die grundsätzliche Einordnung des Briefes in den
Rahmen der Predigt des Petersablasses in Braunschweig und Umgebung
im Sommer 1517 allerdings nicht in Frage stellt, setze ich den Datierungsspielraum vorsichtshalber etwas breiter an mit Juni/Juli 1517.

Nach dieser historischen Einordnung und Datierung des Briefes läßt
sich auch der Briefschreiber bestimmen. Als Rektor des Martinsgymnasiums zum genannten Zeitpunkt läßt sich ein Heinrich Hanner aus
Steimbke bei Neustadt am Rübenberg erschließen. Dieser wurde am 15.
März 1494 als Schüler in Minden zum Akolythen geweiht[216] und
besuchte die Schule in Braunschweig[217]. Im Winter 1497/98 wurde er in
Erfurt immatrikuliert[218] und wurde dort im Herbst 1499 *baccalaureus
artium*[219]. Vom Braunschweiger Rat erhielt er am 1. Dezember 1505 ein
Altarlehen an St. Martin[220] als Nachfolger eines verstorbenen Schulman-
nes namens Henning Duve[221]. Im Eilverfahren erhielt Hanner kurz
darauf die ihm noch fehlenden höheren Weihen: Am 7. März 1506 wurde
er zum Subdiakon, am 28. März zum Diakon und schließlich am 11.

[215] KÖHLER 1902, 90, 7-15.
[216] A III 4:96. Herkunft: »Myndensis dyocesis«.
[217] In Hanners Ausgabe VIRGILIOCENTONES. Siue Probae Valeriae ... Centonum opus ... familiari ac parabili Henrici .H. Stemeciani Cōmētario illustratum, Braunschweig: [Hans Dorn] 1516, A 2ʳ-3ʳ findet sich eine mit »1516« datierte Widmungsvorrede Hanners an Theodor Koch, Abt des Benediktinerklosters St. Ägidien, in der sich
biographische Angaben, auch über die Schulzeit Hanners, finden. Die Mitteilung, daß
der Benediktiner Koch ein Mitschüler Hanners in Braunschweig war, sowie die unten
bei Anm. 245f mitgeteilten Daten machen es wahrscheinlich, daß Hanner die Schule des
Ägidienklosters besuchte. Zu dieser Schule s. F. KOLDEWEY (Hg.): Braunschweigische
Schulordnungen von den ältesten Zeiten bis zum Jahre 1828, Bd. 1, Berlin 1886, XVIff.
[218] AErfurt 2, 201b, 18: »Henricus Hanner de Neapoli«.
[219] StadtA Erfurt: 1-1/X B XIII/46, Bd. 6, Bl. 66ʳᵇ: »Heinricus Hanner de Novaci-
vitate.«
[220] A III 1:252a = B I 3:2, S. 222 (Präsentationsurkunde, 1505 Dezember 1); A III
1:252b (Institutionsurkunde, 1505 Dezember 7, mit notarieller Beglaubigung des Diethard Uphoff, der damals Rektor des Martinsgymnasiums war). Angabe der Herkunft
Hanners hier: »Bremensis diocesis clericus«, womit die Erzdiözese Bremen gemeint ist.
[221] Ein Beleg für die Tätigkeit Duves an der Schule für 1503 in H V 113, S. 512,
womit der Beleg aus dem Jahr 1481 bei SACK 1861, 103 zu vergleichen ist.

April in Hildesheim zum Priester geweiht[222]. 1506/07 wurde er als Bakkalar der Künste an der Universität Paris rezipiert[223], wo er später den Magistergrad erwarb[224]. Als Rektor des Martinsgymnasiums läßt sich Hanner 1516 belegen[225]. Wir können annehmen, daß er dieses Amt bis ins Jahr 1518 versah, da er sich am 3. Juni 1518 an der Universität Wittenberg immatrikulieren ließ[226]. Im Sommersemester 1523 schließlich wurde er in Leipzig eingeschrieben[227].

Der Brief des Rektors des Martinsgymnasiums spiegelt eine traditionskritische Auseinandersetzung mit dem Ablaß vor Luthers 95 Thesen über den Ablaß wieder. Diese Thesen griffen etwas auf, was auch andernorts in der Luft lag. Gerade dadurch ist ihre durchschlagende Wirkung zu erklären. In Braunschweig platzten die Thesen und die sich daran anschließenden Schriften Luthers in die geschilderte religiössoziale Situation hinein, in der die neuerliche Tetzelsche Ablaßpredigt

---

[222] A I 4:101. 102. 104.

[223] Archives de l'Université Paris: Reg 91, Bl. 85[r] (freundlicher Hinweis von Professor Dr. Astrik L. Gabriel, University of Notre Dame, Indiana). Die Angaben zu Hanners Studium in Paris bei A. BUDINSZKY: Die Universität Paris und die Fremden an derselben im Mittelalter, Berlin 1876, 131 sind damit korrigiert. Hanner erwähnt sein Studium in Paris in: Virgiliocentones (wie Anm. 217), B 1[v].

[224] Siehe unten Anm. 226. Ein anderer Braunschweiger Schulrektor jener Zeit, der in Paris Magister geworden war, war Johannes Dravanus (†1543), der anfangs des 16. Jahrhunderts die Klosterschule St. Ägidien leitete. F. KOLDEWEY: Die Titulatur des höheren Lehrerstandes im Herzogthume Braunschweig, in: BM 4 (1898) 107f.

[225] Das ergibt sich mithilfe eines Indizienbeweises: Von seiner Lehrtätigkeit in Braunschweig spricht Hanner in der in Anm. 217 genannten Widmungsvorrede aus dem Jahr 1516. Das in Anm. 217 genannte Schulbuch (vgl. unten Anm. 241) gibt er für seine Unterrichtszwecke heraus zu einem Zeitpunkt, als sich seine Schüler wegen einer Seuche wegen zerstreut hatten (A 2[r-v]). Daß er an der Martinsschule (nicht etwa an der zweiten städtischen Lateinschule zu St. Katharinen in der Neustadt oder an der Klosterschule zu St. Ägidien) tätig war, zeigt sein dortiger Pfründbesitz, den er in der Nachfolge eines ebenfalls bereits im Schuldienst belegten Vorgängers antrat (s. Anm. 221). Man vergleiche auch das Impressum des von Hanner herausgegebenen Schulbuchs: Virgiliocentones, m 4[v]: »Brunsvicij impressum apud divum Martinum. Anno a Natali nostri salvatoris .M.CCCC.XVI«. Daß Hanner Rektor war, schließe ich aus seiner Selbstbezeichnung »artium professor« (ebd. Bl. A 2[r]; dazu vgl. KOLDEWEY 1886, 1, S. XLV und S. 15, 26) sowie aus der Tatsache, daß er Magister war und damit den für das Rektorat erwünschten Grad besaß, während die Hilfslehrer (collaboratores) baccalaurei artium waren (s. ebd. S. XLIII-XLV und S. 22, 17. 27. 33f; 23, 17f; zum Gesamtproblem vgl. KOLDEWEY 1898, 107-109). Der Rat der Altstadt Braunschweig verlieh Hanner im Dezember 1505 seine Pfründe offenbar zu dem Zweck, ihm damit zunächst die Fortsetzung seiner Studien in Paris (1506/07) finanziell zu ermöglichen. Dieser Vorgang erweckt den Eindruck, als habe man den auswärtigen Schüler schon damals als künftigen städtischen Diener im Auge gehabt.

[226] Album 1, 73a: »Henricus Hanneri Stemecianus Saxo ar. Magister Parisien. 3 Junij«.

[227] Matrikel Leipzig 1, 587 S 13: »Henricus Hannerus Braunswigensis sacerdos 10 gr.« Die Bezeichnung als »Braunswigensis sacerdos« zeigt, daß Hanner in Braunschweig mindestens seine Pfründe behalten hat. Möglicherweise war er mittlerweile von Wittenberg nach Braunschweig zurückgekehrt.

sowohl bei Prälaten als auch bei einem Intellektuellen wie dem Schulrektor Widerspruch ausgelöst hatte. Luthers erste deutsche Schrift über den Ablaß, der Ende März oder Anfang April 1518 erschienene *Sermon von Ablaß und Gnade*, wurde noch im selben Jahr von Hans Dorn in der Altstadt Braunschweig in einer niederdeutschen Fassung gedruckt[228].

Müntzers Antworten auf die Fragen des Rektors Hanner sind nicht erhalten. Dennoch ist ein begrenzter Rückschluß auf den damaligen Stand der theologischen Entwicklung Müntzers möglich. Die Erwartung des Rektors, gerade von Müntzer eine hilfreiche Beantwortung seiner Fragen zu erhalten, setzt nicht nur die erforderliche theologische Sachkenntnis, sondern auch ein entsprechendes kritisches Bewußtsein in Sachen Ablaß bei Müntzer voraus[229]. So erbringt die Datierung des Briefes einen Beleg dafür, daß Müntzers Entwicklung zum Kritiker der alten Kirche nicht erst durch Luther in Gang gesetzt wurde, sondern eigenständige, »vorreformatorische« Wurzeln hat. Diese Beobachtung tritt neben den schon registrierten auffallenden Titel »Verfolger der Ungerechtigkeit«, mit dem der Peltsche Diener Klaus Winkeler schon 1515 Müntzer anredete[230].

Heinrich Hanner ging Anfang Juni 1518 selbst nach Wittenberg, höchstwahrscheinlich um sich dort nach dem Bekanntwerden von Luthers Kritik authentisch zu informieren. Müntzer ist seinerseits bereits im Wintersemester 1517/18 in Wittenberg[231]. Er muß Braunschweig also zwischen Juni/Juli 1517 und dem Winter 1517/18 verlassen haben. Hinweise auf einen späteren Aufenthalt Müntzers in Braunschweig fehlen. Völlig auszuschließen ist ein solcher jedoch nicht. So könnte Müntzer auch in den Jahren 1518 oder 1519 von Wittenberg oder Orlamünde aus nach Braunschweig zu einem kürzeren Besuch gereist sein.

Es gibt Anzeichen, daß Müntzers letzter Aufenthalt in Braunschweig — jedenfalls vor Ostern 1519 — unter zumindest auffallenden, mit Konflikten verbundenen Umständen zu Ende ging. Der Franziskaner Bernhard Dappen gebraucht in seinem Schreiben an den bischöflich-

---

[228] Eyn sermon van dem Aflath vnd genade. dorch den werdigē doctorū Martinū Luther Augustiner tho Wittenbergk. [Braunschweig: Hans Dorn] 1518. BENZING Nr. 113. (Nr. 114 ist zu streichen nach H. CLAUS; M. PEGG: Ergänzungen zur Bibliographie der zeitgenössischen Lutherdrucke, Gotha 1982, S. 30.)

[229] Der Rektor ist sich bewußt, daß seine Korrespondenz mit Müntzer über die aktuelle Ablaßfrage eine heikle Angelegenheit ist: Er betont, daß seine Bitte um schriftliche Beurteilung des jüngst publizierten Ablasses »animo de nulla malivolentia suspecto« erfolge: Q 1.5 Z. 29 / MSB 348, 17. Die Ablaßbulle und die *Instructio summaria* bedrohen Personen, die dem Ablaß widersprechen oder sich ihm widersetzen, mit Bestrafung, gegebenenfalls auch unter Zuhilfenahme des weltlichen Arms: KÖHLER 1934, 91, 23-26; 105, 1-9.

[230] Siehe oben S. 96.

[231] Siehe Kap. 3.1 und 3.2.

brandenburgischen Vikar Jakob Gropper vom 4. Mai 1519 für den Vorgang, der zu Müntzers Abgang aus Braunschweig geführt hat, die Formulierung, Müntzer sei »vor noch nicht langer Zeit aus Braunschweig vertrieben« worden[232]. Ähnlich behauptet der mit Braunschweiger Verhältnissen vertraute Johann Agricola 1525 — beeinflußt allerdings durch spätere Ereignisse in Müntzers Biographie — Müntzer sei aus Braunschweig wie später aus anderen Orten »wie ein Erzbube entlaufen«[233]. Beide Äußerungen kommen von — einmal altgläubigen, einmal lutherischen — Gegnern Müntzers, so daß mit einer gewissen Dramatisierung des zugrunde liegenden Vorgangs gerechnet werden muß. Er führte jedenfalls nicht zu einem Entzug des Altarlehens durch den Rat, dem Müntzer bei der Institution den üblichen Gehorsamseid hatte leisten müssen. So wäre eher an Konflikte mit dem Braunschweiger Klerus zu denken. 1521 spricht Hans Pelt von der Gegnerschaft Braunschweiger Geistlicher gegen Müntzer[234]. Der Jüterboger Franziskaner Dappen könnte seine Informationen aus dem Braunschweiger Franziskanerkonvent bezogen haben, zumal Müntzer zu einem früheren Zeitpunkt — in Braunschweig oder an einem anderen Ort — positive Beziehungen zu Franziskanern hatte[235]. Möglicherweise war es bereits in Braunschweig zu Streit zwischen Müntzer und den Minderbrüdern gekommen. So könnte sich die Schärfe erklären, mit der Müntzer in seinen Jüterboger Predigten an Ostern 1519 von Anfang an gegen die Franziskaner polemisierte. Vielleicht hatte Müntzer in Braunschweig eine anstößige Predigt gehalten. Darauf könnte eine briefliche Äußerung Müntzers gegenüber seinem Freund Franz Günther vom 1. Januar 1520 hindeuten. Als Beichtvater zurückgezogen im Zisterzienserinnenkloster Beuditz lebend, begründet Müntzer seine ärmlichen Lebensumstände folgendermaßen: »Alles hat mir Gott in seinem wahrhaftigen Urteil zugefügt, denn oft habe ich mich ohne Zwang selbst auf den Predigtstuhl gesandt.« Dagegen warte er jetzt auf die Sendung Jesu[236]. Bei diesem Selbstbekenntnis könnte Müntzer auch die Jüterboger Predigten im Auge gehabt haben, die er in Vertretung Franz Günthers gehalten hatte. Durch diese wird aber seine Formulierung, daß er oft ohne Not gepredigt habe, nicht hinreichend abgedeckt. Von den in den Vorjahren belegten Aufenthaltsorten Müntzers kommt für den angesprochenen Vorgang am ehesten Braunschweig in Frage.

---

[232] Siehe oben Anm. 3.
[233] Siehe oben S. 67.
[234] Q 1.9 Z. 32f. 78-82 (MSB 374, 14f; 377, 6-9).
[235] Q 1.1.
[236] »Mihi non scrutor, sed domino Jesu. Si voluerit, missurus est, quo me velit mittendum, interim mea sorte contentor. Omnia deus in vero iudicio mihi misello fecit, quia saepe meipsum misi in praedicationis cathedram non coactus.« MSB 353, 9-12.

Inhaltlich dürfte es bei dem Braunschweiger Konflikt mindestens auch um die Ablaßfrage gegangen sein. Dafür sprechen der Zeitraum, innerhalb dessen sich jener Konflikt ereignet haben muß (zwischen Juni/Juli 1517 und April 1519), als auch der Brief des Braunschweiger Rektors. Der folgende Abschnitt wird zudem zeigen, daß in Müntzers Braunschweiger Freundeskreis, der ein Teil der frühreformatorischen Bewegung in Braunschweig war, Luthers hier nachgedruckter *Sermon von Ablaß und Gnade* eine wichtige Rolle spielte.

3.7. Geistige und religiöse Verflechtungen: Müntzer in humanistischen und frühreformatorischen Kreisen in Braunschweig

Ein Braunschweiger Humanistenkreis

Der Rektor des Martinsgymnasiums Heinrich Hanner verknüpft in seinem Brief an Müntzer die Bitte um Beantwortung seiner Fragen zum Ablaß mit der Verheißung, Müntzer erwarte die »dritte Aureole«[237]. Die dreifache Bekränzung ist ein Muster aus der Humanistensymbolik[238]. In der zeitgenössischen Kunst findet sie sich in dem berühmten Holzschnitt *Triumphus Capnionis* aus dem Jahre 1518: Johannes Reuchlin wird nach seinem Sieg über Mönche und Pfaffen bei seinem Einzug in seine Heimatstadt Pforzheim mit drei Lorbeerkränzen geehrt (s. Abb. 4)[239]. Die Verwendung humanistischer Symbolik im Briefwechsel zwischen Hanner und Müntzer ist kein Zufall. Wir stoßen hier auf die Verflechtung Müntzers mit einem vorreformatorischen Humanistenkreis[240].

Einen solchen vom Humanismus beeinflußten Kreis Braunschweigischer Intellektueller beschreibt Heinrich Hanner in dem 1516 für seine Unterrichtszwecke bei Hans Dorn herausgegebenen lateinischen Lektürebuch[241]. Er widmet es einem ehemaligen Braunschweiger Mitschüler, dem Abt von St. Ägidien Theodor Koch[242], den er den »ersten

---

[237] Q 1.5 Z. 35f (MSB 348, 23f).
[238] Vgl. unten S. 150 Anm. 37.
[239] Vgl. auch die Darstellung des Konrad Celtis durch Hans Burckmair, abgebildet bei K. SCHOTTENLOHER: Kaiserliche Dichterkrönungen im Heiligen Römischen Reiche Deutscher Nation, in: Papsttum und Kaisertum/ hg. v. A. BRACKMANN, München 1926, 657: Celtis trägt einen Lorbeerkranz auf dem Haupt, ein zweiter Kranz ist als Halbbogen um sein Portrait geschwungen, ein dritter schwebt über seinem Haupt.
[240] Zu Müntzer als Humanist s. Kap. 4.
[241] Virgiliocentones (wie Anm. 217), A 2ᵛ-3ʳ. Es handelt sich um eine von Hanner kommentierte Ausgabe des *Cento de rebus veteris et novi testamenti versibus Virgilianis compositus* (um 350) der Römerin Proba, der in CSEL 16, 511-639 herausgegeben ist.
[242] Aus Braunschweig stammend, imm. Erfurt W 1498/99, bacc. art. 1500, mag. art. Anfang Januar 1505 zusammen mit Martin Luther, als Abt belegt 1510-1543, imm. Wittenberg W 1532/33, † nach 1549. AErfurt 2, 207a, 12f; StadtA Erfurt: 1-1/X B XIII/46 Bd. 6, Bl. 67ᵛᵃ; E. KLEINEIDAM: Universitas Studii Erffordensis, Leipzig 1964-1980, 1, 390 Nr. 1036; LANGE 1958, 109 Anm. 36; Album 1, 147a.

4. Ausschnitt aus dem *Triumphus Capnionis* (1518)

Patron aller Gebildeten in dieser Stadt« nennt. Ihr gemeinsamer Lehrer
in Braunschweig war Heinrich Sickte[243], Magister und 1509 Rektor der
Universität Erfurt[244]. Von den aus ganz Braunschweig zusammen-

---

[243] Eine Anwesenheit des Magisters Hinrik Sickte in Braunschweig ist belegt im
April/Mai 1495 (StadtA Braunschweig: B I 3:2, S. 25 und B I 20:5, Bl. 295r-v). Jedoch
ist nicht belegt, in welche Zeit die von Hanner berichtete Lehrtätigkeit Sicktes in Braunschweig fiel.
[244] Heinrich Sickte alias Bruning, imm. Erfurt W 1476/77, mag. art. 1493, Dekan der
Artistenfakultät 1496/97, 1506, 1513/14, 1516/17, Rektor S 1509, † nach 1523. AErfurt

geströmten Hörern einer von Koch in seinen jungen Jahren im Ägidienkloster gehaltenen theologischen Rede nennt Hanner neben seinem
Lehrer Sickte noch die Juristen Bernhard Ebeling[245] und Reinbert
Remmerdes[246], die ebenfalls in Erfurt lehrten und dort je einmal ins Rektorat gelangten. Die Darstellung Hanners deutet an, daß sich am Vorabend der Reformation in Braunschweig ein Zirkel von Gelehrten gebildet hatte, der angesichts seiner Verbindungen zur Erfurter Universität
vom dortigen Humanismus beeinflußt gewesen sein dürfte. Die Annahme ist naheliegend, daß der Braunschweiger Humanistenkreis über die
von Hanner genannte Personengruppe hinausging. Hanner wollte seiner
Publikation offenbar Glanz verleihen durch Nennung der Freunde, die
bis 1516 in Erfurt oder Braunschweig in Amt und Würden gelangt
waren.

Johann Agricola in Braunschweig

In den geschilderten Kontext humanistisch gebildeter Akademiker in
Braunschweig darf auch Johann Agricola (Schneider) von Eisleben
(1492/95-1566) eingeordnet werden[247]. Zwar sind Beziehungen Agricolas
zu dem von Hanner 1516 beschriebenen Humanistenkreis nicht direkt
belegt. Jedoch stand Agricola in Braunschweig nachweislich in Kontakt
mit Müntzer und dessen Freund Hans Pelt.

Agricola wurde im Wintersemester 1509/10 in Leipzig immatrikuliert[248] und erwarb hier im Sommer 1512 das philosophische
Bakkalaureat[249]. Ab 1514 ist Agricola in Braunschweig belegt, wobei

---

1, 366b, 4; 2, 261, 1-11; KLEINEIDAM 1964-80, Bd. 1-3 (s. Register, »Freund der Huma-
nisten«); H. R. ABE: Die artistische Fakultät der Universität Erfurt im Spiegel ihrer
Bakkalaurei- und Magisterpromotionen der Jahre 1392-1521, in: Beitr. zur Gesch. der
Univ. Erfurt 13 (1967) 82-86.

[245] Imm. Erfurt W 1481/82, mag. art. 1488, 1501 als bacc. utr. iuris belegt, Dekan
der Artistenfakultät 1501/02, bei Hanner 1516 als lic. utr. iuris belegt, Rektor S 1517,
† 1534. AErfurt 1, 388a, 36; 2, 221, 13-15; 297, 1-8; KLEINEIDAM 1964-1980 (s. Register); ABE 1967, 84.

[246] Reinbert Remmerdes alias Algermissen, imm. Erfurt W 1493/94, mag. art. 1500,
bei Hanner 1516 als bacc. utr. iuris belegt, lic. utr. iuris 1520, Rektor S 1523. AErfurt
2, 179a, 23; 328, 29f; KLEINEIDAM 1964-1980, 1, 388; 2, 165; 3, 192. 213. 290.

[247] Zu Agricolas Verhältnis zum Humanismus vgl. J. ROGGE: Humanistisches Gedankengut bei Johann Agricola (Islebius), in: Renaissance und Humanismus in Mittel- und
Osteuropa/ besorgt v. J. IRMSCHER, Bd. 1, Berlin 1962, 227-234.

[248] Matrikel Leipzig 1, 500 S 9: »Iohannes Schneyder de Eyßleuben«.

[249] Agricolas Promotion zum bacc. art. läßt sich eindeutig nur aus der Wittenberger
Matrikel belegen. Im W 1515/16 wurde Agricola hier folgendermaßen eingeschrieben:
»Johannes Sneider de Eisleben baccalaureus artium Liptzen. Dioc. Halberstaden.«
(Album 1, 61a) Entsprechend wurde Agricola im S 1516 als baccalaureus receptus ins
Dekanatsbuch der Wittenberger Artistenfakultät eingetragen: »Joannes Schneyder de
Yslöben baccalaureus Leypsensis« (KÖSTLIN 1, 18). Unter den Leipziger Bakkalaureats-

offen bleibt, wann er dahin kam. Es läßt sich erschließen, daß er dort als Hauslehrer tätig war. Agricola berichtet später, daß er längere Zeit bei einem Bürger namens Dürigke gewohnt habe[250]. Bei diesem handelt es sich um den Braunschweiger Gewandschneider und Fernhändler[251] Hinrik (I.) Dureke[252]. Daß der Bakkalaureus in diesem Hause die Funktion eines Privatlehrers wahrgenommen haben muß[253], ergibt sich aus dem Umstand, daß er im Wintersemester 1515/16 Hinriks (I.) Söhne Hinrik (II.) und Frederik[254] an die Universität Wittenberg begleitete. Zu der von Agricola in Wittenberg betreuten Gruppe von Studienanfängern gehörten ferner die Braunschweiger Bürgersöhne Henning Bruck und Bartold Laffert[255]. Bei Henning handelt es sich um ein Mitglied der Braunschweiger Ratsfamilie van dem Broke; er war ein Sohn des Wechs-

---

promotionen findet sich im S 1512 folgender Name: »Ioannes Schneider de Eygenstedt«. Diese Eintragung ist, da sich ein Johannes Schneider »de Eygenstedt« unter den Immatrikulierten nicht findet, auf unseren Johannes Schneider/Agricola zu beziehen (so schon das Register der Leipziger Matrikel, wo »Eygenstedt« mit Eggenstedt bei Wanzleben identifiziert wird).

[250] Nach KAWERAU 1881, 10. Zu seiner Quelle sagt Kawerau nur: »in seinen [scil. Agricolas] Schriften«. Ich habe Kaweraus Quelle nicht identifiziert.

[251] Agricola war mit der Unternehmermentalität der Fernhändler vertraut. Siehe seine kritischen Ausführungen dazu in JOHANN AGRICOLA: Die Historia des Leidens und Sterbens Jhesu Christi (1543), Nachdruck Bern 1986, 25ᵛ-26ʳ, zitiert unten Anm. 301.

[252] Das ergibt sich aus dem Testament Bartold Schraders von 1536, dessen damals schon verstorbene Schwester die Frau Hinrik Durekens war und mit diesem die Kinder Bartold, Hinrik, Frederik (vgl. unten Anm. 255) und Diderik hatte (StadtA Braunschweig: B I 23:13, Bl. 122ᵛ). Hinrik Dureke (Dürke, Düerke, Duyrke, Türcke) wohnte in der Altstadt in der in der St.-Ulrichs-Bauernschaft gelegenen Schützenstraße (Schoßregister 1521; B II 5:60, Bl. 7ᵛ). 1511 wurde er Mitglied der Gewandschneidergilde in der Altstadt (G VIII 147B, Bl. 21ᵛ), die die Gilde der Fernhändler war. Er betrieb in Gemeinschaft mit den Braunschweigern Henning van Damm und Cord Plaggemeier bzw. dessen Sohn Arnd sowie mit Hinrik Schreiber aus Wernigerode (später Bürger in Halberstadt) ab 1511 eine Saigerhütte in Wernigerode (vgl. E. WESTERMANN: Das Eislebener Garkupfer und seine Bedeutung für den europäischen Kupfermarkt 1460-1560, Köln 1971, 111f, wo »Hennath Thurck« in »Henrik Thurck« zu verbessern ist; ferner StadtA Braunschweig: B I 23:8, Bl. 61ᵛ-63ʳ, Testament Cord Plaggemeigers 1516; A I 3:1, Testament Arnd Plaggemeigers 1545; StaatsA Wolfenbüttel: II Hs 9, Bl. 59ᵛ-60ᵛ, Schuldverschreibung Herzog Heinrichs d.J. über 600 fl zugunsten von Henning van Damm, Cord Plaggemeiger und Hinrik Durigke 1517).

[253] Für eine von KAWERAU 1881, 10f vermutete Tätigkeit Agricolas an einer öffentlichen Schule in Braunschweig gibt es keinen Beleg.

[254] Siehe oben Anm. 252.

[255] Agricola wurde im Wintersemester 1515/16 als Leipziger Bakkalar (s. Anm. 249) unmittelbar vor folgenden Studenten eingetragen: »Henningus Bruck ex Brunswigk Dioc. Hilden., Bartoldus Laffert, Henricus Durigke, Fridericus Durigke ex Brunswigk.« (Album 1, 61a) Die Zusammenfassung der letzten drei Namen mit einer Klammer weist formal auf eine gleichzeitig immatrikulierte Studentengruppe hin, der die beiden vorstehenden Personen, da sie ebenfalls aus Braunschweig kamen, hinzugerechnet werden können.

lers Tile van dem Broke[256]. Bartold (III.) Lafferde (†1577)[257], ein Sohn
des Ratsherrn und Wechslers Bartold (II.) Lafferde[258], brachte es in Wittenberg bis zum Grad eines Magisters der Künste[259] und stieg später in
seiner Heimatstadt ebenfalls in den Rat auf[260].

Agricola stand in Braunschweig — wie möglicherweise auch Müntzer[261] — in einer positiven Verbindung zu den Franziskanern, deren
Kloster an der Schützenstraße lag, in der Agricola bei der Bürgerfamilie
Dureke wohnte. Agricola berichtet später von einem Lektor der Braunschweiger Franziskaner, der ihm in Gewissensnöten einen richtigen seelsorgerlichen Rat gegeben hat[262]. Diesem Franziskanermönch begegnete
Agricola im Jahre 1514, nachdem er zuvor vergeblich bei den Ablaßbeichtvätern Trost gesucht hatte[263]. Wieder stoßen wir über diesen

---

[256] MEIER 1908, 109. Tile van dem Broke war Ratsherr in der Altstadt 1480-1523. S.
REIDEMEISTER: Genealogien Braunschweiger Patrizier- und Ratsgeschlechter, Braunschweig 1948, 39; W. SPIESS: Die Ratsherren der Hansestadt Braunschweig 1231-1671,
Braunschweig ²1970, 88. Auch Tile van dem Broke wohnte in der St.-Ulrichs-
Bauernschaft, und zwar auf dem Kohlmarkt (StadtA Braunschweig: B II 5:60, Bl. 14ʳ.
48ᵛ). Der Kohlmarkt liegt am südlichen Ende der Schützenstraße, in der Agricola
wohnte. Eine Karte des spätmittelalterlichen Braunschweig findet sich u.a. als Anhang
zu: Rat und Verfassung im mittelalterlichen Braunschweig/ hg. v. M. R. W. GARZMANN,
Braunschweig 1986.

[257] Sein Testament vom 4.1.1577 findet sich im StadtA Braunschweig: B I 23:3, Bl.
101ʳ-102ᵛ.

[258] MEIER 1908, 118; SPIESS 1970, 154.

[259] Bacc. art. 13.10.1517; mag. art. 10.12.1521 (KÖSTLIN 1, 20; 2, 12). Die anderen
drei Braunschweiger Schüler Agricolas erwarben in Wittenberg keine akademischen
Grade. Frederik Dureke setzte ab W 1518/19 das Studium in Erfurt fort (AErfurt 2,
305b, 29).

[260] SPIESS 1970, 154.

[261] Siehe Q 1.1. Vgl. E. KOCH: Agricola, Johann, in: DL II A, Lfg. 1 und 2, 1985
[a], 453.

[262] In der Widmungsvorrede zu seinen Evangeliensummarien, Wittenberg 1537 September 24, abgedruckt in: Neues Urkundenbuch zur Geschichte der evangelischen
Kirchen-Reformation/ hg. v. K. E. FÖRSTEMANN, Bd. 1, Hamburg 1842, 298: »Allein ich
habe von jugent auff ein bös vertzagt vnd erschrocken hertze vnd gewissen gehabt, das
ich auch jung, wo ich in die schule bin gangen, in die Klöster vnd Carthausen gelauffen
bin vnd trost holen wöllen, wie ich denn zu Braunschweig einen lector, einen barföten,
fand, der mir, wie ich itzt richten kan, recht geraten hat. Gott gebe jm den Himmel dafur
vnd sey jm genedig, er sey noch bey leben oder tod.«

[263] Widmungsvorrede Agricolas an Kurfürst Joachim von Brandenburg, Berlin 1543,
in: J. AGRICOLA: Die Historia des Leidens und Sterbens Jhesu Christi (1543), Nachdruck
1986, A 2ʳ: »... nachdem ich von jugent auff leider mit betrubten vnd gedrengten gewissen beschwert gewesen bin/ hab ich bey den Beichtuetern des Ablas/ der die zeit viel auffeinander in deudsche land quamen/ hülffe vnd trost gesucht/ Aber nie keinen funden/
bis ich Anno 1514 einen Barfüsser mönch antraff zu Braunschweig/ der die lahr vom
himelreich von fernen sahe/ wie ich jtzt richten kan/ dazumal nicht.«
Die Parallelen zwischen den beiden in Anm. 262 und 263 zitierten Berichten über den
Braunschweiger Franziskaner zeigen, daß Agricola an beiden Stellen von ein und demselben Erlebnis aus dem Jahre 1514 berichtet. Da KAWERAU 1881, 9. 11 aus den beiden
Berichten — ohne die Parallelität zu erkennen — auf zwei verschiedene Ereignisse

Bericht auf die bedeutsame Rolle, die in Müntzers Braunschweiger
Freundeskreis die Ablaßfrage spielte.

1514 hatte Agricola nach seiner späteren Erinnerung auch eine Begegnung mit Müntzer in Braunschweig[264]. Die Briefe Agricolas an Müntzer
aus den Jahren 1520 und 1521[265] sind ein Dokument ihrer Freundschaft
aus früheren Jahren[266], die sich jedoch schon ab 1520 in kritische Distanz
zu wandeln begann[267]. Mit dem Fernhändler Hans Pelt dürfte Agricola
über Müntzer bekannt geworden sein. Am 25. Juni 1521 beabsichtigte
Pelt, eine Stellungnahme des Braunschweiger Magisters Gerhard
Rischau gegen Luthers *De captivitate Babylonica* an Agricola nach Wittenberg zu schicken und diesen zu einer publizistischen Aktion gegen
Rischau zu animieren[268].

Gestalten der frühreformatorischen Bewegung in Braunschweig

Von dem von Müntzers Schüler Hanner 1516 beschriebenen Intellek-
tuellenkreis — der Benediktinerabt Theodor Koch, der Erfurter Magister Heinrich Sickte und die ebenfalls 1516 in Erfurt wirkenden Juristen
Bernhard Ebeling und Reinbert Remmerdes — führen Verbindungsli-

---

schloß, führte er in die Agricolabiographie einen angeblichen Schulbesuch Agricolas in
Braunschweig vor der Immatrikulation in Leipzig (W 1509/10) ein (ebd. 9). So noch J.
ROGGE: Agricola, Johann, in: TRE 2, 1978, 111, nach dem Agricola »das von den Minoriten unterhaltene Martineum in Braunschweig« besucht habe. Jedoch war das Martinsgymnasium keine Schule der Franziskaner, sondern eine der beiden städtischen Lateinschulen (zum Braunschweiger Schulwesen im Spätmittelalter vgl. M. KINTZINGER:
Consules contra consuetudinem: kirchliches Schulwesen und bildungsgeschichtliche
Tendenzen als Grundlagen städtischer Schulpolitik im spätmittelalterlichen Braunschweig, in: Rat und Verfassung im mittelalterlichen Braunschweig, Braunschweig
1986, 187-233). Für einen Aufenthalt Agricolas als Schüler in Braunschweig vor Winter
1509/10 gibt es bei kritischer Betrachtung keine Quelle. Mit dem in Anm. 262 gebotenen
Zitat kann überhaupt ein Schulbesuch Agricolas in Braunschweig nicht belegt werden,
weil die Formulierung in der Schwebe läßt, ob die Begegnung mit dem Franziskaner
auch noch in die Zeit fiel, »wo ich [scil. Agricola] in die schule bin gangen«. Agricolas
Tätigkeit als Hauslehrer in Braunschweig läßt allerdings vermuten, daß er seine Zöglinge
entsprechend den damaligen Aufgaben eines Hauslehrers auch in eine Schule der Stadt
begleitete.
[264] Siehe oben S. 67f.
[265] Agricola an Müntzer, Wittenberg, 1520 November 2, und [Wittenberg, vor April]
1521; MSB 362. 369.
[266] MSB 362, 1-7. 9-12. 22 (1520); 368, 4f (1521).
[267] Bereits am 2. November 1520 warnt Agricola Müntzer vor einem heftigen Vorgehen gegen Egran: MSB 362, 5-7. Außerdem weist er Zweifel Müntzers an seiner Zuver-
lässigkeit zurück: MSB 362, 12-14. Im Brief vom Frühjahr 1521 überwiegt bereits die
Kritik, wobei Anlaß der Verstimmung zwischen den Freunden ebenfalls wieder Müntzers Auftreten gegen Egran war: MSB 368, 7 - 369, 12. Davor hatte Müntzer einen verlorenen Brief an Agricola geschrieben, in dem nach Agricolas Urteil Müntzer offen persönliche Feindseligkeit (»odium... privatum«) zeigte: MSB 369, 14f.
[268] Q 1.9 Z. 35-48 (MSB 374, 17 - 375, 2).

nien zu den Personen, die wir am Anfang der Braunschweiger Reformation namentlich benennen können.

1. Der niederdeutsche Braunschweiger Druck von Luthers Ablaß-sermon[269] ist nur in der Herzog August Bibliothek Wolfenbüttel in zwei Exemplaren erhalten[270]. Eines davon, handschriftliche Lesespuren enthaltend, stammt aus dem Besitz des Fernhändlers *Ludeke Remmerdes*[271], eines Bruders des von Hanner genannten Erfurter Magisters Reinbert Remmerdes[272]. Ludeke Remmerdes war 1518 noch ein junger Mann; 1528 begann er seine Ämterlaufbahn als Mitglied des reformatorischen Bürgerausschusses[273]. Sein Buchbesitz zeigt, wie früh er sich mit dem reformatorischen Gedankengut auseinandersetzte.

2. Auch die zweite Verbindung zwischen der von Hanner beschriebenen Gruppe und den reformatorischen Anfängen in Braunschweig berührt wieder Luthers Ablaßsermon. *Gottschalk Kruse*[274], der bekannte Benediktinermönch zu St. Ägidien[275], verfaßte 1523 seinen autobiographischen Rechenschaftsbericht über die Gründe, warum er aus seinem Kloster gewichen sei. Hier berichtet er[276], daß sein schon genannter Abt Theodor Koch, den wir 1521 als Empfänger einer pseudonymen Flugschrift Andreas Bodensteins nachweisen können[277], als »besonderer Lieb-

---

[269] Eyn sermon van dem Aflath vnd genade. dorch den werdigē doctorū Martinū Luther Augustiner tho Wittenbergk. [Braunschweig: Hans Dorn] 1518.

[270] 116.5.Theol.4° (1) und 243.Theol.4° (26).

[271] Der Sammelband 116.5.Theol.4° enthält 27 Flugschriften aus den Jahren 1518-1522, davon 23 Lutherdrucke. Auf der Innenseite des vorderen Deckels findet sich der Provenienzvermerk »Ludeke Remberdes«. Der *Sermon* enthält wenige Lesespuren.

[272] StadtA Braunschweig: B I 3:2, S. 357; MEIER 1908, 107 Anm. 5.

[273] Weitere Daten s. SPIESS 1970, 185; MÖRKE 1983, 333.

[274] Geboren in Braunschweig um 1499, seit 1508 im Benediktinerkloster St. Ägidien, Profeß vor Ostern 1516, imm. Erfurt S 1516, bacc. art. 1517, imm. Wittenberg 22.4.1520, bacc. bibl. 17.10.1521, dr. theol. 28.11.1521, ab 1524 herzoglicher Kaplan und erster Reformator in Celle, 1527 Prädikant in Harburg und nicht residierender Kanoniker des Stiftes Ramelsloh, † 1540. LANGE 1958.

[275] Die neueren Darstellungen der Braunschweiger Reformationsgeschichte beginnen in der Regel mit dem Wirken Kruses. Vgl. G. ZIMMERMANN: Der Mönch Gottschalk Kruse, Initiator der reformatorischen Bewegung in Braunschweig, in: Die Reformation in der Stadt Braunschweig: Festschrift 1528-1978, Braunschweig 1978, 19-24 und K. JÜRGENS: Die Reformation in der Stadt Braunschweig von den Anfängen bis zur Annahme der Kirchenordnung, in demselben Band 27-32.

[276] To allen Christgelôuigen fromen mynschen beßondern der statt Brunswygk/ D. Godschalci Crußen Wôrumme hee gheweken wth synem kloester eyn vnderrichtunghe. [Wittenberg: Nickel Schirlentz 1523], B 2ʳ-3ʳ / D. Gottschalk Krusens... Unterrichtung, warum er aus dem Kloster gewichen/ hg. v. L. HÄNSELMANN, Wolfenbüttel 1887, 14, 2 - 17, 12.

[277] Der Sammelband der HAB Wolfenbüttel: H 67 Helmst.4° stammt aus dem Ägidienkloster. Der Geschenkvermerk »R. P. Theodirico K[och] suo p. m.« findet sich auf dem Titelblatt des 10. Drucks: LIGNACIUS STÜRLL [Pseud.] = ANDREAS BODENSTEIN VON KARLSTADT: Gloße/ Des Hochgelarten/ yrleuchten/ Andechtigen/ vñ Barmhertzigen/ ABLAS Der tzu Hall in Sachsen/ mit wunn vñ freudē außgeruffen, [Wittenberg: Nickel

haber der Schrift« einstens einen Klosterbruder zum Studium schicken wollte. Der Prior des Klosters, Hermann Bockheister, teilte dem jungen Mönch Kruse mit, daß er dafür in Frage komme. 1516 nahm Kruse sein Studium in Erfurt auf, wo er bis zum philosophischen Bakkalaureat verblieb. Nach Braunschweig zurückgekehrt, wurde er von dem Bürger Peter Hummelen erfolglos auf Luthers *Sermon von Ablaß und Gnade* hingewiesen. Nicht lange danach hat ihn der Prior Bockheister mit Luthers *Auslegung des 109. Psalms* (erschienen am 7. September 1518) für Luther gewonnen. Im April 1520 ging Kruse nach Wittenberg. Unmittelbar nach seiner Promotion zum Doktor der Theologie im November 1521[278] begann er in seinem Heimatkloster, im reformatorischen Geist Vorlesungen über das Matthäusevangelium zu halten. Am 3. Januar 1522 wurde ihm auf einem Landtag ein im Namen Herzog Heinrichs d.J. von Braunschweig-Wolfenbüttel ergangenes Mandat eröffnet, das ihn außer Landes wies. Nach ein bis zwei weiteren Vorlesungen hat Kruse daraufhin die Stadt verlassen[279]. Nach kurzer Wirksamkeit in Volkmarode bei Braunschweig hielt sich Kruse im Sommer 1522 wieder in Wittenberg auf, wo er am 30. Juni 1522 einem Braunschweiger Gönner, dem Fernhändler Hinrik Reinhusen[280], eine Schrift widmete [281].

Sowohl von Peter Hummelen als auch von Kruse gibt es Verbindungen zu Müntzer. Hummelen, dessen 1535 verstorbene Witwe Ilse 33 in Holzdeckeln gebundene Bücher hinterließ[282], gehörte als Bürger der Altstadt zum Freundeskreis Müntzers: Hans Pelt läßt Müntzer 1521 von ihm grüßen[283]. Über persönliche Bekanntschaft zwischen Kruse und Müntzer informiert Luther. Am 30. Oktober 1524 warnt Luther Kruse brieflich vor dessen einstigem Wittenberger Lehrer Bodenstein und vor Müntzer. Luther setzt voraus, daß Kruse Müntzer selbst gehört habe[284]. Die — allerdings beiderseits Lücken aufweisenden — Itinerare Müntzers und Kruses kreuzen sich nach unserer bisherigen Kenntnis nur in Braunschweig.

Schirlentz, 1521]. Der Sammelband enthält 29 reformatorische, gegenreformatorische und humanistische Schriften aus den Jahren 1520-1523, wobei Bodenstein mit 12 Drucken an der Spitze steht.

[278] Siehe oben Anm. 274.

[279] KRUSE: To allen Christgelôuigen, B 3v - C 1r / ed. HÄNSELMANN 18, 24 - 22, 15.

[280] Über ihn s. u. S. 134. 136.

[281] Van adams vnd vnsem valle vnd wedder vperstandinghe Doctor Gotscalcus kruse…, [Braunschweig: Hans Dorn 1522], A 1v-2r. Kruse hat von Reinhusen vielfältige Wohltaten empfangen. Dieser hat Kruse gebeten, ihm »eine kleine Unterrichtung zu geben«, um »in den Verstand der Heiligen Schrift« zu kommen. — LANGE 1958, 106.

[282] StadtA Braunschweig: A I 4:1 Stück 35, Bl. 3v.

[283] Q 1.9 Z. 98f mit Anm. 57 (MSB 377, 25).

[284] WA.B 3, 366, 14-17. »… Nam illum Thom. Munzerum audisse te credo«. Vgl. BRÄUER 1984, 638.

Zwei Müntzerfreunde: Hans Pelt und Hans Horneborch zwischen Müntzer und Luther

Über Johann Agricolas und Gottschalk Kruses Braunschweiger Verbindungen als auch über Ludeke Remmerdes berührten wir die Braunschweiger Fernhändler- und Kaufmannsschicht, vorwiegend in der politisch führenden Altstadt, zum Teil auch im Stadtteil Hagen ansässig, aus der sich im Verein mit einigen Akademikern die wichtigsten Träger der reformatorischen Bewegung in deren ersten Jahren rekrutierten und zu denen auch Müntzers Braunschweiger Freunde und Verwandte gehörten. An zwei ausgewählten Gestalten seien zugleich zwei Typen eines möglichen künftigen Verlaufs des reformatorischen Prozesses in Braunschweig aufgezeigt. Ich wähle die beiden Personen Hans Pelt und Hans Horneborch aus, weil sie mit Müntzer eng verbunden waren. Unter anderem bildeten sie 1521 mit Müntzers Braunschweiger Gevatter ein Trio, das beim Rat die Präsentation des Zollschreibers Marsilius als Nachfolger auf Müntzers Pfründe betreiben wollte.

Hans Pelt war bereits im Jahre 1521 ein Träger der frühreformatorischen Bewegung in Braunschweig. Seine ab 1515 belegte Beziehung zu Müntzer läßt die Frage aufkommen, ob und gegebenenfalls inwieweit Hans Pelt auch in religiöser Hinsicht als Müntzeranhänger einzustufen ist. Sein Brief an Müntzer aus dem Jahre 1521 mit seinem freundschaftlichen Ton könnte zunächst eine Bejahung dieser Frage nahelegen. Später aber, 1527-30, wirkt er mit bei der Durchsetzung des lutherischen Reformationstyps in Braunschweig, der mit dem Namen Johann Bugenhagen verbunden ist. Haben sich Hans Pelts Vorstellungen von der Reformation im Laufe des ersten reformatorischen Jahrzehnts allmählich von Müntzer zu Luther hin entwickelt?

In seinem Brief vom Juni 1521 läßt Hans Pelt kein Bewußtsein für Differenzen zwischen Luther und Müntzer erkennen. Er rechnet sich selbst wie die ganze frühreformatorische Bewegung Braunschweigs zu den Lutheranhängern, zu denen in Pelts Perspektive offenbar auch Müntzer gehört. Von dem Zollschreiber Marsilius berichtet Pelt, dieser »hanget Christo wol an mit der lere Martini«[285]. In Antwerpen hänge das gemeine Volk »der lere Christi ut Martino« tausendmal mehr an als in Braunschweig[286]. Pelt betont, daß er fast alle Schriften Luthers besitze[287]. Davon, daß Müntzer bereits Kritik an Luther bzw. der in Wittenberg herrschenden Theologie geübt haben sollte, läßt der Brief nichts erkennen. Dabei ist zu berücksichtigen, daß Hans Pelt kurz nach Ostern 1521

---

[285] Q 1.9 Z. 17, vgl. Z. 30 / MSB 373, 25, vgl. 374, 12.
[286] Q 1.9 Z. 59f (MSB 375, 11f).
[287] Q 1.9 Z. 60f / MSB 375, 12f.

den letzten Brief von Müntzer erhalten hatte[288]. Bei Müntzer selbst läßt sich ein Bewußtsein für Differenzen mit der Wittenberger Theologie seit der *Prager Protestation* und damit erst ab November 1521 deutlich belegen. Aber auch schon Agricolas Brief an Müntzer vom Frühjahr 1521 spielt auf solche Differenzen an.

Bei näherem Zusehen lassen sich gerade in Hans Pelts Brief bereits erste Differenzierungen innerhalb der reformatorischen Bewegung Braunschweigs ausmachen, die auf mögliche künftige Wege der Braunschweiger Reformation, nämlich entweder in Richtung auf einen lutherischen oder auf einen radikaleren Reformationstyp[289], hinweisen. Hans Pelt stellt sich selbst dar als einer, der durch mündliche Propaganda in seiner privaten Umgebung für die Lehre Luthers wirbt. Mit dem Vikar von St. Martin Gerhard Rischau setzt er sich über Luther und dessen Schrift *De captivitate Babylonica* auseinander[290]. Überhaupt habe er mit der lutherischen Lehre viele erzürnt[291]. Von eigener Beteiligung an irgendeiner über die verbale Auseinandersetzung hinausgehenden reformatorischen Aktion berichtet Pelt nichts.

Dieser Umstand fällt besonders auf im Vergleich mit den von Pelt berichteten reformatorischen Aktionen des Brauers *Hans Horneborch*[292]. Daß der Brauer, der einer Kaufmanns- und Gewandschneiderfamilie entstammte, in seinen reformatorischen Aktionen radikaler war als andere, zeigt sich mehrfach. Hans Pelt schrieb am 25. Juni 1521, daß keiner in Braunschweig Luther mehr *mit der Tat* anhänge als Horneborch[293]. Eine seiner Aktionen war, daß er — wir müssen annehmen: öffentlich und demonstrativ — in der Pfingstquatember 1521 das Fastengebot gebro-

---

[288] Q 1.9 Z. 24f / MSB 374, 6f.
[289] Vgl. Bubenheimer 1985c, 27-29; E. Koch: »Zwinglianer« zwischen Ostsee und Harz in den Anfangsjahren der Reformation (1525-1532), in: Zwing. 16 (1985[b]) 537f.
[290] Q 1.9 Z. 35-48 (MSB 374, 17 - 375, 2).
[291] Q 1.9 Z. 49f / MSB 375, 3f.
[292] Hans Horneborch (s. Q 1.9 Anm. 5) wird von Kruse: To allen Christgelôuigen, C 3r / ed. Hänselmann 29, 19 als »Laie und Brauer« bezeichnet. Entsprechend bezeichnet Hans Pelt das »Brauwerk« als Horneborchs Beruf: Q 1.9 Z. 53f / MSB 375, 6f. Bei Kruse, C 4v / ed. Hänselmann 30, 22 ist von Frau und Kindern Horneborchs die Rede. Hans Horneborch war also Laie und von Beruf Bierbrauer. Mörke 1983, 122. 176-178 hat irrtümlich diesen Brauer Hans Horneborch als Geistlichen eingestuft. Er hat ihn vermischt mit Hans Horneborch, Pfarrer an St. Petri 1517 (122 Anm. 128) und mit Hans Horneborch, Dr. beider Rechte (177), Kanonikus an St. Blasien und Rat Herzog Heinrichs d.J. ab 1520. Zum letzteren s. G. C. Knod: Deutsche Studenten in Bologna (1289-1562), Berlin 1899, 215 Nr. 1531; Döll 1967, 315; H. Samse: Die Zentralverwaltung in den südwelfischen Landen vom 15. bis zum 17. Jahrhundert, Hildesheim 1940, 151. Ob dieser mit dem 1517 belegten Pfarrer an St. Petri identisch ist, ist noch zu klären. Eine Vermischung der verschiedenen Träger des Namens Hans Horneborch schon bei Reidemeister 1948, 77, deren Genealogie der Familie Horneborch für unseren Zeitraum fehlerhaft ist.
[293] Q 1.9 Z. 51f (MSB 375, 4f).

chen hatte, was ihm heftige Anfeindung seitens der Franziskaner
eintrug[294]. Riskanter war noch, daß er Abmahnbriefe an seine Gegner
schickte, in denen er sie »christlich strafte, daß sie unchristlich und wider
göttliche Wahrheit mit ihm handeln«[295]. Briefe ähnlichen Charakters
sind von Müntzer erhalten[296]. Hans Pelt vermerkte in seinem Brief ausdrücklich, daß die Franziskaner ihn in ihren von der Kanzel vorgetragenen Angriffen auf die reformatorische Bewegung in Braunschweig nicht
bei Namen nannten[297]. Anscheinend hatte Pelt die Franziskaner nicht in
derselben Weise provoziert wie Horneborch. Den wichtigsten Einblick in
Hans Pelts Position und Interessenlage hinsichtlich der reformatorischen
Bewegung vermittelt uns ein von ihm selbst angestellter Vergleich mit
Hans Horneborch: »In dieser Stadt weiß ich niemand, der mit der Tat
Martino mehr anhängt als Hans Horneborch. Der will kein Kaufmann
sein, auch nichts anderes anfangen als allein sein Brauwerk. Er begehrt
nur ein schlichtes Einkommen, will auf Gott trauen, achtet zeitliche
Güter nicht sehr. Ich bin, Gott sei es geklagt, noch in der Lust. Ich hoffe,
auch mit der Zeit abzulassen. Das wird mir sauer, ich kann da nicht recht
hingelangen. Bittet Gott für mich, daß er mir seine Gnade verleihen
wolle, Amen«[298]. Hier wird erneut wirksam, daß Horneborch ein Mann
war, der Luther »mit der Tat« anhing. Diese Tat richtete sich aber nicht
nur gegen den Klerus, sondern ging auch an die eigene Haut mit ihrer
Tendenz zu selbstauferlegter wirtschaftlicher Askese: Beschränkung auf
Tätigkeit in *einer* Branche und damit auf das lebensnotwendige Einkommen. Diese Haltung aber trifft ins Mark der Ökonomie des frühkapitalistischen Braunschweiger Fernhändlertums, für das das Beispiel Hans
Pelts steht: Tätigkeit in mehreren Branchen — Kramhandel, Gewand-
schnitt, Wollhandel, Edelmetallhandel, Kreditgeschäfte usw.[299] — mit
der Auswirkung zunehmender Kapitalakkumulation. In dieser Sicht hat
Hans Horneborchs bewußte Zurückweisung des Kaufmannsberufs er-
heblichen sozialpolitischen Zündstoff. Bedeutsam ist, daß Hans Pelt
bei Müntzer dieselbe Einstellung voraussetzt und damit auf eine Nähe
zwischen Horneborchs und Müntzers Anschauungen aufmerksam
macht[300]. In Hans Horneborchs Selbstverzicht spiegelt sich die von

---

[294] Q 1.9 Z. 65-68 (MSB 375, 16-20).
[295] KRUSE: To allen Christgelôuigen, C 4ʳ / ed. HÄNSELMANN 29, 12-18.
[296] Vgl. Müntzer an Bürgermeister und Rat von Neustadt an der Orla, Zwickau, 1521
Januar 17; MSB 366f; an Graf Ernst von Mansfeld, Allstedt, 1523 September 22; MSB
393f; an die Obrigkeit von Sangerhausen, Allstedt, 1524 Juli 15; MSB 409f.
[297] Q 1.9 Z. 65-67 (MSB 375, 16-18).
[298] Q 1.9 Z. 51-58 (MSB 375, 4-10).
[299] Siehe unten S. 134-139.
[300] Müntzer ging mit gutem Beispiel voran: Er verzichtete auf seine Braunschweiger
Pfründe, nachdem er gutbezahlter Prediger in Zwickau geworden war, und praktizierte
so seinen Braunschweiger Freunden sinngemäß vor, was er von ihnen in Bezug auf ihre
weltlichen Berufe forderte.

Müntzer bekannte Forderung nach einer »Entgröberung« von den weltlichen Gütern als einer Voraussetzung für das Hören der lebendigen Stimme Gottes wider. Die auf Wachstum, Expansion und Kapitalakkumulation ausgerichtete Mentalität des Fernhandelskaufmanns galt im Horizont der von Müntzer geforderten Askese als fleischliche »Lust«[301]. Hans Pelts Lebenspraxis ließ sich mit dieser Wertung schwer unter einen Hut bringen. Mit religiösen Formeln entschuldigt er gegenüber Müntzer seine Unfähigkeit, so weit wie Hans Horneborch zu gelangen: »Ich bin, Gott sei es geklagt, noch in der Lust. Ich hoffe, auch mit der Zeit abzulassen. Das wird mir sauer...« Implizit beschreibt Pelt damit seine eigene ökonomische Interessenlage.

Konkreten materiellen und politischen Hintergrund bekommt diese briefliche Äußerung vom 25. Juni 1521 durch den Umstand, daß Hans Pelt nur acht Tage später, am 3. Juli 1521, ein Kreditgeschäft mit dem dezidiert antilutherischen Herzog Heinrich d.J. einging. Die reformatorische antimonastische Propaganda hielt ihn auch 1524 noch nicht von Finanzgeschäften mit dem Chorfrauenstift Marienberg vor Helmstedt zurück[302]. Das Geschäftsinteresse gebot es Hans Pelt — und das dürfte der Interessenlage der Mehrzahl der Braunschweiger Hansekaufleute

---

[301] Johann Agricola, der die Welt der Braunschweiger Handelsunternehmer in seiner dortigen Privatlehrerzeit kennenlernte, bietet später selbst ein anschauliches Beispiel für diese Wertung der Kaufmannschaft: »Diese lust/ dieser fleiss des fleisches/ eher vnd gut zuerlangen/ die weil es in der welt breuchlich/ reisset alle menschen zu sich/ Christus bleibe in des wo er wölle/ Hie her gehören die rede der Veter/ Liebes kind schicke dich darein/ das du lernest etwas/ damit du ein Alten krancken man erneren kanst/ Du sihest/ wer do hat den setzt man oben an/ Wer nichts hat/ vnd wenn er schon frum vnd ehrlich ist/ so ist er doch der welt ein Affe/ Ich wil dich gen Franckfort zum handel/ gen Nürnberg in die schaw/ vnd gen Antwerp zum gewerbe schicken... Ich wil dich zehen jaren einem Kauffman verschreiben/ in des wirbestu etwas/ vnd komest zu gute vnd ehren/ Du sihest armut ist die gröste sunde/ Gelt ist die welt/ Gelt platz behelt. Hie ist vnter hundert tausenten nicht einer/ der do gedechte/ Ach liebes kind/ Gott hat mir eine arme narung beschert/ Lernet Gott fürchten... Kauffmanschatz/ gibt vnterweilen gelt vnd gut/ Es hebet die Leute empor... Aber das eckelt mich dran/ das es ist ferlich handeln vnd wandeln/ die welt ist böse/ Wiltu nicht betrogen werden/ so mustu wider betriegen... Denn ein Kramer vnd Kauffman beut seine wahr nicht wie er sie geben wil/ schwert vnd leuget/ vnd ist jm ein lust/ wenn er einen andern betrogen hat... Vnd ist verdrieslich das ein Kind beim Kramer vnd Kauffman von jugend auff kein wort lernen sol zureden/ wie es im hertzen meinet... Das ist der breite weg/ die gebente strasse/ die jederman wandelt... Wie vil reicher vnd bestendiger solten aber die Kinder vnd jre güter bleiben/ do ein Vater mit gutem gewissen sagen kondte/ Ich hab was mir Gott beschert hat/ Ich hab mich mit fleiss für allem ferlichem handel vnd wandel gehüttet/ Habe mich dester kömmerlicher beholffen/ das ich nur mit Gott/ ehren vnd gewissen/ mochte auskomen/ Nun will ich euch lieben kindlin allein zu Gottes forcht ziehen vnd ermanen/ das jr mir folget/ vnd euch auch an einem geringen genügen lasset... Aber we er [sic!] diesem Exempel Christi folgete/ Ob er wol ein zeitlang muste veracht... sein/ So würde er doch gewisslich zum ende mit seinen Kindern das Land erben vnd besitzen...« J. AGRICOLA: Die Historia des Leidens und Sterbens Jhesu Christi (1543), Nachdruck 1986, 25ᵛ-26ʳ.

[302] Siehe unten S. 134.

entsprochen haben — Handel und religiöse Auseinandersetzung zu trennen und gegebenenfalls mit Rücksicht auf den Handel hinsichtlich der reformatorischen Aktion Zurückhaltung zu üben.

Daß wir uns hier nicht im Bereich der Spekulation bewegen, zeigt ein Parallelfall aus dem Bereich ökonomischer Verflechtungen Braunschweiger Kaufleute mit dem Herzog. Einer der wichtigen Braunschweiger Geschäftspartner Herzog Heinrichs d.J. war der Wechsler und Fernhändler Bertram van Damm (I.)[303]. Es läßt sich nachweisen, daß der Herzog bei ihm und über ihn in nennenswertem Umfang Lebensmittel und weitere Waren für seine Hofhaltung einkaufte[304]. 1518/19 tilgte er seine Schulden bei Bertram van Damm (I.) und anderen Braunschweiger Kaufleuten dadurch, daß er größere Mengen an Silberwerk bei Bertram van Damm (I.) versetzte[305]. Am 24. Juni 1523 schrieb Euricius Cordus, humanistischer Dichter und zeitweiliger Braunschweiger Stadtarzt[306], aus Braunschweig an Johann Lang in Erfurt[307], daß sein reformatorischer Gesinnungsfreund, der Humanist Betram van Damm (II.), mit Rücksicht auf seinen Vater hinsichtlich einer offenen reformatorischen Aktion[308] Zurückhaltung üben müsse. Denn Bertrams (II.) Vater, der genannte Kaufmann Bertram van Damm (I.)[309], müsse befürchten, der

---

[303] SPIESS 1970, 93: Ratsherr 1503-05, Gerichtsherr 1508-15.

[304] StaatsA Wolfenbüttel: 17 III Alt 1 Nr. 1 belegt Geschäfte Bertram van Damms (I.) mit dem Herzog 1518/19: Der Herzog hat von Bertram Lebensmittel für 200 fl (S. 86) sowie verschiedene Waren für 87 fl (S. 75) bezogen.

[305] Ebd. S. 80. 85: Durch seinen Wolfenbütteler Amtmann Heinrich Reise und den Goldschmied Matthias läßt der Herzog an Bertram van Damm (I.) Silberwerk verkaufen, einmal für 130 1/2 fl, ein zweites Mal für 840 1/2 fl 7 1/2 gr.

[306] Vgl. S. BRÄUER: Die zeitgenössischen Dichtungen über Thomas Müntzer und den Thüringer Bauernaufstand, Diss. Leipzig 1973, 259-314 mit 504-529. — DERS.: Der Humanist Euricius Cordus und sein neulateinisches Epos »...Antilutheromastix« von 1525, in: ZKG 85 (1974) 65-94.

[307] FB Gotha: Chart. A 399, Bl. 252ʳ-253ᵛ. Editionen: F. CUNZE: Ein Brief des Euricius Cordus aus Braunschweig (1523), in: Jb. des Geschichtsvereins f. das Herzogtum Braunschweig 1 (1902) 105-107; R. VON DAMM: Bertram v. Damm, ein braunschweigischer Zeit- und Streitgenosse Luthers, in: ZGNKG 18 (1913) 184-187. Der Brief ist datiert »In die Iohannis« (24. Juni) ohne Jahreszahl. CUNZE 1902, 103. 107 datiert den Brief ins Jahr 1523; VON DAMM 1913, 168 und danach BRÄUER 1974, 77 versetzen ihn ohne Angabe von Gründen ins Jahr 1524. Die Datierung 1523 ist richtig: 1. Cordus bittet Lang, Petrus Mosellanus in Leipzig eine Mitteilung zu machen (Bl. 253ᵛ; CUNZE 107). Schon CUNZE 107 Anm 7 weist darauf hin, daß Mosellanus am 19. April 1524 starb. — 2. Cordus spielt auf die im Gang befindliche Säuberung in der herzoglichen Kanzlei (Sturz des Kanzlers Johann Peyn) und in weiteren Ämtern in Wolfenbüttel an. Diese Aktion fand 1523 statt (Bestallung des vormaligen Braunschweiger Syndikus Konrad König zum neuen Kanzler am 17. August 1523). Vgl. SAMSE 1940, 7. 145.

[308] Es ging um den Plan der Veröffentlichung einer prolutherischen Schrift, die Herzog Heinrichs d.J. Bruder Wilhelm verfaßt hatte (FB Gotha: Chart. A 399, Bl. 252ᵛ-253ʳ; CUNZE 1902, 106f). Der »libellus« Herzog Wilhelms ist verschollen.

[309] REIDEMEISTER 1948, 44.

Herzog könne die Rückzahlung seiner Schulden unter dem Titel einer Strafmaßnahme gegen den lutherischen Dissidentismus verweigern[310]. Ein Blick auf die weiteren Schicksale Hans Horneborchs und Hans Pelts zeigt, daß eine gemäßigte Strategie reformatorischer Entwicklung, wie sie Luther im Verlauf der Wittenberger Bewegung 1521/22 unter anderem durch Trennung des vorrangigen Kampfes mit dem Wort von der allein der Obrigkeit zukommenden Tat entwickelt hatte[311], den Interessen Pelts mehr entsprach als der von Müntzer seit 1521 zunehmend entfaltete radikalere Reformationstyp.

Von Hans Horneborch behaupteten seine Gegner, »der heilige Geist lehre ihn im Leib herum wie eine Bremse«[312]. Im Klartext: Horneborch galt als «Schwärmer». Der zitierte Vorwurf erinnert an Müntzers Anschauung von der lebendigen Stimme Gottes in der Seele des Menschen. Hans Horneborch provozierte durch seine reformatorischen Aktionen die Obrigkeit soweit, daß er Ende 1521 oder Anfang 1522 als einer der ersten aus Braunschweig ausgewiesen wurde vor Gottschalk Kruse[313], seinem Bruder Peter Horneborch und dem Zollschreiber Marsilius[314]. Dieses Ereignis muß zwischen 6. September 1521[315] und 3. Januar 1522 stattgefunden haben. Als sich der Brauer nach seiner Ausweisung etwa ab Ende 1522 in dem Braunschweig nahegelegenen, jedoch zum lüneburgischen Landesteil gehörigen Volkmarode aufhielt, wurde er am 19. März 1523 unter dem Vorwurf, dort mit Kruse eine Ketzerschule errichtet zu haben, von einem Greiftrupp Herzog Heinrichs d.J. festgenommen und einige Zeit im Wolfenbütteler Gefängnis festgehalten[316]. Das Vorgehen Heinrichs, der sogar den Landfriedensbruch in Kauf nahm, deutet darauf hin, daß er Kruse und Horneborch als gefährlich einstufte. Marsilius und Peter Horneborch fanden zeitweise im Augustinerchorherrenkloster in Halberstadt Zuflucht[317]. 1524 waren

---

[310] FB Gotha: Chart. A 399, Bl. 252ᵛ; CUNZE 1902, 106.

[311] U. BUBENHEIMER: Luthers Stellung zum Aufruhr in Wittenberg 1520-1522 und die frühreformatorischen Wurzeln des landesherrlichen Kirchenregiments, in: ZSRG.K 71 = 102 (1985[a]) 197f. 206.

[312] KRUSE: To allen Christgelôuigen, C 4ʳ / ed. HÄNSELMANN 29, 21f.

[313] Ebd. C 1ᵛ. D 1ʳ / ed. HÄNSELMANN 22, 23; 31, 26 - 32, 1.

[314] REHTMEYER 1707-10, 3, 12 berichtet im Anschluß an Kruse nur von der Ausweisung Hans Horneborchs; ebd. 21 zählt er nach einer anderen Quelle gemeinsam als Ausgewiesene auf: Hans Horneborch, Marsilius den Zöllner, »Leuchtenmacher und andere mehr«. Zu Peter Horneborch s. Anm. 317.

[315] Hans Pelt weiß in seinem Briefnachtrag vom 6. September 1521 von Hans Horneborchs Ausweisung noch nichts: vgl. Q 1.9 Z. 95 / MSB 377, 21.

[316] KRUSE: To allen Christgelôuigen, C 4ᵛ - D 1ʳ / ed. HÄNSELMANN 30, 9 - 32, 4. Nach KRUSE D 1ʳ / ed. HÄNSELMANN 32, 2f befand sich Horneborch bei Abfassung von Kruses Schrift (1523 nach den genannten Ereignissen) noch in Haft.

[317] H. HAMELMANN: Historia ecclesiastica renati evangelii per inferiorem Saxoniam et Westphaliam (1586), in: DERS.: Opera genealogico-historica, de Westphalia et Saxonia

diese beiden wieder in Braunschweig und griffen mit anderen Bürgern aktiv in eine Disputation ein, die auf einem Franziskanerkapitel im Sommer 1524 über die Heiligenverehrung und die Messe gehalten wurde[318]. Für diese erneute Demonstration ihrer reformatorischen Gesinnung mußten sie vermutlich mit einer erneuten Ausweisung büßen[319]. Im Herbst 1525, nach dem Bauernkrieg, befand sich Hans Horneboch in Magdeburg im Exil und hatte dort Kontakt mit dem luthertreuen Reformator Nikolaus von Amsdorf (1488-1565)[320]. Nach seiner Rückkehr nach Braunschweig hat Horneborch, der dort 1531 noch lebte, im Zusammenhang mit der lutherischen Reformation ebensowenig eine Rolle gespielt wie Kruse oder Marsilius. Sie vertraten meines Erachtens einen teils von Müntzer (Horneborch), teils von Bodenstein (Kruse) und anderen beeinflußten Reformationstyp, der später in Braunschweig offiziell nicht mehr erwünscht war. Der Kontakt Horneborchs mit Amsdorf in Magdeburg warnt jedoch davor, ihn ganz auf die Seite Müntzers zu rücken. Zwischen Müntzer und Luther gab es Raum für weitere Spielarten des reformatorischen Denkens und Handelns. Peter Horneborch war 1528, nach dem politischen Durchbruch der Reformation in Braunschweig, Mitglied des reformatorischen Bürgerausschusses und wurde zu einem Träger der lutherischen Reformation[321].

Hans Pelt stand ursprünglich, wie sein Brief aus dem Jahre 1521 zeigt, unter dem Einfluß sowohl Müntzers als auch Luthers. Ein Vorgang aus dem Jahre 1525 zeigt, daß er sich auch 1525 noch in einem religiösen Milieu bewegte, das noch nicht einseitig auf die lutherische Position fest-

---

inferiori/ hg. v. E. K. WASSERBACH, Lemgo 1711, 878 teilt in seiner Darstellung der Reformationsgeschichte Halberstadts mit, daß die aus Braunschweig ausgewiesenen Peter Horneborch und Marsilius zeitweise in St. Johann in Halberstadt zur Zeit des reformationsgesinnten Propstes Eberhard Weidensee aufgenommen wurden. Da dieser im Sommer 1523 seines Amtes enthoben wurde (P. TSCHACKERT: Dr. Eberhard Weidensee († 1547), Berlin 1911, 4f), müssen die beiden Braunschweiger vor Weidensees Amtsenthebung in St. Johann gewesen sein (nicht erst 1524). Vgl. auch die Mitteilung von Johann Winnigstedt († 1569) in seinem *Chronicon Halberstadiense*: In die von Weidensee 1522 in St. Johann eingerichtete Schule, in der die klassischen Sprachen gelehrt und biblische Vorlesungen gehalten wurden, »sandten die Reichen aus den Städten Braunschweig, Magdeburg, Goslar, ihre Kinder mit den Paedagogis zum Studio auch dahin, als in ein Collegium«. Sammlung Etlicher noch nicht gedruckten Alten Chronicken/ hg. v. C. ABEL, Braunschweig 1732, 373.

[318] Zu der nicht näher datierten Disputation vgl. JÜRGENS 1978, 33. — HAMELMANN 906 nennt in seiner Darstellung der Braunschweiger Reformation folgende Bürger namentlich, die in die Disputation eingriffen: Johannes Hubertus (Hobberdes), Peter Horneborch, Marsilius, Magister Johann Lafferdes, Autor Sander.

[319] Nach HAMELMANN 907 hat der Rat »die meisten« Bürger, die sich in die Disputation eingemischt hatten, der Stadt verwiesen.

[320] Siehe unten bei Anm. 329.

[321] Siehe Q 1.9 Anm. 5 und unten S. 124.

gelegt war. Gerhard Geldenhauer (Noviomagus, 1482-1542)[322], ein nie-
derländischer Humanist, hat am 16. September im Rahmen seiner Hin-
wendung zur Reformation eine Reise von Antwerpen nach Wittenberg
und zurück angetreten, die er in einem Itinerar aufgezeichnet hat[323]. In
Bremen wurde er von dem bekannten Prediger Jakob Propst († 1562)[324],
der bis 1521 Prior des Augustinerklosters in Antwerpen gewesen war[325],
empfangen. Dieser gab Geldenhauer Empfehlungsbriefe mit an »die
Freunde und Brüder« der weiteren Stationen[326]. An dem weiteren Weg
Geldenhauers können wir nun beobachten, wie er von Ort zu Ort in
einem Kreis von Reformationsanhängern weitergereicht wurde, in dem
bekannte Gestalten der Braunschweiger Frühreformation wieder begegnen. In Celle traf Geldenhauer mit dem nicht nur von Luther, sondern
auch von Andreas Bodenstein geprägten Gottschalk Kruse[327] zusammen,
der seit 1524 als erster Reformator Celles wirkte vor dem enger an
Luther gebundenen Urbanus Rhegius. In Braunschweig wurde Geldenhauer von Hans Pelt beherbergt, dessen Gastfreundschaft gegenüber den
Brüdern und Fremden er rühmend hervorhebt[328]. In Magdeburg hat er
zusammen mit Hans Horneborch bei Nikolaus von Amsdorf gefrüh-
stückt[329]. In Wittenberg nahm Geldenhauer nicht nur Kontakt mit
Luther auf, sondern suchte von dort aus auch den isolierten Bodenstein
auf[330]. Die Heimreise Geldenhauers führte wieder über Braunschweig.
Am 13. November 1525 wurde er eine Meile vor Braunschweig in der
Nähe von Cremlingen von zwei Räubern schwer verwundet und völlig
ausgeraubt. Ein Braunschweiger Steinmetz namens Hinrik brachte ihn
in die Stadt, wo er nun wiederum bei Hans Pelt gepflegt wurde[331].

---

[322] VAN SLEE: Geldenhauer, in: ADB 8, 1878, 530f; J. PRINSEN: Geldenhauer (Gerar-
dus) Noviomagus, in: NNBW 6, 1924, 550-554; GERHARD MÜLLER: Geldenhauer
(Noviomagus), Gerhard, in: NDB 6, 1964, 170.
[323] Itinerarium Gerardi Geldenhaurii Noviomagi, Antverpia Vitebergam, Anno 1525/
hg. v. L. J. F. JANSSEN, in: AKeG 9 (1838) 500-513.
[324] O. RUDLOFF: Bonae litterae et Lutherus: Texte und Untersuchungen zu den
Anfängen der Theologie des Bremer Reformators Jakob Propst, Bremen 1985, arbeitet
den ursprünglichen Einfluß des Erasmus und Bodensteins auf den Lutherschüler Propst
heraus (zu Bodensteins Einfluß besonders 135-144).
[325] Mit einem Mitglied dieses Konvents, dem späteren Märtyrer Johann van Essen,
stand Müntzer in Briefwechsel: s.o. Anm. 162.
[326] Itinerarium Gerardi Geldenhaurii, 511.
[327] Auf den Einfluß Bodensteins auf Kruse hat LANGE 1958, 103f. 106-108. 118-122
hingewiesen.
[328] »Brunsvici hospitabamur apud Johannem Peltenum, hospitalitate erga fratres et
pereginos [sic!] insignem.« Itinerarium Gerardi Geldenhaurii, 511.
[329] »Magdeburgi pransi sumus apud Nicolaum Amsdorphium, una cum Johanne
Horneburgio, qui propter Euangelium exulabat.« Ebd.
[330] Ebd. 512.
[331] »Item, die decima tertia Novembris, juxta silvam, quae vulgo dicitur Bastavam,
non prucul [sic!] a pago Cremelinga, qui uno miliario est supra Brunsvicum, a duobus

Schließlich begegnet Hans Pelt jedoch eindeutig im Lager der lutherischen Reformation. Eine gemäßigte Position ist bereits vorauszusetzen, wenn er schon Anfang Januar 1527, noch vor der endgültigen politischen Durchsetzung der Braunschweiger Stadtreformation, für die Ratsperiode 1527-29 als erster aus der Familie Pelt in den Rat gewählt wird[332]. Im Zuge der Ratsreformation wurde er Kirchenkastenherr an St. Martin (belegt 1529) und gehörte 1530 zu den Personen, die vom Rat mit der Verwahrung der die Reformation betreffenden Verhandlungsergebnisse beauftragt wurden[333]. Johannes Bugenhagen, im Jahre 1528 Schöpfer der lutherischen Kirchenordnung Braunschweigs, läßt Pelt in einem Brief an den Superintendenten Martin Görlitz vom 27. November 1530 grüßen[334] zusammen mit einem Bürger namens Peter — wahrscheinlich Peter Horneborch — und mit dem Gewandschneider, späteren Ratsherrn und Freund des Urbanus Rhegius Heise Oschersleven[335]. Daraus können wir erschließen, daß Hans Pelt mit Bugenhagen in Braunschweig direkten Kontakt gehabt hatte. So sind diese Grüße auch ein Zeichen für Pelts Weg von Müntzer zu Luther.

---

latronibus, qui nos tribus miliaribus comitati fuerant et multa de Euangelio contulerant, in terram prostratus et duobus acceptis vulneribus, graviter vulneratus rebusque meis omnibus spoliatus sum. Latrones eadem hora adprehensi poenas dedere. Res tamen meae a duobus Nobilibus, Levino a Veltheim et Ascanio a Cram, in hanc usque diem detinentur. Brunsvici excepit me humanissime Johannes Peltenus et Samaritanum Euangelium erga me imitatus est. Nec est fraudandus hoc loco laude sua quidam lapicida Henricus, civis Brunsvicensis, qui me semianimem e terra levavit et Brunsvicum, eodem die, multo labore introduxit.« Ebd. 513.

[332] Die Vorbereitungen für die Ratswahl begannen jeweils am Andreasabend (29. November) des Vorjahres: SPIESS 1970, 35f. Die Rolle des konfessionellen Moments bei der Ratswahl 1527 ist nicht untersucht.

[333] MÖRKE 1983, 336 Nr. 18; ergänzend StadtA Braunschweig: B II 2:3, Bl. 86[r].

[334] »Saluta Petrum nostrum, Iohannem Pelt, Heysen Oschersleven etc., uxorem tuam.« StadtA Braunschweig: B I 14:6, Bl. 446[r]; Dr. Johannes Bugenhagens Briefwechsel/ hg. v. O. VOGT, Nachdruck Hildesheim 1966, 99.

[335] Heise Oschersleven stammt aus Helmstedt (A I 1:1303), wo er schon zu Zeiten Heinrichs d.Ä. von Braunschweig-Wolfenbüttel (1495-1514) mit seinen Brüdern Hans und Heinrich 2 Hufen Landes an St. Anna unter dem Lubbenstein vor Helmstedt zugunsten der dortigen Aussätzigen stiftete. 1520 gibt Heinrich d.J. als Lehensherr eine ewige Bewilligung zu dieser Stiftung (StaatsA Wolfenbüttel: II Hs 9, Bl. 177[r-v]). Heise Oschersleven war Mitglied der Gewandschneidergilde in Helmstedt und heiratete dort 1518 die Braunschweiger Patriziertochter Katharina van Rethen (StadtA Braunschweig: B I 3:3, S. 57f). 1524 wird er Bürger in Braunschweig (B I 3:2, S. 405). Als Ratsherr ist er 1534 belegt in B I 20:1, Bl. 29[v]; in der Ratsherrenliste von SPIESS 1970 fehlt er. 1536 widmet ihm auf entsprechende schriftliche Anfrage hin Urban Rhegius eine für die Braunschweiger Reformationsgeschichte unausgewertete Schrift: Verantwortung dreyer gegenwurff der Papisten zu Braunswig/ dar jnn fast jr grôster grund ligt/ zu dienst dem Ersamen Heisen Oschersleuen ..., Wittenberg: Joseph Klug 1536; Abbildung des Titelblattes in: H. R. BALZER: Reformatoren in Niedersachsen, Wolfenbüttel 1983, 17.

3.8. Die Verwandtschaft und Freundschaft Müntzers in Braunschweig: eine Analyse seiner sozialen Verflechtungen

Die Bedeutung des verwandtschaftlichen Faktors für Müntzers Aufenthalt in Braunschweig

In den obigen Ausführungen über Müntzers Pfründe und seinen Aufenthalt in Braunschweig blieb ein Problem unerörtert: Wie kam der in Stolberg im Harz geborene Thomas Müntzer überhaupt nach Braunschweig? Welche Beziehungen führten ihn dahin? Und wie kam er dort an seine Ratspfründe? Ein solches Lehen wurde ja in der Regel nicht an Ortsfremde vergeben, die über keine Beziehungen in der Stadt verfügten. Die Quellen erlauben meines Erachtens eine plausible Antwort auf diese Fragen: Müntzer kam aufgrund verwandschaftlicher Beziehungen nach Braunschweig und zu seiner dortigen Pfründe.

Die genauen genealogischen Zusammenhänge zwischen Müntzers Herkunftsfamilie und seinem Braunschweiger Kreis konnten bislang zwar nicht rekonstruiert werden. Jedoch bieten die Quellen mehrere Hinweise auf verwandtschaftliche Kontakte Müntzers in Braunschweig:

1. Ludolf Wittehovet, wie Müntzer Inhaber einer der von Henning Godeken gestifteten Altarpfründen, forderte Müntzer in seinem nach Frose adressierten Brief (Juli 1515?) auf, wegen der zwischen den beiden Priestern umstrittenen Braunschweiger Wohnung »dem Schwager« zu schreiben und den Brief durch Hans Pelts Handelsgesellen Klaus Winkeler zu übermitteln[336]. Die Identität dieses in Braunschweig lebenden Schwagers Müntzers ist ungewiß. Am ehesten ist an Hans Pelt zu denken. Dafür spricht die Übermittlung des von Wittehovet erbetenen Briefes durch Pelts Handelsgesellen, aber mehr noch der Umstand, daß Müntzer im Sommer 1517 bei Hans Pelt wohnte[337]. Schon 1515 scheint Müntzers Braunschweiger Wohnung in einem Hause Hans Pelts[338] gelegen zu haben, da Pelts Haus die Anlaufstelle für Müntzers Braunschweiger Post war[339]. Auch andere Indizien stützen die Annahme einer Verschwägerung zwischen Müntzer und Hans Pelt: Pelt kümmert sich in Müntzers Abwesenheit um die Versorgung von Müntzers Braunschweiger Pfründe und zieht für ihn die Einkünfte ein[340]. In seinem Brief an Müntzer vom Juni bzw. September 1521 übermittelt Pelt Familien-

---

[336] Q 1.2 Z. 21f / MSB 350, 20f.
[337] Q 1.5 Z. 1f / MSB 347, 11f.
[338] Hans Pelts Wohnhaus lag in der Scharrenstraße in der Altstadt. Außerdem besaß er ein Haus in der St.-Michaels-Bauernschaft (s. u. S. 129).
[339] Q 1.3 Z. 7f / MSB 349, 6f.
[340] Q 1.9 Z. 21-23 / MSB 374, 3-5.

nachrichten[341] und Grüße von Frau, Kindern, Gesinde sowie seinem Bruder Arndt[342]. Schließlich ist darauf hinzuweisen, daß Ludolf Wittehovet auch seinerseits mit Hans Pelt verschwägert war[343].

2. Als Müntzer im Jahre 1521 seine Absicht kundgetan hatte, das Braunschweiger Lehen zu resignieren, berieten Hans Pelt, Hans Horneborch und Müntzers »Gevatter«[344] über einen ihnen genehmen Nachfolger Müntzers. Nun ist zwar offen, ob es sich bei Müntzers Braunschweiger Gevatter um einen Verwandten oder um eine mit Müntzer bzw. seiner Herkunftsfamilie befreundete Person handelt[345]. Dennoch ist der nicht identifizierte Gevatter ein weiterer Beleg für die Existenz enger persönlicher Beziehungen zwischen Müntzer und Braunschweiger Familien.

3. Es scheint so, als habe sich Müntzer in Braunschweig in einem Sippenkreis bewegt, mit dem auch er verwandtschaftlich verflochten war. In Frose hatte Müntzer 1515 einen Sohn Hans Dammanns als Schüler bei sich sowie höchstwahrscheinlich auch einen Sohn Henning Binders[346]. Die Familien Dammann und Binder waren nicht nur untereinander verschwägert[347], sondern auch mit der Familie Pelt[348]. Und schließlich war auch Ludolf Wittehovet, Müntzers Braunschweiger Mitpfründner, der ihm nach Frose schrieb, mit Hans Dammann verschwägert[349] und über diesen mit Hans Pelt.

4. Ludolf Wittehovets Pfründe wurde nach ihrer Stiftung zunächst innerhalb der Familie Wittehovet weitergegeben. Ludolfs Vater Hans

---

[341] Hans Pelt teilt mit, daß seine Familie gesund sei, daß jedoch Johann Rike verstorben sei: Q 1.9 Z. 7-10 (MSB 373, 16-18). Pelt und Rike waren verwandt (s. Q 1.9 Anm. 3). Zu den von Pelt übermittelten Familiennachrichten gehört auch die Mitteilung, daß ein Arndt Pelt in Antwerpen sei (Q 1.9 Z. 59 mit Anm. 31 / MSB 375, 10f).
[342] Q 1.9 Z. 63-65 / MSB 375, 15f.
[343] Hans Pelts Mutter war eine geborene Dammann (s. u. S. 130). Der in Q 1.3 Z. 9 (MSB 349, 7f) genannte Hans Dammann war in erster Ehe mit Winneke Wittehovet, einer Schwester Ludolf Wittehovets, verheiratet (Q 1.3 Anm. 14).
[344] Q 1.9 Z. 15f / MSB 373, 23f. Das ndt. 'vadder' (= hd. 'Gevatter') habe ich in BUBENHEIMER 1983, 35 und BUBENHEIMER 1984b, 48. 73 Anm. 9 falsch mit 'Vater' übersetzt. Damit ist meine Behauptung, Müntzers Vater habe sich 1521 in Braunschweig aufgehalten, sowie die Vermutung, dieser könnte mit einem in Braunschweig belegten Johann Münther identisch sein, hinfällig.
[345] 'Gevatter'/'vadder' hat eine große Bedeutungsbreite. Das Wort wird verwendet, um das Verhältnis des Paten zum Täufling, das Verhältnis des Paten zu den Eltern des Täuflings sowie der Paten untereinander ('Gevatterschaft') zu bezeichnen. Ferner wird das Wort als vertrauliche Anrede für den Freund, guten Bekannten oder Nachbarn gebraucht. Vgl. Mittelniederdeutsches Handwörterbuch/ begr. v. A. LASCH und C. BORCHLING; hg. v. G. CORDES, Neumünster 1933ff, 1, 629; DWb 4, 1, 3, 4640-4661.
[346] Q 1.3 Z. 8-16 (MSB 349, 7-14).
[347] Siehe Q 1.3 Anm. 21.
[348] Zu Pelt und Dammann s. u. S. 130, zu Pelt und Binder s. Q 1.3 Anm. 21.
[349] Siehe oben Anm. 343.

Wittehovet (II.), mit der Familie des Stifters Henning Godeken verschwägert, war einer der Testamentare des Stifters gewesen[350]. Die zweite von Godeken gestiftete Pfründe war zunächst nicht für Godekens Verwandtschaft und Erben vorgesehen, sondern für die Söhne des Opfermanns von St. Michael Heinrich Kill (I.)[351]. Das war offensichtlich eine Anerkennung für den Opfermann der Michaelskirche, an der Godeken jahrelang einer der Altermänner gewesen war[352]. Nachdem aber 1514 mit dem Tod Johann Kills, des Vorgängers Müntzers, die von Godeken begünstigten Söhne Heinrich Kills (I.) verstorben waren, konnte die Pfründe von den Testamentaren Godekens bzw. deren nächsten Erben vergeben werden, denen nach dem Tode Johann Kills noch die Nomination der beiden nächsten Pfründner zustand[353]. Es lag nahe, daß sie analog wie bei dem ersten Lehen verfuhren und einen eventuellen Anwärter aus der Verwandtschaft oder Sippschaft begünstigten. Tatsächlich gab es verwandtschaftliche Verbindungen zwischen den Testamentaren Henning Godekens[354] und dem oben beschriebenen Braunschweiger Sippenkreis, mit dem Müntzer verflochten war. Eine die Gruppe der Testamentare und den genannten Sippenkreis verbindende wichtige Gestalt ist Hans Wittehovet (II.). Er war einer der Testamentare und Begünstigten Godekens[355] und war mit Hans Pelt und Hans Dammann verschwägert. Hans Dammann war berechtigt, bei der Besetzung von Müntzers Pfründe mitzusprechen, da er mit einer von den Töchtern des zwischen 1500 und 1505 verstorbenen[356] Hans Wittehovet (II.) verheiratet war. Hans Dammann war sowohl von Hans Wittehovet (II.) und dessen Ehefrau Ilse als Testamentar eingesetzt worden[357] als auch von Henning Godekens Stiefsohn Henning Rode und dessen Ehefrau Ilsebe[358]. Henning Rode war seinerseits einer der Testamentsvollstrecker und Erben Godekens gewesen[359]. So darf man vermuten, daß Hans Dammann Müntzer geholfen hatte, die Braunschweiger Pfründe zu erlangen. Vielleicht war dies nicht nur ein Akt von Vetternwirtschaft,

---

[350] Siehe oben S. 80.
[351] Siehe oben S. 81f.
[352] Siehe oben S. 76f.
[353] Q 4.2 Z. 75-84, vgl. mit Q 4.1 Z. 37-43.
[354] Ihre Namen s. Q 4.1 Z. 4f und Q 4.2 Z. 16-18.
[355] Siehe oben S. 80f.
[356] Vgl. Q 4.2 Z. 17 und oben Anm. 75.
[357] StadtA Braunschweig: B I 23:2, Bl. 164va-b (1496). 227vb-228ra (1505).
[358] Ebd. 181rb-vb (1499). 202va-b (1503). Henning Rode bezeichnete Hans Dammann als seinen Schwager. Unter den Testamentaren Rodes und seiner Ehefrau befand sich auch ihr Schwiegersohn Hinrik Rike, der mit ihrer Tochter Winneke verheiratet war (ebd. 181rb-vb). Über Hinrik Rike ergibt sich wiederum eine Verbindung zu den Pelts (s. o. Anm. 341).
[359] Q 4.1 Z. 4f. 45f.

sondern eine spezielle Form der Belohnung für die pädagogischen Dienste, die Müntzer in der Familie Dammanns und in der weiteren Sippschaft leistete. Als Hans Pelt, Hans Horneborch und Müntzers Gevatter[360] 1521 über einen möglichen Nachfolger für Müntzer berieten, nahmen sie vermutlich die Aufgabe der Testamentare bzw. von deren Erben wahr, denen das Recht der Nomination des Nachfolgers zustand[361].

Zum ökonomischen und politischen Status von Müntzers Braunschweiger Freundeskreis

Nach dem Aufweis verwandtschaftlicher Verbindungen Müntzers zu Braunschweiger Familien können die wirtschaftlichen Verhältnisse und die Partizipation dieser Familien an den politischen Institutionen der Stadt untersucht werden. Hier soll die Fernhändlerfamilie Pelt in den Mittelpunkt gerückt werden, zum einen, weil sie die wichtigste unter den Familien ist, mit denen Müntzer in Braunschweig in Kontakt stand; zum anderen, weil Müntzer mit dieser Familie wahrscheinlich verschwägert war. Die verwandtschaftlichen, beruflichen und politischen Verflechtungen dieser Familie als auch ihr ökonomischer Status sollen eingehend beschrieben werden. Damit wird gleichzeitig exemplarisch das Fernhändlermilieu beschrieben, das in Müntzers Braunschweiger Lebenskreis eine wichtige Rolle spielt.

a) *Der Gewandschneider Hans Pelt (I.)*

In einer Gedenkrede auf den 1601 verstorbenen Rostocker Juristen Heinrich Camerarius (Kemmer), der aus Braunschweig stammte und dessen Mutter Kunigunde eine geborene Pelt war[362], werden die in Braunschweig 1601 allerdings bereits ausgestorbenen Pelts als eine alte Braunschweiger Familie bezeichnet[363]. Die Familie kam wahrscheinlich nach Braunschweig durch Hans Pels, der 1473 Neubürger in der Altstadt Braunschweigs wurde[364] und hier weiterhin unter dem Namen Hans Pelt (I.) auftaucht[365]. Ab 1484 sind dann auch zwei Vettern des Hans Pelt (I.)

---

[360] Ob Hans Dammann der Gevatter war?

[361] Vgl. Q 4.5 Z. 12f.

[362] Q 1.9 Anm. 34.

[363] CH. STURK; M. BRASCH: Orationes memoriae Henrici Camerarii, Rostock 1601, C 4ᵛ.

[364] StadtA Braunschweig: B I 7:1, Bl. 31ᵛᵇ.

[365] Identität von Hans Pels mit Hans Pelt ergibt sich durch Vergleich des Neubürgerbuches mit dem Schoßregister der Altstadt (B II 5:32ff). R. ZODER: Familiennamen in Ostfalen, Hildesheim 1968, 2, 285 führt für diesen Familiennamen die Schreibweisen

in Braunschweig belegt: Arndt Pelt (I.), der 1484 sein Testament errichtete[366], sowie dessen 1484-1520 belegter Bruder Wolter[367], der 1495 der nächste Erbe eines weiteren, in Hildesheim verstorbenen Bruders Johann ist[368]. Nachdem Hans Pelt (I.) 1473 Neubürger in der Altstadt geworden war, erwarb er in der Scharrenstraße[369], gelegen in der Hohe-Tor-Bauernschaft der Altstadt, 1474/75 ein größeres Anwesen[370], das sein und seiner Nachkommen Wohnhaus[371] bis 1555 blieb[372]. Der zunehmende Wohlstand Hans Pelts (I.) in Braunschweig läßt sich ablesen an der zusätzlichen Übernahme eines Mietshauses in der St.-Michaels-Bauernschaft der Altstadt, für das er, sein Sohn Hans Pelt (II.) und dessen Nachkommen von 1479 bis 1547 dem Rat der Altstadt den Mietzins entrichten[373].

Ein wichtiger Schritt auf dem Weg in die ökonomisch führende Fernhändlerschicht Braunschweigs[374] war der Eintritt Hans Pelts (I.) in die

---

Pels, Pelz und Pelt auf. In unserem Fall geht der Familienname auf einen Ortsnamen zurück, wie sich aus dem Testament Arndt Pelts, eines Vetters des Hans Pelt (I.), aus dem Jahr 1484 ergibt: Er erwähnt hier das Gut, »so myne broder unde ek to Pelte in erffgodern to sammende hebben« (B I 23:2, Bl. 113va). Dieser Ort ist nicht identifiziert.

[366] B I 23:2, Bl. 113rb-va: Zum Zeitpunkt der Testamentserrichtung (1484 Juni 14) ist seine Frau Lucie schwanger mit dem ersten Kind. Testamentare: Ehefrau Lucie, Hans Pelt (I.), Jakob Rosen. Letzterer wurde 1488 Spitalvorsteher zum Hl. Kreuze: CDS 16, 139, 1128f.

[367] Wolter Pelt wird am 14. Juni 1484 im Testament Arndt Pelts (I.) genannt (B I 23:2, Bl. 113va). Am 22. September 1496 wird er in Hans Pelts (I.) Testament als einer der Testamentare eingesetzt und als Erbe bedacht (ebd. 161vb-162ra). Vor 9. November 1501 hatte er gebürgt für »Bartold Steylken tom Olden Brouwke« im Land Hadeln, der in seinem Haus zu Gast war, jedoch Schulden in Braunschweig hinterlassen hatte; Wolter Pelt bevollmächtigt am 1. Juni 1502 Hans de Smeche, die Schulden Bartolt Steylkens einzutreiben (B I 3:2, S. 143f. 153). Am 14. April 1520 wird Wolter zu einem der Testamentare der Gefke Munstidde im Hagen bestimmt (B I 23:8, Bl. 45v-46r).

[368] B I 3:2, S. 34: Dieser Hildesheimer Johann Pelt hat »itlike rekenscop boyke register unde eyn testament ... ok itlicke schulde buten unde bynnen landeß« hinterlassen. Diese Angaben weisen auf händlerische Tätigkeit hin.

[369] Nachweis des Peltschen Hauses in der Scharrenstraße zuerst bei BRÄUER 1984, 638.

[370] Ab 1475 zahlt er Schoß für ein Haus in der Scharrenstraße (B II 5:34, Bl. 19v). An derselben Stelle entrichteten noch 1474 vier verschiedene Personen den Schoß (B II 5:33, Bl. 19r), woraus sich auf eine stattliche Größe des Peltschen Anwesens schließen läßt.

[371] Im Schoßregister wird hier bis 1494 Hans Pelt (I.) geführt (B II 5:53, Bl. 21r), was auch noch für den fehlenden Jahrgang 1495 vorauszusetzen ist; 1496 sind hier »Johan Pelten kinder« aufgeführt (B II 5:54, Bl. 30r), 1497-1530 Hans Pelt (II.) (B II 5:55, Bl. 20v; 60, Bl. 364r). Ausdrücklich als »Wohnhaus« des Hans Pelt (II.) ist dieses Haus in der Scharrenstraße 1520 in B I 19:6, Bl. 112v bezeichnet.

[372] 1555 geht das Haus von Autor Pelt — ein Sohn des Hans Pelt (II.) — über auf Tile Vechelde: B II 5:63, Bl. 584r. 537r.

[373] Bis 1478 wird der Mietzins in den Weichbildrechnungen der Altstadt unter dem Namen Cort Strobecks (Wechsler, Ratsherr der Altstadt 1453-66: SPIESS 1970, 200) geführt, 1479-1547 unter Johann bzw. Hans Pelt (5 sch Mietzins), ab 1548 unter Hans Kemmer, dem Ehemann der Kunigunde Pelt. B II 4:49, Bl. 4v; 50, Bl. 4v; 106, Bl. 3r.

[374] W. SPIESS: Geschichte der Stadt Braunschweig im Nachmittelalter, Braunschweig 1966, 2, 369ff.

Gewandschneidergilde der Altstadt[375] im Jahre 1483[376]. Tatsächlich findet sich 1495 ein direkter Beleg dafür, daß bereits Hans Pelt (I.) Handelstätigkeit ausübte[377], die dann seine Söhne ausweiten sollten.

Ein weiterer Faktor in dem im Verlaufe zweier Generationen sich vollziehenden sozialen Aufstieg der Pelts in Braunschweig waren die Verflechtungen mit Braunschweiger Familien durch *Verschwägerung*. Hans Pelt (I.) war verheiratet mit einer aus dem Weichbild Sack stammenden[378] Tochter des Hinrik *Dammann*[379], aus dessen Familie seit 1405 Ratsherren kamen[380]. Der Sohn Hans Pelt (II.) begegnet später in gemeinsamen Handelsgeschäften mit dem Kaufmann Henning Dammann[381], einem Bruder seiner Mutter, der 1530 Ratsherr in der Altstadt war[382]. Henning Dammann, noch 1530 verstorben[383], folgte im Ratsamt seinem 1529/30 verstorbenen Verwandten Hans Dammann[384], der 1515 einen Sohn bei Müntzer in Frose unterrichten ließ.

Wichtig für Kontakte zu Ratskreisen war auch die Verschwägerung mit der dem Patriziat angehörigen Rats- und Goldschmiedefamilie *van Hameln*[385]. Hinrik Dammann, der erwähnte Schwiegervater Hans Pelts (I.), war nämlich mit einer Schwester des langjährigen Ratssekretärs Gerwin van Hameln (um 1415-1496) verheiratet. Gerwin van Hameln setzte 1494 in seinem durch eine Bibliotheksstiftung[386] bekannt geworde-

---

[375] Ebd. 2, 438-444. Der Gewandschneider war der traditionelle, vorwiegend mit Tuchen und Wolle handelnde Braunschweiger Fernhändler.

[376] G VIII 147 B, Bl. 21ʳ.

[377] 1495 Januar 16; B I 3:2, S. 19: Hans Pelts (I.) verstorbener Kaufgeselle Johann Kathe aus Lemgo war Hans Pelt noch 100 fl schuldig für empfangenes Bargeld und Ware. Hans Pelt schickt Johann North als seinen Bevollmächtigten nach Lemgo, um sich an den dortigen Gütern Johann Kathes schadlos zu halten.

[378] 1476-1478 zahlt Hermen Wirten (I.) (s. u. Anm. 392) den Schoß für Hinrik Dammanns Kinder im Sack: B II 5:417, Bl. 170ʳ. 191ᵛ. Hinrik Dammann ist zwischen 1460 und 1476 gestorben.

[379] Das ergibt sich aus StadtA Braunschweig: B I 3:2, S. 323. 354. 361 und StaatsA Wolfenbüttel: 119 Urk 39.

[380] Spiess 1970, 95.

[381] StadtA Braunschweig: B I 3:2, S. 323. 327 (1513): Hans Pelt befördert als Beiladung zu seiner eigenen Warenfuhre im Auftrag Henning Dammanns Silber bis Lüneburg.

[382] Henning Dammann zahlt 1521 Schoß in der Breitestraße der St.-Peters-Bauernschaft in der Altstadt: B II 5:60, Bl. 34ᵛ.

[383] Reidemeister 1948, 30.

[384] Siehe Q 1.9 Anm. 14. Das verwandtschaftliche Verhältnis zwischen Hans und Henning Dammann ist noch nicht geklärt.

[385] Spiess 1970, 121. — W. Spiess: Goldschmiede, Gerber und Schuster in Braunschweig, Braunschweig 1958, 19. 29.

[386] P. Lehmann: Gerwin van Hameln und die Andreasbibliothek in Braunschweig, in: ZfB 52 (1935) 565-586. — H. Herbst: Die Bibliothek der St. Andreaskirche zu Braunschweig, in: ZfB 58 (1941) 329-335. — B. Moeller: Die Anfänge kommunaler Bibliotheken in Deutschland, in: Studien zum städtischen Bildungswesen des späten Mittelalters und der frühen Neuzeit/ hg. v. B. Moeller [u. a.], Göttingen 1983, 139.

nen Testament[387] Hans Pelt (I.) als einer seiner Testamentare ein[388], da ja Hans Pelts (I.) Ehefrau eine Schwestertochter Gerwins war[389].

Weitere verwandtschaftliche Verflechtungen werden 1496 sichtbar im Testament Hans Pelts (I.)[390]. Als Testamentare setzt er ein seinen Schwager Henning Dammann, der nach Hans Pelts (I.) Tod 1496-1498 den Schoß für die Peltschen Kinder zahlt[391], ferner Hermen Wirten (I.), Henning Westfal und Adrian van Horn[392]. Der Schneider *Hermen Wirten (I.)* war Ratsherr der Altstadt (1462-1498)[393]. *Henning Westfal* war 1488-1490 während Ludeke Hollands Schicht[394] einer der Hauptleute sowie Bierherr in der Altstadt[395]. Die Familie (van) Horn[396] steigt im Verlauf des 16. Jahrhunderts ins Patriziat auf. *Adrian van Horn* hatte 1484-1487 im Peltschen Haus gewohnt[397]. Er war wie Hans Pelt (I.) mit einer Tochter Hinrik Dammanns verheiratet[398]. Als Krämer[399] war er ebenfalls im Handel engagiert[400]. In seinem Testament aus dem Jahre 1507 setzt er neben seiner Ehefrau Frede und seinem Sohn Gerd die uns schon

---

[387] A I 3:1, Gerwin van Hameln 1494. Gegen HERBST 1941, 330 und mit LEHMANN 1935, 570 ist dieses Originaltestament nicht eigenhändig von Gerwin geschrieben, vielmehr von einem Schreiber, der noch 1514 im Testamentbuch des Weichbildes Hagen belegt ist (B I 23:8, Bl. 18v). Von Gerwins Hand stammen lediglich die Aufschriften Bl. 1r oben, Bl. 3r unten und Bl. 15r, ein Nachtrag Bl. 11r, die Überschrift Bl. 13r sowie je die beiden Schlußzeilen Bl. 23r und 29r. Die Handschrift Gerwins z. B. in B I 3:1.

[388] Erwähnt bei HERBST 1941, 330.

[389] A I 3:1, Gerwin van Hameln 1494, Bl. 3r. 6v-7v. Gerwins Neffe Henning Dammann wird mit 10 fl bedacht (6v), die Peltsche sowie Hans Pelt (I.) als einer der Testamentare je mit 3 fl (5v. 7v).

[390] Als Erben bedachte er seine Kinder insgesamt und seinen Vetter Wolter Pelt: B I 23:2, Bl. 161vb-162ra.

[391] B II 5:54, Bl. 30r; 55, Bl. 20v; 56, Bl. 22v.

[392] B I 23:2, Bl. 161vb.

[393] SPIESS 1970, 233. Zu seinen Beziehungen zu den Dammanns s. o. Anm. 378. Hermen Wirten (II.) († 1517/18), ein Sohn Hermen Wirtens (I.), war wie Hans Dammann (s. Q 1.9 Anm. 14) mit einer Schwester des mit Müntzer in Korrespondenz stehenden Ludolf Wittehovet verheiratet, und zwar mit Geske Wittehovet (schon 1505). StadtA Braunschweig: B I 23:2, Bl. 164va-b. 227vb-228ra; B I 3:2, S. 354. 361; StaatsA Wolfenbüttel: 119 Urk 27. 37-39.

[394] H. L. REIMANN: Unruhe und Aufruhr im mittelalterlichen Braunschweig, Braunschweig 1962, 98-111. Vgl. oben Anm. 46 und 75.

[395] CDS 16, 136, 1051; 143, 1288; 365, 1; 366, 29. Er wird 218, 357 als Mitläufer eingestuft.

[396] SPIESS 1970, 134f.

[397] StadtA Braunschweig: B II 5:44, Bl. 23v; 45, Bl. 25r.

[398] Die »Adriansche« wird daher von ihrem Onkel Gerwin van Hameln wie die Peltsche testamentarisch mit 3 fl bedacht: A I 3:1, Gerwin van Hameln, Bl. 7v.

[399] Nach seinem Tod war 1514 noch seine Witwe, die »Adriansche«, Mitglied der Krämergilde: G VIII 270 B, S. 38.

[400] 1498 hat er Hering nach Erfurt und Salza verkauft: B I 3:2, S. 78; 1506 sind Handelsbeziehungen nach Hannover belegt: ebd. S. 233.

aus dem Testament Hans Pelts (I.) bekannten Henning Dammann und Henning Westfal als Testamentare ein[401].

b) *Hans Pelt (II.): Fernhändler und Ratsherr*

Als Hans Pelt (I.) 1496 starb, hinterließ er mindestens drei Söhne und eine Tochter[402]. Das väterliche Anwesen in der Scharrenstraße übernahm *Hans Pelt (II.)*[403]. Dieser steht unter den Brüdern sowohl hinsichtlich des Umfangs händlerischer Tätigkeit als auch hinsichtlich einer städtischen Ämterlaufbahn an der Spitze.

Der soziale Aufstieg Hans Pelts (II.)[404] ist sowohl an seiner *Gildezugehörigkeit* als auch an seiner *Ämterlaufbahn* abzulesen. Zunächst betrieb Hans Pelt (II.), für dessen händlerische Unternehmungen Belege ab 1504 vorliegen[405], seine Kaufmannschaft ohne Gildezugehörigkeit. In der erhaltenen Mitgliederliste der Krämergilde aus dem Jahr 1514 fehlt er noch[406]. 1527 muß er dieser Gilde angehört haben, da er für die Ratsperiode 1527-29 von der Krämergilde in den Rat gewählt wurde[407]. 1528 war er im Sitzenden Rat vertreten und hatte das Amt eines Zollherrn inne[408]. Erst Anfang 1530 gewann Pelt mit der Aufnahme in die Gewandschneidergilde der Altstadt die Gilde seines Vaters, deren soziales Prestige über dem der Krämergilde stand. Die besonderen Umstände

---

[401] B I 23:2, Bl. 222vb-223ra. Der Testamentsabschrift fehlt die Jahreszahl (nur datiert: »am donnerdage na Udolrici«). Das Jahr ergibt sich aus der Einordnung im Testamentbuch unter weiteren Testamenten des Jahres 1507 in Verbindung mit dem in Anm. 399 genannten Beleg aus dem Jahr 1506.

[402] Hans (II.), Arndt (III.), Kort, Ilsebe. Siehe Q 1.9 Anm. 36.

[403] Im Schoßregister sind an dieser Stelle 1496 »Johan Pelten kinder« aufgeführt, 1497-1501 Hans Pelt und »sin suster«, 1502-1510 Hans Pelt und »sin suster« und » sin broder«, 1511-1525 Hans Pelt und »sin broder«, 1526 ist »sin broder« gestrichen, 1527-1530 schoßt nur Hans Pelt: StadtA Braunschweig: B II 5:54, Bl. 30^r; 55, Bl. 20^v; 58, Bl. 52^r. 83^r. 324^v. 357^v; 60, Bl. 183^v. 220^r. 256^r. 364^r. Demnach lebte eine Schwester bis 1510/11, ein Bruder bis 1526 im elterlichen Haus. Bei dem Bruder handelt es sich um Arndt (III.) Pelt, der 1518 in gemeinsamer Handelsunternehmung mit Hans Pelt (II.) belegt ist: s. Q 1.9 Z. 63f mit Anm. 36.

[404] Ein Siegel Hans Pelts (II.) aus dem Jahr 1524 ist erhalten im StaatsA Wolfenbüttel: 19 Urk 464; Nachzeichnung in VII B Hs 288, S. 59. Das Siegel zeigt ein X-förmiges Kreuz in einem Wappenschild, über dem Schild die Initialen HP. Zwei verschiedene Händlermarken Hans Pelts, gestaltet nach der Art von Hausmarken, sind überliefert. 1514-28 ist mehrfach eine Marke belegt, mit der die Wollsäcke Hans Pelts gekennzeichnet sind: ein großes N mit darüberstehendem kleinen Kreuz (StadtA Braunschweig: B I 3:2, S. 338. 360. 365; B I 3:3, S. 76. 192). Mit einer anderen Marke ist 1516 ein in die Niederlande transportiertes Faß mit nicht näher spezifizierter Ware gekennzeichnet (B I 3:3, S. 24).

[405] StadtA Braunschweig: B I 3:2, S. 194f.

[406] G VIII 270 B, S. 36-38. Weitere Listen fehlen.

[407] H IV 282.

[408] B I 2:15, S. 239.

von Hans Pelts (II.) Gildeeintritt zeigen sehr deutlich seine Reputation. Nicht er bemüht sich um die Gilde, sondern die Gilde um ihn. Auch diese Gilde wählte ihn wieder (für 1530-32) als ihren Vertreter in den Rat[409], ja machte ihn bereits am 12. März 1530 zu ihrem Gildemeister. Auch den für den Erwerb der Mitgliedschaft laut Gildestatuten zu entrichtenden Geldbetrag brauchte Hans Pelt (II.) nicht aufzuwenden[410]. Auf diesem Höhepunkt seiner Laufbahn ist Hans Pelt (II.) 1530/31 gestorben[411].

Hans Pelts (II.) Einstieg in die Ratslaufbahn lief nicht nur über die genannten Gilden. Eine Vorstufe der politischen Ämterlaufbahn war das Amt des *Weinherren* in der Altstadt, das Hans Pelt (II.) bereits seit 1507/08 innehatte[412]. Der Weinschank war in Braunschweig ein Vorrecht des Rates. Die Weinherren übten die Aufsicht über die Weinkeller des Rates und den Weinschank aus[413] und legten eine jährliche Abrech-

---

[409] H IV 282; B I 3:4, 1, S. 18f. Pelt war in dieser Periode in keinem Sitzenden Rat vertreten, was nichts Außergewöhnliches war (SPIESS 1970, 37 Anm. 41) und zudem mit Pelts Tod 1530/31 zusammenhängen könnte.

[410] Pelt hat als Gildemeister im Gildebuch (G VIII 147 B) eigenhändig drei Eintragungen vorgenommen: s. Q 1.9 Anm. 2. Den eigenen Gildeeintritt hat er in folgenden Worten vermerkt: »Hans Pelt hefft gesworen anno xxx unde nichts sunderlikes vor de gylde gegeven.« (Bl. 21ʳ) Ein entsprechender Fall findet sich schon vorher im Jahr 1529 (21ᵛ), später häufen sich diese Fälle. Zu den Gründen s. SPIESS 1966, 2, 442.

[411] Nach dem Schoßregister 1530 hat Hans Pelt noch selbst den Schoß entrichtet (B II 5:60, Bl. 364ʳ), 1531 schoßt seine Frau (ebd. Bl. 398ʳ: Über »Hans Pelten gudt« hat eine zwete Hand ergänzt »de Peltezen«). Daß das Mietshaus in der St.-Michaels-Bauerschaft in den Weichbildrechnungen der Altstadt noch bis 1547 unter dem Namen Hans Pelts geführt wird, bevor es auf den Namen seines Schwiegersohns Hans Kemmer eingeschrieben wird (s. o. Anm. 373), bedeutet nicht, daß Hans Pelt bis 1547 gelebt hätte. Für diesen Vorgang, dessen Hintergründe unbekannt sind, gibt es in den Weichbildrechnungen entsprechende Parallelen. Die vielen Belege für Hans Pelt in den städtischen Quellen hören mit dem Jahr 1530 abrupt auf.

[412] 1506 sind Weinherren noch Bodo Kale und Remmerd Algermissen; 1507 fehlt der Rechnungsjahrgang; 1508-14 sind Weinherren Tile van Damm und Hans Pelt, 1515-29 Cort Scheppenstede und Hans Pelt, ab 1530 Cort Scheppenstede und Bartold Hessem. B II 1:64, Bl. 2ʳ; B II 1:65, Bl. 2ʳ; B II 2:1, Bl. 29ᵛ. 48ʳ; B II 2:3, Bl. 73ʳ. 104ᵛ. Die Angabe von SPIESS 1966, 2, 459, daß die Weinherren in der Regel Ratsherren gewesen seien, ist unzutreffend. Von den sechs hier genannten Weinherren gelangten nur drei (Algermissen, Scheppenstede, Pelt) in den Rat, für Scheppenstede (Ratsherr 1518-41) und Pelt war das Amt eine Vorstufe der späteren Ratslaufbahn.

[413] Vgl. SPIESS 1966, 2, 459f, dessen Angaben korrekturbedürftig sind. Es gab nicht zwei Weinherren für die Gemeine Stadt, sondern je zwei für jedes Weichbild. Allerdings war in einem Teil der Weichbilder das Weinherrenamt mit dem Bierherrenamt in Personalunion verbunden (so für die Neustadt belegt: B II 2:2, Bl. 269ʳ), während es in der Altstadt zwei Weinherren und zwei Bierherren gab. Dieser Sachverhalt korrespondiert dem von Spieß mitgeteilten Umstand, daß in einigen Weichbilden (nicht in der Altstadt) Wein- und Bierkeller verbunden waren. Der Zuständigkeitsbereich der in Anm. 412 genannten Weinherren bezog sich also — gegen Spieß — nur auf den Weinkeller in der Altstadt.

nung vor[414]. Da sie vermutlich auch mit dem Weineinkauf befaßt waren[415], lag es nahe, handelserfahrene Personen mit diesem Amt zu betrauen.

Wieweit die Weinherren aus ihrem Amt selbst einen ökonomischen Gewinn zogen, ist offen. Hans Pelt (II.) hatte dadurch jedenfalls ständigen Kontakt mit dem Rat und besaß dort guten finanziellen Kredit. So erfahren wir aus dem Kämmereibuch des Jahres 1519, daß Hans Pelt (II.) beim Rat 600 Gulden geliehen hatte »von Henning Nauwen zu Goslar wegen«[416].

Die Höhe dieses von Hans Pelt (II.) aufgenommenen Betrags weist auf Unternehmungen nennenswerten Umfangs hin und gibt Anlaß, einen Blick auf weitere *Geldgeschäfte* Hans Pelts zu werfen. Als Darlehensnehmer begegnet er auch in einem Beleg des Jahres 1524. Am 1. Januar 1524 nehmen die Braunschweiger Bürger Hans Siman d.Ä., Hans Pelt und Hinrik Reinhusen gemeinsam beim Augustinerchorfrauenstift Marienberg vor Helmstedt 400 Gulden auf mit der Verpflichtung zur Rückzahlung zum Jahresende[417]. Daß diese Summe für eine Handelsunternehmung gebraucht wurde, läßt sich vermuten: Hinrik Reinhusen, aus der Braunschweiger Frühreformation als Förderer Gottschalk Kruses bekannt[418], gehörte der Krämergilde an[419]; der aus einer Lakenmacherfamilie kommende Hans Siman d.Ä.[420] ist ebenfalls im Braunschweiger Handel belegt[421].

Es wäre verfehlt, aus diesen Vorgängen, in denen Hans Pelt als Darlehensnehmer begegnet, auf finanzielle Schwierigkeiten Pelts zu schließen.

---

[414] In den Hauptrechnungen der Gemeinen Stadt (B II 1) wird jährlich der Gewinn (B II 1:65, Bl. 2[r]) aus dem Weinkeller der Altstadt aufgeführt (B II 1:64, Bl. 2[r]; 65, Bl. 2[r] usw.).

[415] Für ihre Tätigkeit bekamen die Weinherren vom Rat größere Summen vorgestreckt. Im Kämmereibuch 1525 (B II 2:2, Bl. 269[r]) ist festgehalten, daß die Weinherren in der Altstadt Hans Pelt und Tile van Damm bzw. nach dessen Tod Cort Scheppenstede (s. Anm. 412) in drei Raten (zu nicht genannten früheren Zeitpunkten) insgesamt 1000 fl erhalten haben »tho behoifft des wynkelres des rades beste dar mede tho donde«. — Einmal jährlich werden den Weinherren die Kosten für den vom Rat selbst verbrauchten Wein erstattet. Diese Erstattungen sind in den Kämmereibüchern verbucht (B II 2:1, Bl. 10[r] usw.).

[416] Davon war Hans Pelt am 17. Januar 1519 noch 22 fl schuldig, die er binnen acht Tagen zahlen wollte, jedoch erst am 3. Februar tilgte. B II 2:2, Bl. 45[v].

[417] StaatsA Wolfenbüttel: 19 Urk 464.

[418] Siehe oben S. 115.

[419] StadtA Braunschweig: G VIII 270 B, S. 36. Siehe Anm. 429.

[420] Vgl. den sehr wohlhabenden Hans Simon, der 1528 Verordneter des reformatorischen Bürgerausschusses wurde: s. MÖRKE 1983, 343 Nr. 89.

[421] Einfuhr von Rochen, Hering und Feigen im Jahr 1515 (StadtA Braunschweig: B I 9:59, Bl. 11[r]); Handel mit Herzog Heinrich d.J. 1515/17 (StaatsA Hannover: Cal. Br. 21 Nr. 182, Bl. 39[v]); Gläubiger des Herzogs 1527 (StadtA Braunschweig: A I 1:1356 Symann).

Solche kurzfristigen Darlehen waren vielmehr eine Selbstverständlichkeit; sie dienten der vorübergehenden finanziellen Abdeckung bestimmter Handelsunternehmungen.

Im Jahre 1520 war Hans Pelt in der Lage, eine auf seinem Haus liegende Last abzulösen[422]. Deutlicher zeigt sich seine gute finanzielle Situation daran, daß er nicht nur Schuldner, sondern auch selbst Gläubiger war. Ebenfalls 1520 beleiht er das Haus eines anderen Bürgers mit etwa 30 Gulden[423]. Von besonderer Bedeutung im Blick auf Hans Pelts ökonomische Verflechtungen ist ein Schuldbrief vom 3. Juli 1521, in dem Hans Pelt als Gläubiger Herzog Heinrichs d.J. von Braunschweig-Wolfenbüttel begegnet. Der schon genannte, zeitweilig im Hause Hans Pelts (I.) lebende Kaufmann Adrian van Horn hinterließ einen Sohn Hans[424], der 1509 als Stadtvogt belegt ist[425]. Dieser Hans van Horn, der 1518 auch als Lehensträger Herzog Heinrichs d.J. begegnet[426], hatte dem Herzog eine größere Geldsumme geliehen. 1521 trat Hans Pelt (II.) in dieses Schuldverhältnis als Gläubiger des Herzogs ein. Auf ihn gingen Hans van Horns Ansprüche an den Herzog über; gleichzeitig lieh Hans Pelt dem Herzog weitere 100 Gulden[427].

Hans Pelts Geldgeschäfte hängen mit Sicherheit auf das engste mit seinem *Handel* zusammen, der einerseits bei größeren Geschäften mit Krediten arbeiten mußte, andererseits aber Gewinne abwarf, die Hans Pelt

---

[422] StadtA Braunschweig: B I 19:6, Bl. 112ᵛ: Hans Pelt löst 1520 eine auf seinem Haus liegende Rente von 2 M (= 6 fl) ab, die einst der Luterschen zukam und dann auf Gerleff vam Bruckes Hausfrau vererbt worden war. Auch der Umstand, daß die diesbezüglichen Briefe nicht wieder auffindbar waren, zeigt, daß es sich hier um die Ablösung einer alten Last ging. Bei einem anzunehmenden Zinsfuß von etwa 5% (vgl. oben S. 78 und unten Anm. 423) hatte Hans Pelt etwa 120 fl zurückzuzahlen.

[423] B I 9:59, Bl. 115ʳ: Für 9 M erwirbt Hans Pelt 1/2 M Rente an Hans Lauwen Haus in den Kramen beim Altstadtmarkt im Rang nach den schon bestehenden Renten des Rates, Wilkin Hallendorpes und Bertram van Damms. Der Zinsfuß beträgt hier also 5,56%.

[424] B I 23:2, Bl. 222ᵛᵇ-223ʳᵃ.

[425] B I 3:2, S. 280f.

[426] StaatsA Wolfenbüttel: 119 Urk 37a; 1518 April 8: Hans van Horn, Bürger zu Braunschweig, hat mit seinem Vetter Lennerd einen Sattelhof und 9 Hufen Landes in Küblingen von Herzog Heinrich d.J. zu Lehen.

[427] StaatsA Wolfenbüttel: II Hs 9, Bl. 212ᵛ-213ʳ. Der Herzog verpflichtet sich, die von Hans Pelt geliehenen 100 fl am nächsten Martinstag zurückzuzahlen. Den von Hans Pelt übernommenen Teil des Hornschen Darlehens wird der Herzog in jährlichen Raten zu 100 fl, beginnend ebenfalls am nächsten Martinstag, bis zur vollständigen Tilgung an Hans Pelt zurückzahlen. Die Höhe der Gesamtschuld des Herzogs wird in der Urkunde nicht beziffert. Die Obligation enthält noch folgende Zusatzerklärung des Herzogs: »... Und ine [näml. Hans Pelt] der gelubde, so er etlichs korns halben vor uns dem Capittele unser kirchen Sancti Blasii zu Brunswig gethan, gantz und gar schadelos benemen und solliche summen dem Capittele auff Michaelis schiersten auch us unser lantschatzunge bezalen wollin.« — 1527 Januar 7 zahlte der Herzog ein Drittel einer anderen, über ca. 70 fl lautenden Schuld an Pelt zurück: StadtA Braunschweig: A I 1:1356 Pelt.

befähigten, selbst wiederum als Darlehensgeber aufzutreten. Bei der näheren Untersuchung der belegten Handelsunternehmungen Hans Pelts[428] sollen entsprechend seiner wechselnden Gildezugehörigkeit zunächst die Hinweise auf seine Beteiligung am Kramhandel, danach seine Fernhandelstätigkeit dargestellt werden. Hans Pelt, der 1527 zur *Krämergilde* gehört, ist 1525 mit dem Krämer Hinrik Reinhusen verbunden, als er mit diesem und Hans Siman d.Ä. das Darlehen beim Stift Marienberg aufnimmt. Bereits 1515 steht er in einer Handelsgemeinschaft mit Hinrik Reinhusen[429], der ferner Pelts Schwager Hans Meiger[430], der Krämer Wilhelm van Harderwick[431], der Kaufmann Hinrik Hake[432] und Evert Vischer angehörten. Die Führung dieser Gruppe hat Hinrik Reinhusen: Er hat für sich und die anderen vor Ostern 1515 auf der Frankfurter Messe eingekauft, versieht die Ware mit seiner Händlermarke und wird von den anderen mit der Wiedereintreibung der unterwegs beschlagnahmten Ware beauftragt, die aus zwei Faß Branntwein und einem Faß Krämerei besteht, darunter grüner Ingwer und Theriak für die Apotheke[433].

Das Absatzgebiet dieses Kramhandels dürfte in etwa durch die benachbarten südniedersächsischen und mitteldeutschen Städte zwi-

---

[428] Es sei hier vorweg eine Übersicht über den Umfang von Pelts Handelsaktivitäten gegeben. Die Belege umspannen den Zeitraum vom 29. August 1504 bis 20. September 1530. Belegte Orte bzw. Länder von Pelts Handelstätigkeit außerhalb von Braunschweig sind: Niederlande, Antwerpen, Bergen op Zoom, Dortmund, Lüneburg, Hildesheim, Göttingen, Goslar, Peine, Stift und Stadt Halberstadt, Quedlinburg, Magdeburg, Leipzig, Nürnberg, Frankfurt. Unter den von Pelt gehandelten Waren steht der Wollhandel mit den Niederlanden im Vordergrund (belegt 1514-28). Ferner handelte Pelt mit Gewand (1516), Krämerei, Ingwer, Theriak, Branntwein (1515), Braunschweiger Bier (1513), Brasilholz (1504), Kupferrauch (1513). StadtA Braunschweig: B I 3:2, S. 194f. 231. 314f. 323. 327. 338. 345f. 359f. 365. 393; B I 3:3, S. 23f. 31-33. 38f. 56f. 75-77. 93-95. 185-187. 192f; B I 3:4, 1, S. 18f. 28f; B II 2:2, Bl. 45ᵛ.

[429] Bei den Zollschulden Hinrik Reinhusens sind 1515 an Waren aufgeführt: Gewand (von Leipzig), Hellebarden, Filzhüte, Lebensmittel u. a. (StadtA Braunschweig: B I 9:59, Bl. 36ᵛ). Handel mit dem Herzog: Samt 1515/17, Waren der Frankfurter Messe und ein Federbusch aus Antwerpen 1517 (StaatsA Hannover: Cal. Br. 21 Nr. 182, Bl. 78ᵛ; Nr. 584, Bl. 13ᵛ).

[430] StadtA Braunschweig: B I 3:2, S. 194f; s. Q 1.9 Anm. 36. Er ist möglicherweise identisch mit dem Hans Meiger, der 1514-23 als Mitglied der Krämergilde belegt ist (G VIII 270 B, S. 36. 41). Handel mit dem Herzog: Gewand, Oliven u.a. 1515/17 (StaatsA Hannover: Cal. Br. 21 Nr. 182, Bl. 27ᵛ. 39ᵛ).

[431] Krämergilde 1514 (StadtA Braunschweig: G VIII 270 B, S. 37). 1515 Einfuhr von Glas, Blech und Branntwein; Ausfuhr von Krapp; Handel mit Nürnberg: B I 9:59, Bl. 13ᵛ.

[432] Er erhielt 1518-19 als Faktor auf dem Kaufhaus vom Rat jährlich 50 fl, danach (nachgewiesen 1521-23) nur noch 15 fl mit der regelmäßigen Bemerkung »so de Rad sek myt ome verdragen heft«. B II 1:67, Bl. 29ᵛ; 68, Bl. 27ᵛ; 69, Bl. 26ᵛ; 70, Bl. 25ᵛ; 71, Bl. 27ᵛ.

[433] B I 3:2, S. 343. 346. Die Händlermarke, mit der die Fässer gekennzeichnet waren, findet sich im Zollschuldbuch 1515 unter Hinrik Reinhusen: B I 9:59, Bl. 36ᵛ.

schen Hildesheim, Göttingen, Goslar, Halberstadt und Magdeburg umschrieben sein, in denen Schuldner Hans Pelts belegt sind[434].

Deutlicher greifbar, weil breiter dokumentiert, sind Hans Pelts Aktivitäten im *Fernhandel*. Sie lassen sich seit 1504 belegen, also bereits lange vor seiner Aufnahme in die Gewandschneidergilde (1530), in der Fernhandel in der Art, wie Hans Pelt ihn betrieb, besonders stark beheimatet war. Das Ziel von Hans Pelts Fernhandelsunternehmungen waren in erster Linie die *Niederlande*. Dorthin exportierte er — belegt 1514 bis 1530 — Wolle, wobei es sich um niedersächsische Wolle handelte, die in der niederländischen und englischen Weberei zusätzlich verwandt wurde[435]. Der Transport lief entweder per Schiff über Hamburg[436] oder auf dem Landweg. Im letzteren Fall bildete Hans Pelt in der Regel Fuhrgemeinschaften mit anderen Braunschweiger Fernhändlern[437]. Neben den Märkten in Bergen op Zoom[438] war eines der Hauptziele des Peltschen

---

[434] Folgende von Hans Pelt zwecks Eintreibung von ausstehenden Schulden erteilte Vollmachten sind nachgewiesen: 1512 für Ludeke Brandes zur Einmahnung der Schulden inner- und außerhalb Braunschweigs; 1513 für Klaus Winkeler nach Goslar, Hildesheim, Göttingen; 1513 für Geori Nolthen, Sander Dramme, Johann Wulff und Gottschalk Sperwer in das Stift Halberstadt; 1515 für Johann Murmester alias Magdeborch, Kanoniker am Stift St. Cyriaci, nach Peine; 1516 für Klaus Winkeler zur Einmahnung aller Schulden außerhalb Braunschweigs; 1520 für Henning Wolters und Henning Flor nach Goslar, Magdeburg, Hildesheim, Halberstadt, Göttingen; 1530 für Thomas Santersleve, Senior an der Kirche Unser Lieben Frauen in Halberstadt; 1530 für Hans Schwellengrebel, Bürger in Quedlinburg, zur Einmahnung von 21 fl 6 sch 7 d bei Matias Ertman in Quedlinburg. B I 3:2, S. 314. 323. 327. 345; B I 3:3, S. 23. 93-95; B I 3:4, 1, S. 18f. 28f.

[435] Zum Wollhandel SPIESS 1966, 2, 376.

[436] B I 3:3, S. 32f (1518). Vielleicht auch über Bremen: Ein Wollsack Pelts blieb 1523 in Bremen oder im Stift Verden liegen: B I 3:2, S. 393.

[437] Fuhrgemeinschaften Hans Pelts zum Wolltransport sind mit folgenden Händlern belegt: Mit Bürgermeister Henning van Damm (1514-1517); mit Tile (1514), Bertram (1517) und Fricke (1518) van Damm; mit Kämmerer Ludeke Peine (1514-18); mit Henning Schulte, Hans Schrader (1514); mit Cort (1517-19) und Tile (1518) Vechelde; mit Matthias Meyger (1517-18), Hans Zegemeiger (1517), Henning Wolters (1517-18), Cort Scheppenstede (1517), Henning Prallen (1518). B I 3:2, S. 359f. 365; B I 3:3, S. 31. 38. 75-77.

[438] Zum Handel Braunschweiger Kaufleute mit Bergen op Zoom vgl. SPIESS 1966, 2, 380. — Ich kenne folgende Belege für den Handel der Familie Pelt mit Bergen op Zoom: 1. Am 11. Dezember 1511 bezeugen die Kaufleute Hans van Horn, Arndt Pelt (vgl. Q 1.9 Anm. 31 und 36), Tile Doring aus Braunschweig und Wilhelm van Deventer aus Hildesheim, daß sie auf dem Wintermarkt zu Bergen op Zoom Kramwaren, Laken, Datteln und Öl gekauft und die Fuhrleute Jan van der Wupper aus Lemgo und Henrik van Herford aus Westfalen beauftragt haben, die Waren nach Braunschweig zu bringen. — 2. Am 12. Mai 1512 bezeugen Hans Wendinck, Arndt Pelt und Tile van Vechelde, Bürger aus Braunschweig, daß sie auf dem Ostermarkt zu Bergen op Zoom Kramwaren, Olivenöl, Oliven, Kümmel und anderes gekauft und den Fuhrmann Jan van der Wupper aus Lemgo mit der Fracht nach Braunschweig beauftragt haben. Beide Belege bei C. J. F. SLOOTMANS: Paas- en Koudemarkten te Bergen op Zoom 1365-1565, Tilburg 1985, 2, 658. 660. Zu den genannten Fuhrleuten s. u. Anm. 447. — 3. Am 29. April 1519 bevollmächtigen Cort Vechelde und Hans Pelt in Braunschweig den dortigen Bürger

Handels das benachbarte Antwerpen[439], dessen Jahrmärkte von Braunschweiger Hansekaufleuten viel besucht wurden[440]. Im Vordergrund
stand dabei für Hans Pelt der Wollhandel. Die Bedeutung der Verbindung der Pelts mit Antwerpen wird dadurch unterstrichen, daß sich Mitglieder dieser Familie wiederholt in dieser Stadt aufhielten. 1521 weilte
ein Arndt Pelt in Antwerpen[441]; 1504 hatte Hans Pelt selbst die Bamesmesse in Antwerpen besucht[442]. Hier könnte er auch das für die Rotfär-
bung gebrauchte Brasilholz[443] eingekauft haben, das er auf dem Leipziger Ostermarkt[444] 1504 für 160 Gulden an Hans Kock aus Nürnberg[445]
verkauft hat[446]. Welche Waren Hans Pelt sonst aus Antwerpen impor-
tiert hat, ist im einzelnen nicht bekannt[447].

1528 hat Hans Pelt zusammen mit einer Wolladung auch Silber und
Gold nach Antwerpen geliefert[448]. Damit gewinnen wir einen Hinweis,
daß er auch im gewinnträchtigen *Edelmetallhandel* engagiert war. In den
Zusammenhang des Handels mit *Rohstoffen aus dem Bergbau* gehört auch
der Verkauf von einer Tonne Kupferrauch nach Lüneburg im Jahre

---

Joachim Rosendael, dem Fuhrmann Frowin von Wermelskirchen drei für den Markt in
Bergen op Zoom bestimmte Säcke mit Wolle wieder abzunehmen und einen anderen
Fuhrmann zu beauftragen. StadtA Braunschweig: B I 3:3, S. 75-77.

[439] B I 3:2, S. 231 (1504/06); ebd. S. 315 (1512); ebd. S. 338 (1514); B I 3:3, S. 38.
56f (1518); ebd. S. 192f (1528).

[440] SPIESS 1966, 2, 379f.

[441] Q 1.9 Z. 59 (MSB 375, 10f).

[442] B I 3:2, S. 231 (1506): Jorden Rike hat 1504 auf der Bamesmesse zu Antwerpen
Hans Pelt eine Summe Geldes (20 Pfund Grote) übergeben, die der verstorbene Harmen
Colle Hans Pelt von wegen Gilies van Qualien, Bürgers zu Brügge, schuldig war.

[443] Vgl. E. E. PLOSS: Ein Buch von alten Farben, Heidelberg 1962, 55.

[444] Zum Schutze seiner die Leipziger Messen besuchenden Kaufleute stellte der
Braunschweiger Rat ein Geleit, z. B. B II 1:66, Bl. 23ᵛ (1509). Zur Bedeutung der Leipziger Märkte für den Braunschweiger Handel s. SPIESS 1966, 2, 409-416.

[445] Zu Nürnberg als Zielort Braunschweiger Handels vgl. SPIESS 1966, 2, 410.

[446] B I 3:2, S. 194f (1505 August 29): Hans Kock hat sich verpflichtet, seine Schuld
auf dem Leipziger Michaelismarkt zu bezahlen. Da Hans Pelt nicht selbst auf den Markt
kommen kann, bevollmächtigt er seinen Schwager Hans Meiger, die Schuld in Leipzig
oder Nürnberg einzuziehen.

[447] B I 3:2, S. 315 (1512 August 5): Cort Vechelde, Hans Pelt und Hans Meiger bestä-
tigen, daß ihnen von den Fuhrleuten Johann van der Wupper und Hinrik van Herford
vier Wagen mit Gütern, die sie am letzten Pfingstmarkt in Antwerpen gekauft hatten,
am 23. Juli abgeliefert wurden. Die Güter werden nicht näher spezifiziert. Die genannten Fuhrleute führten 1511 bzw. 1512 auch Transporte für Arndt Pelt und andere Braunschweiger Kaufleute von Bergen op Zoom nach Braunschweig durch: s. o. Anm. 438.

[448] B I 3:3, S. 192f (1528 April 20): Hans Pelt hat etliche Säcke Wolle nach Antwerpen
gesandt. In einem der Säcke befinden sich »itlich balliun sulver unnd golt«. Clemens
Kater, Bürger zu Antwerpen, erhält von Hans Pelt Vollmacht, in seinem Auftrag mit
diesen Gütern zu handeln. — Bei »balliun« handelt es sich um Edelmetall, das nicht dem
vorgeschriebenen Feingehalt entspricht. Es kann sich entweder um zerbrochenes Silber
bzw. Gold handeln oder um Rohsilber bzw. Rohgold in einem — nicht näher spezifizier-
ten — vorläufigen Bearbeitungsstadium.

1513[449]. Es liegt nahe, als Herkunftsort des Kupferrauchs, das bei der Kupferproduktion anfiel, den Rammelsberg bei Goslar zu vermuten[450], von wo Braunschweiger Händler diesen Rohstoff zu beziehen pflegten[451].

c) *Kontakte zu Goldschmiedekreisen: Hans Dammann und Henning Binder*

Die bisherigen Ausführungen zeigten, daß das soziale Milieu, in dem Müntzer in Braunschweig verkehrte, in ökonomischer Hinsicht vorrangig vom händlerischen Element bestimmt gewesen ist. Daneben hatte Müntzer auch in Braunschweig Kontakte zu Goldschmiedekreisen, die jedoch dort nicht gerade dicht dokumentiert sind. Diese quantitativ zunächst unauffälligen Kontakte gewinnen qualitatives Gewicht im Rahmen der Beobachtung, daß sich Verbindungen zu Goldschmieden durch Müntzers ganze Biographie ziehen.

Braunschweiger Goldschmiedekreisen können Hans Dammann und Henning Binder zugeordnet werden, die am 25. Juli 1515 im Brief Klaus Winkelers an Müntzer in Frose erwähnt werden. Beide standen mit Müntzer damals in Korrespondenz. Dammann hatte mit Sicherheit, Binder mit größter Wahrscheinlichkeit einen Sohn als Schüler bei Müntzer.

1. Der Ratsherr *Hans Dammann* (†1529/30) war mit Henning Binder, Hans Pelt (II.) und Ludolf Wittehovet verschwägert. Daß er in beruflicher Verbindung mit Braunschweiger Goldschmiedekreisen stand, ergibt sich aus seinem Nachlaßinventar[452], laut dem er Edelmetall- und Juwelierwaren in einem Umfang hinterlassen hat, der die Befriedigung der privaten Luxusbedürfnisse einer wohlhabenden Braunschweiger Bürgerfamilie jener Zeit übersteigt[453]. In diesem Inventar ist außerdem ein vielseitiges Lager verschiedener Handelsware verzeichnet[454]. Aus diesem Befund läßt sich schließen, daß Hans Dammann zu den im Handel engagierten Goldschmiedekreisen gehörte[455].

---

[449] B I 3:3, S. 323. 327 (1513): Hans Pelt hat durch den Fuhrmann Henning Tobeken von Eling 1 Tonne Kupferrauch, 1 Sack Wolle und zwei halbe Fässer Bier nach Lüneburg führen lassen. An Beiladung hat er im Auftrag seines Onkels Henning Dammann 5 Stück Silber mitführen lassen, die für Hans Wichel in Hamburg bestimmt waren.

[450] Zu den Geschäftsverbindungen Hans Pelts mit Goslar s.o. S. 137.

[451] SPIESS 1966, 2, 389.

[452] StadtA Braunschweig: A I 4:1 Stück 23. Ähnlich im Inhalt, wenn auch wesentlich geringer im Umfang ist das Nachlaßinventar des Goldschmieds Hinrik Hollers († 1535): A I 4:1 Stück 30.

[453] A I 4:1 Stück 23, Bl. 2r-v.

[454] Ebd. Bl. 6r-v.

[455] Der Umstand, daß Hans Dammann in der ältesten erhaltenen Mitgliederliste der Goldschmiedegilde (G VIII 193 B, Bl. 14v ff) fehlt, spricht nicht gegen die Zuweisung Hans Dammanns zu den Goldschmieden, da diese Liste unvollständig und fehlerhaft ist. Dazu s. BUBENHEIMER 1985b, 104 Anm. 180.

Diese waren nicht immer selbst handwerklich tätig, sondern erwarben teilweise die Gildemitgliedschaft nur, um an dem den Gildemitgliedern vorbehaltenen einträglichen Kleinhandel mit den Fertigprodukten der Goldschmiede teilhaben zu können[456]. Eine natürliche Verbindung zwischen Fernhändlern und Goldschmieden ergab sich über die Belieferung der Goldschmiede mit den erforderlichen Rohstoffen über den Edelmetallhandel. Bei dem Kaufmann Henning Dammann können wir Beteiligung am Edelmetallhandel belegen[457]. 1531/32 begegnet uns schließlich ein Wulf Dammann als Gildemeister der Goldschmiede[458]. Er könnte ein Sohn Hans Dammanns gewesen sein. Wer allerdings der Sohn Hans Dammanns war, den Müntzer unterrichtete, müssen wir offen lassen.

2. Mit größerer Sicherheit können wir eine Hypothese aufstellen hinsichtlich des Sohnes *Henning Binders*, der bei Müntzer gewesen sein dürfte: Der ebenfalls mit Hans Pelt (II.) verschwägerte Hagener Ratsherr Henning Binder hinterließ 1519 nur einen, damals noch nicht mündigen Sohn namens Bartold[459]. Dieser wurde 1523/24 in die Goldschmiededegilde aufgenommen[460] und hinterließ bei seinem Tod (vor 23. März 1551) seine Goldschmiedewerkstatt im Haus »zum goldnen Horne« im Weichbild Hagen[461]. Zum Beruf des Vaters Henning läßt sich noch keine eindeutige Aussage machen. Im Jahr 1512 finden wir einen Beleg dafür, daß er Handelsbeziehungen mit Magdeburg hatte. Ob er neben dem Handel ein Handwerk ausübte und welcher Gilde er gegebenenfalls angehörte, ist offen[462].

Müntzer unterrichtete in Frose also ein aus Braunschweiger Goldschmiedekreisen stammendes Bürgerkind sowie vermutlich einen künftigen Goldschmied. So läßt sich annehmen, daß bei Müntzers Weg nach Braunschweig neben verwandtschaftlichen Verflechtungen auch berufliche Verbindungen seiner Herkunftsfamilie eine Rolle spielten, in der über das dort vertretene Münzmeisteramt die Verbindung zu Goldschmiedekreisen gegeben war.

---

[456] SPIESS 1958, 10-13.
[457] Siehe oben Anm. 381.
[458] G VIII 193 B, Bl. 18ʳ. Sein Eintritt in die Gilde ist nicht vermerkt. 1547/48 ist er erneut Gildemeister (Bl. 18ᵛ). G. SPIES: Braunschweiger Goldschmiede, in: Festschrift zur Ausstellung Brunswiek 1031 Braunschweig 1981/ hg. v. G. SPIES, Braunschweig 1981, 287.
[459] Siehe Q 1.3 Anm. 21f.
[460] G VIII 193 B, Bl. 17ᵛ. W. SCHEFFLER: Goldschmiede Niedersachsens, Berlin 1965, 1, 36 Nr. 168; SPIES 1981, 281.
[461] Nachlaßinventar: A I 4:1 Stück 80.
[462] Näheres s. Q 1.3 Anm. 21.

3.9. Die Bedeutung der Braunschweiger Zeit für Müntzers Entwicklung

Als Meßpriester in Braunschweig und als Propst in Frose schlug Müntzer eine für damalige Verhältnisse unauffällige Klerikerlaufbahn ein. Er
war damit auch Nutznießer der kirchlichen Praktiken (Pfründenkumulation und Pfründgenuß in Abwesenheit), die er ab seiner Zwickauer Zeit
1520/21 als Glied der reformatorischen Bewegung kritisierte. Vielleicht
hängt es mit eigenen biographischen Erfahrungen Müntzers zusammen,
daß er später gegen Luther mitunter auch den niederen Klerus in Schutz
nehmen konnte[463], nachdem dieser zu einem der Prügelknaben der reformatorischen Bewegung geworden war[464].

Die Verflechtung Müntzers in die wirtschaftlich potenten Händler-
kreise Braunschweigs bedeutet gleichzeitig seine Einbindung in eine
Bevölkerungsgruppe, die aufgrund ihrer eigenen Bildungsansprüche und
ihrer internationalen Verbindungen für neue geistige Einflüsse besonders aufgeschlossen war. So hatte in vorreformatorischer Zeit der Humanismus in diesen Kreisen Fuß gefaßt, unter anderem vermittelt über
Kontakte zu den Universitäten und das Schulwesen der Stadt. Auch hier
dürfte Müntzer Impulse für seine geistige Entwicklung erhalten haben.
Ansätze zu einem religiösen Nonkonformismus sind bereits 1515 im
Brief Klaus Winkelers angedeutet, konkret greifbar aber erst 1517 durch
die Diskussion der Ablaßfrage mit dem zu einem Humanistenkreis gehö-
renden Stadtschulrektor Heinrich Hanner. Von hier aus führt dann eine
geistige Linie von humanistischer zu frühreformatorischer Kirchenkri-
tik, biographisch konkretisiert in Müntzers Weg von Braunschweig nach
Wittenberg.

Aus den Bürgerkreisen, in denen Müntzer in Braunschweig verkehrte
— einer nicht nur räumlich, sondern auch geistig mobilen und für Inno-
vationen aufgeschlossenen Gruppe — rekrutierten sich auch eine Reihe
von Trägern der frühreformatorischen Bewegung in Braunschweig. Für
diese Leute bedeutete die religiöse Umorientierung zunächst einmal
Anschluß an Luther, was nicht bedeutete, daß Luthers Lehre nicht
gleichzeitig unter dem Einfluß anderer geistiger Traditionen aufgenommen und so von vornherein in vielfältiger Weise im Rezeptionsprozeß
modifiziert werden konnte. Wir haben das an der Gestalt des Müntzer-
freundes Hans Horneborch gesehen. Ein entsprechender Zugang zur
frühen lutherischen Reformation darf auch bei Müntzer vorausgesetzt
werden. Ein gemeinsames Element der Religiosität Horneborchs und
Müntzers ist die Forderung einer asketischen Lebensgestaltung. Es ist

---

[463] Siehe unten Anm. 471.
[464] Daß Müntzer sich nicht immer so verhielt, zeigt sein Auftreten in Jüterbog 1519.
Siehe unten S. 187.

ein bekanntes Phänomen, daß gerade im Rahmen steigenden Wohlstandes, dessen sich die beschriebenen Fernhändlerkreise erfreuten, im Gegenzug gleichzeitig die Forderung nach Erhaltung oder Wiederaufrichtung bescheidener persönlicher Lebensverhältnisse und damit nach selbstauferlegter Askese ihre Anhänger findet. So dürften auch die frühen Lebensumstände Müntzers seine spätere Askesepredigt mitbedingt haben, eine Predigt, die in dem geschilderten sozialen Milieu allerdings nur bei einer Minderheit voll rezipiert und in konkrete Lebenspraxis umgesetzt werden wird.

Müntzer bleibt seinerseits bis in seine revolutionären, d.h. dem antifeudalen Kampf gewidmeten Tage hinein positiv mit den Kreisen, aus denen er herkam, nicht nur biographisch, sondern auch geistig verbunden. Seine enge Verflechtung mit Händlerkreisen spiegelt sich noch 1524 in seiner *Hochverursachten Schutzrede* wider, wo er Luthers Kaufmannsschelte zurückweist, die dieser im Sommer 1524 in *Von Kaufshandlung und Wucher* geübt hatte. In dieser Schrift hatte Luther eine Reihe verbreiteter Praktiken des frühkapitalistischen Handels einer scharfen Kritik unterzogen. Dabei sprach er sich auch gegen internationalen Fernhandel aus, wie er beispielsweise über die Frankfurter Messe abgewickelt wurde[465]. Die Kaufleute, unter denen es nur wenig rühmliche Ausnahmen gebe, hatte Luther wegen ihrer Tendenz zur Profitmaximierung Räubern und Dieben gleichgestellt[466], ja behauptet, die Kaufmannschaft treibe es schlimmer als Straßenräuber und Strauchdiebe[467]. Luther empfahl als Wächter über die Kaufleute die weltliche Obrigkeit[468], insbesondere sollten Kaiser, Könige, Fürsten und Herren dem Wucher der Kaufleute wehren[469]. Der Reformator forderte sie unter Berufung auf Römer 13 auf, »das schwerd frisch und getrost hawn lassen auff die ubertretter«, denn »Es soll und mus das welltlich schwerd rod vnd blutrustig seyn, denn die welt will und mus böse seyn...«[470] Müntzer ergreift gegen Luther Partei für die »armen Kaufleut«, die sich nicht wehren könnten[471]. Nach Müntzer schelte Luther die Kaufleute als Wucherer und wolle diese ausgerechnet der Aufsicht der Fürsten und Herren unter-

---

[465] WA 15, 293, 94 - 294, 20.
[466] WA 15, 295, 2f; 302, 15f; besonders deutlich 305, 17f: »Das sind alles offentliche diebe, reuber vnd wûcherer.«
[467] WA 15, 311, 29-32.
[468] WA 15, 296, 11-16. 31-33; 302, 14-16; 307, 20f.
[469] WA 15, 305, 27f; 311, 23f; 313, 3f; 322, 19-21.
[470] WA 15, 302, 22-27.
[471] »Du waist aber wol, wen du solt lestern, die armen münch und pfaffen und kaufleüth können sich nit weren, darumb hast du sye wol zûschelten.« MSB 336, 27f. Die Verbindung der Kaufleute mit Mönchen und Pfaffen zeigt, daß es nicht Müntzers Intention ist, einzelne von Luther als ausbeuterisch kritisierte Handelspraktiken gutzuheißen.

stellen, die — so Müntzers Sicht — die eigentlichen Urheber des Wuchers, der Dieberei und Räuberei seien[472]. Wenn Luther den Kaufleuten die Straßenräuberei als verdiente Zuchtrute Gottes vor Augen stellt[473], hält Müntzer Luther entgegen, er solle doch lieber den Fürsten das Gericht predigen, die es mehr als andere verdient hätten, zumal Luther[474] diese doch selbst als Teilhaber an den Unternehmungen der Kaufleute erkannt habe[475]. Das in Müntzers Parteinahme implizierte Werben um die Sympathie der Kaufleute bekommt konkreten biographischen Hintergrund durch den Umstand, daß er in jener Zeit, als er die *Hochverursachte Schutzrede* in Nürnberg drucken ließ, mit Christoph Fürer, Teilhaber an der damals führenden Nürnberger Montangesellschaft in Austausch stand[476]. Luther hatte in seiner zitierten Schrift gerade solche nach Monopolstellungen drängende[477] Gesellschaften in Bausch und Bogen verworfen[478].

Müntzers kurze gegen Luther gerichtete Stellungnahme zu den kaufmännischen Unternehmern jener Zeit vermitteln eine wichtige Einsicht: Sein Kampf gilt seit dem Herbst 1524 dem Feudalismus, den »gottlosen Regenten«[479]. Die vom Stadtbürgertum getragenen frühkapitalistischen Wirtschaftsformen hat er nicht in derselben Weise rigoros bekämpft, was im übrigen das Eintreten für eine asketische Lebenshaltung keineswegs

---

[472] »Er saget aber im bůch von kauffßhandelung, daß die fürsten sôllen getrost undter die diebe und rauber streichen. Im selbigen verschweigt er aber den ursprung aller dieberey... Sich zů, die grundtsuppe des wůchers, der dieberey und rauberey sein unser herrn und fürsten, nemen alle creaturen zum aygenthumb. Die visch im wasser, die vôgel im lufft, das gewechß auff erden můß alles ir sein, Esaie. 5.« MSB 329, 13-21.

[473] WA 15, 311, 25-29.

[474] Müntzer spielt an auf WA 15, 313, 3-13: »Konige und Fůrsten sollten hie dreyn sehen und nach gestrengem recht solchs weren. Aber ich hôre, sie haben kopff und teyl dran, Und geht nach dem spruch Esaie .1. 'Deyne Fůrsten sind der diebe gesellen worden'... Was wird aber zu letzt Gott dazu sagen? Er wird thun, wie er durch Ezechiel spricht, Fürsten und Kauffleut, eynen dieb mit dem andern ynneynander schmeltzen wie bley und ertz...«

[475] Fortsetzung des Zitats in Anm. 471: »Aber die gotlosen regenten soll nyemandt richten, ob sye schon Christum mit fůssen treten... Du sichst sye auch an vor kauff lewth [s. Anm. 474]. Du soltest deyne fürsten auch bey der nasen rucken, sy habens woll vil hôher dann villeicht dye anndern verdienet, was lassen sye abgen? An iren zynsen und schynderey etc.?« MSB 337, 1-8.

[476] Q 1.10.

[477] Zu Fürers diesbezüglichen Bemühungen s. W. MÖLLENBERG: Die Eroberung des Weltmarkts durch das mansfeldische Kupfer, Gotha 1911, 55-83; G. SEIBOLD: Christoph Fürer (1479-1537), in: Fränkische Lebensbilder/ hg. v. A. WENDEHORST und G. PFEIFFER, Bd. 10, Neustadt a.d. Aisch 1982, 77f; H. BÖSCH: Der Eibogenhandel der Gesellschaft des Christoph Fürer und Leonhard Stockhamer zu Nürnberg, in: Mitt. aus dem germ. Nationalmuseum 1 (1884/86) 246-255; R. B. HILF: Die Eibenholzmonopole des 16. Jahrhunderts, in: VSWG 18 (1925) 183f.

[478] WA 15, 312, 1 - 313, 22.

[479] Siehe oben Anm. 475.

ausschloß. Er war sicher wie Luther in der Lage, auch im frühkapitalistischen Unternehmertum Formen der Ausbeutung zu erkennen, jedoch
lag es in der über Braunschweig führenden biographischen Linie, im
Kampf gegen die Feudalherren eher die Koalition als die Konfrontation
mit dem ökonomisch führenden Stadtbürgertum zu suchen.

KAPITEL 4

WITTENBERG, ORLAMÜNDE UND JÜTERBOG

4.1. Studienzeit in Wittenberg (1517/18, 1519)

Die Annahme, Thomas Müntzer habe sich zeitweilig in Wittenberg aufgehalten, ist in der Müntzerforschung nicht neu. In den neueren Biographien werden zwei Aufenthalte Müntzers in Wittenberg entweder vermutet oder als gesichert vorausgesetzt. Danach soll Müntzer *zum ersten Mal* in der Frühphase der Reformation in Wittenberg gewesen sein, nach herrschender Auffassung etwa von Ende 1518 bis kurz vor Ostern 1519. Diese Datierung ist fragwürdig, ebenso wie die näheren Umstände dieser Lebensphase Müntzers bislang offen sind[1]. *Zweitens* gibt es Hinweise, Müntzer könnte sich im Frühjahr 1522 um die Zeit des Endes der Wittenberger Bewegung in Wittenberg aufgehalten haben, wobei strittig ist, ob Müntzer *vor*[2] oder *nach*[3] Luthers Rückkehr von der Wartburg an der Elbestadt weilte. Abgesehen von dem bereits hinreichend gesicherten Nachweis, daß Müntzer irgendwann um 1518 in Wittenberg gewesen sein müsse, sind alle weiteren Annahmen noch nicht befriedigend geklärt. Für die Diskussion von Müntzers Aufenthalten in Wittenberg standen bislang nur sehr wenige Quellen zur Verfügung. Aber auch die notwendige differenzierte, alle vorhandenen Quellen zusammenfassende Interpretation steht noch aus. So blieben die Aufenthalte Müntzers in Wittenberg ein Randthema der Müntzerbiographie, was zur Folge hat, daß der biographische Hintergrund für das seit jeher im Mittelpunkt des

---

[1] Die bislang bekannten Quellen zu diesem ersten Aufenthalt Müntzers in Wittenberg sind am ausführlichsten zusammengestellt und diskutiert worden von M. BENSING; W. TRILLITZSCH: Bernhard Dappens »Articuli... contra Lutheranos«: zur Auseinandersetzung der Jüterboger Franziskaner mit Thomas Müntzer und Franz Günther 1519, in: Jb. f. Regionalgesch. 2 (1967) 117-119. Müntzers Anwesenheit in Wittenberg wird hier für 1518, und zwar eher gegen Ende des Jahres vermutet. Zuletzt hat M. BENSING: Thomas Müntzer, Leipzig ³1983, 27 den Zeitraum »1517 bis 1519«, ebd. 93 jedoch »Frühjahr [1519] (vermutlich bereits 1518)« für Müntzers Anwesenheit in Wittenberg genannt. Nach W. ELLIGER: Thomas Müntzer, Göttingen (1975) ³1976, 51f sei Müntzer ab Ende 1518 oder Anfang 1519 maximal 4-5 Monate in Wittenberg gewesen. E. WOLGAST: Thomas Müntzer, Göttingen 1981, 12 läßt Müntzer »gegen Ende 1518« nach Wittenberg kommen.
[2] So ELLIGER 1975, 228f.
[3] So WOLGAST 1981, 33.

Interesses stehende Thema »Luther und Müntzer«[4] zu einem wesentlichen Teil fehlt[5]. Die folgenden Ausführungen werden auch zeigen, daß die Thematik »Müntzer und Wittenberg« nicht auf »Müntzer und Luther« verengt werden darf. Die Universität Wittenberg hatte damals einem wissensdurstigen Studenten, auch einem gelehrten Theologen, nicht nur die Theologie Luthers zu bieten. Auf einer erweiterten Quellenbasis soll hier die Frage nach Müntzers erstem Aufenthalt in Wittenberg neu aufgerollt werden, während Müntzers zweiter Wittenberger Aufenthalt im Frühjahr 1522 außerhalb des zeitlichen Rahmens der vorliegenden Untersuchung steht.

In Braunschweig ist Müntzer zuletzt im Juni/Juli 1517 belegt[6]. Für die folgenden Monate schweigen die Quellen. Ob Müntzer noch einige Zeit

---

[4] Die wichtigste Studie ist weiterhin C. HINRICHS: Luther und Müntzer, Berlin [2]1962. Einige ältere Arbeiten sind zusammengestellt bei A. FRIESEN; H.-J. GOERTZ (Hg.): Thomas Müntzer, Darmstadt 1978, 1-111. In der Müntzerliteratur der letzten 10 Jahre steht das Thema »Luther und Müntzer« quantitativ weiterhin vorn: H.-G. LEDER: Aspekte der Glaubenserfahrung bei Thomas Müntzer (und Martin Luther), in: Theologie und Erfahrung/ hg. v. der Ernst-Moritz-Arndt-Universität Greifswald/ Sektion Theologie, Greifswald 1979, 29-79. — M. MÜLLER: Die Gottlosen bei Thomas Müntzer — mit einem Vergleich zu Martin Luther, in: LuJ 46 (1979) 97-119. — A.-D. JORDAN: Martin Luther und Thomas Müntzer: religiöser Reformer und politischer Revolutionär, in: Gesch.: hist. Magazin 41 (1981) 4-16. — A. LAUBE: Luther und Müntzer in der Erbe- und Traditionsauffassung der DDR (1982), in: Zur Luther-Ehrung in der DDR/ Seminarmaterial des Gesamtdeutschen Instituts — Bundesanstalt für gesamtdeutsche Aufgaben —, Bonn [1983], 42-47. — R. STAUFFER: Luther, critique de Müntzer, in: AEPHE.R 91 (1982/83) 39-68. — P. RICCA: Lutero e Müntzer: la politica, in: G. ALBERIGO [u.a.]: Lutero nel suo e nel nostro tempo, Turin 1983, 201-225. 328-331. — K. H. STAHL: Luther und/oder Müntzer? In: Aus Politik und Zeitgeschichte: Beil. zur Wochenztg. das Parlament, Jg. 1983, Nr. B 3, 24-34. — M. STEINMETZ: Luther, Müntzer und die Bibel — Erwägungen zum Verhältnis der frühen Reformation zur Apokalyptik, in: Martin Luther: Leben, Werk, Wirkung/ hg. v. G. VOGLER, Berlin 1983, 147-167. — U. BUBENHEIMER: Radikale Reformation: von Luther zu Müntzer, Grünwald 1984 [a]. — M. SCHAUB: Müntzer contre Luther, Paris 1984. — R. WOHLFEIL: Luther und Müntzer: welche Freiheit meinen wir? In: Die Reformation geht weiter/ hg. v. L. MARKERT u. K. H. STAHL, Erlangen 1984, 151-159. — G. RUPP: 'True History': Martin Luther and Thomas Müntzer, in: History, Society and the Churches: Essays in Honor of Owen Chadwick/ hg. v. D. BEALES [u.a.], Cambridge 1985, 77-87. — M. GRUNE: Martin Luther, Thomas Müntzer und die Bauernkriege, in: Gesch.: hist. Magazin 68 (1986) 35-42; 69 (1986) 24-31. — U. BUBENHEIMER: Luther — Karlstadt — Müntzer, in: Amtsblatt der Ev.-luth. Kirche in Thüringen 40 (1987[a]) 60-62. 65-68. — E. W. GRITSCH: Thomas Müntzer and Luther, in: Radical Tendencies in the Reformation/ hg. v. H. J. HILLERBRAND, St. Louis 1988, 55-83.

[5] In der in Anm. 4 genannten Literatur spielt die biographische Frage nach den persönlichen Begegnungen zwischen Luther und Müntzer meistens keine oder nur eine beiläufige Rolle. L. GRANE: Thomas Müntzer und Martin Luther (1975), in: FRIESEN/GOERTZ 1978, 75-78 beginnt seine Studie methodisch explizit mit den biographischen Verbindungen Müntzers zu den Wittenbergern, setzt jedoch erst Ostern 1519 mit Müntzers Kontakten zu Franz Günther ein. Methodisch ähnlich GRITSCH 1988, der jedoch vor Jüterbog noch Müntzers Aufenthalt in Wittenberg erwähnt, den er ins Jahr 1518 datiert (S. 62: »perhaps a few months«).

[6] Q 1.5.

in Braunschweig weilte oder noch einmal nach Frose zurückkehrte, in diesen Monaten an anderen Orten war oder bereits im Sommer 1517 nach Wittenberg ging, ist noch offen. Zur Frage *wann Müntzer nach Wittenberg kam*, gibt es folgende Quellen[7]:

1. Müntzer hält Luther in seiner *Hochverursachten Schutzrede* (1524) vor: »... pin ich doch in sechs oder syben jaren nit bey dir gewesen.«[8] Im Kontext[9] will er bestreiten, Luther 1522 persönlich aufgesucht zu haben. Ohne das Datum seines letzten Besuchs bei Luther exakt zu rekonstruieren, erinnert sich Müntzer, daß dieser Besuch vor »sechs oder sieben Jahren« stattgefunden habe, also 1517 oder 1518.

2. Der eindeutigste Beleg, den man bisher für den ersten Aufenthalt Müntzers in Wittenberg hatte, ist eine Mitteilung Nikolaus Hausmanns[10]. Dieser schreibt am 7. September 1521 als Zwickauer Pfarrer an Kurfürst Friedrich über sein Bekanntwerden mit Müntzer folgendes:

> »Thomas ist mir erstlich (do der edele her doctor Martinus Luther begundt an tag zu kummen, welchs geruckt und lere mich gegen Wittenbergk vor vier jaren gezogen hat), bekant worden und mein tag nie von im wan ein predig zu Wittenburg gehort habe.«[11]

Nach dieser Aussage kam der Freiberger Münzmeistersohn Nikolaus Hausmann (ca. 1479-1538)[12] um die Zeit der Publikation von Luthers Ablaßthesen (31. Oktober 1517) nach Wittenberg. Der damals etwa vierzigjährige Magister ist — ebenso wie Müntzer — in der Wittenberger Matrikel nicht eingetragen. Dennoch lassen sich einige weitere Indizien für die Umstände seines Weges nach Wittenberg anführen. Am 9. Oktober 1517 wurden zwei Vettern Hausmanns, Petrus Weller und Hieronymus Weller (1499-1572)[13], immatrikuliert[14]. So liegt die Annahme nahe, daß Hausmann unter anderem auch als Mentor seiner etwa 20 Jahre jüngeren Vettern nach Wittenberg kam. Die beiden Wellers gehörten zur

---

[7] Die ersten beiden Quellen sind aufgeführt bei BENSING/TRILLITZSCH 1967, 118.

[8] MSB 341, 10f.

[9] MSB 341, 8-14.

[10] L. PRELLER: Nicolaus Hausmann, der Reformator von Zwickau und Anhalt, in: ZHTh 22 (1852) 325-379; O. G. SCHMIDT: Nicolaus Hausmann, der Freund Luther's, Leipzig 1860.

[11] P. KIRN: Friedrich der Weise und die Kirche, Leipzig 1926, 185.

[12] Imm. Leipzig S 1498, bacc. art. S 1499, mag. art. W 1502/03. Matrikel Leipzig 1, 423 M 8; 2, 369. 399. SCHMIDT 1860, 6-9.

[13] Nikolaus Hausmanns Mutter Margarete geb. Weller von Molsdorff und der Vater des Petrus und Hieronymus Weller, Johannes Weller von Molsdorff (1450-1509), waren Geschwister. H. NOBBE: Dr. Hieronymus Weller, in: ZHTh 40 (1870) 154f. Zu Hieronymus s. GERHARD HAMMER: Auslegung von Psalm 22 und 13. 1531, in: WA 59, 1983, 110-117.

[14] ULB Halle: Yo 1, Bl. 50ᵛ; fehlerhaft in: Album 1, 68a. Sie wurden bacc. art. am 12.4.1519: KÖSTLIN 2, 6.

zwanzigköpfigen Schülerschar des Humanisten Johannes Rhagius Aesticampianus[15], die dieser anläßlich seiner auf den 1. Oktober 1517 erfolgten Berufung nach Wittenberg[16] aus Freiberg in Sachsen mitgebracht hatte[17]. Hausmann hatte schon an der Berufung des Rhagius nach Freiberg Anfang 1515[18] mitgewirkt[19] und war dort bereits ein Mitarbeiter des Humanisten, der in Freiberg als öffentlich besoldeter Lehrer eine *schola latina et christiana*[20] eingerichtet hatte. Diese Hintergründe unterstützen die Annahme, daß Hausmann im Oktober 1517 nach Wittenberg kam[21]. Nicht lange nach seiner Ankunft ist er in Wittenberg zum erstenmal Müntzer begegnet. Obwohl die zitierte Aussage Hausmanns voraussetzt, daß Müntzer um die Zeit des Thesenanschlags in Wittenberg war, wollte die neuere Müntzerforschung nicht an einen längeren Aufenthalt Müntzers in Wittenberg glauben. Dies war insbesondere bedingt durch die Schwierigkeiten, Müntzers Aufenthalt in Braunschweig chronologisch klar in den Lebenslauf Müntzers einzuordnen. Diese Schwierigkeiten können jedoch als behoben gelten[22].

3. Zu jenen bereits bekannten Quellen kommt neu das Fragment einer Vorlesungsnachschrift Müntzers[23], auf das ich noch ausführlich eingehen werde[24]. Es belegt, daß Müntzer im Wintersemester 1517/18 in

---

[15] Vgl. G. BAUCH: Die Vertreibung des Johannes Rhagius Aesticampianus aus Leipzig, in: Archiv für Litteraturgesch. 13 (1885) 30. Zu Rhagius s.u. S. 161-164.

[16] Siehe unten S. 161.

[17] Diese Schüler des Rhagius wurden am 9. Oktober 1517 gemeinsam immatrikuliert: Album 1, 68: von »Petrus Reitter de Strehle Misnen(sis) dioc(esis)« bis »Jacobus Houemann de Esticampiano Misnen(sis) dioc(esis)«. Im Original der Matrikel (ULB Halle: Yo 1, Bl. 50ᵛ) sind diese Personen mit einer Klammer zusammengefaßt, der das gemeinsame Immatrikulationsdatum beigefügt ist. Schon am 1. Oktober 1517 waren drei Studenten aus Freiberg immatrikuliert worden (Album 1, 67b), bei denen Verbindung mit Rhagius vermutet werden kann. Am 26. Oktober kam aus Freiberg noch Wolfgang Reuss nach Wittenberg (Album 1, 69a).

[18] Vgl. Johannes Boem aus Freiberg an Nikolaus Hausmann, o.D., in: Quattuor diui Augustini Libri. de Doctrina Christiana: omnibus qui sacrā scripturā. vel recte intelligere vel fructuose predicare volūt. perq(uam) et vtiles. et necessarij in hoc volumine habentur. Leipzig: Melchior Lotter d.Ä. 1515 Mai, A 1ᵛ. Diese für den Freiberger Unterricht des Rhagius bestimmte Ausgabe von Augustins *De doctrina Christiana* hatte Hausmann betreut. Nach der für die Hausmannbiographie nicht ausgewerteten Vorrede des Johannes Boem war Hausmann damals bereits Priester und nahm in Freiberg eine Predigttätigkeit wahr.

[19] Die Berufung des Rhagius nach Freiberg hatten der Ratsherr Dr. med. Ulrich Ruel und Nikolaus Hausmann veranlaßt. Im Freiberger Rat saß seit 1508 auch Nikolaus' Bruder, der Münzmeister Johann Hausmann. BAUCH 1885, 32; SCHMIDT 1960, 7.

[20] Quattuor diui Augustini Libri. de Doctrina Christiana (wie Anm. 18), A 1ᵛ-2ʳ.

[21] Rhagius hatte in Wittenberg in seiner Privatschule einen Magister angestellt, dessen Namen Luther Ende 1517 noch nicht kannte: Luther an Rhagius, [Wittenberg, Ende 1517]; WA.B 1, 131, 8f. Ich vermute, daß dieser Magister Hausmann war.

[22] Siehe oben S. 82-108.

[23] Siehe Q 2.

[24] Siehe S. 153-170.

Wittenberg Hörer einer Hieronymusvorlesung war, und zwar *nach* dem 9. Oktober 1517 und *vor* dem 16. März 1518[25].

Damit ist nun gesichert, daß Müntzer mindestens einen Teil des Wintersemesters 1517/18 in Wittenberg miterlebte. Über das Motiv, das Müntzers Weg nach Wittenberg ursprünglich zugrunde lag, lassen sich nur Vermutungen anstellen. Wie bei dem Braunschweiger Rektor Heinrich Hanner, der sich am 3. Juni 1518 in Wittenberg immatrikulieren ließ, möchte man annehmen, daß das Bekanntwerden von Luthers Ablaßkritik Müntzer nach Wittenberg gezogen haben könnte. Dennoch müssen wir offenlassen, ob er vor oder nach dem 31. Oktober 1517 in Wittenberg ankam[26].

Die Frage, *wie lange sich Müntzer in Wittenberg aufhielt*, läßt sich zunächst nur vorläufig beantworten, da in dem für seine Wittenberger Studienphase maximal zur Verfügung stehenden Zeitraum (August 1517 bis Dezember 1519) noch Reisen Müntzers (Kapitel 3.3) sowie ein Aufenthalt in Orlamünde (Kapitel 3.4) untergebracht werden müssen. Vorwegnehmend seien als vorläufige Endpunkte für Müntzers Wittenberger Zeit genannt: ein am 11. Januar 1519 belegter Aufenthalt in Leipzig[27] und — nach einem zwischenzeitlichen Aufenthalt in Orlamünde und der Rückkehr von dort nach Wittenberg[28] — die Predigten in Jüterbog an Ostern 1519, die Müntzer in Vertretung des dortigen Ratspredigers Franz Günther vom 24. bis 26. April 1519 hielt[29].

Es ist möglich, daß Müntzer nach Jüterbog — letzter Beleg dort am 26. April — wieder in Wittenberg weilte[30]. Von Mai bis November 1519 gibt es allerdings nur spärliche Nachrichten über Müntzers Leben. Seine eigene Aussage am 3. Januar 1520, daß er »zur Zeit der Disputation« bei dem Leipziger Buchführer Achatius Glor[31] die Chronik Eusebs gekauft habe[32], bietet einen ersten Hinweis auf eine eventuelle Anwesenheit Müntzers bei der Leipziger Disputation (27. Juni bis 15. Juli 1519)[33].

---

[25] Zu diesen Daten s.u. S. 164f.

[26] Zum letzten Beleg für Müntzers Anwesenheit in Braunschweig (Juni/Juli 1517) s.o. S. 103f.

[27] Siehe unten S. 173-175.

[28] Siehe unten S. 175-186.

[29] Siehe unten S. 186-193.

[30] Er könnte auch als Kaplan in Kemberg bei Wittenberg geweilt haben. Siehe unten S. 175.

[31] Müntzer an Achatius Glor, Beuditz, 1520 Jan. 3; MBL, T. 7 / BK 7f / MSB 353f. Müntzer schreibt »Glov«, während der Adressat in seiner Antwort mit »Glor« unterzeichnet: Glor an Müntzer, Leipzig, 1520 Jan. [zwischen 3. und 8.], MBL, T. 8 / BK 9 (MSB 355, 14, hier falsch »Glov«).

[32] »Recepi cronographiam Eusebii disputationis tempore, nescio certe, qua⟨n⟩ti eandem mihi vendideris.« MBL, T. 8 / MSB 353, 23 - 354, 1.

[33] Allerdings könnte Müntzer auch an einem anderen Ort als Leipzig das von Glor bezogene Buch empfangen haben, da er sich Anfang 1520 auch nach Beuditz Bücher von Glor schicken läßt. MSB 353, 17 - 355, 14.

Martin Luther und Andreas Bodenstein von Karlstadt wurden, als sie am 24. Juni in Leipzig eintrafen, von mehreren Kollegen und etwa 200 Wittenberger Studenten begleitet[34]. Unter diesem Anhang könnte sich auch Müntzer befunden haben[35]. 1524 gibt Müntzer Reminiszenzen an Luthers Aufenthalt in Leipzig wieder: »Dir war also woll zů Leyptzgk, fůrest du doch mit någelenkrentzlen zum thor hynauß und trunckest des gůten weyns zum Melchior Lother.«[36] Müntzer könnte die geschilderten Vorgänge als Augenzeuge miterlebt haben[37]. Es lag nahe, daß er in der Herberge des bekannten Buchdruckers Melchior Lotter d.Ä. verkehrte. Dessen Buchführer Achatius Glor[38] pflegte mit Müntzer Geschäftsbeziehungen, und mit Lotters Korrektor Hermann Tulken stand Müntzer in freundschaftlichem Kontakt[39]. Doch könnte Müntzer die zitierten Aussagen auch aus zweiter Hand bezogen haben[40]. So ist insgesamt ein Aufenthalt Müntzers in Leipzig während der Disputation zwar wahrscheinlich, aber dennoch nicht erwiesen[41].

Auch nach der Leipziger Disputation scheint Müntzer noch oder wieder in Wittenberg gewesen zu sein. Am 9. September 1519 disputierte Philipp Melanchthon unter dem Dekan Petrus Fontinus OFM, um den Grad eines *baccalaureus biblicus* zu erwerben[42]. Müntzer, der mit Melanchthon mindestens näher bekannt war[43], schickte die dieser Disputation zugrunde gelegten Thesen[44] im Sommer 1521, als er sich kurz vor

---

[34] H. Boehmer: Der junge Luther (1939), Stuttgart ⁵1962, 228. Ein Teil der Wittenberger Studenten verließ Leipzig schon während des Verlaufs der Disputation. M. Brecht: Martin Luther, Bd. 1, Stuttgart ²1983, 295f.

[35] Für die Behauptung, Müntzer habe nur anfänglich an der Disputation teilgenommen (so z.B. Boehmer 1939, 230), gibt es keinen Beleg.

[36] Hochverursachte Schutzrede, MSB 340, 22-24.

[37] Es ist meines Erachtens nicht angebracht, Müntzers Erinnerung, Luther habe bei der Abreise aus Leipzig im Tor ein Nelkenkränzlein getragen, als legendär abzutun (so Boehmer 1939, 234; MSB 340 Anm. 378). Die Bekränzung des Poeten, Rhetors und Gelehrten, insbesondere des Siegers bei Wettkämpfen, war bei den Humanisten im Anschluß an antike Vorbilder ein geläufiges Ritual. Die Wittenberger brachten bei der Abreise durch eine Bekränzung Luthers zum Ausdruck, wen sie als Sieger der Disputation feierten.

[38] MBL, T. 7 (BK 7 / MSB 353, 17f); MBL, T. 8 / BK 9 (MSB 355, 14).

[39] Müntzer läßt ihn in seinem Brief an Glor vom 3. Januar 1520 grüßen: MBL, T. 7 / MSB 354, 10f. Ferner s. Q 1.8 Anm. 29.

[40] Man beachte, daß Müntzer den zitierten Äußerungen über Luther in Leipzig eine Bemerkung über Luthers Verhör durch Cajetan in Augsburg 1518 hinzufügt: MSB 340, 24-27. Es gibt keinen Anlaß, die Anwesenheit Müntzers in Augsburg 1518 vorauszusetzen.

[41] Zu Unrecht wird Müntzers Anwesenheit bei der Leipziger Disputation in der Literatur als ein gesichertes Faktum vorausgesetzt, z.B. bei Elliger 1975, 67f; Wolgast 1981, 13f.

[42] Liber Decanorum: das Dekanatsbuch der theologischen Fakultät zu Wittenberg in Lichtdruck nachgebildet/ mit einem Vorwort von J. Ficker, Halle a.S. 1923, 29ᵛ.

[43] Vgl. MSB 380-382.

[44] MWA 1, 23-25.

Prag befand, in die Stadt voraus[45]. Das war offensichtlich als Disputa-
tionsangebot gemeint, denn Müntzer gab der Thesenreihe die Überschrift »Questio M. Tome Munczer disputanda.«[46] Die Thesenreihe ist
trotz der aufsehenerregenden Bestreitung der Transsubstantiations-
lehre[47] nicht programmatischer als andere Wittenberger Thesenreihen
jener Jahre. Desto auffälliger ist es, daß Müntzer noch 1521 auf sie
zurückgriff. Die nächstliegende Erklärung scheint mir zu sein, daß
Müntzer bereits 1519 an der Wittenberger Disputation über diese Thesen teilgenommen hatte und sich von daher gut gerüstet fühlte.

Eine weitere Frage drängt sich angesichts von Müntzers Thesenzettel
auf: Sollte er den Grad eines *baccalaureus biblicus*, den er 1521 besaß,
etwa gleichzeitig mit Melanchthon in Wittenberg erworben haben? Eine
solche Vermutung scheint mir unhaltbar zu sein, weil Müntzer nicht mit
Melanchthon im Dekanatsbuch aufgeführt wird. Auch in der Matrikel
fehlt sein Name. Der Verdacht, die Wittenberger hätten in den Universitätsakten später Müntzers Namen getilgt, wird durch den handschriftlichen Befund nicht bestätigt. Im Dekanatsbuch der theologischen Fakultät läßt sich zwar Lückenhaftigkeit der Promotionseinträge nachweisen:
Auch Bodensteins Promotion zum *baccalaureus biblicus*, die mit Sicherheit
in Wittenberg erfolgte, ist nicht eingetragen[48]. Aber im Unterschied zum
Fall Müntzer ist Bodensteins Name in der allgemeinen Universitätsmatrikel verzeichnet, was in der Regel als eine der formalen Voraussetzungen für eine spätere Promotion gelten mußte, zumal bei der Immatrikulation eine Studiengebühr entrichtet wurde. Die Annahme einer
Promotion Müntzers in Wittenberg bleibt solange sehr problematisch,
als an der Universität Wittenberg kein Parallelfall — Fehlen sowohl des
Matrikel- als auch des Promotionseintrags — nachgewiesen ist. Die
Frage muß also offen bleiben. Vorläufig scheint mir nur die Vermutung
erlaubt zu sein, daß Müntzer bei der Disputation Melanchthons anwesend war. In diesem Fall kannte er den Verlauf der Disputation, hatte
sich an ihr vielleicht selbst aktiv beteiligt, die Thesenreihe aufbewahrt
und 1521 erneut aufgegriffen.

---

[45] Auf die Rückseite des Thesenzettels schrieb Müntzer: »Emulus Martini apud dominum, distat duo semimiliaria a Praga.« MBL, T. 51 / BK 139.
[46] BK 138.
[47] These 18: MWA 1, 25, 3f / BK 138.
[48] Andreas Bodenstein wurde im Frühjahr 1505 in Wittenberg immatrikuliert und als
bacc. art. rezipiert; mag. art am 12.8.1505: Album 1, 16a; KÖSTLIN 1, 5. 22. In einer
am 30. Dezember 1507 erschienenen Schrift nennt er sich bereits »Sacrae theologiae baccalaureus«. ANDREAS BODENSTEIN: DISTINCTIONES THOMISTARVM: Wittenberg:
Johann Rhau-Grunenberg 1507 Dez. 30, S. A. Die Eintragung von Bodensteins Promotion zum bacc. bibl. fehlt im Dekanatsbuch. Hier sind vermerkt die Promotionen zum
bacc. sent. am 11.8.1508, zum bacc. form. am 18.5.1509, zum lic. theol. am 25.10.1510,
zum dr. theol. am 13.11.1510: Liber Decanorum, 14r. 14v. 19v.

Falls diese Vermutung zutrifft, muß Müntzer allerdings bald nach der
Disputation Wittenberg verlassen haben. Denn Ende September 1519
wurde Franz Günthers Streit mit den Jüterboger Franziskanern beigelegt[49], worüber Müntzer noch Informationen fehlten, als er am 1.
Januar 1520 nach längerer Pause an Franz Günther schrieb[50]. Damals
war Müntzer bereits Beichtvater der Zisterzienserinnen in Beuditz bei
Weißenfels. Dort ist er erstmals am 12. Dezember 1519 belegt, und zwar
in einer Weise, die ihn nicht mehr als Beuditzer Neuankömmling
ausweist[51].

Die vorgelegten Daten zusammenfassend, läßt sich folgendes feststellen: Müntzers Wittenberger Studienphase umfaßt zunächst den Zeitraum vom Wintersemester 1517/18 bis etwa Anfang 1519. Ob er nach
den Jüterboger Predigten auch noch in Wittenberg gewesen ist, läßt sich
nicht eindeutig aufklären. Einige Indizien sprechen jedoch für weitere,
mindestens zeitweilige Anwesenheit Müntzers in Wittenberg zwischen
Ende April und Herbst 1519. Sehen wir von den unaufgehellten Monaten nach Jüterbog ab, so währte Müntzers Wittenberger Phase immerhin
ungefähr ein Jahr. In dem umschriebenen Zeitraum konnte er an der
Universität studieren, mit den Anschauungen der Dozenten vertraut
werden, persönliche Kontakte knüpfen und Freunde gewinnen[52].

Es gibt zwei indirekte Belege dafür, daß für Müntzer Wittenberg zu
einem zentralen Aufenthaltsort geworden war. *Erstens*: Als er nach Jüterbog kam, konnte er schon »Magister Thomas von Wittenberg« genannt
werden. Der Jüterboger Franziskaner Bernhard Dappen bezeichnete in
einem Brief an den Bischof von Brandenburg vom 5. Mai 1519 Günthers
Vertreter auf dem Predigtstuhl als »Magister Thomas, dem Namen nach
von Wittenberg«[53]. *Zweitens*: Am 3. Januar 1520 antwortete Müntzer
dem Buchführer Achatius Glor in Leipzig auf eine Büchersendung. Glor
hatte ihn fälschlich als »Toma(s) de Wittkennaw« angeredet[54], weshalb

---

[49] Vgl. Luther an Franz Günther, [Wittenberg], 1519 Sept. 30; WA.B 1, 511, 8-11.
[50] MSB 352, 16-18.
[51] Johannes von Weida OP, Naumburg, [1519] Dez. 12; MSB 351f. Der Brief des
Paters ist veranlaßt durch eine bereits im Gang befindliche Auseinandersetzung mit
Müntzer, die das Beuditzer Kloster betraf. Demnach konnte Müntzers Wirksamkeit
nicht eben erst begonnen haben.
[52] Eine umfassende Verflechtungsanalyse für Müntzers Wittenberger Phase steht
noch aus. Zur Methode s.o. S. 26-29.
[53] »... magistrum Thomam nomine de Wittenberg...« Bernhard Dappen OFM an
Hieronymus Scultetus, Bischof von Brandenburg, Jüterbog, 1519 Mai 5. In:
ARTICVLI PER FRATRES MINORES DE obseruantia proposti Reuerendissimo
domino Episcopo Brandenburgeñ contra LVTERANOS. [Ingolstadt: Andreas Lutz?
1519], A 4ᵛ. Der Gesamttext ist ediert bei BENSING/TRILLITZSCH 1967, 131-147; unsere
Stelle hier S. 142.
[54] MBL, T. 7 / BK 7 / MSB 353, 21f.

Müntzer nun gegenüber dem Buchführer seinen Namen mit »Thomas Munczer de Stolberch« angibt[55]. Wie war der Irrtum Glors zustande gekommen? Müntzer setzte voraus, daß es in Leipzig einen Thomas von Wittgenau wirklich gab, denn er schreibt: »Derselbe pflegt mit Dir vielleicht Geschäftsbeziehungen. Achte darauf, daß die Namen im Register nicht verwechselt werden.«[56] Tatsächlich war ein Thomas aus Wittgenau in Schlesien, kurz auch Magister Thomas Wittgenau genannt, Mitglied der Leipziger Artistenfakultät[57]. Müntzer muß sich gegenüber Glor, von dem er während der Leipziger Disputation Eusebs Chronik bezogen hatte, als »(Magister) Thomas von Wittenberg« eingeführt haben. Der Buchführer hatte diesen Namen dann später mit demjenigen des Magisters Thomas von Wittgenau durcheinandergebracht, was angesichts der Ähnlichkeit der Ortsnamen Wittenberg und Wittgenau leicht passieren konnte.

»Magister Thomas von Wittenberg« wird also als eine zeitweilige Selbstbezeichnung Müntzers erkennbar. Diese Namensform eignete sich nicht nur dazu, Wittenberg als zeitweiligen Aufenthaltsort anzugeben, sondern sie konnte dem Zeitgenossen des Magisters Zugehörigkeit zum »Wittenberger Lager« demonstrieren.

4.2. Müntzer als Hörer einer Wittenberger Hieronymusvorlesung des Johannes Rhagius Aesticampianus

Das »Wittenberger Lager« und die sogenannte »Wittenberger Universitätstheologie« waren in den Jahren 1517-1519 ein komplexes und keineswegs geschlossenes Gebilde. In jenen Jahren differenzierten selbst Wittenberger Zeitgenossen nicht zwischen dem Humanismus und der frühreformatorischen Theologie an der Universität Wittenberg, sondern konnten beides als Einheit sehen und demgemäß Erasmus und Luther auf eine Ebene stellen. Der in Wittenberg studierende schwäbische Student Johannes Geiling[58] hat 1518 einen Ausspruch eines Wittenberger

---

[55] MSB 353, 21.
[56] »Idem tecum commertia foveat forte. Respice ne nomen in regesto commutetur.« MBL, T. 7 / MSB 353, 22f (»in regesto« ist am Rand nachgetragen).
[57] Imm. Leipzig S 1500, bacc. art. S 1508, mag. art. W 1515/16. Namensformen: »Thomas Kleinmathes de Witchenau«, »Thomas Matheolus Witchenavianus«; »mgr. Thomas Wittennaw« (Matrikel Leipzig 1, 435 M 52; 2, 439. 507. 536). Man beachte, daß die Namensform »Thomas Matheolus« dieselben Initialen aufweist wie der Name Thomas Müntzers. So waren für beider Namen die Abkürzungen »T.M.W.« oder »M.T.W.« (für »Magister Thomas Witten...«) möglich.
[58] G. Bossert: Johann Geyling, ein Lutherschüler und Brenzfreund, der erste evangelische Prediger in Württemberg (ca. 1495-1559), in: Aus dem Lande von Brenz und Bengel, Stuttgart 1946, 13-121. Vgl. auch unten Q 2 Anm. 108.

Humanisten festgehalten, der die *Hieronymi Vita* des Erasmus in einer Lehrveranstaltung kommentierte. Der namentlich nicht bekannte Wittenberger Lehrer[59] stellte hier Luther und Erasmus als die gemeinsamen Führer der wenigen Zeitgenossen vor, die die wahre Theologie aus der Bibel und den Kirchenvätern schöpften[60]. Die in der Sache damals schon vorhandenen Differenzen zwischen Luther und Erasmus, für die gerade auch die unterschiedliche Hieronymusrezeption der beiden ein Indiz ist[61], wurden also in Luthers nächster Umgebung nicht wahrgenommen.

In dieser geistigen Situation, in der Luther von den Humanisten als einer der ihren rezipiert wurde und in der Spannungen zwischen Luther und dem Humanismus noch weitgehend unaufgedeckt waren, studierte Müntzer in Wittenberg. Seine Nachschrift einer Wittenberger Hieronymusvorlesung[62] ist ein Beleg dafür, daß er sich in Wittenberg nicht nur den bekannten Theologen Luther und Bodenstein zugewandt hat und daß sein Interesse an humanistischer Bildung in seiner Wittenberger Studienphase lebendig war. Dieses Dokument ist desto wertvoller, als es bislang der einzige Text aus Müntzers Universitätsstudien ist.

Von besonderem Interesse ist die Frage, welcher Dozent die von Müntzer besuchte Hieronymusvorlesung gehalten hat. Weder in dem Fragment der Müntzerschen Nachschrift noch in den aus derselben Vorlesung stammenden Skripten der Studenten Kaspar Schmidt und Sigismund Reichenbach[63] findet sich der Name des Dozenten. Um diesen zu bestimmen, ist ein Exkurs über die Hieronymusvorlesungen jener Zeit, insbesondere an den Universitäten Leipzig und Wittenberg, erforderlich. Dieser Exkurs soll gleichzeitig einen Überblick über die Hieronymus-Renaissance an diesen Universitäten am Anfang des 16. Jahrhunderts bieten.

---

[59] Vermutungen zur Person dieses Dozenten s.u. Anm. 249.

[60] »Audi, studiose lector, quam iusta lancea E(rasmus) Ro(terodamus) Aristotelicorum theologorum scientiam ponderat... tam pauci sunt amatores sacrarum litterarum et eorum qui vere theologie insudant, taceo de illis qui veram scientiam verumque lumen habeant de solida illa theologia, quae e sacro bibliorum ecclesiasticisque [sic!] emanat fonte, e coetu, quorum in primis est frater M(artinus) Luther theologie doctor accerrimus ordinis S(ancti) Aug(ustini) et Erasmus Roto(rodamus) lumen existens inter veros theologos, et tamen ubivis videmus eos coronari nomine hoc hereticorum.« Randglosse von der Hand Johann Geilings (1518), in: OMNIVM OPERVM DIVI EVSEBII HIERONYMI STRIDONENSIS TOMVS PRIMVS..., Basel: Johann Froben 1516, β 4ʳ im Exemplar der LB Stuttgart: Theol. fol. 825. Geilings Exemplar der erasmischen Hieronymusausgabe von 1516 (vorhanden: Teil 1-2. 5-9) mit zu einem großen Teil während seiner Wittenberger Studienzeit geschriebenenen Randbemerkungen war bisher unbekannt.

[61] Siehe schon Luther an Spalatin, o. D. [Wittenberg, 1517 Mai 6 oder bald darauf]; WA.B 1, 96, 10-12.

[62] Siehe die Edition unten Q 2.

[63] Siehe unten S. 278-281.

Die hohe Wertschätzung, die viele Humanisten Hieronymus als dem beredten dreisprachigen Klassiker der Alten Kirche entgegenbrachten[64], spiegelt sich auch in den Hieronymusvorlesungen wieder, die Humanisten u.a. in Leipzig, in Wien im Umfeld der Celtisschule und in Wittenberg hielten. Einer der Schrittmacher dieser Hieronymusrezeption war Johannes Rhagius Aesticampianus (1457/58-1520), der 1508-1511 in Leipzig lehrte. Hier gab er 1508 sieben Hieronymusbriefe für eine Vorlesung heraus[65]. Auch noch nach dem Weggang des Rhagius wurden vier der von ihm ausgewählten Briefe in weitere Leipziger Vorlesungsdrucke übernommen[66].

Der erste Wittenberger Vorlesungsdruck, der Hieronymusbriefe enthält, wurde 1515 von Luthers Ordensbruder Johann Lang (ca. 1487-1548) herausgegeben[67], der in Wittenberg die Lektur für Moralphilosophie versah[68]. In der Widmungsvorrede vom 10. Juni 1515[69] forderte Lang den Adressaten Magister Heinrich Stackmann († 1532)[70] auf, die

---

[64] Vgl. EUGENE F. RICE, Jr.: Saint Jerome in the Renaissance, Baltimore 1985, 84-136.

[65] Septē diui Hieronymi epistole. ad vitam mortaliū instituendam accomodatissime. cū Johānis Aesticampiani Rhetoris ac poete Laureati et Epistola & Sapphico carmine..., Leipzig: Melchior Lotter d.Ä. 1508. Das Exemplar der BL London: C.107.bb.14, enthält Notizen von der Hand des Rhagius (vor allem Textkorrekturen, Nachweise von Bibelstellen und klassischen Quellen). Die Ausgabe enthält folgende Briefe: (1) *Epist. 8 ad Niciam*; CSEL 54, 31-33. — (2) *Epist. 52 ad Nepotianum*; CSEL 54, 413-441. — (3) *Epist. 125 ad Rusticum*; CSEL 56, 118-142. — (4) PSEUDO-HIERONYMUS: *Epist. 36 Valerii ad Rufinum*; PL 30, 254-261. — (5) *Epist. 107 ad Athletam*; CSEL 55, 290-305. — (6) *Epist. 50 ad Domnionem*; CSEL 54, 388-395. — (7) *Epist. 40 ad Marcellam*; CSEL 54, 309-311.

[66] Quattuor diui Hieronymi epistole ad vitā mortaliū instituendā accōmodatissime ac mira scatentes eruditione..., Leipzig: Jakob Thanner 1514. (Die Exemplare der LB Stuttgart: Theol. qt. 3243 und der UB Freiburg: K 2626 enthalten Nachschriften aus derselben Vorlesung.) Die Ausgabe, deren Herausgeber nicht genannt ist, enthält Epist. 8. 52. 125. 107. — Dieselbe Auswahl erschien mit gleichlautendem Titel erneut in Leipzig: Jakob Thanner 1518, jetzt mit einer Widmungsvorrede von Petrus Nonhardus von Breslau an Benedikt, Propst des Heiliggeistklosters der Augustinerregularkanoniker in Breslau, datiert Leipzig, 1518 Juni 6 (A 1ᵛ).

[67] QVAE HOC LIBELLO HABENTVR. DIVI HIERONYMI EPISTOLA AD magnū vrbis Oratorem elegantiss. Eiusdem ad Athletam de filiae educatione. F. Philelphi epistola de Hieronymo & Augustino. Wittenberg: Johann Rhau-Grunenberg 1515.

[68] In den Rahmen dieser Aufgabe stellte Lang inhaltlich auch seine Hieronymusvorlesung, wie die Widmungsvorrede zeigt: »His dieb(us) in quib(us) alioqui a publicis lectionib(us) mihi vacat legere quidpiam statui: quod non erudiret modo verumetiam in morib(us) institueret. Nam hac quidem nostra tempestate non desunt qui eos libros vel publice legant qui multum erudiant: sed pauciores offenduntur qui τα εθιχα hoc ⟨est⟩ ea que ad mores inducant docere velint...« Ebd. A1ᵛ. Ausführlicher zitiert bei G. BAUCH: Zu Luthers Briefwechsel, in: ZKG 18 (1898) 392f.

[69] A.a.O. A 1ᵛ.

[70] Das Exemplar der Bibliothek des Evang. Predigerseminars Wittenberg: LC 423/4 weist auf dem Titelblatt eine (durchgestrichene) Zueignung an Stackmann auf, die von der Hand Johann Langs geschrieben ist: »M. Stackmanno decano.« Stackmann war im Sommersemester 1515 in Wittenberg Dekan der Artistenfakultät (KÖSTLIN 1, 16f. 29). Über Stackmann s. N. MÜLLER: Die Wittenberger Bewegung 1521 und 1522, Leipzig ²1911, 334-341 und unten Anm. 75.

von ihm herausgegebenen Texte ebenfalls mit seinen Schülern zu interpretieren[71]. Die Ausgabe enthielt neben der schon von Rhagius 1508 kommentierten *Epistula 107 ad Athletam* noch die *Epistula 70 ad Magnum*[72], in der Hieronymus den Gebrauch der »heidnischen« römischen Schriftsteller verteidigt. Bezeichnend für die Herkunft der Ausgabe aus dem Wittenberger Augustinerkloster ist die Beifügung[73] eines Briefes des Humanisten Francesco Filelfo (1398-1481) aus dem Jahre 1449, in dem Filelfo Augustin in der Lehre über Hieronymus stellt, dem allerdings bessere Eloquenz und Sprachkenntnis zugestanden werden. Auf der Grundlage der Ausgabe Langs wurde in Wittenberg 1515 tatsächlich mindestens ein Hieronymuskolleg abgehalten, wie zwei erhaltene Vorlesungsnachschriften belegen.[74]

Heinrich Stackmann hat vermutlich bereits während seiner Leipziger Studienzeit[75] die Hieronymusvorlesung des Rhagius gehört. So dürfte sich erklären, daß er 1517 in einen Wittenberger Vorlesungsdruck die Briefauswahl des Rhagius vollständig übernahm[76] und ihr noch drei weitere Briefe beifügte[77]. Stackmann widmete die Ausgabe am 24. März 1517 seinem Freund Heinrich Rommel aus Celle[78]. Diesem schenkte er

---

[71] »... quas epistolas sub tuo nomine chalcographo dedi ut tuis quoque discipulis interpreteris...«

[72] CSEL 54, 700-708.

[73] Bl. B 6[r-v].

[74] Die Nachschriften in den Exemplaren HAB Wolfenbüttel: 202.71 Qu. (3) und LB Stuttgart: Theol. qt. K 274 stammen aus derselben Vorlesung. (Im Stuttgarter Exemplar finden sich zwei verschiedene Schreiberhände. Der zweite Schreiber (B 1[r]-2[r]) ist identisch mit dem Schreiber, der auch den Anfang von Luthers Römerbriefvorlesung nachgeschrieben hat [LB Stuttgart: Ba lat 1515 03: Diui Pauli apostoli ad RomaNOS EPISTOLA. Wittenberg: Johann Rhau-Grunenberg 1515, A 2[r]; siehe WA 57 Röm, LXXVf]. Diese Handschrift ist abgebildet in: Ursprung der Biblia Deutsch von Martin Luther: Ausstellung in der Württembergischen Landesbibliothek Stuttgart 21. September bis 19. November 1983/ Katalog und Ausstellung: STEFAN STROHM und EBERHARD ZWINK, Stuttgart 1983, S. 39 Abbildung rechts oben. Im Blick auf die Mutmaßungen in WA 57 Röm, LXXV sei vermerkt, daß es sich nicht um die Hand Karlstadts handelt.) Ungeklärt ist, ob die genannten Nachschriften aus einem Hieronymuskolleg Langs oder Stackmanns stammen.

[75] Imm. Leipzig W 1504/05, bacc. art. S 1506, mag. art. W 1510/11, imm. Wittenberg 26.5.1512, als Magister rezipiert 12.12.1512, Aufnahme in den Senat der Artistenfakultät 28.4.1513. Matrikel Leipzig 1, 465 S 37; 2, 426. 460; Album 1, 41a; KÖSTLIN 1, 26. 29.

[76] Decem Diui Hieronymi EpistoLAE AD VITAM MORTALIVM INSTITVENDAM ACCOMODATISSIMAE. ..., Wittenberg: Johann Rhau-Grunenberg 1517, A 2[v] - L 1[v]. Auch die Titelformulierung ist aus der Ausgabe des Rhagius übernommen (vgl. Anm. 65).

[77] Ebd. L 1[v]-6[r]. Es handelt sich um *Epist. 47 ad Desiderium* (CSEL 54, 345-347) und *Epist. 62 ad Tranquillinum* (CSEL 54, 583f) sowie um ein pseudo-hieronymianisches Stück »Ad Desiderium de precipuis ecclesiasticis scriptoribus ubi singulorum effert ingenia. insinuans in quo quisque defecerit« (L 3[r]-6[r]).

[78] Widmungsvorrede ebd. A 1[v]-2[r]. Die Adresse lautet: »Disertissimo Viro D. Henrico Rhommel Czellensi. non tam Musarum quam Christi sacerdoti devoto Ovilis dominici in Muda praefecto vigilantissimo amico synceriter amato...« (A 1[v]).

persönlich ein Exemplar des Druckes, das sich heute in der Herzog August Bibliothek Wolfenbüttel befindet[79]. In dieses Exemplar hat Stackmann eigenhändig einige Textkorrekturen und textkritische Glossen eingetragen. Ein Teil dieser Glossen und Korrekturen findet sich auch in einer Vorlesungsnachschrift des Zerbster Augustiners Matthäus Schliebener, der damals zum Studium in Wittenberg weilte[80]. Er hat seine Niederschrift durchgehend in ein heute der Königlichen Bibliothek Kopenhagen gehörendes Exemplar des Vorlesungsdruckes einge- tragen[81]. Die Nachschrift Schliebeners muß angesichts der genannten Übereinstimmungen mit den Notizen Stackmanns[82] im Wolfenbütteler Exemplar aus dem Kolleg stammen, das Stackmann nach dem 24. März 1517 in Wittenberg über die von ihm herausgegebenen Hieronymus- briefe gehalten hat[83].

In der Stadtbibliothek Dessau befindet sich ein weiteres Exemplar der Stackmannschen Textausgabe im Rahmen eines Sammelbandes aus dem Besitz des Wittenberger Studenten Sigismund Reichenbach[84]. In Rei- chenbachs Exemplar findet sich ebenfalls eine Vorlesungsnachschrift, allerdings nur zu zweien der zehn Briefe[85]. Diese Nachschrift Reichen- bachs bietet einen ganz anderen Text als die Nachschrift Schliebeners. Es gibt auch keine einzige Parallele zu den Korrekturen und Glossen Stackmanns im Wolfenbütteler Exemplar. Die Nachschrift Reichen-

---

[79] HAB Wolfenbüttel: 202.71 Qu. (4). Die eigenhändige Widmung Stackmanns auf dem Titelblatt dieses Exemplars, die schon bei BAUCH 1898, 410f Anm. 3 zitiert ist, lau- tet: »Domino Henrico Rommel sacerdoti Christiano amico integro constanti syncoero fideli H. Stackmannus dono dedit 1517«.

[80] Imm. Wittenberg 7.8.1515: »Fr. Matheus Schliebener Augustinianus dioc(esis) Brandenburgen(sis)« (Album 1, 57b). Vgl. GermSac 1, 3, 2, 489.

[81] KB København: 21,-240, 4°. In diesem Exemplar ist der Name des Studenten, der die Nachschrift angefertigt hat, nirgends genannt. Jedoch stammt von derselben Schrei- berhand eine Nachschrift von Karlstadts Augustinvorlesung (1517-19), eingetragen in folgenden Vorlesungsdruck: Pro Diuinae graciae defensione. SANCTISSIMI AVGV- STINI DE SPIRITV .ET. LITERA LIBER Magne Theologo commodiati. CVM Explicationibus siue lecturis. D: Andreae Boden: Carolstatini..., Wittenberg: Johann Rhau-Grunenberg [1517-] 1519 (vgl. FREYS/BARGE Nr. 12); KB København: 21,-245, 4° ex. 1. Auf dem Titelblatt hat der Schreiber selbst vermerkt: »Liber conventus Czerbe- stensis ad usum fratris Mathei Slevener Augus(tiniani)«. Schliebener hat den größten Teil der Nachschrift von Karlstadts Vorlesung angefertigt, jedoch findet sich auf einigen Seiten noch eine zweite Schreiberhand: B iv-iir. Cc iiv-iiiv. Cc vv-vir. D 3v-4r.

[82] Vgl. die beiden Exemplare zu A 3v Z. 11; A 4r Z. 3f. 19; E 2r Z. 11; G 2v Z. 2. 11. Teilweise finden sich sogar die Unterstreichungen (Hervorhebungen) Stackmanns im Wolfenbütteler Exemplar auch in der Nachschrift Schliebeners: vgl. D 1r Z. 10f; G 3r Z. 17-23; G 4r Z. 5; K 3r Z. 20f.

[83] Die Nachschrift zeigt, daß Stackmann die Texte vollständig kommentiert hat.

[84] StadtB Dessau: Georg. 1049a (3). Zu dem Sammelband s.u. S. 278f.

[85] Zum zweiten und vierten Stück der Ausgabe Stackmanns: A 3r - D 1r (»Ad Nepo- tianum de vita clericorum«) und F 3r - H 2r (»Ad Ruffinum ne ducat uxorem dissuaso- ria«). Es handelt sich um die in Anm. 65 mit den Ziffern (2) und (4) bezeichneten Stücke.

bachs stammt demnach nicht aus dem Kolleg Stackmanns, sondern gibt die Vorlesung eines anderen Wittenberger Dozenten wieder. Der Vorlesungsstil der beiden Dozenten weist, obwohl beide Humanisten sind und weitgehend dieselben klassischen und patristischen Quellen verwenden, deutliche Unterschiede auf. Während Stackmann ein starkes Gewicht auf textkritische Fragen legt und diese oft ausführlich erörtert[86], wird die Textkritik in der Vorlesung des zweiten Dozenten nicht thematisiert. In den Interlinearglossen bietet Stackmann wiederholt auch deutsche Übersetzungen für seltene lateinische Begriffe, während der zweite Dozent in herkömmlicher Strenge bei Worterklärungen nur mit lateinischen Synonyma arbeitet. In den Randglossen zeigt der zweite Dozent ein hervorgehobenes Interesse an naturkundlichen Stoffen; diese realienkundlichen Stoffe nehmen bei ihm einen breiteren Raum ein als bei Stackmann. Schließlich weitet der zweite Dozent bei einigen im Text vorkommenden Personennamen die Randglossen zu Scholien aus, während Stackmann die Randglossen nie zu Exkursen im Umfang von Scholien ausbaut[87]. Der zweite Dozent bietet in seinen Scholien Kurzbiographien biblischer und klassischer Gestalten[88], wobei sein besonderes Interesse dem Bildungsweg antiker Gelehrter gilt[89], denen offensichtlich die Rolle zuge-

---

[86] Teils ist der Text gegenüber der Ausgabe des Rhagius von 1508 (s. o. Anm. 65) bereits im Druck verbessert, teils sind Fehler aus jener Ausgabe noch im Druck übernommen, jedoch von Stackmann in dem von ihm korrigierten Exemplar (HAB Wolfenbüttel: 202.71 Qu. (4), s. o. Anm. 79) und in der Vorlesung beseitigt worden. Die textkritischen Fragen werden wiederholt ausführlich erörtert. Aus einer dieser textkritischen Glossen erfahren wir, daß Stackmann mit seinen Schülern das *Novum Instrumentum* des Erasmus (März 1516) interpretierte: »Ex antiquo exemplari simulque Grecis codicibus genuinam restituimus lectionem 'et quam volo ut ardeat' sicut admonuimus in annotationibus nostris in novum testamentum Erasmi Rotor(odami).« (Nachschrift KB København: 21,-240, 4°, Bl. B 1r.) Stackmann bezieht sich auf das Zitat aus Luk 12, 49 in seinem Hieronymustext: »Et dominus noster in evangelio: Ignem inquit veni mittere in terram: et quam volo ut ardeat?« Die Ausgabe des Rhagius (Leipzig 1508) bot im Druck die Lesart: »et quid volo ut ardeat«. Schon er hatte in seinem Handexemplar (s. Anm. 65), Bl. C 1r 'quid' in 'quam' geändert. Die Lesart Stackmanns stimmt mit CSEL 54, 420, 3 überein.
[87] Zum Problem der Differenzierung zwischen Randglossen und Scholien s. u. S. 280f. Man muß damit rechnen, daß Reichenbachs Nachschrift die Vorlesung des zweiten Dozenten lückenhaft wiedergibt, da er gerade lange Scholien, die am Rand schwer unterzubringen waren, in anderen Vorlesungen nachweislich auf zusätzliche Papierbögen schrieb (s. u. S. 278f). Solche zusätzlichen Blätter fehlen zwar der vorliegenden Nachschrift. Vermutlich hat es sie aber einst gegeben.
[88] Besonders ausführlich über Abraham (A 3v) und Themistokles (A 4r). Ferner sind hier die längeren Glossen über Homer, Marcus Porcius Cato Censorius (A 4v) und Gregorios von Nazianz (B 4v) hervorzuheben. Stackmann bietet zu allen Stellen kürzere Rand- oder Interlinearglossen.
[89] Beispiele: Themistokles, Cato Censorius, Gregorios von Nazianz (s. Anm. 88) sowie Hippokrates (C 4r).

dacht ist, für Dozenten und Studenten pädagogische und moralische Vorbilder abzugeben[90].

Der »zweite Dozent« ist derselbe, der die Vorlesung über die *Epistula 53 ad Paulinum presbyterum* des Hieronymus gehalten hat, von der Nachschriften Thomas Müntzers, Kaspar Schmidts[91] (s. Abb. 5) und Sigismund Reichenbachs[92] erhalten sind. Die letztgenannte Vorlesung weist ebenfalls die oben genannten Merkmale des »zweiten Dozenten« auf[93]. In Sammelband Reichenbachs ist der die *Epistula 53* enthaltende Vorlesungsdruck unmittelbar vor die »Decem Divi Hieronymi Epistolae« gebunden, in denen sich die oben beschriebene Nachschrift Reichenbachs zu zwei weiteren Briefen befindet. Ein weiteres Detail kann die Zusammengehörigkeit der Nachschriften Reichenbachs, die er in die zwei Wittenberger Vorlesungsdrucke eingetragen hat, erhärten. Angesichts der großen Aufmerksamkeit, die der »zweite Dozent« der Bildung antiker Gelehrter widmete, müßte man sich wundern, daß er sich einschlägige Scholien zu den Lemmata 'Plato' und 'Pythagoras', die in der von ihm kommentierten *Epistula 52 ad Nepotianum* vorkommen[94], versagt haben sollte. Er hätte dann jenes Lieblingsthema an zweitrangigen Gestalten der Antike exemplifiziert[95], während die Philosophen Pythagoras und Platon, obwohl für jenes Anliegen weit ergiebiger, unberücksichtigt geblieben wären. Dieser Widerspruch läßt sich leicht durch einen Blick in die Vorlesung über die *Epistula ad Paulinum presbyterum* auflösen: Hier finden sich breite Scholien über Pythagoras und Platon[96]. Der Dozent konnte sich daher bei erneutem Auftauchen dieser Namen in seinen Texten auf ganz kurze Bemerkungen beschränken[97].

1517/18 gab es in Wittenberg zwei Dozenten, die Vorlesungen über Hieronymus hielten: Stackmann und Johannes Rhagius Aesti-

---

[90] Hier schließt sich dann das Interesse dieses Dozenten an Fragen der pädagogischen Ethik an, z.B. Bl. B 4[r]: »Prius disce quam doces et antequem mores aliorum corrigas tuos corrige… Homines enim malunt exempla quam verba, quia loqui facile est, prestare difficile. Utinam quidam tam multi benefacerent quam multi loquuntur bene. Sed qui precipiunt nec faciunt, abest ab eis fides. Lactan(tius) li(bro) 4. ca(pitulo) 23.«

[91] HAB Wolfenbüttel: K 151 Helmst. 4° (40), beschrieben unten S. 278f.

[92] StadtB Dessau: Georg. 1049a (2), beschrieben unten S. 279-281.

[93] Die oben mitgeteilten Beobachtungen zum Stil dieses Dozenten sind hier insofern einzuschränken, als sich zur *Epistula ad Paulinum presbyterum* zwei textkritische Bemerkungen finden (in der Nachschrift Reichenbachs: A 2[r] zu 'veteris amicitiae: nova praeferebant' nach Erasmus; C 1[v] zu 'philohistoricos') sowie zwei deutsche Worterklärungen (ebd. A 2[r] zu 'glutino'; C 3[v] zu 'praescinde').

[94] Decem Diui Hieronymi Epistolae (wie Anm. 76), A 4[r]. A 4[v] / CSEL 54, 417, 14; 415, 3.

[95] Siehe oben Anm. 89.

[96] Ediert unten Q 2 Anm. 104 bzw. S. 290f Z. 1-28.

[97] Decem Diui Hieronymi Epistolae, Nachschrift Reichenbachs, zu 'Plato' (A 4[r]): »Atheniensis« (interlinear) und »⟨De⟩ quo Plutarchus« (marginal); zu 'Pythagoram' (A 4[v]): »Samium philosophum«.

5. Epistola Diui Hieronymi ad Paulinum presbyterum (Wittenberg 1517)

campianus[98]. Demnach ist die Vorlesung, in der sowohl die *Epistula ad Paulinum presbyterum* als auch die beiden in der Stackmannschen Ausgabe befindlichen Stücke *ad Nepotianum* bzw. *Valerii ad Rufinum* kommentiert wurden, dem Humanisten Rhagius zuzuweisen. Inhaltliche Beobachtungen werden diese Zuweisung erhärten. Drei Jahre nach seiner Leipziger Hieronymusvorlesung war Rhagius wegen seines kämpferischen Antischolastizismus aus dieser Stadt vertrieben worden (1511). Nach einem Aufenthalt in Rom (1511), wo er zum Doktor der Theologie promoviert wurde, zeitweiliger Lehrtätigkeit in Paris (1512), Köln (1513) und Cottbus (1513-1514), leitete er 1515-1517 in Freiberg in Sachsen seine *schola latina et christiana*[99]. Von Kurfürst Friedrich dem Weisen auf Vermittlung Georg Spalatins hin ehrenvoll berufen, kam Rhagius zum 1. Oktober 1517[100] von Freiberg in Sachsen mit seiner Schülerschar nach Wittenberg[101]. Der weitgereiste Wanderlehrer, gekrönte Poet und Doktor der Theologie wurde erst unter dem Datum des 20. Oktober eingeschrieben, um im Album der Elbuniversität den Ehrenplatz als Erstgenannter des Wintersemesters 1517/18 zu erhalten[102]. Nachdem ihm in seiner Berufungsvereinbarung freigestellt worden war, über *litterae humanae*, d.h. über antike Klassiker, oder über Theologica oder über beides zu lesen[103], begann er mit einer etwa einjährigen Vorlesung über Hieronymus, die bis Ende 1518 ging[104]. Erst als im Verlaufe des Winterseme-

---

[98] Belege für die Hieronymusvorlesung des Rhagius s. Anm. 104. 110. 115. — Über Rhagius s. K. KRAFFT; W. KRAFFT: Briefe und Documente aus der Zeit der Reformation im 16. Jahrhundert nebst Mittheilungen über Kölnische Gelehrte und Studien im 13. und 16. Jahrhundert, Elberfeld [1875], 137-146; G. BAUCH: Johannes Rhagius Aesticampianus in Krakau, seine erste Reise nach Italien und sein Aufenthalt in Mainz, in: Archiv f. Litteraturgesch. 12 (1884) 321-370; BAUCH 1885; BAUCH 1898, 396f; E. LACHMANN: Johannes Rak, Leutkirch 1982.

[99] Siehe oben S. 148.

[100] Georg Spalatin an Rhagius, Altenburg, 1517 August 12, in: W. FRIEDENSBURG: Die Berufung des Johannes Rhagius Aesticampianus an die Universität Wittenberg 1517, in: ARG 20 (1923) 148.

[101] Näheres oben Anm. 17.

[102] Album 1, 69a. Schon in Leipzig hatte Rhagius im Wintersemester 1507/08 den ersten Platz in der Matrikel erhalten (Matrikel Leipzig 1, 481 M 1).

[103] Spalatin an Rhagius, Altenburg, 1517 Juli 31; FRIEDENSBURG 1923, 147: »hoc igitur unum est reliquum, ut me propediem literis tuis facias certiorem, quantum petas salarii. quid enim incertus tue voluntatis tibi vel divinas vel humanas vel utrasque, si ita voles, literas professuro statuat?«

[104] Für die anschließende Vorlesung über die pseudo-augustinische, heute Pelagius zugeschriebene Schrift *De vita christiana* schrieb Rhagius die Widmungsvorrede an Graf Barnim von Pommern am 19. Dezember 1518. Hier heißt es: »Post annuam sancti Hieronymi praelectionem, non nihil etiam divi Augustini, quod non modo sermonem nostrum pure et caste condiat, sed vitae etiam Christianae graviter et sapienter admoneat, in manus sumere par est.« Diui Aurelii Augustini libellus de vita Christiana: ad sororē suam viduā. Leipzig: Melchior Lotter d.Ä. 1518 (HAB Wolfenbüttel: 97.5 Th. (16) mit Vorlesungsnachschrift).

sters 1517/18 im Zuge einer humanistischen Studienreform drei neue
Vorlesungen über antike Klassiker — die *Naturalis historia* des Plinius
Maior, die *Institutio oratoria* des Quintilianus und die *Institutiones grammaticae* des Priscianus — eingeführt wurden[105], wurde Rhagius mit der Pliniusvorlesung beauftragt und wurde somit zum »Plinianus lector«[106]. Diese
Beauftragung des Rhagius mit der Pliniuslektur legte sich nahe, nachdem gerade er mit einer Leipziger Pliniusvorlesung (1508)[107] einen
wesentlichen Anstoß zur Einführung von Pliniusvorlesungen an den
deutschen Universitäten gegeben hatte[108]. Nachdem er aber in Wittenberg bereits mit der Hieronymusvorlesung seine Berufungsvereinbarung
erfüllte, nahm er im Verlauf des Wintersemesters 1517/18 auf Drängen
des Rektors Balthasar Vach[109] das Pliniuskolleg zusätzlich als Privatvor-
lesung auf[110].

---

[105] ULB Halle: Yo 1, Bl. 51ᵛ; Album 1, 69. — Die Studienreform wurde erst im Jahr
1518 durchgeführt. Vor 15. Februar hatte Spalatin an Bodenstein (WA.B 1, 144, 95-97)
und Luther (1, 153, 3-6) eine diesbezügliche Anfrage gerichtet. Am 11. März 1518
schickte Luther an Spalatin das Ergebnisprotokoll einer Besprechung, die kurz davor in
Sachen Studienreform im Hause Bodensteins stattgefunden hatte (1, 153, 3 - 154, 14).
Die Einrichtung einer Pliniuslektur erwähnt Luther zum erstenmal im Brief an Johannes
Lang vom 21. März 1518 (1, 155, 41-43).
[106] Bodenstein an Spalatin, Wittenberg, 1519 März 20; J. G. OLEARIUS: Scrinium
antiquarium, Halle 1671, 45. — Rhagius wurde in der Wittenberger Matrikel unter dem
20. Oktober 1517 folgendermaßen eingetragen: »Johannes Rhagius Esticampianus re-
thor et poeta laureatus sacrarum literarum doctor primusque Plyniane erudicionis publi-
cus et ordinarius professor dioc(esis) Misnensis 20 Octobris«. ULB Halle: Yo 1, Bl.
51ᵛᵃ; Album 1, 69a. Aus diesem Eintrag wurde irrtümlich geschlossen, Rhagius sei
schon bei seiner Berufung mit der Pliniuslektur beauftragt worden, habe dann jedoch
eigenmächtig mit einer Hieronymusvorlesung begonnen (W. FRIEDENSBURG: Geschichte
der Universität Wittenberg, Halle a. S. 1917, 113f). Dies war jedoch nicht der Fall (s.
o. Anm. 103). Vielmehr ist die Reinschrift der Matrikel für jedes Semester erst nach
Semesterende angefertigt worden. Der zitierte Eintrag besagt daher nur, daß Rhagius
am Ende des Wintersemesters 1517/18 mit der Pliniusprofessur als ordentlicher Vorlesung beauftragt war.
[107] C. Plinij Secundi Veronensis ad Titum Vespasianum in libros naturalis hystorie
Epistola. Cum Johānis Aesticāpiani Rhetoris et Poete laureati Epistolio, Leipzig: Wolfgang Stöckel 1508. Die undatierte Widmungsvorrede (a 2ʳ⁻ᵛ) ist gerichtet an den Leipziger Arzt Simon Pistoris, dessen Söhne (s. u. Anm. 211) zu den Hörern des Rhagius
gehörten.
[108] BAUCH 1885, 13.
[109] Rektor im Wintersemester 1517/18. ULB Halle: Yo 1, Bl. 51ᵛ; Album 1, 69.
[110] C. Plinij Praefatio. Wittenberg: Johann Rhau-Grunenberg 1518. In der undatierten Widmungsvorrede an Rektor Balthasar Vach (A 1ᵛ) schrieb Rhagius: »Sic et ipse
quoque in Divi Hieronymi enarratione etiam atque etiam contendo atque desudo, ne
quid spinarum vel tribulorum in foecundissimo celestium scripturarum campo, sensim
oboriatur seu renascatur. Ob eam igitur rem privatim suscepi, et suscepi quidem: te hor-
tante: quid enim dissimulem, gravissimum illum et florentissimum / naturalis historie
scriptorem... Huius itaque scriptoris abstrusissimi, et ut ita dixerim: penitissimi, ostium
antea, pene omnibus Germaniae professoribus, remotum et occlusum: tuo ductu atque
auspicio patefaciam. per quod passim introgressi. inveniet ibi quisque / tanquam in penu
instructissimo / quod suo vel palato vel studio: et imprimis theologico: non parum sit pro-

In der Vorrede zu seiner Leipziger Hieronymusausgabe hatte Rhagius sein Lehrprogramm skizziert[111]. Seit Leipzig war es sein Anliegen, die Beschäftigung mit den nichtchristlichen Klassikern, also auch mit Plinius d.Ä., für die Theologie fruchtbar zu machen[112]. An das Berufungsangebot des Kurfürsten, in Wittenberg auf Wunsch auch über theologische Texte lesen zu dürfen, hat der Doktor der Theologie die Hoffnung geknüpft, auch Mitglied der theologischen Fakultät werden zu können, zumal er alle formalen Voraussetzungen hierfür erfüllte[113]. Tatsächlich wurde die Hieronymusvorlesung des Rhagius in Wittenberg zunächst im Kontext der neuen Vorlesungen der theologischen Fakultät über Kirchenvätertexte gesehen. Der Theologe Andreas Bodenstein warb am Anfang seiner Augustinvorlesung für das neue Lehrangebot im Wintersemester 1517/18[114]: Neben Luthers Kolleg über den Hebräerbrief führte er die Vorlesungen des Petrus Lupinus über Ambrosius und des Rhagius über Hieronymus auf[115].

Die erhaltenen studentischen Nachschriften aus der Hieronymusvorlesung des Rhagius zeigen, in welcher Weise er die antiken Klassiker für die Erklärung theologischer Texte fruchtbar zu machen suchte. Er kommentiert den Kirchenvater nicht im engeren Sinn theologisch, sondern rückt neben den üblichen sprachlichen Verstehenshilfen die Erklärung der zahlreichen Realien des Textes in den Mittelpunkt, und zwar auf der Basis klassischer, patristischer und humanistischer Literatur. Er diktiert

---

futurum.« Auch im Epigramm des Rhagiusschülers Petrus Ritter heißt es, daß sein Lehrer die Pliniusvorlesung auf Drängen (»sano monitu«) Vachs aufgenommen habe (ebd. A 6[r-v]).

[111] Vgl. M. STEINMETZ: Der Humanismus an der Universität Leipzig, in: Beitr. zur Hochschul- und Wissenschaftsgesch. Erfurts 21 (1987/88) 36.

[112] Septem diui Hieronymi epistole (wie Anm. 65), A 2[r]-6[r]: Widmungsvorrede an Magister Fabianus Judicis, den »patruelis« des Rhagius, Leipzig, o. D. Ferner s. o. Anm. 110.

[113] In der Widmungsvorrede zu C. Plinij Praefatio (wie Anm. 110), A 1[v] bezeichnet sich Rhagius selbst als »Theologicae facultatis professor«. Analog nennt Urbanus Rhegius seinen einstigen Lehrer in einem Brief aus Ingolstadt vom 13. Mai 1518 »litterarumque sacrarum professorem«. CH. G. WILISCH: Arcana Bibliotheca Annabergensis, Leipzig 1730, 113. Als am 12. Januar 1518 anläßlich der Promotion des Petrus Zedlitz Fontinus zum Doktor der Theologie die feierliche Disputation stattfand, fungierten Luther und Rhagius als »galli«, Bodenstein als »emancipator«. Zum Namen des Rhagius ist im theologischen Dekanatsbuch hinzugefügt: »ad hoc admissus« (Liber Decanorum, 28[r]), womit der Humanist ausdrücklich als Nichtmitglied des Senats der theologischen Fakultät gekennzeichnet wurde. Warum Rhagius schließlich keine Aufnahme in der theologischen Fakultät fand, bedarf der Untersuchung.

[114] E. KÄHLER (Hg.): Karlstadt und Augustin: der Kommentar des Andreas Bodenstein von Karlstadt zu Augustins Schrift De spiritu et litera/ Einführung und Text, Halle (Saale) 1952, 9, 28 - 10, 16.

[115] Ebd. 10, 12-14: »HIERONYMUM Egregius vir, D. Ioannes Aesticampianus, Orator facundissimus et theologiae doctor celeberrimus, exponendum assumpsit...«

Kurzbiographien über Platon, den Weisen Apollonius u.a., aber auch über die zahlreichen von Hieronymus aufgeführten biblischen Schriftsteller, und nützt unter ausgiebiger Heranziehung der *Naturalis historia* des Plinius und weiterer klassischer Autoren jede Gelegenheit zu naturkundlichen und geographischen Exkursen. So versucht der Humanist, das klassische naturkundliche Wissen, das durch Plinius' Standardwerk repräsentiert wird, für die Kirchenväterauslegung fruchtbar zu machen. »Theologische Realienkunde« wäre eine treffende Bezeichnung für diesen Aspekt der Lehrintentionen des Rhagius.

Ein zweiter Schwerpunkt im Lehrprogramm des Rhagius ist die ethische Erziehung seiner Schüler und sein Interesse an der Moraltheologie[116]. Für das Anliegen des Humanisten, Rhetorik und Ethik zu verbinden[117], eignete sich der Rückgriff auf Hieronymus in besonderem Maße. Das Interesse an einer asketischen Lebensführung, insbesondere im Bereich der Sexualität, war ein Punkt, der Rhagius mit Hieronymus verband. Unter dieser Perspektive hatte der Humanist vier der in Leipzig kommentierten sieben Hieronymusbriefe ausgewählt[118]. Über mindestens zwei Stücke dieser Auswahl las er auch in Wittenberg, wie Reichenbachs Nachschriften zeigen: Über die *Epistula 52 ad Nepotianum* »de vita clericorum« und über die *Epistula Valerii ad Rufinum* »ne ducat uxorem dissuasoria«[119].

Über den letztgenannten Brief begann Rhagius am 16. März 1518 zu lesen[120]. Einige Indizien sprechen dafür, daß die *Epistula ad Paulinum presbyterum* vorher im Kolleg behandelt wurde[121], vor allem die Drucklegung des Textes noch im Jahre 1517. Der terminus post quem ist der 9. Oktober 1517: An diesem Tag wurde Kaspar Schmidt, der eine vollständige

---

[116] Septem diui Hieronymi epistole, 1508 (wie Anm. 65), A 3v-4r: »... ut qui prius rudium iuuenum li⟨n⟩guas diligenter expoliueram. iam etiam eorum animos ad bene beateque viuendum... probe instituerem. qu⟨u⟩m presertim non tam de rebus humanis bene meretur. qui scientiam bene dicendi affert. quam qui pie et innocenter docet viuere... Ceterum... quasdam B(eati) Hieronymi epistolas interpretandas suscepi / quo iuuenes nostri Germani / et copiam benedicendi / et viam honeste viuendi ab eodem Authore salubriter percipiant. et ad sanctissima virtutis opera laudabiliter perducantur.« Diese Zielsetzung hat Rhagius in Wittenberg wiederholt: s.o. Anm. 104. Ferner s. Rhagius' *Oratio in studio Lipsensi* (1511), in: D. FIDLER: De Ioanne Rhagio Aesticampiano, [Leipzig] 1703, C 3r.
[117] Es geht Rhagius um die »recta loquendi via modesteque vivendi regula«. *Oratio*, in: FIDLER 1703, C 4r. Zu diesem humanistischen Programm s.u. S. 197f.
[118] Vgl. Septem diui Hieronymi epistole, A 5r-v.
[119] Decem Diui Hieronymi epistole, A 3r. F 3r.
[120] Reichenbach notierte ebd. F 3r bei der Überschrift dieses Briefes: »feria 3. post Letare incepit.« Im Jahre 1518 fiel dieser Tag auf den 16. März. 1517 war Rhagius zu dem genannten Datum noch nicht in Wittenberg, 1519 las er nicht mehr über Hieronymusbriefe.
[121] Siehe oben S. 161f.

Niederschrift dieser Vorlesung hinterlassen hat, in Wittenberg als einer der Rhagiusschüler immatrikuliert[122]. Höchstwahrscheinlich war die Vorlesung über die *Epistula ad Paulinum* die Wittenberger »Antrittsvorlesung« des Rhagius. Denn dieser Brief war angesichts seines Inhaltes und seiner traditionellen Bedeutung hervorragend für den Start des sich als »sacrarum litterarum professor« verstehenden Dozenten geeignet. Im ersten Teil des Briefes[123] behandelt Hieronymus die Notwendigkeit, beim Studium einen Lehrer zu haben, da die lebendige Stimme (*viva vox*) mehr Wirkungskraft habe als das geschriebene Wort[124]. Als Beispiele führt der Kirchenvater antike Gelehrte und biblische Gestalten vor. Im zweiten Teil[125] bietet er eine Anleitung zum Studium der Heiligen Schrift. In einer Übersicht über die einzelnen biblischen Schriften wird kurz deren vorwiegend geistlicher Inhalt zusammengefaßt. Daher wurde der im Mittelalter unter dem Titel »Brief über alle Bücher der heiligen Geschichte« tradierte Brief[126] seit dem 9. Jahrhundert den Vulgatahandschriften und später den vorreformatorischen Bibeldrucken als ein Prolog vorangestellt[127]. So interpretierte Rhagius mit diesem Brief einen dem gebildeten Zeitgenossen aus seiner Bibel vertrauten Grundtext. In den humanistischen Lehrangeboten jener Zeit hatte der Brief schon vor der Wittenberger Vorlesung des Rhagius einen Platz gefunden[128].

Thomas Müntzer erlebte als Hörer des Rhagius im Wintersemester 1517/18 einen Teil des damaligen programmatischen humanistischen Aufbruchs der Universität Wittenberg mit. In der Vorlesung des Rhagius begegneten ihm eine Fülle von klassischen, antiken Schriftstellern. Neben diesen stehen Werke berühmter Humanisten. So schöpfte Rhagius aus der *Platonis vita* des Italieners Marsilio Ficino, die dieser seiner lateinischen Übersetzung der Werke Platons vorausgestellt hatte. Gelegentlich zitierte der Dozent aus der 1516 erschienenen neunbändigen Hieronymusausgabe des Erasmus[129], die er in jenen Jahren vollständig

---

[122] Siehe oben Anm. 17.
[123] CSEL 54, 442, 1 - 454, 12.
[124] Ebd. 446, 1-3.
[125] Ebd. 454, 13 - 463, 12. Als dritter Teil (463, 13 - 465, 9) folgt ein Aufruf zum Bibelstudium in asketischer Weltabgeschiedenheit.
[126] Vgl. unten S. 278.
[127] M. E. SCHILD: Abendländische Bibelvorreden bis zur Lutherbibel, Gütersloh 1970, 42-48.
[128] Rudolph Agricola d.J. (um 1490-1521, vgl. G. BAUCH in ADB 45, 1900, 709f) gab den Brief 1515 in Wien als Vorlesungsdruck heraus: EPISTOLA BEATI HIERONYMI ad Paulinum Praesbyterum. ..., [Wien: Hieronymus Vietor 1515 September] (SB Regensburg: Patr. 609 mit Vorlesungsnachschrift). Dieser Druck bildete die Vorlage für den Wittenberger Vorlesungsdruck von 1517, wie einige spezifische gemeinsame Textvarianten zeigen, die sich in anderen Überlieferungstraditionen nicht finden.
[129] Siehe Q 2 Anm. 87. Ferner findet sich in der Nachschrift Reichenbachs (StadtB Dessau: Georg. 1049a (2)), A 3ʳ ein Zitat aus den Scholien des Erasmus ohne Namens-

durchgearbeitet hat[130]. Später, Anfang 1520, wollte Müntzer sich diese Ausgabe selbst kaufen[131].

Die genannten Quellen sind von dem Wittenberger Professor in der Vorlesung mit dem Wunsch zitiert worden, die Hörer zu eigener Lektüre derartiger klassischer und humanistischer Literatur anzuregen[132]. Auch Müntzers Interesse reichte über das bloße Anhören der Hieronymusvorlesung hinaus. Er hat sich auch nach der Vorlesung mit seiner Nachschrift beschäftigt. Dies wird belegt durch Interlinearglossen und Randbemerkungen, die Müntzer dem Text seiner Nachschrift beifügte[133]. Zunächst erweitern diese Randbemerkungen unsere sehr fragmentarische Kenntnis über die von Müntzer benutzten Bücher. Er hat tatsächlich einzelne bereits in der Vorlesung zitierte Werke selbst zu Rate gezogen. So hat er sich ein Stichwort über das Volk der Albaner aus den *Collectanea rerum memorabilium* des Solinus notiert[134].

Den Inhalt eines längeren biographischen Scholions über Platon hatte Rhagius zum großen Teil der *Platonis vita* Ficinos entnommen, darunter auch die Mitteilung über ein von Aristoteles dem verstorbenen Platon errichtetes Denkmal. Müntzer ergänzte dazu aus Ficinos *Vita*, daß Aristoteles 20 Jahre Platon gehört habe[135]. Hier schlägt sich das humanistische Ideal lebenslangen Lernens nieder. Damit sind wir bei solchen Randbemerkungen, die auch inhaltliche Stellungnahmen Müntzers zu den Ausführungen des Rhagius implizieren. In ihnen spiegelt sich u.a. die Vorbildfunktion wider, die die Gestalt Platons in einzelnen Aspekten für Müntzer gewonnen hatte. Eine Eigenschaft Platons, die ihn faszi-

---

nennung. Ansonsten ist Rhagius in seiner Kommentierung von Erasmus weitgehend unabhängig.

[130] In der Bibl. des Evang. Predigerseminars Wittenberg: fol HTh 665 und fol HTh 667-669 finden sich Teil 1-2 und 5-9 eines Exemplars der Hieronymusausgabe des Erasmus von 1516. Dieses Exemplar stammt aus dem Nachlaß des Rhagius und ist durchgehend mit dessen Randbemerkungen versehen, die sich weitgehend auf die Heraushebung von ihn interessierenden Stichworten beschränken. Notizen, die als unmittelbare Vorbereitung der Vorlesungen angesehen werden könnten, finden sich nicht. Allerdings fehlt in dem Exemplar des Rhagius der Teil 4, der die *Epistula ad Paulinum presbyterum* enthält. Die fehlenden Teile 3-4 wurden zu einem unbekannten Zeitpunkt durch einen Band ergänzt, in dem Teil 3 und 4 zusammengebunden sind (fol HTh 666). Dieser der Lutherforschung bisher unbekannte Band enthält viele Randbemerkungen von Luthers Hand. Luther hat übrigens auch die von Rhagius hinterlassenen Bände benutzt, wie die von ihm angebrachten Notizen in diesen Bänden zeigen.

[131] Müntzer an Achatius Glor, [Beuditz], 1520 Januar 3; MSB 354, 5f. — Glor an Müntzer, Leipzig, 1520 Januar [zwischen 3. und 8.]; MSB 355, 8f.

[132] Gelegentlich forderte Rhagius die Studenten direkt zu weiterer Lektüre auf. In der Nachschrift Reichenbachs (s. Anm. 92), B 3ᵛ heißt es am Schluß einer Glosse zum Lemma 'Iordanem': »... De ortu vero eius legitte [sic!] Iesippum li(bro) 3 aut Pli(nium) li(bro) 5.« Ähnlich die Nachschrift Schmidts (s. Anm. 91) zu derselben Stelle.

[133] Siehe unten S. 283-286.

[134] Siehe Q 2, unten S. 296 Z. 76.

[135] S. 291 Z. 22f.

niert, ist dessen Redegabe. Der rhetorische Heros Platon wird in den Notizen aus der Repetition der Vorlesung[136] in die Nähe Jupiters gerückt. Mit einem Zitat aus Quintilians *Institutio oratoria* bekundet Müntzer sein Interesse am Weg zu jener Beredsamkeit: »Der Schatz der Beredsamkeit ist das Gedächtnis. Quintilian im 11. Buch«[137]. Diese Bemerkung ist auch insofern interessant, als im Wintersemester 1517/18 in Wittenberg Quintilians Werk als rhetorisches Lehrbuch eingeführt wurde[138].

Platon als Vorbild ist nicht erst ein Aspekt von Müntzers Randbemerkungen, sondern schon ein in der Vorlesung des Rhagius vorgegebenes Thema. Es lohnt sich deshalb, unter dieser Perspektive einen Blick auf den Inhalt der biographischen Scholien über Platon, Apollonius von Tyana und Pythagoras zu werfen. Bei ihrer Gestaltung hat Rhagius seine studentischen Hörer im Auge. Den Schwerpunkt legt er auf den Bildungsweg der drei Weisen. Die Philosophen werden als wandernde Scholaren und Lehrer vorgeführt. Ihre Reisen sind Ausdruck des universalen Bildungshungers des Gelehrten. Rhagius selbst hat in seinem Leben gezielt zahlreiche solcher Bildungsreisen unternommen. Er war in Europa unterwegs als ewiger Student wie als Lehrer auf der Suche nach der Wahrheit — im Raum zwischen Krakau, Rom, Paris und Köln. Teils zog er aus eigenem Antrieb weiter, teils gezwungenermaßen, denn mit seinem kämpferischen Antischolastizismus schuf er sich auch Feinde, so in Frankfurt an der Oder, Leipzig und Köln. Bei unfreiwilligen Ortswechseln verfolgte er die Strategie, einer befürchteten Zwangsausweisung aus einer Stadt zuvorzukommen. Dabei ließ er sich von biblischen Vorbildern leiten: von Jesus — »Wenn sie euch aber in einer Stadt verfolgen, so flieht in eine andere« (Mt 10,23) — und von Paulus (Act 13,46)[139].

In Müntzers Leben können wir analoge Verhaltensmuster beobachten, ohne daß diese bisher mit dem zeitgenössischen Phänomen wandernder humanistischer Scholaren in Verbindung gebracht wurden. Auch er hat bereits seine Bildungsphase an wechselnden Orten zugebracht, von denen uns bislang nur ein Teil faßbar ist: höchstwahrscheinlich Leipzig, sicher Frankfurt an der Oder, Braunschweig, Frose, Wittenberg, Orlamünde. Altgläubige Gegner in Braunschweig kritisierten 1521 Müntzers Reiselust[140], und zwar schon vor dessen bekannten Rei-

---

[136] Siehe unten S. 285.
[137] S. 293 Z. 40-43.
[138] Zur Bedeutung der klassischen Rhetorik für Müntzers *ordo*-Begriff s. S. 210-216.
[139] *Oratio in studio Lipsensi* (1511), in: FIDLER 1703, C 4^{r-v}.
[140] Hans Pelt an Müntzer, [Braunschweig], 1521 Juni 25; Q 1.9 Z. 32f (MSB 374, 14f).

sen nach Böhmen und Prag. Unter den Prämissen reformatorischer Wirksamkeit setzte sich dann das Phänomen häufigen Ortswechsels fort. Wenn Müntzer der Boden unter den Füßen zu heiß wurde, versuchte auch er, befürchteten obrigkeitlichen Aktionen zuvorzukommen, so belegt in Zwickau und Allstedt. Im letzten Fall ahmte er Paulus so weitgehend nach, daß er ähnlich wie dieser in Damaskus (Act 9,25; 2 Kor 11,33) bei Nacht über die Mauer verschwand.

Der häufige Wechsel des Aufenthaltsortes ist bekannt als eine spezifische Form mönchischer Askese. Auch das Wanderleben des humanistischen Scholaren konnte neben der pädagogischen Begründung in den Kontext einer asketischen Lebenseinstellung gerückt werden[141]. Hinneigung zu einer quasimönchischen Askese ist bei Rhagius wie bei vielen Humanisten belegt. Dazu gehört mitunter auch die Bevorzugung der Ehelosigkeit. Diese Haltung wurde bei den deutschen Humanisten durch Hieronymus genährt. Sowohl in Leipzig als auch in Wittenberg kommentierte Rhagius den Brief des Valerius an Rufinus, «der davon abrät, eine Frau zu nehmen». Am ausführlichsten hat Hieronymus seine negative Bewertung ehelicher Sexualität in den zwei Büchern *Adversus Iovinianum* vorgetragen. Dieses Manifest der Sexualaskese wollte Rhagius im Mai 1519 einer Vorlesung zugrundelegen[142]. Ein bezeichnendes Zitat aus jener Schrift hat Rhagius in der Wittenberger Hieronymusvorlesung in seine ansonsten aus Ficino exzerpierte Kurzbiographie Platons eingebaut, um die Platon nachgesagten asketischen Züge stärker zu betonen. Demnach habe Platon für seine Akademie vorsätzlich einen ungesunden Ort gewählt, damit durch die Geißel der Krankheiten die fleischliche Lust seiner Schüler abgetötet und so deren Begierde allein auf die Lerninhalte gerichtet würde[143]. Die *phänomenologische* Nähe einer solchen Leidenspädagogik zur Leidenstheologie Müntzers liegt auf der Hand, zielt letztere doch ab auf das Absterben aller Lust zugunsten einer alleinigen Ausrichtung auf das Lernen des göttlichen Willens.

Diese Verbindung von pädagogischen und theologischen Motiven einer Erziehung zu Askese und Leidensbereitschaft spiegelt sich in drei Randbemerkungen Müntzers zu den genannten Ausführungen des Hieronymus über Platons Akademie wieder[144]. Zunächst bietet Müntzer Stichworte aus zwei Bibelstellen: »Wahrlich, ich werde des Wermuts und

---

[141] So Rhagius in seiner *Oratio in studio Lipsensi*, in: FIDLER 1703, C 2r.
[142] Luther an Spalatin, Wittenberg, 1519 Mai 24; WA.B 1, 407, 7f. Dieser Hieronymustraktat ist 1516 in Wien als Vorlesungsdruck erschienen: CONTENTA IN HOC LIBRO. DIVI HIERONYMI CONTRA IOVINIANVM HEREticum libri duo, cum Apologetico eiusdē in defensionem librorum contra praedictum Iouinianū. ..., Wien: Johannes Singriener 1516.
[143] S. 291 Z. 12-16.
[144] S. 291 Z. 12-17.

der Galle gedenken« (nach Thr 3,19f), und: »Ich will auf den Myrrhenberg steigen« (Cant 4,6). Gemeinsamer Nenner dieser beiden Bildworte ist die Bitterkeit, die für Leiden und Askese steht und später in Müntzers Schriften breit belegt ist im Rahmen seines unermüdlichen Aufrufs, die Passion Christi aufzunehmen und nicht nur den süßen, d.h. gnadenreichen Christus zu predigen. Das Zitat aus Cant 4,6 belegt, daß Müntzer selbst in dem Traktat *Adversus Iovinianum* des Hieronymus gelesen hat. Hieronymus deutet hier den Myrrhenberg auf die Menschen, die ihren Körper mit seinen Lüsten abtöten[145].

Diese Hieronymusschrift liefert auch einen Schlüssel zur Erklärung einer eigentümlichen Erwähnung Johannes Gersons (1363-1429) durch Müntzer im Anschluß an die genannten Bibelzitate: »Johannes Gerson führt die 'scala dei' an.« Müntzer griff auf Gersons Traktat *De non esu carnium* zurück, in dem dieser den Verzicht der Kartäuser auf Fleischgenuß verteidigte. In diesem Zusammenhang empfiehlt Gerson die Lektüre von *Adversus Iovinianum*, wo Hieronymus »aus den ältesten Historien der Heiden die Enthaltsamkeit belegt«[146]. Gerson vertritt die den pädagogischen Ausführungen des Rhagius analoge Auffassung, daß eine Schwächung des Körpers und Verkürzung des Lebens vertretbar sei, u.a. im Dienste wahrer Bußbereitschaft oder zum Erwerb der Tugenden und zur Ausrottung der Laster[147]. Gerson verweist auf die *Scala paradisi* des Johannes Klimakos († um 649?), in der dieser von einem als *Carcer* bezeichneten abgeschiedenen Ort radikaler Büßer berichtet[148]. Während Gerson die Schrift des Johannes Klimakos als *Scala mystica* bezeichnet, nennt sie Müntzer *Scala dei*. Seine Notiz impliziert den Vergleich des einsamen und ungesunden Ortes, an dem die platonische Akademie erbaut worden sei, mit dem bei Johannes Klimakos beschriebenen und von Gerson angeführten »freiwilligen Kerker« der Büßer.

Müntzers Wertschätzung der Askese können wir anhand der zitierten Notizen bereits für seine Wittenberger Zeit belegen. Ab 1522 geht er zunächst in merkliche Distanz gegenüber den reformatorischen Priesterehen. Eheliche Sexualität kann er schließlich nur im Horizont aktueller göttlicher Weisung zur Zeugung auserwählter Nachkommenschaft legiti-

---

[145] HIER. Adv. Iovin. 1, 30; PL 23, 233A.
[146] JEAN GERSON: Oeuvres complètes/ hg. v. P. GLORIEUX, Bd. 3, Paris 1982, 79.
[147] Ebd. 87f. 90-93.
[148] Ebd. 87: »Legatur Joannes eremita montis Sinai qui Climacus dicitur, in illo gradu scalae mysticae in quo de poenitentia loquitur. Refert profecto stupenda et forte magis admiranda nobis quam imitanda super voluntario carcere quorumdam Deum placare volentium.« Siehe JOHANNES KLIMAKOS Scala paradisi, gradus 5; PG 88, 763-782. Ich danke Herrn Privatdozenten Dr. Christoph Burger, Institut für Spätmittelalter und Reformation an der Universität Tübingen, für Hilfe bei der Identifizierung des Gersonzitats.

mieren. Im Lichte der Wittenberger Hieronymusvorlesung und der Randbemerkungen Müntzers dazu erweist sich als *ein* geistesgeschichtlicher Hintergrund für diese Position die hieronymianische Tradition körperlicher Askese, die Müntzer auch im aszetischen Schrifttum Gersons bestätigt fand.

Damit sind erste Hinweise dafür gegeben, daß Müntzer seinen Studien in Wittenberg nicht nur — woran man zuerst denken möchte — reformatorische Positionen verdankte, sondern daß dort auch seine humanistische Bildung und Prägung vertieft wurde, die bleibende Spuren in seinem Denken und Verhalten hinterließ[149].

4.3. Reisen in der Wittenberger Zeit

Es gibt mehrere Belege für Reisetätigkeit Müntzers während seiner Wittenberger Zeit. Hinweise auf eine Reise in den fränkischen Raum sowie Aufenthalte in Leipzig und Orlamünde müssen in eine plausible biographische Ordnung gebracht werden. In diesem Abschnitt sollen zunächst die Reisen nach Franken und Leipzig dargestellt werden, während der Aufenthalt in Orlamünde in einem gesonderten Abschnitt untersucht werden soll.

1. Die Reise nach *Franken* ist nicht direkt belegt, sondern erschlossen aus einem aus Müntzers Nachlaß stammenden undatierten Brief einer Dorothea Albrechtin an ihren in Wittenberg studierenden »patruelis«, d.h. Vetter oder Neffen, namens »Georg Alberti«[150]. In der Wittenberger Matrikel findet sich in jenen Jahren nur ein Träger dieses Namens, nämlich der am 28. September 1517 immatrikulierte »Georgius Albrecht de Rotenburga dioc(esis) Herbipolen(sis)«[151]. Er ist als der Briefempfänger anzusehen. Nach der Wittenberger Matrikel möchte man als Heimatort Georg Albrechts Rothenburg ob der Tauber annehmen[152]. Dies ist jedoch nicht gesichert. Denn im Winter 1513/14 war in Leipzig ein »Georgius Alberti Herbipolensis« immatrikuliert worden, und zwar auffälligerweise zusammen mit einem Studenten namens Georgius Hirsing aus Rothenburg[153]. Es ist demnach möglich, daß es sich bei dem in Leipzig und bei dem in Wittenberg immatrikulierten Studenten Georg Albrecht (Alberti) um ein und dieselbe Person handelt. So ist offen, ob

---

[149] Über Müntzer und den Humanismus s. näher unten S. 194-229.
[150] Ediert unten als Q 1.6. Auf die Rückseite des Briefes schrieb Müntzer die Adresse sowie eine lateinische Notiz: Q 1.6 Z. 23f und 25f; MSB 365, 1f und Anm. 1.
[151] Album 1, 67b. MSB 365 Anm. 1.
[152] So BUBENHEIMER 1985b, 100.
[153] Matrikel Leipzig 1, 530 B 29f.

Albertis Herkunftsfamilie in Rothenburg[154] oder in Würzburg[155] zu suchen ist[156]. Um diesen Punkt offen zu halten, spreche ich vom »fränkischen Raum«, in dem Georg Albrecht beheimatet war[157]. Dorothea Albrechtin übermittelte dem Studenten Georg in ihrem Brief Familiennachrichten. Da der Vater todkrank sei, solle Georg umgehend nach Hause kommen. Wenn Georg erst am Sonntag vor Mitfasten (Oculi) komme, wie er seinem Bruder Michel mitgeteilt habe, könnte das zu spät sein[158]. Müntzer fungierte als Überbringer des Briefes. Er schrieb die Adresse in lateinischer Sprache und fügte ein Trostwort bei: »In der Trübsal erkennen wir Gott nicht; aber immer nach der Trübsal erweist er sich deutlicher zur Erkenntnis der Trübsal.«[159] Im Brief erwähnt Dorothea Albrecht Müntzer folgendermaßen: »Lieber Jörg, der Herr Thomas Monzer ist selber bei mir gewesen und hat seine Sache selber ausgetragen. Ihr dürft keine Sorge darum haben, es hat keinen Schaden genommen.«[160] Die »Sache« Müntzers war wahrscheinlich die im Kontext angesprochene Armut des Studenten[161], den Müntzer in der Adresse als »den für die Erforschung der Literatur armen« Georg Albrecht tituliert[162]. Georg war also bei seinen Studien in Wittenberg in finanzielle Not geraten.

Zur Datierung von Müntzers Reise ergeben sich aus dem Brief folgende Gesichtspunkte: Der Brief ist in die Zeit nach der Immatrikulation

---

[154] Der Familienname Albrecht ist in jener Zeit in Rothenburg belegt. Vgl. E. Schöler: Historische Familienwappen in Franken, Neustadt an der Aisch 1975, 28. Ein Philipp Alberti wurde 1501 in Heidelberg immatrikuliert, 1502 bacc. art.: Matrikel Heidelberg 1, 440. Ein Eucharius Albrecht ist 1493 Bürger in Rothenburg; 1525 trägt ein Metzger denselben Namen (»Karius Albrecht«): J. Siebmacher: Großes und allgemeines Wappenbuch/ neu hg. v. O. Tit. von Hefner, Bd. 5, 1, Nürnberg 1857, 20; F. L. Baumann: Quellen zur Geschichte des Bauernkriegs aus Rotenburg an der Tauber, Stuttgart 1878, 229. Am Vorabend des Bauernkrieges hat der Metzger Barthel Albrecht in Rothenburg öffentlich gepredigt: Baumann 12. 35. 217f.

[155] Ein »Iohannes Alberti Monetary de Herbipoli« wurde im Sommer 1462 in Leipzig immatrikuliert (Matrikel Leipzig 1, 232 B 79). Dieser wurde, als er 1471 bzw. 1474 in Merseburg zum Diakon bzw. zum Priester geweiht wurde, mit den Namensformen «Iohannes Monetarius« bzw. »Monetarij« eingetragen: G. Buchwald (Hg.): Die Matrikel des Hochstifts Merseburg 1469 bis 1558, Weimar 1926, 4, 28; 8, 23. Demnach stammt Johannes Alberti aus einer Münzmeisterfamilie. Dies ist bemerkenswert angesichts Thomas Müntzers mutmaßlicher Herkunft aus einer Familie, in der der Beruf des Münzmeisters vertreten war. Siehe oben S. 35f.

[156] Diese Frage bedarf weiterer Abklärung durch prosopographische Forschungen.

[157] Für fränkische Herkunft sprechen auch Elemente fränkischen Dialekts in dem Schreiben der Dorothea Albrechtin, z. B. 'Kilgen' für 'Kilian'. Q 1.6 Z. 12 (MSB 365, 12).

[158] Q 1.6 Z. 6-12 (MSB 365, 6-12).

[159] Q 1.6 Z. 25f / MSB 365 Anm. 1. Das Trostwort dürfte durch die im Brief angesprochenen Nöte des Empfängers (Armut, schwere Krankheit des Vaters) veranlaßt sein.

[160] Q 1.6 Z. 3-6 / MSB 365, 4-6.

[161] Q 1.6 Z. 2f / MSB 365, 3.

[162] Q 1.6 Z. 23f / MSB 365, 1f.

Georg Albrechts in Wittenberg am 28. September 1517 anzusetzen. Müntzer kam um diese Zeit oder in den folgenden Monaten nach Wittenberg. Georg hatte seiner Verwandtschaft mitgeteilt, daß er bis zum Sonntag Oculi nach Hause kommen werde. Dorothea schrieb zurück, daß er früher kommen solle. Die Abfassung des Briefes, den Müntzer nach Wittenberg überbringen sollte, und damit Müntzers Reise nach Franken müssen also zu einem Zeitpunkt erfolgt sein, der in angemessenem Abstand vor Oculi lag, d.h. zu Anfang des im Brief nicht genannten Jahres. In Müntzers Biographie ist eine solche Reise Anfang 1520 oder Anfang 1521 nicht unterzubringen[163]. Da Georg in Wittenberg keinen akademischen Grad erworben hat, dürfte er auch nicht länger in Wittenberg gewesen sein. So bleiben Januar/Februar 1518 (Oculi am 7. März) oder Januar bis März 1519 (Oculi am 27. März) als mögliche Daten für diese Reise.

Wie ist der Sachverhalt zu deuten, daß der Brief an Georg Albrecht bei Müntzer verblieb? Der sich aufs erste einstellende Verdacht, Müntzer habe den Brief seinem Empfänger nicht ausgehändigt, ist nicht begründet. Der Brief befindet sich heute in dem Moskauer Müntzerfaszikel, in dem sich unter Briefen und Aufzeichnungen Müntzers auch eine Reihe von Stücken befinden, die auf Müntzers Schüler zurückgehen, z.B. auf Mauritius Reinhart und Ambrosius Emmen[164]. Eine sachliche Parallele zu unserem Stück bietet der Brief der Mutter des Ambrosius Emmen an ihren die Griechischschule in Zwickau besuchenden Sohn[165]. Auch hier geht es um Schwierigkeiten der Studienfinanzierung. Diesem Material ist der Brief an Georg Albrecht zuzuordnen. Damit erhalten wir auch einen Hinweis für die Deutung der Beziehung zwischen Müntzer und dem Studenten Georg Albrecht. Bei Georg dürfte es sich um einen der Privatschüler Müntzers gehandelt haben. Für diese Deutung spricht auch der Umstand, daß Müntzer in der Angelegenheit Georgs zu dessen Verwandten nach Franken reiste. Vielleicht hatte Müntzer selbst als Lehrer Georgs finanzielle Forderungen[166].

Es war allgemein üblich, daß junge Studenten sich einen fortgeschrittenen Kommilitonen oder einen Dozenten als Mentor wählten, der das Studium dieser Studenten betreute und ihnen Privatunterricht erteilte. Ferner gab es in Wittenberg neben den öffentlichen Vorlesungen ein pri-

---

[163] Die bisherigen Editionen haben den Brief ohne Angabe von Gründen zwischen die Briefe des Jahres 1520 und diejenigen des Jahres 1521 gestellt. Im Winter 1519/20 war Müntzer in Beuditz, im Winter 1520/21 in Zwickau.
[164] Siehe unten S. 202f.
[165] MBF, T. 41.
[166] So könnte der oben bei Anm. 160 zitierte Satz der Dorothea Albrechtin zu deuten sein.

vates Unterrichtswesen, das bislang nicht erforscht ist. Private Unterrichtstätigkeit ist in jenen Jahren z.B. bekannt von Rhagius, Melanchthon, Johann Agricola, Heinrich Stackmann, aber auch von Bodenstein und anderen. Da Müntzer bereits Magister war und schon vor Wittenberg Erfahrung in einschlägiger pädagogischer Tätigkeit gesammelt hatte, dürfte es für ihn nahe gelegen haben, diese Arbeit in der Universitätsstadt fortzusetzen und mit eigenen Studien zu verbinden.

2. In *Leipzig* hielt sich Müntzer um den 11. Januar 1519 auf. An diesem Tag schrieb ihm der Goldschmied Christian Döring aus Wittenberg einen Brief (s. Abb. 6), adressiert »Ann den wyrdyenn herren her Thomas bey Kristainus Buchfirer in der herbergen czu Leipsig.«[167] Bei dem genannten Buchführer handelt es sich um den in Leipzig ansässigen Christian Breithut[168]. Müntzers Beherbergung bei dem Buchführer läßt vermuten, daß ein Motiv für seinen Aufenthalt in Leipzig der Bücherkauf gewesen sein dürfte. Der 11. Januar lag kurz nach der Leipziger Neujahrsmesse (1.-8.1.), auf der sich auch die Buchhändler neu eindecken konnten[169]. Es war normal, daß Wittenberger Gelehrte in Verbindung mit den Leipziger Messen Bücherkäufe tätigten[170]. Anfang 1519 war auch Melanchthon zum Leipziger Neujahrsmarkt gereist, von wo aus er am 5. oder 9. Januar 1519 einen Brief an Erasmus schrieb[171].

Mit dem Wittenberger Goldschmied Christian Döring († 1533)[172]

---

[167] Q 1.7 Z. 1f (MSB 351, 1f).

[168] Siehe Q 1.7 Anm. 1.

[169] E. KROKER: Handelsgeschichte der Stadt Leipzig, Leipzig 1925, 82. 101.

[170] Ebd. 102. Im Jahre 1517 war Bodenstein am den 13. Januar nach Leipzig gereist und hatte dort die Werke Augustins erworben. KÄHLER 1952, 5, 4-6.

[171] MBW Nr. 38 / MWA 7/1, 57, 30f. mit Anm. 9. Luther machte vom 7. bis 10. Januar 1519 auf der Rückreise von Altenburg, wo er mit Miltitz verhandelt hatte, in Leipzig Station: MBW Nr. 38; BRECHT 1981, 287.

[172] Christian Döring ist in Wittenberg ab 1508 belegt. Um diese Zeit heiratete er Barbara Blankenfeld († 1564), Tochter des Berliner Kaufmanns und Bürgermeisters Thomas Blankenfeld († 1504). In Wittenberg erwarb er das Haus Schloßstraße 4 (s. Anm. 173) von Christoph Balzer, das vor diesem ein Martin Müntzer innehatte. Ab 1519 war Döring Ratsherr und mehrfach (1519, 1525, 1528) Kämmerer. Neben seinem Handwerk als Goldschmied war er im Fernhandel engagiert, besaß einen Buchladen (belegt ab 1517: WA.B 1, 96, 21-22) und war als Verleger tätig (belegt ab 1518: WA.B 1, 160, 8f), spätestens ab 1521 bis 1528 zusammen mit Lukas Cranach d.Ä. Mit diesem zusammen unterhielt er 1523-1526 eine Druckerei, in der vorwiegend Lutherschriften gedruckt wurden. Außerdem führte er einen Gasthof (sicher belegt ab 1525). Döring gehörte zu den reichsten Familien Wittenbergs, war jedoch 1533 vor seinem Tod verschuldet. Er hatte enge geschäftliche Verbindungen mit dem kurfürstlichen Hof und vertrat wie Cranach im Wittenberger Rat die landesherrlichen Interessen. Er war mit Luther befreundet (belegt ab 1517: WA.B 1, 99, 16), dessen Interessen er verschiedentlich im Rat wahrnahm. N. MÜLLER 1911, 126-128; WA.B 3, 514 Anm. 4; H. GRIMM: Die Buchführer des deutschen Kulturbereichs und ihre Niederlassungsorte in der Zeitspanne 1490 bis um 1550, in: Archiv f. Gesch. d. Buchwesens 7 (1967) 1609-1612; W. SCHEIDIG: Lucas Cranach und die Niederlande, in: Bildende Kunst, Jg. 1972, 391; H. KÜHNE: Hier wohn-

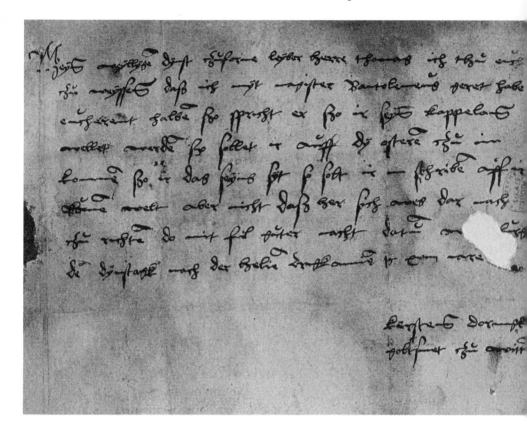

6. Brief Christian Dörings an Müntzer vom 11. Januar 1519

muß Müntzer schon vor dessen Brief in nähere Verbindung getreten sein[173]. Denn Döring kümmerte sich während Müntzers Abwesenheit von Wittenberg um dessen berufliche Interessen. Er hatte, wie er schreibt, mit Magister Bartholomäus Bernhardi von Feldkirch gesprochen wegen einer eventuellen Anstellung Müntzers als Kaplan Bern-

te ...: Gedenktafeln erzählen Wittenberger Geschichte/ hg. v. Stadtgeschichtlichen Museum Wittenberg 1980, 32-34; J. BENZING: Die Buchdrucker des 16. und 17. Jahrhunderts im deutschen Sprachgebiet, Wiesbaden ²1982, 499; U. BUBENHEIMER: Luthers Stellung zum Aufruhr in Wittenberg 1520-1522 und die frühreformatorischen Wurzeln des landesherrlichen Kirchenregiments, in: ZSRG.K 71 = 102 (1985[a]) 176-178; M. STRAUBE: Soziale Struktur und Besitzverhältnisse in Wittenberg zur Lutherzeit, in: Jb. f. Gesch. des Feudalismus 9 (1985) 164. 174. 182 Anm. 159.

[173] Am Haus Dörings in Wittenberg, Schloßstraße 4, befindet sich heute eine Gedenktafel mit der Inschrift: »Thomas Müntzer, Pfarrer, Bauernführer, 1518«. Vgl. Die Denkmale der Lutherstadt Wittenberg/ bearb. v. F. BELLMANN [u.a.], Weimar 1979, 147. Aus Dörings Brief an Müntzer läßt sich jedoch nicht schließen, daß Müntzer bei Döring gewohnt habe. Gegen KÜHNE 1980, 32.

hardis[174]. Bernhardi, Dozent in der Artistenfakultät und Bakkalaureus der Theologie, bekannt als Lutherschüler, war im Wintersemester 1518/19 Rektor der Universität und eben erst, Ende 1518, von der Universität zum Propst von Kemberg nominiert worden. 1521 sollte er berühmt werden, weil er — angeblich als erster protestantischer Priester — in die Ehe trat[175]. Der neue Kemberger Propst erklärte sich gegenüber Döring bereit, Müntzer als Kaplan anzustellen, also in Kemberg. Müntzer solle, schreibt Döring, auf Ostern 1519 zu Bernhardi kommen[176]. Ob Müntzer dieses Angebot — eventuell für die Zeit nach den Jüterboger Osterpredigten — angenommen hat, ist offen[177].

Bermerkenswert an Dörings Brief ist noch, daß der Goldschmied am 10. Januar 1519 nicht mit der alsbaldigen Rückkehr Müntzers nach Wittenberg rechnete. Denn er forderte Müntzer auf, seine Absichten bezüglich der Kemberger Kaplanei Bernhardi brieflich mitzuteilen[178]. Diese Aufforderung hätte sich erübrigt, wenn Döring mit Müntzers Rückkehr nach Wittenberg in den nächsten Tagen gerechnet hätte. Müntzer hielt sich damals länger als nur wenige Tage außerhalb Wittenbergs auf. Im folgenden werde ich wahrscheinlich machen, daß Müntzer von Leipzig nach Orlamünde weitergereist ist.

4.4. Aufenthalt in Orlamünde

Für einen Aufenthalt Müntzers in Orlamünde gibt es eine Primärquelle: einen aus Müntzers Nachlaß stammenden Auftrags- und Bestellzettel[179], geschrieben von der Hand des Magisters Konrad Glitsch[180]. Dieser

[174] Q 1.7 Z. 3-7 / MSB 351, 3-7.
[175] Über Bernhardi s. Q 1.7 Anm. 2.
[176] Q 1.7 Z. 5-7 / MSB 351, 5-7.
[177] Da Müntzer einerseits laut Döring auf Ostern 1519 zu Bernhardi kommen sollte, andererseits dann aber an Ostern 1519 in Jüterbog predige, haben Müntzerbiographen gefolgert, Müntzer habe überhaupt nicht in Kemberg gewirkt (so z.B. WOLGAST 1981, 12). Jedoch könnte Müntzer mit Bernhardis Einverständnis die Vertretung Franz Günthers für die Ostertage übernommen und die Kemberger Kaplanei auch noch danach angetreten haben.
[178] Q 1.7 Z. 6f / MSB 351, 6f.
[179] Q 1.8 (MSB 554f).
[180] *1465/66, stammt aus dem in der Nachbarschaft Stolbergs gelegenen Harzdorf Güntersberge (WA.B 3, 654 Anm. 2 wird als Herkunftsort Glitschs irrtümlich Güntersberg Kreis Crossen/Oder [Krosno Odrzańskie] erschlossen); imm. Leipzig W 1491/92 (»Conradus Glůczsch de Gůntersbergk«) zusammen mit Martin Wediger aus Stolberg, bacc. art. W 1493/94 (Matrikel Leipzig 1, 387 M 31f; 2, 341, 25), imm. Wittenberg W 1502/03 zusammen mit Martin Malhub (Melhube) aus Stolberg (Album 1, 3), mag. art. 2.2.1503 (KÖSTLIN 1, 21). In Wittenberg war er bis Anfang 1518 (s. Anm. 183) einige Jahre Inhaber der Vikarie St. Wenzels am Allerheiligenstift (H. BARGE: Andreas Bodenstein von Karlstadt, Leipzig 1905, 2, 569). Glitsch zahlte in Wittenberg von 1510 bis 1519 Schoß für ein Haus (im Schoßregister als »Magister Conradus« bezeichnet, vgl.

Landsmann Müntzers aus Güntersberge bei Stolberg versorgte als ständiger Vikar die Pfarrei des Landstädtchens Orlamünde an der Saale, die dem Archidiakonat des Wittenberger Allerheiligenstifts inkorporiert war. Der eigentliche Pfarrherr von Orlamünde war der Wittenberger Archidiakon — seit 1511 Andreas Bodenstein von Karlstadt[181] —, der jedoch als Inhaber einer Theologieprofessur an der Universität Wittenberg nicht in Orlamünde residieren konnte[182]. Konrad Glitsch war am 26. Februar 1518 von der Universität zum Vikar von Orlamünde nominiert worden und residierte dort als Pfarrvikar bis Walpurgis 1523[183].

Glitsch nannte in seinem Auftragszettel den Adressaten, für den der Zettel bestimmt war und der Glitschs Aufträge als Bote und Mittelsmann ausführen sollte, nicht bei Namen[184]. Daß dieser Beauftragte Müntzer war, ist eindeutig: Erstens hat er an einer Stelle des Zettels eigenhändig den Ortsnamen »Leypczik« ergänzt[185] und damit Leipzig als den Ort gekennzeichnet, an dem einige der von Glitsch bestellten Waren eingekauft werden sollten[186]. Zweitens ist der Bestellzettel bei Müntzer verblieben — nach Erledigung der Aufträge, wie man annehmen darf.

Der Auftrags- und Bestellzettel ist undatiert. Die Erwähnung Leipzigs hat die Editoren veranlaßt, den Zettel mit der Leipziger Disputation in Verbindung zu bringen und ihn dementsprechend auf »Ende Juni« zu datieren[187]. Die Biographen leiteten aus dieser Datierung ein Argument

---

StadtA Wittenberg: Kämmereirechnungen 1510, Bl. 9r; 1517, Bl. 8v; 1518, Bl. 8v; 1519, Bl. 9v). Weiteres s. o. S. 50.

[181] Vgl. U. BUBENHEIMER: Consonantia Theologiae et Iurisprudentiae: Andreas Bodenstein von Karlstadt als Theologe und Jurist zwischen Scholastik und Reformation, Tübingen 1977, 11 Anm. 1.

[182] Zu den Rechtsverhältnissen s. M. WÄHLER: Die Einführung der Reformation in Orlamünde, Erfurt 1918, 11. 41f. 44-51.

[183] Anfang 1518 tauschte Glitsch seine Wittenberger Vikarei (s. Anm. 180) mit dem damaligen Pfarrvikar von Orlamünde, Magister Wolfgang Geißendorfer. Am 26. Februar 1518 wurde Glitsch von Stift und Universität als künftiger *vicarius perpetuus* von Orlamünde nominiert. Auf 1. Mai 1523 resignierte er dieses Vikariat aufgrund eines Vertrages mit Bodenstein, der daraufhin die Pfarrei selbst als Seelsorger betreute. Noch 1527 stand Glitsch bei Kurfürst Johann im Verdacht, Bodensteins und Müntzers Lehren vertreten zu haben, weshalb ihm schon vor dem Bauernkrieg (also wohl 1524) die Landesverweisung angedroht worden war. Im Bauernkrieg soll er laut Herzog Johann durch seine Predigten in Rudolstadt und Umgebung den Aufruhr unterstützt haben (BARGE 1905, 572). Ab Juni 1525 hielt sich Glitsch wieder in Wittenberg auf, nach April 1527, spätestens 1528, wurde er Pfarrer von Rakith. Über Glitsch s. BARGE 1905, 2, 66-99. 568-572; J. TREFFTZ: Karlstadt und Glitsch, in: ARG 7 (1909/10) 348-350; WÄHLER 1918, 60-62.

[184] An einzelnen Stellen wird der anonyme Adressat direkt angeredet: Q 1.8 Z. 31. 35 / MSB 554, 9f.

[185] Q 1.8 Z. 3.

[186] An der betreffenden Stelle orderte Glitsch Schrauben: Q 1.8 Z. 1f. 4 / MSB 554, 11-13. Einige Zeilen weiter hat Glitsch selbst »zu Leipcz« notiert (Bestellung von Samen): Q 1.8 Z. 5 / MSB 554, 14.

[187] BK 129 / MSB 554.

für Müntzers Teilnahme an der Leipziger Disputation ab und plazierten Müntzers Aufenthalt in Orlamünde in die Zeit vor der Disputation (Mai/Juni)[188]. Eine genauere Analyse des Inhalts erweist diese Datierung als unhaltbar.

Zunächst enthält der Brief zwei aufschlußreiche Daten. Glitsch notierte: »Zahltermine an Peter und Paul oder auf der Leipziger Messe nach Ostern.«[189] Die Annahme, der Schreiber habe neben einem Zahltermin an Peter und Paul (29. Juni) als Alternativtermin die Leipziger Ostermesse des folgenden Jahres im Auge gehabt, wäre nicht plausibel. Vielmehr muß man an die *vor* Peter und Paul liegende Ostermesse denken, die im Jahre 1519 vom 15. bis 22. Mai stattfand. Dieses Datum bietet einen ersten terminus ad quem. Weitere Anhaltspunkte für die Jahreszeit, in der der Zettel geschrieben wurde, bieten einige die Landwirtschaft betreffende Notizen. Glitsch bestellte eine Reihe von Sämereien — Samen von Krausem Salat, Basilikum, Roten Rüben, Majoran, Lavendel, Ysop[190]. Ein solcher Einkauf muß sinnvollerweise getätigt werden, bevor die Aussaatzeit für eine der genannten Pflanzen abgelaufen ist, d.h. spätestens im April[191]. Ferner teilte Glitsch mit, daß der Weingarten Karlstadts »bestellt« sei[192], eine Formulierung, bei der an den gegen Ende des Winters, etwa im Februar, durchzuführenden Rebenschnitt zu denken ist.

Daß der Zettel Glitschs überhaupt ins Jahr 1519 zu datieren ist, ergibt sich aus seiner Buchbestellung, in der er eine Reihe von Traktaten Luthers, Bodensteins und Ecks aufführte[193], die er noch nicht besaß, von deren Erscheinen er jedoch entweder schon sichere Kunde hatte oder gerüchtweise gehört haben mußte[194]. Alle von Glitsch bestellten Titel sind Ende 1518 oder Anfang 1519 erschienen:

---

[188] BOEHMER 1922, 10; ELLIGER 1975, 66; WOLGAST 1981, 13; BENSING 1983a, 93. Bei G. MÜTZENBERG: Thomas Müntzer ou l'illuminisme sanglant, Lausanne 1987, 23 wird daraus die Legende, Bodenstein habe sich mit Müntzer in Orlamünde vier Wochen auf die Disputation vorbereitet.

[189] Q 1.8 Z. 29f (MSB 554, 8). Der Kontext läßt nicht erkennen, welche Art von Zahlungen Glitsch im Auge hat. Möglicherweise handelt es sich um die Gelder, die der *vicarius perpetuus* an den Wittenberger Archidiakon abzuführen hatte (vgl. WÄHLER 1918, 11).

[190] Q 1.8 Z. 5-7 / MSB 554, 14-16. Diese Samen soll Müntzer in Leipzig vor dem Peterstor kaufen.

[191] Ende Juni wäre für den Einkauf all dieser Sämereien zu spät. Die früheste Aussaatzeit hat der Lavendel, der möglichst frühzeitig im März zu säen ist, bei klimatisch ungünstigen Bedingungen eventuell noch im April.

[192] Q 1.8 Z. 21 / MSB 554, 1.

[193] Q 1.8 Z. 9-16 (MSB 555, 2-7).

[194] Daß Glitsch laufend die Neuerscheinungen der Wittenberger beziehen wollte, zeigt seine die Bücherliste abschließende Formulierung: »Et omnia que cum tempore ab illis imprimuntur, mihi mittat.« Q 1.8 Z. 15f (MSB 555, 7f).

— Luthers *Appellatio a Caietano ad Papam* vom 16. Oktober 1518, die Luther noch 1518 herausgegeben hatte, bestellte Glitsch in einem der Leipziger Nachdrucke[195].

— Luthers *Appellatio ad concilium* erschien zwischen 9. und 11. Dezember 1518[196].

— Luthers *Sermo de triplici iustitia* ist noch 1518, wahrscheinlich gegen Jahresende, erschienen[197].

— Glitsch bestellte mit den »Conclusiones Eckii contra Carlstadium« die erste Ausgabe der Thesen Johannes Ecks für die Leipziger Disputation vom 29. Dezember 1518, die in der Überschrift zunächst nur Bodenstein als Disputationsgegner nannte[198]. Als Luther Anfang Februar 1519 ein Exemplar zu Gesicht kam, erkannte er, daß die Mehrzahl der Thesen gegen ihn gerichtet war. Er publizierte umgehend seine Gegenthesen[199]. Dadurch sah sich Eck veranlaßt, in der Zweitausgabe seiner Thesenreihe vom 14. März 1519 in der Überschrift nun direkt Luther als Kontrahenten zu nennen[200]. Andreas Bodenstein verfaßte seine Thesenreihe für Leipzig erst am 26. April 1519[201]. Als Glitsch seinen Bestellzettel schrieb, besaß er nur Kenntnis von der am 29. Dezember 1518 datierten Erstausgabe der Thesenreihe Ecks. Die weiteren Thesenpublikationen für die Leipziger Disputation waren ihm damals noch unbekannt[202].

— Mit Karlstadts »Wagen« bestellte Glitsch den Einblattholzschnitt *Himmel- und Höllenwagen*, der am 20. März 1519 zuerst in einer Ausgabe mit lateinischen Texten[203] vorlag und später in einer deutschen Fassung erschien[204]. Glitschs Zettel setzt jedoch nicht zwingend voraus, daß der »Wagen« zum Zeitpunkt seiner Bestellung erschienen war. Bodensteins Entwurf lag bereits am 14.

[195] Siehe Q 1.8 Anm. 16.
[196] Q 1.8 Anm. 15.
[197] Q 1.8 Anm. 14.
[198] Q 1.8 Anm. 18.
[199] WA 2, 158-161.
[200] LÖSCHER 3, 559-563 mit 210f. Anfang der Thesenüberschrift: »Contra D. M. Lutherum...« (ebd. 210).
[201] Conclusiōes Carolostadij contra D. Joannem Eccum Lipsiae xxvij Junij tuende. [Wittenberg: Johann Rhau-Grunenberg 1519.] FREYS/BARGE Nr. 16. Ediert bei LÖSCHER 3, 284-291.
[202] In MSB 555 Anm. 20 werden die von Glitsch bestellten »Conclusiones Eckii contra Carlstadium« falsch mit Ecks Zweitausgabe vom 14. März 1519 identifiziert.
[203] Abgebildet in: Kunst der Reformationszeit, Berlin 1983, 356.
[204] Zur Entstehungsgeschichte des Holzschnitts s. U. BUBENHEIMER: Andreas Rudolff Bodenstein von Karlstadt, in: Andreas Bodenstein von Karlstadt 1480-1541: Festschrift der Stadt Karlstadt zum Jubiläumsjahr 1980/ hg. v. W. MERKLEIN, Karlstadt 1980, 19-28.

Januar als noch unerledigter Auftrag in der Werkstatt Lukas Cranachs[205]. Glitsch hätte demnach schon einige Zeit vor Erscheinen des Holzschnitts Nachricht über Bodensteins Publikationsplan haben können.

— Sehr aufschlußreich ist Glitschs Bestellung eines Traktats Bodensteins »de vera penitentia«[206]. Bei dieser nicht identifizierten Schrift handelt es sich um Bodensteins *Epitome de impii iustificatione*[207], die Bodenstein Anfang Januar 1519 abschloß[208]. Sie erschien zwischen 14. Januar und 1. Februar bei Melchior Lotter d.Ä. in Leipzig[209]. Das Thema dieser Schrift war die als *mortificatio impii* interpretierte Buße[210], die Bodenstein mit der *iustificatio impii* gleichsetzte. Glitsch besaß zwar zutreffende Kenntnisse über die Thematik der Schrift, wenn er sie als »Traktat von der wahren Buße« bezeichnete. Diese vom Druck abweichende Titelformulierung spiegelt aber ein Informationsniveau wider, wie man es im Januar 1519 in Wittenberg oder in Leipzig[211] erwerben konnte.

Zusammenfassend läßt sich aus Glitschs Buchbestellungen ablesen, daß sie einen Kenntnisstand widerspiegeln, wie man ihn aus Wittenberg und Leipzig im Januar 1519 beziehen konnte. Da sich Glitsch für alle Publikationen Luthers und Bodensteins interessierte, ist bemerkenswert, daß er außer Luthers und Bodensteins Thesen für die Leipziger Disputation eine Reihe weiterer nach Januar 1519 erschienener Lutherschriften in seiner Bestellung noch nicht aufführte und demnach noch nicht

---

[205] Ebd. 19.

[206] Q 1.8 Z. 14 / MSB 555, 6.

[207] Epitome Andree Carolostadij De impij iustificatione, quam non male ad inferos deductum reductū q(ue) vocaueris. Leipzig: Melchior Lotter d.Ä. 1519 (FREYS/BARGE Nr. 13). Bei diesem mit Interlinearspatien ausgestatteten Druck handelt es sich um einen Vorlesungsdruck. Bodensteins Handexemplar mit seinen handschriftlichen Notizen für die Vorlesung befindet sich in der UB München: 4° Theol. 5464,4. Das Exemplar der UB Oslo: Lib. rar. 722 enthält Nachschriften aus Bodensteins Vorlesung.

[208] Bodensteins Datierung am Schluß des Textes (D 4ʳ): »Data Vuittenbergae. Anno a natali Christiano supra sesquimillesimum. xix.« Angesichts der Daten der Drucklegung (s. Anm. 209) muß Bodenstein diese Datierung bereits vor 14. Januar 1519 niedergeschrieben haben.

[209] Am 14. Januar 1519 war die Schrift noch in der Lotterschen Druckerei, am 2. Februar schickte Luther ein Exemplar an Johannes Sylvius Egranus. BUBENHEIMER 1977, 289f Anm. 2.

[210] Vgl. am Schluß (D 4ʳ): »Mallem: egregii patroni: iusti liberationem, et peccatorum remissionem per Psalmorum aliquem velut depingere. sed cum invito tantum sermo excreverit, ut proposi ti terminos excesserit, coactus vela complico, alibi fortasse copiosius de poenitentia scripturus.«

[211] Neben der Drucklegung in Leipzig ist noch zu beachten, daß die Schrift dem Dr. med. Simon Pistoris in Leipzig und dessen Söhnen Simon und Christoph (vgl. oben Anm. 107) gewidmet ist (A 2ʳ).

kannte: Luthers *Sermon von dem ehelichen Stand*[212], den *Unterricht auf etliche Artikel, die ihm von seinen Abgönnern aufgelegt und zugemessen werden*[213], die *Auslegung deutsch des Vaterunsers für die einfältigen Laien*[214] und den *Sermon von der Betrachtung des heiligen Leidens Christi*[215]. Aus diesem Sachverhalt läßt sich nicht ableiten, Glitschs Bestellzettel müsse schon im Januar geschrieben worden sein. Vielmehr ist zu folgern, daß er zu dem Zeitpunkt, als er Müntzer seinen Zettel mitgab, aktuelle Informationen aus Wittenberg oder Leipzig nach Januar 1519 nicht mehr erhalten hatte. Da dieser Zettel erkennen läßt, daß Müntzer als Bote zwischen Glitsch in Orlamünde und dessen Wittenberger Freunden[216], insbesondere aber zwischen Glitsch und Bodenstein[217] fungierte, so liegt die Vermutung nahe, daß Glitsch seine bibliographischen Informationen von Müntzer hatte, der sie im Januar nach Orlamünde mitbrachte. In diesem Licht ist es wahrscheinlich, daß Müntzer im Anschluß an seinen am 11. Januar 1519 belegten Aufenthalt in Leipzig nach Orlamünde reiste. Christian Döring setzte an diesem Tag in seinem Brief an Müntzer voraus, daß dieser in nächster Zeit nicht nach Wittenberg kommen werde: Er fordert Müntzer auf, sich zum Angebot Bernhardis, ihn als Kaplan anzustellen, brieflich zu äußern und sich auf Ostern 1519 bei Bernhardi einzufinden[218].

Faßt man alle Daten, die Glitschs Auftrags- und Bestellzettel liefert, zusammen, so läßt sich mit Sicherheit angeben, daß Müntzer in dem vom 11. Januar (Aufenthalt in Leipzig) und vom 24. April 1519 (erste Predigt in Jüterbog) umgrenzten Zeitraum in Orlamünde gewesen sein muß. Wahrscheinlich ist, daß Müntzer im Januar 1519 von Leipzig nach Orlamünde reiste. Im Rahmen dieser Termine könnte auch die Reise nach Franken noch untergebracht werden, falls diese nicht schon 1518 stattgefunden hat, was angesichts der Gesamtumstände wahrscheinlicher ist.

Der Zettel Glitschs läßt nicht erkennen, *wie lange sich Müntzer in Orlamünde aufhielt* und was er dort tat. Der genannte Zeitraum zwischen 11. Januar und 24. April 1519 läßt einen längeren Aufenthalt in Orlamünde bis zu etwa drei Monaten als möglich erscheinen. Der Brief, den Döring

---

[212] Diesen Sermon hielt Luther am 16. Januar 1519. Eine nichtautorisierte Nachschrift wurde in Leipzig herausgegeben: BENZING 358f; WA 9, 213-219; vgl. WA 2, 162f. Luther kritisierte diese Ausgabe am 13. April im Brief an Johannes Lang (WA.B 1, 370, 74-77).

[213] BENZING 293; WA 2, 66-72. Am 5. März war die Schrift erschienen (WA.B 1, 356, 4-6).

[214] BENZING 265; WA 2, 74-130. Die Schrift war am 12. Februar in Arbeit, am 5. April war sie gedruckt (WA.B 1, 326, 12; 367, 9f).

[215] BENZING 312; WA 2, 131-142; lag am 5. April gedruckt vor (WA.B 1, 367, 9f).

[216] Q 1.8 Z. 17-20 / MSB 555, 8-10.

[217] Q 1.8 Z. 21-33 (MSB 554, 1-9).

[218] Q 1.7 Z. 5-7 (MSB 351, 5-7).

am 11. Januar von Wittenberg aus an Müntzer schrieb, gibt sogar Anlaß, mit der Möglichkeit zu rechnen, daß Müntzer schon vor 11. Januar 1519 in Orlamünde war. Denn die Frage liegt nahe: Warum hat Müntzer in Wittenberg nicht selbst mit Bernhardi wegen einer Anstellung gesprochen, wenn er von Wittenberg aus nach Leipzig gereist sein sollte? Warum hat Döring dies für ihn erledigen müssen? Folgender Vorgang wäre plausibel: Müntzer reiste von Orlamünde, wo er sich schon Ende 1518 aufhielt, zur Leipziger Messe nach Leipzig und traf dort während der Messe (1.-8. Januar) Döring[219]. Döring sprach in Wittenberg bald nach seiner Rückkehr in Müntzers Auftrag mit Bernhardi[220] und schrieb umgehend am 11. Januar an den einige Tage länger in Leipzig weilenden Müntzer.

Eine zweite Überlieferung unterstützt die Annahme eines längeren Aufenthaltes Müntzers in Orlamünde. Der Nürnberger Pfarrer Martin Glaser (†1553) schrieb im Jahre 1529 in seinen Taulerband, den er 1519 von Luther als Geschenk erhalten hatte:

»Durch diese Taulers Leer / vom Geist und Grunde der Seel / nit wohl verstanden, ist verfürt Thomas Münzer und sein anhang / denn er ihn stets las (wie wir wohl wissen und bekant was) mit sambt einem Weib / die meister Conrads / Pfarrherrn zu Orlamünd / köchin gewest ist / und ettwan zu Leipzig auch ein solch wesen hett, daß man sie vor heylig achtet. Von der gedachter Münzer nit wenig seines irrthumbs hilff genumen hat. Im folget Andreas Karlstadt / auch solchen Irthumb glaubt und verfürt ist worden, und haben iren Irrthumb zu Orlamünda gheckt und ausbreyd / als zubesorgen / aus neyd / denn ich sie beyd sehr wohl kennte.«[221]

---

[219] Döring kann als Besucher der Leipziger Neujahrsmesse nachgewiesen werden. Einen Beleg für seine Teilnahme im Jahre 1516 bietet W. SCHADE: Die Malerfamilie Cranach, Dresden 1974, 408 Nr. 129. Im Januar 1519 hatte Döring nachweislich Handelskontakte mit Leipzig. In diesem Monat hat er für den Wittenberger Rat zwei Fäßchen Südwein von Leipzig nach Wittenberg transportiert: StadtA Wittenberg: Kämmereirechnung 1518/19, Bl. 178r.

[220] Döring führt die Angelegenheit einer Anstellung Müntzers durch Bernhardi in seinem Brief so unvermittelt ein (s. Q 1.7 Z. 3-5 / MSB 351, 3-5), daß man daraus schließen kann, daß darüber schon vorher zwischen Döring und Müntzer gehandelt worden war.

[221] E. S. CYPRIAN: Der Ander und Letzte Theil zu Wilh. Ernst Tentzels... Historischen Bericht vom Anfang und ersten Fortgang der Reformation Lutheri..., Leipzig 1718, 334f. Diesem Zitat schickt CYPRIAN 334 folgende Bemerkung voraus: »Der hochgelahrte Polyhistor, Herr D. Godefried Thomasius zu Nürmberg, besitzet Tauleri an. 1508 zu Augspurg gedruckte Predigten, welche Lutherus 1519. seinem discipul Martino Glasero, geschencket. In itztgedachten codicem hat Glaserus an. 1529. geschrieben: ...« H. BOEHMER: Studien zu Thomas Müntzer, Leipzig 1922, 10 hat Glaser irrtümlich mit Kaspar Glatz, der ab 1524 Pfarrer in Orlamünde war, identifiziert (so noch K. EBERT: Thomas Müntzer, Frankfurt am Main 1987, 79). Dieser Fehler ist bereits korrigiert bei H. VOLZ: Der Nürnberger Augustinermönch Martin Glaser und seine Beziehungen zu Martin Luther, in: ZBKG 40 (1971) 42f.

Glaser gibt an, Müntzer und Karlstadt sehr gut gekannt zu haben. Als Konventuale des Nürnberger Augustinerklosters kam er am Ende des Wintersemesters 1505/06 nach Wittenberg und wurde hier am 21. September 1517 *baccalaureus biblicus*. Am 2. September 1518 ist er zum erstenmal belegt als Prior in Ramsau bei Wasserburg am Inn[222]. Glaser konnte also Bodenstein in mehr als elf Jahren genügend kennenlernen. Auch die von Glaser erwähnte gute Bekanntschaft mit Müntzer kann nur auf Glasers Wittenberger Zeit zurückgehen. Müntzer, der spätestens im Verlauf des Wintersemesters 1517/18 nach Wittenberg kam, und der Augustinermönch müssen sich dort begegnet sein.

Glaser berichtet von Müntzers Taulerstudium in Orlamünde. Diese Nachricht enthält für uns zwei biographisch ergiebige Mitteilungen: Müntzers Beschäftigung mit Tauler wird *erstens* mit der Orlamünder Pfarrköchin und *zweitens* mit Andreas Bodenstein in Verbindung gebracht. Diese meines Erachtens wertvollen Nachrichten sind sorgsam zu prüfen und nicht vorschnell als legendär abzutun, weil sie erst 1529 nach dem Bauernkrieg geschrieben sind[223].

Die Nachricht, Müntzer habe Tauler zusammen mit der Köchin des Pfarrvikars Konrad Glitsch gelesen, spricht zunächst für eine etwas längere Dauer von Müntzers Aufenthalt in Orlamünde. Ferner ergibt sich daraus, daß sich Müntzer mit größter Wahrscheinlichkeit im Pfarrhaus in Orlamünde aufgehalten hat. Für derartige Kontakte sprechen auch die Art der Aufträge, die Glitsch Müntzer in seinem Zettel erteilt hat. Diese Beobachtung ermöglicht eine Hypothese über den ursprünglichen Anlaß für Müntzers Aufenthalt in Orlamünde: Zur Orlamünder Pfarrei gehörte die Stelle eines Kaplans, der seine Wohnung ebenfalls im Pfarrhaus hatte[224]. Müntzer könnte demnach als Pfarrkaplan in Orlamünde gewirkt haben. Die Wahrscheinlichkeit dieser Hypothese erhöht sich durch den Umstand, daß Andreas Bodenstein als dem Wittenberger

---

[222] VOLZ 1971, 38f.

[223] Glasers Notiz stellt einen nicht für die Öffentlichkeit gedachten Bucheintrag dar. Eine Entstehung der biographischen Daten aus propagandistischen Motiven kann daher nicht vorausgesetzt werden. Für Richtigkeit der Daten spricht die Tatsache, daß zwei Punkte sich aufgrund anderer Quellen als korrekt erweisen lassen: Müntzers Aufenthalt in Orlamünde ist durch Glitschs Bestellzettel erwiesen. Die Bekanntschaft Glasers mit Müntzer ist aus ihrer gleichzeitigen Anwesenheit in Wittenberg zu erschließen. Glaser deutet mit der Formulierung »wie... bekannt was« an, daß weitere Personen um Müntzers Taulerstudium mit der Pfarrköchin wußten. Er könnte die Nachricht von den Wittenberger Freunden bezogen haben, evtl. schon 1519, als Luther ihm den Taulerband schenkte. Dieses Geschenk dürfte sich übrigens als Gegengabe für ein Pferd erklären, das Glaser Luther in Augsburg 1518 geliehen und nicht mehr zurückerhalten hatte (vgl. WA.B 1, 408, 7f mit 409 Anm. 2). Die Angaben Glasers über das Auftreten der Pfarrköchin in Leipzig fällt nicht aus dem Rahmen der religiösen Mentalität jener Zeit.

[224] Siehe Q 1.8 Anm. 39.

Archidiakon gemeinsam mit dem Rat von Orlamünde das Besetzungs-
recht für diese Stelle zustand[225]. So könnte Bodenstein Müntzer von Wittenberg nach Orlamünde geschickt haben. Zu dieser Interpretation paßt
schließlich, daß Glitsch den abreisenden Müntzer in seinem Zettel auch
beauftragt, mit Bodenstein über Kaplan und Schulmeister zu
sprechen[226]. Möglicherweise waren beide Stellen zu besetzen, eventuell
gerade wegen Müntzers Weggang.

Die Übernahme einer Kaplanei lag damals durchaus im Horizont
Müntzers, wie das Angebot Bernhardis zeigt, Müntzer auf Ostern 1519
— also unmittelbar nach Müntzers Aufenthalt in Orlamünde — als
Kaplan anzustellen. Falls die Hypothese, Müntzer sei in Orlamünde
Kaplan gewesen, zutrifft, dann hätte Müntzer während der Wintermonate in Orlamünde gewirkt. Es gehörte zu Müntzers Lebensstil, sich
kurzfristige Stellen über die Wintermonate zu suchen: Im Winter
1520/21 wirkt er als Beichtvater bei den Nonnen in Beuditz[227], im Winter
1522/23 als Kaplan bei den Nonnen in Glaucha bei Halle[228].

Angesichts der naheliegenden Vermutung, Bodenstein habe Müntzers
Reise nach Orlamünde mit veranlaßt, verdient die Erwähnung Bodensteins in Glasers Bericht über Müntzers Taulerlektüre erhöhte Aufmerksamkeit. Glasers in dieser Hinsicht nicht eindeutigen Ausführungen vermögen zu suggerieren, Müntzer habe mit Bodenstein *gemeinsam* in
Orlamünde Tauler gelesen oder diskutiert[229], was Glaser allerdings nicht
ausdrücklich sagte. Jedenfalls hielt sich Bodenstein in der Zeit, als Müntzer in Orlamünde war, nachweislich in Wittenberg auf und übte dort
seine Lehrtätigkeit aus[230]. Dennoch ist die Frage damit nicht erledigt, ob Bodenstein eine Rolle bei Müntzers Taulerstudien spielte. Gla-

---

[225] Ebd.

[226] Q 1.8 Z. 32f (falsch entziffert MSB 554, 9: »Capitulam« statt »Caplann«).

[227] MSB 351-356 Nr. 6-10; ELLIGER 1975, 69.

[228] Vgl. ELLIGER 1975, 242-247. Im Herbst davor ist direkt belegt, daß Müntzer einen
Dienst für die Winterzeit suchte. Müntzer hatte sich deswegen an seinen Freund Johann
Buschmann gewandt, jedoch vergeblich. Siehe den Brief Buschmanns an Müntzer in
Nordhausen, o.O., 1522 September 30: »De alio vero servitio pro brumale tempore
habendo te certiorem reddere nequeo.« MSB 386, 11f. Nach seiner Vertreibung aus
Halle schrieb Müntzer am 19. März 1523 an unbekannte Anhänger in Halle: »Ich habe
zwene gulden vore das domina den ganzen winter...« MSB 388, 10f.

[229] EBERT 1987, 79 behauptet, Bodenstein habe 1519 in Orlamünde als Pfarrer
gewirkt. Das war aber erst 1523/24 der Fall.

[230] Zwischen Ende August 1518 und dem Beginn der Leipziger Disputation ist Bodenstein so häufig und kontinuierlich in Wittenberg belegt, daß ein längerer Aufenthalt
Bodensteins in Orlamünde, wie ihn gemeinsame Taulerlektüre mit Müntzer erfordert
hätte, in diesem Zeitraum mit Sicherheit ausgeschlossen werden kann. Nur eine Reise
Bodensteins nach Meißen ist belegt, die er irgendwann nach dem 26. September 1518
angetreten hat, und von der er am 20. Oktober nach Wittenberg zurückkehrte (OLEARIUS
1671, 35). Ausgewertet wurden Bodensteins Briefe und Schriften, der Liber Decanorum
sowie Luthers Briefwechsel.

ser sah in Taulers Lehre »vom Geist und Grunde der Seel« den Kern
des Irrtums Müntzers und Bodensteins. Es ist zu erwägen, ob diese
Behauptung Glasers nicht letztlich auf Erinnerungen Glasers aus seiner
Wittenberger Zeit zurückgehen könnte. Nachdem dort Tauler nachweislich spätestens ab 1516 von Professoren und Studenten gekauft und gelesen wurde, wird man dort auch über Tauler diskutiert haben. Während
sich Müntzers ursprüngliche Taulerrezeption angesichts des Fehlens seines Taulerbandes[231] heute nicht mehr unmittelbar dokumentieren läßt,
kann Bodensteins damalige Taulerlektüre noch direkt quellenmäßig
erfaßt werden über die umfangreichen Randbemerkungen und Niederschriften in seinem Exemplar der Predigten Taulers[232], die überwiegend
aus den Jahren 1517-19 stammen. Hier läßt sich überprüfen, welche
Rolle Taulers Lehre »vom Geist und Grunde der Seel« in Bodensteins
Taulerrezeption spielte.

'Grund' und 'abgrund' gehören zu den Begriffen, die Bodenstein am
häufigsten aus dem Taulertext herausgehoben hat. Auf dem hinteren
Vorsatzblatt des Bandes finden sich 'grund' und 'abgrund' unter den
von ihm exzerpierten Begriffen. Im Text selbst hat Bodenstein 'grund'/
'abgrund' mindestens 27mal am Rand notiert[233] sowie mindestens 25mal
unterstrichen[234]: Diese quantitative Übersicht[235] erlaubt den Schluß, daß
Bodenstein ein starkes Interesse an der Thematik Grund/Abgrund hatte,
d.h. an den Aussagen Taulers über den Ort der mystischen Vereinigung.
Insofern hatte Glaser eine richtige Erinnerung an ein zentrales Thema,
das Bodenstein bei seiner Taulerrezeption 1517-19 beschäftigte. Man

---

[231] Über Müntzers heute verschollenes Taulerexemplar, das zuletzt 1607 im Besitz
Christophs von Waldenroth belegt ist, s. B. G. STRUVE: Acta litteraria ex manuscriptis
eruta atque collecta, [Bd. 1], Jena 1703, 196. Vgl. M. STEINMETZ: Thomas Müntzer und
die Mystik, in: Bauer, Reich und Reformation: Festschrift für Günther Franz zum 80.
Geburtstag am 23. Mai 1982/ hg. v. P. BLICKLE, Stuttgart 1982, 148f. 158, wo aus Struves
Ausführungen zu Unrecht gefolgert wird, Müntzers Taulerband sei von Struve in der
Kirchenbibliothek Gera benutzt worden und müsse deshalb 1780 bei einem Geraer
Stadtbrand untergegangen sein. Müntzers Taulerexemplar lag Struve nicht vor.

[232] Evang. Predigerseminar Wittenberg: HTh fol 891: Sermones: des höchgeleerten
in gnaden erleüchten doctoris Johannis Thaulerii sannt dominici ordens..., Augsburg:
Johann Otmar 1508, mit Bodensteins Kaufvermerk vom 27. April 1517.

[233] Einschließlich des lateinischen Äquivalents 'essentia': 1va. 2ra. 3vb. 4ra (3mal). 6va.
7ra. 9ra. 32va. 35ra. 75va. 76ra. 81vb (2mal). 100ra. 110va. 129va. 130va. 131rb. 131vb.
132ra. 132rb. 136vb. 157va. 193rb. 193va.

[234] 11va. 11vb. 15va. 33va. 44va. 54va. 70va. 75vb. 76rb. 84vb. 85ra. 89rb (2mal). 131rb.
135va. 136va. 136vb. 152vb. 153ra. 166ra. 174vb. 193ra (2mal). 199vb. 205ra.

[235] Zur qualitativen Analyse, die hier nicht aufgenommen werden kann, s. vorläufig
mein Typoskript »Karlstadt liest Tauler: sein reformatorischer Weg im Spiegel seines
Taulerbandes in der Bibliothek des Predigerseminars Wittenberg« (1987, 36 S.), das in
der Bibliothek des Evang. Predigerseminars in Wittenberg deponiert ist und dort zusammen mit dem Taulerband benutzt werden kann.

wird in Wittenberg darüber gesprochen haben[236]. So scheint es mir angebracht zu sein, den historischen Kern von Glasers Bemerkung darin zu
suchen, daß auch Müntzers Taulerlektüre in Wittenberg entweder
bereits begonnen hatte oder zumindest angeregt wurde und daß der Austausch mit Bodenstein hierbei eine wichtige Rolle spielte. Die negative
Bewertung, die Glaser diesem Vorgang im Jahre 1529 gab, ist allerdings
erst eine Folge von Luthers Kampf gegen die »Schwärmer« seit 1524.

Müntzers *Rückkehr von Orlamünde nach Wittenberg* ist schließlich ebenfalls
in Glitschs Bestellzettel dokumentiert. Als er zu einem nicht näher
bestimmbaren Zeitpunkt vor Ostern 1519 von Orlamünde abreiste,
waren seine Reiseziele Leipzig und Wittenberg. In Leipzig sollte er für
Glitsch bestimmte Einkäufe tätigen[237] und dem Korrektor der Lotterschen Druckerei Hermann Tulken Grüße bestellen[238]. In Wittenberg
sollte er mit Bodenstein über verschiedene dessen Pfarrei betreffende
Angelegenheiten sprechen[239], vielleicht auch dort einen Teil der bestellten Waren und Bücher besorgen, schließlich Bodenstein, Luther, Otto
Beckmann und Johann Agricola von Eisleben Grüße ausrichten[240].
Obwohl Müntzer für Glitsch einkaufen sollte, setzte der Pfarrvikar voraus, daß Müntzer nicht nach Orlamünde zurückkehren, sondern sich
längere Zeit in Wittenberg aufhalten werde. Zwischen den beiden Magistern war brieflicher Kontakt geplant[241]. Müntzer sollte Glitsch nicht nur
schreiben, welche Vorlesungen Luther, Bodenstein und Melanchthon
abhalten[242], sondern ihm auch alle Schriften Luthers und Bodensteins
schicken, die »im Lauf der Zeit« gedruckt würden[243].

Wenn wir aus den Quellen Müntzer in der Folgezeit nicht direkt in
Wittenberg belegen können, so besagt das nicht, daß Müntzer seine
Pläne geändert habe. Denn in Jüterbog ist Müntzer nur an Ostern 1519
für drei Tage belegt, und eine eventuelle anschließende Tätigkeit in
Kemberg wäre einem Aufenthalt im unmittelbar benachbarten Witten-
berg im Blick auf die Möglichkeit sowohl der Partizipation an den dorti-

---

[236] Bodensteins Beschäftigung mit Tauler hat in jenen Jahren in Predigt, Vorlesung
und Traktaten Niederschlag gefunden. Zur Predigt siehe seinen *Sermon am Lichtmeßtag*
vom 2. Februar 1518: UnNachr 1703, 119-125. Zugehörige Notizen zur Vorbereitung
dieser Predigt finden sich in Bodensteins Taulerband Bl. 14ᵛ. — Zur Vorlesung s. ein
Taulerzitat in Bodensteins Handexemplar der Epitome... De impij iustificatione (wie
Anm. 207), B 1ᵛ (UB München: 4° Theol. 5464,4), wozu sich parallele Randbemerkungen im Taulerband Bl. 33ʳᵇ finden.
[237] Q 1.8 Z. 1-7 (MSB 554, 11-16 mit Anm. 11).
[238] Q 1.8 Z. 20 / MSB 555, 10.
[239] Q 1.8 Z. 21-33 (MSB 554, 1-9).
[240] Q 1.8 Z. 19f / MSB 555, 9f.
[241] Q 1.8 Z. 31 / MSB 554, 9.
[242] Q 1.8 Z. 17f / MSB 555, 8.
[243] Siehe oben Anm. 194.

gen Studien und Diskussionen als auch des Austauschs mit Lehrern und
Studenten nahezu gleichgekommen.

4.5. Die Jüterboger Predigten (Ostern 1519)

Der Jüterboger Ratsprediger Franz Günther († 1528), in Wittenberg
ausgebildet, war wegen seiner offensiven reformatorischen Predigten mit
den Franziskanern in Jüterbog in Streit geraten und wegen Beleidigung
der Äbtissin des Frauenklosters beim Bischof von Brandenburg ange-
klagt worden. Er sah sich daher zu einer Predigtpause gezwungen und
holte Müntzer, der ihm von Wittenberg her bekannt gewesen sein muß,
auf Ostern 1519 nach Jüterbog. Hier hielt Müntzer von Ostersonntag bis
Dienstag nach Ostern (24.-26. April) drei Predigten[244]. Diese zeigen
einen kleinen Ausschnitt von dem, was Müntzer gegen Ende seiner Wittenberger Studienzeit theologisch vertreten hat. Von den Predigten existiert allerdings nur ein Bericht der altgläubigen Gegenpartei. Der Franziskaner Bernhard Dappen, Lektor des Jüterboger Konvents, beklagt
sich über Müntzer in zwei Briefen, in denen er einen Bericht über die
jüngsten kirchlichen Vorgänge in Jüterbog gibt. Am 4. Mai 1519
schreibt er an den bischöflichen Vikar der Diözese Brandenburg, Jakob
Gropper, am 5. Mai 1519 an den Bischof Hieronymus Scultetus[245]. Dappen gibt keine geschlossene Inhaltsangabe von Müntzers Predigten, sondern stellt einige für ihn besonders anstößige Sätze Müntzers zusammen.
Diese Sätze ergeben jedoch ein widerspruchsfreies Bild und scheinen
keine Verzerrungen Dappens zu enthalten.

Müntzers Predigten voraus gingen die Auseinandersetzungen Franz
Günthers sowie eines namentlich nicht bekannten Wittenberger Augusti-
nermönchs, Magisters und Lektors der Theologie[246], mit den Jüterboger
Franziskanerobservanten. Müntzer knüpft insofern an diesen Konflikt

---

[244] Bernhard Dappen berichtet am 4./5. Mai 1519 (s. Anm. 245) nur von drei Predigten Müntzers am 24.-26. April, weshalb angenommen werden kann, daß Müntzer
danach keine weiteren Predigten gehalten hat. Für die Behauptung, Müntzer habe Jüterbog erst im Mai gezwungenermaßen verlassen (H. BOEHMER: Studien zu Thomas Müntzer, Leipzig 1922, 10; danach EBERT 1987, 79), gibt es keinen Beleg.

[245] Bernhard Dappen OFM an Jakob Gropper, Vikar des Bischofs von Brandenburg,
Jüterbog, 1519 Mai 4; Dappen an Hieronymus Scultetus, Bischof von Brandenburg,
Jüterbog, 1519 Mai 5. Beides in: Articuli per fratres minores de observantia propositi...
Episcopo Brandenburgensi contra Luteranos (wie Anm. 53), A 2ʳ-4ᵛ bzw. A 4ᵛ-5ᵛ. Voll-
ständiger Text bei J. WALLENBORN: Luther und die Franziskaner in Jüterbog, in: FS 17
(1930) 152-159; Edition mit Übersetzung bei BENSING/TRILLITZSCH 1967, 132-144; Text-
auszug in MSB 561-563. Über die Jüterboger Streitigkeiten zuletzt GERHARD HAMMER:
Franziskanerdisputation. 1519, in: WA 59, 1983, 628-632.

[246] Articuli, A 2ʳ / BENSING/TRILLITZSCH 132. Die von diesem Augustiner vertretenen
Positionen: Articuli, A 2ʳ⁻ᵛ / BENSING/TRILLITZSCH 134.

an, als er von seiner ersten Predigt an offensiv gegen die Mönche Stimmung macht und damit einen österlichen Kanzelkrieg auslöst. Inhaltlich greift er jedoch nicht die Themen Günthers und des Augustinermönchs auf, sondern bringt eigene Themen ins Gespräch[247].

Aus Müntzers Predigt am Ostersonntag berichtet Dappen nur ein einziges Detail. Müntzer machte sich über die vorausgegangenen Passionspredigten des Gardians der Minoriten folgendermaßen lustig: »An diesem Ort wurde das Leiden Christi von jemand gepredigt, der die Behauptung aufstellte, die Bibel sei nicht in Griechisch oder Hebräisch geschrieben. So bittet Gott für einen so erbarmungswürdig irrenden Menschen, er möge diesen in seiner grundlosen Barmherzigkeit erleuchten, damit er nicht in seinem Irrtum zugrunde gehe.« Müntzer begann damit, die angebliche Unbildung und Dummheit der Mönche an den Pranger zu stellen. In der Dienstagspredigt kritisierte er erneut die Mönche, »die weder Griechisch noch Hebräisch können, sondern nur questen und stinken.«[248] Müntzer steht hier in einer Tradition humanistischer Mönchskritik, wie sie in Deutschland seit den *Dunkelmännerbriefen* populär und Mode geworden war. 1520 wird er diese Art von Kritik in seinem Streit mit den Franziskanern in Zwickau fortsetzen. Müntzer präsentierte sich seinen Hörern in Jüterbog also zuerst einmal als ein Humanist[249]. Als solchen haben wir ihn im Rahmen seiner Wittenberger Studien kennengelernt.

Theologisch gewichtiger ist Dappens Bericht über die dritte Predigt Müntzers am Dienstag nach Ostern. Der Franziskanergardian hatte am Vormittag eine Predigt »über den Gehorsam gegenüber der heiligen römischen Kirche und über die Schriften der approbierten Doktoren, nämlich des heiligen Bonaventura und des Heiligen Thomas« gehalten[250]. Der Gardian beschäftigte sich also, unverkennbar im Blick auf die

---

[247] Dappen unterscheidet in seinen Klageschriften klar zwischen den Thesen Günthers, des Augustinermönchs und Müntzers. Dazu verpflichtet ihn seine Intention, ein prozessuales Vorgehen des Bischofs von Brandenburg in Gang zu setzen. In der Literatur wurde dies nicht hinreichend beachtet. EBERT 1987, 76-78 vermischt die Positionen Günthers und Müntzers und legt deshalb ebd. 78 Müntzer den von Dappen nur Günther angelasteten Satz in den Mund, »... quod Bohemi essent meliores Christiani quam nos« (Articuli, A 2r / BENSING/TRILLITZSCH 132).

[248] Articuli, A 2v. A 4r / BENSING/TRILLITZSCH 136. 140.

[249] Erasmus hatte sich in seiner *Hieronymi vita* über die Sprachstudien des Hieronymus geäußert: »Proinde cum ipsa re compertum haberet, litteras arcanas nec intelligi posse, nec tractari quemadmodum oportet: nisi cognitis his linguis, quibus primum nobis proditae sunt...« Omnium operum... Hieronymi... tomus primus, Basel 1516 (wie Anm. 60), β 2v. Johannes Geiling hat 1518 in seinen auf eine Wittenberger Lehrveranstaltung (des Rhagius? Stackmanns?) zurückgehenden Randbemerkungen (s. o. Anm. 60) dazu notiert: »Nemo fit bonus theologus nisi qui gre(cas) et heb(raeas) litteras cum latinis imbibit.«

[250] Articuli, A 3v / BENSING/TRILLITZSCH 138.

laufenden Auseinandersetzungen, mit der jurisdiktionellen und theologischen Autorität in der Kirche. Müntzer hielt am Abend desselben Tages eine Gegenpredigt[251]. Aus dem Bericht Dappens greife ich nur die gewichtigsten Punkte heraus, um sowohl Müntzers Anschluß an die Wittenberger Theologen als auch eigenständige Akzente Müntzers aufzuzeigen.

Müntzer geht von einem Verfall von Theologie und Kirche in den letzten 300-400 Jahren aus. In dieser Zeit hätten sie das Evangelium unter der Bank liegen lassen[252]. Aus dem Bereich der Theologie werden insbesondere das Standardlehrbuch der scholastischen Theologie, die Sentenzen des Petrus Lombardus, sowie die Sentenzenkommentare verworfen. Namentlich werden die anerkannten Ordenslehrer Bonaventura (Franziskaner) und Thomas von Aquin (Dominikaner) als Autoritäten zurückgewiesen. Der Umstand, daß die Kirche die Lehre dieser scholastischen Doktoren zulasse, habe nicht mehr Bedeutung als die Zulassung von Huren und Kupplern in den Städten[253]. In dieser antischolastischen Position ist sich Müntzer sowohl mit den Humanisten[254] als auch mit dem Lutherkreis in Wittenberg einig. Der Angriff auf Bonaventura und Thomas wird von Luther in seinem Brief an den Minoritenkonvent zu Jüterbog vom 15. Mai 1519 gedeckt[255].

Luther überschritt die bisherige Grenze humanistischer Theologiekritik, als er in seiner 13. These für die Leipziger Disputation nun auch den päpstlichen Primat als ein Produkt des kirchlichen Verfalls der letzten 400 Jahre bezeichnete[256]. Der namenlose Wittenberger Augustiner, den Günther im April 1519 zu einem Gespräch mit den Jüterboger Minoriten mitgebracht hatte, bestritt bereits sowohl die Autorität des Papstes als

---

[251] Articuli, A 4ᵛ / BENSING/TRILLITZSCH 142. Über diese Predigt berichtet Dappen in jedem seiner zwei Briefe an die bischöfliche Kurie: Articuli, A 3ᵛ-4ʳ. A 4ᵛ-5ʳ / BENSING/TRILLITZSCH 138-140. 142.

[252] Articuli, A 3ᵛ. 4ʳ. 5ʳ / BENSING/TRILLITZSCH 138. 140. 142.

[253] Articuli, A 3ᵛ. 5ʳ / BENSING/TRILLITZSCH 138. 142.

[254] Erasmus beklagte in der *Hieronymi vita* ebenfalls den durch Thomisten, Scotisten und Ockhamisten verschuldeten Verfall der Theologie und fährt fort: »At qui si hanc ob causam in theologorum senatum non recipiunt Hieronymum: ne Paulum quidem aut Petrum recipient: neque quenque omnino qui ante quadringentos annos vixerit. O miserum illud saeculum, O calamitatem orbis christiani, qui plus mille annos absque theologis steterit: praesertim cum illis temporibus latissime patuerit religio christiana, nunc in arctum contracta...« Omnium operum... Hieronymi... tomus primus (wie Anm. 60), β 6ᵛ. Johannes Geiling notierte dazu die Glosse: »E(rasmus) R(oterodamus) catholice fidei petra et sustentaculum docet in hac col(umna) eos nil esse numerandos inter theologos, qui nihil erudicionis et spiritus S(anctis) patribus Grego(rio), Ambro(sio), Aug(ustino), et B(eato) Hiero(nymo) quem nomine hoc spoliant theologorum, tribuunt. Docetque quot annis non in precio habiti sunt, quum ethnicus Aristoteles cum suis Tomistis et Scotistis et ceteris monstris et prologiis in ecclesiasticum campum irrepsit.«

[255] WA.B 1, 390, 32-35.

[256] WA 2, 161, 35-39.

auch die der Generalkonzile[257] und ging damit weiter, als es Luther bis dahin in seinen öffentlichen Aussagen getan hatte. Erst etwa drei Monate später hat Luther in Leipzig erklärt, daß Konzile irren könnten, und dies konkret auf die Verurteilung einiger Sätze des Johannes Hus auf dem Konstanzer Konzil (1414-1418) bezogen[258].

Auch Müntzer bezieht die gewonnene historische Perspektive nicht nur auf die Theologie, sondern auch auf kirchliche Institutionen. Er konfrontiert die gegenwärtige Kirche mit früheren besseren kirchlichen Zuständen, die nach seinem Urteil bereits etwa 400 Jahre zurückliegen. Insbesondere habe der Papst in diesem Zeitraum seine Verpflichtung, regelmäßig Konzile abzuhalten, nicht erfüllt[259].

Zunächst läßt sich also die Übereinstimmung Müntzers mit gleichzeitigen Strömungen an der Wittenberger Universität in zwei wichtigen Bereichen registrieren: humanistischer Antischolastizismus und frühreformatorische Kritik an der kirchlichen Hierarchie. Freund und Feind, Günther und Luther als auch Dappen gleichermaßen, haben Müntzer damals dem Wittenberger Lager, den »Lutheranern«[260], zugerechnet. Von irgendwelchen Differenzen zwischen Müntzer und den Wittenbergern sprechen weder Dappen noch Luther. Dennoch sind in den Sätzen, die Dappen aus Müntzers Predigten überliefert, *eigene Akzente Müntzers* erkennbar, die aber keinen Widerspruch zur frühreformatorischen Wittenberger Universitätstheologie beinhalten.

1. Zunächst fällt hier schon die Schärfe des Tons auf, den Müntzer in seinen Predigten anschlägt. Daß er die Bischöfe seiner Zeit als Tyrannen bezeichnet[261], war kaum damaliger Wittenberger Predigtstil, jedenfalls soweit Luthers Predigten das erkennen lassen. Wie in seiner späteren Predigttätigkeit in Zwickau und Allstedt tritt Müntzer seinem Gegner offensiv und provokativ gegenüber. Diesem Verhalten korrespondiert jetzt schon die Erwartung, daß viele Prediger für die Wiederaufrichtung des Evangeliums mit dem Martyrium bezahlen müßten[262]. In dieser Einschätzung drückt sich bereits ein spezifisches Element von Müntzers Christologie aus, wonach eine *imitatio Christi* eine Wiederholung des Leidensweges Christi in all seinen Aspekten bedeutet und zwangsläufig den Tod einschließt[263]. Daß diese Martyriumserwartung bei Müntzer schon

---

[257] Articuli, A 2r / BENSING/TRILLITZSCH 134.

[258] WA 59, 466, 1048-1050; 479, 1462 - 480, 1468; 500, 2080-2085.

[259] Articuli, A 3v / BENSING/TRILLITZSCH 138.

[260] Auf dem Titelblatt von Dappens *Articuli* ist diese Bezeichnung zum erstenmal belegt: s. o. Anm. 53.

[261] Articuli, A 4r / BENSING/TRILLITZSCH 138. Auch die Päpste wurden von Müntzer als Tyrannen bezeichnet: Ebd. A 4v / BENSING/TRILLITZSCH 142.

[262] Articuli, A 4r. 5r / BENSING/TRILLITZSCH 140. 142.

[263] Siehe oben S. 94.

1519 Konsequenz einer Kreuzestheologie war, ist desto wahrscheinlicher, als unseres Wissens im April 1519 eine entsprechende Bedrohung des Lebens auf die reformatorischen Prediger nicht ausging[264].

2. Den breitesten Raum nehmen in Dappens Referat über Müntzers Osterdienstagspredigt Ausführungen über die Kirchenverfassung ein. Luther stellte sich in dem genannten Brief an den Jüterboger Minoritenkonvent vom 15. Mai hinter Müntzer, wenn er sagt, Thomas habe »in generali« — d.h. nicht namentlich — »Päpste und Bischöfe kritisiert« und dies sei nach dem Vorbild Christi Recht und Pflicht eines Predigers[265]. Müntzer hat jedoch nicht nur, wie Luther den Sachverhalt wiedergibt, Kritik an Päpsten und Bischöfen geübt. Neben der Kritik trug er eine durchdachte Konzeption zur Kirchenverfassung vor, wie sie mir in dieser Geschlossenheit aus den Schriften der Wittenberger Theologen bis zu jenem Zeitpunkt nicht bekannt ist[266].

Müntzer behandelt zwei Bereiche der kirchlichen Hierarchie: 1. Das Verhältnis von Papst und Bischöfen; 2. das Verhältnis von Bischöfen und Priestern. Die beiden Bereiche sind analog strukturiert. Der Papst ist der Entscheidung der Bischöfe, der Bischof der Entscheidung seiner Priester untergeordnet. Die Mehrheit steht über dem einzelnen. So hätte nicht der Papst als »Einzelmensch« (unus homo) die Kanonisation von Bonaventura und Thomas vornehmen dürfen, sondern nur das Generalkonzil. Der Papst ist Haupt der Kirche nur solange, wie es ihm die anderen Bischöfe gestatten, die gegen den Willen des Papstes Konzile einberufen können. Diese Ausführungen setzen voraus, daß der Papst von den Bischöfen gewählt und abgesetzt wird. Der Papst hat seinerseits die Verpflichtung, alle fünf Jahre ein Generalkonzil abzuhalten. In den letzten vierhundert Jahren hätten die Päpste jedoch nur drei Konzile einberufen[267].

Die Bischöfe waren in frühen Zeiten der Kirche an die Entscheidung der Priester gebunden. Priester führten auf Synoden gegen ungeeignete Bischöfe Klage, enthoben diese ihres Amtes und setzten neue Bischöfe ein. Damals kamen als Bischöfe nur »heilige Väter« in Frage, während in der Gegenwart Tyrannen eingesetzt werden, die nur sich selbst weiden. Die Bischöfe haben ihrerseits die Pflicht, ihre Untergebenen jähr-

---

[264] Man fragt sich allerdings, ob Müntzer einen konkreten Anlaß zu der Behauptung hatte, früher habe man Priester nicht mit Gefängnisstrafe tyrannisiert, »sicut modo faciunt aliqui tiranni« (Articuli, A 4ʳ / BENSING/TRILLITZSCH 140), wobei mit Tyrannen Bischöfe gemeint sind.

[265] WA.B 1, 392, 106-113.

[266] Natürlich wurde über diese Fragen in Wittenberg diskutiert. Vermutlich wurde in Lehrveranstaltungen und internen Diskussionen weit mehr ausgesprochen als literarisch publiziert wurde. Ein Beispiel s. u. Anm. 269.

[267] Articuli, A 3ᵛ. 4ᵛ / BENSING/TRILLITZSCH 138. 142.

lich zu visitieren und im Glauben zu prüfen, »wie ein Schulrektor die Jugend in den Schulen«. Bei Erfüllung dieser seelsorgerlichen Aufgabe wäre das Unwesen kanonischer Prozesse mit ihren Zitationen, Monitionen und Exkommunikationen überflüssig[268].

Ich halte fest: Müntzer bestreitet 1519 die Institutionen kirchlicher Hierarchie — Papstamt, Konzil, Bischofsamt — nicht grundsätzlich. Aber diese Hierarchie soll von unten her aufgebaut werden. Papst und Bischöfe üben ihr Amt widerruflich aus, gewählt und absetzbar von General- bzw. Provinzialkonzilen. Moralische Integrität — »Heiligkeit« — und seelsorgerlich-pädagogische, nicht juristische Handhabung des Amtes sind Kennzeichen der Qualifikation des Amtsträgers.

Die Abhängigkeit des kirchlichen Amtsträgers, eines Vertreters kirchlicher Obrigkeit, von einer zugehörigen Wahlkörperschaft erscheint 1519 somit als ein wichtiger Grundzug in Müntzers Vorstellungen von einer intakten Kirchenverfassung. Dieser Gedanke wird durchgeführt im Blick auf das Verhältnis des Papstes zu den Bischöfen und der Bischöfe zu den Priestern[269]. Das Verhältnis der Priester zu den Gemeindegliedern ist in dieses System noch nicht integriert, jedenfalls nicht nach dem Bericht Dappens. Es lag in der Konsequenz von Müntzers Ansatz, auch diese dritte Ebene von jener Konzeption her zu reflektieren. In seinen meines Erachtens auf 1521/22 zu datierenden Randbemerkungen zur Cyprianausgabe des Erasmus (Basel 1521) und zur Tertullianausgabe des Beatus Rhenanus (Basel Juli 1521) finden sich Belege für eine Weiterentwicklung von Müntzers Konzept im genannten Sinn. Der ganze Cyprianband enthält überhaupt nur zwei Notizen Müntzers, und zwar im alphabetischen Register am Schluß der Ausgabe. In diesem Register wird eine briefliche Äußerung Cyprians[270] folgendermaßen wiedergegeben: »Cyprianus nihil sine compresbyterorum et plebis consilio gerere voluit.«[271] Müntzer notierte daneben »Nihil sine consensu populi.«[272]

---

[268] Articuli, A 3ᵛ-4ʳ / BENSING/TRILLITZSCH 138-140.

[269] Wiederum belegt eine Notiz Johannes Geilings zur *Hieronymi vita* des Erasmus (s. Anm. 60), β 1ʳ über die Bischofswahl, daß entsprechende Positionen damals in Wittenberg diskutiert wurden: »Olim ex probatis et sanctis clericorum generibus eligabantur episcopi. Sed heu quam temere nunc agitur electione episcoporum: quod nullos nisi regum et principum filios eligimus, nihil cogitantes de morum sanctitate et doctrina⟨e⟩ profunditate qua potissimum pollere debet episcopus.«

[270] »Ad id uero quod scripserunt mihi conpresbyteri nostri Donatus et Fortunatus et Nouatus et Gordius, solus rescribere nihil potui, quando a primordio episcopatus mei statuerim nihil sine consilio uestro et sine consensu plebis mea priuatim sententia gerere.« CYPR. Epist. 14, 4; SAINT CYPRIEN: Correspondance/ hg. v. L. BAYARD, Bd. 1, Paris 1945, 42.

[271] OPERA DIVI CAECILII CYPRIANI EPISCOPI CARTHAGINENSIS... Atq(ue) haec omnia nobis praestitit ingenti labore suo ERASMVS ROTERODAMVS..., Basel: Johann Froben 1521, Z 4ᵛᵃ.

[272] Ebd. im Exemplar der LB Dresden: Mscr. Dresd. App. 747.

Daß Müntzer hier besonderen Wert auf die Entscheidung des Volkes legt, wird durch den Umstand betont, daß er die im Register neben dem Volk genannten Mitpresbyter Cyprians wegläßt. Der Kontext legt die Annahme nahe, daß Müntzers Notiz noch auf Kirchenverfassung und Kirchenpolitik bezogen war, noch nicht auf die säkular-politische Welt. Entsprechend ist das Prinzip der Wahl der Amtsträger nach einer Notiz auf dem Titelblatt des Tertullianbandes jetzt auf die Priester ausgedehnt: »Tertullian lebte, als die Priester noch gewählt wurden gegen die Gefahr des Antichristen, damit nicht verdammte Menschen über Christen herrschen.«[273] Später, 1524/25, zieht Müntzer die Linien weiter aus: Auch die weltliche Obrigkeit, Fürst und Rat, sind abhängig von der Entscheidung des Volks, können vom Volk ab- und eingesetzt werden entsprechend dem Motto *Vox populi vox dei.* Die erhaltenen Quellen deuten auf eine Entwicklung in Müntzers Verfassungsvorstellungen hin: Die Anschauung, daß die Mehrheit der geistgeleitete Entscheidungsträger sei, gilt zunächst für das Konzil, dann für die Verfassung der Kirchengemeinde und wird schließlich auf die politische Gemeinde übertragen. Müntzers Jüterboger Predigten verdienen es also, auch im Blick auf die Genese seiner politischen Vorstellungen gewürdigt zu werden.

In den zwei Jahren nach Jüterbog hat Müntzer seine Kritik an kirchlichen Amtsträgern und Institutionen radikalisiert und generalisiert. Während seines Moratoriums in Beuditz im Winter 1520/21 hat er weitere historische Studien betrieben[274], die ihn zwangen, die Kritik an der Entwicklung der Kirche nicht mehr auf die letzten 400 Jahre zu beschränken. Nachdem Müntzer bereits zur Zeit der Leipziger Disputation die Chronik Eusebs erworben hatte, erwarb er in Beuditz weitere Literatur zur Geschichte der alten Kirche sowie die Akten der Konzile von Konstanz und Basel[275]. Das Ergebnis dieser Studien findet sich sowohl in der *Prager Protestation* (November 1521)[276] als auch in den Randbemerkungen zu Tertullian. Den Verfall der Kirche sieht Müntzer jetzt unmittelbar nach der Zeit der Apostel einsetzen. Nur vier in der Apostelgeschichte erwähnte Synoden der Apostel seien echte Konzile gewesen[277]. Danach waren fast alle Konzile antichristlich[278] und

---

[273] TOp.M, a 1r: »Tertulianus vixit, quando a⟨d⟩huc eligebantur sacerdotes contra periculum Antichristi, ne homines damnati dominarentur super christianos.«

[274] Müntzer an Franz Günther, [Beuditz, 1520] Januar 1; MSB 353, 7.

[275] Müntzer an Achatius Glor, [Beuditz], 1520 Januar 3; MSB 353, 23 - 354, 2; 354, 7-9.

[276] MSB 493, 31 - 494, 8 ‖ 503, 32 - 504, 12 ‖ 509, 31 - 510, 6.

[277] TOp.M, a 4v: »4or fuerunt concilia sana apostolorum« zur Widmungsvorrede des Beatus Rhenanus an Stanislaus Thurzo, wo Rhenanus von »illis quatuor synodis Apostolicis quarum Acta meminerunt« spricht. Gegen Rhenanus, der auch die späteren Synoden über Tertullian stellt, vermerkt Müntzer: »Timet conciliabula patrum demoniacorum.«

[278] TOp.M, a 1r: »Omnes synodi fere fuerunt antichristiane.«

satanisch[279]. Daher ist die Autorität der Konzile nach der apostolischen Zeit null und nichtig[280]. Noch viel weniger kann dem Papst oder der römischen Kirche irgendeine Autorität zugestanden werden, die vielmehr alle Schismen und Häresien verursacht hätten[281].

---

[279] TOp.M, a 3ʳ: »Concilia sathanica fere omnia.«

[280] TOp.M, a 3ᵛ: »Auctoritas synodorum prorsus nulla.« Alle zitierten Stellen sind gegen die Aufforderung des Rhenanus gerichtet, die Schriften Tertullians an den Konzilsentscheiden zu messen.

[281] TOp.M, a 3ʳ: »Nihil potest statuere Romanus pontifex.« — Ebd. a 5ᵛ: »Romana ecclesia omnia bona scismata fecit.« — »Vides apertissime Romanum pontificem fuisse causam omnis erroris heresis superstitionis perversitatis invidie et paludem infernorum.«

KAPITEL 5

MÜNTZER UND DER HUMANISMUS

5.1. Forschungsstand, Quellenlage, Fragestellungen

Über Müntzers Nachschrift der Wittenberger Hieronymusvorlesung des
Johannes Rhagius Aesticampianus sind wir auf seine humanistischen
Studien und Interessen gestoßen[1]. Diese Entdeckung gibt Anlaß, Müntzers Verhältnis zum Humanismus näher zu untersuchen, zumal in der
Müntzerforschung noch keine Arbeit zu diesem Thema vorliegt. Das
apodiktische Urteil von Irmgard Höß, daß Thomas Müntzer »niemals …
Humanist gewesen ist«[2], kann als repräsentiv für die Stellung des Großteils der Müntzerforscher zum Thema »Müntzer und der Humanismus«
gelten. In den meisten Veröffentlichungen kommt der Humanismus
überhaupt nicht vor. Vereinzelt wird Müntzer negativ vom Humanismus abgegrenzt. So beschreibt Hubert Kirchner Müntzers Auseinandersetzung mit dem Erasmianer Johannes Sylvius Egranus als implizite
Auseinandersetzung mit Desiderius Erasmus[3]. Der methodisch wichtige
Sachverhalt, daß eine Auseinandersetzung mit dem erasmischen Humanismus eine eigene humanistische Herkunft und Prägung nicht ausschließen muß, wird weder hier noch später von Walter Elliger in seiner
breiten Darstellung der Kontroverse Müntzer/Egranus[4] berücksichtigt.
Auch Wolfgang Ullmann sieht Müntzer in prinzipiellem Gegensatz zum
zeitgenössischen »philologisch-theologischen Humanismus« schlechthin,
zu Martin Luthers und Philipp Melanchthons Ausprägung des philologi-
schen »Schriftgelehrtentums« ebenso wie zu derjenigen des Erasmus[5]. Er
spricht jedoch gleichzeitig von einem »altkirchlich-ökumenischen Humanismus« bzw. »volkssprachlichen Humanismus« im Blick auf Müntzers
»Gleichung von Volks- und Liturgiesprache«[6]. Damit scheint Ullmann
Bildungselemente aus humanistischer Tradition bei Müntzer anerken-
nen zu wollen[7]. Abgesehen von diesen Thesen Ullmanns scheint sich in

---

[1] Siehe oben S. 153-170.
[2] I. Höss: Humanismus und Reformation, in: Geschichte Thüringens/ hg. v. H.
PATZE UND W. SCHLESINGER, Bd. 3, Köln 1967, 38.
[3] H. KIRCHNER: Johannes Sylvius Egranus, Berlin 1961, 49.
[4] W. ELLIGER: Thomas Müntzer (1975), Göttingen ³1976, 126-166.
[5] W. ULLMANN: Die sprachgeschichtliche Bedeutung von Müntzers Liturgieübersetzungen, in: MB 5 (1982) 15. 25-29.
[6] Ebd. 15.
[7] Vgl. ebd. 17. 23. 28.

den herrschenden Müntzerbildern weder der Revolutionär noch der Mystiker oder Apokalyptiker mit einem »Humanisten Müntzer« zu vertragen, d.h. mit einem Müntzer, der sowohl eine nennenswerte humanistische Bildung genossen haben als auch von dieser nachhaltig geprägt worden sein könnte.

In dem 1976 von Hans-Jürgen Goertz verfaßten Bericht über die Müntzerforschung des 20. Jahrhunderts taucht das Thema »Müntzer und der Humanismus« weder in den Literaturreferaten noch in den von Goertz benannten Forschungsdesideraten auf[8]. Symptomatisch für diese Situation ist das Buch von Marianne Schaub, das eine philosophiegeschichtliche Einordnung Müntzers zu bieten beansprucht und dabei den Humanismus im Blick auf Müntzer ignoriert[9], obwohl der Humanismus auch die Philosophie jener Zeit entscheidend geprägt hat.

Das Verdienst, die Klärung von Müntzers Verhältnis zum Humanismus als eine wesentliche Forschungsaufgabe formuliert zu haben, kommt Max Steinmetz zu. Seit 1969 hat er mehrfach thetisch auf phänomenologische Parallelen zwischen müntzerischen und humanistischen Theoremen aufmerksam gemacht und gefordert, die von ihm vermutete Beeinflussung Müntzers durch den Humanismus aufzuarbeiten[10]. Erste Ansätze eines konkreten Nachweises der Humanismusrezeption Müntzers machte Steinmetz selbst im Rahmen des Versuchs einer systematischen Zusammenstellung der von Müntzer gelesenen, zitierten oder erwähnten Schriftsteller[11]. Leider konnte Steinmetz den größeren Teil der von ihm formulierten Gedanken nicht über die heuristische Ebene der Hypothesenbildung hinausführen[12]. Von anderen Müntzerforschern wurden sie vereinzelt aufgenommen[13], aber kaum weitergeführt. Der

---

[8] H.-J. GOERTZ: Schwerpunkte der neueren Müntzerforschung, in: A. FRIESEN; H.-J. GOERTZ (Hg.): Thomas Müntzer, Darmstadt 1978, 481-536.

[9] M. SCHAUB: Müntzer contre Luther, Paris 1984.

[10] M. STEINMETZ: Das Erbe Thomas Müntzers, in: ZfG 17 (1969[a]) 1124f; DERS.: Thomas Müntzer in der Forschung der Gegenwart, in: ZfG 23 (1975) 682f.

[11] M. STEINMETZ: Thomas Müntzer und die Bücher, in: ZfG 32 (1984[b]) 603-611. — DERS.: Bemerkungen zu Thomas Müntzers Büchern in Mühlhausen, in: Archiv und Geschichtsforschung: Kolloquium anläßlich des 25jährigen Berufsjubiläums von Gerhard Günther am 29. Februar 1984/ hg. vom Kreisarchiv Mühlhausen, Mühlhausen Thomas-Müntzer-Stadt 1985, 45-51.

[12] Gleichzeitig mit STEINMETZ 1969a hat G. GOLDBACH: Hans Denck und Thomas Müntzer — ein Vergleich ihrer wesentlichen theologischen Auffassungen, theol. Diss. Hamburg 1969, 73-77. 85f. 119f. 126 mehrfach Abhängigkeit Müntzers von Erasmus pauschal vorausgesetzt, ohne allerdings konkrete Nachweise aus den Quellen zu liefern. Er folgt in dieser Hinsicht G. BARING: Hans Denck und Thomas Müntzer in Nürnberg 1524 (1959), in: FRIESEN/GOERTZ 1978, 151-154, der schon »einige auffallende Übereinstimmungen« (152) zwischen Erasmus und Müntzer zu beobachten meinte, ohne explizit Abhängigkeit Müntzers von Erasmus zu behaupten. BARING rechnet auch mit gemeinsamen »spätmittelalterlichem Erbe aus der Haltung der devotio moderna» (153).

[13] Erwähnt von S. BRÄUER: Müntzerforschung von 1965 bis 1975, in: LuJ 45 (1978) 138.

Philosophiehistoriker Alexander Kolesnyk hat 1975 Steinmetz' Thesen wiederholt und dabei um die wichtige Forderung ergänzt, Müntzers Platonrezeption näher zu untersuchen[14].

Eine weitere Konkretion lieferten Renate Drucker und Bernd Rüdiger in einem Beitrag über Müntzers Studium in Leipzig, in dem sie den damals auch dort vertretenen Frühhumanismus als einen für Müntzer möglicherweise relevanten Faktor ins Auge faßten. Mit Hermann von dem Busche (in Leipzig 1503-1507) und Johannes Rhagius Aesticampianus (Leipzig 1508-1511) haben sie zwei potentielle Lehrer Müntzers benannt[15]. Damit haben sie in eine Richtung gewiesen, die hier durch den Nachweis einer konkreten Studienbegegnung Müntzers mit Rhagius — allerdings nicht in Leipzig, sondern in Wittenberg — als richtig bestätigt werden konnte.

Wie sehr die Müntzerforschung beim Thema »Humanismus« in Vorurteilen gefangen ist, spiegelt sich nicht zuletzt im editorischen Standard wieder. Die wichtigsten Texte, die einen direkten Einblick in die humanistische Bildung und die einschlägigen Interessen Müntzers geben könnten, sind nicht ediert. Günther Franz hatte sie in seiner »Kritischen Gesamtausgabe« (1968) weggelassen. Auch danach hat man sich wenig um diese Quellen bemüht, die immerhin in Form einer Faksimileausgabe der Handschriften zugänglich sind. Bekannte Handschriften blieben somit unbekannte Quellen:

1. In dem berühmten einst Dresdener, jetzt Moskauer Müntzerfaszikel befinden sich mehrere noch unedierte Stücke, darunter sogar Müntzerautographen. Dazu gehört eine von Müntzers Hand geschriebene *Aufstellung der Schriften Platons*[16], von Franz als ein aus der Platonausgabe Marsilio Ficinos vermeintlich nur abgeschriebenes Inhaltsverzeichnis beiseite gestellt[17].

2. Zu diesem Verzeichnis der Schriften Platons schien inhaltlich das Müntzerautograph zu passen, das Franz »Auszüge über Plato« nannte und das hier als Fragment einer *Wittenberger Vorlesungsnachschrift* Müntzers aus der Hieronymusvorlesung des Johannes Rhagius identifiziert werden konnte[18].

---

[14] A. KOLESNYK: Probleme einer philosophiegeschichtlichen Einordnung der Lehre Thomas Müntzers, DZPh 23 (1975) 589f.

[15] R. DRUCKER; B. RÜDIGER: Thomas Müntzers Leipziger Studienzeit, WZ(L).GS 23 (1974) 451f. Aufgenommen von M. STEINMETZ: Thomas Müntzer ca. 1490 bis 1525, in: Berühmte Leipziger Studenten/ hg. v. H. PIAZZA [u.a.], Leipzig 1984[a], 17. 19; DERS.: Müntzer und Leipzig, in: Leipziger Beitr. zur Universitätsgesch. 1 (1987) 35.

[16] Hier ediert als Q 3.

[17] MSB 17 Anm. 13.

[18] Hier ediert als Q 2.

3. Nicht nur eine Untersuchung der Quellen, die Müntzers eigene Bildung dokumentieren, verspricht Aufschluß über Müntzers Verhältnis zum Humanismus. Ebenso wichtig sind in diesem Rahmen die Quellen, die mit der Tätigkeit Müntzers als Lehrer und damit als eines möglichen Multiplikators humanistischer Bildung zusammenhängen. In dem genannten Müntzerfaszikel befinden sich auch mehrere *von Schülern Müntzers geschriebene Texte*[19], die bisher noch nicht als für die Müntzerforschung editionswert eingestuft wurden.

4. Aus Müntzers reichhaltigen Randbemerkungen zur Tertullianausgabe des Beatus Rhenanus lieferte Franz nur wenige Stichproben[20]. Die Forschung konnte damit nichts anfangen, da Franz die zugehörigen Textstellen, auf die sich Müntzer jeweils bezieht, nicht bezeichnet hat. Schon die Art der Benutzung einer humanistischen Kirchenväterausgabe durch Müntzer wäre für sich interessant genug[21]. Die Randbemerkungen betreffen aber nicht nur den Tertulliantext. Mit Müntzers Glossen zu den der Ausgabe vorangestellten Beigaben des Beatus Rhenanus — Widmungsvorrede, *Vita Tertulliani, Admonitio ad lectorem de quibusdam Tertulliani dogmatis* — besitzen wir die unmittelbare Stellungnahme Müntzers zu den Ausführungen eines zeitgenössischen Erasmianers[22]. Das in sich heterogene Quellenmaterial und die Vielfalt der in diesen Quellen angesprochenen Themen stellt den Forscher vor eine doppelte Aufgabe: *Erstens* muß eine allgemeine inhaltliche Definition des »Humanismus« gegeben werden, die eine Abgrenzung der im Rahmen des Themas »Müntzer und der Humanismus« zu untersuchenden Phänomene ermöglicht. *Zweitens* muß in dem so abgesteckten weiten Feld des Humanismus nach den konkreten Varianten des Humanistischen gesucht werden, denen Müntzer begegnet ist.

Unter dem Stichwort »Humanismus« steht hier nur der Renaissance-Humanismus zur Debatte. Als einen gemeinsamen Nenner des Renaissance-Humanismus setze ich hier ein philologisches Ideal voraus, gemäß dem die *studia humanitatis* an den klassischen Quellen der Antike orientiert wurden. Ins Zentrum dieser Studien rückte die *eloquentia*. Ein Programm der Einheit von Gelehrsamkeit und rechtem Leben, von philologischer Bildung und moralischer Integrität sollte über die Pflege der Rhetorik verwirklicht werden. Die Rhetorik umfaßte dabei nach antikem

---

[19] MBL, T. 55 / MAB, Bl. 3; MBL, T. 67 / MAB, Bl. 82; MBL, T. 67 / MAB, Bl. 84r-85v; MBL, T. 68 / MAB, Bl. 88r. Näheres s.u. S. 202f.
[20] MSB 539.
[21] Vgl. W. ULLMANN: Ordo rerum: Müntzers Randbemerkungen zu Tertullian als Quelle für das Verständnis seiner Theologie, in: Theol. Versuche 7 (1976) 125-140.
[22] Vgl. J. F. D'AMICO: Beatus Rhenanus, Tertullian and the Reformation: a Humanist's Critique of Scholasticism, in: ARG 71 (1980) 37-64.

Vorbild nicht nur die Redekunst im engeren Sinn, sondern schloß Päda-
gogik und Ethik ein[23]. Diese den Humanisten gemeinsame Zielsetzung[24]
konnte mit verschiedenen philosophischen, theologischen und politischen
Inhalten gefüllt werden.

Soweit in der Literatur Müntzers Verhältnis zum Humanismus bisher
überhaupt angesprochen wurde, war meistens pauschal von »dem
Humanismus» oder »den Humanisten« die Rede. Eine Ausnahme bildete die Darstellung der Kontroverse Müntzer-Egranus, insofern Egranus als Erasmianer eingestuft wurde. Eine differenziertere Unterscheidung verschiedener Erscheinungsformen des Humanismus, wie sie in
der Humanismusforschung mittlerweile erreicht ist[25], wurde in der
Müntzerforschung noch nicht rezipiert. Die Differenzierung der humanistischen Einflüsse, die Müntzer erreichten, in verschiedene Traditions-
stränge wird eine Aufgabe künftiger Forschung sein. Hier kann nur an
einzelnen Beispielen darauf aufmerksam gemacht werden, daß Müntzer

---

[23] Diese Definition schließt sich insbesondere an die Forschungen von Paul Oskar Kristeller und Hanna H. Gray an. Vgl. P. O. KRISTELLER: Studies on Renaissance Humanism during the Last Twenty Years, in: StRen 11 (1962) 22; H. H. GRAY: Renaissance
Humanism: the Pursuit of Eloquence, in: JHI 24 (1963) 497-514. Ferner siehe den Überblick über das Definitionsproblem bei H. A. OBERMAN: Quoscunque tulit foecunda vetustas: ad lectorem, in: Itinerarium Italicum: the Profile of the Italian Renaissance in the
Mirror of Its European Transformations. Dedicated to Paul Oskar Kristeller on the
Occasion of His 70th Birthday/ hg. v. H. A. OBERMAN und T. A. BRADY, jr., Leiden
1975, XI-XV. XVIIIf und die hier angeführte Literatur. Vgl. DERS.: Reformation: Epoche oder Episode, in: ARG 68 (1977) 74-82.

[24] Im Studienumfeld Müntzers wird diese Programmatik z.B. wiederholt in den Widmungsvorreden des Johannes Rhagius zu seinen Klassiker- und Kirchenväterausgaben
formuliert. Siehe oben S. 161 Anm. 104 und S. 164 Anm. 116; entsprechend auch in der
Oratio in studio Lipsensi (1511), s.o. S. 164 Anm. 117. Ferner: Tabula Cebetis philosophi so-
cratici/ cū Iohānis Aesticāpiani Epistola. Frankfurt/Oder: Nikolaus Lamparter und Balthasar Murrer 1507, A 3ʳ; Widmungsvorrede an Christoph Ziegler, o.D.: »Teque huc dis-
cend⟨i⟩ eloquentie gratia ... ad me ... misit [scil. patruus tuus Gaspar Ziegler]. Quo vel
ipsum quietis et pacis amatorem post adepta bene dicendi recteque vivendi precepta imi-
tareris ...« — FMC Scientissimi et clarissimi Authoris. Rethorica. cuius... artem Rhetor
Iohannes Aesticāpianus edocebit ... Leipzig: Martin Landsberg 1509, A 2ʳ; Widmungsvorrede an Johannes und Wolfgang von Vitztum, o.D.: »Nec enim sola hic bene beateque vivendi precepta/ que ex huberrimis sapientium hominum fontibus emanant. percu-
pide et alacriter hauritis. Verumetiam bene quoque dicendi preceptiones: que sapientie
sunt comites, diligenter et assidue sectamini et amplectimini/ meque ex omnibus preci-
puum (multi enim hic sunt et doctissimi et disertissimi humanarum litterarum professo-
res) ducem delegistis/ qui vobis viam ornate copioseque dicendi, recteque et graviter
intelligendi demonstrem et aperiam per quam ad summum/ qum eloquentie culmen/ tum
sapientie fastigium: quantum humanitus fieri potest, evehi queatis ...« Für dieses doppelte, rhetorisch-ethische Erziehungsprogramm stehen Quintilian und Hieronymus nach
der Vorrede des Rhagius an seine Neffen Georg und Johannes, o.D., in: Gramatica
Martiani foelicis Capelle cū Iohānis Rhagij Aesticampiani. Rhetoris & poete prefatione.
[Frankfurt:] Balthasar Murrer [1508], A 1ᵛ-2ʳ.

[25] Siehe L. W. SPITZ: Humanismus/Humanismusforschung, in: TRE 15, 1986,
656-658.

dem Humanismus nicht in einer einzigen und einheitlichen Ausprägung begegnete. In Johannes Rhagius traf Müntzer auf einen Vertreter des deutschen Frühhumanismus, der wiederum durch seine Studien in Italien Elemente des italienischen Humanismus weitertradierte, u.a. die Hochschätzung Platons. Über die Lektüre der Platonausgabe Ficinos begegnete Müntzer auch direkt dem Neuplatonismus der italienischen Renaissance. Wie zu zeigen sein wird, lassen sich bei Müntzer auch Erasmische Einflüsse nachweisen. In Egranus und Beatus Rhenanus begegnete er Humanisten, die als Erasmianer gelten, wobei man allerdings nicht von vornherein voraussetzen darf, daß die Anschauungen eines sogenannten Erasmianers mit denen des Erasmus deckungsgleich sein müßten. Wie komplex die humanistischen Strömungen miteinander verflochten sind, zeigt beispielhaft die Gestalt des Aesticampianus. In Leipzig ging er 1508 mit seiner Hieronymusvorlesung programmatisch vom Studium der »heidnischen« Quellen zum Studium der »heiligen Schriften« über in der Absicht, die antiken Klassiker für die Theologie fruchtbar zu machen und die *studia humanitatis* auf das ewige Heil auszurichten[26]. Das Vorbild des Erasmus ist hier zu erkennen, der einige Jahre zuvor einen vergleichbaren Weg gegangen war.

Die skizzierte Forschungs- und Quellenlage zwingt zu inhaltlicher und methodischer Begrenzung des Themas. Die markierte große Lücke der Müntzerforschung kann nicht in einem Schritt ausgefüllt werden. Es ist nicht an der Zeit, abschließende Ergebnisse und Deutungen über den »Humanisten Müntzer« liefern zu wollen. Zuerst müssen die genannten Quellen bekannt gemacht und wenigstens begrenzt aufgearbeitet werden mit dem Ziel, die Bedeutung des Humanismus für Müntzer exemplarisch nachzuweisen. Dies soll hier zunächst anhand einer Darstellung der zugänglichen Daten zur humanistischen Bildung Müntzers erfolgen. Der positive Niederschlag humanistischer Bildung in Müntzers Theologie wird an einem Beispiel systematisch dargestellt, nämlich an Müntzers mehrfach diskutiertem Begriff der Ordnung (*ordo*). Die andere Seite, nämlich die Abgrenzung Müntzers von Humanisten seiner Zeit, hat sich niedergeschlagen in seiner Auseinandersetzung mit Egranus und in seinen Randbemerkungen zu Beatus Rhenanus.

5.2. Humanistische Bildung

Eine humanistische Schulung und entsprechende Interessen Müntzers haben sich deutlich in seinem schriftlichen Nachlaß niedergeschlagen.

---

[26] Septē diui Hieronymi epistole. ... Leipzig: Melchior Lotter d.Ä. 1508, A 2ʳ-6ʳ: Widmungsvorrede des Aesticampianus an seinen Neffen Fabianus Judicis, Leipzig, o.D.

Einschlägige Beobachtungen lassen sich zunächst an seinen *Sprachkenntnissen* machen. In den ältesten erhaltenen Briefzeilen, nämlich in den an einen unbekannten Magister gerichteten Entwürfen, die vermutlich in die Jahre 1509 oder 1515 gehören[27], ringt Müntzer noch sichtlich mit der *lateinischen Sprache*. Selbst der zweite Entwurf ist noch nicht fehlerfrei[28]. Auch die Wittenberger Vorlesungsnachschrift (1517/18) enthält Schreibfehler, die auf eine auch damals noch nicht perfekte Beherrschung des Lateins hinweisen[29], auch wenn ein Teil der Fehler als Hörfehler erkennbar ist. In Wittenberg scheint Müntzer noch dazugelernt zu haben, denn später fallen entsprechende Sprachfehler, abgesehen von Flüchtigkeitsfehlern, nicht mehr auf. In den ab 1520 erhaltenen lateinischen Briefen bemüht sich Müntzer um ein den humanistischen Vorstellungen entsprechendes Sprachniveau. *Griechischkenntnisse* werden durch einige griechisch geschriebene Begriffe und Wendungen in seinen Aufzeichnungen belegt[30], zuerst 1517/18 in der Wittenberger Vorlesungsnachschrift[31]. Anfangskenntnisse im *Hebräischen* belegt eine von Müntzer angelegte Liste hebräischer Eigennamen[32]. Hier hat Müntzer aus dem ersten Samuelbuch und aus Jeremia 32 fortlaufend die hebräischen Eigennamen exzerpiert[33] und ihnen lateinische, vereinzelt auch griechische oder deutsche Erklärungen beigegeben. Bei diesen Worterklärungen handelt es sich nicht, wie Wilhelm Eilers gemeint hat[34], um eigene Übersetzungsversuche Müntzers aus dem Hebräischen. Vielmehr hat Müntzer die Erklärungen verschiedenen Quellen entnommen. Hauptquelle Müntzers ist das den Vulgataausgaben seiner Zeit beigegebene alphabetische Glossar hebräischer Eigennamen (*Interpretationes hebraicorum nominum*)[35]. Dieses Glossar schöpft einen großen Teil seines Materials aus dem *Liber inter-*

---

[27] Q 1.1.

[28] Im zweiten Entwurf ist die Wortstellung verbessert (vgl. Z. 3 mit Z. 6). Jedoch enthält hier das letzte Wort (Z. 9) einen Grammatikfehler (s. den textkritischen Apparat zum Lemma »prestolaturus«).

[29] Vgl. Q 2 Anm. 5.

[30] Eine Zusammenstellung bei M. Steinmetz: Luther, Müntzer und die Bibel, in: Martin Luther: Leben, Werk, Wirkung/ hg. v. G. Vogler, Berlin 1983, 160.

[31] Q 2 Z. 44.

[32] MBL, T. 61 / MAB, Bl. 49r-50r. (Unbrauchbar ist die Edition in MSB 540, da hier die Originalreihenfolge der Lemmata durcheinander gebracht ist. Nur an der Handschrift ist Müntzers Arbeitsweise erkennbar.)

[33] Die Eigennamen, die Müntzer in der Reihenfolge ihrer Nennung in den Bibeltexten notiert hat, stammen aus 1 Sam 11f; Jer 32,6-15; 1 Sam 13; 17,1-11; 19; 26 (mit Ergänzungen aus Jer 1,1 zu Jer 32,6f und aus Gen 35,16-19 zu 1 Sam 13,17).

[34] Wilhelm Eilers hat zu diesem Text in MSB 539f die Einleitung geschrieben.

[35] Ich habe mehrere Vulgataausgaben verglichen. Dabei hat sich ergeben, daß es zwischen den Ausgaben in den *Interpretationes hebraicorum nominum* keine nennenswerten Differenzen gibt. Der Textbestand des Glossars ist abgesehen von Druckfehlern und einzelnen Korrekturen der jeweiligen Herausgeber fest.

pretationis hebraicorum nominum des Hieronymus[36]. Müntzer, der sich ja mindestens in Wittenberg intensiv mit Hieronymus beschäftigt hat, hat an einigen Stellen auch direkt auf diese Hieronymusschrift zurückgegriffen[37]. Stammt somit wenigstens der Großteil der Worterklärungen nicht von Müntzer[38], so muß er andererseits für die Schreibweise der hebräischen Eigennamen zu einem Teil aus dem hebräischen Text geschöpft haben[39]. Denn einen Teil der Namen gibt er orthographisch und lautlich nicht nach den genannten Quellen wieder, sondern transkribiert neu den hebräischen Lautbestand[40] oder nähert sich diesem gegen jene Quellen an[41]. Müntzer muß demnach auch eine hebräische Bibel verglichen haben, als er seine Namensliste bei der Lektüre der genannten Bibeltexte anlegte[42]. Dazu mußte er mindestens hebräischen Text erlesen können. Auf diesem Hintergrund erst wird verständlich, daß Müntzer in seinen Jüterboger Predigten an Ostern 1519 gegen die Mönche polemi-

---

[36] CChr.SL 72, 57-161. Diese Hieronymusschrift oder auch ein in dieser Tradition stehendes Onomasticon wird als Quelle Müntzers angesehen von STEINMETZ 1983, 160f und H. P. RÜGER: Thomas Müntzers Erklärung hebräischer Eigennamen und der Liber de interpretatione hebraicorum nominum des Hieronymus, in: ZKG 94 (1983) 83-85. Ferner meinte ULLMANN 1982, 17, daß »Müntzers Erläuterungen samt und sonders mit geringfügigen Änderungen aus Hieronymus Liber interpretationis hebraicorum nominum entnommen« seien.

[37] Nicht aus dem Glossar der Vulgataausgaben, sondern aus Hieronymus stammen folgende Erklärungen: »Iephthah aperiens« (vgl. HIER. Hebr. nom., Ios. I; CChr.SL 72, 94, 9f); »Rachel ovis videns deum« (vgl. HIER. Hebr. nom., 1 Reg. R; CChr.SL 72, 104, 17f). An einer Reihe weiterer Stellen steht Müntzer Hieronymus näher als den Vulgataglossaren. Den Hieronymustext konnte Müntzer im vierten Band der erasmischen Ausgabe finden: TOMVS QVARTVS EPISTOLARVM SIVE LIBRORVM EPISTOLARIVM DIVI EVSEBII HIERONYMI STRIDONENSIS..., Basel: Johann Froben 1516, 135ᵛ-149ᵛ.

[38] In den Worterklärungen gibt es einen Rest, der weder aus den Vulgataglossaren noch aus der Hieronymusschrift stammt. Vermutlich hat Müntzer noch weitere Quellen benutzt. Im übrigen hat Müntzer die genannten Quellen nicht einfach ausgeschrieben, sondern die vorgegebenen Worterklärungen teilweise auch verändert. Dabei zeigt er die Tendenz, beim Vorliegen mehrerer Erklärungen diese zu einer Deutung zu kombinieren.

[39] Gegen STEINMETZ 1983, 160f und RÜGER 1983, 83-87. Vgl. dagegen die Beobachtung von EILERS in MSB 540: »Die Namen selbst gibt Müntzer teils in der ihm von der Vulgata her geläufigen, teils in einer dem hebräischen Original näherstehenden Form und nicht ohne Lapsus wieder.«

[40] »Basek« nach 1 Sam 11,8 בְּבֶזֶק (Müntzers Abhängigkeit vom masoretischen Text ist hier besonders deutlich, zumal er gleichzeitig für die Worterklärung das Vulgataglossar benutzt hat, wo der Ortsname mit richtiger Vokalisation »Bezech« geschrieben ist); »Gilgal« (Vg »Galgala«); »Bedan« (Vg »Badan«); »Michmas« (Vg »Mechmas«, HIER. »Machemas«); »Michal« (Vg »Michol«); »Secu« (Vg »Socho«).

[41] »Gilead« (Vg »Galaad«); »Gibea« (Vg »Gabaa«); »Hazor« (Vg »Hasor«); »Iephthah« (Vg »Iephte«).

[42] Diesen Schluß halte ich für erforderlich, da sich kein hebraistisches Hilfsmittel nachweisen ließ, in dem Müntzer die in Anm. 40f genannten Namen in der von ihm gebotenen Schreibweise hätte finden können.

sieren konnte, »die weder Griechisch noch Hebräisch können«[43]. Seine Sprachkenntnis erlaubte es ihm, sich selbstbewußt zu den *trilingues* zu rechnen. Vermutlich hat er seine Hebräischkenntnisse in Wittenberg erworben[44].

Humanistische *Briefstellerei* betreffen die einzigen, noch unedierten Stücke, die mit einiger Sicherheit auf Müntzers Privatunterricht zurückgeführt werden können. Bei Müntzer verblieben zwei Briefe des Ambrosius Emmen aus Jüterbog, der in Zwickau[45] und Allstedt[46] als Schüler und Helfer bei Müntzer war. Bei seinen Briefen handelt es sich um typische Übungsbriefe, deren fingiertes Thema die Notwendigkeit lateinischer Stilübungen ist. Die beiden Stücke — ein vielfach korrigierter Entwurf[47] und eine bessere Zweitfassung[48] desselben Übungsbriefs — geben einen Einblick, wie Müntzer seinem Schüler humanistischen Briefstil[49] beibrachte.

In Müntzers nachgelassenen Briefschaften findet sich auch eine *littera obscurata*[50], eine Nachahmung der durch die *Dunkelmännerbriefe* berühmt gewordenen humanistischen Gattung des pseudonymen Spottbriefs. Der

---

[43] Siehe oben S. 187.

[44] Dort wirkte vom 2. November 1518 bis Januar 1519 Johannes Böschenstein als Hebraist. Er hielt Kollegs über die hebräische Grammatik und die sieben Bußpsalmen. Vgl. WA.B 1, 211f Anm. 18; 298 Anm. 3. Auch Melanchthon widmete sich in Wittenberg damals dem Hebräischunterricht. Bald nach seiner Ankunft (25. August 1518) begann er mit einer noch im Juli 1519 im Gang befindlichen Erklärung des hebräischen Psalters (s. Q 1.8 Anm. 24). Einen Beitrag zur Förderung der Hebräischstudien leisteten auch Luther und Bodenstein, indem sie in ihren Vorlesungen auch Hebraica behandelten. Zu Bodenstein s. H. P. RÜGER: Karlstadt als Hebraist an der Universität zu Wittenberg, in: ARG 75 (1984) 297-308.

[45] Brief der Mutter des Ambrosius Emmen an diesen, o.O.u.D. (MBL, T. 56 / MAB, Bl. 20): Ambrosius besuchte gegen den Willen des Vaters und mit heimlicher finanzieller Unterstützung der Mutter die Griechischschule in Zwickau. Der Umstand, daß dieser Brief bei Müntzer blieb, ist ein Hinweis darauf, daß Ambrosius schon in Zwickau Müntzers Schüler war.

[46] Müntzer an Ambrosius Emmen, Mühlhausen, 1524 September 3; MSB 436f: Müntzer bittet den Empfänger, von Allstedt nach Mühlhausen nachzukommen.

[47] MBL, T. 67 / MAB, Bl. 82[r].

[48] MBL, T. 68 / MAB, Bl. 88[r]. In beiden Stücken nennt sich der Schreiber Ambrosius Guterboch. Dieser ist mit Ambrosius Emmen identisch. Auf dem Brief der Mutter des Ambrosius Emmen (siehe oben Anm. 45) findet sich ein Rückenvermerk von der Hand des Ambrosius Guterboch. Zur Jüterboger Familie Emmen, in der der Vorname Ambrosius eine feste Tradition hat, vgl. die Immatrikulationen folgender Familienmitglieder in Wittenberg: Bartholomäus 18. März 1513; Wenzeslaus W 1515/16; Liborius, Matthäus 1551; Gallus, Ambrosius, Petrus 1558; Ambrosius, Jonas 1594. Album 1, 49b. 61b. 268. 337; 2, 411a, 42f.

[49] Am Anfang und Schluß des Übungsbriefs wird das klassische Briefformular verwendet, wie es u.a. von Konrad Celtis und Nikolaus Marschalk empfohlen wurde (vgl. H. JUNGHANS: Der junge Luther und die Humanisten, Weimar 1984, 220-225). Im Briefinhalt wird das Bewußtsein des Humanisten ausgedrückt, in einer glücklichen Zeit zu leben, in der die *studia litterarum* wieder aufblühen (MBL, T. 67 / MAB, Bl. 82[r]).

[50] MBL, T. 55 / MAB, Bl. 3.

Schreiber dieses unedierten und als *littera obscurata* bisher nicht erkannten Stücks[51] ist der Priester[52] Mauritius Reinhart[53], der in den Kreis von Müntzers Schülern und Korrespondenten gehört[54]. Reinhart unterzeichnete den Spottbrief, in dem er die Predigt der Franziskaner in Altenburg ironisierte, unter Verballhornung seines eigenen Nachnamens als »frater Langius Rumherius« (»Bruder Lang, der Rühmer«)[55]. Den mit [15]20 datierten Brief scheint Reinhart bei Müntzer hinterlassen oder an diesen geschickt zu haben.

Diese Bruchstücke deuten bereits an, daß Müntzer humanistische Bildung besaß und solche auch weitergab. Der Humanismus als eine der von Müntzer rezipierten geistigen Traditionen wird erkennbar auch in dem wenigen, was von der *Lektüre* und den Büchern Müntzers belegt oder erschließbar ist. Die Beschäftigung mit den neuen, von Humanisten herausgegebenen *Kirchenväterausgaben* ist für einen Mann mit dem Bildungsweg Müntzers selbstverständlich. Direkt belegt[56] ist die Lektüre von Hieronymus[57], Eusebios[58], Augustin[59], Cyprian[60], Tertullian[61], Cassiodor[62] und Basilios[63], wobei sich die Belege für diese Lektüre unge-

---

[51] Vgl. die irrigen Angaben in MSB 16 Anm. 4.

[52] MSB 356, 6; 370, 2.

[53] Wegen fehlender paläographischer Analyse des Moskauer Müntzerfaszikels ist bisher nicht erkannt worden, daß hier dieselbe Schreiberhand vorliegt wie in dem identifizierten Autograph Reinharts in MBL, T. 16 / MAB, Bl. 39 (Brief Reinharts an Müntzer, s.u. Anm. 54). Von Reinharts Hand ist auch der theologische Text in MBL, T. 67 / MAB, Bl. 84f geschrieben (vgl. Franz in MSB 17 Anm. 12: »Notizen von fremder Hand«). Dazu s. u. S. 233 Anm. 4.

[54] Mauritius Reinhart aus Naumburg, imm. Leipzig S 1508; bacc. art. 5.9.1510 (Matrikel Leipzig 1, 486 M 17; 2, 457), am 21. April 1520 in den Diensten Heinrichs von Bünau (imm. Leipzig S 1509; ebd. 1, 498 M 108), des Pfarrers und Archidiakons zu Elsterberg: MSB 356, 5-7. MBL, T. 16 / MAB, Bl. 39 ist ein Brief Reinharts an Müntzer erhalten, datiert Elsterberg, 1521 Januar (»... ym Jan M5 ein xx jar zcu Esterberg«. Falsch entziffert und datiert in MSB 363f: »1520«). Reinhart redet Müntzer an mit »preceptori parenti et patri meo« (MSB 363, 2). Zum Zeitpunkt seines Briefes schuldete er Müntzer Bettlaken. Vermutlich hielt er sich nicht lange zuvor bei Müntzer auf. Gegen Franz in MSB 364 Anm. 1 geht aus dem Brief Müntzers an Markus Thomae in Elsterberg, [ca. 1521 Juni 15] (MSB 370, 2f) nicht hervor, daß Reinhart vor der Abfassung dieses Briefes bereits verstorben war (vgl. 364, 14f).

[55] MSB 16 Anm. 4 falsch entziffert »Rumthirius«.

[56] Ich habe die Autoren in der Reihenfolge ihrer ersten Erwähnung bei Müntzer geordnet.

[57] Siehe Q 2 (Wittenberg 1517/18) und MSB 354, 5f; 355, 8f (Beuditz 1520).

[58] MSB 353, 23 - 354, 1. 4f; 355, 6f (1519, Beuditz 1520); 509, 34 || 494, 5f || 504, 3f (Prag 1521); 161, 21-23; 243, 22f (Allstedt 1523, 1524).

[59] MSB 353, 6f; 354, 5f; 355, 9f (Beuditz 1519-1520); 524, 20 (vermutlich Zwickau 1520/21) und Q 1.10 Z. 4 (Nürnberg 1524).

[60] Siehe oben S. 191f (1521/22?).

[61] Siehe unten S. 217 (1521/22).

[62] MSB 208, 15 (Allstedt 1523).

[63] MSB 535 (undatiert).

fähr über den Zeitraum von 1517 bis 1524 erstrecken. Schließlich zeigt
Müntzer in den Randbemerkungen seines Tertullianbandes (1521/22)
noch Kenntnis von Chrysostomos, wobei allerdings offenbleibt, ob
Müntzer diesen Autor gelesen hatte oder nur sekündäre Kenntnis über
ihn besaß[64]. Wohl die wichtigste Phase für Müntzers Kirchenväterlek-
türe ist seine Wittenberger Studienzeit (1517-1519); danach sind
umfangreiche einschlägige Studien in Beuditz (Winter 1520/21) belegt
sowie für die Zeit nach Zwickau über die Tertullianlektüre zu erschließen
(1521/22).

In Wittenberg studierte Müntzer nicht nur Hieronymus, sondern
auch eine Lektüre der Werke Augustins ist in diese Zeit anzusetzen. Eine
Beschäftigung Müntzers mit Augustin wäre im Lichte des damaligen
Wittenberger Lehrangebots schon ohne Beleg zu vermuten. Jedoch lie-
fert einen einschlägigen Hinweis Müntzers Brief aus Beuditz an Franz
Günther vom 1. Januar 1520. Hier teilte Müntzer seinem Freund mit,
daß er die Werke Augustins, die ihm in der elfbändigen Amerbachschen
Ausgabe von 1505-1506 vorlagen[65], erneut gelesen habe und daß er bis
zum sechsten Band gekommen sei[66]. Er setzte dabei implizit voraus, daß
Günther Kenntnis von einer früheren Augustinlektüre Müntzers hatte.
Diese müßte in Wittenberg erfolgt sein, als die beiden Theologen dort
gleichzeitig studierten.

Ganz entsprechend ist das Studium *historischer Literatur* bereits für
Müntzers Wittenberger Zeit anzunehmen. Denn auch »die Geschichts-
bücher« hat Müntzer, wie er an Günther schrieb, in Beuditz »wiedergele-
sen«[67]. Zu den von Müntzer studierten historischen Werken gehörten die
Chronik des Eusebios sowie dessen Kirchengeschichte[68], die *Historia ecclesiastica tripertita* Cassiodors[69] und die *Historia* des sogenannten Hegesip-

---

[64] In der Widmungsvorrede an Bischof Stanislaus Thurzo schrieb Beatus Rhenanus,
der Herausgeber Tertullians: »... *diem illum ultimum... non multum abesse putabat* [scil.
Tertullianus], *in qua opinione non ea solum aetas fuit, sed et Gregorius magnus Tiberi inundante
praeter morem, adesse iam mundi finem arbitrabatur.*« (TOp.M, a 3ᵛ. Die von Müntzer unter-
strichenen Worte sind hier kursiv gesetzt.) Dazu Müntzer am Rand: »Tertulianus Criso-
stomus Gregorius dixerunt ultimum diem iuditii esse in propinquo.« Während »Gregorius« aus dem Text des Rhenanus entnommen ist, hat Müntzer den Namen des
Chrysostomos neu eingeführt.

[65] Diese Ausgabe enthielt nicht die Briefe und *Sermones* Augustins. Diese beabsichtigte
Müntzer daher gesondert in der Fastenzeit 1520 bei dem Leipziger Buchführer Achatius
Glor zu kaufen. Müntzer an Glor, [Beuditz], 1520 Januar 3; MSB 354, 5-7.

[66] »Relegi D. Augustini libros usque aq 6 partem et caetera historiarum volumina
revolvi...« MSB 353, 6f. Zu Augustin entsprechend in Q 1.10 Z. 4 (1524).

[67] Siehe Anm. 66. Entsprechend in der *Prager Protestation*, lat. Fassung (November
1521): »Legi et relegi priscorum patrum hystorias.« MSB 509, 31.

[68] Chronik: MSB 353, 23 - 354, 1. 4f; 355, 6f. — Kirchengeschichte: MSB 509,
34 || 494, 5f || 504, 3f; 161, 21-23; 243, 22f. Dazu H. Volz: Rezension von MSB, in:
BDLG 105 (1969) 602.

[69] MSB 208, 15. Dazu Volz 1969, 602 Anm. 5.

pus, einer christlichen lateinischen Bearbeitung (um 370) des *Bellum Iudaicum* des Josephos[70]. Ferner wußte Müntzer nach einer Randbemerkung in seinem Tertullianband, daß Regino von Prüm († 915) eine Weltchronik verfaßt hatte[71]. Ein Motiv Müntzers bei der Lektüre dieser Autoren war die Kritik am Verfall der Kirche und deren Rückführung zu ihrem apostolischen Ursprung[72]. Besonders interessierte ihn in diesem Zusammenhang die Konzilsgeschichte. Nach Beuditz bestellte er sich am 3. Januar 1520 eine Ausgabe der Akten der Konzile von Konstanz und Basel[73]. Jedoch zeigen die Jüterboger Predigten (April 1519), daß sich Müntzer schon davor mit Konzilsgeschichte beschäftigt hatte. Mit der Forderung, die Päpste müßten alle fünf Jahre ein Generalkonzil abhalten[74], griff er — allerdings abgewandelt — eine ähnliche Bestimmung des 1417 auf dem Konstanzer Konzil verabschiedeten Dekrets »Frequens« auf[75]. Wir werden von Jüterbog aus erneut auf Müntzers Wittenberger Studienzeit zurückverwiesen, in der auch die kritische Beschäftigung mit der Kirchengeschichte ihren entscheidenden Anstoß bekam[76].

Eines der bedeutsamsten Dokumente aus Müntzers Lektüre *antiker Klassiker* ist das von seiner Hand geschriebene, bisher unedierte Verzeichnis der Schriften Platons (s. Abb. 7)[77]. Wie bereits Günther Franz erkannt hatte[78], basiert es auf der lateinischen Platonausgabe Marsilio Ficinos (1433-1499). Darüber hinaus läßt die Kollation der drei vor 1525 in Frage kommenden Ausgaben dieser Übersetzung mit Müntzers Inhaltsverzeichnis erkennen, daß Müntzer den am 22. April 1517 in Venedig vollendeten Druck benützte[79]. Die Frage, welchem Zweck ein

---

[70] Müntzer hat dieses Werk Ende 1519 oder Anfang 1520 in Beuditz erhalten: MSB 354, 1f; 355, 4f. Davor erschien der Hegesippus seit der Erstausgabe Paris 1510 mehrfach im Druck. Edition: CSEL 66, 1. 2. Vgl. H. SCHRECKENBERG: Die Flavius-Josephus-Tradition in Antike und Mittelalter, Leiden 1972, 56-58; VOLZ 1969, 602.

[71] TOp.M, a 6ʳ: »Regino scriptor chronographie«. Der Titel »chronographia« stammt aus Müntzers Kenntnissen, denn Rhenanus hatte in der *Vita Tertulliani* ebd. nur geschrieben: »Regino scriptor ille rerum Germanicarum«. Gegen STEINMETZ 1984b, 611 läßt sich aus der Randbemerkung nicht folgern, Müntzer habe aus Reginos Chronik »zitiert«. Ob er sie gelesen hat, ist offen.

[72] R. DISMER: Geschichte Glaube Revolution: zur Schriftauslegung Thomas Müntzers, Diss. Hamburg 1974, 54-57.

[73] MSB 354, 7-9.

[74] Siehe oben S. 190.

[75] Das Dekret »Frequens« hatte bestimmt, daß fünf Jahre nach Beendigung des laufenden Konzils das nächste allgemeine Konzil zusammentreten müsse, dann nach sieben und danach alle zehn Jahre (H. E. FEINE: Kirchliche Rechtsgeschichte: die katholische Kirche, Köln ⁴1964, 472). Müntzer generalisierte also den kürzesten hier genannten Zeitabstand von fünf Jahren. Nicht präzis DISMER 1974, 58f.

[76] Vgl. S. 188.

[77] Hier ediert als Q 3.

[78] MSB 17 Anm. 13.

[79] Siehe die Einleitung zu Q 3.

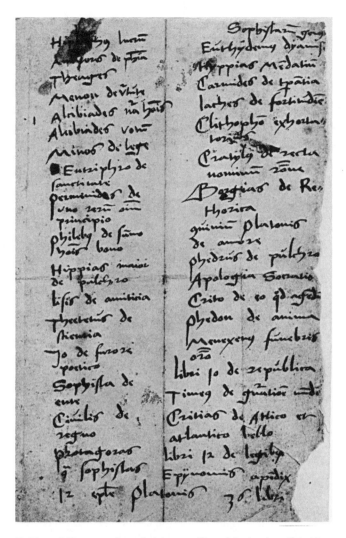

7. Von Müntzer abgeschriebenes Verzeichnis der Schriften
Platons

solches Inhaltsverzeichnis dienen konnte, läßt sich über ein vergleichba-
res Stück aus dem Wittenberger Studienbetrieb beantworten. Der Augustinermönch Matthäus Schliebener hat 1517/18 die Vorlesung Andreas
Bodensteins über Augustins *De spiritu et littera* gehört[80]. Auf das Titelblatt
seines Exemplars des von Bodenstein der Vorlesung zugrunde gelegten
Textbuches hat Schliebener das Inhaltsverzeichnis der ersten fünf Bände

---

[80] Siehe oben S. 157 Anm. 80f.

der Amerbachschen Augustinausgabe geschrieben[81]. Der Zweck dieser Abschrift läßt sich hier erkennen: Bodenstein zitierte in seinem Augustinkommentar eine Fülle von Augustinschriften. Das Inhaltsverzeichnis konnte Schliebener helfen, die von Bodenstein zitierten Schriften in der Amerbachschen Ausgabe aufzufinden. Eine entsprechende Orientierungsfunktion dürfte Müntzers Abschrift der *Tabula* der Venediger Platonausgabe von 1517 gehabt haben. Einen passenden »Sitz im Leben« für dieses Stück findet man ebenfalls im damaligen Wittenberger Studienbetrieb. Zu Melanchthons dortigem Lehrprogramm gehörte damals auch die Kommentierung von Platonschriften[82]. Ferner ist an Müntzers Beschäftigung mit Platon im Rahmen der Hieronymusvorlesung des Johannes Rhagius zu erinnern[83], der die Wittenberger Universität als »zweite athenische Akademie« bezeichnen konnte[84]. Im Verlauf dieses Kollegs las Müntzer in der *Platonis vita* Ficinos[85], die dieser seiner Ausgabe vorangestellt hatte. Ferner belegt eine Anmerkung Müntzers in seinem Inhaltsverzeichnis, daß er sich auch mit Platonschriften selbst beschäftigt hat[86]. Daß er mindestens einige der Schriften Platons gelesen hat, ist wahrscheinlich. Noch in den Randbemerkungen zu Tertullian äußerte sich Müntzer an einer Stelle positiv zu Platon, indem er die Aussage heraushob, daß Platon die Unsterblichkeit der Seele gelehrt habe[87], was Müntzers eigener Position entspricht[88]. Dies ist desto beachtlicher,

---

[81] KB København: 21,-245, 4° ex. 1: Pro Diuinae graciae defensione. SANCTISSIMI AVGVSTINI DE SPIRITV .ET. LITERA LIBER..., Wittenberg: Johann Rhau-Grunenberg [1517-]1519. Schliebener hat die Inhaltsverzeichnisse, die sich jeweils auf den Titelblättern der einzelnen Bände finden, nahezu wörtlich abgeschrieben. Vgl. Prima (Secunda...) pars librorum diui Aurelij Augustini..., Basel: Johann Amerbach, Johann Petri, Johann Froben 1505-1506 (PS Wittenberg: HTh fol 631-635; Provenienz: Johannes Rhagius Aesticampianus, durchgehend mit dessen handschriftlichen Randnoten).

[82] Im September 1518 plante Melanchthon eine Ausgabe von Platons *Symposion* (Melanchthon an Spalatin, [Wittenberg, 1518, kurz vor 24. September]; MWA 7, 1, 43, 13), doch verwarf er diesen Plan wieder und faßte im Dezember eine Vorlesung über den *Phaidon* ins Auge (an Spalatin, Wittenberg, [1518] Dezember 16; MWA 7, 1, 54, 22-27).

[83] Siehe oben S. 165-169.

[84] »altera Athenarum academia«. Widmungsvorrede des Rhagius an Prinz Barnim von Pommern, Wittenberg, 1518 Dezember 19, in: Diui Augustini libellus de vita Christiana..., Leipzig: Melchior Lotter d.Ä. 1518, A 2^v. — Diese besondere Vorliebe des Rhagius für Platon zeigt sich auch in seinem oben Anm. 81 genannten Exemplar der Amerbachschen Augustinausgabe. Die Begriffe 'Plato', 'Platonici' usw. hat er regelmäßig am Rand herausgehoben.

[85] Siehe Q 2 Anm. 100.

[86] Siehe Q 3 Z. 18.

[87] »Plato ponit immortalem [scil. animam].« TOp.M, 35 zu TERT. Resurr. 1, 5; CChr.SL 2, 921, 16, wo es heißt: »... Platonici immortalem animam e contrario reclamant...«

[88] Man beachte in diesem Zusammenhang, daß in Müntzers Inhaltsverzeichnis der platonische Dialog »Phedon de anima« aufgeführt ist (Q 3 Z. 29), über den Melanchthon Ende 1518 eine Vorlesung plante (s.o. Anm. 82).

als Müntzer gleichzeitig kategorisch die Philosophie als Urheberin der Häresien brandmarkte[89] und die platonischen Traditionen in diese Kritik einschloß[90]. 1524 kritisierte Müntzer in der *Ausgedrückten Entblößung* die bekannte Äußerung Platons[91], daß der Staat am besten von Philosophen regiert würde[92]. Diese Bemerkung gehört bereits in die später zu behandelnde Distanzierung Müntzers von den Humanisten seiner Zeit, die die erwähnte Ansicht Platons vom Philosophenstaat positiv aufnahmen und in ihre Gegenwart zu übertragen versuchten, so z.b. Erasmus[93] und Melanchthon[94].

Eine Reihe weiterer gelegentlich bei Müntzer auftauchender klassischer Autoren sei kurz erwähnt. Zusammen mit Platons *Politeia* wird in der *Ausgedrückten Entblößung* der *Goldene Esel* (*Metamorphoses*) des Apuleius genannt[95]. Im Prager Manifest benutzt Müntzer eine Metapher aus Vergils *Aeneis*[96]. Mauritius Reinhart setzt im Brief an Müntzer vom Januar 1521 bei seinem Lehrer Kenntnis der *Facta et dicta memorabilia* des Valerius Maximus voraus[97]. Aus Müntzers Randbemerkungen zu seiner Wittenberger Vorlesungsnachschrift läßt sich noch die Beschäftigung mit den naturkundlichen *Collectanea rerum memorabilium* des Solinus und mit der *Institutio oratoria* des Rhetors Quintilian[98] hinzufügen[99].

---

[89] »Philosophi sunt patriarche hereticorum.« TOp.M, 337. Es handelt sich um eine Heraushebung aus dem *Argumentum* des Beatus Rhenanus zu Tertullians Schrift *Adversus Hermogenem*, in dem Rhenanus seinerseits Tertullian zitierte.

[90] Im *Argumentum* zu Tertullians Schrift *Adversus Valentinianos* schrieb Rhenanus:»Vide quantum Christianismo *semper nocuerit philosophia. Cupiebat hic praestigiator* [scil. Valentinus] *purissimae simplicissimaeque* religioni Christianae, Platonicas fabulas invehere.« Die kursiv gesetzten Worte hat Müntzer unterstrichen und am Rand dazu notiert: »contra philosophiam« (TOp.M, 361). Die oben Anm. 87 zitierte Randbemerkung zeigt, daß Müntzer *Platonici* und Platon zusammenfaßt.

[91] PLATON Politeia 473c-d. 503b.

[92] MSB 290a, 21-23.

[93] Siehe C. AUGUSTIJN: Erasmus von Rotterdam, München 1986, 67.

[94] Melanchthon an Hieronymus Baumgartner, [Wittenberg, 1523 um 20. August]: »Laudoque hac parte remp[ublicam] Noriberg[ensem], et quod honorem virtuti habet et quod ad se φιλοσόφους inuitat. Beatas civitates Plato iudicauit, ubi tui similes regnarent.« MWA 7/1, 188, 14-17.

[95] MSB 290a, 23f.

[96] MSB 507 mit Anm. 31.

[97] MBL, T. 16 / MAB, Bl. 39ʳ / MSB 364, 8f bringt Reinhart in einem mehrfach fehlerhaft geschriebenen Satz eine Anspielung auf den Römer Marcius Coriolanus nach VAL. MAX. 5, 3, 2b, die der Adressat nur bei Quellenkenntnis entschlüsseln konnte.

[98] Siehe Q 2 Anm. 139 und 110.

[99] Gegen MSB 232 Anm. 95 hat MSB 232, 2f nichts mit Ov. Met. 5, 106 zu tun. — Müntzer verwendet im Brief an Franz Günther, 1520 Januar 1, den auf PERS. 4, 52 zurückgehenden Ausdruck »curta suppellectili« (MSB 353, 4 mit Anm. 6). STEINMETZ 1984b, 610 weist darauf hin, daß es sich um eine geläufige Formel des humanistischen Briefstils handelt. Vgl. in der Nähe von Müntzers Brief Heinrich Stromer an Gregor Kopp, Altenburg 1520 Januar 7, in: HEINRICH STROMER; GREGOR KOPP; ANDREAS FRANK: Duae Epistolae: Hērici Stromeri Auerbachij: & Gregorij Coppi Calui medicorū:

Nur vereinzelte Belege gibt es für die vorauszusetzende Lektüre der *Schriften zeitgenössischer Humanisten*[100]. Immerhin gehört dazu der älteste Druck, dessen Benützung durch Müntzer sich nachweisen läßt. Auf ein Notizblatt hat sich Müntzer zwei Zeilen aus den 1498 gedruckten *Lucubraciunculae ornatissimae* des Straßburger Frühhumanisten Petrus Schott geschrieben. In diesem Epigramm spricht der Tod zum sterblichen Menschen:

> »Horrida sum pravis, iustis optabile lucrum,
> Illos suppliciis, hos ego mitto polis.«
> »Den Bösen bin ich Schrecken, den Gerechten ersehnter Gewinn.
> Jene schicke ich in die Qualen, diese in den Himmel.«[101]

Aus einem dicken Band humanistischer Texte hat Müntzer hier bezeichnenderweise ein Zitat herausgenommen, das in seiner Kontrastierung von Bösen und Gerechten seinem Interesse an der Scheidung von Gottlosen und Auserwählten entgegenkam.

Zu Müntzers Buchbesitz gehörte die von dem Pariser Humanisten Jacobus Faber Stapulensis veranstaltete Ausgabe des frühchristlichen visionären *Hirt des Hermas*, der verbunden ist mit Werken von fünf Autoren aus dem Bereich mittelalterlicher Visionsliteratur[102]. Die mit zwei Widmungsvorreden des Humanisten eingeleitete Ausgabe verdient hier Erwähnung, weil sie ein auch im Blick auf Müntzer zu reflektierendes Muster der Verbindung von Humanismus und visionärer Mystik repräsentiert.

---

que statū reipublicae Christianae hoc seculo degenerātis attīgūt. ..., Leipzig: Melchior Lotter d.Ä. 1520, A 4ʳ (MKB Goslar: 332 mit Geschenkwidmung Stromers an Eberhard Weidensee, Propst des Johannesklosters in Halberstadt).

[100] Ich berücksichtige nicht die »Bücherliste« in MBL, T. 13 / MAB, Bl. 51-54 (MSB 556-560 fehlerhaft und unvollständig). Denn erstens ist der literarische Charakter dieses Stückes ungeklärt, und zweitens ist es völlig offen, ob in der Liste Bücher aus dem Besitz Müntzers verzeichnet sind. Bei dieser nicht »Ende 1520«, sondern später — vermutlich 1521 — geschriebenen Liste handelt es sich jedenfalls nicht um »eine Buchhändlerrechnung« (MSB 556). Der unbekannte Schreiber der Liste brachte auf Bl. 51ʳ/54ᵛ folgenden in MSB weggelassenen Rückenvermerk an: »Usque ad mortem donum domini. Videns Iacob vestimenta Ioseph sci⟨dit⟩ vestimenta sua cum fletu et ai⟨t⟩: Ve fera pessima devoraverunt filium meum Ioseph.« Vgl. Gen 37,33-35. Der Schreiber hat im Januar 1521 auch sonst für Müntzer geschrieben (nach FRANZ in MSB 556 den Brief MSB 366f Nr. 19). Von Müntzers Hand stammt ein Nachtrag auf Bl. 54ʳ (MSB 560, 1-4). Auch das verwendete Papier kommt aus Müntzers Besitz, denn auf der Außenseite des Verzeichnisses (Bl. 51ʳ/54ᵛ) steht das getilgte Fragment eines Briefes Müntzers an seinen Vater (MSB 361). Handelt es sich bei der Liste um einen von Müntzer bzw. seinem Schreiber verzeichneten Nachlaß, den Müntzer eventuell selbst geerbt hatte?

[101] MBL, T. 68 / MAB, Bl. 87ʳ / MSB 537, 9f. Das Zitat stammt aus: Petri Schotti Argentiñ. Patricii:... Lucubraciunculae ornatissimae. [Straßburg:] Martin Schott 1498 Oktober 2, 176ᵛ.

[102] LIBER trium virorum & trium spiritualium virginum. Paris: Henricus Stephanus 1513. Dazu M. STEINMETZ: Thomas Müntzer und die Mystik, in: Bauer, Reich und Reformation/ hg. v. P. BLICKLE, Stuttgart 1982, 148-159.

5.3. Rhetorik und Theologie: die Ordnung der Dinge (ordo rerum)

Der Nachweis humanistischer Bildungselemente — Sprachkenntnisse, Briefstil, Kenntnis klassischer und humanistischer Literatur — im Werk Müntzers fordert die weitergehende Frage heraus, ob und gegebenenfalls in welchem Maße seine Theologie vom Humanismus mitgeprägt ist. Dieser Frage soll hier an einem Beispiel nachgegangen werden, nämlich anhand einer Untersuchung des Einflusses antiker Rhetorik auf Müntzers Denken. Dieser Teilaspekt wird hier ausgewählt, da die Rezeption antiker Rhetorik als eines der gemeinsamen Merkmale des zeitgenössischen Humanismus gelten kann.

Die Bedeutung der Rhetorik für die Theologie Müntzers illustriere ich zunächst an einem Einzeltext, in dem Müntzer den Rückgriff auf eine rhetorische Kategorie explizit vornimmt. Im Rahmen einer Auslegung von Ps 117(118), 24 — »Dies ist der Tag, den der Herr gemacht hat«[103] — geht Müntzer auf einen rhetorischen Tropus, die Synekdoche[104], ein. Von den verschiedenen Möglichkeiten der Synekdoche greift er die Stilmuster *pars pro toto*[105] und *totum pro parte*[106] auf. Ich gehe hier nur auf Müntzers Beispiele zum ersten Muster ein. Zunächst wendet Müntzer die Synekdoche *pars pro toto* als Interpretationskategorie auf eine biblische Überlieferung an: Christus ruhte drei Tage im Grab (Mt 12,40; 27,63f). Versteht man diese Aussage *pars pro toto*, so ist nach Müntzer mit den drei Tagen auf unsere ewige Ruhe hingewiesen, in der wir Gott schauen werden. Die drei Ruhetage Christi sind der Teil, die ewigen Tage das Ganze. Hier hat die Annahme einer Synekdoche im Text also die Funktion, allegorische Textauslegung zu methodisieren.

Das zweite theologische Beispiel[107]: Der Mensch gewordene Christus war allein gerecht. Als Mensch war er ein Teil des Menschengeschlechts. Dieser Teil, Christus, steht für das Ganze, nämlich für alle Glieder des Menschengeschlechts, die nach Röm 3,22-26 im Glauben an Christus gerecht genannt werden[108]. Während im ersten Beispiel die rhetorische Kategorie eine texthermeneutische Funktion hat — Rechtfertigung einer

---

[103] MBL, T. 69 / MAB, Bl. 91ʳ (MSB 533, 1-19 fehlerhaft und ohne Bibelstellennachweise). Dieser lateinische Text gehört zusammen mit dem von FRANZ (MSB 527f) abgetrennten deutschen Text auf der Rückseite desselben Blattes (MAB, Bl. 91ᵛ), in dem sich eine Anspielung auf Ps 117 (118),19f findet (MSB 527, 10).
[104] QUINT. Inst. 8, 6, 19-22. — H. LAUSBERG: Handbuch der literarischen Rhetorik, München 1960, § 572f.
[105] MSB 533, 4-7 (»a parte totum«).
[106] MSB 533, 7-13 (ohne Nennung des rhetorischen terminus technicus), s. Anm. 109.
[107] Davor noch ein Lehrbuchbeispiel: »Qui enim facie albus, totus [scil. albus est].« MBL, T. 69 / MAB, Bl. 91ʳ / MSB 533, 7.
[108] »Talis dicitur Χριστος pars generis humani solus iustus et per eum omnes iusti dicuntur ad Ro. 3.« Ebd. (MSB 533, 7f).

Allegorese — geht hier die Synekdoche über die Textebene hinaus und wird gewissermaßen zu einer heilsgeschichtlichen Größe ausgeweitet: Was in dem Menschen Christus geschieht, dem Teil der Menschheit, geschieht für ein Ganzes und in einem Ganzen, das Müntzer als das Kollektiv der Auserwählten präzisiert[109]. Die rhetorische Kategorie dient hier dem Erfassen und Beschreiben der Heilsökonomie und ist somit zu einem systematisch-theologischen Strukturelement geworden. Eine Ausweitung des Anwendungsbereichs rhetorisch-hermeneutischer Begriffe über die Wort-Text-Ebene hinaus wird sich im folgenden als typisch für Müntzer erweisen.

Die Frage legt sich nahe, wie ein Theologe auf die Idee kommen konnte, das Verhältnis zwischen Christus und den Gläubigen mit einem Muster der Rhetorik zu erfassen. Der Hintergrund liegt in der auf die Bibel (Joh 1; Gen 1) zurückgehenden Tradition theologischer Logosspekulation. Das hier vorgegebene Verständnis von Christus als dem Logos, ja des ganzen Offenbarungshandelns Gottes, beginnend mit der Schöpfung, als des einen und ewigen Gotteswortes ermöglichte es der theologischen Reflexion, auch auf das so verstandene nichttextliche Wort Gottes und auf Christus »das Wort«[110] rhetorische Kategorien anzuwenden.

Diese weitgehende Deutung braucht sich nicht nur auf das vorgestellte Einzelbeispiel zu stützen. Nach der exemplarischen Interpretation eines Einzeltextes ist nun zu zeigen, in welcher Breite Müntzer rhetorische Kategorien theologisch adaptiert hat. Ich beginne mit Müntzers Zitat aus dem klassischen rhetorischen Lehrbuch Quintilians am Rand seiner Wittenberger Vorlesungsnachschrift: »Der Schatz der Beredsamkeit ist das Gedächtnis«[111]. In dem Kapitel Quintilians über das Gedächtnis (11, 2), dem jenes Zitat entnommen ist, stößt man auf eine zentrale Kategorie müntzerischer Theologie: *ordo rerum*. Weitere Quintilianlektüre bestätigt den ersten Eindruck: Eine Reihe zentraler Begriffe der Theologie Müntzers, darunter seine Kategorie *ordo rerum*, entstammen der antiken Rhetorik.

Da die Verbindung zwischen Müntzer und der antiken Rhetorik früher übersehen worden war, ist ein kurzer forschungsgeschichtlicher Seitenblick angebracht. Hans-Jürgen Goertz hat in seiner 1967 erschienenen Dissertation *Innere und äussere Ordnung in der Theologie Thomas Müntzers*

---

[109] Die MSB 533, 8 aus Röm. 3,22f übernommene Rede von den »omnes« (zitiert Anm. 108) deutet Müntzer als *figura totum pro parte* im Interesse seiner Unterscheidung von Auserwählten und Verworfenen: MSB 533, 9. 12f.

[110] Vgl. Müntzers Randbemerkung TOp.M, 71 in Aufnahme der Gedanken Tertullians: »1[us] [scil. homo] choicus limacius terrenus, 2[us] Celestis homo verbum dei«. Zu TERT. Resurr. 49, 2-5; CChr.SL 2, 990, 4-23. Vgl. dazu 1 Kor 15,47.

[111] Q 2 Z. 40-43. Vgl. oben S. 167.

den *ordo*-Begriff im Titel hervorgehoben. Er deutete Müntzers Rede von der »Ordnung Gottes« als Ausdruck einer grundlegenden »formalen Denkstruktur«[112]. Dies ist die bleibende Entdeckung von Goertz, wenngleich präziser der weitere Begriff *ordo rerum* als Ausdruck einer *»formalen«* Denkstruktur zu bezeichnen wäre, während »Ordnung Gottes« bereits eine theologische inhaltliche Füllung jenes »formalen« Begriffs ist. Als unhaltbar erweist sich allerdings die einseitige Ableitung von Müntzers *ordo*-Begriff aus der Mystik. Für diese Ableitung bietet Goertz je ein Zitat aus Eckhart und der *Theologia deutsch*[113], wo zwar der allgemein geläufige Begriff 'Ordnung' im Sinne von göttlicher Ordnung auftaucht, ohne daß aber hier die Begriffe 'Ordnung Gottes' oder 'Ordnung der Dinge' als spezifische, feste Termini wie bei Müntzer begegnen. Goertz hat selbst eingeräumt, daß der *ordo*-Begriff in den von ihm herangezogenen mystischen Quellen »in losem und austauschbarem Gebrauch« vorkomme, während bei Müntzer eine »konzise Formel« vorliege[114].

1976 ist Wolfgang Ullmann bei der Untersuchung einiger Randbemerkungen Müntzers zu Tertullian erneut auf *ordo rerum* als einen von Müntzer hervorgehobenen Begriff gestoßen[115]. Allerdings begegnet in den von Müntzer glossierten Tertulliantexten nur einmal der Begriff *ordo rerum*[116] und einmal in demselben Sinne der Begriff *ordo*[117]. An beiden Stellen wird dies von Müntzer positiv hervorgehoben[118]. Ferner entdeckt er zweimal bei Tertullian in der Sache die Berücksichtigung des *ordo rerum*, ohne daß Tertullian den Begriff verwendet[119]. Aufgrund dieses relativ mageren Befundes hielt Ullmann die Herkunft des Begriffes selbst

---

[112] H.-J. GOERTZ: Innere und äussere Ordnung in der Theologie Thomas Müntzers, Leiden 1967, 39-45.
[113] Ebd. 40 Anm. 3 und 42 Anm. 2. Auch in H.-J. GOERTZ: Der Mystiker mit dem Hammer (1974), in: FRIESEN/GOERTZ 1978, 417 werden die einschlägigen Belege aus der mittelalterlichen Mystik nicht vermehrt.
[114] GOERTZ 1967, 40.
[115] ULLMANN 1976, 128-132.
[116] TERT. Resurr. 12, 7; CChr.SL 2, 935, 27f: »Totus igitur hic ordo revolubilis rerum testatio est resurrectionis mortuorum.« Dazu Müntzer TOp.M, 43: »Conclusio pulcherrima de resurectione mortuorum«. Beatus Rhenanus hat Tertullians Formulierung in sein *Argumentum* aufgenommen, das er *De resurrectione mortuorum* vorangestellt hat (S. 34): »Mox ex revolubili rerum ordine resurrectionem persuadet...« Dazu Müntzer TOp.M, 34: »Ex ordine rerum probat resurectionem.«
[117] TERT. Resurr. 2, 7; CChr.SL 2, 922, 31f: »... nam et ordo semper a principalibus deduci exposcit...« Dazu Müntzer TOp.M, 36 in Großbuchstaben: »ORDO RERUM«.
[118] Außerdem hat Müntzer TOp.M, 71 unterstrichen: »Ordo enim meritorum«; TERT. Resurr. 48, 10; CChr.SL 2, 988, 41. — Entsprechend hat er in der *Admonitio ad lectorem* des Rhenanus das Wort »ordinis« unterstrichen (a 6ᵛ). Diese Stellen zeigen, daß *ordo* für Müntzer ein Reizwort war.
[119] TOp.M, 28 zu TERT. Carn. 16, 5; CChr.SL 2, 903, 30-38: »Ordo rerum unica hac vice tangitur.« — TOp.M, 28 zu TERT. Carn. 17, 5f; CChr.SL 2, 905, 31-46: »Hic rursus tangit ordinem rerum de conceptione diversorum.«

aus der Mystik weiterhin für möglich, deutete ihn aber inhaltlich von Tertullian her. Ullmann hatte allerdings nur einen Teil der einschlägigen Randbemerkungen Müntzers herangezogen. Eine Berücksichtigung aller Randbemerkungen zeigt, daß Müntzer die Kategorie *ordo rerum* nicht aus Tertullian entnommen hat, sondern an diesen bereits heranträgt. An zwei Stellen führt er diese Kategorie glossierend ein, ohne daß sie im Tertulliantext vorkommt[120]. Das stärkste Gewicht haben aber insgesamt acht Belege, an denen Müntzer Tertullian wegen Ignorierung oder gar Leugnung des *ordo rerum* kritisiert[121].

Ebenso wie an Tertullian trägt Müntzer seinen *ordo*-Begriff an die mystischen Quellen heran. Der methodische Mangel an dem Vorgehen von Goertz besteht darin, daß er einen Einzelbegriff statt eines ganzen Begriffsfeldes untersuchte und daher die bei Müntzer zum *ordo*-Begriff gehörigen Kontextbegriffe für seinen Versuch einer geistesgeschichtlichen Herleitung nicht berücksichtigt hat. Mit *ordo rerum*, dessen deutschsprachiges Äquivalent bei Müntzer meistens einfach »die Ordnung« ist[122], gehören unter anderem als Kontextbegriffe zusammen: 'Anfang' (*principium*) und 'Ende' (*finis*); das 'Ganze' (*totum*) und die 'Teile' (*partes*)[123]; '(zusammen) fügen', 'zusammen verfassen' oder synonyme Ausdrücke für den Vorgang der Verknüpfung (*conexio*) oder Zusammensetzung (*compositio*) der Teile zum Ganzen[124].

Diese Zusammenstellung, die keine eigentlichen Theologumena enthält, zeigt bereits, daß es sich hierbei um Formalbegriffe handelt. Sie ent-

---

[120] TOp.M, 23 zu TERT. Carn. 11, 1; CChr.SL 2, 894, 3-9: »Omnes heretici ignoraverunt ordinem.« — TOp.M, 39 zu TERT. Resurr. 6, 5-7; CChr.SL 2, 928, 19-32: »Heretici contempserunt viles creaturas, quia ordinem rerum minime intelligunt.«

[121] TOp.M, 15 zu TERT. Carn. 3, 1; CChr.SL 2, 875, 5 - 876, 9: »Ex ordine nihil probat, de innocentia Christi et peccato Adam probanda est Nativitas domini.« — TOp.M, 17 zu TERT. Carn. 5, 3; CChr.SL 2, 881, 20-24: »Quare non probas ex ordine rerum contra negantem scripturas?« — TOp.M, 17 zu TERT. Carn. 5, 7f; CChr.SL 2, 882, 45-53: »Pulchrius illa omnia ex natura probantur.« — TOp.M, 18 zu TERT. Carn. 6, 4f; CChr.SL 2, 884, 28-33: »Nullus doctorum scripsit ordinem, ob id non potuerunt vincere unum hereticum, nisi scripturis, que possunt vario glossemate involvi et comparari.« — TOp.M, 19 zu TERT. Carn. 6, 10f; CChr.SL 2, 885, 60-68: »Contra ordinem«. — TOp.M, 25 zu TERT. Carn. 12, 6; CChr.SL 2, 897, 32-35: »Apertissime cognoscis quod hic negat ordinem rerum.« — TOp.M, 27 zu TERT. Carn. 15, 4; CChr.SL 2, 901, 27-30: »Optime contrariati sunt [scil. ethnici], quia voluerunt ordinem, quem THEOLOGI ignoraverunt a principio.« — TOp.M, 37 zu TERT. Resurr. 4, 2; CChr.SL 2, 925, 3-11: »Nausea naturalium rerum in Tertuliano.«

[122] Vgl. MSB 510, 3f || 494, 6f || 504, 11f.

[123] MSB 505, 16 - 506, 4 || 492, 12-14 || 496, 10-16; 534, 15 - 535, 6; 519, 14-20; 519, 21 - 520, 2. 12-14 zusammen mit 397, 25-30; 228, 13 - 229, 13; 235, 28 - 237, 23; 270, 1; 271, 22-26; 272, 30-33; 273, 39 - 274, 12; 314, 3 - 315, 5; 326, 13 - 327, 17.

[124] MSB 228, 13 - 229, 13; 220, 25-28; 236, 5-7. Vgl. QUINT. Inst. 9, 4, 1ff; LAUSBERG 1960, Bd. 1, S. 455. Die lateinischen Termini *conexio* und *compositio* sind bei Müntzer nicht nachgewiesen.

stammen der antiken Rhetorik und waren Müntzer mindestens aus dem Werk Quintilians bekannt. Nach Quintilian ist der *ordo* in der Rhetorik die richtige Anordnung (*dispositio* bzw. *conlocatio*)[125]. Dabei handelt es sich um die richtige Abfolge und Verknüpfung des jeweils Vorhergehenden mit dem Folgenden[126]. In diesem *ordo* haben Anfang[127] und Ende[128] ihren naturgegebenen Platz und finden in der Redekunst besondere Aufmerksamkeit: Einer Rede ohne *ordo* ist »weder Anfang noch Ende gesetzt, und sie folgt mehr dem Zufall als einem Plan«[129]. Indem Quintilian einräumt, daß selbst die Natur auf einem *ordo rerum* beruhe[130], deutet sich eine über den engeren rhetorischen Bereich hinausgehende Weite der Kategorie *ordo rerum* an. Das verdient hervorgehoben zu werden im Blick auf Müntzers Interesse an der Ordnung der Natur im Rahmen der Gotteserkenntnis. Das dialektische Verhältnis des Ganzen zu seinen Teilen ist ebenfalls in der *ordo*-Lehre der Rhetorik vorgegeben[131]; bei Müntzer wird es unter anderem bezogen auf Gott und seine Werke.

Inhaltlich hat Goertz Müntzers *ordo*-Begriff schwerpunktmäßig soteriologisch als *ordo salutis* gedeutet[132], während Ullmann ihn von Tertullian her heilsökonomisch als den festen Plan Gottes, nach dem sich die Heilsgeschichte vollzieht, interpretiert hat[133]. Beide nennen damit *einen* systematischen Locus, auf den Müntzers Begriff von der 'Ordnung der Dinge' angewendet wird. Die Entdeckung der rhetorischen Herkunft des *ordo*-Begriffs sowie der zugehörigen Kontextbegriffe zeigt aber, daß diese Kategorien noch vor einzelnen theologischen Loci angesiedelt sind: Die rhetorischen Begriffe haben in Müntzers Theologie die Funktion von hermeneutischen Grundkategorien erhalten.

Ein dem beschriebenen Sachverhalt gerecht werdendes rezeptionstheoretisches Modell könnte folgendermaßen aussehen: Die über Quintilian vermittelten Kategorien der antiken Rhetorik wurden von Müntzer als hermeneutische Strukturbegriffe rezipiert, die bei seiner Lektüre theologischen Traditionsgutes eine ordnende und selektive Funktion hatten. Mit Hilfe eines »Programms«, bestehend aus der nunmehr theologisch-hermeneutischen Hauptkategorie des *ordo rerum* und der dieser Kategorie

---

[125] QUINT. Inst. 3, 3, 8.
[126] Ebd. 7, 1, 1. LAUSBERG 1960, § 443-452.
[127] QUINT. Inst. 4, 1, 1-5. LAUSBERG 1960, § 263. 266.
[128] Vgl. LAUSBERG 1960, § 443.
[129] »nec mihi videntur errare, qui ipsam rerum naturam stare ordine putant, quo confuso peritura sint omnia. sic oratio carens hac virtute tumultuetur necesse est et sine rectore fluitet nec cohaereat sibi... nec initio nec fine proposito casum potius quam consilium sequatur.« QUINT. Inst. 7 pr. 3.
[130] Siehe Anm. 129.
[131] QUINT. Inst. 3, 3, 14.
[132] GOERTZ 1967, 43-45.
[133] ULLMANN 1976, 129f.

kontextuell zugeordneten Begriffe, las Müntzer die Bibel, Kirchenväter, Mystiker und wahrscheinlich noch weitere theologische Literatur. Wie Müntzers Tertullianlektüre belegt, hat er Aussagen jener theologischen Quellen zur Ordnung bzw. Ordnung Gottes seinem auf die Rhetorik zurückgehenden *ordo*-Begriff integriert oder die Texte im Sinne dieser Kategorie gedeutet, auch wo sie nicht explizit von *ordo* oder 'Ordnung' redeten. Wie durch diesen komplexen Rezeptionsvorgang die rhetorischen Begriffe ihre inhaltliche theologische Füllung bekamen und wie sich diese näherhin zum ursprünglichen rhetorischen Gehalt jener Begriffe verhält, bedarf der Klärung in weiterer Forschungsarbeit. Zu untersuchen ist auch die Frage, ob Müntzer für seine spezifische Art der Adaptation von Elementen der klassischen Rhetorik bereits theologische Vorbilder hatte.

Das Besondere an Müntzers Rezeption antiker Rhetorik kann schärfer bestimmt werden durch einen Vergleich mit Luther, bei dem bereits einige Forscher die Aufnahme antiker rhetorischer Elemente registriert haben. Nach Helmar Junghans sind bei Luther die rhetorischen Begriffe in erster Linie exegetisches Hilfsmittel: »... die antike Rhetorik ... verhilft ihm zum Verständnis des biblischen Sprachausdruckes ... und fördert die Trennung von der mittelalterlichen Exegese und Theologie ... Dies scheint in bezug auf Luthers theologische Entwicklung die rechte Zuordnung von Exegese und Rhetorik zu sein.«[134] Bei Müntzer geht das Gewicht der von ihm rezipierten rhetorischen Begriffe über ihre exegetische Hilfsfunktion hinaus. In Anlehnung an eine rhetorische Unterscheidung könnte — unter Inkaufnahme einer gewissen Vereinfachung — die Differenz zwischen Luther und Müntzer folgendermaßen charakterisiert werden: Luther interessiert sich in einem exegetisch-hermeneutischen Sinn vorwiegend für den *ordo verborum* der von ihm ausgelegten Texte. Müntzer geht es in einem systematisch-hermeneutischen Sinn um den *ordo rerum*. Dieser findet im *ordo verborum* des geschriebenen Bibeltextes nur *einen* Niederschlag neben der in die Natur gelegten Ordnung und der Ordnung der aktuellen Anrede des lebendigen Gottes, die zu hören ist im Hier und Jetzt nach und neben der in Texten zur Historie geronnenen Gottesrede. Hermeneutik kann sich daher nicht vorrangig auf Schriftauslegung beschränken, sondern muß eine Hermeneutik der Naturauslegung und der im Herzen ergehenden Rede Gottes einbeziehen als auch

---

[134] JUNGHANS 1984, 218. Gleichzeitig räumt JUNGHANS 216 ein, daß rhetorische Kategorien Luthers Gottesbild (*deus dicens*) beeinflußt haben. In dieser Hinsicht stehen Luther als auch Müntzer bereits in einer alten, auf die Kirchenväter zurückgehenden theologischen Tradition. So ist es nicht überraschend, wenn sich auch Berührungspunkte zwischen Luther und Müntzer ergeben. Die im folgenden dargestellten Unterschiede wurden jedoch von beiden Theologen stärker betont und ausgearbeitet.

diese drei Bereiche systematisch verbinden. So erklärt es sich, daß bei Müntzer die rezipierten rhetorischen Elemente nicht wie bei Luther vorrangig Begriffe der Texthermeneutik sind, sondern daß er rhetorische Grundkategorien zu systematischen Strukturelementen seiner Theologie macht. Der *ordo verborum* betrifft rhetorisch die Redegestalt, hermeneutisch die Textgestalt. Der *ordo rerum* umgreift rhetorisch ein Spektrum von einer sachimmanenten Ordnung bis zur Redegestalt, theologisch bei Müntzer einen Offenbarungsprozeß, der Gott den Schöpfer, sein in jeder Zeit lebendig gesprochenes Schöpfungswort und die Schöpfung als sein gestaltetes Werk umfaßt. Die Heilige Schrift ist ein herausgehobener, jedoch historisch begrenzter Niederschlag dieses Offenbarungsprozesses, ein *Teil* des Offenbarungs*ganzen*.

5.4. Abgrenzung vom Humanismus

Für Müntzers Abgrenzung von Humanisten seiner Zeit steht die Auseinandersetzung mit seinem Zwickauer Amtskollegen Johannes Wildenauer, genannt Sylvius Egranus († 1535), die für den Zeitraum von November 1520[135] bis April 1521 dokumentiert ist[136]. Hubert Kirchner vertritt sogar die Auffassung, daß Müntzer mit dem Angriff auf seinen Kollegen »einzig und allein Erasmus von Rotterdam« meinte[137]. Auch zu dem Thema »Müntzer und die Erasmianer« kann die Quellenbasis erweitert werden. Erstens wurde bisher nicht registriert, daß Müntzer in einem Teil seiner Randbemerkungen zur Tertullianausgabe des Beatus Rhenanus diese Auseinandersetzung in der Sache weiterführt. Zweitens wurde hinsichtlich der von Müntzer inkriminierten Positionen des Egranus zwar allgemein vorausgesetzt, daß hinter Egranus Erasmus stehe. Eine Prüfung der einschlägigen Aussagen des Erasmus ermöglicht nicht nur ein präziseres Erfassen der Streitpunkte zwischen Müntzer und Egranus, sondern erlaubt auch die weitergehende Fragestellung, ob Müntzer bei aller Abgrenzung von dem Erasmianer Egranus nicht auch seinerseits durch die Schule Erasmischer Schriften gegangen sein könnte. Exemplarisch soll hier unter den genannten Gesichtspunkten ein ausgewählter Sachverhalt untersucht werden, nämlich die zwischen Müntzer und Egranus umstrittenen Fragen der Schrifthermeneutik.

Hauptquelle für den Standpunkt des Egranus sind seine Zwickauer und Joachimsthaler Predigten (1519-1522)[138]. Ein Teil der von Müntzer

---

[135] Johann Agricola an Müntzer, Wittenberg, 1520 November 2; MSB 362, 5-8.
[136] KIRCHNER 1961, 10f.
[137] Ebd. 49.
[138] G. BUCHWALD (Hg.): Ungedruckte Predigten des Johann Sylvius Egranus, Leipzig 1911.

formulierten und zusammengestellten *Propositiones probi viri d. Egrani*[139] kann ebenfalls als Quelle für die Anschauungen des Egranus in Anspruch genommen werden. Denn ein Vergleich mit den Predigten des Egranus ermöglicht, weitgehend persönliche Invektiven Müntzers gegen Egranus von den Sätzen zu unterscheiden, in denen Müntzer die Äußerungen des Egranus sinngemäß zitiert[140]. Gleichzeitig sind diese *Propositiones* eine Quelle für Müntzers Gegenposition. Da einige Thesen Kenntnis der Passions- und Osterpredigten des Egranus aus dem Jahre 1521 voraussetzen (Ostern am 31. März), kann als Abfassungszeit der *Propositiones* der April 1521 erschlossen werden[141]. Die zweite Quelle für Müntzers Position ist dessen Handexemplar der Tertullianausgabe des Beatus Rhenanus, im Juli 1521 in Basel erschienen. Die Benutzung dieser Ausgabe ist bereits für Oktober 1521 in Wittenberg belegt[142]. Müntzers Einzeichnungen in sein Exemplar enthalten nirgends ein konkretes Datum. Der Inhalt der Randbemerkungen steht den Zwickauer Auseinandersetzungen (1520/21), der *Prager Protestation* (November 1521) und den wenigen brieflichen Zeugnissen des Jahres 1522 nahe, so daß sich eine hypothetische Datierung wenigstens des Großteils der Randbemerkungen in die Jahre 1521/22 nahelegt. Mit der Tertullianlektüre dürfte Müntzer entweder schon in Prag oder bald nach der Rückkehr (Dezember 1521?) begonnen haben.

Weder Egranus noch Müntzer bieten in den genannten Quellen ausdrücklich ein Erasmuszitat. Jedoch legt sich für einen Vergleich der beiden Theologen mit Erasmus in bibelhermeneutischen Fragen der Rückgriff auf die Vorreden des Erasmus zu seinem Neuen Testament nahe, von denen hier die *Paraclesis* und der *Methodus* (beide 1516) sowie die

[139] MBL, T. 50 / MAB, Bl. 66f (MSB 513-515).

[140] Diese Analyse haben KIRCHNER 1961, 19-21. 31-33. 58-60 und ELLIGER 1975, 132-166 geleistet.

[141] Die Passions- und Osterpredigten des Egranus aus dem Jahr 1521 sind nicht überliefert. Jedoch enthalten die 1520 in Zwickau und 1522 in Joachimsthal gehaltenen Passions- und Osterpredigten direkte, teilweise fast wörtliche Parallelen zu den *Propositiones* 5. 8. 11. 16: Vgl. MSB 513, 16 mit BUCHWALD 1911, 98; MSB 514, 6f. 14-17 mit BUCHWALD 116. 124. 134; MSB 514, 30f mit BUCHWALD 31. 115. Der Vergleich der Predigtjahrgänge untereinander zeigt, daß Egranus Inhalte der jeweils früheren Predigten wiederholte. Daher kann angenommen werden, daß sich Müntzer auf die nicht erhaltenen Predigten der Osterzeit 1521 bezieht. Ostern 1520 war er noch nicht in Zwickau, Ostern 1522 predigte Egranus in Joachimsthal, wo Müntzers Anwesenheit nicht vorausgesetzt werden kann. Außerdem zeigt der Vergleich von MSB 514, 36f mit 515, 15f, daß die *Propositiones* in der Zeit abgefaßt wurden, als Egranus mit dem Ortswechsel von Zwickau nach Joachimsthal beschäftigt war. Dies war im April 1521 der Fall (Abschiedspredigt in Zwickau am 21. April 1521). Vgl. O. CLEMEN: Johannes Sylvius Egranus. Mitt. des Altertumsvereins f. Zwickau und Umgebung 6 (1899) 26.

[142] Albert Burer an Beatus Rhenanus, Wittenberg, 1521 Oktober 19; A. HORAWITZ; K. HARTFELDER (Hg.): Briefwechsel des Beatus Rhenanus, Leipzig 1886, 294.

erweiterte Fassung der letzteren Schrift, die *Ratio seu methodus compendio perveniendi ad veram theologiam* (1518) herangezogen werden[143]. Diese weitverbreiteten Programmschriften gehörten in jenen Jahren zur Standardlektüre des humanistisch interessierten Theologen[144], für den ohnehin die Benutzung jener griechisch-lateinischen Ausgabe des Neuen Testaments selbstverständlich war[145].

Es gibt eine einzige Stelle, an der Müntzer »die Erasmianer« beim Namen nennt. Sie findet sich in seinem Tertullianexemplar als Randbemerkung zur Widmungsvorrede des Beatus Rhenanus an Bischof Stanislaus Thurzo von Olmütz[146]. Rhenanus war auf die *Antitheseis* Markions zu sprechen gekommen, in denen dieser den Widerspruch (*discrepantia*) zwischen Altem und Neuem Testament behauptet hatte[147]. Müntzer assoziierte dazu die Haltung »der Erasmianer« gegenüber dem Alten Testament: »Markion macht einen Unterschied zwischen Altem und Neuem Testament ebenso wie die Erasmianer und die Pikarden«[148]. Der unmittelbare historische Kontext für diese auf den ersten Blick undifferenziert erscheinende Bemerkung ist Müntzers Auseinandersetzung mit Egranus[149]. Erasmus hatte 1516 in der *Paraclesis* für die Verbreitung des Neuen Testaments in den Volkssprachen plädiert[150]. Er hob wiederholt die Evangelien und die Paulinischen Briefe als lesenswert hervor[151], während das Alte Testament unerwähnt blieb. In der gleichzeitigen *Methodus* bemerkte er beiläufig, daß das Neue Testament heute allein ausreichen könnte[152]. In der *Ratio seu methodus* lieferte er 1518 die

---

[143] EAS 3.

[144] In der Bücherliste aus Müntzers Nachlaß ist die *Paraclesis* aufgeführt: MSB 559, 19f. Zu dieser Liste s. jedoch oben Anm. 100. Heinrich Stromer sah auf der Leipziger Disputation einen Mann, der während der Disputation in der *Ratio seu methodus* las: R. Stupperich: Erasmus von Rotterdam und seine Welt, Berlin 1977, 135.

[145] Vgl. H. Holeczek: Erasmus deutsch, Bd. 1, Stuttgart-Bad Cannstatt 1983, 46-49. 64-73.

[146] Über diesen s. K. Wotke: Der Olmützer Bischof Stanislaus Thurzó von Béthlenfalva (1497-1540) und dessen Humanistenkreis, in: Zs. des Vereins f. die Gesch. Mährens und Schlesiens 3 (1899) 337-388.

[147] TOp, a 4ᵛ-5ʳ / Horawitz/Hartfelder 1886, 287.

[148] TOp.M, a 5ʳ: »Marcion facit differentiam veteris et novi testamenti instar Erasmitarum et pyckardorum.«

[149] Die Verwendung der Bezeichnung »Pikarden« in diesem Zusammenhang ist möglicherweise ebenfalls durch den Konflikt mit Egranus bedingt. Egranus polemisiert in seinen Joachimsthaler Passionspredigten (1522) mehrfach gegen waldensische Lehren unter dem Namen »Pikarden«: Buchwald 1911, 76f. 84. 94. 96. Müntzer wurde in Zwickau vom Anhang des Egranus als »Pickardisch pösewicht« tituliert: MBL, T. 73 / MAB, Bl. 101ʳ / J. K. Seidemann: Thomas Münzer, Dresden 1842, 109. So könnte es sich hier um eine Retourkutsche Müntzers handeln. Vgl. Clemen 1899, 25 Anm. 65.

[150] EAS 3, 14.

[151] EAS 3, 14. 26. 28.

[152] Ebd. 3, 68.

Begründung für jene Auffassung nach. Die Autorität des Alten Testaments war einst zum Zweck der christlichen Judenmission notwendig. Dieser Gesichtspunkt sei heute weitgehend entfallen. Einen bleibenden begrenzten Nutzen kann Erasmus dem Alten Testament insoweit zugestehen, als es in Auswahl auf Christus oder die Sittlichkeit gedeutet werden könne[153]. Egranus hat diese Grundposition nicht nur übernommen, sondern die Abwertung des Alten Testaments gegenüber dem Neuen noch zugespitzt[154]. Es bleibt bei dem Nutzen des Alten Testaments in der Judenmission, da in ihm angekündigt ist, was im Neuen erfüllt ist. Dieser Umstand spricht nun aber nicht zugunsten einer christlichen Nutzung der Bibel der Juden, sondern dagegen. Da im Neuen Testament alles Heilsnotwendige, das im Alten nur dunkel angedeutet ist, klar und vollkommen enthalten sei, werde das Alte Testament für den Christen überflüssig[155]. Es bleibe noch ein Restnutzen für den Christen insofern, als gelegentlich Zweifel an einzelnen Aussagen des Neuen Testaments durch das Alte ausgeräumt werden könnten[156]. Aber im großen und ganzen »reumett sich das alde und neue testament wie der sommer und winter«[157]. »Drumb ists ein irthumb, das man das alde unter das neue testament mengett ...«[158] Müntzer gibt die Position des Egranus in Propositio 8 nicht verzerrt[159], sondern zutreffend wieder: »Das Alte Testament brauchen die Christen nicht anzunehmen, denn es ist lediglich den Juden gegeben.«[160] Müntzers Gegenposition scheint Egranus noch 1522 in Joachimsthal abzuwehren, wenn er hier den bei jenem zentralen Gedanken der *Vergleichung* im Blick auf das Verhältnis von Altem und Neuem Testament zurückweist: »Warumb wollen wir nuh das alde testament dem neuen vorgleichen und ßagen, wir kunnen eins an das andere nit verstehen, wenngleich das alde Testament nit wehre, möchten wir dennoch ßelig werden ...«[161] Eine *Vergleichung* von Altem und Neuem Testament disqualifiziert Egranus als unchristlich und jüdisch: »Drumb ist das alde einem Christen nit groß von nothen. Es ubertrifft auch das neue das alde wie die sonne andere stern. Darumb ists ein unchristlicher

---

[153] Ebd. 3, 458f.
[154] Auch Erasmus ging in der Ablehnung des Alten Testaments gelegentlich noch weiter als in den Vorreden zum Neuen Testament. Siehe H. A. OBERMAN: Wurzeln des Antisemitismus, Berlin ²1981, 49.
[155] BUCHWALD 1911, 119. 123f. 134.
[156] Ebd. 123.
[157] Ebd. 116.
[158] Ebd. 134.
[159] Gegen ELLIGER 1975, 149.
[160] MSB 514, 6f. Der von Müntzer in der Randbemerkung zu Rhenanus (s. Anm. 148) gebrauchte Begriff »differentia« findet sich als »unterscheid« bei Egranus: BUCHWALD 1911, 116. 134.
[161] BUCHWALD 1911, 119.

handell, ßage ein Judischer, das man das neue testamentt den alden will vorgleichen etc.«[162]

Man wird Egranus hier keine Polemik gegen Erasmus unterstellen können, auch wenn man sieht, daß der Begriff der *Vergleichung* (*collatio* oder *comparatio*) in den Vorreden des Erasmus ein positiver hermeneutischer *terminus technicus* ist. Bei Erasmus wird die Rolle des Alten Testaments gerade im Kontext seiner Ausführungen über die Technik der *Vergleichung* hermeneutisch genauer expliziert. Die *Vergleichung* ist bei Erasmus ein Element der humanistischen Loci-Methode[163]. Danach sammelt der Leser bei der Lektüre der Bibel — entsprechend auch bei der Lektüre anderer Literatur — Belegstellen zu einer Vielzahl theologischer Themen (*loci*). So entsteht eine thematisch geordnete Konkordanz, die zu einem Thema alles enthält, »was überhaupt an wesentlichen, miteinander übereinstimmenden oder widersprüchlichen Aussagen in allen Büchern des Alten Testaments, in den Evangelien, der Apostelgeschichte und den Apostelbriefen enthalten ist»[164]. Mit diesem Hilfsmittel kann der Interpret bei der Deutung einer Textstelle einen Stellenvergleich (*locorum collatio*) durchführen. Für die jeweilige systematische Gewichtung der verschiedenen Belegstellen bietet Erasmus eine Rangfolge der biblischen Bücher: Hier ist dem Neuen das Alte Testament untergeordnet. Innerhalb des letzteren differenziert er weiter nach dem Grad größerer oder geringerer Übereinstimmung der alttestamentlichen Bücher mit dem Neuen Testament[165], weil er implizit voraussetzt, daß Teile des Alten Testaments, insbesondere das Gesetz Moses, nicht mit dem Neuen Testament übereinstimmen.

Im Blick auf diese letztere Voraussetzung unaufhebbarer Diskrepanzen zwischen Altem und Neuem Testament steht Egranus Erasmus wieder nahe. Daß er die Anwendung des Begriffs der *Vergleichung* im Blick auf das Verhältnis von Altem und Neuem Testament zurückweist, spiegelt eine Radikalisierung jener Erasmischen Abstufung zwischen den beiden Testamenten wider. Sie dürfte sich letztlich als Reaktion auf die Müntzerische Rezeption des Gedankens der *Vergleichung* erklären.

Der hohe Stellenwert, den die *Vergleichung* bei Müntzer als exegetische Methode hat, ist auch *ein* Niederschlag seiner humanistischen Bildung: »Dann es muß die kunst Gotis bezeugt werden aus der heyligen biblien in einer starcken vorgleichung aller wort, die in beyden testamenten cler-

---

[162] Ebd. 124.
[163] EAS 3, 64-68 (*Methodus*). 452-464 (*Ratio*).
[164] Ebd. 3, 452.
[165] Ebd. 3, 460

lich beschriben stehn…«[166] Formal spiegelt sich diese Methode im Reichtum der Stellenkonkordanzen wieder, die sich im Haupttext oder am Rand von Müntzers Schriften finden[167] und den Eindruck erwecken, als habe er — in Übereinstimmung mit einer entsprechenden Empfehlung des Erasmus[168] — die Bibel auswendig gelernt[169], zumal ihm nach Quintilian »das Gedächtnis der Schatz der Beredsamkeit«[170] war.

Erweist sich Müntzer an diesem Punkt in formal-methodischer Hinsicht als ein Erasmusschüler[171], so konfrontiert die systematisch-inhaltliche Handhabung der Vergleichung alsbald mit einem Konflikt zwischen Müntzer und Erasmus. Rhenanus provozierte mit seiner Widmungsvorrede zu Tertullian eine einschlägige Stellungnahme Müntzers. Da schon Erasmus Tertullian als einen Vertreter der Methode der *collatio locorum* vorstellte[172], kam auch Rhenanus auf die Vergleichung zu sprechen: In der Auseinandersetzung mit Markion »vergleicht er [näml. Tertullian] das ganze Evangelium und alle Paulinischen Briefe mit dem Alten Testament und zeigt so eindrückliche Übereinstimmungen, wo jener diametrale Gegensätze behauptete«[173]. Müntzer entdeckte in diesem Satz nicht zu Unrecht die Erasmische Bevorzugung der Evangelien und der Paulusbriefe und, insofern die Blickrichtung des Rhenanus vom Neuen Testament hin zum Alten Testament ging, eine systematische

---

[166] MSB 228, 20-23. Weitere Belegstellen zu *Vergleichung* bei Müntzer sind ohne Diskussion der Herkunft dieses Begriffs zusammengestellt bei W. HOPKINS: From Interpretation to Revolution: Thomas Müntzer's Use of »starcke vorgleichung,« »leyden« and »gesetz«, Diss. Madison 1983, 110-138.

[167] Unter frühhumanistischem Einfluß wurden in den Bibelausgaben des Basler Druckers Johannes Amerbach seit dem Neuen Testament von 1479 am Rand biblische Parallelstellen angegeben, weshalb sich der Titel *Biblia cum concordantiis* einbürgerte (JUNGHANS 1984, 112f). Diese Ausstattung der Bibeln förderte die Methode der Vergleichung.

[168] EAS 3, 68.

[169] Vgl. MSB 309, 33-36.

[170] Q 2 Z. 40f.

[171] BARING 1959, 150-152 weist auf die Bedeutung hin, die die Theorie der *Vergleichung* bei Hans Denck hat und sieht hier Denck als Erasmusschüler. Der humanistisch gebildete Denck wird diese Kategorie natürlich schon von Erasmus gekannt haben, jedoch ist er in deren Anwendung ein Schüler Müntzers. Die von BARING 151 behauptete Differenz zwischen Denck und Müntzer in Sachen *Vergleichung* gibt es nicht. Auffallend ist, daß Baring an eine Abhängigkeit Müntzers von Erasmus nicht denkt. A. FRIESEN: Thomas Müntzer and the Anabaptists, in: Journal of Mennonite Studies 4 (1986) 157 leitet — ohne Belege — Müntzers Theorie der *Vergleichung* von Tauler und Augustin ab. Was Tauler betrifft, so liegt hier, wie ich das analog für die Ableitung von Müntzers *ordo*-Begriff gezeigt habe, die traditionelle Überbewertung des Taulerschen Einflusses auf Müntzer vor. Augustinische Gedanken hat bereits Erasmus rezipiert. Parallelen zwischen Müntzer und Augustin in der Dichte, die einen direkten Rückgriff Müntzers auf Augustin in diesem Zusammenhang wahrscheinlich machen könnte, konnte ich nicht finden.

[172] EAS 3, 460.

[173] TOp, a 4r / HORAWITZ/HARTFELDER 1886, 286.

Vorordnung des Neuen vor das Alte Testament. Müntzer widerspricht daher auch Rhenanus mit der Bemerkung, daß »*alle* Schriften wechselseitig miteinander zu vergleichen sind«[174]. Müntzer bringt hier erstens seine Auffassung von der hermeneutischen Gleichwertigkeit des Alten und Neuen Testaments zum Ausdruck[175], in deren Rahmen das Neue Testament ebenso vom Alten her zu interpretieren ist wie umgekehrt. Zweitens legt Müntzer Wert darauf, die von Rhenanus nicht erwähnten neutestamentlichen Schriften einzubeziehen. Dabei mußte ihn insbesondere stören, daß weder Erasmus in seinen Vorreden noch Rhenanus die Apokalypse würdigten. Zweimal notiert er zu Tertullians *De resurrectione mortuorum* seine Beobachtung, daß dieser Kirchenvater häufig die Apokalypse zitiere[176].

Wir werden hier darauf aufmerksam, daß die Vergleichung nicht nur methodisches Prinzip zur Harmonisierung von Altem und Neuem Testament ist, sondern überall innerhalb der Bibel und ihrer jeweiligen Teile angewandt wird als eine Methode der Erschließung des gemeinsamen tieferen Sinns mehrerer, gegebenenfalls vordergründig miteinander divergierender Schriftaussagen durch vergleichend-wechselseitige Interpretation. Egranus lehnt diese Methode ab, wie Müntzer in Propositio 11 wiedergibt: »Jede Schrift muß ohne eine andere Schrift ausgelegt werden, weil Geistliches mit Geistlichem nicht verglichen werden (*comparari*) kann. Vielmehr muß man die Klarheit [jeder einzelnen Schrift] beachten, damit die Autoritäten in sich ohne Interpretation von anderen Stellen her erhalten bleiben und so jeder Einzelschrift ihr Eigenwert zuerkannt wird.«[177] Egranus achtet hier mit Verständnis für den historischen Charakter der biblischen Schriften auf die Individualität der einzelnen biblischen Schriftsteller, die nicht dem Bedürfnis nach Harmonisierung geopfert werden dürfe[178]. In diesem Anliegen geht er soweit, daß er nur noch einen *sensus historicus* im Sinne des buchstäblichen Wortlauts anerkennt[179]. Die Konsequenz ist, daß Egranus in seinen Predigten

---

[174] »Omnes scripture sunt conferende in invicem« (TOp.M, a 4ʳ).
[175] DISMER 1974, 202f.
[176] TOp.M, 52 zu TERT. Resurr. 25, 1f; CChr.SL 2, 953, 1-9: »Apocalypsim allegat.« — TOp.M, 62 zu TERT. Resurr. 38, 4; CChr.SL 2, 971, 12-15: »Apocalypsim crebro allegat.« In CChr.SL 2, 921-1012 sind 18 Apokalypsezitate zu *De resurrectione mortuorum* nachgewiesen.
[177] »Omnis scriptura debet exponi non per alteram scripturam, quia spiritualia spiritualibus non possunt comparari. Sed debet observari sinceritas, ut maneant auctoritates in se sine intellectu aliarum, ut singulis sua tribuantur.« MBL, T. 50 / MAB, Bl. 66ᵛ (MSB 514, 14-17).
[178] Vgl. KIRCHNER 1961, 20; ELLIGER 1975, 152f.
[179] Propositio 9: »Novum testamentum non debet aliter intelligi quam littera sonuerit. Ob id hystorie evangelice non sunt exponende, sed per se sufficiunt ad salutem quamvis non de nobis sed de cecis et claudis conscripte sint.« MBL, T. 50 / MAB, Bl. 66ᵛ (MSB 514, 8-10).

paraphrasierendes Nacherzählen der Texte in den Vordergrund rückt, um an den Text herangetragene Deutungen zu vermeiden[180]. Natürlich braucht er historische Sachinformationen, die er den Kirchenvätern entnimmt. Allegorische Auslegung lehnt er ab[181].

Mit einer solchen konsequenten Beschränkung der Textauslegung auf den *sensus litteralis historicus* weicht Egranus von Erasmus ab[182], der bei allem Gewicht, das er in der Exegese auf die Herausarbeitung des Literalsinns legt, einen geistigen Sinn der Schrift anerkennt. Daher schätzt Erasmus auch die Allegorese, wenngleich er vor deren einseitiger Bevorzugung auf Kosten des *sensus historicus* warnt[183]. Vorbild in der allegorischen Schriftauslegung ist ihm Origenes[184].

Müntzer vertritt keine absolute Gegenposition gegen den Literalismus des Egranus in dem Sinne, als wolle er nur noch einem geistlichen Schriftsinn einen Wert zuerkennen. In der Theorie steht er zunächst Erasmus nahe, insoweit er die Notwendigkeit eines sowohl literalen als auch spiritualen Schriftverständnisses anerkennt. Er lobt Tertullian dafür, daß er die Auferstehung des Fleisches sowohl literal als auch allegorisch aus der Schrift beweise[185]. Und von einer im Übermaß betriebenen Allegorese grenzt er sich ebenfalls ab[186]. Auch ihm ist Origenes[187] Vorbild in Sachen Allegorese[188]. In der exegetischen Praxis legt Müntzer

---

[180] BUCHWALD 1911, 24. 98.

[181] Ebd. 118.

[182] KIRCHNER 1961, 19.

[183] E.-W. KOHLS: Die Theologie des Erasmus, Basel 1966, 1, 132-136; F. KRÜGER: Humanistische Evangelienauslegung: Desiderius Erasmus von Rotterdam als Ausleger der Evangelien in seinen Paraphrasen, Tübingen 1986, 86-96; M. TREU: Annäherung an einen Einzelgänger — Zum 450. Todestag des Desiderius Erasmus von Rotterdam, in: Schriftenreihe der Staatlichen Lutherhalle Wittenberg 3 (1987) 42.

[184] EAS 3, 152.

[185] TOp.M, 55 zu TERT. Resurr. 29, 1; CChr.SL 2, 957, 29 - 958, 3: »Firmisse et manifestis scripturis et allegoriis resurectionem probat«.

[186] TOp.M, 48 zu TERT. Resurr. 19, 2; CChr.SL 2, 944, 5-9: »Allegoriarum nimius amor«. — TOp.M, 48 zu TERT. Resurr. 20, 2; CChr.SL 2, 945, 5-10 pflichtet Müntzer Tertullian bei: »Non simpliciter omnia imagines rerum«, wobei er typischerweise »simpliciter« hinzugefügt hat. — TOp.M, 49 zu TERT. Resurr. 21, 7; CChr.SL 2, 946, 30-35: »Discutit [scil. Tertullianus] allegorias.« — TOp.M, 55 zu TERT. Resurr. 30, 1; CChr.SL 2, 959, 1-7: »Allegoriam faciunt ex Ezechiele [37,1-14].«

[187] Rhenanus zitiert in seiner Widmungsvorrede (TOp, a 4ᵛ / HORAWITZ/HARTFELDER 1886, 288f) ein Urteil des Hieronymus über Origenes. Daraus unterstrich Müntzer einige Worte (»in multis bene interpretatus est [scil. scripturas] et prophetarum obscura disseruit«) und schrieb an den Rand: »Origenes«.

[188] Müntzer an Luther, Allstedt, [1523] Juli 9; MBL, T. 36 / MAB, Bl. 8ʳ (MSB 392, 1-6 / WA.B 3, 106, 75-79): »Non arbitror te ex animo dixisse ⟨de coniu⟩gio ne Christus adsit nuptiis, vere in⟨terrogan⟩dum semper os domini precipue in tam ⟨magno⟩ mysterio, alioqui vasa illa fictilia aq⟨ua vacua⟩ manerent ne unquam in vinum mutari p⟨osset⟩. Videor hic fortassis Origeni in al⟨legoriis⟩ similis. Rursus vale. Ne epystola in ⟨volumen⟩ crescat, receptui cano.« In MSB 392, 1-6 sind die Textlücken mehrfach falsch ergänzt in Verkennung des Sinns der Aussage, des biblischen (vgl. Jos 9,14

die Gewichte aber deutlich anders als Erasmus. Zwar stimmt er noch mit diesem überein, wenn er nach Tertullian heraushebt, daß mehr das Verstehen des tieferen Sachgehalts als des bloßen Wortlauts eines Textes eingeübt werden müsse[189]. Jedoch steht bei Müntzer in ganz anderem Ausmaß, als dies bei Erasmus der Fall ist, die geistliche Auslegung über der Literalexegese, der er letztlich Überzeugungskraft nicht zuschreibt[190]. Deshalb muß er an anderer Stelle Tertullian auch wieder wegen Vernachlässigung des geistlichen Sinns tadeln[191]. Das Modell der *Vergleichung* liefert ihm seine spezifische Methode zur Erhebung des geistlichen Sinns[192], insbesondere angesichts des Phänomens der schriftinternen Widersprüche[193]. Diese führen zu endlosen Streitereien unter den Doktoren, die sich auf den Buchstaben berufen[194]. Dieses Problem ist nicht durch systematische Setzung eines Kanons im Kanon zu lösen, wie das auch Erasmus tut. Die Einheit und Ganzheit der Schrift als einer Rede Gottes gibt jeder einzelnen Aussage gleichen Rang, so daß Widersprüche nur dialektisch gelöst werden können. Gott hat diese Widersprüche gewollt. Die Offenbarung »im Gegenteil« ist ein Prinzip der Ordnung Gottes[195].

---

bzw. Jes 30,1f; Eph 5,32 griech. Text; Joh 2,6f. 9) und patristischen Hintergrunds sowie der verwendeten Formeln humanistischen Briefstils (WA.B 3, 106, 75-79 ohne Ergänzung der Textlücken). »Ne epistola in volumen crescat« ist formelhaft. Vgl. Heinrich Stromer an Gregor Kopp, Altenburg, 1520 Jan. 7, in: STROMER/KOPP/FRANK: Duae epistolae, 1520, B 3ʳ. — Die vorletzte Lücke ergänzt MSB »Origeni in al⟨tero⟩ similis.« W. ULLMANN: Das Geschichtsverständnis Thomas Müntzers, in: Thomas Müntzer: Anfragen an Theologie und Kirche/ hg. v. CH. DEMKE, Berlin 1977, 61 Anm. 33 will dies beziehen auf Band 2 (= *in altero*) der Origenesausgabe des Jakob Merlin: Secundus tomus operum Origenis Adamantij … [Paris:] Johannes Parvus et Jodocus Badius Ascensius [1512]. Die von Ullmann genannte Stelle Bl. 102ᵛ hat jedoch nichts mit Müntzers Ausführungen zu tun. S. BRÄUER: Rezension von W. ELLIGER: Thomas Müntzer, 1975, in: ThLZ 102 (1977[b]) 219 will »in al⟨tera parte⟩« lesen. Das soll sich beziehen auf Origenes' Interpretation von Joh 2,6 in *De principiis* in Band 2 (= *in altera parte*) der genannten Origenesausgabe. *De principiis* steht aber erst in Band 4 jener Ausgabe, und eine Parallele zu Müntzers Allegorese von Joh 2,6-9 findet sich in dieser Schrift nicht. Müntzer bezieht sich hier nicht auf eine einzelne Origenesstelle, wie auch seine Formulierung »*Videor* hic *fortassis* … similis« zeigt, sondern auf Origenes' allegorische Methode insgesamt. Die Konjektur »in al⟨legoriis⟩« ist nach Prüfung sämtlicher mit »al« beginnender lateinischer Wörter erfolgt. Zur Sache vgl. EAS 3, 152 (*Ratio*). Hinfällig ist die Deutung der Stelle in ELLIGER 1975, 367f.

[189] Müntzer entnimmt der *Admonitio ad lectorem* des Rhenanus (TOp, b 1ʳ), der seinerseits Tertullian zitiert, den Gedanken: »Plus ad sensum rei quam ad sonum vocabuli exercitandi sumus.«

[190] TOp.M, 37 zu TERT. Resurr. 3, 6; CChr.SL 2, 925. 31f: »Littera non vincit.«

[191] TOp.M, 32 zu TERT. Carn. 22, 1; CChr.SL 2, 912, 1-7: »Testimonia scripturarum producit testimonium spiritus pertransiens.«

[192] MSB 234, 10-12; 268, 1-14.

[193] TOp.M, a 4ʳ, Bemerkung zur Widmungsvorrede des Rhenanus / HORAWITZ/ HARTENFELDER 1886, 286: »Directissimo dyametro scripture distant nisi conferantur omnes in unum contra insanissimos homines.«

[194] TOp.M, 37 zu TERT. Resurr. 4, 1; CChr.SL 2, 925, 1-3: »Nihil nisi contentiones sunt in doctoribus.« Dazu gehört die in Anm. 190 zitierte Bemerkung.

[195] MSB 268, 14-23.

Ist dieses Prinzip ein Teil des *ordo rerum*[196], dann erklärt sich, daß der Anwendungsbereich der *Vergleichung* ebenso, wie wir das bei *ordo rerum* beobachtet haben, über den bibelhermeneutischen Bereich hinaus ausgeweitet wird auf andere Bereiche göttlicher Offenbarung[197]: die lebendige Rede Gottes, die Natur, die Geschichte. Da die göttliche Rede eine Einheit ist, sind Traumbilder, in denen sich Gottes Stimme lebendig zu Wort melden kann, zu interpretieren durch *Vergleichung* mit den Figuren der Schrift[198]. Auch die Natur, die Schöpfung, ist eine Quelle der Rede Gottes und daher eine Fundgrube für Vergleichungen. Das Buch der Natur ermöglicht Müntzer eine natürliche Theologie[199], die nicht nur etwa die natürliche Erkenntnismöglichkeit der Existenz eines Gottes und seines Sittengesetzes einschließt. Auch die Christologie gehört dazu. Die Kreaturen zeugen vom gekreuzigten Gottessohn[200]. Wenn Müntzer Vergleichungen aus der Natur[201] für die Erkenntnis der Ordnung heran-

---

[196] Vgl. TOp.M, 28 zu TERT. Carn. 17, 5f; CChr.SL 2, 905, 31-46 (zitiert oben Anm. 119).

[197] HOPKINS 1983, 134.

[198] MSB 253, 1-4. HOPKINS 1983, 121f.

[199] TOp.M, 43 zu TERT. Resurr. 12, 7 - 14, 2; CChr.SL 2, 935, 27 - 936, 7: »Natura iuvat prophetias.« »Maxima ignorantia creaturam nihil designare.« »Docet natura.« »Omnia plasmata sunt parabole divine.« — TOp.M, 47 zu TERT. Resurr. 18, 1; CChr.SL 2, 942, 1-3: »Munivit sensus scripturarum ex natura.« In diesem Zusammenhang fällt hier TOp.M, 47 zu TERT. Resurr. 18, 3; CChr.SL 2, 942, 14-16 das in der Literatur mehrfach herangezogene Wort Müntzers: »Sine scriptura etiam perseverat veritas Christiana.« »Etiam« ist über der Zeile nachgetragen. Die Randbemerkungen zu Tertullian erhärten zusätzlich den auf Müntzers Schriften und Briefe gestützten Nachweis von Gordon Rupp, daß Müntzer eine natürliche Theologie vertrat (G. RUPP: Thomas Müntzer, Hans Huth and the »Gospel of All Creatures«, BJRL 43 (1960/61) 493-498. 508-519 / DERS.: Thomas Müntzer, Hans Hut und das »Evangelium aller Kreatur«, in: FRIESEN/GOERTZ 1978, 178-184. 193-204; DERS.: Patterns of Reformation, London 1969, 292-295. 325-331. 342-353). S. E. OZMENT: Mysticism and Dissent, New Haven 1973, 88f und ULLMANN 1976, 131f bestreiten das Vorliegen einer natürlichen Theologie bei Müntzer ohne hinreichende Gegenargumente. Siehe auch M. G. BAYLOR: Thomas Müntzer's First Publication, in: SCJ 17 (1986) 457 Anm. 39. Die Frage bedarf einer umfassenden Untersuchung.

[200] »Die gantze heylige schrifft saget nit anderst (wie auch alle creaturen außweysen) dan vom gecreüzigten sone Gottes...« MSB 324, 12f. FRANZ verweist ebd. Anm. 48 auf die Erklärung der Stelle in: THOMAS MÜNTZER: Politische Schriften/ mit Kommentar hg. v. C. HINRICHS, Halle (Saale) 1950, 74, 55. Doch grenzt Hinrichs unzutreffend »creaturen« auf die »menschliche Kreatur« ein.

[201] Beatus Rhenanus bietet in seiner *Admonitio ad lectorem* (TOp, b 2^{r-v}) ein Zitat aus AUG. Gen. ad litt. 10, 26; CSEL 28, 1, 330, 20 - 331, 11, wo Augustin seinerseits TERT. De Anim. 37 zitiert. Tertullian vergleicht die Entwicklung der Seele mit den Zuständen von Gold und Silber, was Müntzer TOp.M, b 2^r heraushebt: »Comp⟨a⟩ratio de auro«. Augustin verwendet hier den Ausdruck »similitudo«. Für Vergleichungen aus der Natur verwendet Müntzer sowohl 'comparatio' (vgl. noch MSB 518, 4) als auch 'similitudo'. TOp.M, 43 zu TERT. Resurr. 12, 1f; CChr.SL 2, 934, 1 - 935, 9: »ORTUS diei post noctem similitudo resurgentis carnis.«

zieht[202], dann sind diese für ihn nicht nur bildliche Vergleiche[203], sondern die verwendeten Bilder aus der Natur sind selbst Realitäten der göttlichen Ordnung. In diesem Sinne vertritt Müntzer einen symbolischen Realismus.

Die Ordnung Gottes, der *ordo rerum*, wiederholt sich unablässig[204], in der Natur ebenso wie in der Geschichte. Daher dienen auch die Vergleichungen zwischen den verschiedenen Phasen göttlicher Heilsgeschichte, die sich auch in Müntzers Zeit manifestiert, der Erkenntnis jener Ordnung. Eine Form dieser heilsgeschichlichen Argumentation ist der Vergleich biblischer Gestalten und Ereignisse mit der Gegenwart. Alles, was für Christus gilt, gilt auch für die Gläubigen[205]. Daher kann Müntzer auf dem Titelblatt der *Protestation oder Entbietung* sagen:»Ich predige dir Jesum Christum den gecreutzigten, zum newen jare und dich und mich mit ym.«[206]. Die Geschichte von Jakob und Esau wiederholt sich in Müntzer und Luther[207] ebenso wie der Kampf zwischen Christus und den Schriftgelehrten[208]. So erfolgt die Deutung der eigenen Geschichte durch *Vergleichung* mit der biblischen Geschichte, der eine wiederholbare Geschichtsordnung zugrunde liegt.

Mit dieser weiten, nicht auf die Bibel beschränkten hermeneutischen Konzeption, sieht Müntzer sich in einem Gegensatz zu *allen* Theologen, die in ihrer Begrenzung der Offenbarung auf die Bibel Hermeneutik nur als Schrifthermeneutik auffassen. In diesem Sinn verharren nicht nur die Humanisten, sondern alle Doktoren im Buchstaben[209]. Schon bei Tertullian beobachtet Müntzer, daß die Theologen die Ordnung von Anfang an nicht gekannt hätten[210].

---

[202] MSB 518, 2-19; 533, 1-5 (vgl. damit das in Anm. 201 wiedergegebene Zitat aus TOp.M, 43); 534, 15-20 und 535, 1-6; 529, 29 - 530, 1.

[203] Dies könnte die Verwendung von geläufigen Begriffen wie 'similitudo' oder 'parabola' (s.o. Anm. 199) nahelegen.

[204] Vgl. Tertullians Formulierung »ordo revolubilis rerum« (s.o. Anm. 116).

[205] TOp.M, 29 zu TERT. Carn. 18, 6; CChr.SL 2, 906, 33f:»Omnia in Christo et in credentes eius.« Vgl. TOp.M, 22 zu TERT. Carn. 9, 4; CChr.SL 2, 892, 16-24:»Caro CHRISTI similis carni nostre.« Ferner vgl. oben S. 210f.

[206] MSB 225, 4f.

[207] MSB 340, 14-16:»Du Esaw hast es wol verdienet, das dich der Jacob vertrucke. Warumb hast du dein recht umb deiner suppen willen verkaufft?« Erasmus deutet im *Enchiridion militis Christiani* Esau und Jakob auf Fleisch und Geist: EAS 1, 130 (vgl. AUGUSTIJN 1986, 50f). Entsprechend Müntzer im Kontext der zitierten Stelle, MSB 339, 25-27:»Das wirt die arme christenheyt wol innen werden, wie richtig dein flaischlicher verstandt wider den unbetrieglichen geyst Gotes gehandelt hat.«

[208] MSB 341, 1-3.

[209] TOp.M, 21 zu TERT. Carn. 7, 11; CChr.SL 889, 70f:»In littera versantur omnes doctores, palpant ubique tenebras.«

[210] TOp.M, 27 (zitiert oben Anm. 121).

Vergleichen wir die humanistischen Studien Müntzers, wie sie in Wittenberg belegt sind, mit den zuletzt dargestellten hermeneutischen Gedanken, dann läßt sich ahnen, welche Entwicklung er zwischen Wittenberg 1517/18 und 1521/22 durchgemacht hat. Auch einzelne biographische Daten deuten an, daß in Müntzers Verhältnis zum Humanismus in diesen Jahren ein Wandel eingetreten sein muß. Er kam mit Unterstützung seines späteren Gegners Egranus nach Zwickau. Luther hatte 1519 während der Leipziger Disputation Müntzer an Egranus empfohlen[211]. Egranus war einst in Leipzig selbst ein Schüler des Johannes Rhagius gewesen[212]. Vermutlich hat er in Müntzer, als dieser im Mai 1520 als sein Vertreter nach Zwickau kam, noch den humanistischen Kampfgefährten gesehen. Dieser Einschätzung schien Müntzer zunächst auch zu entsprechen, wenn er die von Egranus schon seit 1517 geführte Auseinandersetzung mit den Zwickauer Franziskanern[213] bald nach seiner Ankunft weiterführte und verschärfte. In diesen Rahmen paßt auch die nach Humanistenart gestaltete *littera obscurata* von Müntzers Schüler Mauritius Reinhart gegen die Franziskaner in Altenburg aus dem Jahre 1520[214]. Unterstützung fand Müntzer bei zwei bekannten Zwickauer Humanisten: Der Erasmianer Georg Agricola (1494-1555), damals Rektor der Griechischschule, leistete Hilfe im Konflikt mit den Franziskanern[215]. Der Arzt, Ratsherr und Bürgermeister Dr. Erasmus Stuler (Stella), der seinerseits wieder mit Egranus befreundet war[216], war Müntzers Beichtkind. Bis zu seinem Tod am 2. April 1521 stützte er Müntzer[217], offenbar auch noch, als der Konflikt mit der Egranpartei in vollem Gange war. Der Streit mit Egranus macht zum erstenmal einen Bruch Müntzers mit der Welt der Humanisten Erasmischer Prägung sichtbar, der sich nach Ausweis der Quellen ab Herbst 1521 in der zweiten Periode von Müntzers Zwickauer Tätigkeit vollzog, als er Prediger

---

[211] Egranus an Luther, [Joachimsthal, 1521 Mai 18]; WA.B 2, 345, 16 mit Anm. a. CLEMEN 1899, 15f.

[212] Egranus steuerte in Leipzig 1509 zur Tacitusausgabe des Rhagius ein Gedicht bei: Cornelij Taciti... de situ. moribus. et populis Germanie. Aureus libellus. Leipzig: Melchior Lotter d.Ä. 1509 Dezember 31, B 1v-2r. CLEMEN 1899, 2. 30f.

[213] CLEMEN 1899, 3-13, besonders 13 Anm. 33.

[214] Siehe oben S. 202f.

[215] Müntzer an Luther, [Zwickau], 1520 Juli 13; MSB 360, 16-18 / WA.B 2, 141, 84-87. Vgl. H. PRESCHER: Georgius Agricola, Leipzig 1985, 26f. Zu Georg Agricolas Beteiligung an der Polemik gegen die Franziskaner s. ebd. 30.

[216] Egranus steuerte ein Epigramm bei zu: ERASMI STELLAE LIBONOTHANI INTERPRAETAMENTI GEMMARVM LIBELLVS VNICVS. ..., Nürnberg: Friedrich Peypus 1517 August, A 2r; abgedruckt bei O. CLEMEN: Johannes Sylvius Egranus (Fortsetzung und Schluß.), in: Mitt. des Altertumsvereins f. Zwickau um Umgegend 7 (1902) 2f.

[217] Hans Sommerschuh d.J. an Müntzer, Zwickau, [1521] Juli 31; MSB 376, 4-10.

an St. Katharinen war (ab. 1. Oktober 1521). Die Anfänge der Abgrenzung Müntzers vom Humanismus liegen noch im Dunkeln.

Daß Müntzer nicht lange nach den Zwickauer Konflikten bei seiner Tertullianlektüre Beatus Rhenanus auf eine Ebene mit Egranus stellte und beide als *Erasmiani* zusammenfaßte, könnte mitbedingt sein durch den Umstand, daß Egranus im Sommer 1520 eine Bildungsreise unternommen hatte, die ihn unter anderem zu Erasmus und Rhenanus führte[218]. »Ja, ja, er lügt in Ewigkeit«, polemisierte Müntzer gegen die Auffassung des Rhenanus, Hieronymus vertrete eine reinere Theologie als Tertullian[219]. Während Rhenanus sich einen weltweiten theologischen Durchbruch von den humanistischen Kirchenväterausgaben verspricht, war Schriftgelehrsamkeit nach Art der Erasmianer für Müntzer 1521/22, als er die Tertullianausgabe des Rhenanus las, bereits tote Theologie. Dieser hielt Müntzer entgegen: »Erst wenn lebendige Theologie (*viva theologia*) sich ereignet, wird die wahre Kirche wachsen«[220].

Mit dieser Formulierung verwirft Müntzer nicht nur die Schriftgelehrsamkeit der von Erasmus geprägten Theologen. Auch die zu einem großen Teil auf Philologie, Historie und Realienkunde ausgerichtete Lehrmethode eines Johannes Rhagius, wie sie Müntzer in Wittenberg kennengelernt hatte, kann vor Müntzers Forderung nach einer »lebendigen Theologie« nicht bestehen. Diese Theologie kann sich nicht mit Belegen und Beweisen aus dem toten Schriftbuchstaben zufrieden geben, sondern sie bedarf des »lebendigen Gottes«, der sich durch seinen Geist jeweils neu offenbart. Erst eine vom *Gezeugnis* des Geistes geleitete Theologie ist »lebendige Theologie«, richtiger in Müntzers Worten: »sie ereignet sich«.

Eine solche Theologie ist keine Gelehrsamkeit nach Art der Humanisten. Dennoch legt Müntzer mit der Wende zu seiner spezifischen Theologie des Geistes seine humanistische Bildung nicht ab. Objektiv versteht er sich zwar nicht mehr als Humanist, jedoch bleibt er subjektiv in mancher Hinsicht auch Humanist. Hierfür ein Beispiel aus den Randbemerkungen zu Tertullian: Beatus Rhenanus erzählte in seiner Widmungsvorrede, wie er an die seiner Ausgabe zugrunde gelegten Tertullianhandschriften gelangt war. Müntzer stimmt in Rhenanus' Freude über die Handschriften ein: »Ein unvergänglicher Schatz«[221]. Er verdankt dem Humanismus allerdings nicht nur die Begeisterung für die

---

[218] CLEMEN 1899, 19; KIRCHNER 1961, 7.

[219] TOp.M, a 3^v, Bemerkung zur Widmungsvorrede des Beatus Rhenanus (HORAWITZ/HARTFELDER 1886, 285): »Ja, ja, mentitur in evum.«

[220] TOp.M, a 4^r zur Widmungsvorrede des Rhenanus (HORAWITZ/HARTFELDER 1886, 285): »Dum viva theologia usuevenerit: crescet vera ecclesia.«

[221] TOp.M, a 3^r: »Thesaurus immarces⟨c⟩ibilis«.

alten Quellen, nicht nur Sprachkenntnisse und Briefstil, sondern zentrale Begriffe seines Denkens, mit deren Hilfe er sein eigenes theologisches System gebaut hat. Der Forschung ist die Aufgabe gestellt, die humanistischen *patterns* sowohl in Rhetorik und literarischem Stil als auch im Denken und Verhalten dieses Reformators weiter zu erforschen. Das Beispiel Müntzer zeigt, daß sich weder Humanismus und radikale Reformation[222] noch Humanismus und Revolution gegenseitig ausschließen.

---

[222] Diese Verbindung wird in der Erforschung der deutschen radikalen Reformation zu selten hergestellt. Meines Erachtens liegt dies wesentlich an der mangelnden Erforschung der humanistischen Herkunft einer Reihe von Dissidenten. G. A. BENRATH: Die Lehre außerhalb der Konfessionskirchen, in: Handbuch der Dogmen- und Theologiegeschichte/ hg. v. C. ANDRESEN, Bd. 2, Göttingen 1980, 561f stellt in seiner Typologie des Spiritualismus neben den »mystischen« und den »apokalyptischen Spiritualismus« als dritte Variante den »humanistischen Spiritualismus«, da der Spiritualismus »auch mit den gedanklichen Elementen des Humanismus in Verbindung treten kann« (562). Müntzer wird jedoch dem apokalyptischen Spiritualismus zugeordnet, der Rezeption der Mystik Taulers einschließt, während die Humanismusrezeption hier nicht ins Blickfeld des Autors kommt. Für den italienischen Raum sind engere Verbindungen zwischen Renaissancehumanismus und dem radikalen religiösen Dissidententum des 16. Jahrhunderts bereits deutlicher herausgearbeitet worden. Zusammenfassend L. S. TCHICOLINI: The Specific Features of the Reformation Movement in Italy, in: COMITÉ INTERNATIONAL DES SCIENCES HISTORIQUES: XVIᵉ Congrès International des Sciences Historiques Stuttgart du 25 août au 1ᵉʳ septembre 1985: Rapport, Stuttgart 1985, Bd. 2, 406f.

ERGEBNISSE, DEUTUNGEN, AUFGABEN

Bei der Beschäftigung mit Müntzers »Frühbiographie« bin ich weder auf einen revolutionären Müntzer noch auf einen Mann »auf dem Weg« zur Revolution gestoßen. Seine frühen äußeren Lebensdaten sind, soweit überhaupt überliefert oder erschließbar, weitgehend unauffällig und heben sich vom Durchschnitt seiner Zeitgenossen mit ähnlicher Laufbahn nicht wesentlich ab.

Thomas Müntzer war seiner Herkunft nach ein Stadtbürger und verbrachte auch fast sein ganzes Leben in Städten. Aussagekräftiger als diese allgemeine Feststellung ist die Rekonstruktion des sozialen Charakters von Müntzers Herkunftsmilieu: Er kommt aus einem städtischen Besitz- und Bildungsbürgertum, das teilweise am Ratsregiment partizipierte, die Möglichkeit akademischer Bildung nutzte und relativ wohlhabend gewesen sein dürfte. Einzelne Glieder der Verwandtschaft können noch belegt werden, nach Westen in Stolberg und Braunschweig, nach Osten in Bautzen und Stolpen. Künftiger Forschung ist die Aufgabe gestellt, durch gezielte prosopographische Untersuchungen weitere Glieder von Müntzers Verwandtschaft zu erfassen. Neue Erkenntnisse sind zu erwarten, wenn die erforderlichen Arbeiten systematisch von Archivbeständen her aufgebaut werden, die die genannten Orte betreffen.

Bei Müntzers Verwandtschaft läßt sich eine hohe geographische Mobilität in Mitteldeutschland zwischen Harzraum und Meißner Land beobachten, deren Ursachen hauptsächlich berufliche Faktoren gewesen sein dürften. Die Münzmeister, die der Familie unseres Thomas den Namen gegeben haben, waren wahrscheinlich noch in Müntzers allernächster Verwandtschaft vertreten. Tätigkeit an mehreren Orten war bei dieser Berufsgruppe üblich. Abgesehen davon kamen weiträumige Kontakte von Stadt zu Stadt in der beschriebenen Bügerschicht vor allem durch die Partizipation am Handel zustande.

Wirtschaftliche Expansion und sozialer Aufstieg waren charakteristische Zielsetzungen des gehobenen Stadtbürgertums, das im Thüringer Raum mit der frühkapitalistischen Montanwirtschaft verflochten war und zu dem Müntzers Familie nach dem hier vorgelegten Rekonstruktionsversuch gehörte. Die genannten Ziele förderten wiederum das Interesse der Stadtbürger an einer guten Bildung. Neben anderen brachten die Lehrkräfte der städtischen Lateinschulen und die an den Universitäten studierenden Bürgersöhne die Bildungsideale des Humanismus in die Städte. In der beschriebenen Bürgerschicht fand die humanistische Bildung ebenso wie später die reformatorische Bewegung ihre Patrone und Träger. Geistige Mobilität ging Hand in Hand mit der räumlichen und sozialen Mobilität.

Müntzers Biographie ist in hohem Maß von Mobilität bestimmt. Eine Bereitschaft, häufig den Ort zu wechseln und Veränderungen der Lebenssituation in Kauf zu nehmen, mag er bereits aus dem Elternhaus mitgebracht haben. Mitbestimmt hat ihn in seiner Frühzeit offensichtlich das Lebensmuster des wandernden Scholaren. Das sehr lückenhafte Itinerar Müntzers weist in der »Frühzeit« folgende Orte auf: Stolberg — wahrscheinlich Quedlinburg — wahrscheinlich Leipzig (ab Winter 1506/07) — ein weiterer Studienort (hypothetisch erschlossen) — vielleicht Aschersleben und Halle — Frankfurt/Oder (ab Winter 1512/13) — Braunschweig (ab 1514) — Frose (belegt 1515-16) — Braunschweig (1517) — Wittenberg (1517/18) — Franken (Reisestation 1518 oder 1519) — Leipzig (Reisestation Januar 1519) — Orlamünde (1. Quartal 1519) — Leipzig (Reisestation) — Wittenberg (1519) — Jüterbog (Ostern 1519) — Beuditz (spätestens ab Dezember 1519).

Müntzer gibt seiner unsteten Bildungsphase 1521 in der *Prager Protestation* rückblickend folgende Deutung:

> »Ich Tomas Munczer von Stolbergk bekenne vor der ganczen kirchen unde der ganczen welt, do dysse bryff gczeygt mugen werden, das ich myt Christo unde allen auszerwelethen, dye mich von iugent auf (*a puero*) gkant habe, bzeugen magk, das ich meynen allerhôcsten fleysz vorgwant habe, vor allen andern menschen, dye ich gkant habe (*super omnes coaetaneos meos*), auff das ich môchte eyne hôcher unterricht (*uberiorem ratamque... eruditionem*) ghabt adder erlangt haben des heyligen unuberwintlichen christenglaubens. So hab ich alle meyne lebtag (Got weysz, das ich nit lyge) von keynem munch adder pfaffen mugen vôrsthen dye rechte ubungk des glaubens, auch dye nutzbarliche anfechtungk, dye den glauben vorclereth ym geyst der forcht Gots, mitsampt inhaldungk, das eyn auserwelter musz haben den heyligen geyst czu syben maln. Ich habe gar von keynem gelerten (*doctoribus*) dye ordnungk Gots in alle creaturn gsatzt vornommen (*audivi*) ym allergrinsten wortlin... Ich hab woel ghoert (*Saepissime... audivi*) von yn dye blôsse scryfft...«[1]

Müntzer hat das Selbstbewußtsein, sich mehr als seine Altersgenossen um die Bildung (*unterricht, eruditio*) im wahren Christenglauben bemüht zu haben. Von seiner mittlerweile gewonnenen eigenständigen theologischen Position aus behauptet er in der Rückschau, keinem Lehrer begegnet zu sein, der ihm eine solche religiöse Bildung geboten habe, wie er sie 1521 als die einzig wahre betrachtete. Als Lehrer nennt er zunächst Mönche und Pfaffen. Da Müntzer später für die von ihm genannten

---

[1] MSB 491, 1 - 492, 1 (kürzere dt. Fassung vom 1. November 1521). Kursiv in Klammern stehen einige Parallelen aus der lat. Fassung vom 25. November 1521: MSB 505, 1 - 506, 5. Vgl. auch die längere dt. Fassung: MSB 495, 2 - 496, 17.

Lehrergruppen zusammenfassend den Ausdruck »Prediger« gebraucht[2], kann man Mönche und Pfaffen nicht von vornherein zu Müntzers Lehrern im engeren, schulischen Sinn rechnen. Aber in seiner religiösen Erziehung spielten sie jedenfalls eine Rolle. Mönche tauchen in der »Frühzeit« in undatierten Briefentwürfen auf, die positive Kontakte Müntzers zu Franziskanern an einem unbekannten Ort belegen[3]. In den genannten Briefentwürfen ist interessanterweise von der Volkspredigt der Franziskaner die Rede, die für den Müntzer der *Prager Protestation* unter den von ihm als verfehlt bezeichneten Unterricht fallen mußte. Müntzers Beziehungen zum Franziskanerorden bedürfen einer gesonderten Untersuchung, zumal er ab 1519 von allen Ordensleuten die Franziskaner am meisten bekämpfte. Daß der Priester auch »Pfaffen« zu seinen theologischen Lehrern zählt, ist selbstverständlich. Aber einzelne Namen von Priestern oder Geistlichen, die in Müntzers »Frühbiographie« auf seinen Bildungsweg Einfluß nahmen, lassen sich nicht nennen.

Als besondere dritte Gruppe hebt Müntzer von den Mönchen und Pfaffen die Doktoren ab. Diese waren zwar in der Regel auch Geistliche, aber als gelehrte akademische Lehrer werden sie von Müntzer mit einer eigenen kritischen Bemerkung bedacht. Wenigstens für Müntzers Wittenberger Studienzeit lassen sich solche Lehrer entweder direkt nachweisen (Johannes Rhagius Aesticampianus) oder erschließen: Luther und Bodenstein waren damals die wichtigsten Dozenten der theologischen Fakultät.

Man kann bezweifeln, ob Müntzer in seiner Studienzeit wirklich, wie er 1521 seine Entwicklung subjektiv interpretiert, schon bewußt auf der Suche nach dem war, was er nun als den »höheren Unterricht« im »unüberwindlichen Christenglauben« bezeichnete: die Übung des Glaubens in der Anfechtung, d.h. im Leiden; die Lehre vom *ordo dei* bzw. *ordo rerum*; die einem Schriftprinzip, wie er es von Theologen hörte, entgegengesetzte Anschauung vom lebendigen Wort Gottes und damit die typisch Müntzerische Geistlehre. Die spärlichen frühen Quellen bieten keine klaren Belege dafür, daß Müntzer bis einschließlich seiner Wittenberger Zeit von diesen Fragen zentral umgetrieben war, sie widerlegen das aber auch nicht. Die positive Wertung der Leidensaskese findet sich schon in Randbemerkungen Müntzers zu seiner Wittenberger Vorlesungsnachschrift.

Die Aufgabe, die Bedeutung von Müntzers Universitätsstudien für seine theologische Entwicklung zu klären, ist in dieser Arbeit insbesondere für Wittenberg in Angriff genommen worden; erledigt ist sie noch

---

[2] MSB 492, 5.
[3] Q 1.1.

bei weitem nicht. Für die Universitäten Leipzig und Frankfurt fehlt es an Grundlagenforschung über die damaligen Dozenten. In diesem Bereich müßte, was die philosophischen und theologischen Positionen der möglichen akademischen Lehrer betrifft, erst einmal bei der Quellenerschließung angesetzt werden. Des weiteren sind die Lehrbücher, die jeder Student damals bearbeiten mußte, auf mögliche Vorstufen und Parallelen zu Müntzers Anschauungen zu prüfen. Ein Desiderat ist der Vergleich von Müntzers Schriften mit den von ihm studierten Aristotelestexten. Im Blick auf seine erwiesene Beschäftigung mit Platon ab 1517 oder später, vermutlich in Wittenberg, müssen entsprechend mögliche platonische Einflüsse auf Müntzer diskutiert werden.

Das Bild von Müntzers Bildung wurde in der vorliegenden Arbeit differenziert durch den Nachweis von humanistischen Einflüssen. Wir dürfen davon ausgehen, daß Müntzer im Verlauf seiner Studien nicht nur von *einem* Humanisten gelernt hat. Ein konkreter Nachweis ließ sich für Studien bei Johannes Rhagius Aesticampianus in Wittenberg erbringen. Hier wurde ihm sowohl eine philologische, auf historische und realienkundliche Texterklärung ausgerichtete Bildung als auch eine Askese und Weltentsagung predigende pädagogische und theologische Ethik vermittelt. Über die von Rhagius interpretierten Hieronymustexte ließ sich ein solches doppeltes Bildungsziel kongenial vermitteln. So wurde Müntzer spätestens in Wittenberg auch zum Hieronymusrezipienten. Gleichzeitig lasen Bodenstein über Augustin und Petrus Lupinus über Ambrosius. Müntzer wird sich die Chance, auch diese Vorlesungen und damit die genannten Kirchenväter kennenzulernen, nicht haben entgehen lassen. Seine Beschäftigung mit Augustin ist belegt, der Niederschlag der Augustinrezeption in Müntzers Werk aber so gut wie unerforscht. Obwohl ein Ambrosiuszitat bei Müntzer bislang direkt nicht nachgewiesen ist[4], stellt das damalige Wittenberger Lehrangebot vor die Aufgabe, auch einen möglichen Einfluß des ambrosianischen Werkes auf Müntzer zu untersuchen[5].

Müntzers Wittenberger Studienzeit fiel in die Phase eines programmatischen humanistischen Aufbruchs der Elbuniversität, der Rhagius und

---

[4] In Aufzeichnungen des Müntzerschülers Mauritius Reinhart, die in Müntzers Papieren verblieben sind (MAB, Bl. 84r-85v / MBL, T. 67; vgl. oben S. 203 Anm. 53), werden Johannes von Damaskos, Ambrosius, Petrus Lombardus und Augustin zitiert. Bei den Aufzeichnungen handelt es sich um Nachschriften aus einer Unterrichtssituation, wobei noch offen ist, ob die von Reinhart nachgeschriebenen Ausführungen von Müntzer oder einer anderen Lehrperson gemacht wurden.

[5] Auf eine möglicherweise bedeutsame Ambrosiusrezeption Müntzers hat mich Herr Diplom-Pädagoge Dieter Fauth, Pädagogische Hochschule Heidelberg, aufmerksam gemacht, der eine Dissertation über »Thomas Müntzer in bildungsgeschichtlicher Sicht« abgeschlossen hat (1989), in der mehrere im vorliegenden Buch angeschnittene Fragen weiterverfolgt werden.

Melanchthon nach Wittenberg brachte. Daß Müntzer von diesem Wittenberger Humanismus erreicht wurde, konnte nachgewiesen werden. Auch der im damaligen Wittenberg geschätzte und gelesene Erasmus hat Müntzers Denken beeinflußt, wie an der hermeneutischen Kategorie der *Vergleichung* gezeigt wurde. Müntzer erlebte in Wittenberg eine humanistische Universitätsreform, die zeitlich mit dem Anfang des reformatorischen Umbruchs zusammenfiel. Dieser war von Luther ausgelöst worden, wurde aber von Kollegen wie Bodenstein mitgetragen. Müntzer setzte von Anfang an eigene, spezifische Akzente in der reformatorischen Theologie. Seine Lutherrezeption war ein Prozeß der Neu- und Uminterpretation der Haupttheologumena Luthers.

Die Entfaltung der Wittenberger »Universitätstheologie« ist ein vielfältiger und spannungsreicher, von mehreren Kollegen getragener Prozeß[6]. Als ein Gesamtkomplex ist die Entwicklung des Wittenberger Kollegiums bis heute weitgehend unerforscht. Natürlich ist ein Teil dieses Ganzen, nämlich Luthers Entwicklung und Lehre, für sich sehr intensiv untersucht worden. Die vorhandenen Studien zum Beitrag Melanchthons lassen viele Lücken zu seinem frühen Unterricht. Aus Bodensteins damaliger Lehrtätigkeit sind Fragmente, nämlich vor allem seine Augustinrezeption und der Einfluß der Jurisprudenz auf seine Theologie, dargestellt worden. Gerade für Müntzer wichtige Ausschnitte aus Bodensteins Beitrag zum Spektrum Wittenberger Theologien sind weitgehend Neuland: Neben und gleichzeitig mit Augustin rezipierte er intensiv Bernhard und Tauler; daneben tauchten Giovanni Pico della Mirandola und kabbalistische Interessen in seiner Lehrtätigkeit auf. Vor allem eine Bearbeitung von Bodensteins reichhaltigen Randbemerkungen zu Tauler verspricht Fortschritte für die Erforschung von Müntzers Mystikrezeption. Nach meinem Eindruck, der hier vorläufig nur als These mitgeteilt werden kann, war der wichtigste Wittenberger Lehrer für Müntzer nicht Luther, sondern Bodenstein. Es ist zu prüfen, ob Müntzer nicht nur bestimmte Autoren wie Tauler unter dem Einfluß Bodensteins las, sondern ob nicht auch seine Lutherrezeption im Horizont der für ihn größeren Bedeutung Bodensteins stand.

Zur Zeit von Müntzers Studienaufenthalt in Wittenberg gab es dort keine lutherische Universität; Theologie war dort damals noch nicht mit den Inhalten von Luthers Lehre identisch. Ein Beispiel sind die von der Lutherforschung nicht registrierten Abgrenzungen zwischen Luther und Rhagius, in denen sich die späteren Konflikte zwischen Luther und Eras-

---

[6] Entsprechend spricht H. A. OBERMAN: Thomas Müntzer: van verontrusting tot verzet, in: KeTh 24 (1973) 209 von »een team van theologen« in Wittenberg, von dem Müntzer gelernt habe.

mus vorankündigten. Wenn man sich wie Müntzer dem Wittenberger *campus* zugehörig fühlte, mußte man nicht zwangsläufig Lutherschüler sein. Natürlich ist die Annahme naheliegend, daß Müntzer in Wittenberg auch Luther gehört hat. Eine vollständige und detaillierte Durchsicht aller Luthertexte aus dem Zeitraum von Müntzers Wittenberger Studienzeit, also von 1517 bis 1519 unter der Fragestellung, welche Gedanken Luthers Müntzer rezipiert haben könnte, ist erforderlich. Da diese Aufgabe nicht erledigt ist, sind alle Aussagen zum Einfluß Luthers auf Müntzer vorläufige Hypothesen. Soweit ich sehe, gibt es in Müntzers Leben keine Phase, in der er wirklich die Theologie Luthers vertrat, auch wenn ihn seine Umgebung zeitweise als *Lutheranus* einstufte. Zwar gibt es »lutherische« Theologumena in Müntzers Schriften, aber diese machen ihn noch nicht zum »Schüler Luthers«. Man sollte Müntzer eher als einen »Schüler Wittenbergs« bezeichnen, und ihn als einen Theologen sehen, der in Wittenberg humanistische und frühreformatorische Theologie gehört und in Ausschnitten rezipiert hat.

Lehrer-Schüler-Verhältnisse sind auch bestimmt von der Qualität der persönlichen Beziehungen zwischen Lehrer und Schüler. Müntzer kam nach dem Befund der Quellen nie in eine engere freundschaftliche Verbindung mit Luther, die über eine durchschnittliche wechselseitige persönliche Akzeptanz hinausgegangen wäre. Es ist sicher kein Zufall, daß Müntzer im März 1522 seine Kritik an Luther über Melanchthon nach Wittenberg lancierte. Anscheinend hatte Müntzer während seiner Wittenberger Studienzeit zu Melanchthon ein gutes persönliches Verhältnis aufbauen können, was wiederum vermuten läßt, Melanchthon könnte auch eine Bedeutung für Müntzers humanistische Ausbildung gehabt haben. Der eigentliche Freund Müntzers aber im Wittenberger Kollegium wurde Andreas Bodenstein. Die besondere Beziehung beider zeigt sich in den Quellen erstmals Anfang 1519 im Rahmen von Müntzers Aufenthalt in Bodensteins Pfarrei in Orlamünde. Die Quellen behaupten eine gemeinsame Beschäftigung der beiden Theologen mit Tauler. Diese ist in Müntzers Wittenberger Studienaufenthalt zu datieren, wenn man Bodensteins Randbemerkungen zu Tauler als Fixpunkt für jene Überlieferung nimmt. Auch mit der Möglichkeit muß gerechnet werden, daß bei der Begegnung der beiden Männer nicht nur Bodenstein der gebende Teil war, sondern daß auch der Universitätsprofessor von dem suchenden Magister gelernt hat.

Müntzer nennt in seinem Selbstzeugnis aus der *Prager Protestation* unter den Themen, die er bei keinem seiner Lehrer gehört habe, seine *ordo*-Lehre[7]. Er postuliert damit für seine Lehre vom *ordo rerum* Unabhängig-

---

[7] MSB 398, 13-18.

keit von der theologischen Tradition. Tatsächlich konnte die *ordo*-Lehre
in der spezifischen Ausformung Müntzers bislang bei keinem älteren
Autor oder einem Zeitgenossen nachgewiesen werden. Dennoch steht
Müntzer mit seiner *ordo*-Lehre auch in geprägten Traditionen. Er bezog
die hermeneutischen Grundkategorien dieser Lehre aus der Rhetorik.
Belegt wurde seine Beschäftigung mit Quintilian. Mit der Begrifflichkeit
sind aus der klassischen Rhetorik auch inhaltliche Anregungen in Müntzers Theologie eingeflossen. Es wäre aber ein Mißverständnis, nach dem
Aufweis rhetorischer Traditionen in Müntzers *ordo*-Lehre diese allein auf
die humanistische Rezeption klassischer Rhetorik zurückzuführen, nachdem in der früheren Forschung Müntzers *ordo*-Lehre ganz und gar aus
der mystischen Tradition hergeleitet wurde. Die rhetorische Begrifflichkeit hat andere Traditionen aufgesaugt, zu denen auch die Mystik
gehört. Andere Einflüsse auf Müntzers *ordo*-Lehre bleiben aufzuarbeiten,
wobei unter anderem an philosophische (Aristoteles, Platon), patristische
(Origenes, Ambrosius, Augustin) und humanistische (z.B. Giovanni
Pico della Mirandola) Traditionen gedacht werden könnte. Weiter zu
klären sind der systematische Stellenwert der *ordo*-Lehre in Müntzers
Denken und ihre Folgen bis in seine politische Theologie hinein. Diese
ist nicht ein Produkt der Rezeption einer einzelnen Tradition, etwa der
Mystik oder der Apokalyptik, Luthers oder der Bibel, der patristischen
Theologie oder des Humanismus. Die künftige Forschung wird Müntzers originelle Auswahl aus vielen Traditionen und deren Kombination
zu einer neuen Deutung von Kosmos und Geschichte beschreiben
müssen.

TEIL II

QUELLEN

EDITIONSGRUNDSÄTZE

Von einer diplomatisch getreuen Wiedergabe des Buchstaben- und Zeichenbestands wurde in folgenden Punkten abgewichen:

1. Die üblichen Ligaturen und Abbreviaturen wurden in der Regel ohne Kennzeichnung aufgelöst. Bei der Auflösung von Wortkürzungen am Wortende wurden ergänzte Buchstaben in runde Klammern gesetzt.

2. Konjekturen stehen in spitzer Klammer.

3. Editorische Bemerkungen im Text stehen in eckiger Klammer.

4. Der Wechsel von u/v, i/j und ii/y wurde im Sinne heutiger Orthographie ausgeglichen.

5. ß am Wortende wurde in lateinischen Texten durch s ersetzt, in deutschen Texten beibehalten.

6. Die Interpunktion wurde behutsam normalisiert, sofern zu den einzelnen Texten nichts anderes angegeben ist.

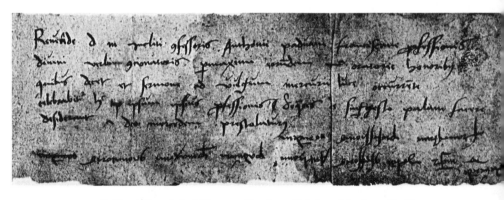

8. Zwei Entwürfe Müntzers für einen Brief an Magister N. N.

1. Stücke aus Thomas Müntzers Briefwechsel

1.1. Zwei Entwürfe Müntzers für einen Brief an Magister N. N., o. D. [1498 oder 1509 oder 1515, kurz vor 13. Juni] sowie Adresse eines Briefes an N. N., o. D.

Original: MAB, Bl. 73 (konnte nicht eingesehen werden).
Faksimile: MBL, T. 65 (danach hier ediert).
Edition: MSB 536f.

Handschriftenbeschreibung (s. Abb. 8): Es handelt sich um einen stark verschmutzten und wasserfleckigen Papierstreifen in der Größe von ca. 21 × 6,5 cm, der von einem größeren Papierbogen abgerissen ist. Auf einer Seite (jetzt 73ᵛ) stehen zwei Entwürfe für ein und denselben Brief an Magister N. N. (Z. 1-9), die Müntzer auf den zuvor bereits abgerissenen Papierstreifen geschrieben hat. Auf der anderen Seite (jetzt 73ʳ) steht eine Briefadresse (Z. 10-12), die an mehrere Personen gerichtet ist und daher nicht zu den Entwürfen des Briefes an N. N. gehört. Diese Adresse besteht in der Handschrift aus zwei Zeilen, die unmittelbar über der unteren Kante des Papierstreifens stehen. Es ist daher möglich, daß der Text ursprünglich auf dem von Müntzer unterhalb dieser Adresse abgerissenen Teil des Papierbogens fortgesetzt worden war. In diesem Fall wäre die Adresse vor den Briefentwürfen auf Bl. 73ᵛ geschrieben worden. Jedoch kann die andere Möglichkeit nicht ausgeschlossen werden, daß die vorliegende Adresse ebenso wie die umseitig geschriebenen Briefentwürfe erst notiert wurde, nachdem der Papierstreifen abgerissen war. In diesem Fall läßt sich über die Reihenfolge der Niederschrift von Adresse und Briefentwürfen keine Aussage machen.

Die Briefentwürfe (Z. 1-9): In zwei Anläufen entwirft Müntzer einen Brief, dessen Reinschrift verloren ist. Der Adressat ist Magister und, wie die Anrede »domine« (Z. 5) zeigt, gleichzeitig Priester. An dem ungenannten Ort, an dem der Magister wirkt und an dem sich auch Müntzer zur Zeit der Abfassung der Entwürfe aufhält, nimmt der Magister offenbar Predigtaufgaben wahr, da Müntzer ihn um eine Kanzelabkündigung (Z. 8f) bittet. Müntzer schreibt den Brief im Interesse von Franziskanermönchen. Er gibt deren Bitte an den Magister weiter, von der Kanzel bekannt zu machen, daß die Mönche am nächsten Mittwoch (Z. 7f) das Fest des Antonius von Padua (s. Anm. 8) begehen und am Morgen dieses Tages eine Volkspredigt (Z. 7) halten werden. Aus diesen Angaben ergeben sich Hinweise auf die Datierung des Briefes. Das Fest des Antonius von Padua wurde am 13. Juni begangen. Dieser Tag fiel in folgenden Jahren auf einen Mittwoch: 1498, 1509, 1515 und 1520. Das Jahr 1520 scheidet als mögliches Abfassungsjahr aus, da Müntzer in dieser Zeit mit den Franziskanern bereits gebrochen hatte: 1519 stritt er sich mit den Jüterboger Franziskanern[1]; um den 13. Juni 1520 war er bereits in Auseinandersetzungen

---

[1] Siehe S. 186-193.

mit den Minoriten in Zwickau verwickelt[2]. Es ist daher undenkbar, daß er noch 1520 in der Weise, wie es die Entwürfe zeigen, für die Wünsche der Mönche eingetreten wäre. Es bleiben also die Jahre 1498, 1509 und 1515, so daß die vorliegenden Texte als die ältesten Stücke aus Müntzers Briefwechsel, ja überhaupt als die ältesten datierbaren Müntzerautographen anzusehen sind. Das Jahr 1498 scheint als Abfassungszeit zwar wenig wahrscheinlich zu sein, kann jedoch nicht völlig ausgeschlossen werden. Man möchte annehmen, daß Müntzer in jener Zeit Schüler war. Das Jahr 1509 wäre als Abfassungsjahr prinzipiell möglich, jedoch ist nicht gesichert, wo sich Müntzer damals aufhielt (in Leipzig?). Eher möchte man an das Jahr 1515 denken, denn das älteste Stück aus Müntzers nachgelassenen Papieren ist die Braunschweiger Präsentationsurkunde vom 6. Mai 1514[3]. Um den 13. Juni 1515 hielt sich Müntzer entweder in Braunschweig auf[4] oder in Frose bei Aschersleben, wo er zuerst am 25. Juli 1515 belegt ist[5]. Franziskanerklöster gab es sowohl in Braunschweig[6] als auch in Aschersleben. Sollten die Briefentwürfe während Müntzers Tätigkeit in Frose entstanden sein, dann müßte man annehmen, daß er in dieser Zeit auch enge Verbindungen zum Nachbarort Aschersleben unterhielt und zwischen Frose und Aschersleben pendelte[7].

Die Adresse (Z. 10-12): Die Adresse, die nicht zu den Briefentwürfen gehört, ist an mehrere, als »doctissimi viri et domini« angeredete Personen gerichtet, die im Dienst eines höhergestellten Klerikers (»devotissimi domini domini patris«) stehen. Nähere Angaben über Ort und Zeit der Niederschrift lassen sich nicht machen.

[1. Entwurf:]

[73ᵛ] Reverende magister, i⟨n⟩cliti confessoris Anthonii Paduani[8] permaximi concionatoris Franciscane professionis eorundem

[2. Entwurf:]

5   Reverende d(omine) m(agister), incliti confessoris Anthonii Paduani

---

2 Reverende] *über der Zeile stehend, darunter durchgestrichen* v   2 i⟨n⟩cliti] iclic *Hs*   3 concionatoris] *danach* eorundem *durchgestrichen*   3 eorundem] *Hier bricht der erste Entwurf ab.*   5 Reverende] *im Wort korrigiert*

[2] Bereits in seiner ersten Predigt in Zwickau (13. oder 17. Mai 1520) griff Müntzer die Franziskaner an. W. ELLIGER: Thomas Müntzer (1975), ³1976, 77ff.

[3] Q 4.4. Zur Überlieferung s. S. 308.

[4] Siehe S. 85. 90.

[5] Q 1.3.

[6] L. CAMERER: Die Bibliothek des Franziskanerklosters in Braunschweig, Braunschweig 1982, 44. 70 beschreibt einen Handschriftenband der StadtB Braunschweig, der Predigten über Heilige des Franziskanerordens — Franziskus, Klara, Ludwig und Antonius von Padua — enthält. Wegen dieses Inhalts vermutet CAMERER Herkunft des Bandes aus dem Franziskanerkloster.

[7] Zu einer möglichen Tätigkeit Müntzers in Aschersleben vgl. oben S. 59-62.

[8] Antonius von Padua (1195-1231, kanonisiert 1232), seit 1220 Mitglied des Franziskanerordens, wurde in Deutschland besonders in seinem Orden verehrt, geschätzt u. a. wegen seiner großen Rednergabe.

Franciscane professionis divini verbi concionatoris permaximi eorundem
⟨...⟩ oratorie honoribus quibus decet et sermone ad vulgum Mercurii
luce occurente celebrabitur. Hoc ipsum ipsius professionis sequaces de
suggesto palam facere desiderant a deo mercedem prestolaturus.

[Nicht zu obigem Brief gehörige Adresse:]   10
   [73ʳ] Insignibus et doctissimis viris et dominis officium domini
domini patris agentibus

6/7 eorundem ⟨...⟩] *Ein Wort wegen Papierfalte im Original unentziffert. Man würde hier das
ansonsten im Satz fehlende Subjekt erwarten.* **8** ipsum] *davor gestrichen* tp **8** sequaces] *davor
ein nicht vollendeter Buchstabe gestrichen* **9** prestolaturus] *so grammatisch fehlerhaft statt* presto-
laturi

1.2. Ludolf Wittehovet an Müntzer in Frose, o. D. [Braunschweig, bald vor 1515 Juli 25?]

Original: MAB, Bl. 57 (konnte nicht eingesehen werden).
Faksimile: MBL, T. 4 (danach hier ediert).
Editionen: BK 3f Nr. 4. — MBL zu T. 4. — MSB 350 Nr. 4. — U. BUBENHEI-
MER: Thomas Müntzer in Braunschweig. Teil 1, in: BJb 65 (1984 [b]) 69.

Handschriftenbeschreibung: Größe ca. 21 × 16 cm. Verschmutzt, Papier stellenweise beschädigt. Papiersiegel.

Datierung: Der Brief ist an Müntzer in Frose bei Aschersleben adressiert (Z.
1). Dort ist Müntzer nach Q 1.3 und 1.4 am 25. Juli 1515 und am 28. August
1516 belegt. Da nach der Erwartung Wittehovets Klaus [Winkeler], der Diener
Pelts, den Brief übermitteln sollte, ist er möglicherweise mit Klaus' Schreiben
aus Halberstadt vom 25. Juli 1515 (Q 1.3) und den darin erwähnten Anlagen
an Müntzer gelangt. In diesem Fall wäre Wittehovets Brief nicht lange vor dem
25. Juli 1515 geschrieben worden. Aber es ist nicht auszuschließen, daß Klaus
mehr als einmal als Briefvermittler zwischen Braunschweig und Frose tätig war.
Als weitestmöglicher Datierungsspielraum für das vorliegende Stück sind die
Jahre 1514-1517 im Auge zu behalten, solange unbekannt ist, wann Müntzer
sein Amt in Frose angetreten und aufgegeben hat.
Briefschreiber: Ludolf Wittehovet († 1525) war seit 22. Dezember 1503 Inhaber
einer der beiden von Henning Godeken gestifteten Altarlehen am Marienaltar
der Michaelskirche zu Braunschweig. Auf das andere Lehen dieser Stiftung
wurde am 6. Mai 1514 Müntzer präsentiert (Q 4.4). Aus diesen Umständen
ergibt sich Braunschweig als Ort der Abfassung des Briefes. Müntzer hatte dort
Wohnrechte in demselben Haus wie Wittehovet (Z. 6-14). Zu Wittehovet und
zum Inhalt des Briefes s. S. 81. 84f.

[57ᵛ] Dem Ersamen manne her Thomas Munter prepositus to Vrose
mynem herren fruntliken screvent.

[57ʳ] Mynen fruntliken denst to voren, myn lever her her Tomas.
Gy¹ schullen wetten², dat ik iu³ sende dussen bref bi Clawes Pelten⁴ und
5 iuck⁵ en beide⁶, wu⁷ ik habe over dach⁸, wur⁹ my de grote unwille van
her kumpt. Ich kan anders nicht af neymen¹⁰, wen¹¹ wu dat iu¹² kochinne
is begherende west der dornsen¹³, darch ich inne was, myn lever herre
her Thomas, und se nicht heft ghewust, wu se mich dar wolde ut bring-
hen myt ghelike¹⁴, sunder se mich heft na gheghan myt groter verrederie,
10 und se mich heft bedroghen alse eyn schelkinne und kam hinder iuwem¹⁵
rugghe und sagede my de sotsteyn¹⁶ wort, de se lert hadde. Wan se by
iuck kam, myn lever her, so sede¹⁷ se dre mal grusammeren wort. Se
scholthe haben ghezaghet, wu dat se der dornsen begherende was, ich
wolde se or gerne ghedan haben. Myn leve her Tomas, ir schult wetten,
15 dat uch¹⁸ ur kuechinne hat su ghelech, des byn ich, ghodt sy ghelovet,
unschuldich und wolde dar hudes daghes¹⁹ uf sterffen, sunder das ir wylt
frauwen leven, des solt ir besser wetten, und gy hir over my myne frunde
tho unwillen machen, dat ich nummer mer in [57ᵛ] iuck ghesocht. Ich
moit²⁰ den unwillen myner frunde lichwol²¹ waghen, sunder ich wyl

---

4 schullen] sch = ‖ schullen *in der Hs bei Übergang von Z. 1 zu Z. 2* 6 kumpt. Ich] *zwischen
den beiden Worten Tintenklecks oder Tilgung* 8 und se] *danach* dar *verkleckst, vermutlich getilgt*
9 myt] *verbessert aus* mytte 13 scholthe] the *über der Zeile nachgetragen*

¹ Ihr
² wissen
³ Euch
⁴ Abgekürzt für »durch Klaus [den Diener] Pelts«. Es handelt sich um Klaus Winkeler, den Handelsfaktor Hans Pelts: s. Q 1.3. Zu Hans Pelt s. S. 132-139 und Q 1.9. Pelten ist die neben Pelt mehrfach belegte Genetivform des Familiennamens (auch Pelte,
Pelthe).
⁵ Euch
⁶ entbiete
⁷ wie
⁸ überdacht
⁹ wo
¹⁰ schließen, annehmen
¹¹ als
¹² Eure
¹³ heizbares Zimmer
¹⁴ mit Recht
¹⁵ Eurem
¹⁶ süßesten
¹⁷ sagte
¹⁸ Euch
¹⁹ heutigen Tages
²⁰ muß
²¹ gleichwohl

anders nicht sagen sunder de warheit. Nicht mer u⟨f⟩ dusse tid, sunder 20
habet ain gude nacht und scrivet dem swager[22] ja by Clawes Pelten. Dar
bidde ich iu umme.

Ludolphus Wyttehovet

---

20 u⟨f⟩] *Beschädigung des Papiers an Faltstelle.* BK *und* MSB uff

[22] Vgl. S. 125f.

1.3. Klaus [Winkeler] an Müntzer in Frose, Halberstadt, 1515 Juli 25

Original: MAB, Bl. 79 (konnte nicht eingesehen werden).
Faksimile: MBL, T. 3 (danach hier ediert).
Editionen: BK 3 Nr. 3. — MBL zu T. 3. — MSB 349 Nr. 3. — Bubenheimer
1984b, 67f.

Handschriftenbeschreibung: Größe ca. 21,5 × 15,5 cm. Ränder bestoßen, dadurch
geringfügiger Textverlust. Siegelspuren.
Briefschreiber: Die Eltern und die Großmutter des Briefschreibers leben in
Frose, Aschersleben oder in der näheren Umgebung (Z. 20-22). Klaus dürfte
daher auch von dort stammen. Mit vollem Namen heißt er Klaus Winkeler, in
Braunschweig nachgewiesen 1509-1516: 1509-10 als »Diener« des Kaufmanns
Jakob (I.) Vechelde († nach 1518)[1]. 1509 wird er von Jakob Vechelde bevoll-
mächtigt, Schulden in den Niederlanden und westwärts einzutreiben[2]; 1510
wird er mit entsprechender Vollmacht nach Lübeck, Danzig, Hamburg und
Dortmund geschickt[3]. 1513-16 ist Klaus Winkeler in derselben Stellung eines
»Dieners« bzw. »Knechts«, d. h. Handelsfaktors, belegt bei dem Fernhändler
Hans Pelt, der ihn zur Schuldeneintreibung 1513 nach Goslar, Hildesheim,
Göttingen und andere Orte bevollmächtigt[4]; am 18. Febr. 1516 erhält er
Gesamtvollmacht, alle Schulden Hans Pelts außerhalb Braunschweigs
einzutreiben[5]. Auf einer seiner Reisen hat Klaus vorliegenden Brief »myt hast«
in Halberstadt geschrieben, nachdem er wegen Zeitmangel seinen urspüngli-
chen Plan, im Rahmen dieser Reise Müntzer persönlich zu besuchen, vorläufig
aufgeben mußte. Dennoch hofft er, sowohl den Besuch bei Müntzer bald nach-
holen als auch seine nicht weit von Müntzer lebenden Verwandten bald aufsu-
chen zu können (vielleicht auf der Rückreise?).

---

[1] Über Jakob (I.) Vechelde s. W. Spiess: Von Vechelde, Braunschweig 1951, 55.
[2] StadtA Braunschweig: B I 3:2, S. 287.
[3] Ebd. S. 290.
[4] Ebd. S. 323.
[5] StadtA Braunschweig: B I 3:3, S. 23.

[79ᵛ] Honorabili viro domino magistro Thoma Monnetarii ac preposito in Frosa suo videlissimo amico etc.

†

[79ʳ] Mynen wylligen underdainghen denst myt vormogen alleß,
5 hochgelarde unde vorfolger der unrechtverdicheyt[6], werdiger leybber
her. Uure[7] werde gesun⟨t⟩[8]. Unde deß ganzen ⟨ ... ⟩ bin ick allzyt geney-
get zevorfarren[9]. Vorder[10] soll wyssen uure werde, daß ick habbe de
breffe u(urer) w(erde) by[11] Hanß Pelten[12] gesant bestelt[13] unde habbe
van dem Ersamen Hanß Tammanz[14] entfangen 2 gul(den), 40 matyer[15]

---

1 Thoma] *sic!* **2** videlissimo] *so statt* fidelissimo **6** uure] vure *Hs* **6** gesun⟨t⟩] *Wortende
am Rand bestoßen. Die Ergänzung ergibt sich aus der parallelen Formulierung in Z. 19* **6** ganzen
⟨...⟩] *ein Wort unentziffert* **7** uure] vure *Hs* **8** u(urer) w(erde)] v w *Hs. Ergänzung in Ana-
logie zu* uure werde *in Z. 6f.*

   [6] Ungerechtigkeit
   [7] eurer. 'uure' ist eine Laut- und Schreibvariante zu mhd. 'iure'.
   [8] Gesundheit. Es handelt sich hier um eine Grußformel ohne Prädikat: »Eurer Würde
(wünsche ich) Gesundheit.«
   [9] zu erfahren
   [10] ferner
   [11] an
   [12] Vgl. Q 1.2 Z. 4. 21.
   [13] besorgt, zugestellt. Im Lichte des Folgenden handelt es sich um Briefe, die Müntzer
an Hans Pelt in Braunschweig geschickt und die Klaus Winkeler von dort zu den Adressaten gebracht hatte. Klaus überschickt nun mit seinem vorliegenden Brief zwei Antworten, nämlich von Hans Dammann und Henning Binder. Möglicherweise hat er gleichzeitig auch den Brief Ludolf Wittehovets (Q 1.2) übersandt.
   [14] Zur Braunschweiger Familie Dammann s. S. 130. *Ämterlaufbahn* Hans Dammanns:
Er war Ratsherr der Altstadt 1510-1529, Gerichtsherr 1523-26, Stuhlkämmerer 1527.
Gegen W. SPIESS: Die Ratsherren der Hansestadt Braunschweig 1231-1671, Braunschweig ²1970, 37. 95 und O. MÖRKE: Rat und Bürger in der Reformation, Hildesheim
1983, 285 Anm. 16 gehörte Hans Dammann nicht zu den 1529 als Papisten abgesetzten
Ratsherren, vielmehr ist er den in jeder Ratsperiode üblichen »natürlichen« Abgängen
(wegen Krankheit, Tod usw.) zuzurechnen. Er war 1530 verstorben und hinterließ Haus
und Hof sowie ein weiteres Haus mit Bude an der Schützenstraße (StadtA Braunschweig:
A I 4:1 Stück 23). In der ältesten Liste der Entsetzten (B IV 11:2) ist sein Name nicht
genannt. Der Irrtum geht auf Andreas Pawel: Nachrichten von der ältesten Verfassung
der Stadt Braunschweig, 1603ff (H IV 282) zurück (vgl. SPIESS 1970, 37 Anm. 41). Aus
derselben Familie rückte 1530 Henning Dammann als Ratsherr und Stuhlkämmerer
nach (SPIESS 91; MÖRKE 1983, 337 Nr. 27). — *Beruf*: Hans Dammann war ein Fernhändler, der u.a. mit Edelmetall- und Juwelierwaren handelte. Siehe oben S. 139f. — *Verwandtschaft*: Hans Dammann war in erster Ehe verheiratet (schon 1494) mit Winneke,
einer Tochter des in Q 4.1 Z. 5 genannten Hans Wittehovet (vgl. Q 1.2). Dieser setzte
Dammann 1496 in seinem Testament als einen der Testamentare ein; dasselbe tat 1505
Hans Wittehovets Witwe Ilse (B I 23:2, Bl. 164ᵛᵃ⁻ᵇ. 227ᵛᵇ-228ʳᵃ). Als Schwager des
Henning Rode (s. Q 4.1 Z. 4f) wurde Dammann 1496 als dessen Testamentar eingesetzt,
1504 ebenso von dessen Witwe Ilsebe (B I 23:2, Bl. 181ʳᵇ⁻ᵛᵇ. 202ᵛᵃ⁻ᵇ). Auch mit dem in
Z. 14 genannten Henning Binder war Hans Dammann verwandtschaftlich verflochten
(s. u. Anm. 21). Ferner war Hans Pelts Mutter eine geborene Dammann (s.o. S. 130).
   [15] Matthiasgroschen

vor 1 gul(den); unde her[16] hat uch[17] hyr by eyn breff, darinen werde gy[18] 10
sinn meynge[19] woll vorstenn. Ock hebbe ick entfangen 2 gul(den), 31
mathier vor 1 gul(den) unde 40 mathier, de schall sin sone[20] habben zw
eynem boche, dar he om umm gescreven hat. Unde dar benevend sent
he omm 6 mathier zw sinem behoeffe. Unde Henick Binder[21] sendet
Thomaß[22] 1 pack[23] unde eyn breff, darine he sin meynge woll wert vor- 15
stan. Unde ick sende om dar by 10 mathier tho sinem behoeffe. Unde
ick wass der meynge, ick wolde sulven[24] sin tho iwer[25] werde gekomen,

---

13 unde] *danach ein ungedeutetes, vermutlich versehentlich geschriebenes Zeichen*

[16] er
[17] Euch
[18] Ihr
[19] Meinung
[20] Die Identität dieses Sohnes Hans Dammanns ist nicht nachgewiesen. Vgl. S. 140.
[21] *Ämterlaufbahn* Henning Binders († 1519): Ratsherr des Hagen 1516-1519 (SPIESS
1970, 76). — Über den *Beruf* läßt sich keine eindeutige Aussage machen. 1512 unterhielt
er Handelsbeziehungen mit Magdeburg (StadtA Braunschweig: B I 3:2, S. 309: Henning Binder und Henning Peine bevollmächtigen Henning Reinbolt, Schulden in Magdeburg einzuziehen). Henning Binders Sohn Bartold war Goldschmied (s. Anm. 22). Es
ist nicht auszuschließen, daß bereits Henning Goldschmied war. Aus seinem Testament
(B I 23:8, Bl. 41r-42r) geht hervor, daß sich Silberwaren in seinem Nachlaß befanden.
Jedoch gibt es keinen Hinweis auf den Gesamtumfang dieser Kleinodien. Es werden nur
einzelne Stücke erwähnt: »die kleinste silberne Schale«, »meine große silberne Schale«,
ein Silberlöffel. — *Verwandtschaft*: 1518 setzte er als seine Testamentare ein: seine Ehefrau
Alheid, seine Schwäger Hans Pelt und Tile Dammann, Peter Horneborch. Seine im
Testament genannten Kinder Bartold, Anna, Katharina und Magdalena waren damals
noch unmündig. Henning Binders Bruder Hans, Ratsherr ab 1527, wurde 1529 als
Papist abgesetzt (SPIESS 1970, 76).
[22] Diese Formulierung läßt in der Schwebe, ob hier Thomas Müntzer (so U. BUBEN-
HEIMER: Thomas Müntzer und der Anfang der Reformation in Braunschweig, in:
NAKG 65 [1985c] 3 Anm. 12) oder ein zweiter Thomas, eventuell ein Sohn Henning
Binders gemeint ist. Im Lichte des Kontextes liegt meines Erachtens die erste Deutung
näher: Klaus zählt die Sendungen auf, die er mit seinem Brief an Müntzer schickt und
die er in Beantwortung der von Müntzer nach Braunschweig gesandten Briefe (Z. 7f)
von Braunschweiger Bürgern erhalten hatte. Adressat dieser Sendungen ist nicht nur
Müntzer, sondern mindestens eine weitere Person, nämlich der bei Müntzer befindliche
Sohn Hans Dammanns. So könnte sich erklären, daß Winkeler im Rahmen seiner Auf-
zählung der Adressaten um der Eindeutigkeit willen an der vorliegenden Stelle von
Müntzer in der 3. Person spricht, während er ihn sonst in der 2. Person anredet. Für
diese Deutung sprechen zwei weitere Punkte: 1. Der genannte »Thomas« erhält auch von
Klaus Winkeler 10 Matthiasgroschen zu seiner Verwendung. Dies findet eine plausible
Erklärung im Rahmen der aus unserem Brief hervorgehenden freundschaftlichen Bezie-
hung zwischen Klaus und Müntzer, der ihn baldmöglichst besuchen will (Z. 16-18).
Warum Winkeler einem Sohn Binders Geld schicken sollte, bliebe unerklärt. — 2. Henning Binder hat 1518 nach seinem Testament nur einen Sohn, nämlich Bartold (s. Anm.
20). Bartold wurde 1523/24 in die Braunschweiger Goldschmiedegilde aufgenommen
(StadtA Braunschweig: G VIII 193 B, Bl. 17v) und hinterließ bei seinem Tod (vor 23.
März 1551) seine Goldschmiedewerkstatt im Haus »zum goldenen Horn« im Weichbild
Hagen (Nachlaßinventar: A I 4:1 Stück 80).
[23] Paket, Bündel
[24] selbst
[25] Euer

so hebbe ick der tydt nicht, sunder ick wyll, wylt gotht, in corten by iw
sin. Godde dem almechtigen gesunt[26] unde salich[27] bevelend[28] in der hit-
20 zegen leve der reynicheyt. Unde segget den guden gesellen mynen denst
myt sampt meyne leven vader, grossmutter unde mutter. Ick wyll, wylt
got, drade[29] by onen sin. Myt hast gescreven in Halverstat[30] in dye
Sancti Jacobi appostoli anno 15.

Claweß Hanß Pelten deyner

[26] gesund, selig (*salvus*)
[27] selig, glücklich
[28] Zu dieser Grußformel vgl. Gottschalk Kruse an Hinrik Reinhusen in Braunschweig, Wittenberg, 1522 Juni 30, am Briefschluß: »... hyrmedde gode salich beue-
lende«. Van adams vnd vnsem valle vnd wedder uperstandinghe Doctor Gotscalcus
kruse..., [Braunschweig: Hans Dorn 1522], A 2r.
[29] bald
[30] Handelsbeziehungen Hans Pelts mit Halberstadt sind mehrfach belegt: StadtA
Braunschweig: B I 3:2, S. 327 (1513); B I 3:3, S. 93-95 (1520); B I 3:4, 1, S. 18f (1530).

1.4. Matthäus Volmar an Müntzer in Frose, [Aschersleben?], 1516 August 28

Original: MAB, Bl. 48 (konnte nicht eingesehen werden).
Faksimile: MBL, T. 1 (danach hier ediert).
Editionen: BK 1 Nr. 1. — MBL zu T. 1. — MSB 347 Nr. 1. — BUBENHEIMER
1984b, 69f.

Handschriftenbeschreibung: Größe ca. 21,5 × 9,5 cm. Das Papier weist Tintenkleckse auf und ist stark verschmutzt.
Entstehung: Der Brief ist wahrscheinlich in dem 6 km von Frose entfernten
Aschersleben geschrieben, dem Wohnort des Matthäus Volmar. Allerdings
käme auch ein Ort in der näheren Umgebung Asterslebens als Abfassungsort
in Frage. Briefüberbringer war der in Z. 2f genannte Verwandte Volmars.
Briefschreiber: Imm. Erfurt W 1504/05 (»Matthaeus Volmer de Ascania«)[1].
Volmar stammte also aus Aschersleben. Goebke[2] teilte über ihn ohne Belege folgende noch zu verifizierende weitere Daten mit: in Aschersleben Stadtschreiber
1509-11, Ratsherr (Bauherr) 1512, Schultheiß 1531, Bürgermeister 1533-57,
† 1557.

[48v] Ad manus viri venerandi domini Thome presten in Vroße etc.
[48r] Vir venerande ac fautor humanissime, hic presens meus cognatus gutturis torquetur, ut dignitati tue melius explanabit, infirmitate. E

[1] AErfurt 2, 238a, 29.
[2] H. GOEBKE: Neue Forschungen über Thomas Müntzer bis zum Jahre 1520, in:
HarzZ 9 (1957) 16.

nonnullis autem, quos tua medela pristine sanitati restituit, in eadem
infirmitate gravatis accepit veridice, ut tu, vir optime, contra eundem 5
morbum remedia ferre potes. Quod si ita est, ex amoris federe, quo hic
michi iunctus est unice, precor, ut tamen ob mei preces et sua solacia ei
pro hac venenosa infirmitate tutelam ac remedium ferre velis. Offero me
ad tua obsequia idcirco promptissimum. Vale in annos Nestoreos fauste.
Raptim anno domini xv^{c}xvj 5ta post Bartholomei.   10

Tuus
Matheus Volmar

---

9 promptissimum] *davor durchgestrichen* pro **10** 5ta] *Entzifferung am Original durch Manfred Kobuch, Dresden*

1.5. Der Rektor des Martinsgymnasiums zu Braunschweig, [Heinrich Hanner], an Müntzer [in Braunschweig], o. D. [Braunschweig, Juni/Juli 1517]

Original: MAB, Bl. 78 (konnte nicht eingesehen werden).
Faksimile: MBL, T. 2 (danach hier ediert).
Editionen: G. KAWERAU: Kleine Nachlese zum Briefwechsel des Thomas Münzer, in: ZHVG 12 (1879) 641f. — BK 1f Nr. 2. — MBL zu T. 2. — MSB 347f Nr. 2. — BUBENHEIMER 1984b, 70f.

Handschriftenbeschreibung: Größe ca. 21 × 17 cm. Das Papier ist stark verschmutzt.
Zur Datierung und zur Identifizierung des Schreibers s. S. 101-105. Müntzer hielt sich, als er den Brief des Rektors erhielt, in Braunschweig bei Hans Pelt auf (s. Z. 1f).

[78^v] Venerabili domino artiumque magistro domino Thome N. pro nunc apud Hans Pelt[1] hospitato viro perdocto.
[78^r] Qui nunc regit literarum gymnasium S. Martini Brunsvick[2], magistri discipulus quidam, venerabili domino artiumque magistro Thome N. viro perdocto ingenium (licet rude et tenebre valde, informa- 5
tione tamen saniori erudiendum et illuminabile) muneris loco mittit benigneque offert, et petit, dominus Thomas velit super dubia in hac scedula querenda determinationes clariores et sententialiter, quod ipsi placeat, communicare eumque horum participem facere misericorditer.
Primo et ante omnia, domine Thoma, nescit discipulus et scolasticus 10

---

[1] Zu Hans Pelt in Braunschweig s. S. 132-139 sowie Q 1.3 und 1.10.
[2] Heinrich Hanner

prefatus in literis apostolicis, quomodo intelligat clausulam ⟨is⟩tam:
'indulgentie a pena et culpa'³, ex quo creditur culpam remitti in absolu-
tione sacra⟨men⟩tali.

Item quomodo illud simpliciter dictum intelligat seu intelligere possit:
15 'Homo non potest dimittere peccatum contra deum perpe⟨tratum⟩',
cum prelati sint homines et tamen eis plenaria vis commissa sit, ut nobis
dicitur⁴.

Item utrum dominus ⟨pa⟩pa in negotio ecclesie faciat et per eum fiat
coram deo omne quod intendit et vult et ⟨quod⟩ in literis non suspectis
20 se velle et intendere sufficienter attestatur nec ne⁵.

Item utrum literis non suspectis adhibenda sit fides⁶.

Item utrum rudis et laycus habeat credere literis apostolicis, quod non
sint suspecte vicii et ab omni falsitate immunes, postquam a prelatis sunt
revise, examinate, admisse et publice examinate, solennisate, credere
25 inquam tanquam evangelio⁷, ut dicitur, sic quod secundum tenorem hui-
usmodi literarum possit anime saluti consulere nec ne.

---

11 ⟨is⟩tam] *Beschädigung des Papiers, ebenso bei allen weiteren Konjekturen bis Z. 19*
23 suspecte] *verbessert aus* suspecti

³ In der Ablaßbulle Leos X. vom 31. März 1515, mit der Kardinal Albrecht von Brandenburg die Predigt des Petersablasses bewilligt worden war, findet sich die Formel *a
poena et culpa* nicht, jedoch wird die damit gemeinte Sache in anderen Worten ausgedrückt: s. W. KÖHLER (Hg.): Dokumente zum Ablaßstreit von 1517, Tübingen ²1934,
85, 15f; 86, 3-5. Die Formel begegnet dann in einer für die Ablaßkampagne gedruckten
deutschen Zusammenfassung des Inhalts der Bulle: »Dis ist ain kurtzer begriff oder
Summa der macht und artickel des aller vollkomlichsten un hailigsten Ablaß von pein
und schuldt...« (Zitiert nach N. PAULUS: Johann Tetzel der Ablaßprediger, Mainz 1899,
97f.)
⁴ Zur *plenaria vis* der Prälaten vgl. die in Anm. 3 genannte Ablaßbulle bei KÖHLER
1934, 86, 2-5.
⁵ Zur Vollmacht des Paptes vgl. die Bulle bei KÖHLER 1934, 84, 17f. 26-34 und die
Instructio summaria Albrechts von Mainz, ebd. 107, 28-33.
⁶ Vgl. die Bulle bei KÖHLER 1934, 91, 31 - 92,1.
⁷ Hinter dieser Formulierung steht das geläufige Augustinwort: »Ego vero evangelio
non crederem, nisi me catholicae ecclesiae commoneret auctoritas.« (AUG. C. epist. fund.
5; CSEL 25, 197, 22f.) In den Diskussionen um den Ablaß spielte dieses Wort eine Rolle.
Andreas Bodenstein richtete am 9. Mai 1518 in seinen *Apologeticae conclusiones* eine entsprechende These gegen Tetzel: »lxviij. Ad conclusionem xii. revertendo, opponitur hoc,
quod iam est frequentatum Aug(ustini) dicterium/ non crederem evangelio/ nisi ecclesiae
me commoneret auctoritas. Aug(ustinus) contra epist(olam) fund(amenti) c. v. ... lxxiij.
Verius ad mentem Aug(ustini) accessit/ qui ait, Non debes per hoc concludere/ quod ecclesia habeat maiorem auctoritatem quam Christus/ Sed nisi ecclesia approbaret/ non
haberemus certitudinem/ quod dicta no(vi) et vet(eris) test(amenti) fuissent a Christo
prolata aut in ve(tere) testa(mento) contenta. Cardina(lis) Alexandri(nus). Contra I(oannem) T(eczel).« (D. Andree Carolstatini doctoRIS ET ARCHIDIACONI VVIT-
TENBVRGENSIS: CCCLXX: ET APOLOGEticç Cōclusiões..., Wittenberg: Johann
Rhau-Grunenberg 1518, A 4ᵛ [SB München: 4° Polem. 2498; FREYS/BARGE Nr. 3] /

Item utrum thesaurus ecclesie (qui est passio Christi) per meritum sanctorum (ut nobis predicatur) aliqualiter sit auctus[8] nec ne.

Item petit animo de nulla malivolentia suspecto, sed summe benigno, dominus Thomas velit literis explicare quam brevius poterit, quid ipse 30 teneat de indulgentiis, quas nuper fratres ordinis predicatorum nobis publicabant prelatis satis acriter repugnantibus, ut notum est. Similiter de indulgentiis in Regali Lutter[9] iam ante multos annos predicatis, an sint revocate, ⟨ut⟩ quidam presumunt dicere nec ne[10].

[78ᵛ] Thoma, pater, preter consuetum tedio non afficere, indoctum 35 docere rudemque informare, inde quia aureola expectat te tertia. Recordare, quod non sunt curiosa, sed que saluti consulunt, quesita.

---

34 ⟨ut⟩] *Beschädigung des Papiers*

LÖSCHER 2, 84.) Zur Auflösung von »I. T.« mit »I(oannem) T(eczel)« s. Bodenstein an Georg Spalatin, Wittenberg, 1518 Mai 14: »F. Ioan. Teczel in conclusionibus suis nedum nos, sed et Principem nostrum clementissimum pungit. Ego parum contra illius conclusiones iocatus sum, quod si processerit, ad arma literaria desultabimus.« (J. G. OLEARIUS: Scrinium antiquarium, Halle 1671, 27.) Vgl. U. BUBENHEIMER: Consonantia Theologiae et Iurisprudentiae: Andreas Bodenstein von Karlstadt als Theologe und Jurist zwischen Scholastik und Reformation, Tübingen 1977, 145-151.

   [8] Vgl. die Ablaßbulle bei KÖHLER 1934, 92, 10f und die *Instructio summaria* ebd. 120, 29f.

   [9] Königslutter

  [10] Siehe S. 100f.

1.6. Brief Dorothea Albrechts an Georg Albrecht in Wittenberg, o. D. [Rothenburg ob der Tauber oder Würzburg, 1518 vor 7. März oder 1519 vor 27. März], mit Adresse und Notiz von Müntzers Hand

Original: MAB, Bl. 19 (konnte nicht eingesehen werden).
Faksimile: MBL, T. 17 (danach hier ediert).
Editionen: BK 18 Nr. 18. — MBL zu T. 17. — MSB 365 Nr. 18.

Handschriftenbeschreibung: Größe ca. 21 × 20,5 cm. Das Papier ist verschmutzt, wasserfleckig und am Rand bestoßen, die Tinte stellenweise verwaschen. Es finden sich Beschädigungen in Papier und Text. Siegelspuren. Auf Bl. 19ʳ findet sich der von einem unbekannten Schreiber[1] geschriebene Text des deutschen Briefes, unter den die des Schreibens unkundige Dorothea Albrecht statt einer Unterschrift sechs haken- oder kreuzförmige Zeichen setzte. Auf Bl. 19ᵛ steht die von Müntzer geschriebene lateinische Adresse (Z. 23f) sowie eine ebenfalls von Müntzer geschriebene lateinische Notiz (Z. 25f). Diese Notiz bildet im rechten Drittel von Bl. 19ᵛ ganz oben eine vierzeilige Kolumne, die links von

---

   [1] Schrift, Schreibfehler und unbeholfener Stil lassen erkennen, daß es sich um keinen Berufsschreiber handelte, sondern um eine Person mit einfacher Bildung.

einer Faltstelle des Briefs begrenzt wird. Daraus ergibt sich, daß Müntzer diese
Notiz geschrieben hat, nachdem das Papier bereits gefaltet worden war.

Geschichte des Briefes: Die Absenderin des Briefes ist eine Dorothea
Albrecht(in), der Empfänger ein in Wittenberg weilender Student namens
Georg Alberti (= Albrecht). Aus der Matrikel der Universität Wittenberg
kommt nur ein Träger dieses Namens in Frage:»Georgius Albrecht de Rotenburga dioc(esis) Herbipolen(sis)«, immatrikuliert am 28. September 1517[2].
Jedoch ist offen, ob der Heimatort Georgs Rothenburg oder Würzburg war[3].
Entsprechend kommen beide Orte für die Abfassung unseres Briefes in Frage,
da die Absenderin am Wohnort der Familie Albrecht zu suchen ist. Sie ist mit
Georg nahe verwandt[4] und übermittelt ihm Familiennachrichten. Sie teilt mit,
daß Thomas Müntzer bei ihr gewesen sei. Dieser fungierte offenbar als Briefbote, denn er hat die Adresse geschrieben und ein Trostwort hinzugefügt (Z.
23-26). Zur Frage der Behändigung des Briefs s. S. 172.

Datierung: Der Brief fällt in die Zeit nach der Immatrikulation Georg
Albrechts in Wittenberg am 28. September 1517. Das Jahr der Abfassung liegt
nicht fest; der Brief ist einige Zeit vor dem Sonntag Oculi (= Sonntag vor Mitfasten) geschrieben (s. Z. 10). In Müntzers Biographie läßt sich eine entsprechende Reise 1518 (Oculi am 7. 3.) oder 1519 (Oculi am 27. 3.) unterbringen[5].

[Hand eines unbekannten Schreibers:]

[19r] Mein freontlichen gruß, liber Jorg. Mir ist eur armot von herzen leid. Doch ßolt ir euren schaden nit don dem voter und mir. Liber
Jorg, der her Tamaß Monzer ist ßelber bei mir gest[6] und ßein ßag[7] ßelber
5 auß drage⟨n⟩. Ir dorft kein ßorg dar umb haben, eß hot kein schaden
geno⟨m⟩en. Liber Jorg, ich laß euch wißen, das eur vater ßer schuag ist
und ßein ßag nit beßer word, got wol in den ein ßonderlige genad mit
deilen. Ich und der voter wolten euch gern lengst botschaft gedon haben,
ßo kant mir kein ankeen[8]. Liber Jorg, ir hat eorem broder Michel der
10 boten[9], ir wolt am ßonttag vor mitfasten komen. Liber Jorg, bleibt ir ßo
lang auß, ßo hab ich werlich ßorg, ir wer[10] in nit lewendig finden und

---

3 Doch... nit don] *Diese Worte sind über der 1. Zeile am oberen, unbeschriebenen Rand der Seite
nachgetragen ohne Kennzeichnung der Stelle, an der sie einzufügen sind. Ich nehme an, daß sie an die
vorliegende Stelle (in der 2. Zeile des Originals) gehören.* **5** drage⟨n⟩] *Textverlust am Rand*
6 geno⟨m⟩en] genonen *Hs*

[2] Album 1,67b.
[3] Siehe S. 170f.
[4] Müntzer gebrauchte in der Adresse die Verwandtschaftsbezeichnung »suo ...
patrueli« (Vetter, Neffe). Damit dürfte, da Müntzer anstelle Dortheas die Adresse
schrieb, das Verwandtschaftsverhältnis zwischen Dorothea und Georg bezeichnet sein,
nicht ein Verwandtschaftsverhältnis Müntzers zu Georg.
[5] Siehe S. 171f.
[6] gewesen
[7] Sache
[8] (darum) angehen
[9] entboten
[10] werdet

eß ge wilt zu mit euren broder, zu vor mit eur Kilgen¹¹. Der hot ein
frein¹² genomen und geg¹³ wild mit zu, mer hot euch vor geschriben
legt¹⁴. L⟨ib⟩er Jorg, kont ir aber nit komen, ßo lat ⟨...⟩ wißen, das ir
nit kom⟨en we⟩rd, da got for ßei, wen ein fal geschog¹⁵, das ir ⟨m⟩ir und 15
⟨dem⟩ voter die schold gebt. Den eß iß ni⟨m⟩ent bei dem vater den der
Merten¹⁶ und der Leirenzt¹⁷. Der Merten seg¹⁸ geren, das ir ⟨komt. Nit⟩
mer, dan spar¹⁹ euch got geßont. Got geb euch ein gote ⟨nac⟩h⟨t⟩. Ich
moß mich nider legen.

> Ich hab euch am besten geschrieben + + + + + + 20
> von mir Dorede Albrechtin.

[Hand Müntzers:]
[19ᵛ] Georgio Alberti suo ⟨c⟩arissimo patrueli in Wittenberga pro
indagine litterarum egeno.
In tribulatione deum non cognoscimus, sed post tribulationem lucidior 25
efficitur semper ad intelligentiam tribulationi⟨s⟩.

---

12 ge] *verbessert aus* gei 13 mer] *Verschreibung oder Tintenkleckse im ersten Buchstaben, Lesung
unsicher* 14 L⟨ib⟩er] *Text verwaschen* 14 lat ⟨...⟩] *Beschädigung des Papiers. BK und MSB*
lat uns, *doch schließen die noch erkennbaren Buchstabenreste diese Lesung aus.* 15 kom⟨en we⟩rd]
Text verwaschen. Vor komen *könnte noch ein weiteres Wort am Zeilenanfang gestanden haben.*
15 ⟨m⟩ir] nir *oder* mr *Hs* 16 ⟨dem⟩] *Text verwaschen, Lücke ergänzt* 16 ni⟨m⟩ent] ninent
Hs 17 ⟨komt. Nit⟩] *Lücke ergänzt* 18 ⟨nach⟩h⟨t⟩] *Text verwaschen* 20 + + + + + +]
sechs haken- oder kreuzförmige Zeichen statt einer Unterschrift 23 ⟨c⟩arissimo] *Text verwaschen*
26 semper] *Tinte verwischt, Lesung unsicher* 26 tribulationi⟨s⟩] *Textverlust am Rand*

---

¹¹ Kilian
¹² Die Bedeutung dieses Wortes ist ungeklärt. Freund?
¹³ geht
¹⁴ leicht (im Sinne von 'vielleicht')
¹⁵ geschähe
¹⁶ Martin
¹⁷ Lorenz
¹⁸ sähe
¹⁹ erhalte

1.7. Christian Döring an Müntzer in Leipzig, Wittenberg, 1519 Januar 11

Original: MAB, Bl. 2 (konnte nicht eingesehen werden).
Faksimile: MBL, T. 5 (danach hier ediert).
Editionen: J. K. SEIDEMANN: Thomas Münzer, Dresden 1842, 105 Beil. 1. —
BK 4f Nr. 5. — MBL zu T. 5. — MSB 351 Nr. 5.

Handschriftenbeschreibung (s. Abb. 6): Größe ca. 21 × 16 cm. Das Papier weist

ein Loch auf und ist teilweise am Rand bestoßen, wodurch geringfügige Textverluste entstanden sind. Der Siegelabdruck ist noch erhalten.
Briefschreiber: Zu dem Wittenberger Goldschmied Christian Döring († 1533)
s. S. 173f.

[2ᵛ] Ann den wyrdyenn herren her Thomas bey Kristainus Buchfirer[1]
in der herbergen czu Leipsig.

[2ʳ] Meynn weyllygen dynst czuforne, leyber herre Thomas. Ich thu
euch czu weyssenn, daß ich myt magister Bartolemeus[2] geret habe euche-
5 rent halben. Szo spricht er, ßo ir seynn kappelan[3] wellet werden, ßo sollet
ir auff dy osteren[4] czu im kommen. Szo ir das seyns syt, so solt ir im

---

[1] Christian Breithut, Buchführer zu Leipzig († 1519), belegt ab 1514. Am 31.12.1515
zahlte er 2 fl 18 gr für das Leipziger Bürgerrecht. 1519 kaufte er kurz vor seinem Tod
ein Haus in der Ritterstraße neben dem Fürstenkollegium. Er unterhielt auch Buchhan-
del mit Wittenberg: Am 9. Mai 1519 war er auf dem mit der Reliquienausstellung am
Montag nach Misericordia domini verbundenen Jahrmarkt in Wittenberg und zahlte 1
gr Standgeld. K. E. Förstemann: Mittheilungen aus den Wittenberger Kämerei-
Rechnungen in der ersten Hälfte des sechszehnten Jahrhunderts, in: NMHAF 3 (1836)
110; H. Grimm: Die Buchführer des deutschen Kulturbereichs und ihre Niederlassungsorte in der Zeitspanne 1490 bis um 1550, in: Archiv f. Gesch. des Buchwesens 7 (1967)
1640; H. Volz: Rezension von MSB, in: BDLG 105 (1969) 603 Anm. 11.

[2] Bartholomäus Bernhardi von Feldkirch (1487-1551), imm. Wittenberg S 1504, bacc.
art. 26.5.1505, mag. art. 21.2.1508, Dekan der Artistenfakultät W 1512/13, bacc. bibl.
19.11.1512, bacc. sent. 25.9.1516, bacc. form. 7.7.1518, Rektor W 1517/18. Im Zuge
der Universitätsreform begann er ab W 1517/18 über die Physik und Metaphysik auf der
Grundlage des Aristotelestextes zu lesen. Am 6. Dezember 1518 war er bereits zum
Propst von Kemberg nominiert (Bodenstein an Spalatin, Wittenberg, 1518 Dezember 6;
J. G. Olearius: Scrinium antiquarium, Halle 1671, 37f). Zwischen 2. April und 26. Mai
1521 hat er als einer der ersten evangelischen Kleriker geheiratet. Album 1, 13b. 77;
Köstlin 1,5. 23. 26; Liber Decanorum, 23ʳ. 26ᵛ. 28ᵛ; UB. Wittenberg 1,85f Nr. 64; K.
H. Burmeister: Der Vorarlberger Reformationstheologe Bartholomäus Bernhardi, in:
Montfort: Zs. f. Gesch., Heimat- und Volkskunde Vorarlbergs 19 (1967) 218-238;
BBKL 535f; G. Gassner-Hadlich: Bartholomäus Bernhardi (1487-1551) — ein Freund
Luthers, in: Archiv f. Sippenforschung 49 (1983) 261-264; U. Bubenheimer: Streit um
das Bischofsamt in der Wittenberger Reformation 1521/22, in: ZSRG.K 73 = 104
(1987[b]) 170-172.

[3] Da Bernhardi noch sein Lehramt in Wittenberg (s. Anm. 2) innehatte, ist es verständlich, daß er für seine Aufgaben als Propst und Pfarrer in Kemberg einen Kaplan
suchte. Zwar brachte Bodenstein bereits am 6. Dezember 1518 unmittelbar nach Bernhardis Nomination zum Kemberger Propst gegenüber Spalatin Nikasius Claji als Nachfolger für Bernhardis Dozentur ins Gespräch (Olearius 1671, 38, woraus Bubenheimer
1987, 171 Anm. 64 den falschen Schluß gezogen hat, Bernhardi habe gleichzeitig mit der
Übernahme der Propstei sein Lehramt abgegeben). Am 23. Februar 1519 schlagen
jedoch Bernhardi, Luther, Bodenstein, Peter Burkhard und Nikolaus von Amsdorf in
einem Schreiben an den Kurfürsten den Magister Johannes Gunkel für Bernhardis Lek-
tion vor (WA.B 1, 349, 15-18). Jedoch schreibt Luther noch am 13. März 1519 an Spalatin über Bernhardi: »D. Rector quoque optat a lectura sua absolvi, ut rem suam domesti-
cam (que absente eo periclitatur) & pastoris officium curare possit.« (WA.B 1, 360, 39-41)
In einer bald nach 31. Mai 1520 abgefaßten Besoldungsliste der Universität ist Bernhardi
nicht mehr aufgeführt. Demnach hatte er das Lehramt zu einem unbekannten Zeitpunkt
nach 13. März 1519 aufgegeben.

[4] 24. April

schriben, aff ir komen welt aber nicht, daß her sich wes dar nach czu
richten. Do mit fil guter nacht. Datum W⟨itten⟩burgk den dynstagk
nach der Helien Drigkonnien 15 xviiij jare.

Kerstenn Doringk   10
goltsmet czu Wittenbur⟨gk⟩

---

7 komen] *am Wortanfang eine Verschreibung*   8 W⟨itten⟩burgk] *Loch im Papier*   11 Wittenbur⟨gk⟩] *Textverlust am Rand*

1.8. Auftragszettel [Konrad Glitschs] für [Müntzer, Orlamünde, 1519 zwischen 10. Januar und 24. April]

Original: MAB, Bl. 16 (konnte nicht eingesehen werden).
Faksimile: MBL, T. 49 (danach hier ediert).
Editionen: BK 129f. — MBL zu T. 49. — MSB 554f.

Handschriftenbeschreibung: Es handelt sich um einen schmalen Papierstreifen in der Größe von ca. 4,5 × 33 cm, der der Länge nach auf beiden Seiten von oben bis unten beschrieben ist. Das Papier ist teilweise restauriert und überklebt.
Schreiber, Adressat und Datierung: Der Schreiber hat seinen Namen nicht genannt. Boehmer hat vom Textinhalt her auf Magister Konrad Glitsch[1], 1518-1523 *vicarius perpetuus* auf der Pfarrei in Orlamünde, geschlossen[2]. Der Handschriftenvergleich mit einem gesicherten Autograph Glitschs[3] hat die Annahme Boehmers als richtig erwiesen. Damit ist auch Orlamünde als Abfassungsort gesichert. Glitsch redet in seinem Auftrags- und Bestellzettel die Person, die seine Aufträge in Leipzig und Wittenberg[4] ausführen soll, mehrfach an (Z. 31 und 35; vgl. Z. 15-18). Dieser namentlich nicht genannte Bote und Mittelsmann Glitschs war Müntzer. Dies ergibt sich aus dem Umstand, daß der Zettel unter seinen Papieren verblieben ist, und aus einer eigenhändigen Notiz Müntzers auf Bl. 16ʳ zwischen der 6. und 8. Zeile (hier Z. 3): Er vermerkte den Ortsnamen »Leypczik« und nannte damit den Ort, an dem er die im Kontext genannten Waren einkaufen sollte. Als Abfassungszeit des Auftragszettels kann der Zeitraum zwischen 10. Januar 1519 (Müntzer in Leipzig, s. Q 1.7) und 24. April 1519 (Müntzer in Jüterbog) erschlossen werden[5].
Aufbau des Schriftstücks: Da in den bisherigen Editionen im Anschluß an BK — jedoch ohne Begründung — der Text von Bl. 16ᵛ vor den Text von Bl. 16ʳ gerückt wurde, muß begründet werden, warum ich 16ʳ für die Vorderseite und

---

[1] Zu Glitsch s. S. 175f.
[2] H. BOEHMER: Studien zu Thomas Müntzer, Leipzig 1922, 10.
[3] Glitsch an die Universität Wittenberg, Wittenberg 1526 April 4; StaatsA Weimar: Reg O 408, Bl. 2f. Dieser Brief ist teilweise ediert bei H. BARGE: Andreas Bodenstein von Karlstadt, Leipzig 1905, 2, 569-571.
[4] Siehe S. 185.
[5] Die Beweisführung s. S. 176-180.

16^v für die Rückseite des Schriftstücks halte. In der formalen Gestaltung sind Anfang und Ende des Textes vom Schreiber nicht markiert worden. Jedoch läßt der Inhalt erkennen, daß das Ende der Aufträge auf Bl. 16^v unten formuliert ist: »Für dies alles gab ich Euch 12½ Groschen.« (Z. 35) Der unmittelbar davorstehende Bestellposten nennt 1 Lot Safran für 2½ Groschen. Die übrigen 10 Groschen müssen demnach zur Bezahlung der auf Bl. 16^r bereits genannten Eisenwaren, Sämereien und Bücher (Z. 1-16) bestimmt gewesen sein. Demnach beginnt der Text auf Bl. 16^r und endet auf Bl. 16^v. Der Zettel ist also in MAB richtig eingebunden worden. Damit ergibt sich auch ein sinnvoller Aufbau des Bestellzettels: Glitsch ordert zunächst Waren, die Müntzer in Leipzig kaufen soll (Z. 1-7). Dann folgen Buchbestellungen (Z. 8-16), wobei offen bleibt, ob Müntzer sie in Leipzig oder Wittenberg besorgen soll. Darauf folgen auf Bl. 16^r unten Aufträge, die Müntzer in Wittenberg erledigen soll. Unter anderem soll er dort Bodenstein, Luther, Beckmann und Agricola grüßen[6]. Organisch schließen sich nun Nachrichten über Verhältnisse der Orlamünder Pfarrei an, die für Andreas Bodenstein bestimmt waren, dem eigentlichen Pfarrherrn von Orlamünde[7]. Dann folgt noch ein Nachtrag zu den Kaufaufträgen (Z. 34) und abschließend der Vermerk, daß Müntzer für alle Einkäufe 12½ Groschen erhalten habe (Z. 35).

[16^r] 2 schrauben, die starck seyn und weite locher haben, das groß slôß do durch genn, 1 vor 10 d[8].

[Notiz Müntzers:] Leypczik

3 schrauben ßloß, 1 pro 8 d.

5   Kraußen solat[9] samen zu Leipcz, basilikensat[10], rotrubensat, meyronsat[11], lavendelsath, isopsath pro 1 d. Das findt man all vor dem Peter thôr[12].

Petrum de Crescencia deusch[13].

---

3 Leypczik] *von Müntzer zwischen die 6. und 8. Zeile des Originals geschrieben* 5 basilikensat] den besten *darüber geschrieben und wieder gestrichen*

[6] Allerdings wird unter den Wittenberger Freunden, die Müntzer grüßen soll, auch der damals in Leipzig tätige Hermann Tulken genannt (Z. 20). Dies lag für Glitsch nahe, da Tulken mit den Wittenbergern in Kontakt stand. Siehe Anm. 29.

[7] Siehe oben S. 176.

[8] Abkürzung für Pfennig. Zu den Währungsverhältnissen in Orlamünde s. M. WÄH-LER: Die Einführung der Reformation in Orlamünde, Erfurt 1918, 9-11; V. LOMMER: Beiträge zur Geschichte der Stadt Orlamünde-Naschhausen, Pößneck 1906, 126f.

[9] *lactuca crispa* (DWb 5, 2, 2089)

[10] Basilikumsamen

[11] Majoransamen

[12] Peterstor im Petersviertel in Leipzig. G. WUSTMANN: Quellen zur Geschichte Leipzigs, Bd. 1, Leipzig 1889, 148. Siehe die Stadtansicht von 1547, abgebildet in: Alma mater Lipsiensis: Geschichte der Karl-Marx-Universität Leipzig/ hg. v. L. RATHMANN, Leipzig 1984, 59.

[13] Petrus Crescentius (um 1233-1320/21), Agrarschriftsteller. Sein Werk *Liber cultus ruris* bzw. *Ruralium commodorum libri XII* wurde seit der Inkunabelzeit (Augsburg 1471 usw.) mehrfach sowohl lateinisch als auch in deutscher Übersetzung (zuletzt Straßburg: Johann Schott 1518) gedruckt.

Sermo Martini de triplici iusticia[14].
2am   appellacionem   eiusdem[15].   Similiter   et   primam   Liptz 10
imp⟨re⟩ssam[16].
Conclusiones eiusdem noviter disputatas[17].
Conclusiones Eckii con(tra) Carlstadium[18].
Tractatum Carlstat de vera penitentia[19].
Currum eiusdem[20]. Et omnia que cum tempore ab illis imprimuntur, 15
mihi mittat[21].
Quas lectiones Martinus[22], Carlstat[23], Melancton[24] legunt, mihi
scribat.

---

11 imp⟨re⟩ssam] impssā *Hs*

---

[14] BENZING 249-256; WA 2, 41-47. Der Erstdruck ist noch 1518, wahrscheinlich gegen Jahresende, in Wittenberg erschienen (WA 2, 41). Sechs Nachdrucke kamen 1519 heraus.
[15] *Appellatio ad concilium,* BENZING 240; WA 2, 34-40. Erschienen zwischen 9. und 11. Dezember 1518 (WA 2, 34).
[16] *Appellatio a Caietano ad Papam,* BENZING 234-238; WA 2, 27-33. Diese Appellation vom 16. Oktober 1518 wurde von Luther noch 1518 in den *Acta Augustana* herausgegeben (WA 2, 27). Die Erstausgabe erschien 1518 in Wittenberg. Drei Leipziger Nachdrucke sind bekannt.
[17] Es ist offen, welche Thesen hier gemeint sind. BK 130 Anm. 15 und MSB 555 Anm. 19 weisen auf die Thesenreihe *Pro veritate inquirenda et timoratis conscientiis consolandis* (WA 1, 629-633) hin, die 1518 als Einblattdruck erschien (BENZING 209f).
[18] Die Erstfassung der Thesen Johann Ecks für die Leipziger Disputation, datiert am 29. Dezember 1518 und danach sofort in den Druck gegeben. Nach der Überschrift waren sie »contra D. Bodenstein Carlestadium« gerichtet. Abgedruckt WA 9, 207-212; vgl. WA 2, 154f. Vgl. oben S. 178.
[19] Gemeint ist: Epitome Andree Carolostadij De impij iustificatione, quam non male ad inferos deductum reductūq(ue) vocaueris. Leipzig: Melchior Lotter d.Ä. 1519 (FREYS/BARGE Nr. 13), erschienen in der zweiten Januarhälfte 1519. Siehe oben S. 179.
[20] Der Einblattholzschnitt *Himmel- und Höllenwagen* (Texte von Bodenstein, Holz-schnitt von Lukas Cranach d.Ä.), der am 20. März 1519 zuerst in einer Ausgabe mit lateinischen Texten vorlag und später in einer deutschen Fassung erschien. Näheres S. 178f.
[21] Sinnsubjekt ist Müntzer.
[22] Luther begann am 22. März 1519 mit der zweiten Psalmenvorlesung (nach der in AWA 2, XCI abgebildeten Notiz eines Hörers). Müntzer bezog noch in Zwickau den in Lieferungen erscheinenden Druck der *Operationes in Psalmos:* Agricola an Müntzer, Wittenberg, 1520 November 2 (MSB 362, 9f); Johann Kaphan an Müntzer, Wittenberg, [1520, um 20. Dezember] (MSB 363, 10f).
[23] Bodenstein las bis Anfang 1519 über Augustins *De spiritu et littera:* s. E. KÄHLER (Hg.): Karlstadt und Augustin, Halle (Saale) 1952, 50*-52*. Danach hielt er eine Vorle-sung *De iustificatione impii,* der die in Anm. 19 genannte *Epitome* als Textbuch zugrunde lag: s. S. 179.
[24] Philipp Melanchthon (1497-1560), ab 25. August 1518 in Wittenberg (W. MAURER: Der junge Melanchthon zwischen Humanismus und Reformation, Bd. 2, Göttingen 1969, 11), berufen als Dozent des Griechischen. Jedoch widmete er sich anfänglich auch dem Hebräischunterricht. Bald nach seiner Ankunft begann er mit der Erklärung des hebräischen Psalters, die noch im Juli 1519 im Gang war (MWA 7/1, 67, 22f; 73, 17;

Salutetur d(ominus) doctor Carlsta(dius)[25], Martinus[26], Otto[27], magi-
20 ster Eisleben[28], dominus Hermannus[29], et omnes fautores mei.

---

19 salutetur] *so statt* salutentur

MBW 1, Nr. 50). Zwischen Mitte Oktober 1518 und Januar 1519 lag eine Vorlesung
über den griechischen Titusbrief (MWA 7/1, 50, 21f; 3, 41, 36f; Maurer 1969, 2, 31
mit 514 Anm. 32f). Im selben Semester las er noch über weitere neutestamentliche Briefe
(CR 1, 74; vgl. MWA 7/1, 68, 25-27). Noch im S 1518 (s. Album 1, 72) begann er mit
der Interpretation der *Ilias* Homers, die er, wie am 3. April 1519 belegt ist, zusammen
mit Johannes Rhagius durchführte (MWA 3, 41, 35f; 7/1, 68, 27 - 69, 1; vgl. Maurer
2, 94). Ab April 1519 sind Vorlesungen über die *Moralia* Plutarchs belegt (MBW 1, Nr.
52 und Nr. 48).
    [25] Andreas Bodenstein von Karlstadt (1486-1541). Zu den Lebensdaten s. U. Buben-
heimer: Karlstadt, Andreas Rudolff Bodenstein von, in: TRE 17, 1988, 649-657. Zu
Müntzers und Bodensteins Freundschaft vgl. ihren Briefwechsel zwischen Dezember
1522 und etwa August 1524: MSB 386f. 393. 415f. 428 Anm. 1.
    [26] Zu den frühen persönlichen Kontakten Müntzers zu Luther s. S. 147. Ferner vgl.
Müntzers Briefe an Luther vom 13. Juli 1520 und 9. Juli [1523]: MSB 357-361. 389-
392 / WA.B 2, 139-142; 3, 104-107.
    [27] Otto Beckmann (1476-1540) aus Warburg, imm. Leipzig S 1500, bacc. art. W
1501/02, imm. Wittenberg S 1507, als Inhaber einer Vikariatspfründe in Halberstadt
belegt ab Winter 1507/08, mag. art. Wittenberg 21.2.1508, Aufnahme in den Senat der
Artistenfakultät S 1510, hier Dozent für Grammatik (noch S 1516), am Allerheiligenstift
Kanonikus 1514, imm. Erfurt S 1517, lic. iur. can. Wittenberg 1517, Syndikus des Allerheiligenstifts September 1517, gleichzeitig Professor für die Institutionenvorlesung, 1523
Rückkehr nach Warburg, hier Pfarrer spätestens ab Anfang 1524, Propst des Nonnen-
klosters St. Ägidien in Münster/Westfalen 1527. Beckmann war ca. 1511-1518 einer der
führenden Humanisten in Wittenberg, distanzierte sich jedoch schließlich von den Reformatoren. N. Müller: Die Wittenberger Bewegung 1521 und 1522, Leipzig ²1911, 224-
237; GermSac 1, 3, 2, 135f. Unsere Stelle ist der einzige Beleg, der auf eine persönliche
Bekanntschaft zwischen Müntzer und Beckmann schließen läßt.
    [28] Johann Agricola (1492 oder 1494-1566). Zu seinen Verbindungen mit Müntzer vgl.
S. 113 und die Briefe Agricolas an Müntzer vom 2. November 1520 und von 1521; MSB
362. 368f.
    [29] Hermann Tulken bzw. Tulich (1486-1540) aus Steinheim/Westfalen, imm. Witten-
berg S 1508, bacc. art. 31.3.1511, Lehrer in Quedlinburg, imm. Leipzig S 1512; hier
Korrektor in der Druckerei Melchior Lotters d.Ä., kam als solcher mit Melchior Lotter
d.J. im Dezember 1519 wieder nach Wittenberg; hier mag. art. 9.2.1520, Dozent für
Logik und Rhetorik, 1523-24 Kanonikus am Allerheiligenstift, Sommer 1525 Lehrer in
Eisleben, ab Okt. 1525 wieder Dozent in Wittenberg, Rektor der Johannisschule in
Lüneburg ab 1532. GermSac 1, 3, 2, 139f; LStA 2, 172 Anm. 1. Obwohl Tulken zu dem
Zeitpunkt, als Glitsch ihn über Müntzer grüßen ließ, in Leipzig tätig war, kann er dennoch dem Wittenberger Freundeskreis Glitschs zugerechnet werden, der ihn während
der gemeinsamen Wittenberger Studienzeit (1508-1511) kennengelernt haben dürfte.
Auch Müntzer war mit Tulken befreundet. In seinem Brief an den Leipziger Buchführer
Achatius Glor, [Beuditz], 1520 Januar 3 läßt er Tulken grüßen: MSB 354, 10f. Neben
freundschaftlichen Beziehungen zwischen Luther und Tulken (s. WA 6, 497, 5f) sind
auch solche zwischen Bodenstein und Tulken belegt: In der KiB St. Gotthardt Brandenburg: B 4, 14, 6 findet sich ein Exemplar der EPISTOLA ANDREE CAROLOSTADII
ADVERSVS INEPTAM ET RIDICVLAM INVENTIONEM IOANNIS ECKII ...,
Wittenberg: Johann Rhau-Grunenberg 1519 (Freys/Barge Nr. 24) mit handschriftlicher
Widmung Bodensteins: »Charissimo fratri Hermanno Tulichio homini eruditionis multe
et excussi iudicii Andreas Carolo(stadius) d(ono) d(edit).« (Freundlicher Hinweis von
Herrn Oberkirchenrat Dr. Konrad von Rabenau, Berlin).

[16ᵛ] Des doctor Carl(stat) wein garten ist bestalt und der zcinß gege- ben. Wil der doctor seyn weingarten vorkauffen[30] vor 12 alt ß[31], so vor- sehe ich mich om eyn kauffman zu schicken, in dreyen jaren zubecza- lenn. Das schreibt der pfarrer zu Ulstet[32]. Hat auch vom weinberg herfart gelt[33] mussen geben, auch ettlich gelt vor daß faß, do der wein 25 in ist.

Porcos: 2 saw, 1 hackisch[34] vel eber bey Augustin Smith bey dem was- serrade, in der judenstrasße bei Pisch[35].

Termini solutionis Petri Pauli[36] vel ad nundinas Lipczen(ses) post pasce[37]. 30

---

[30] Demnach muß es sich um einen von Bodenstein persönlich erworbenen Weinberg gehandelt haben, nicht um einen zu den Pfarrgütern gehörigen. Zu den Weinbergen der Pfarrei s. E. HASE: Karlstadt in Orlamünda, in: Mitt. der Geschichts- und alterthums- forschenden Gesellschaft des Osterlandes 4 (1858) 89. Auch Glitsch besaß eigene Wein- berge (ebd.).

[31] Abkürzung für Schock

[32] Die Pfarrei Uhlstädt war der Pfarrei Orlamünde inkorporiert. Der Kurfürst bean- spruchte das Präsentationsrecht, während er dem Wittenberger Allerheiligenstift das Nominationsrecht zugestand. 1517 hat Bodenstein das Präsentationsrecht selbst ausge- übt und dieses Recht gegenüber dem Kurfürsten mit juristischen Argumenten für das Stiftskapitel beansprucht. Am 13. März 1517 wurde Alexander Teuschel gemeinsam von Bodenstein und dem Orlamünder Vikar Magister Wolfgang Geißendorfer als Pfarrer von Uhlstädt präsentiert. WÄHLER 1918, 47-49; HASE 1858, 88. — Daß Alexander Teu- schel, wie unsere Zeilen zeigen, Bodensteins Besitz im Raum Orlamünde verwaltet, steht im Kontext der Beziehungen, die Bodenstein zu seiner Familie hatte. Kaspar Teuschel († 1543), aus Würzburg stammend und damit aus Bodensteins Heimat, wurde 1502/03, dem Gründungssemester der Universität, in Wittenberg immatrikuliert (Album 1, 4b). Er war ab 1504 Ratsherr und Stadtrichter, von Beruf Holzhändler (WA.B 5,56 Anm. 9; 12, 283 Anm. 5). Sein Sohn Alexander wurde im S 1507 in Wittenberg immatrikuliert (Album 1, 21b). Kaspar Teuschel fungierte sowohl bei der Präsentation Simon Funks (s. GermSac 1, 3, 2, 120) auf die Uhlstädter Pfarrei am 27. Februar 1517 als auch bei der kurz darauf erfolgten Präsentation seines Sohnes (s. o.) als Prokurator Bodensteins (WÄHLER 48).

[33] Heerfahrtgeld (vgl. LOMMER 1906, 121-124).

[34] ungeschnittenes Schwein, Eber

[35] Es ist unklar, an welchem Ort die hier genannten Personen zu suchen sind. Am nächstliegenden scheint es mir zu sein, sie in Orlamünde zu suchen. Dann würde Glitsch mitteilen, wo die der Pfarrei oder Bodenstein gehörigen Schweine untergebracht sind. Jedoch müßte bei dieser Interpretation noch geklärt werden, ob es in Orlamünde eine Judenstraße gab. BOEHMER 1922, 9f meint, Glitsch wolle die Schweine in Leipzig bei den genannten Personen verkaufen, weshalb BK 130 Anm. 7 und MSB 554 Anm. 6 auf der Judenstraße in Leipzig verwiesen wird. Diese Deutung ist kaum zutreffend, zumal der Straßenname im Leipziger Landsteuerbuch von 1506 und im Türkensteuerbuch von 1529 nicht geführt wird. Auch die von Glitsch genannten Personennamen kommen in diesen Registern nicht vor. Siehe WUSTMANN 1889, 135-151. 163-189. Näherliegender wäre es noch, an die Judenstraße in Wittenberg (heute Rosa-Luxemburg-Straße) zu den- ken. Vgl. H. JUNGHANS: Wittenberg als Lutherstadt, Berlin 1979, 224.

[36] 29. Juni

[37] Die Leipziger Ostermesse fand regelmäßig von Jubilate bis Cantate statt, 1519 vom 15. bis 22. Mai. E. KROKER: Handelsgeschichte der Stadt Leipzig, Leipzig 1925, 82.

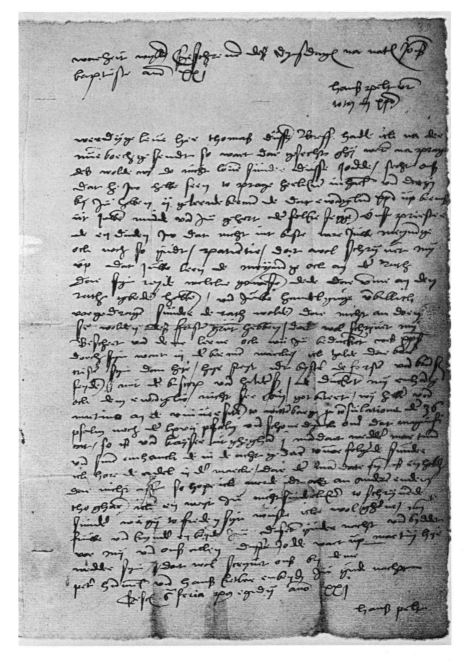

9. Schluß des Briefes Hans Pelts an Müntzer vom 25. Juni 1521 und Nachtrag vom 6.
September 1521

Screibt mir eyn weyß presiligen³⁸ zu siden.
Caplann.
Schulmeister³⁹.
1 lot saffran vor 2½ g(roschen).
Ad h(ec) omnia dedi vobis 12½ g(rossos).   35

---

³⁸ Brasilholz, zur Gewinnung von Farbstoff und Herstellung von roter Tinte verwendet.
³⁹ Gemeint sind hier der Pfarrkaplan und der Stadtschulmeister in Orlamünde.
Bereits 1420 ist ein im städtischen Dienst stehender Schulmeister Johannes von Naumburg belegt. 1499 wird unter dem Ratspersonal der Schulmeister Konrad aufgeführt
(LOMMER 1906, 87), 1522 wirkt ein Schulmeister namens Detzman (V. LOMMER: Nachträge zu den Regesten und Jahrbüchern der Stadt Orlamünde, in: Mitt. des Vereins f.
Geschichts- und Alterthumskunde zu Kahla und Roda 3 [1885-88] 31). Neben dem
Schulmeister sind im 15. Jahrhundert noch Lokaten (Hilfslehrer) belegt (LOMMER 1906,
155. 182). Bei der Besetzung der Stellen des Pfarrkaplans und des Schulmeisters wirkten
Pfarrherr und Rat zusammen. 1513 hatten der Pfarrherr oder dessen Vikar bei der Besetzung der Schulmeisterstelle die Rechte des Rats übergangen, worauf der Rat auf seine
Beschwerde hin die Unterstützung des Landesherrn erhielt (LOMMER 1885-88, 27). Die
Besoldung des Pfarrkaplans und des Schulmeisters kam herkömmlich aus folgenden
Gelegenheitseinnahmen der Kirche: »opfer, tauffpfennige, grabrecht, beichtpfennige vnd
das opfer am opferfest«. Am 26. Mai 1523 schrieb der Rat zu Orlamünde an Herzog
Johann von Sachsen, daß diese Einnahmen »abgefallen« seien (HASE 1858, 90). Am 19.
April 1524 schreibt Bodenstein an Herzog Johann: Mit dem Czehen [= der Pfarrzehnt],
wenn er wol geredt, konth man Capellan und schulmeyster bestellen.« (ebd. 95) — Der
Kaplan hatte wie der Pfarrvikar seine Wohnung im Pfarrhaus (LOMMER 1906, 165).
Glitsch nahm bei seinem Abgang im Jahre 1523 widerrechtlich das Bettzeug des Kaplans
mit (HASE 1858, 90).

1.9. Hans Pelt an Müntzer, [Braunschweig], 1521 Juni 25 und September 6

Original: MAB, Bl. 37-38 (konnte nicht eingesehen werden).
Faksimile: MBL, T. 23. 25.
Editionen: BK 26-28 Nr. 26; 377 Nr. 28. — MBL zu T. 23. 25. — MSB 373-
375 Nr. 26; 377 Nr. 28. — BUBENHEIMER 1984b, 71-76.

Handschriftenbeschreibung: Größe ca. 20 × 28 cm. Siegelrest. Auf Bl. 38ᵛ alte
Signatur »N° 203«, die noch mehrfach in MAB begegnet.
Entstehung und Geschichte des Briefes: Hans Pelt schrieb einen ersten Brief (MAB,
37ʳ-38ʳ oben) am 25. Juni 1521, den er nach Zwickau adressierte (Z. 3) in der
Annahme, Müntzer sei dort noch Prediger. Diesen Brief schickte Pelt von
Braunschweig zunächst nach Naumburg (Z. 73f). Anlaß für diesen von Pelt
gewählten Weg war höchstwahrscheinlich die bevorstehende, für den Wollhandel wichtige Naumburger Messe um den 29. Juni, die von Braunschweiger
Kaufleuten beschickt wurde¹. Dort war bereits bekannt, daß Müntzer nach Prag

---

¹ W. SPIESS: Geschichte der Stadt Braunschweig im Nachmittelalter, Braunschweig
1966, 2, 409f. Zu Naumburg als Postumschlagplatz vgl. U. BUBENHEIMER: Streit um das
Bischofsamt in der Wittenberger Reformation 1521/22. Teil 1, in: ZSRG.K 73 = 104
(1987[b]) 193f Anm. 183.

gereist war (Z. 74). Der Brief wurde dann von Naumburg nach Braunschweig zurückgeschickt. Daß er bei Hans Pelt bis 6. September liegen blieb, lag daran, daß dieser die Nachricht von Müntzers Pragreise nicht glauben wollte (Z. 74f). Erst nachdem ein aus Prag kommender Jude als Augenzeuge berichtet hatte (Z. 75ff), fügte Pelt auf dem noch unbeschriebenen Teil von Bl. 38ʳ einen vom 6. September datierten Nachtrag hinzu (s. Abb. 9) und änderte die Adresse (s. Z. 4), um den Brief mit dem genannten Juden nach Prag zu schicken. Dieser wollte bis 11. November wieder in Braunschweig sein und sollte Müntzers Antwort mitbringen (Z. 97f). Von einem Antwortschreiben Müntzers ist bislang nichts bekannt. In BK und MSB sind die beiden Teile unseres Stückes wie zwei Briefe behandelt und getrennt abgedruckt worden. In der vorliegenden Edition soll die ursprüngliche Zusammengehörigkeit der beiden Teile (Brief und Nachtrag) erhalten bleiben.

Briefschreiber: Der Brief ist von dem Braunschweiger Fernhändler Hans Pelt (II.) († 1530/31) geschrieben. Über ihn s. S. 132-139. Die Identität des Schreibers unseres Briefes mit dem genannten Braunschweiger Hans Pelt (II.) wird bewiesen durch den Handschriftenvergleich. Folgende Autographe Hans Pelts (II.) finden sich im StadtA Braunschweig:

A I 1:1356 Pelt	Quittung Hans Pelts über Teilrückzahlung einer Schuld Herzog Heinrichs d.J. von Braunschweig-Wolfenbüttel, die er durch den Bürgermeister Ludolf Breyer erhalten hat, 1527 Januar 7 (s. Abb. 10).
G VIII 147 B, 21ʳ. 21ᵛ. 23ʳ	Einträge Hans Pelts als Gildemeister der Gewandschneidergilde ins Gildebuch, 1530².

[38ᵛ] Dem werdyghenn heren heren Thomaß Munther backalarien der hylgen geschryfft
[ursprünglich:] predyker thu Swyckaw fruntliken gesc(reven)
[geändert:] nu tho Praghe fruntliken gescrevenn

5   [37ʳ]   †
Myn armeß gebeth und wylligen deynst to allen tyden, werdyghe und besundere gude frunt in Christo. Ick do iw fruntliken wetten, dat wy, got sy gelovet, noch alle gesunt syn. Sodanß begere wy van iu to horende.

---

3 predyker... gesc(reven)] *Dieser Teil der ursprünglichen Adresse bildet im Original die 3. Zeile. Die ganze Zeile ist durchgestrichen.* 4 nu... gescrevenn] *als 4. Zeile unter die durchgestrichene 3. Zeile gesetzt*

---

² Hans Pelt (II.) hat folgende Vorgänge in drei eigenhändigen Notizen festgehalten: die Gildemeisterwahl vom 12.3.1530, bei der für die bis zum 5.3.1532 während Amtsperiode Hans Pelt selbst und der 1525 in die Gilde eingetretene Hermann Zegemeyer († 1564) gewählt wurden (23ʳ); seinen eigenen Eintritt in die Gilde im Jahre 1530 (21ʳ) sowie den Eintritt Cort van Damms (21ᵛ).

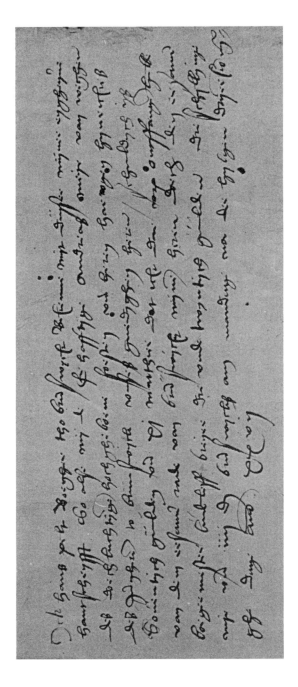

10. Quittung Hans Pelts vom 7. Januar 1527

Sunder Johan Ryke[3] is vorstorven, got gnade der zelen. Biddet umme
10 goddeß wyllen vor one.

Forder so gy my in iuren breven gesc(reven) hebben, dar ick vorsta,
dat gy iwe arme leenken, dat gy hye van dem rade hebben, resigneren,
so hebbe ick doch dat sulve noch nicht van my gesecht, sunder wolde deß
erst mer bescheid van iw hebben. So gy nu noch deß synß weren und dat
15 sulve vorlaten wolden, so hebbe wy, iuwe vadder[4], Hanß Hornborch[5]
und ick, up eynen gedacht, dem wy deß wol gunden. De sulve het
Marcillius[6] und hanget Christo wol an mit der lere Martini[7]. So gi idt
nu wolden vorlaten, were onse beyde, gy dat an den rath scryven wolden
und idt mit dem bescheide resignerden, dat de rat dem sulven Marcillio
20 wedder leenen wolde, dede doch hye in deß radeß deynste iß in
theolonio[8]. Wylle gy idt averst sulvest beholden, so en schol my der moye
nicht vordreiten, ick wyl idt gerne van iuwen wegen vorhegen[9] laten und
iw ten handen schaffhen, wat dar aff kumpt. Ick weet idtsunt nicht, wue
gi iu omholden. Gi hebben onß alto lange nicht gesc(reven). Sunder erst
25 na passcen[10] krege wi 1 breff van iw, stunt nicht in, wue gi weren.

Iuwe leve mach gehort hebben, dat tho Wormß Martinus boeke und
sine parsone up poppyr ghemalet vorbrant iß, dat my van harten leet iß,

---

[3] Johann Rike (I.) war ein Sohn des Hinrik Rike, der 1496 in der Altstadt Braunschweig testierte (StadtA Braunschweig: B I 23:2, 163ra). Hinrik Rike trat 1483 gleichzeitig mit Hans Pelt (I.), dem Vater unseres Hans Pelt (II.), in die Gewandschneidergilde ein (G VIII 147 B, 21 r). Ein Johann Rike (II.) taucht 1528 in verwandtschaftlicher
Beziehung mit Hans Pelt (II.) auf: Beide werden als blutsverwandt mit den drei Kindern
des Hermann Ruscher und seiner Ehefrau, beide verstorben in Hamburg, bezeichnet (B
I 3:3, S. 204f).
[4] Gevatter
[5] Dieser Brauer war eine der kämpferischsten Gestalten der Braunschweiger Frühreformation (s. S. 117-122). Er entstammt einer Kaufmanns- und Gewandschneiderfamilie
im Stadtteil Hagen. Sein Bruder Henning im Hagen bedenkt am 15. März 1531 testamentarisch neben Hans noch folgende Geschwister: Kort, Peter, Margarete zu Magdeburg, Geske im Kloster (erhält ihr Erbe nur bei Klosteraustritt): B I 23:8, 145v-147v.
Peter Horneborch, zeitweise wie Hans der Stadt verwiesen, ist 1528 Verordneter des
reformatorischen Bürgerausschusses und 1530 einer derjenigen, die vom Rat mit der
Verwahrung der die Reformation betreffenden Verhandlungsergebnisse beauftragt sind
(O. MÖRKE: Rat und Bürger in der Reformation, Hildesheim 1983, 343 Nr. 87). 1518
wird Peter von Henning Binder (s. Q 1.3 Anm. 20) neben dessen Schwäger Hans Pelt
und Tile Dammann als Testamentar eingesetzt. Peter Horneborch ist als Händler belegt
(1515 Kornhandel: B I 9:59, 5v).
[6] Zollschreiber 1513 bis 1522; ein bekannter Vertreter der frühreformatorischen
Bewegung in Braunschweig: s. S. 121f.
[7] Martin Luther
[8] Zollhaus (lat. *telonium*)
[9] verwalten
[10] Ostern, 1521 am 31. März

und befrochte[11], idt werde den nicht wol, de sodanß hebben doen lathen. Itlike meynen, de kayser werde en mandat laten ut ghan und alle de in de acht doen, dede Martino und siner lere anghehanghenn. Onse[12] mercenarius[13] Arnolden[14], dem iß wol so wol, offt ome 25 koye gekalvet hedden. Wuste idt my latest[15] in eyner wertschop[16] iwe reysen vor te leggende, krech ock sodane bescheet van my, dat he sick beclagede, ick hedde one so vorthornet, dat he hadde weer ethen edder dryncken mogen. Mit magistro Gerhardo Ryschaw[17] waß ick ock in der mendynge. De straffede sine scryffte ser und en hadde der doch nu geleßen. So leende ick om, dat de doctor gemaket hefft de captivitate babilonica[18], hadde he by 14 dagen, screff my [37ᵛ] dar up 1 breff up ½ arcus poppyrß an beyden halven ful, dar in he 8 edder 10 artikel vor orden ut teykende, sunder mit neyner scryfft nicht bewyset und reth my sub pena eterne damnationis et excommunicationis, ick Martinus lere nicht scolde anhangen. Ick weyt averst wol beter, got sy gelovet. Ick marcke ut synen scryfften, dat he den pauwest vor dat hovet der cristliken karcken holt. Ick hebbe gedacht synen breff ut to schryvende und an magister Ysleven[19] to sendende, up dat he mit Tessel[20], Ecken[21], Alvelde[22],

30

35

40

45

---

33 bescheet] beschet *in der Zeile, ein zusätzliches* e *übergeschrieben* **36** straffede] *Verschreibung im Wort* **37** captivitate] *davor* kaptivita *durchgestrichen*

---

[11] befürchte

[12] Konkret auf eine Pfarrei der Altstadt zu beziehen. Hans Pelt wurde 1529 Kirchenkastenherr zu St. Martin (MÖRKE 1983, 336 Nr. 18).

[13] Heuerpfarrer: »Die pastores ... vorhurtenn aber die pfarrenn den mertzenaris odder hur pristerenn, welche jerliches einne pension davon gaben ...« (H III 7:1, S. 1).

[14] Arndt van Derlagen, Heuerpfarrer zu St. Martin, stiftet am 26. März 1523 mit Margareta, Witwe Henning Aldermanns, ein Lehen zu St. Magni, dessen erster Inhaber er selbst wird: A III 7:62.

[15] neulich

[16] Hochzeit

[17] Am 16. Mai 1514 auf ein Lehen am Annenaltar zu St. Martin präsentiert (B I 3:2, 130); an St. Martin 1514-19 als einer der *procuratores memoriarum benefactorum* belegt (A III 1:267. 268. 276). Am 11. April 1515 kauft Magister Gerd Rysschow eine jährliche Rente von 1 fl von Bartolt Brandes (A III 1:269). Gestorben 1541 vor 6. Juli als Inhaber eines »Predigerlehens« an St. Martin (A III 1:301), offenbar altgläubig geblieben.

[18] *De captivitate Babylonica ecclesiae praeludium* (1520): WA 6, 484-573.

[19] Johann Agricola von Eisleben († 1566). Zu seinen Verbindungen mit Braunschweig s.S. 110-113.

[20] Johann Tetzel OP († 1519), vgl. S. 99-102.

[21] Johann Eck (1486-1543)

[22] Augustinus Alfeld OFM (1480-ca. 1535)

11. Raphael Musaeus: Ain Kurtzi anred zů allen myszgünstigen
Doctor Luthers vnd der Christenlichen freyheit, Titelholzschnitt (1521)

Emszer[23] und Murnarr[24] ock in de rege kome[25]. Dat eggenth[26] he wol up
sine ungegrundede opinien. Ick wyl overst dat original hye beholden, offt
he idt lochen wolde. Al onse prelaten geystlick und warlych[27] sin Martino
entegen. We deß mit ome holt, wart vorachtet. Ick hebbe mit der mattherien veele vortorneth.   50
    Doet doch wol, schryvent onß bescheit. In dusser stadt weyt ick ney-
mend, de mit der daet Martino mer anhange dan Hanß Hornborch. De
en wyl neyn kopman syn, ock nicht anderst anslan[28] dan alleyne syn bru-
warck, begerdt nicht men[29] en slycht herkomen, wyl godd truwen, achtet
tytlike godere nicht ser. Ick byn, got betert[30], noch in der lust. Ick hope   55
ock mit der tydt aff tho latende, dat wart my suer, ick kan dar nicht wol
thokomen. Byddet godde vor my, dat he my sine gnade vorleenen wylle,
amen.
    Arnt Pelt[31] iß to Antwerpen[32]. Dar hanget dat gemeyne folck der lere
Christi ut Martino dusent malen mer an dan hye, godt betert. Ick hebbe   60
faste alle sine mattherien. Nu up dat nye hebbe ick expositionem super
Danielis 8° de anticristo[33], ser gruwelick. Ick weit iu nicht sunderliken

---

[23] Hieronymus Emser (1478-1527)
[24] Thomas Murner OFM (1475-1537)
[25] Anspielung auf folgende Flugschrift: Ain Kurtzi anred zů allen myszgünstigen Doctor Luthers vñ der Christenlichen freyheit. [Augsburg: Jörg Nadler] 1521. Im Titelholzschnitt (s. Abb. 11) sind sechs Luthergegner, teils in Tiergestalt, dargestellt. Die traditionelle Zuweisung der ganzen Flugschrift an Agricola (so zuletzt DL II A, 1, 461) ist falsch.
Von Agricola stammt nur das zweite Stück dieses Druckes, ein Spottgedicht auf Eck,
Alfeld und Emser (= O. SCHADE [Hg.]: Satiren und Pasquille aus der Reformationszeit,
Hannover ²1863, Bd. 2, 192-195). Das erste Stück stammt — außer wahrscheinlich
einem kleinen Einschub (= SCHADE 2, 190, 8-11) — nicht von Agricola, sondern ist
Übernahme folgenden Textes: EIn kurtze anred zů allen missgünstigenn der Christlichē
freiheit, [Basel: Valentin Curio 1521]. Dieser Text ist wiederum eine Übersetzung eines
lateinischen Briefes des Raphael Musaeus »Christianae libertati⟨s⟩ osoribus universis«
in: Murnarus Leuiathan Vulgo dictus Geltnar/ oder Genß Prediger. ..., [Hagenau: Thomas Anshelm? 1520/21], D 3ʳ-4ʳ.
[26] verdienen
[27] weltlich
[28] anfangen
[29] begehrt nur
[30] Gott sei es geklagt
[31] Dieser Arndt (II.) ist wohl nicht identisch mit Hans Pelts in Z. 63f genanntem Bruder Arndt (III.). Es könnte sich bei Arndt (II.) um einen Sohn des Arndt (I.) Pelt handeln, dessen Frau 1484 bei der Testamentserrichtung Arndts (I.) mit dem ersten Kind
schwanger war (s.S. 129 Anm. 366). Arndt (I.) war ein Vetter des Hans Pelt (I.) (B I
23:2, 161ᵛᵇ-162ʳᵃ), des Vaters unseres Hans Pelt (II.).
[32] Auch Hans Pelt (II.) unterhielt Handelsbeziehungen mit Antwerpen, belegt 1504-
1528. Siehe S. 137f.
[33] »Ad librum eximii Magistri nostri Magistri Ambrosii Catharini, defensoris Silvestri
Prieratis acerrimi, responsio Martini Lutheri. Cum exposita Visione Danielis viii. De
Antichristo« (1521): WA 7, 698-778; 705, 1-6. BENZING 880.

to scryvende. Sunder myn fruwe und kynder[34] und gesynde[35], myn broder Arnt[36], Hanß Hornborch und Hanß Ketler[37] enbeyden iw alle veele
65 guder nacht. Onse absarvanten plegen onser up dem predichstole te denckende seggende: Latet iw de 8 Hanse[38] nicht vorleyden. Sunder se swygen to mi. Hanß Hornborch iß gantz ser vorfolget, umme dat he fleyß geghetten hadde in der quatertemper[39], (van dem predichstole). Me moth lyden umme der [38ʳ] warheit wyllen.
70 Geschreven deß dynsdagen na nat(ivitatis) Joannis baptiste anno xxj.

Hanß Pelt vester
totus in Christo

---

[34] Zu den Kindern des Hans Pelt gehörten Autor (s. S. 129 Anm. 372) und Kunigunde. Letztere war verheiratet mit dem Händler Hans Kemmer (Kemmener), der 1528 »Diener« Hans Pelts ist, 1548 dessen Haus in der St.-Michaels-Bauernschaft übernimmt und 1549 an der Pest stirbt. Ihr Sohn Heinrich Camerarius (1547-1601) wurde Professor der Rechte in Rostock. B I 3:3, S. 185-187; B II 4:106, Bl. 3ʳ. Ch. Sturk; M. Brasch: Orationes memoriae Henrici Camerarii, Rostock 1601, C 4ᵛ - D 1ʳ; V. Schacht: Eine christliche Leichpredigt/ Bey dem Begrebnus Des Weiland Ehrnvesten vnd Hochgelarten D. Henrici Camerarii..., Rostock 1601, E 1ᵛ-2ʳ. Vgl. G. Früh [u. a.] (Bearb.): Die Leichenpredigten des Stadtarchivs Braunschweig, Bd. 4, Hannover 1979, 174f. Nr. 2900.

[35] Von Hans Pelts Gesinde sind nachgewiesen: Klaus Winkeler 1513-16 (s. Q 1.2) und Hans Kemmer 1528 (s. Anm. 34). Beide dürften Kaufgesellen bei Hans Pelt gewesen sein.

[36] Die Brüder Hans (II.) und Arndt (III.) Pelt betreiben 1518 gemeinsamen Wollhandel von Hamburg aus »westwärts« (B I 3:3, S. 32f). Arndt (III.) wohnt bis 1526 mit Hans (II.) im elterlichen Haus (s. S. 132 Anm. 403). 1553 besitzt Arndt (III.) das Haus an der Hagenbrücke 16, wo Ilsebe, Hans Meigers Witwe, verstarb. Die Brüder Arndt (III.) und Kort Pelt gehören zu ihren nächsten Erben (Ilsebe war ihre Schwester) zusammen mit Otto Top: A I 4:1 Stück 94, 1ᵛ.

[37] Hans Ketteler leistet Bürgereid in der Altstadt 1511 (B I 7:1, Bl. 48ʳᵃ). Er wohnt 1521 in der St.-Peters-Bauernschaft der Altstadt (B II 5:60, Bl. 32ʳ). Ferner zahlte er ab 1521 Schoß für eine Bude, gelegen in »Dat Brück« in der Altstadt (B II 5:60, Bl. 14ᵛ. 54ᵛ), was auf Handelstätigkeit hinweist. Außerdem verschoßte er 1521 1 Mark Geldes an Hans Wittens Haus (B II 60:5, Bl. 39ʳ). 1522 ist Fischhandel mit Lübeck belegt (B I 3:2, S. 379). 1528 ist er Verordneter des reformatorischen Bürgerausschusses, Armenkastenherr an St. Martin in der Altstadt 1528-31 und 1533-37, Vormund am Heilig-Kreuz-Kloster 1530, Ratsherr 1531-38, Gerichtsherr 1537-38 (Mörke 1983, 336 Nr. 26; A I 4:1 Stück 28; A III 11:219, S. 3).

[38] Es wird hier eine Gruppe von acht Personen der frühreformatorischen Bewegung in Braunschweig sichtbar, die mit Vornamen alle Hans hießen. Zu ihnen gehören nach dem vorliegenden Brief: Hans Pelt, Hans Horneborch, Hans Ketteler. Als weiteres mögliches Mitglied dieser Gruppe kommt in Frage der Kaufmann Jan van Antorp (Bürgereid 1505: B I 7:4, Bl. 19ᵛ; Handel mit Antwerpen: B I 9:59, Bl. 16ᵛ), ein Schwager des Hans Pelt. Im Testamentbuch des Stadtteils Hagen B I 23:8 (Bl. 84ʳ-85ᵛ) bricht er mit seinem Testament vom 17. Februar 1525 als erster eindeutig mit dem traditionellen Testamentsformular, indem er die »altgläubigen« religiösen Formeln, Stiftungen usw. fallen läßt und teilweise durch »neugläubige« Elemente ersetzt.

[39] Danach hat Hans Horneborch das Fastengebot in der Pfingstquatember (22.-25. Mai 1521) öffentlich durchbrochen.

Werdyge leve her Thomaß, dussen breff hadde ick na der Nuenborch[40] gesendt, so wart dar gesecht, ghy weren na Prage. Deß wolde wy do nicht loven. Sunder dusse[41] jodde secht onß, dat he iw hebbe seen to Prage her- 75 liken inhaelen[42], und dat gy by iu hebben 2 geleerde beemen, de dat ewangelium Christi up beemß ut iuwen munde van iu gehort dem folke seggen. Onse priester, de enduden iw dat nicht int beste, were iuwe mey-ninge ock noch so gudt patientie[43].

Doet wol, schryvet my up dat iuwe leen de meyninge, ock an den rath. 80 Dar syn reyde[44] welcke gewesen, dede dar umme an den rath gebeden hebben und iuwe handlynge unbillick vorgedragen. Sunder de rath wol-den dar nicht an doen, se wolden deß fasten grunt hebben. Doet wol, schryvet my bescheet van deme leene, ock wu iu bedunckt, weß Chri-stus dorch syn wart in den beemen warcke. Ick holde, dar beter cristen 85 syn dan hye. Hye steyt idt byster[45]. De forsten van Bruns(wigk)[46] feyden[47] mit dem biscop van Hildens(hem)[48]. De, dunckt my, enhange ock dem ewangelio nicht ser an, got betert[49]. Wy hebben van Martino an de universite⟨te⟩n to Wittenbarge pro consulatione den 36. psalm[50], noch den 67. psalm[51] und schone dynck over dat magnificat[52]. So iß vam 90

73 Werdyge] *Hier beginnt der Nachtrag vom 6. September 1521.* 89 universite⟨te⟩n] univer-siten *Hs*

[40] Naumburg
[41] Diese Formulierung zeigt, daß der Jude der Briefüberbringer war. Entsprechend Z. 97.
[42] hineinkommen, einziehen (entsprechend CDS 16, 170, 2133 'inheylen')
[43] Dahinter steht wahrscheinlich die seit den ersten reformatorischen Aktionen in den Städten — bekannt insbesondere aus Wittenberg 1521/22 — aktuelle Frage des Ärgernis-gebens und der Geduld mit den Schwachen. Ausführlich setzt sich mit diesem Problem in der Braunschweiger Frühreformation auseinander der Benediktinermönch GOTTSCHALK KRUSE: To allen Christgelôuigen fromen mynschen beßondern der statt Brunswygk/ D. Godschalci Crußen Wôrumme hee gheweken wth synem kloester eyn vnderrichtunghe. [Wittenberg: Nickel Schirlentz 1523], A 1v - B 1v / D. Gottschalk Krusens... Unterrichtung, warum er aus dem Kloster gewichen/ hg. v. L. HÄNSELMANN, Wolfenbüttel 1887, 3-12.
[44] bereits
[45] schlecht
[46] Heinrich d. J. von Braunschweig-Wolfenbüttel (1514-1568) und Erich d.Ä. von Braunschweig-Calenberg (1495-1540)
[47] Fehde führen
[48] Johann IV. Herzog von Sachsen-Lauenburg (1504-1527)
[49] Zur Beurteilung der Hildesheimer Stiftsfehde (1519-23) in der Stadt Braunschweig vgl. U. STANELLE: Die Hildesheimer Stiftsfehde in Berichten und Chroniken des 16. Jahrhunderts, Hildesheim 1982, 11-14. 57-60.
[50] »Der sechs und dreyssigst psalm David, eynen Christlichen Menschen tzu leren und trôsten widder die Mütterey der bôßenn unnd freveln Gleyßner. Dem armen heuff-lin Christi tzu Wittembergk« (1521): WA 8, 205-240; 210, 1-4. BENZING 959-961.
[51] *Deutsch Außlegung des sieben und sechtzigsten Psalmen von dem Ostertag Hymelfart und Pfing-sten* (1521): WA 8, 1-35. BENZING 938.
[52] *Das Magnificat Vorteutschet und außgelegt* (1521): WA 7, 538-613.

kayser ut gheghan 1 mandaet wedder Martinum und sinen anhanck[53], de in de acht gedaen to vorfolgende. Sunder ick hore, de adel in der marcke, dar[54] dem mandate eyn iß, enholde dar nicht aff. So, hope ick, werde idt ock an anderen enden tho ghaen.

95 Ick en weyt iu nicht sunderliken to schryvende. Sunder wu[55] gy to freden syn, wuste ick wol gherne. Myn fruwe und kynder enbeyden iu dusent guder nacht. Und byddet vor my und onß allen. Dusse jodde wart up Martini[56] hye wedder syn. Doet wol, scryvet onß by deme. Peter Hummelen[57] und Hanß Ketler enbeyden iu gude nacht.

100 Gesc(reven) sexta feria post Egidii anno xxj.

Hanß Pelt

---

94 ock] *Verschreibung im Wort* 98 Doet] *davor ein Buchstabe gestrichen*

[53] Edikt Karls V. gegen Luther und seine Anhänger, Worms, 1521 Mai 8; DRTA.JR 2, 640-659
[54] wo
[55] wie
[56] 11. November
[57] Bürgereid Altstadt 1489 (B I 7:1, Bl. 38va); wohnhaft in der Görderlingerstraße 2 in der Altstadt (B II 5:60, Bl. 3r. 79r; A I 4:1 Stück 35); 1515 belegt als Vetter und Testamentar des Hans Fuher (B I 23:8, Bl. 56r); verheiratet mit Ilse, † 1535 als Peter Hummelens Witwe (A I 4:1 Stück 35). Peter Hummelen ist eine bekannte Gestalt der Braunschweiger Frühreformation. Er hat Gottschalk Kruse auf Luthers *Sermon von Ablaß und Gnade* (erschienen März/April 1518) hingewiesen. KRUSE: To allen Christgelôuigen, B 2v-3r / ed. HÄNSELMANN (wie Anm. 43) 16, 2-16. Vgl. oben S. 115.

1.10. Fragartikel [Christoph Fürers] mit den Antworten [Müntzers, Nürnberg, 1524 zwischen Oktober und Dezember]

Original: FA Scheurl Nürnberg: XII D 4b, Bl. 7.

Handschriftenbeschreibung: Im FA Scheurl Nürnberg befindet sich unter der Signatur XII D 4 ein Faszikel »Wiedertäufer und Bauernkrieg« mit Stücken aus den Jahren 1524-1538, in der eine bisher unbekannte kleine Sammlung von Müntzeriana enthalten ist (XII D 4a-b). Diese Sammlung hat folgenden Inhalt[1]:

---

[1] Die Archivalien sind nicht foliiert. Die jeweils für XII D 4a bzw. XII D 4b fortlaufende Foliierung wurde zwecks näherer Kennzeichnung von mir eingeführt.

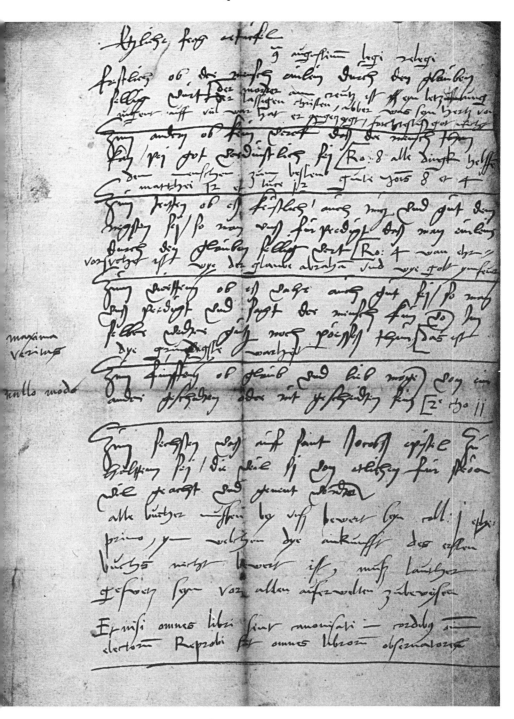

12. *Fragartikel* Christoph Fürers mit Müntzers Antworten (1524)

XII D 4a, 1^r Müntzer an Graf Albrecht von Mansfeld, 1525 Mai 12 (Abschrift)[2]

        1^v-2^r Müntzer an Graf Ernst von Mansfeld, 1525 Mai 12 (Abschrift)[3]

        2^v Dorsalvermerk [Christoph Fürers][4]

XII D 4b, 1^r-4^r Bekenntnis Thomas Müntzers, 1525 Mai 16 (Abschrift)[5]

        4^v (leer)

        5^r-5^v Müntzer an die Mühlhäuser, 1525 Mai 17 (Abschrift)[6]

        6^r (leer)

        6^v Dorsalvermerk [Christoph Fürers]

        7^r »Etzliche frag artickel«. Fragen [Christoph Fürers] mit den Antworten [Müntzers] (Original)

        7^v Dorsalvermerk [Christoph Fürers]: »frag artickel«

Die Dorsalvermerke wurden jeweils von derselben Person geschrieben, die auch die Fragen an Müntzer gerichtet hat[7]. Dieser Schreiber nennt nirgends seinen Namen. Jedoch ist die Zuweisung der individuellen Schrift an Christoph Fürer mittels Handschriftenvergleichs ohne Schwierigkeiten möglich[8]. Fürerautographe finden sich auch sonst in den auf den Nürnberger Reformationsjuristen Christoph (II.) Scheurl (1481-1542)[9] zurückgehenden Beständen des Archivs und der Bibliothek der Familie von Scheurl in Nürnberg[10].

---

[2] MSB 469 Nr. 89. Älteste bisher bekannte Überlieferung war der Abdruck bei MARTIN LUTHER: Eyn Schrecklich geschicht vnd gericht Gotes vber Thomas Mũntzer/ darynn Gott offentlich desselbigen geyst lũgenstrafft vnd verdamnet. ... [Wittenberg: Joseph Klug 1525], B 1^{r-v} (StadtB Lübeck: Theol. Hist. 4856 [Nr. 22] 4°; BENZING 2168). Vgl. WA 18, 371, 17 - 372, 8.

[3] MSB 467-469 Nr. 88. Sonst überliefert in einer weiteren Abschrift im StaatsA Dresden (s. MSB 467) sowie in dem in Anm. 2 genannten Lutherdruck, A 4^{r-v}. Vgl. WA 18, 369, 30 - 371, 16.

[4] Bl. 1-2 bilden ein aus 1 Bogen bestehendes Archivale. Die Abschriften der beiden Müntzerbriefe sind von einer Hand gefertigt worden.

[5] MSB 543-549.

[6] MSB 473f Nr. 94. Der Brief ist von derselben Hand wie das *Bekenntnis* geschrieben und bildet mit diesem ein aus 3 Bögen bestehendes Archivale. In der FB Scheurl Nürnberg: Cod. M II, 92^v-93^v findet sich eine weitere Abschrift dieses Briefes.

[7] Auch die in XII D 4c und XII D 4e enthaltenen Stücke (Bauernkriegsakten sowie eine in Eisleben gehaltene Predigt Georg Witzels) weisen Dorsalvermerke von derselben Hand auf und zeigen dadurch ihre Zugehörigkeit zu der hier beschriebenen Sammlung.

[8] Gesicherte Fürerautographe z.B. im StaatsA Nürnberg: Rep. 15a, S I L 64 Nr. 14: vier Briefe Christoph Fürers an den Rat zu Nürnberg, 1519. Diese Briefe sind teilweise ediert von J. KAMANN: Nürnberger Ratskorrespondenzen zur Geschichte des Württemberger Krieges 1519, namentlich Christoph Fürers Denkwürdigkeiten über den zweiten Bundesfeldzug gegen Herzog Ulrich, in: WVLG NS 13 (1904) 265-268.

[9] S. VON SCHEURL: Christoph II. Scheurl: Humanist und Jurist, in: CH. VON IMHOFF (Hg.): Berühmte Nürnberger aus neun Jahrhunderten, Nürnberg 1984, 97f.

[10] In einem der Briefbücher Christoph Scheurls (FB Scheurl Nürnberg: Cod. M II, 51^v-53^v) findet sich ein »Vortzaichnus aus graf Niclas von Salm muntliche bericht zu Insprug, wie es in der schlacht vor Pavia zugangen sei« (51^v). Neben dieser Überschrift hat Fürer eigenhändig am Rand vermerkt (als Einschub hinter »Insprug«): »mir Cristoff Furer auff mein fragen und Casper Mullers mansfelttischen kanzlers auffschreibens als pelt gethan.« Zu weiteren Stücken im FA Scheurl, die teils Dorsalvermerke von Fürers Hand aufweisen, teils von ihm geschrieben sind, vgl. W. MÖLLENBERG (Bearb.): Urkundenbuch zur Geschichte des Mansfeldischen Saigerhandels im 16. Jahrhundert, Halle a.d.S. 1915, 160-162 Nr. 95; 167 Nr. 101; 188-190 Nr. 106.

Die *Fragartikel* stehen auf der Vorderseite eines Einzelblattes (s. Abb. 12), das die Maße 22,5 × 32,5 cm hat und als Wasserzeichen einen Bär aufweist. Christoph Fürer hat sechs kritische Fragen zur Rechtfertigungslehre Luthers notiert unter der Überschrift »Etzliche frag artickel«. Auf der Rückseite vermerkte er »frag artickel«. Daß die Fragen von Müntzer beantwortet wurden, ergibt sich sowohl aus der Handschrift als auch aus dem Inhalt der Antworten. Fürer rechnete seinerseits wohl nicht damit, daß Müntzer seine Antworten unmittelbar hinter die Fragen schreiben würde, denn er ließ zwischen den einzelnen Fragen wenig Raum. Müntzer faßte sich jedoch so kurz, wie es der begrenzte Freiraum hinter den Fragen erforderte. Nur nach der letzten Frage bot ihm Fürers Vorlage noch Platz für eine längere Antwort. Die waagrechten Striche, mit denen jede Antwort beendet wird, sind von Müntzer gezogen worden. Er hat seine Antworten teils deutsch, teils lateinisch gegeben, setzt also Lateinkenntnisse bei Fürer voraus.

Dem Blatt fehlen die äußeren Merkmale eines Briefes: Es trägt keine Adresse, war nicht als Brief gefaltet worden[11] und zeigt keine Siegelspuren. Daraus läßt sich schließen, daß das Stück nicht als Brief verschickt worden war. Dieser Umstand gibt Hinweise auf die Entstehungssituation: Fürer und Müntzer waren räumlich nicht weit von einander entfernt, als sie Fragen bzw. Antworten niederschrieben. Sie dürften sich zu diesem Zeitpunkt an demselben Ort, vielleicht sogar in einem Hause aufgehalten haben. Entweder sind sie sich im Zusammenhang der Entstehung unseres Stückes persönlich begegnet oder ein Bote brachte den Fragebogen von Fürer zu dem in der Nähe weilenden Müntzer und wieder zurück.

Zur Person des Absenders: Christoph Fürer[12] (1479-1537) war in seiner Zeit der bedeutendste Nürnberger Montanunternehmer. Er besuchte in Nürnberg die Lateinschule am Heilig-Geist-Spital, die Schreiberschule des Leonhard Hirschfelder und die Rechenschule des Ruprecht Koberger. 1492-95 war er in kaufmännischer Lehre in Venedig. Ab 1498 weilte er für mehrere Jahre in Eisleben als Faktor der Gräfenthaler Saigerhandelsgesellschaft. 1501-1504 war er Faktor der Arnstädter Gesellschaft. In beiden Gesellschaften war bereits der Vater Siegmund († 1501) ein maßgeblicher Teilhaber. Erst seit seiner Verheiratung mit der Patriziertochter Katharina Imhoff im Jahre 1512 wohnte Christoph Fürer dauerhaft in Nürnberg. 1513 wurde er in den Inneren Rat gewählt und in der Folgezeit mit verschiedenen Ämtern und diplomatischen Missionen

---

[11] Das heute nicht gefaltete Archivale weist Spuren einer früheren Längs- und Querfaltung auf, und zwar jeweils in der Mitte des Blattes (s. Abb.). Diese Faltung scheint nach Müntzers Niederschrift und vor Anbringung des Dorsalvermerks durch Fürer erfolgt zu sein. Fürer brachte seinen Vermerk unmittelbar unterhalb der Querfalte an. Einfache Längs- und Querfaltung in der Mitte des Blattes war zur Zeit Müntzers bei zum Versand bestimmten Briefen nicht üblich, da keine Kuverts benützt wurden.

[12] G. W. K. Lochner: Aus dem Leben Christoff Fürers des Aeltern, in; Ders.: Geschichtliche Studien, Nürnberg 1836, 68-92; J. B. Kamann: Schreiben des Nürnberger Kriegshauptmanns und Diplomaten Christoph Kress vom Speierer Reichstag 1529 an Christoph Fürer, in: MVGN 5 (1884) 226-228; Ders.: Aus dem Briefwechsel der Nürnberger Patrizierfamilie Fürer von Haimendorf mit dem Kloster Gnadenberg in der Oberpfalz: 1460-1540, in: VHVOPf 45 (1893) 55-79; Ders.: Der Nürnberger Patrizier Christoph Fürer der Ältere und seine Denkwürdigkeiten 1479-1537, in: MVGN 28 (1928) 209-311; G. Seibold: Christoph Fürer, in: Fränkische Lebensbilder/ hg. v. A. Wendehorst und G. Pfeiffer, Bd. 10, Neustadt a.d. Aisch 1982, 67-96; J. Schneider: Christoph III. Fürer von Haimendorf: Kaufmann, in: Imhoff 1984 (wie Anm. 9), 92f.

betraut. In religiöser Hinsicht gehörte er seit 1512 dem Kreis um Johannes von Staupitz an. Luthers Auftreten begrüßte er zunächst, stand aber der Einführung lutherischen Kirchenwesens in seiner Stadt 1525 ablehnend gegenüber und hielt sich äußerlich bei der alten Kirche. Unter diesen Umständen betrieb er seine 1528 genehmigte Entlassung aus dem Rat. Fürer ist den stillen Dissidenten zuzurechnen, die für ihre nonkonformen Überzeugungen keine Propaganda machten. Die Forschung hat bisher übersehen, daß seine Religiosität von Müntzers Theologie beeinflußt ist (Glaube und Werke, gedichteter Glaube, Schrift und Geist) , ohne jedoch eine Spur von dessen revolutionären Bestrebungen zu zeigen. So zeigt das Beispiel Fürer, wie Müntzers Lehre auch in einer nichtrevolutionären Variante rezipiert werden und weiterwirken konnte[13].

Datierung der Fragartikel: Es spricht einiges dafür, daß die persönliche Bekanntschaft zwischen Müntzer und Fürer in irgendeiner Weise mit Fürers engen Verbindungen nach Thüringen und insbesondere nach Eisleben[14] zusammenhängt. Terminus post quem für die Abfassung der *Fragartikel* ist das Erscheinen von Luthers Neuem Testament im September 1522, auf das Fürer im 6. Fragartikel anspielt[15]. Nach diesem Zeitpunkt kreuzen sich die Itinerare Fürers und Müntzers nur im Herbst 1524, als Müntzer sich in Nürnberg — oder vielleicht auch nur im Nürnberger Landgebiet — aufhielt[16]. Auch die dichten Parallelen zwischen den *Fragartikeln* und Müntzers im Herbst 1524 gedruckten Schriften (*Ausgedrückte Entblößung* und *Hochverursachte Schutzrede*) sprechen für diese Zeit. Müntzers Aufenthalt in Nürnberg[17] kann bislang nicht exakt datiert werden. Ich nenne für diese Station Müntzers mit »Oktober bis Dezember 1524« den weitestmöglichen Datierungsspielraum.

[Fürer:] Etzliche frag artickel

Erstlich: Ob der mensch einlein[18] durch den glauben sellig wurt[19].

[Müntzer:] Contra Augustinum[20], legi, relegi[21].

---

4 Contra... relegi] *Von Müntzer in den freien Raum zwischen Überschrift und erster Frage geschrieben. Die folgende deutsche Antwort schließt unmittelbar an Fürers Frage an.*

[13] Fürers religiöser Nachlaß bedarf einer gesonderten Aufarbeitung. Die Literatur ist in dieser Hinsicht überholt.

[14] Vgl. S. 39.

[15] Siehe Anm. 38.

[16] Müntzer könnte auch auf dem Fürerschen Familiensitz Haimendorf bei Röthenbach an der Pegnitz gewesen sein.

[17] Siehe die kritische Sichtung der Quellen durch G. VOGLER: Nürnberg 1524/25, Berlin 1982, 213-232. Das Thema bedarf nunmehr einer Neubearbeitung.

[18] allein

[19] Vgl. den 3. Fragartikel. Zu Fürers Position s. Anm. 23.

[20] Im Blick auf Müntzers Position erscheint bemerkenswert, daß Johannes Rhagius Aesticampianus, einer seiner Wittenberger Lehrer, 1519 in Wittenberg eine Vorlesung über den Augustin zugeschriebenen *Libellus de vita Christiana* hielt, der heute als pelagianisch gilt (s. S. 161). Hier wird in c. 13 die Position einer Rechtfertigung »aus Glauben allein« direkt zurückgewiesen: Diui Aurelii Augustini libellus de vita Christiana: ad sororē suam viduā. Leipzig: Melchior Lotter d.Ä. 1518, C 4ʳ - D 2ʳ (Widmungsvorrede an Herzog Barnim von Pommern-Stettin, Wittenberg, 1518 Dezember 19) / PL 40, 1042-1044.

[21] Diese Mitteilung über eine wiederholte Augustinlektüre Müntzers hat eine Parallele

Der morder am creutz ist eyn letzung der lassigen
christen, abber was seyn hertz von jugent auff vul
war, hat er angeczeygt: Forchtestu got nicht²²?

[Fürer:] Zum andern: Ob kein werck, das der
mensch thun kan, pei got verdinstlich sei²³.
[Müntzer:] Ro. 8²⁴, alle dingk helffen dem menschen zum besten gute²⁵. Ioannis 8²⁶ et 4²⁷, Matthei
12²⁸ et Luce 12²⁹.

———

5 ist] *danach* is *durchgestrichen*   5 letzung] *im Wort korrigiert*

in seinem Brief an Franz Günther, [Beuditz, 1520] Januar 1; MSB 353, 6f: »Relegi D.
Augustini libros usque ad 6 partem...« Zu Müntzers Widerspruch gegen Luthers Augustinrezeption vgl. *Hochverursachte Schutzrede* (Herbst 1524): »Darumb machest du dich
gröblich zů einem ertzteüffel, daß du auß dem text Esaie one allen verstandt Got machest
zur ursach des pösens... Noch pist du verblendet... und wilt es Got in půßem stossen,
daß du ein armer sünder und ein gifftiges würmlein pist mit deiner beschissen demůth.
Das hast du mit deinem fantastischen verstandt angericht auß deinem Augustino, warlich
ein lesterliche sach, von freyem willen die menschen frech zů verachten.« (MSB 339, 11-
19) Fürer steht dem Augustinverständnis Müntzers nahe in einem undatierten Bedenken
Was die Regenten der Stadt Nürnberg tun und meiden sollen: »Dann soll man uns allein Gnad
wie die neuen Lehrer sagen fürpredigen, daß wir allein aus Gnaden sollen selig werden,
Sanct Augustin spricht, so kein frey Will ist, wie urtheilt dann Gott die Welt, wie dann
wahr ist...« (LOCHNER 1836, 83.)
   ²² Lk 23,40. Vgl. Müntzer an Christoph Meinhard, Allstedt, 1523 Dezember 11;
MSB 399, 15-18. Müntzer will mit dem Hinweis auf den Mörder am Kreuz sagen, daß
zum Glauben die Furcht Gottes kommen muß, die — wie Müntzer gegen Luther betont
— der Anfang des Glaubens sei.
   ²³ Zu Fürers Verdienstbegriff vgl. folgende Aussage in seinem Brief an N. Lemlin,
Klosterfrau zu Öttingen, 1525: »... denn wie wir zuvor von unsern Vorgehern umbs
Gellt betrogen worden, also betriegen vnnß die jetzigen Prediger von aller Tugend,
Zucht, Gewissen und alle gutte Sitten, also das sie uns aus einem menschlichen Leben
in ein teuflisch viehisch Leben führen, welches allein daraus kummet, das sie nunmal mit
keinen Werken, sundern allein mit einem zernichten, erdichten Glauben, das Himmel-
reich erwerben wollen, darin die Gesetz und Werk, darauf uns doch Christus weist, ganz
umgestoßen werden, derhalben das Volk jetzt von keinem sauern verdienst, sondern
allein mit süßem verdienst, als der mit glauben zugeht, selig wollen werden...« (LOCHNER
1836, 76). Diese Ausführungen zeigen Fürer deutlich unter dem Einfluß der Theologie
Müntzers.
   ²⁴ Vgl. Röm 8,28-30.
   ²⁵ Röm 8,28. Müntzer vermeidet es, das ihm von Fürer angebotene Wort »verdienst-
lich« aufzunehmen. Sein Hinweis auf Röm 8,28-30 zeigt, was er meint: Eingebettet in
den Rahmen der Prädestination der Heiligen, muß auch von den »Werken«, die jene
dem Leiden Christi konform machen (vgl. Röm 8,29), gesprochen werden. Dabei ist
Müntzers Verständnis der Werke als Leiden in der Nachfolge Christi zu beachten. Dieses Leiden des Menschen ist »Gottis werk« (MSB 399, 17).
   ²⁶ Vgl. Joh 8,12. 51. 55 (Christus nachfolgen und das Wort des Vaters halten).
   ²⁷ Vgl. Joh 4,34-36 (wie Christus den Willen des Vaters tun und so den Lohn des ewigen Lebens erhalten).
   ²⁸ Vgl. Mt 12,50 (den Willen des Vaters tun). Die Bibelstelle ist zitiert in der *Ausgedrückten Entblößung*, MSB 317, 23-29, wobei ebd. 317, 33-35 die hier in Z. 17 zitierte Stelle
1 Petr 1,7 folgt.
   ²⁹ Vgl. Lk 12,35-48, bes. 47f (den Willen des Herrn tun). Die hier zusammengestellten Bibelstellen bieten eine Konkordanz zum Thema: Erfüllen des Willens Gottes.

[Fürer:] Zum dritten: Ob es kristlich, auch nucz
und gut dem negsten sei, so man uns fur predigt[30],
das man einlein durch den glauben sellig wert[31].

15

[Fürer:] Zum dritten: Ob es kristlich, auch nucz
und gut dem negsten sei, so man uns fur predigt[30],
das man einlein durch den glauben sellig wert[31].
[Müntzer:] Ro. 4, wan ehr vorstehet ist wye der
glaube Abraham[32] und wye golt ym feuer[33].

[Fürer:] Zum vierttenn: Ob es wahr, auch gut sei,
so man uns predigt und sagt, der mensch kun von im
selber wedter gutz noch pöesses thun[34].

20

maxima veritas   [Müntzer:] Das ist dye grundigste warheit[35].

[Fürer:] Zum funfftenn: Ob glaub und lieb mogen

---

16 ehr vorstehet] ehr = ‖ vorstehet *Hs*   **21** maxima veritas] *von Müntzers Hand*
21 grundigste] *im Wort korrigiert*

[30] Im 3. und 4. Artikel bezieht sich Fürer allgemein auf evangelische Prediger. Zu seiner Meinung über diese s. das Zitat in Anm. 23 und Fürers Brief an seine Muhme Barbara Seckendorf, Klosterfrau zum Gnadenberg, Nürnberg, 1526 Mai 3 (KAMANN 1893,
77f).
[31] So Luther auch in der Vorrede zum Septembertestament 1522, auf die Fürer im 6.
Fragartikel anspielt (s. Anm. 38): »… Denn das Euangeli foddert eygentlich nicht vnser
werck, das wyr da mit frum vnd selig werden, ia es verdampt solche werck, sondern es
foddert nur glawben an Christo…« (WA.DB 6, 8, 5-7)
[32] Röm 4. Müntzers Sicht des Glaubens Abrahams ist von Jak 2,20-24 beeinflußt.
Zum Jakobusbrief vgl. den 6. Fragartikel.
[33] In leichter Abwandlung von 1 Petr 1,7 ist die Prüfung des Goldes im Feuer ein
beliebtes Bild Müntzers für die Bewährung des Glaubens:
— *Deutsch-evangelische Messe,* MSB 165, 1-8 (Z. 5 lies »⟨2⟩. Corint. 11.«) in Verbindung
mit 2 Kor 11,7-33 (Nachfolge Christi, s. 5. Fragartikel mit Anm. 37) und Röm 8,29
(Christusförmigkeit, s. 2. Fragartikel);
— *Auslegung des anderen Unterschieds Danielis,* MSB 262, 10-12;
— an Anhänger in Sangerhausen, Allstedt, 1524 Juli 15; MSB 409, 3-6 in Verbindung
mit der Gottesfurcht (s. 1. Fragartikel);
— *Ausgedrückte Entblößung,* MSB 371a, 23-35 in Verbindung mit Mt 12,50 (s. 2. Fragartikel) und der Gottesfurcht (s. 1. Fragartikel).
[34] Fürer hat diese Frage später verneint. Am 29. Oktober 1533 schrieb er an Georg
Witzel in Eisleben: »… deshalb ich nie liebers gehört, als da Martin Luther erstlich wider
solchen ungeschickten Gewalt Ablaß kaufen begunte zu predigen, als aber er Luther nit
beim selbigen allein bliebe, sunder weiter ging und lehrte, der Mensch hat keinen freien
Willen, sunder Alles was er thut, es wär gut oder bös, das müßt also und künnt aus Noth
nit anders geschehen, machet die Werk der Menschen mehr sündhaft denn nöthig,
schreibet die Seligkeit allein dem Glauben an Christo zu, beruhet auf dem, daß Gott ohne
Mittel und Zuthun des Menschen denselbigen wollt selig oder unselig haben, welche
Artikel denn meinem Geist… daß die christlich seyn sollen, aus viel Bewegungen nit
wollten eingehen…« (LOCHNER 1836, 86.)
[35] Diese Zustimmung Müntzers zu einer lutherischen Position, hinter der sein Festhalten an der Prädestinationslehre steht, schließt für ihn im Unterschied zu Luther die Wil-
lensfreiheit des Menschen nicht völlig aus (s. Anm. 21).

von ein ander geschidten oder nit gescheiden sein[36].

nullo modo   [Müntzer:] 2e Cho. 11[37].   25

[Fürer:] Zum sechsten: Was auff Sant Jocobs epi-
stel zu halttenn sei, die weil si von etlichen fur ströen
wil geacht und genent werdten[38].
[Müntzer:] Alle bucher[39] mussen bey unsz bewert
seyn[40], Coll. 1[41], Ephe. primo[42]. Ynn welchen dye   30
ankunfft[43] des ersten buchs[44] nicht bewert ist, musz
lauther geswetz seyn[45], vor allen auserwelten
zubeweysen[46].

---

25 nullo modo] *von Müntzers Hand*   28 werdten] *im Wort korrigiert*

[36] Fürer bezeichnet später Glaube und Liebe als »zwei geschiedene« Dinge in einem
*Bedenken, daß die Concilia... in der Christenheit von nöten und hoch zu halten sind, wider Lutheri
Lehr*: »... dann in mir Lieb und Glauben zwei geschieden und nit ein einig Ding, wie der
Luterischen Fürgeben ist.« (Lochner 1836, 89.) Gleichzeitig betont er, »daß der glaub
nit so ein hochwichtig ding sei, wie das von den neuen lerern furgegeben wurd, sunder
daß die lieb mer art und eigenschaft dann der glaub mit ir bringt, also daß der glaub
allein ein zeiger und anleiter des willens gottes sey, und als wenig der leib one den geist
mog leben haben, so wenig mag der glaub ohne die lieb frucht gedeyn und wolfart
haben.« (Kamann 1928, 290.)
[37] Der selbstlose Dienst und das Leiden des Apostels für seine Gemeinde (2 Kor 11,
7-33) dienen als Vorbild für die Werke des Glaubens. Indem Müntzer diese Stelle für
die Auffassung von einer Zusammengehörigkeit von Glaube und Liebe anführt, sind
seine Märtyrerethik und seine Kritik an den aus seiner Sicht leidensscheuen lutherischen
Predigern impliziert. Vgl. *Deutsch-evangelische Messe*, MSB 165, 1-6: »Sie wollen der haut
förchten und wollen prediger des glaubens und evangelion sein. Wenn wil dann yr glaub
wie das golt im fewr bewert. 1. Petri 1. Es soll sich ein prister stellen, wie sant Paulus
leret, Christo nachzufolgen, wie er ym nachgefolget hat. ⟨2⟩. Corint. 11. Ja er soll das
wueten der tyrannen nicht ansehn...«
[38] So Luther in der Vorrede zum Septembertestament 1522: WA.DB 6, 10, 34f.
[39] Müntzer erweitert Fürers Frage nach der Geltung des Jakobusbriefes zu der Frage,
wie der biblische Kanon als Gottes Wort überhaupt ausgewiesen werde.
[40] Nämlich durch ein lebendiges, inneres Zeugnis; s. Z. 34f. Vgl. den in Anm. 22
genannten Brief Müntzers, MSB 399, 22: »... dye gancze scrift muß yn ydern menschen
wahr werden...« Ferner s. ebd. 399, 1f und die *Prager Protestation*, MSB 498, 23-29.
[41] In entsprechendem Kontext zitiert Müntzer Kol 1,9f in seinem Brief an Luther, Allstedt, [1523] Juli 7; MSB 390, 8-12 / WA.B 3, 105, 21-25.
[42] Eph 1,17f
[43] Ursprung, Anfang. Vgl. MSB 326, 12f; 327, 1. 6. 10.
[44] Mit »ankunfft des ersten buchs« meint Müntzer das erste Kapitel der Genesis.
[45] Gen 1 gilt Müntzer als ein entscheidender hermeneutischer Schlüssel für das Verständnis der Bibel, da dieses Kapitel den Anfang der Rede Gottes beinhaltet und den
ganzen *ordo dei*, der im weiteren Verlauf der Bibel entfaltet wird, vorwegnehmend zusammenfaßt. Siehe *Hochverursachte Schutzrede*, MSB 326, 13-15; 326, 25-327, 4; ferner MSB
519, 12-20; 314, 3-36. Dazu s. R. Dismer: Geschichte Glaube Revolution: zur Schriftauslegung Thomas Müntzers, Diss. Hamburg 1974, 7f.
[46] Ähnlich im Brief an Meinhard (s. Anm. 22), MSB 399, 22-24.

35 Et nisi omnes libri sint canonisati in cordibus[47] omnium electorum, reprobi sunt omnes librorum observatores[48].

---

36 observatores] *im letzten Buchstaben korrigiert*

[47] Vgl. Eph 1,18 (zu dieser Bibelstelle s. Anm. 42).
[48] Vgl. *Prager Protestation*, MSB 507, 10-14 || 498, 30 - 499, 9.

2. *Müntzers Nachschrift einer Wittenberger Hieronymusvorlesung, Wintersemester 1517/18*

Original: MAB, Bl. 23 (konnte nicht eingesehen werden).
Faksimile: MBL, T. 58.
Edition: U. Bubenheimer: Thomas Müntzers Nachschrift einer Wittenberger Hieronymusvorlesung, in: ZKG 99 (1988[b]) 214-237.

a) Handschriftenbeschreibung

In MAB findet sich als Blatt 23 ein bislang unediertes und in der Müntzerforschung kaum herangezogenes Müntzerautograph[1] (s. Abb. 13 und 14). Das Blatt hat eine Größe von 22,2 × 16,0 cm; es weist kein Wasserzeichen auf, ist wasserfleckig und am Rand leicht konserviert[2]. In MAB ist das Blatt verkehrt eingeklebt: Bl. 23^v ist die zuerst beschriebene Vorderseite, Bl. 23^r die die Textfortsetzung bietende Rückseite. Auf Bl. 23^v verlaufen die Zeilen des Haupttextes parallel zur *längeren* Blattkante. Hier finden sich am linken Rand (ca. 3 cm breit) mehrere Randbemerkungen, wobei drei Randzeilen in der oberen Hälfte des Blattes vertikal, und zwar von unten nach oben, verlaufen. Auf Bl. 23^r verlaufen die Zeilen parallel zur *kürzeren* Blattkante; am linken Rand (ca. 1-2 cm breit) findet sich eine Randbemerkung.

In MAB ist das Blatt mittels eines Papierfalzes eingeklebt, der auf Bl. 23^v teilweise die letzte Zeile verdeckt. Weitere Textbeschädigungen finden sich an den Rändern, wo das Papier abgestoßen und an einer Stelle überklebt ist, sowie an der Faltstelle des zu einem früheren Zeitpunkt einfach gefalteten Blattes. Das Blatt weist auf Vorder- und Rückseite zahlreiche kleinere Tintenkleckse auf, die sich als spiegelbildlicher Abdruck von verlorenen Texten erweisen, die Müntzer auf die unserem Blatt vorhergehende bzw. folgende Seite geschrieben hatte. Die Blätter waren aufeinander gelegt worden, als die Tinte noch nicht abgetrocknet war[3]. Mit Hilfe eines Spiegels lassen sich gelegentlich noch ein-

---

[1] Bisher herangezogen von W. Ullmann: Ordo rerum, in: Theol. Versuche 7 (1976) 133f; U. Bubenheimer: Luther — Karlstadt — Müntzer, in: Amtsblatt der Ev.-luth. Kirche in Thüringen 40 (1987[a]) 66.
[2] Diese Daten verdanke ich Herrn Manfred Kobuch, StaatsA Dresden, der das Moskauer Original eingesehen hat.
[3] Entsprechende Tintenkleckse finden sich in Sigismund Reichenbachs Nachschrift von Luthers Römerbriefvorlesung: vgl. Johannes Ficker in WA 57 Röm, XLIf. Die Studenten waren beim Mitschreiben gezwungen weiterzublättern, bevor die Tinte trocken war. Oder sie klappten am Schluß der Vorlesung das Kollegheft vor Abtrocknen der Tinte zu.

zelne Buchstaben identifizieren. Auf Bl. 23ᵛ (Müntzers Vorderseite!) waren die Tintenkleckse nachweislich schon auf dem Papier, bevor Müntzer darauf schrieb. Denn er hat in Z. 18 der Handschrift vor »ore« (Edition S. 291 Z. 26) größere, in seiner laufenden Zeile liegende Tintenkleckse ausgespart, wodurch ein außergewöhnlich weiter Abstand zum vorhergehenden Wort (»moribus«) entstanden ist. Bereits diese Beobachtungen zum äußeren Befund der Handschrift erlauben den Schluß, daß das vorliegende Einzelblatt ein Fragment einer ursprünglich umfangreicheren Handschrift ist.

Der Text ist in lateinischer Sprache geschrieben. Ferner enthält er ein in griechischen Buchstaben geschriebenes Wort. Während Müntzer sonst eine sehr regelmäßige und leicht lesbare Handschrift besitzt, begegnet uns hier ein teilweise schwer entzifferbarer Text, der schnell und flüchtig niedergeschrieben worden ist. Dementsprechend enthält er auch mehr Abkürzungen, als sonst bei Müntzer üblich ist. Der Text zeigt einzelne Schreibversehen, die Müntzer selbst korrigiert hat. Zahlreicher sind die stehengebliebenen Schreibfehler, von denen ein Teil als Hörfehler identifiziert werden kann[4]. Dieser Sachverhalt zeigt, daß es sich bei der vorliegenden Handschrift, jedenfalls in ihrem Grundbestand, um eine Nachschrift mündlicher Rede bzw. eines Diktats handelt[5]. So erklärt sich auch die von anderen Müntzerautographen abweichende Flüchtigkeit der Handschrift.

b) Müntzers Niederschrift als Vorlesungsnachschrift und ihre Parallelüberlieferungen

Günther Franz hatte die vorliegende Müntzerhandschrift in seiner *Kritischen Gesamtausgabe* (1968) nicht ediert und nur vermerkt, es handle sich um »Auszüge aus Plinius, Epistolae libri decem (darin auch De viris illustribus) und Diogenes Laertes [sic!], De vita... philosophorum über Plato« von Müntzers Hand[6]. Damit wurde der Eindruck erweckt, daß es sich bei dem vorliegenden Text um angeblich nicht editionswerte Exzerpte aus anderen Autoren handle. Die Quellenangaben von Franz sind insgesamt falsch. Weder wird in der Handschrift das von Franz genannte pseudoplinianische Werk *De viris illustribus* zitiert, dessen eigentlicher Verfasser Sueton ist[7], noch ist das in der Handschrift enthaltene Platonscholion aus den *Vitae philosophorum* des Diogenes Laertios geschöpft[8].

Richtig ist an den Ausführungen von Franz, daß die vorliegende Handschrift mit einer Platonvita beginnt, die etwa zwei Drittel der ersten Seite einnimmt[9]. Des weiteren besteht die Handschrift nicht aus einem in sich geschlossenen Text, sondern aus Notizen und Erläuterungen zu verschiedenen Stichworten. Diese Notizen haben in formaler Hinsicht den Charakter von Glossen oder Scholien, wie sie bei dem auf Textauslegung ausgerichteten Vorlesungsstil jener Zeit geläufig waren. Solche erläuternde und kommentierende Glossen bzw.

---

[4] Siehe den textkritischen Apparat.

[5] Häufige Schreib- und Hörfehler fallen oft in studentischen Vorlesungsnachschriften jener Zeit auf (vgl. WA 57 Röm, XLIIIf. XLVII. L. LVIII. LXXIII; 57 Gal, VII; 57 Hebr, XIIf). Deshalb kann man von diesem Befund nicht zwingend auf den Stand der Lateinkenntnisse der Schreiber zurückschließen. Dennoch kann man soviel sagen, daß diese Schreiber keine perfekten Latinisten waren.

[6] MSB 16 Anm. 7.

[7] Dieser Traktat ist nicht als Teil der *Epistulae* Plinius' d.J. überliefert worden.

[8] Zur Benutzung des Diogenes Laertios an zwei anderen Stellen s. Edition Anm. 104f.

[9] Hier Z. 1-28. Zu den Quellen dieser Platonvita s. S. 165-168 und die Anmerkungen zur Edition.

Scholien hat Müntzer in der vorliegenden Handschrift fortlaufend aneinander-gereiht, ohne den ausgelegten Grundtext zu nennen oder zu zitieren, dem seine Stichworte (Lemmata) entnommen sind. Dieser Grundtext ließ sich jedoch erschließen. Es handelt sich um die *Epistula 53 ad Paulinum presbyterum* des Hieronymus[10]. Somit lag die Annahme nahe, daß die Handschrift eine Nach-schrift Müntzers aus einer Vorlesung über den genannten Hieronymusbrief ist.

Eine Separatausgabe der *Epistula 53 ad Paulinum presbyterum* ist 1517 in Witten-berg erschienen:

> Epistola Diui Hieronymi ad ‖ Paulinū presbyterum de omnibus ‖ diuinae
> historiae libris. ‖
> Wittenberg: Johann Rhau-Grunenberg 1517.
> 4°. 12 Bll. A 1ᵛ und C 4ᵛ leer[11].

Es handelt sich um eine für Vorlesungszwecke bestimmte und daher mit Durch-schuß gedruckte Textausgabe (s. Abb. 5)[12]. Der weite Zeilenabstand und die breiten Ränder lassen Raum für die Nachschrift der Studenten. Bisher konnten zwei Exemplare dieses Druckes ausfindig gemacht werden. Beide enthalten umfangreiche Niederschriften, die unter sich und mit der Niederschrift Münt-zers in ihrem Grundbestand weitgehend übereinstimmen. Die Übereinstim-mungen und der Inhalt dieser drei Überlieferungen zeigen, daß sie alle auf ein und dieselbe Vorlesung über die *Epistula 53* des Hieronymus zurückgehen. Diese muß, da solche Wittenberger Vorlesungsdrucke in der Regel für unmittel-bar bevorstehende akademische Veranstaltungen hergestellt wurden, im Jahre 1517 oder — falls die Drucklegung erst Ende 1517 erfolgt sein sollte — Anfang 1518 stattgefunden haben[13].

Bei den beiden erhaltenen Exemplaren dieses Druckes handelt es sich um folgende:

1) Exemplar S mit Nachschrift Kaspar Schmidts. HAB Wolfenbüttel: K 151 Helmst. 4° (40). Siehe Abb. 5, S. 160.

Der Druck befindet sich in einem Sammelband des 16. Jahrhunderts, der 48 Druckschriften aus den Jahren 1513 bis 1539 enthält. Ein Provenienzhinweis findet sich in Druck 27: LIGNACIUS STÜRLL (Pseud.) = ANDREAS BODENSTEIN: Gloße / Des Hochgelarten / yrleuchten / Andechtigen / vñ Barmhertzigen / ABLAS Der tzu Hall in Sachsen / mit wunn vñ freudē außgeruffen. [Witten-berg: Nickel Schirlentz 1521][14]. Dieser Druck weist auf dem Titelblatt folgende

---

[10] CSEL 54, 442-465. Müntzers Stichworte entstammen nur dem 1. Kapitel (ebd. 442, 1 - 445, 5; vgl. unten S. 289f).

[11] Der Titel ist genannt bei N. MÜLLER: Die Wittenberger Bewegung 1521 und 1522, Leipzig ²1911, 337 Anm. 4. Danach ohne Exemplarnachweis übernommen von M. GROSSMANN: Wittenberger Drucke 1502 bis 1517, Wien; Bad Bocklet 1971, Nr. 112. Fer-ner s. WA 57 Röm, XL.

[12] Textvorlage für den Wittenberger Druck war der folgende Wiener Vorlesungs-druck, den Rudolf Agricola d.J. († 1521) herausgegeben hatte: EPISTOLA BEATI HIERONYMI ad Paulinum Praesbyterum. ..., Wien: H[ieronymus] V[ietor] 1515 (SB Regensburg: Patr. 609 mit Vorlesungsnachschrift). Der Wiener und der Wittenberger Druck weisen gemeinsam einige spezifische, von allen anderen Textüberlieferungen abweichende Lesarten auf. Zu dem Humanisten Rudolf Agricola d.J. s. G. BAUCH in ADB 45, 1900, 709f.

[13] Weitere Angaben zur Datierung und zum Dozenten der Vorlesung s.o. S. 154-165.

[14] Zu dieser Schrift s.o. S. 114f.

handschriftliche Adresse auf: »Hern Gasparnn schmidt itzundt bey der frauen vann mergentaln zuubersenden genn hirschfelt.«[15] Die Frage, ob noch andere Drucke des Sammelbandes aus dem Besitz des hier genannten Kaspar Schmidt stammen, läßt sich über den Wittenberger Vorlesungsdruck positiv beantworten: Hier hat der Schreiber in der Vorlesungsnachschrift einer Notiz die Initialen »GS« (für »Gasparus Schmidt«) beigefügt[16] und damit die betreffende Notiz als von ihm stammend gekennzeichnet. Bei dem Schreiber handelt es sich um Kaspar Schmidt aus Siebenlehn, der mit latinisiertem Namen als »Caspar Fabri de Sieben Misnen(sis) dioc(esis)« am 9. Oktober 1517 unter den Schülern des Johannes Rhagius Aesticampianus[17] in Wittenberg immatrikuliert wurde[18].

Schmidts Exemplar stellt keine unmittelbare Mitschrift der Vorlesung dar, sondern eine Abschrift einer Vorlesungsmitschrift. Schmidt hat den Wortlaut der Vorlesung in ausgesprochener Schönschrift nach der Vorlesung in den Druck eingetragen[19], wobei er nicht nur die Ränder, sondern auch das Titelblatt, das nur drei gedruckte Zeilen aufweist, sowie die leere Rückseite des Titelblattes in übersichtlicher Anordnung beschrieben hat. Daß er seine Abschrift von einer Vorlesungsmitschrift genommen hat, zeigen einige noch stehen gebliebene Hörfehler. Im Vergleich zu den anderen beiden Überlieferungen bietet Schmidt die beste, d.h. umfangreichste und mit den wenigsten Fehlern behaftete Überlieferung der Vorlesung. Aber auch er hat Glossen gekürzt oder weggelassen, wenn ihm der Platz nicht reichte. Seine Nachschrift weist drei Lücken auf (B 4^v. C 1^{r-v}. C 2^r-C 4^r). Schmidt hat entweder die Vorlesung über unseren Hieronymusbrief gegen Schluß unregelmäßig besucht oder seine Mitschrift nicht immer in Reinschrift übertragen. Die Handschrift weist schließlich Textverluste an allen Rändern auf, da diese vom Buchbinder beschnitten wurden.

2) Exemplar R mit Nachschrift Sigismund Reichenbachs. StadtB Dessau: Georg. 1049a (2).

Der Druck befindet sich als zweites Stück in einem zeitgenössischen Sammelband, der 6 Drucke aus den Jahren 1515-1521 vereinigt, darunter 4 Wittenberger Vorlesungsdrucke. Alle Vorlesungdrucke enthalten Vorlesungsnachschriften[20]. Ihr Schreiber ist Sigismund Reichenbach[21], der von Februar 1514 bis mindestens 1519 in Wittenberg studierte[22]. Auf dem Titelblatt der *Epistola*

---

[15] Der Adressat befindet sich im Zisterzienserinnenkloster Marienthal nördlich von Hirschfelde in der Lausitz.

[16] A 4^r: »Nam 150 sunt psa⟨lmi…⟩ decies quindecim ⟨…⟩ ita enim psalmi ⟨in gradus⟩ quindecim divid⟨untur⟩.« Darunter: »GS« (Text am Rand beschnitten). Diese Glosse findet sich nicht in der gleich zu nennenden Nachschrift Sigismund Reichenbachs.

[17] Siehe oben S. 147f.

[18] Album 1, 68a.

[19] Nur die kurzen Interlinearglossen könnten unmittelbar in der Vorlesung eingetragen worden sein. Weitere Beispiele für das Verfahren, eine als Konzept betrachtete unmittelbare Kollegmitschrift in Reinschrift zu übertragen, finden sich in WA 57 Röm, LVIII. LXIV-LXVIII (Mitschriften von Luthers Römerbriefvorlesung).

[20] Da sich darunter auch eine Nachschrift von Luthers Römerbriefvorlesung sowie ein Teil der Scholien aus Luthers Hebräerbriefvorlesung befinden, ist der Band beschrieben in WA 57 Röm, XL-XLII.

[21] Auf dem Titelblatt des dritten Druckes nennt er seinen Namen: »Sigismundus Reichennbach«. WA 57 Röm, XLI.

[22] Ebd.

Divi Hieronymi ad Paulinum presbyterum findet sich die Notiz: »Attendite o yr
meschweynn etc.«, die Reichenbach noch an zwei anderen Stellen seines Sammelbandes angebracht hat[23]. Die erhaltene Nachschrift der Hieronymusvorlesung hat Reichenbach unmittelbar in der Vorlesung in den Druck
eingetragen[24]. Das zeigen der Charakter der Handschrift, die zahlreichen Hörfehler sowie abgebrochene Notizen.

Reichenbach besuchte die Vorlesung nicht regelmäßig. Auch seine Nachschrift enthält drei Lücken (A 4ᵛ-B 1ʳ. C·1ᵛ. C 2ᵛ)[25]. Der Vergleich mit der
Nachschrift Schmidts zeigt, daß Reichenbach neben den Interlinearglossen die
Randglossen und Scholien nur teilweise in sein Druckexemplar eingetragen hat.
Dieser Sachverhalt ist nicht so zu deuten, als habe Reichenbach das Fehlende
nicht mitgeschrieben. Vielmehr wird er in der Vorlesung neben dem Druck
noch zusätzliche Papierblätter für seine Nachschrift genutzt haben, die heute
verloren sind. Dafür sprechen auch die Stellen, an denen Reichenbach eine
begonnene Notiz abbrach[26]. An solchen Stellen wechselte er vermutlich auf das
zusätzliche Papier über. Da er solche zusätzlichen Notizblätter verwendete,
brauchte er auch anders als Schmidt die leeren oder nur teilweise bedruckten
Seiten des Vorlesungsdruckes nicht für seine Nachschrift zu nutzen. Daß Reichenbach in der beschriebenen Weise arbeitete, ist aus seinen Nachschriften von
Luthers Römer- und Hebräerbriefvorlesungen nachgewiesen. Hier schrieb er
Glossen und Scholien zum Teil auf zusätzliche Zettel[27], wovon ein Blatt noch
erhalten ist[28]. Die umfangreichen Scholien Luthers schrieb er überwiegend
geschlossen auf gesonderte Papierbogen, die im Falle des Römerbriefs heute
dem Vorlesungsdruck beigebunden sind[29]. Die Grenze zwischen Interlinearglossen, Randglossen und Scholien ist allerdings fließend. So sind Randglossen
Luthers bei Reichenbach stellenweise auch interlinear notiert oder in die Scho-
liennachschrift aufgenommen[30], oder Scholienteile finden sich im Druckexemplar unter den Randglossen[31]. Dies zeigt, daß der Zweck des zusätzlich benutz-

---

[23] Siehe ebd.

[24] So schon ebd. XLVIII. Die Angabe ebd. XLI, daß sich in dem Druck Notizen von
zwei Händen befinden, hat sich nicht bestätigt. Sämtliche Notizen stammen von der
Hand Reichenbachs.

[25] Die Lücken von S und R überschneiden sich auf Bl. C 1ᵛ Z. 1-11 und C 2ᵛ Z. 6-12,
so daß für diese Passagen der Text der Vorlesung vollständig fehlt. — Reichenbachs
Nachschrift ist am inneren Rand nach dem Einbinden teilweise nicht mehr vollständig
zu lesen (so jedenfalls nach dem mir vorliegenden Mikrofilm). Zu geringfügigen Textverlusten an den beschnittenen Rändern s.u. Anm. 34.

[26] So z.B. A 2ʳ eine Glosse über Platon, von der nur der Anfang notiert ist.

[27] WA 57 Röm, XLVIII.

[28] Ebd. XLIVf. XLVII. Dazu s.u. bei Anm. 35.

[29] WA 57 Röm, XLI; 57 Hebr, X.

[30] WA 57 Röm, XLIIIf. XLIX.

[31] Ebd. XLVI. XLIX. In den Nachschriften unserer Hieronymusvorlesung lassen die
Schreiber eine Trennung von Glossen und Scholien nicht erkennen. Feststellbar ist, daß
der Dozent immer zuerst über eine Textpassage hinweg die Interlinearglossen diktierte,
die vorwiegend sprachliche Verstehenshilfen, zum Teil aber auch schon kurze Sacherklä-
rungen enthalten. In einem zweiten Durchgang lieferte der Dozent den Sachkommentar,
der aus Glossen unterschiedlicher Länge bestand. Diese wurden auf die Ränder, gelegentlich auch in die Interlinearspatien oder auf unbedrucktes Papier (z.B. auf das Titelblatt oder — wie anzunehmen ist — auf zusätzliche Blätter) geschrieben. Als Scholien
bezeichne ich bei diesem Verfahren die Glossen, die durch ihre überdurchschnittliche
Länge ein Verweilen des Dozenten bei Stichworten anzeigen, die er von seinen Interes-

ten Papiers einfach der war, den begrenzten Schreibraum des Vorlesungsdruckes zu erweitern. In diesem Sinn hat Reichenbach seiner auf den beigebundenen Papierbogen überlieferten Nachschrift der Römerbriefscholien die Überschrift: »Continuationes [Fortsetzungen] Ad Textum pauli« vorangestellt[32]. Zu Reichenbachs Arbeitsschritten gehörte, wie aus seinen anderen Vorlesungsnachschriften bereits bekannt ist, auch die Nacharbeit nach der Vorlesung[33]. Zu diesem Zweck füllte er die äußeren Ränder der Vorlesungsdrucke nicht völlig mit den Nachschriften, sondern ließ ganz außen einen zusätzlichen Rand frei, um so noch Raum für eigene Notizen zu lassen[34]. Einen Hinweis auf die eigene Arbeit Reichenbachs am Vorlesungstext bietet auch ein Einzelblatt, auf dem er bereits verschiedene Stellen aus Luthers Römerbriefvorlesung notiert hatte[35]. Auf diesem Notizblatt schrieb er eine Horazstelle nieder[36], die Hieronymus in seiner *Epistula ad Paulinum presbyterum* angeführt hatte[37]. Reichenbach hatte an dem Horazzitat offenbar besonderes Interesse, weil es sich als sprichwörtliche Redewendung[38] gebrauchen ließ[39].

c) Entstehung und Inhalt von Müntzers Niederschrift

Die vorliegende Handschrift Müntzers (M) stellt ein Fragment aus einer früher umfangreicheren Handschrift dar. Dieses Fragment umfaßt ungefähr ein Zwanzigstel der Vorlesung. Aber selbst dieser Teil ist in der vorliegenden Handschrift

---

sen her ins Zentrum seines Kommentars rückte. In unserer Vorlesung sind dies z.B. biographische Scholien über Pythagoras, Platon, Apollonios von Tyana, wobei das Hauptinteresse des Dozenten auf dem Bildungsweg und den Bildungsreisen dieser antiken Gestalten lag. Analog rücken im weiteren Verlauf Kurzbiographien einiger biblischer Schriftsteller ins Zentrum des Kommentars.

[32] WA 57 Röm, XLV. Zu dieser Bedeutung von 'continuatio' vgl. eine Notiz in der Nachschrift Augustin Himmels von Luthers Hebräerbriefvorlesung: »In Primo Folio sequitur continuatio«, womit er auf die Fortsetzung seiner Nachschrift auf einem anderen Blatt hinweist. KARL AUGUST MEISSINGER in WA 57 Hebr, V.

[33] WA 57 Röm, XLIX. LI; WA 57 Hebr, XIIf.

[34] Es handelt sich dabei um ein in Vorlesungsnachschriften jener Zeit wiederholt anzutreffendes Verfahren. In unserem Vorlesungsdruck ist dieser freigelassene »Notizenrand« vom Buchbinder größtenteils abgeschnitten. In der Vorlesungsnachschrift selbst sind dabei, weil diese nicht bis zum äußersten Rand geschrieben war, nur stellenweise geringfügige Verluste entstanden. Jedoch sind mit dem in der Vorlesung nicht beschriebenen Rand auch eventuelle Randnotizen Reichenbachs aus seiner Nacharbeit weggefallen. Auf Bl. B 3v ist noch eine solche Notiz erhalten: Zum Lemma 'abolitam' im Text hat Reichenbach in seiner »Notizenspalte« vermerkt: »inde abolere«. In anderen Vorlesungsdrucken des Sammelbandes sind Reichenbachs eigene Notizen in dieser »Notizenspalte« in umfangreicherem Maße erhalten (vgl. auch WA 57 Röm, XLIV). Besonders auffallend sind solche Notizen, in denen Reichenbach Inhalte der Vorlesung auf die eigene Person bezieht.

[35] Dieses Blatt ist jetzt als Vorblatt vor die Scholien aus Luthers Römerbriefvorlesung gebunden. Es ist beschrieben WA 57 Röm, XLIVf.

[36] »Horacius || Quod medicorum est promittunt medici Tractant fabrilia fabri || Scribimus indocti doctique poemata passim mm [sic] Scribimus indocti doctique poemata« (WA 57 Röm, XLV). Nach HOR. Epist. 2, 1, 115-117.

[37] CSEL 54, 453, 1f. 4; im Wittenberger Vorlesungsdruck B 2r.

[38] Im Vorlesungsdruck findet sich an der betreffenden Stelle in R die Interlinearglosse: »Subiungit [scil. Hieronymus] versum Oracianum.« Ausführlicher S: »Subiungit versum Horacianum, quo utitur ac proverbio.«

[39] Andere Notizen Reichenbachs, die ein Interesse an sprichwörtlichen Sentenzen zeigen, sind WA 57 Röm, XLIV angeführt.

nicht vollständig nachgeschrieben. Das Fragment bietet nicht, wie man aufs erste erwarten würde, eine fortlaufende und einigermaßen lückenlose Niederschrift eines bestimmten Ausschnitts der Vorlesung über die *Epistula 53* des Hieronymus. Die Entstehung der Handschrift ist komplizierter. Müntzers Text besteht aus drei Schichten: 1. Mitschrift von Glossen bzw. Scholien aus der Vorlesung. — 2. Notizen aus der Nacharbeit der Vorlesung. — 3. Randbemerkungen Müntzers zu den vorgenannten beiden Schichten.

1) Die Vorlesungsmitschrift: Die Aufzeichnungen, die unmittelbar in der Vorlesung niedergeschrieben wurden, nehmen ungefähr das erste und dritte Drittel des zweiseitigen Fragments ein[40]. Sie beginnen mit einem langen Scholion über Platon[41], das sich gleichlautend in S findet. Die vom Dozenten der Vorlesung gebotene Platonvita kombiniert Exzerpte aus der *Platonis vita* Marsilio Ficinos mit einem Zitat aus *Adversus Iovinianum* des Hieronymus. Das Lemma 'Plato' steht im Wittenberger Vorlesungsdruck in der 14. Zeile des Hieronymus-textes[42]. Da der Dozent pro Stunde etwa 7-11 Zeilen des Textes kommentierte[43], dürfte das Platonscholion aus der zweiten Stunde der Vorlesung über diesen Brief stammen. Daß die Kollegstunde nicht mit diesem Scholion begann, mit dem Müntzers Fragment zufällig einsetzt, wird sich später zeigen. Das folgende Drittel der Handschrift weist zu wenig wörtliche Parallelen zu S und R auf, als daß man es als Mitschrift aus der Vorlesung klassifizieren könnte. Es wird unter der Rubrik »Nacharbeit« zu behandeln sein.

Umfangreiche wörtliche Übereinstimmungen zwischen Müntzer und den beiden anderen Niederschriften setzen wieder ein mit einem biographischen Scholion über Apollonios von Tyana[44]. Dieses Scholion, das das längste der ganzen Vorlesung über den Hieronymusbrief ist und aus der *Vita Apollonii* des Philostratos exzerpiert ist, findet sich in voller Länge in S und R. Der (längere) erste Teil dieses Scholions[45] fehlt allerdings bei Müntzer. Seine Niederschrift setzt inmitten des Scholions ein. Da aber auch S an genau derselben Stelle des Apolloniosscholions, an der Müntzers Text beginnt, mit neuer Feder einsetzt[46], ergibt sich, daß der Dozent die (vierte) Vorlesungsstunde mit der Fortsetzung des schon begonnenen Apolloniosscholions eröffnete. In Müntzers Fragment fehlt jedoch nicht nur der erste Teil dieses Scholions, sondern der Kommentar einer ganzen, nämlich der dritten Vorlesungsstunde[47], in der vor Apollonios der von Hieronymus genannte Schriftsteller Livius vorzustellen war[48]. Müntzer hat in dieser Stunde entweder gefehlt oder den Kommentar dieser Stunde in ein Exemplar des Vorlesungsdruckes eingetragen.

Auffallenderweise ist in Müntzers Nachschrift der von ihm gebotene Ausschnitt des Apolloniosscholions wiederum nicht geschlossen notiert, sondern

---

[40] Edition Z. 1-28 und Z. 58-100.

[41] Z. 1-28.

[42] Den Hieronymustext nach dem Wittenberger Druck s. S. 289f. Das Lemma 'Plato' hier Z. 11.

[43] Das ergibt sich vor allem aus der Länge der Lücken, die in den Nachschriften S und R entstanden, wenn der Student eine Stunde fehlte.

[44] Edition Z. 58ff.

[45] Zitiert zur Edition in Anm. 127.

[46] Siehe die textkritische Anm. zu Z. 58.

[47] Zu dem Hieronymustext A 2ᵛ Z. 2-8 (hier Hieronymustext Z. 1-8) findet sich keine Notiz Müntzers.

[48] Das Liviusscholion in R, A 2ᵛ. Weitere kürzere Glossen zu dieser Passage in S.

zerfällt in zwei Teile, die ich als zweiten[49] und dritten[50] Teil des Apolloniosscholions bezeichne[51]. Dazwischen stehen einige kürzere, auch in S und R überlieferte geographische und naturkundliche Erläuterungen zu einschlägigen hieronymianischen Lemmata. Die Quellen dieser Glossen sind die *Naturalis historia* des Plinius maior, die *Collectanea rerum memorabilium* des Solinus sowie das *Dictionarium* des Ambrosius Calepinus († 1510). Die Tatsache, daß diese Erläuterungen das Apolloniosscholion unterbrechen, kann so erklärt werden, daß der Dozent an passender Stelle der Apolloniosvita zum Hieronymustext überwechselte und die parallelen Ausführungen des Hieronymus über Apollonios[52] kommentierte, um anschließend die Apolloniosvita wieder nach eigenen Exzerpten aus Philostratos fortzusetzen. Nach Beendigung der Apolloniosvita wird mit dem Lemma 'Babylonios' erneut ein geographisches Stichwort aus der zugehörigen Hieronymuspassage kommentiert[53], und zwar wiederum nach Plinius.

Da in Müntzers Nachschrift fast alle Interlinearglossen[54] und ein Teil der von S überlieferten Randglossen fehlen[55], ist anzunehmen, daß auch er einen heute verlorenen Vorlesungsdruck besaß und das erhaltene Fragment ein Stück des zusätzlichen Papiers war, auf das Müntzer die Passagen schrieb, die im begrenzten Raum des Vorlesungsdruckes keinen Platz mehr fanden. Dafür spricht insbesondere eine Stelle, in der er eine begonnene Glosse zum Lemma 'magus'[56] inmitten des zweiten Wortes abbrach[57]. Wahrscheinlich entschloß er sich, die kurze Glosse in den Vorlesungsdruck einzutragen. Die gleichzeitige Benützung von Vorlesungsdruck und zusätzlichem Papier für die Nachschrift konnte bereits als Arbeitstechnik Sigismund Reichenbachs erschlossen werden.

2) Die Nacharbeit der Vorlesung: Einen deutlichen Hinweis auf die Durcharbeitung der Nachschrift nach der Vorlesung finden wir zunächst in den Aufzeichnungen aus der vierten Kollegstunde. In zwei Fällen hat Müntzer in sein Manuskript interlinear Worterklärungen eingetragen[58], wobei in einem Fall die *Noctes Atticae* des Gellius als lexikalisches Hilfsmittel benützt wurden[59]. Da das Fragment der Müntzerschen Niederschrift mit Nachschriften aus der vierten Vorlesungsstunde abbricht, bleibt offen, wie weit Müntzer auf dem verlorenen folgenden Blatt weitere Notizen aus der Nacharbeit der vierten Stunde niedergeschrieben hatte[60].

---

[49] Edition Z. 58-66.

[50] Z. 90-95.

[51] In S findet sich ein korrespondierender Befund: Zwischen dem zweiten und dritten Teil des Apolloniosscholions ist ein Querstrich gezogen und damit deutlich ein Einschnitt des Dozenten markiert. Solche Querstriche verwendet S sonst zur Abgrenzung verschiedener Glossen oder Scholien voneinander.

[52] Hieronymustext Z. 24-35.

[53] Edition Z. 96-99.

[54] Vgl. Edition Anm. 136.

[55] Vgl. Edition Anm. 143 und 145.

[56] Hieronymustext Z. 24.

[57] Edition Z. 67 mit Anm. 133.

[58] Z. 75. 85.

[59] Siehe Edition Anm. 137.

[60] Zu diesen Notizen gehört vermutlich die in der achtletzten Zeile des Originals nachgetragene Notiz »Due stirpes Nasamones« (s. Edition Z. 100). Diese hat keinen Bezug zum Hieronymustext, sondern bezieht sich auf eine auch im Apolloniosscholion des Dozenten nicht verwendete Stelle aus der *Vita Apollonii* des Philostratos (s. Edition Anm. 152). Dies weist auf eine weitere Beschäftigung mit der *Vita Apollonii* nach der Vorlesung hin.

Etwa ein Drittel des Nachschriftenfragments nimmt die Nacharbeit zur zweiten Stunde ein[61]. Der deutlichste Hinweis darauf, daß es sich hier um Notizen aus der Nacharbeit handelt, ist der Umstand, daß in diesen durchgehend kurzen Notizen einige Stichworte erklärt werden, die nicht aus dem Hieronymustext stammen, sondern aus Glossen bzw. Scholien des Dozenten. Diese Erklärungen können nicht in der Vorlesung notiert sein, da der Dozent seinen Kommentar immer an Stichworte des Hieronymustextes anknüpfte, jedoch nach Ausweis der Nachschriften bei S und R an keiner Stelle die eigenen Scholien oder Glossen erläuterte. Einige Notizen beziehen sich auf das von Müntzer mitgeschriebene Platonscholion[62], wobei die vom Dozenten herangezogene Hieronymusschrift *Adversus Iovinianum* weiter ausgewertet wird und zusätzlich für die Platonbiographie die *Facta et dicta memorabilia* des Valerius Maximus herangezogen werden. Weitere Platon betreffende Notizen greifen auf Glossen des Dozenten zum Hieronymustext zurück, die bei Müntzer fehlen, jedoch bei S und R überliefert sind[63]. Dabei wurden die ebenfalls schon in der Vorlesung verwendete *Platonis vita* Ficinos[64] sowie die *Vitae philosophorum* des Diogenes Laertios[65] herangezogen. Ferner sind einige kurze Glossen zum Hieronymustext notiert, die in den anderen Nachschriften fehlen[66]. Sie dienen der realienkundlichen Übung. So wird zur Mitteilung des Hieronymus, Platon sei von Piraten gefangen genommen worden[67], als Sachparallele ein Seeräubererlebnis Julius Caesars nach der Caesarbiographie in den *Vitae parallelae* Plutarchs mitgeteilt[68]. Zum Lemma 'gymnasia' werden vier antike Gymnasien zusammengestellt, wobei Quelle eine Bologneser Rektoratsrede ist, deren Verwendung im damaligen Wittenberger Studienbetrieb auch bei einem anderen Studenten belegt ist[69].

Bei den Notizen aus der Nacharbeit greift Müntzer auch solche Lemmata auf, die im Hieronymustext vor dem Lemma 'Plato' stehen, mit dem das erhaltene Fragment seiner Nachschrift beginnt. Dies zeigt, daß die zweite Vorlesungsstunde nicht erst mit dem Platonscholion eröffnet worden war. Zwar sind die vor dem Platonscholion vorgetragenen Ausführungen des Dozenten, auf die sich Müntzers Nacharbeit teilweise zurückbezieht, in dessen Nachschrift verloren, jedoch in der Nachschrift von S überliefert[70]. Müntzers Notizen enthalten erstens zwei sprachliche Erläuterungen[71], von denen eine wiederum aus Gellius entnommen ist, und zweitens eine aus Diogenes Laertios entnommene biographische Mitteilung über Pythagoras, die über das Pythagorasscholion des Dozenten hinausgeht[72].

Es bleibt unter den Notizen der Nacharbeit eine unerklärte Passage übrig, die

---

[61] Edition Z. 29-57.
[62] Z. 32-35. 44-46.
[63] Siehe Edition Anm. 105f. 123. 126.
[64] Edition Anm. 122.
[65] Edition Anm. 105.
[66] Edition Z. 29f. 36-41. 52-57.
[67] Hieronymustext Z. 17.
[68] Edition Z. 54-56.
[69] Siehe Edition Anm. 108.
[70] Siehe Edition Anm. 102-104.
[71] Z. 29f.
[72] Z. 31f.

im Original drei Zeilen umfaßt[73]. Inhaltlich besteht sie aus sprachlichen Erklärungen und Übungen. Die Stichworte dieser Zeilen lassen weder einen Bezug zum Hieronymustext noch zum Text der drei erhaltenen Vorlesungsnachschriften erkennen. Diese Stichworte könnten aus Glossen des Dozenten stammen, die zufälligerweise in keiner der Nachschriften erhalten sind. Doch bleibt diese Annahme vorläufig hypothetisch.

Wer ist der Autor der aus der Nacharbeit stammenden Notizen Müntzers? Zunächst möchte man annehmen, Müntzer habe seine Vorlesungsnachschrift selbständig durchgearbeitet, habe die genannten Quellen[74] herangezogen und sich auf ihrer Grundlage seine Notizen gemacht. Man könnte daran die Hypothese knüpfen, Müntzer habe seine Notizen zum Zwecke der Unterrichtung anderer, von ihm als Mentor betreuter Studenten angefertigt. Jedoch gibt es noch andere mögliche Entstehungssituationen für diese Notizen. Mehrere Studenten könnten gemeinsam die Vorlesung nachgearbeitet haben, und aus dieser gemeinsamen Arbeit könnten Müntzers Notizen erwachsen sein[75]. Auch mit der Möglichkeit, daß der Dozent selbst neben der Vorlesung eine Repetition abhielt, muß gerechnet werden[76]. Solche Repetitionen könnten auch entweder ein vom Dozenten beauftragter Magister[77] oder — für kleinere Studentengruppen — Privatlehrer oder Mentoren abgehalten haben, wie es sie im damaligen Studienbetrieb gab.

Der Befund der Handschrift spricht dafür, daß auch die Notizen der Nacharbeit nach mündlichem Vortrag bzw. Diktat geschrieben wurden. Auch sie sind im Schriftduktus eilig geschrieben und unterscheiden sich nicht erheblich von den anderen Teilen der Handschrift. Auch hier gibt es mehrere Schreibfehler, unter denen sich mindestens ein Hörfehler befindet[78]. Diese Beobachtungen erlauben die Annahme, daß Müntzer auch bei Niederschrift dieser Notizen in der Rolle des rezipierenden Studenten war.

3) Müntzers Randbemerkungen: Müntzer ließ am linken Rand seiner Nachschrift durchgehend einen Rand frei. Auf diesem Rand sind vier Bemerkungen von unterschiedlicher Länge angebracht. Sie sind sowohl auf die Vorlesung als auch auf die Nacharbeit bezogen und erweitern oder kommentieren die dort gegebenen Informationen[79]. In zwei Randbemerkungen[80] werden weitere Details aus schon im Haupttext zitierten Quellen mitgeteilt, nämlich aus der *Platonis vita* Ficinos[81] und den *Collectanea rerum memorabilium* des Solinus[82]. Zur Beredsamkeit

---

[73] Hier Z. 47-51.

[74] Außer den in der Edition genannten Quellen wurden für die Notizen der Nacharbeit vermutlich noch weitere, bislang nicht nachgewiesene Quellen verwendet.

[75] Diese Arbeitsform setzt JOHANNES FICKER in WA 57 Röm, XLIX. LI für Reichenbachs Nacharbeit der von ihm nachgeschriebenen Luthervorlesungen voraus.

[76] Von Johannes Rhagius Aesticampianus, den ich oben S. 159-161 als Dozent der Vorlesung nachgewiesen habe, ist bekannt, daß er neben seinen Vorlesungen auch selbst Repetitionen abhielt. In seiner *Oratio in studio Lipsensi* (1511) nennt er neben den 'praelectiones' die 'repetitiones et inculcationes' als Teil seiner Lehrtätigkeit: D. FIDLER: De Ioanne Rhagio, Aesticampiano, [Leipzig] 1703, C 2[r].

[77] Rhagius, der 1517 bei seiner Berufung nach Wittenberg seine Schüler mitbrachte, unterhielt dort für seine Privatschule einen Magister. Siehe oben S. 148.

[78] 'Methabuntos' statt 'Metapontus' Z. 31.

[79] Zur Interpretation der Randbemerkungen s.o. S. 166-170.

[80] Z. 22f und 76.

[81] Siehe Edition Anm. 100.

[82] Siehe Edition Anm. 139.

Platons notiert Müntzer eine Stelle aus Quintilians *Institutio oratoria*[83]. Dieses Werk ist an anderen Stellen der Vorlesung vom Dozenten zitiert worden[84]. Die erste Randbemerkung[85], die zugleich die längste ist, bietet zur angeblichen Askese in der platonischen Akademie mit zwei Bibelstellen eine kleine Konkordanz zum Thema »Bitterkeit« und einen Hinweis auf eine einschlägige Äußerung in Johannes Gersons *De non esu carnium*.

Ich gehe davon aus, daß diese Randbemerkungen insgesamt von Müntzer stammen und daß er die genannten Autoren selbst benutzt hat. Auch Reichenbach läßt — wie andere Studenten seiner Zeit — in analoger Weise in seinen Vorlesungsnachschriften einen Rand, der für seine eigenen Bemerkungen bestimmt ist. Auch Schmidt zeigt die Tendenz, zwischen den Glossen des Dozenten und seinen Ergänzungen zu unterscheiden, wenn er eine eigene, zwischen die Nachschrift geschriebene Glosse mit seinen Initialen versieht. Die formalen Parallelen lassen vermuten, daß auch Müntzer den Rand für die eigenen Bemerkungen nutzte. Wichtigstes Argument hierfür ist der Umstand, daß es für keine der Randbemerkungen Müntzers Parallelen oder analoge Stichworte in S und R gibt. Die längste Randbemerkung, die zu der im Haupttext angesprochenen pädagogisch begründeten Leidensaskese zwei Bibelstellen mit einem Gersonzitat verbindet, hebt sich auch in ihrem inhaltlichen theologischen Charakter — Verbindung zweier Bibelzitate mit einem spätmittelalterlichen Theologen — von den Glossen und Scholien der Vorlesung ab. In dem humanistischen Stil der Vorlesung wird, abgesehen von einem Zitat aus den *Sententiae* des Petrus Lombardus[86], der Rückgriff auf mittelalterliche Theologen vermieden.

d) Die Edition

Der Edition der Handschrift stelle ich den Text der *Epistula 53 ad Paulinum presbyterum* des Hieronymus nach dem Wortlaut des 1517 bei Rhau-Grunenberg erschienenen Vorlesungsdruckes in dem Umfang voraus, wie es zum Verständnis des Müntzerschen Nachschriftenfragments erforderlich ist. Dieser Hieronymustext weicht an zahlreichen Stellen vom Textus receptus der modernen Ausgaben ab. Um dem Leser einen klaren Eindruck von der Textfassung des Vorlesungsdruckes zu vermitteln, behalte ich auch die Interpunktion des Vorlesungsdruckes bei und normalisiere nur hinsichtlich der Großschreibung von Namen.

Die Vorlesungsnachschrift wird nach der Handschrift Müntzers abgedruckt. Textvarianten der beiden anderen Nachschriften (S und R) werden im textkritischen Apparat vollständig mitgeteilt. Ich vermerke auch die bloß orthographischen Varianten von S und R, weil dadurch auch ein Urteil über die lateinische Orthographie Müntzers erleichtert wird. Konjekturen (Rekonstruktion von Textverlusten und Korrektur der eindeutigen Schreibfehler Müntzers) nehme ich in der Regel nach S bzw. R oder nach den jeweils zitierten Quellen vor.

Im kommentierenden Apparat werden die in der Nachschrift verwendeten Quellen nachgewiesen. Die vorhandenen Textparallelen von S und R werden regelmäßig genannt. Soweit ich keine Angaben über den Befund in S und R

---

[83] Z. 40-43.

[84] S, A 2ʳ. A 2ᵛ (zu 'argumenta' und 'Titus Livius'); R, C 1ᵛ (zu 'Simonides').

[85] Edition Z. 12-17.

[86] S, B 3ᵛ als Randglosse: »Sacramentum sacre rei signum. Magister in sen(tentiis).« Entsprechend R als Interlinearglosse, jedoch ohne Nennung der Quelle.

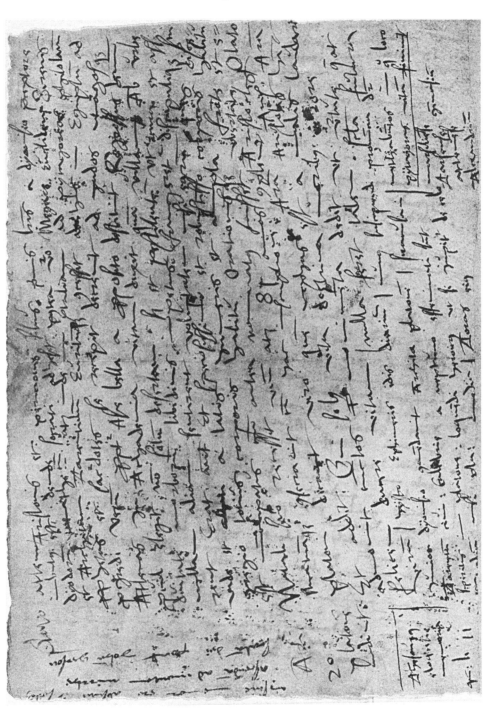

13. Müntzers Nachschrift aus einer Wittenberger Hieronymusvorlesung
des Johannes Rhagius Aesticampianus (Wintersemester 1517/18), Vorderseite

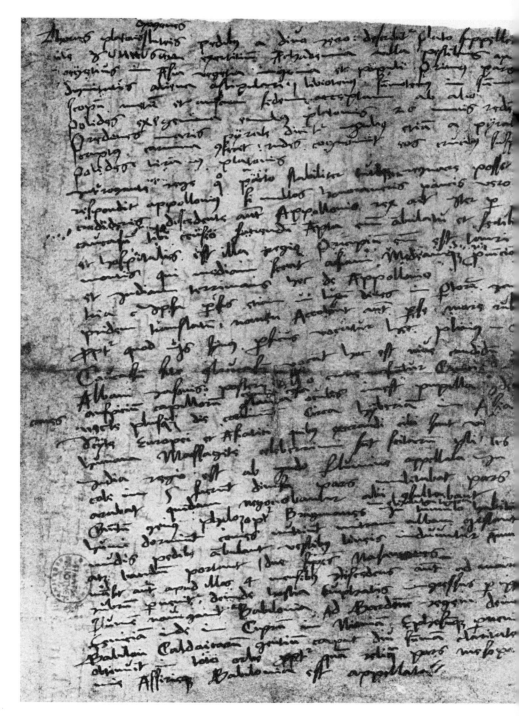

14. Müntzers Nachschrift aus einer Wittenberger Hieronymusvorlesung
des Johannes Rhagius Aesticampianus (Wintersemester 1517/18), Rückseite

mache, fehlen Parallelüberlieferungen. Die Glossen und Scholien in S und R, die über Müntzer hinausgehen, werden in der Regel vollständig zitiert. Dadurch ergibt sich durch Kombination des Müntzerschen Textes mit den in den Anmerkungen aus S und R mitgeteilten Texten ein annähernd vollständiges Bild von dem Teil der Vorlesung, den das Müntzersche Fragment umspannt. Allerdings ist einschränkend davon auszugehen, daß auch bei einer Kombination der Nachschriften von M, S und R noch Lücken in der Überlieferung des ursprünglichen Wortlauts der Vorlesung übrig bleiben.

Sigel:

M Nachschrift Thomas Müntzers; Leninbibl. Moskau, Handschriftenabt.: Fonds 218, Nr. 390, Bl. 23.
R Nachschrift Sigismund Reichenbachs; StadtB Dessau: Georg. 1049a (2).
S Nachschrift Kaspar Schmidts, HAB Wolfenbüttel: K 151 Helmst. 4° (40).

[Der der Vorlesung zugrunde gelegte Text (HIER. Epist. 53, 1f nach der Ausgabe Wittenberg 1517; vgl. CSEL 54, 442, 2 - 445, 5):]

[A 2ʳ] Epistola Divi Hieronymi ad Paulinum presbyterum
de omnibus divinae historiae libris.

(F)rater Ambrosius tua mihi munuscula perferens: detulit simul et suavissimas litteras: quae a principio amicitiarum fidem probatae iam fidei et veteris amicitiae: nova praeferebant[87]. Vera enim illa necessitudo est 5
et Christi glutino copulata. quam non utilitas rei familiaris: non praesentia tantum corporum: non subdola et palpans adulatio: sed Dei timor et divinarum scripturarum studia conciliant. Legimus in veteribus **historiis** quosdam lustrasse **provincias**: novos adiisse populos maria transisse: ut eos quos ex libris noverant coram quoque viderent. Sic **Pytha-** 10
goras Memphiticos vates: sic **Plato** Aegyptum et **Archytam**
Tarentinum: eandemque oram Italiae quae quondam Magna Graecia dicebatur laboriosissime peragravit: ut qui Athenis magister erat: et

---

[87] Zum Text vgl. CSEL 54, 442, 2f. In R findet sich als Randglosse folgende textkritische Bemerkung: »Erasmus legit: veteris amiciciae nova argumenta preferebant etc.« Vgl. das Scholion des ERASMUS z. St.: »Quae a principio amicitiarum fidem.) Hunc locum esse depravatum, vel ex hoc liquet, quod exemplaria nulla inter se consentiunt. Forte sic legendum est: Quae a principio probatae iam fidei fidem, et veteris amicitiae nova praeferebant argumenta. Apparet Paulinum in initio epistolae suae locutum fuisse de necessitudine sua quam habebat cum Hieronymo. Eam cum vetus esset, novis argumentis renovavit.« TOMVS QVARTVS EPISTOLARVM SIVE LIBRORVM EPISTOLARIVM DIVI EVSEBII HIERONYMI STRIDONENSIS... VNA CVM ARGVMENTIS ET SCHOLIIS ERASMI ROTERODAMI. Basel: Johann Froben 1516, 4ʳ. In Übereinstimmung mit der Konjektur des Erasmus hat S nach 'praeferebant' interlinear 'argumenta' eingefügt. Von dem so korrigierten Text ging der Dozent aus, denn er diktierte eine Glosse zum Stichwort 'argumentum': »Argumentum est racio rei faciens fidem, eciam est omnis materia ad scribendum destinata, Quin(tilianus) enim themata appellat argumenta.« (S als Randglosse.) Vgl. QUINT. Inst. 5, 10, 9f.

potens: cuiusque doctrinam Academiae **gymnasia** personabant: fieret
15 peregrinus atque discipulus: malens aliena verecunde discere: quam sua
impudenter ingerere. Denique dum litteras quasi toto orbe fugientes per-
sequitur: **captus a py-**[A 2ᵛ]**ratis**: et venundatus etiam **tyranno** crude-
lissimo paruit: ductus captivus vinctus et servus tamen. quia philosophus
maior emente se fuit. Ad Titum Livium lacteo eloquentiae fonte manan-
20 tem: de ultimis Hyspaniae Galliarumque finibus quosdam venisse nobi-
les legimus: et quos ad contemplationem sui Roma non traxerat unius
hominis fama perduxit. Habuit illa aetas inauditum omnibus saeculis
celebrandumque miraculum ut urbem tantam ingressi aliud extra urbem
quaererent. **Apollonius** sive ille **magus** ut vulgus loquitur: sive philoso-
25 phus: ut Pythagorici tradunt: intravit **Persas**: pertransivit **Caucasum:**
Albanos / Scythas / Massagethas: opulentissima **Indiae** regna penetra-
vit: et ad extremum latissimo Phison amne transmisso pervenit ad **Brac-**
manas: ut Hiarcham in throno sedentem aureo et de Tantali fonte potan-
tem: inter paucos discipulos de natura de moribus ac de cursu dierum et
30 syderum audiret docentem. Inde per Elamitas **Babylonios**: Chaldeos:
Medos: Assyrios / Parthos / Syros: Phoenices: Arabes: Palestinos: rever-
sus Alexandriam / perrexit Aethyopiam: ut gymnosophistas et famosissi-
mam solis mensam videret in sabulo. Invenit ille vir ubique quod [A 3ʳ]
disceret: et semper proficiens: semper se melior fieret. Scripsit super hoc
35 plenissime octo voluminibus Philostratus.

[Müntzers Vorlesungsnachschrift:]

> [23ᵛ] **Plato**[88] *Attenien(sis), Aristonis et Peric-*
> *tiones filius*[89]*, primis litteris a Dyonisio precep-*
> *tore imbutus est, deinde Socrat*i *adhesit. Postea*
> *vero Megare Euclidem, ⟨C⟩iren*is *⟨The⟩odo-*
> 5 *rum mathematicum ⟨audivit⟩, atque inde in*
> *Ytaliam ad Pytagoreos Philolaum et Architam*
> *Tarentinum Euritumque concessit. Ab his in*
> *Egiptum ad prophetas et sacerdotes se recepit.*

---

1 Plato] *in M zur Hervorhebung in den linken Rand herausgerückt und größer geschrieben als das*
Übrige 1 Attenien(sis)] attenien *M,* Atheniensis *S* 2 primis] primum *S* 4 Cirenis]
Sirenis *M (Hörfehler),* Cyrenis *S* 4/5 Theodorum] *S mit* Ficino, dyodorum *M (Hörfehler)*
5 audivit] *S mit* Ficino, *fehlt M* 6 Ytaliam] italiam *S* 6 Pytagoreos] pythagoreos *S*
6 Architam] archytam *S* 7 Tarentinum] Tharentin⟨um⟩ *S*

---

[88] Scholion über Platon auch in S, A 1ᵛ. Hier gehen zwei längere Scholien zu den
Lemmata 'Pythagoras' (s.u. Anm. 104) und 'Memphiticos' voraus.
[89] Marsilio Ficino Platonis vita [c. 1]; PLATONIS OPERA, Venedig: Philippus
Pincius Mantuanus 1517, iiiʳ (Zürich ZB: V E 4; Provenienz: Huldrych Zwingli).

*Decrev*it *ad Indos magosque progedi. Verum prop-*
ter Asie bella a proposito destit⟨i⟩t. Regres- 10
sus demum Athenas in Achademia vitam duxit[90],

./. Sane[91] *memor ero*[92] quam *villam·/· ab urbe procul elegit, non solum*
absintii et fellis[93]. *desertam, sed et pestilentem, ut cura et assiduitate*
Ascendam[94] *ad montem* *morborum libidinis impetus frangeretur discipulique*
mirrhe[95]. *sui nullam aliam sentirent voluptatem nisi earum* 15
*Scala*m dei ponit *⟨rerum⟩ quas discerent*[97]. *Erat* autem *et specio-*
Iohan(nes) Gerson[96]. *sissimo et robustissimo corporis habitu. Unde et a*
latis humeris et *ampla fronte et egregio totius corpo-*
ris habitu orationisque ubertate Plato est nuncupa-
*tus, cum ante*a *nominatus fuisset Aristocles*[98]. 20
Natali suo recessit, unum atque 8⟨0⟩ annos
Ari(stoteles) 20 *complevit. Aris(toteles) aram*[99] *st⟨a⟩tuamque*
Platonem *audiv*it[100]. cons*ecravit* cum hac inscriptione: *Aram Aristo-*
⟨te⟩les hanc Platoni dicavit, viro quem nephas est
a malis laudari. Et addit: Qui solus vita, doctrina, 25
moribus, ore admonuit cunctos et monimenta dedit,
ut virtute quea⟨n⟩t felicem ducere vitam. Nulla
*ferent talem sec*u*la futura virum*[101]. —

---

9 Indos] *in M am Wortanfang Korrektur* **10** destitit] *S mit* FICINO, destituit *M*
11 Achademia] academia *S* **12** villam·/·] *Über* villam *hat Müntzer einen Limniscus gesetzt*
und diesen am Rand zur Kennzeichnung der Zugehörigkeit der Randbemerkungen wiederholt.
12-17 Sane... Gerson] *Die drei Randbemerkungen sind vertikal geschrieben, und zwar auf der*
Höhe des Textes von Z. 1-20 in drei übereinander liegenden Zeilen. **16** rerum] *S mit* HIER., *fehlt*
M **17/18** a latis] *In M davor durchgestrichen* allati. *Diesen Hörfehler erkannte Müntzer, als der*
Dozent das Diktat fortsetzte. **19** orationisque ubertate] *fehlt S* **21** recessit] decessit *S mit*
FICINO **21** unum atque 80] FICINO, unum atque 81 *M,* quum 81 *S* **22** 20] viginti...
annos FICINO **22** complevit] complesset *S* **22** aram] aram Platoni *S mit* FICINO
22 statuamque] FICINO, stuatuamque *M* **23/24** Aristoteles] FICINO, Aristoles *M*
27 queant] queat *M* **27** vitam] *Dahinter in M ein senkrechter Strich, dessen Bedeutung unklar*
ist. **28** virum. —] *Mit Gedankenstrich gebe ich einen senkrechten Strich in Müntzers Manuskript*
wieder, der in der Regel das Ende einer Notiz bezeichnet.

---

[90] Ibid. [c. 2]; ed. cit., iii[r].
[91] Sämtliche Randbemerkungen Müntzers haben keine Parallelen in S und R.
[92] Thr 3,20.
[93] Thr 3,19.
[94] Wortwahl nach Ps 23,3 (Vg): »Quis ascendet in montem Domini?«
[95] Cant 4,6: »vadam ad montem myrrhae«.
[96] GERSON De non esu carnium; JEAN GERSON: Oeuvres complètes/ hg. v. P. GLO-
RIEUX, Bd. 3, Paris 1962, 87. Dazu s. o. S. 169.
[97] HIER. Adv. Iovin. 2, 9.
[98] FICINO Platonis vita [c. 2]; ed. cit. (wie Anm. 89), iii[r].
[99] In S, A 1[v] ist der Rest des Scholions zu Platon am unteren Rand abgeschnitten.
[100] FICINO Platonis vita [c. 8]; ed. cit. (wie Anm. 89), iv[v].
[101] Ibid. [c. 14]; ed. cit., v[v].

Hysto[ria], ephimeris, -idis: diarium[102].
— Munus suscipiendi **provincia** dicitur[103].
*Met*habun*tos* in quo loco **Pytagoras** *vitam*
*fini*vit[104]. Iuniori Dyonisio commendavit
Archita Platonem[105]. — **Tarentum** civi⟨tas⟩
Calabrie[106]. Siracusani[107] a Neptuno effemi-
nati sunt.

30

35

---

29 hystoria] *Müntzer hat die Niederschrift dieses Wortes im o abgebrochen. Vielleicht wollte er es auch streichen, da durch* hy *ein Querstrich gezogen ist. Siehe Anm. 102.* **31-41** Methabuntos... ⟨...⟩dia] *Es ist nicht mehr mit Sicherheit festzustellen, in welcher Reihenfolge Müntzer die einzelnen kurzen Notizen niedergeschrieben hat. Siehe den handschriftlichen Befund in MBL 23ᵛ (s. Abb. 13). Die vorliegende Edition ist ein Versuch, die ursprüngliche Abfolge der Niederschrift zu rekonstruieren.* **31/32** Methabuntos... finivit] *steht in der rechten unteren Ecke über* Marsiliense *(Z. 36)* **31** Methabuntos] *Verschreibung für* Metapontus **34** Siracusani] *steht im Original in Z. 4 v. u. hinter* Platonem *(hier Z. 33)* **34/35** a... sunt] *Steht im Original in Z. 3 v. u. hinter* Calabrie *(hier Z. 34). Die Worte der vorliegenden Glosse wurden auf die noch vorhandenen Lücken zweier Zeilen verteilt, nachdem das Blatt rechts und links neben diesen Lücken schon beschrieben war.*

[102] Die vorstehenden Stichworte sind folgendem in S als Randglosse überlieferten Scholion entnommen: »Hystoria est rei geste exposicio. Annales libri in quibus singulorum annorum res geste breviter cum servato ordine describuntur. Ephimerides, latine diaria, ubi singulorum dierum res geste notantur.« Nach GELL. 5, 18, 6-8.

[103] Eine andere Glosse, in der 'provincia' im Sinne des Hieronymustextes als geographischer Terminus erklärt wird, findet sich in S am Rand. In Müntzers Notiz wird auf die Grundbedeutung von 'provincia' hingewiesen.

[104] DIOGENES LAERTIOS 8, 40; benützte lat. Übersetzung: Diogenes laertii historiographi de philosophorum vita decem per q(uam) fecundi libri ad bene beateq(ue) viuendū cōmotiui. Paris: Jean Petit [um 1510], 102ʳ. Die Form 'Metapontus' (statt 'Metapontum') bei VAL. MAX. 8, 7 ext. 2. S, A 1ᵛ bietet ein langes Scholion über Pythagoras, in dem dessen Tod nicht erwähnt ist: »Pythagoras Samius fuit Mnesarcho patre gemmarum sculptore genitus primusque philosophus cognominatus est, pulchritudine apprime insignis, psallendi musiceque omnis multo doctissimus. In Egypto a sacerdotibus ceremoniarum incredendas potencias, numerorum admirandas vices, geometrie sollertissimas formulas didicit. A Chaldeis syderalem scientiam, numinum vagancium status, ambitus, utrorumque varios effectus in genituris hominum, necnon medendi remedia mortalibus terra et mari conquista. Quin eciam Pherecydem coluit, qui primus versuum nexu repudiato conscribere ausus est, quem eciam infandi morbi putredine in serpent⟨i⟩um scabiem solutum religiose humanavit. Sectatus est Athe(nis) Epimenidem inclitum fatiloquum. Tot ille doctoribus eruditus, tot disciplinis, primum tamen sapientie rudimentum eius erat, meditari condiscere, loquitari dediscere. Apuleius auctor 2 floridorum.« Nach APUL. Flor. 15, 12-24.

[105] Vgl. die Interlinearglosse in S zum Lemma 'Archytam': »qui Platonem Dionisio literis commisit seu commendavit.« Welches Ereignis hier gemeint ist, zeigt eine ausführlichere Randglosse über Archytas in R: »Architas Tarentinus Pithagoricus nobilissimus, qui Platonem cum a Dionisio tiranno necandus esset per epistulam eripuit, in omni genere virtutis ac scientie admirabilis et princeps sue civitatis.« Nach DIOGENES LAERTIOS 8, 79.

[106] Ausführlicher eine Randglosse in R: »Tarentum civitas Calabrie in sinu maris et finibus Italiae sita.«

[107] Dieses Stichwort ist veranlaßt durch die vorhergehende Erwähnung von Dionys d. J., der 367-343 v. Chr. in Syrakus herrschte.

$\left.\begin{array}{l}\text{Marsiliense}\\\text{Tarsense}\\\text{Atteniense}\\\text{Alexandrinum}\end{array}\right\}$ **gimnasium**[108].

Thesaurus eloquentie   Spiritus in Platone, loquendi heroicus *ut si* 40
memoria.   *Iupiter* de *celo*[109] ⟨...⟩ Pla: ⟨...⟩dia. —
Quin(tilianus)   *Toros eius*, [23ʳ] thoros Platonis, *Dyogenes*
li(bro) 11[110].   *luteis pedibus*[111]. A divo Iero(nymo) describi-
tur Plato. Suppellectilem[112]. Γυμν⟨α⟩σμα:
excercitium[113]. *Achademia villa pestilens*[114] 45
apud [...][115].

36-39 Marsiliense... gimnasium] *steht in der rechten unteren Ecke unter* Pytagoras vitam fini-
vit *(Z. 31f)* **41** ⟨...⟩ Pla: ⟨...⟩dia] *Entzifferung lückenhaft, da der Text teilweise am unteren
Rand durch Papierfalz überklebt ist.* **42** Dyogenes] *über der Zeile nachgetragen* **44** γυμνασμα]
γυμνυσμα *M* **46** apud] *Niederschrift der Notiz offenbar von Müntzer abgebrochen, da kein Textverlust vorliegt.*

---

[108] Die Zusammenstellung dieser vier Gymnasien begegnet in einer Bologneser Rektoratsrede, deren Autor vermutlich Filippo Beroaldo (1453-1505) ist. Auf diese Spur führt
ein drei venetianische Drucke enthaltender Sammelband (Tübingen, Bibl. des Evang.
Stifts: f 55) aus dem Besitz des Johannes Geiling aus Ilsfeld (vgl. oben S. 153f), der vom
10. Sept. 1515 (Album 1, 58a) bis vermutlich 1520 in Wittenberg studierte. Geiling
schrieb die Bologneser Rede auf das zweite Vorsatzblatt seines Sammelbandes, in den
er in Wittenberg Glossen und mehrere Texte aus dem damaligen Wittenberger Studienbetrieb jener Zeit einzeichnete: s. O. Bayer; M. Brecht: Unbekannte Texte des frühen
Luther aus dem Besitz des Wittenberger Studenten Iohannes Geiling, in: ZKG 82 (1971)
229-233 und Martin Brecht: Passionsbetrachtungen. (1516?), in: WA 59, 1983, 209-
211. In der genannten Rede werden ausführlich die Gymnasien von Athen, Alexandria,
Tarsus und Massilia als Vorbilder der Bologneser Universität vorgeführt. Zusammenfassend heißt es: »Ceterum cum pulchrum sit priscorum vestigia sectari, si modo recto i⟨ti-
n⟩er⟨e⟩ precesserint maiores nostri, qui hanc rem publicam optimis et institutis et legibus temperaverunt Atheniensium, Alexandrinorum, Tharsensium, Massiliensium
exempla opinor imitati, sapientissimi sanxerunt, ut hac in urbe gymnasia litteratoria con-
stituerentur.« Die von Geiling aufgeschriebene Rede, deren Autor er nicht nennt, findet
sich nicht in den wiederholten Basler Sammelausgaben der Opuscula Beroaldos. Allerdings finden sich Motivparallelen in dessen *Oratio dicta apud rectorem scholastici conventus
ineuntem scholasticam praefecturam:* VARIA PHILIPPI BEROALDI OPVSCVLA..., Basel
1517, 15ʳ⁻ᵛ; vgl. Bayer/Brecht 1971, 230). Diese Rede kann Müntzers Notiz nicht
zugrunde gelegen haben, da unter den Gymnasien Massilia nicht genannt wird.
[109] Vgl. Val. Max. 8, 7 ext. 3.
[110] Quint. Inst. 11, 2, 1.
[111] Hier. Adv. Iovin. 2, 9: »Sed et ipse Plato cum esset dives, et toros ejus Diogenes
lutatis pedibus conculcaret: ut posset vacare philosophiae, elegit Academiam...«
[112] Worterklärung zu 'toros'.
[113] Vgl. Glosse in S: »Gymnasium locus exercitationis est et ab exercendis palestritis
denominatus ⟨...⟩« (Fortsetzung in S am unteren Rand abgeschnitten.)
[114] Hier. Adv. Iovin. 2, 9. Siehe Z. 11-13.
[115] Möglicherweise wollte Müntzer in dieser abgebrochenen Notiz schreiben: »apud
Ieronymum«.

Vegetius[116], in Asia Vegeti[117], -a ingenia[118] et populi[119]. Primus: pars dignitatis. Aliena astipulari: fidem acceptam ab alio. ⟨...⟩ tenus, summotenus: in summum scopum, metam et ⟨...⟩.

Polides[120] ex E⟨gi⟩na[121] emulus Platonis. *20 minis* redempt⟨us⟩[122]. Predones maris **pyrate** dicuntur[123]. Iulius[124] etiam **a pyratis captus**, carmina confecit, rudes cognominat, eos crucibus suspen⟨dit⟩[125]. Polides **tirannus** Platonis[126].

Interrogante[127] *rege quo pacto stabiliter tuteque*

---

47 Vegeti, -a] vegetia *M* **49/50** fidem... alio] *steht eine Zeile tiefer, dort nachgetragen und durch einen Strich mit* astipulari *verbunden* **50** ⟨...⟩ tenus] *ein Wort unentziffert* **51** et ⟨...⟩] *ein Wort unentziffert* **52** Egina] Egenina *M* **53** redemptus] *Textverlust am Rand* **56** suspendit] *Textverlust am Rand* **57** Platonis] *danach Rest der Zeile leer (Absatz)* **58** Interrogante] Interroganti *S. M setzt hier mit neuer Zeile und anderer Feder ein (ebenso S nach dem in Anm. 127 zitierten Text).*

[116] Müntzers Notizen von »Vegetius« bis »metam et ⟨...⟩« lassen keinen Zusammenhang mit HIER. Epist. 53 erkennen. Die Stichworte sind vielleicht Glossen entnommen, die auch in S und R fehlen. — Vegetius (Ende des 4. Jh. n. Chr.) ist Verfasser einer zur Zeit Müntzers bekannten und auch in dt. Übersetzung erschienenen *Epitoma rei militaris.*

[117] Nach MELA 1, 13 sind die Vegeti ein Volk in Asien.

[118] Die Verbindung 'vegetum ingenium' ist belegt bei LIV. 6, 22, 7 und VAL. MAX. 7, 3, 2.

[119] Die vorliegende Notiz gilt der Unterscheidung von 'Vegetius', 'Vegeti', 'vegetus'.

[120] Richtig 'Pollis'.

[121] Hier liegt ein Irrtum vor. Pollis soll Platon in Aigina verkauft haben, stammte jedoch aus Sparta, Vgl. FICINO Platonis vita [c. 3]; ed. cit. (wie Anm. 89), iii[r].

[122] Nicht genanntes Subjekt ist Platon. FICINO Platonis vita [c. 3]; ed. cit., iii[v].

[123] Ähnlich Randglosse in S (am Rand beschnitten): »⟨Pyra⟩ta predo seu latro ⟨ma⟩ris. Archipyrata ⟨eorum⟩ dux est appellatus.«

[124] Gaius Iulius Caesar.

[125] PLUTARCHOS Caesar 1f.

[126] Ähnlich S in einer Interlinearglosse zum Lemma 'tyranno': »Polidi forte«.

[127] Müntzer bietet im folgenden den zweiten Teil eines Scholions über Apollonios, übereinstimmend mit S und R (jeweils A 3[r]). Jedoch geht in S und R (jeweils A 2[v]-3[r]) der bei Müntzer fehlende erste Teil voraus: »Apollonio patria fuit Thyana civitas Greca, in Capadocie finibus posita, pater eodem quo ipse nomine nuncupatus, genus antiquum sane et claris hominibus fecundum, diviciis autem pre ceteris abundans. Tharsis Euty-⟨de⟩mum rhetorem audivit, inde migrans Egas civitatem Tharso proximam philosophos cognovit Platonicos, Crisippicos et Peripatheticos, quasdam etiam Epicuri sententias voluit audire. Cum vero ad sextumdecimum etatis annum pervenisset, Pithagore vitam amare cepit bono utens preceptore, cui eciam patre concedente suburbanum donavit. Ipse lineo habitu cultus terrestribus fructibus et oleribus vescebatur. Comam nutrire cepit et in templo Esculapii plurimum moratus. Adolescentem Asyrium a morbo aque intercutis liberavit ex pluvia siccitatem inducens. Itaque deos precari iussit: O dii, que mihi debentur, ea prestate, ut bonis et sanctis bona, pravis autem et scelestis contraria.

regnare posset, respondit **Appollonius***: Si multos honoraveris, paucis vero credideris*[128]. Discedente 60 autem *Appollonio* rex ait: *Iter per Caucasum tibi censeo faciendum. Apta enim ambulatu et fertilis et hospitalis est illa regio*[129]. *Principium* enim est *Tauri*[130] montis, qui *mediam* secat *Asiam*[131] *Medeam*que provinciam et *Indiam terminans*[132]. 65 Hec de Appollonio.

Tria g[...][133]. *Ipsa* **Persis** *etiam in luxum dives, in Partorum iam pridem translat*um *nomen*[134]. *Accolu*nt autem *Perse mare Rubrum,*

---

59 Appollonius] Appoll⟨onius⟩ S, appol: R   60 honoraveris] oneraveris S   66 Hec de Appollonio] *fehlt SR, in M Rest der Zeile leer*   67 g] *Buchstabe g nur teilweise geschrieben*   67 Ipsa Persis] Pli: Persis S   68/69 in Partorum... nomen] *Fehlt in S, wo diese und die folgenden geographischen Glossen wegen Platzmangel am inneren Rand mehrfach gekürzt sind.*   69 Accolunt... Rubrum] perse autem mare rubrum accolebant S

Ab omni preterea re venera abstinuit, silencium servavit per integrum quinquennium, audita visaque omnia memorie mandavit. Post tempora silencii Antiochiam venit ibique in templo Apollinis philosophans agebat oportere qui recte philossophetur adveniente aurora cum deo versari, procedente autem die de deo loqui, reliquum vero tempus humanis rebus et sermonibus impendere. Ironia nunquam usus est, sed tanquam ex oraculo sermo eius procedebat: Hoc scio, aut: Ita censeo, aut: Scire oportet. Ex Antiochia Niniam antiquam pervenit duobus famulis comitatus. Ibi Damis et peregrinationis et philosophie comes ascitus est, qui eius non solum facta verumeciam dicta litteris mandavit. Demum Mesopotamiam venit, quam Tigris et Euphrates cingunt. Fuit autem Appollonius magna fortitudine preditus, qua fretus barbaras gentes et latrociniis infestas regiones peragravit, que nondum Romane dicioni parebant. Post hec Ctesiphontem templum ingressus in Babylonis fines pervenit. Tunc interrogatus a satrapa, cur regis fines intrasset: Mea est, inquit, universa terra, propterea quocunque libuerit pergendi facultas datur. Leenam ibi interfectam invenit octo catulos in utero habentem, ex quibus annuam peregrinacionem et octo mensium auguratus est in Indiam. Babylonia autem tum magis bis in die locutus est, meridie scilicet et media nocte. A Bardane rege susceptus rogavit deum [sic!] ut eo se terrarum mitteret concederetque, ut bonos viros cognosceret, improbos vero neque agnosceret neque agnosceretur ab illis. Atque sic concede mihi pauca habere et nullius indigere.« (Text nach S mit Ergänzung der Lücken nach R.) Den dritten Teil des Scholions über Apollonios s. Z. 90-95.

[128] PHILOSTRATOS Vita Apollonii 1, 37 nach der lat. Übersetzung des Alemanus Rhinuccinus Florentinus. Benützte Ausgabe: PHILOSTRATI LEMNII SEnioris Historiae dè uita Apollonij libri VIII. Alemano Rhinuccino Florentino interprete. ... Köln: Johannes Gymnicus 1532.
[129] Ibid. 1, 40.
[130] Ibid. 2, 2.
[131] Vgl. PLIN. Nat. 5, 97.
[132] PHILOSTRATOS Vita Apollonii 2, 2.
[133] Müntzer hatte hier begonnen, den Anfang einer kürzeren Glosse zum Lemma 'magus' niederzuschreiben, die in R überliefert ist und nach HIER. Adv. Iovin. 2, 14 wie Müntzers Bruchstück beginnt: »Tria gener⟨a⟩ **magorum** ⟨...⟩ divus H⟨iero⟩nimus...« (Text am inneren Rand nur teilweise lesbar.) Müntzer brach die Niederschrift im Buchstaben g ab.
[134] PLIN. Nat. 6, 111.

70

propter quod is synus Persicus vocatur. Hec Plinius in 6[135].

Caucasum *Scite* G⟨*r*⟩aucas*um* vocant, *hoc est nive candidum*[136]. **Albani** *Iasonis poster*i, ⟨*a*⟩*lbo crine nascuntur, caniti*⟨*em habent*⟩ *auspi-*

75

cium capillorum. Glauca (cerulea cesia[137]) *oculis*

canes[139]

inest pupilla, ideo nocte plusquam die cernunt[138]. Circa Hyberiam in Asia **Scyte** Europei et *Asiatici, quibus execrandi cibi sunt* vi⟨*scera*⟩ *humana*[140]. **Massagete** *celeberrimi* sunt Scita-

80

rum. Pli(nius) li(bro) 6[141].

India *regio est ab Indo flumine appellata*[142]. Incole in 5 fuerunt divisi: Pars militabat, pars arabat, quidam negociabantur, alii consultabant, *quintum genus* philozophatur[143].

85

Bragmanes in *tumulo* (in elevata terra[144])

70/71 propter... in 6] *fehlt S* **72** Scite] Scythe *S* **72** Graucasum] *S mit* PLIN., glaucasum *M* **72/73** hoc est] .i. *S* **74** albo] *Textbeschädigung an Faltstelle, Ergänzung nach* SOL. **74** canitiem habent] *Textbeschädigung am Rand, Ergänzung nach* SOL. **75** cerulea cesia] *in M interlinear über* glauca *geschrieben, nicht in S* **76** canes] *nicht in S* **76** cernunt] *M verbessert aus* carnunt, *S fügt hinzu:* Solinus in 1 **77** Circa... Europei] Scythe europici *S* **78** viscera] *S, in M Text am Rand überklebt* **79** humana] humana. Pli: *in 7 et* Solinus *S* **79** Massagete] Masagethe *S* **79/80** Scitarum] Scytharum *SR* **81** est] *fehlt S* **82-84** fuerunt... philozophatur] diuidebantur partes, partim / agros / miliciam / merces / reme(dia) / philosophiam / exercebant *S* **85** Bragmanes] Bracmanes *S* **85** in elevata terra] *in M interlinear über* in tumulo *geschrieben, nicht in SR*

---

[135] Ibid. 6, 115. Gekürzt in S.

[136] Ibid. 6, 50. In S als Interlinearglosse.

[137] Interlinearglosse in Müntzers Niederschrift ohne Parallele in S. Worterklärung nach GELL. 2, 26, 18f.

[138] SOL. 15, 5. In S, A 1[r] am oberen Rand beschnitten.

[139] Randbemerkung Müntzers ohne Parallele in S. Sie erklärt sich daraus, daß bei SOL. unmittelbar auf die in unserem Text zitierte Stelle (s. Anm. 138) Ausführungen über die Hunde der Albaner folgen: »Apud hos populos nati canes feris anteponuntur... hoc genus canes crescunt ad formam amplissimam, haec sunt de canibus Albanis...« SOL. 15, 6-8.

[140] SOL. 15, 4f. Vgl. PLIN. Nat. 6, 53. 55. In S als Randglosse.

[141] PLIN. Nat. 6, 50. In S und R als Randglosse.

[142] AMBROSIUS CALEPINUS Dictionarium s. v. India; benützte Ausgabe: Ambrosius Calepinus Bergomates: professor deuotus ordinis eremitarum sancti Augustini: Dictionum latinarum e greco pariter diriuantium: ... collector..., Basel: Adam Petri 1512. S, A 1[r] wörtlich nach CALEPINUS.

[143] Vgl. PLIN. Nat. 6, 66. In S, A 1[r]. Hier findet sich noch ein Scholion zum Lemma 'Phison': »Geon seu Nylus / Tigris / Phisan seu Ganges / Euphrates / 4 flumina ex parady⟨so⟩.«

[144] Interlinearglosse in Müntzers Niederschrift ohne Parallele in S und R.

*habit*ant, *humi dormi*unt, *com⟨a⟩s nutriunt, mit-*
*ram albam gesta*nt, *nudis pedibus ambula*nt, *vesti-*
bus *line*is induuntur, *annulum atque baculum*
portant[145]. —
Mansit[146] autem *apud illo*s *4 mens*ibus. *Disce-* 90
*de*ns autem *ad mare Rubrum perven*it[147]. Deinde
*hostia Euph⟨r⟩atis ingress*us *per ipsum flu*men
*naviga*vit *Babilonia⟨m⟩ ad Bardanem* regem.
Deinde Feniciam, *inde in Ciprum, in*
⟨*I*⟩*oniam*[148] *Ephesum*que pervenit[149]. 95

Babilon[150], *Caldaicarum gentium caput, diu*
summam claritatem obtinuit in *toto orbe, propter*
*qu*am *reliqua pars Mesopo⟨ta⟩mie Assirieque*
Babilonia est appellata[151].
Due stirpes Nasamones[152]. 100

---

86 habitant] habitabant *S* **86** comas] *SR*, comes *M (Hörfehler)* **88/89** atque… portant]
Diese Worte in M am Anfang einer neuen Zeile, Rest der Zeile zunächst leer gelassen. Hier später
Due stirpes Nasamones (*Z. 100*) *notiert* **90** apud] *fehlt R* **90/91** Discedens] bracmane⟨s
disce⟩dens *S* **92** hostia] ipse ostia *S* **92** Euphratis] *R*, Euphatis *M* **93** Babiloniam]
R, Babilonia *M* **94** Feniciam] pheniciam *R* **95** Ioniam] PHILOSTRATOS, Nioniam *M*,
Ineoneam *R (beides Hörfehler)* **95** Ephesumque] *fehlt R* **96** Babilon] Babylon *S*
96 gentium] gencium *SR* **97-99** propter… appellata] *fehlt S* **98** Mesopotamie] PLIN.,
mesopomie *M* **99** appellata] *M endet hier am unteren Rand von Blatt 23ʳ. In R wird die Glosse*
fortgesetzt, jedoch ist der Text am inneren Rand nicht vollständig zu entziffern. **100** Due… Nasa-
mones] *Diese Notiz ist hinter* portant *(hier Z. 89) eingefügt, da dort noch ein Teil der Zeile (Bl.*
23ʳ Z. 32) unbeschrieben war.

---

[145] PHILOSTRATOS Vita Apollonii 3, 15. In S auf dem Titelblatt, in R als Randglosse.
S, A 1ʳ bietet anschließend drei Glossen zu den Lemmata 'Hiarchas' (beschnitten),
'Tantalus' (»Tantalus rex Asie diis gratus et hospitibus amicissimus.«) und 'de Tantali
fonte' (beschnitten).
[146] Nämlich Apollonios. Der folgende dritte Teil des Scholions über Apollonios auch
in S (beschnitten) und R, jeweils A 3ʳ.
[147] PHILOSTRATOS Vita Apollonii 3, 50.
[148] Ibid. 3, 58.
[149] Ibid. 4, 1.
[150] S, A 1ʳ bietet diese Glosse kürzer, R (Randglosse) ausführlicher als Müntzer.
[151] PLIN. Nat. 6, 121.
[152] In PHILOSTRATOS Vita Apollonii 6, 25 werden die Nasamonen unter den Volks-
stämmen Äthiopiens aufgezählt, während sie sonst an der Großen Syrte angesiedelt werden (PLIN. Nat. 5, 33). Diesen Widerspruch versucht Müntzers Notiz mit der Annahme
zweier nasamonischer Stämme auszuräumen. Die Notiz zeigt eine Beschäftigung mit der
Vita Apollonii des Philostratos über den vom M, S und R überlieferten Umfang des Apolloniosscholions (vgl. oben Anm. 127) hinaus.

3. Verzeichnis der Schriften Platons [von der Hand Müntzers, 1517 oder später]

Original: MAB, Bl. 86ʳ (konnte nicht eingesehen werden).
Faksimile: MBL, T. 67 (danach hier ediert).

Handschriftenbeschreibung (s. Abb. 7): Es handelt sich um ein Einzelblatt[1] in der Größe von ca. 10 × 16,5 cm. Das Blatt ist auf der Vorderseite (86ʳ) beschrieben und weist hier mehrere, teils größere Tintenkleckse auf. Die Rückseite (86ᵛ) ist unbeschrieben, jedoch verschmutzt. Um das Inhaltsverzeichnis der Schriften Platons in zwei Spalten schreiben zu können, hat Müntzer das Blatt vor der Niederschrift in der Mitte längs gefaltet. Die Faltstelle diente ihm als Grenzlinie zwischen den beiden Spalten.

Entstehung: Müntzer bietet ein Verzeichnis der Schriften Platons. In diesem werden die Titel der einzelnen Schriften in dem Umfang und in derselben Reihenfolge aufgeführt, wie sie sich in der lateinischen Platonausgabe Marsilio Ficinos finden[2]. Von dieser Ausgabe lagen zu Müntzers Zeit drei hier zu berücksichtigende Drucke vor[3].

A (PLATON: Opera latine, translatione Marsilii Ficini), s.l. et a. [1484/85][4].
B (PLATON: Opera latine, translatione Marsilii Ficini), Venedig: Bernardinus de Coris de Cremona und Simon de Luere für Andreas Torresanus, 1491 August 13[5].
C PLATONIS OPERA, Venedig: Philippus Pincius Mantuanus, 1517 April 22[6].

Alle drei Drucke enthalten im Anschluß an die der Ausgabe vorangestellte *Platonis vita* Ficinos eine Inhaltsübersicht. Da die Inhaltsübersichten der drei Ausgaben trotz Übereinstimmung hinsichtlich der erfaßten Platonschriften gewisse Differenzen aufweisen, läßt sich die von Müntzer benutzte Ausgabe bestimmen: Er hat sein Verzeichnis aus der Ausgabe C — in Venedig am 12. April 1517 fertiggestellt — exzerpiert. Müntzers Verzeichnis stimmt mehrfach signifikant mit C gegen A und B überein[7]. Um diesen Sachverhalt zu verdeutlichen, werden zu Müntzers Text in den Anmerkungen die wesentlichen Varianten der drei Ausgaben aufgeführt. Die wichtigste Übereinstimmung von C und Münt-

---

[1] In MSB 536, 9f ist nach MAB, Bl. 83ʳ eine kurze Notiz Müntzers (»Non es amicus Caesaris ...«) ediert. Die auf den ersten Blick naheliegende Annahme, die jetzigen Blätter 83 und 86 gehörten ursprünglich zu »dem gleichen Blatt« (gemeint ist »Papierbogen«), ist falsch. Die beiden Blätter sind erst sekundär zusammengeheftet worden. Das zeigen u.a. die unterschiedlich verlaufenden Faltstellen der beiden Blätter.
[2] So schon MSB 17 Anm. 13.
[3] Hier werden nur die Drucke berücksichtigt, deren Textkorpus auf die von Ficino herausgegebenen Schriften beschränkt ist. Ausgaben, die um Übersetzungen anderer Herkunft ergänzt sind, können hier außer Betracht bleiben, da Müntzers Inhaltsverzeichnis die Erweiterungen nicht kennt.
[4] LB Stuttgart: Incun. 13062, 1. Exemplar; HAIN Nr. 13062. Inhaltsverzeichnis: Bl. 8ʳᵃ.
[5] UB Heidelberg: D 2496 Inc.; HAIN Nr. 13063. Inhaltsverzeichnis: Bl. 4ᵛ.
[6] ZB Zürich: V E 4 mit Provenienzvermerk Huldrych Zwinglis: ἐμὶ τοῦ Ζιjγγλῖου. Inhaltsverzeichnis: Bl. viʳ.
[7] Siehe Anm. 15. 21. 23. 27. 31f. 34.

zer ist die Zählung von 36 Platonschriften[8]. Müntzer hat seine Vorlage allerdings nicht einfach abgeschrieben. Mehrfach hat er Titelformulierungen gekürzt[9], zweimal die Wortstellung verändert[10]. An einer Stelle hat er eine Bemerkung zur inhaltlichen Charakterisierung einer Platonschrift gemacht, die entweder aus der betreffenden Schrift selbst oder aus dem zugehörigen *argumentum* Ficinos stammt[11].

Datierung: Mit dem Erscheinen der von Müntzer benutzten Venediger Platonausgabe ist der 22. April 1517 als terminus post quem gegeben. Die Anfertigung des Inhaltsverzeichnisses *könnte* in Müntzers Wittenberger Studienzeit (1517/18 und eventuell noch 1519) erfolgt sein. Ein intensives Interesse für Platon und seine Schriften ist in jener Zeit in Wittenberg nachweisbar. Müntzers Verzeichnis könnte im Zusammenhang mit einer Lehrveranstaltung Melanchthons stehen, der 1518/19 mehrfach den Plan der Lektüre einzelner Platonschriften im Kolleg erwähnte[12]. Starkes Interesse an Platon zeigte auch Johannes Rhagius[13], bei dem Müntzer eine Hieronymusvorlesung besuchte.

H⟨ipparc⟩hus lucrum[14]

Amatores de philosophia[15]

Theages[16]

Menon de virtute[17]

Alcibiades natura hominis[18]   5

Alcibiades votum[19]

Minos de lege[20]

Eutriphro de sanctitate[21]

Permenides de uno rerum omnium principio

Philebus de summo hominis bono   10

Hippias maior de pulchro

---

1 H⟨ipparc⟩hus] *Hier beginnt die linke Spalte. Erstes Wort wegen Tintenklecks teilweise unleserlich* **8** Eutriphro] *vermutlich verschrieben für* Eutiphro

[8] Siehe Z. 37 mit Anm. 34. In C sind die einzelnen Titel im Inhaltsverzeichnis fortlaufend von 1-36 durchnumeriert. Außerdem hat der Herausgeber von C analog in den Text von Ficinos *Platonis vita* eingegriffen. Im 7. Kapitel dieser *Vita* bot Ficino eine Werkübersicht, indem er die Titel einfach aufzählte. Der Herausgeber von C gliederte diese Übersicht in »quaternitates novem« (Bl. iv^r). Zu dieser alten Einteilung der Platonschriften, die in A und B fehlt, s. W. KRAUS: Platon, in: KP 4, 1972, 901.

[9] Z. 1-3. 5f. 19. 35.

[10] Z. 2. 36.

[11] Siehe Z. 18 mit Anm. 25.

[12] Siehe S. 207.

[13] Siehe S. 165-168.

[14] Titel gekürzt, ABC: »Hipparchus de lucri cupiditate«.

[15] Nach C, jedoch gekürzt: »De philosophia liber seu amatores« (AB: »De philosophia liber«).

[16] Gekürzt, ABC: »Theages de sapientia«.

[17] Ebenso ABC.

[18] Gekürzt, ABC: »Alcibiades primus de natura hominis«.

[19] Gekürzt, ABC: »Alcibiades secundus de voto«.

[20] Ebenso ABC.

[21] Nach C: »Euthyphro de sanctitate« (AB: »Euthyphron ...«).

Lisis de ami⟨c⟩i⟨t⟩ia
Theetetus de scientia[22]
Io de furore poetico[23]
15 Sophista de ente
Civilis de regno
Protagoras contra sophistas[24]
Euthydemus Dy⟨o⟩nisi(dorus) sophistarum genus[25]
Hyppias mendatium[26]
20 Carmides de temperantia
Laches de fortitudine
Clithophon exhortatorius
Cratylus de recta nominum ratione
Gorgias de rethorica[27]
25 Convivium Platonis de amore
Phedrus de pulchro
Apologia Socratis
Crito de eo quod agendum
Phedon de anima
30 Menexenus funebris oratio[28]
Libri 10 de republica[29]
Timeus de generatione mundi
Critias de Attico et Atlantico bello[30]
Libri 12 de legibus[31]
35 Epynomis apendix[32]

---

12 ami⟨c⟩i⟨t⟩ia] amiticia *Hs* **18** Euthydemus] *Hier beginnt die rechte Spalte.* **18** Dy⟨o⟩-
nisi(dorus)] Dyanisi *Hs, am Blattrand abgekürzt* **18** sophistarum genus] *über der Zeile nachgetragen*

[22] Z. 9-13: ebenso ABC.
[23] Ebenso C (AB: »Ion...«).
[24] Z. 15-17: ebenso ABC.
[25] Anders ABC: »Euthydemus sive litigiosus«. »Dy⟨o⟩nisi(dorus) sophistarum genus«
hat Müntzer entweder dem *argumentum* Ficinos (C, 100ʳ) oder dem Text der Schrift
selbst (C, 101ʳ) entnommen. Diese Stelle zeigt die Beschäftigung Müntzers mit dem
Innern der Ausgabe.
[26] Gekürzt, ABC: »Hippias minor de mendacio«.
[27] Z. 20-24: ebenso ABC. In AB folgt hier eine in C und bei Müntzer fehlende Zeile:
»Commentum Marsilii Ficini in convivium Platonis«.
[28] Z. 25-30: ebenso ABC.
[29] Ebenso ABC. Diese Platonschrift wird von Müntzer erwähnt in der *Ausgedrückten
Entblößung* (1524), MSB 290a, 21-23.
[30] Z. 32-33: ebenso ABC.
[31] Ebenso C (A: »Libri tresdecim de legibus«; B: »Libri duodecim de legibus»).
[32] Nach C, jedoch gekürzt: »Epinomis i(d est) legum appendix vel philosophus«. —
Fehlt in A, da dort zu den 12 Büchern »de legibus« als 13. Buch hinzugezählt (s. Anm.
31). — B: »Epinomis i(d est) de legibus«.

12 epistole Platonis[33]

36 libri[34]

---

36 12 epistole Platonis] *in der letzten Zeile unter beiden Spalten*   **37** 36 libri] *in derselben Zeile wie* 12 epistole Platonis, *jedoch zum rechten Rand hingerückt*

[33] Entsprechend ABC.
[34] Diese Schlußbemerkung fehlt in ABC. Müntzer ist jedoch von C abhängig, wo die einzelnen Schriften mit den Ziffern 1-36 durchnumeriert sind. Die 12 Briefe sind dabei als 1 Schrift gezählt. Ferner s.o. Anm. 8.

4. Quellen zur Biographie Müntzers: die Stiftung Godeken am Marienaltar der Michaelskirche zu Braunschweig

4.1. Testament Henning Godekens, Bürgers zu Braunschweig, mit Stiftung zweier Altarlehen an St. Michael zu Braunschweig, 1493 Januar 18

StadtA Braunschweig: B I 23:2, Bl. 147ᵛᵇ-148ʳᵇ (Abschrift).

Edition: BUBENHEIMER 1984b, 61-63.

Imm namen goddes. Ek Hennigh Godecken borger to Brunszw(igk) sette unde habbe bescriven laten dyt jegenwardige myn testament unde lesten willen, so ek dat na mynem dode gerne habben wille, sette unde kese hir inne to vormunderen de vorsichtigen Henninge Roden, mynen steffso-nen, Jorden Hollen, Hinrick Middendorpe unde Hanse Wittehovede, 5
mynen leven vadderen. Bidde se dorch got, dat se dyt myn testament so vullenbringen yn maten hir na folgt, alse ek one woll togetruwe.
    Tomm ersten bevele ek godde myne zele. Dar nagest schalme mynen lichnamen mit vigilien unde zelmessen na cristlicker wonheit gestaden tor erden unde myne schult van mynem redesten gude betalen unde 10
myne wedderschulde truwelicken in manen.
    Item geve ek to Suncte Michaele teyn marck tome buwe, j marck to Suncte Marten, j marck to Suncte Katherinen, j marck to Suncte Andre-asen, j marck to Suncte Magnus, j marck to Suncte Olricke, j marck to Suncte Peter, j marck ton brodern, j ferd(ing) ton Pewellern, unde dat 15
alle schall sin weringe.
    Item in alle kleyne kercken to Brunszw(igk) geve ek etlicker j ferd(ing) weringe, den armen luden to Suncte Johanse j ferd(ing), item den armen luden to Suncte Ilseben j ferd(ing).
    Item will ek, dat myne vormunder to Suncte Michaele var dem altar 20
nar der cappellen schullen twei ewige viccarie effte lehne bestellen unde dar up fundatien laten vorsegellen.

Unde dat ayne lehn schall hebben tomm ersten Conradus Wittehovet
Hanses sone. Dar schalme toleggen veer hundert rinsche gulden, der
25 Hans Wittehovet by driddehalleff hundert gulden mek schuldich is, so yn
mynem boke gescreven steit, unde dar to neymen ander halleff hundert
gulden van mynem redesten gude, so dat de summe sy iiijᶜ gulden, unde
schall eynen prester holden, de dar var messen lese, so lange dat Conradus beqweme sy, dat sulves tovorhegende, unde schall demm prester ent-
30 richten same anderen officianten plecht togevende jahrlicks. Unde dat
averige van den renten schall Conradus to siner lere to hulpe habben.
Unde offt he dodesz wegen vorfelle, schall Hans Wittehovet effte sine
erven alszdenne dar noch twei bede anne habben, unde var den de also
beden, schall de radt in der Oldenstat dar to presenteren. Na den twen
35 beden schall idt de radt vorbenant to ewigen tiden lehnen, so vaken dat
vorlediget.

Item dat ander lehnen schall tome ersten habben her Johan des opper-
mans sone to Suncte Michaele, unde na des dode sin broder Hinricus,
so forder he denne prester wer edder imm ersten jare na der beleninge
40 prester werden wolde. Na der twier dode schullen myne vormunder dat
lehnen noch eyns demm, de one dar to alderbequemest duchte. Unde
denne vortmer, so vaken dat vorlediget, schall id ok de vorbenante radt
to ewigen tiden vorlehnen. Unde to dusse lehne schalme iijᶜ gulden
leggen.
45 Item Henninge Roden vorbenant geve ek myn hus up dem Steyn-
wege, dat siner eldern gehort hafft.

Item Hans Roden sinem sone, mynem vadderen, geve ek myn hus,
dar ek itzund inne wone, fry ledich unde los.

Item Hin(ricke) Middendorpe geve ek quit eyn lendesch laken, dat he
50 my schuldich is.

Item iij gruwe Brunszw(igker) laken unde dar to myner fruwen kleder
schalme geven armen luden.

Item demm olden Ludecken Esickmanne geve ek j marck, unde sinem
sone Ludecken mynen garden var demm Wende dore, den he yn arbede
55 hafft; item Hanse Esickmanne j marck, Henninge Esickmanne j marck;
item Ludecken Esickmanne in der Oldenwick eyne marck; dyt alle is
weringe. Unde hir mede schullen de vorbenante Esickmenne alle unde
ore erven van mynem nagelaten gude vordelet sin.

Item demm ersamen Hin(ricken) van Lafferde borgermester geve ek
60 ayne marck weringe to fruntschupt. Hir mede schall he van mynem
nagelaten gude vorscheden sin.

Item Cort Huges fruwen unde oren susteren etlicker ½ marck

---

28 lese] *verbessert aus* lesen   35 lehnen] *nachgetragen hinter* vorlediget

weringe. Unde hir mede schullen se van mynem nagelaten gude vordelet sin.

Item Lucken myner maget geve ek teyn marck weringe to orem love. 65
Item Hanse Jeger imm Hagen unde sinem broder geve ek etlickem j marck weringe. Unde hir mede schullen se van mynem gude vorscheden sin.

Wes ek hir enboven unvorgeven nalate buten unde bynnen der stat an garden tinsen, redeschap, bewechlicken goderen unde unbewechlick, 70 nichtes dar van uthbescheiden, wü de namen egen, de alle schullen myne vormunder keren tor ere goddes unde de armen luden unde armen megeden, wü one dat beqwemest duncket, mede todeylende, so ek one dar woll betruwe unde will se dar vulmechtich holden.

Dat dyt vorgescreven myn testament is, unde dat also stede unde vast 75 wille geholden habben, habbe ek dat to forder bestendicheit myne marcke laten toseggellen na Christi unses herrn gebort xiiij^c dar na imm xciij^o jar amm dage Sancte Prisce virginis et martiris.

4.2. Errichtung eines mit 320 rheinischen Gulden ausgestatteten Altarlehens am Marienaltar der Michaelskirche zu Braunschweig durch die Testamentare Henning Godekens, 1500 April 4

StadtA Braunschweig: B I 14:4, Bl. 100^v-101^v. Abschrift von der Hand des Magisters Ulrich Elers, Ratsschreiber 1486-1532. Beide ausgefertigten Originalurkunden nicht erhalten.

Edition: BUBENHEIMER 1984b, 63-65.

Die hier nicht wiedergegebene Fundationsurkunde des gleichzeitig gestifteten, mit 400 Gulden ausgestatteten Lehens, datiert 1500 Mai 25, findet sich in A III 1:241 (Originalurkunde) und in B I 14:4, Bl. 99^v-100^v (Abschrift von der Hand des Ulrich Elers, unmittelbar vor unserem Stück stehend unter der Überschrift: »Fundatio testamentariorum Henningi Goedeken prima.«). Die im Text (Z. 25-27) erwähnte Obligationsurkunde über die erstmalige Belegung der 320 Gulden Hauptsumme beim Gemeinen Rat der Stadt Braunschweig, datiert 1495 November 11, findet sich in A III 1:234.

Fundatio testamentariorum Henningi Goedeken 2^a

In dem namen der hilligen ungedeleden drevoldicheit, amen.

Uppe dat de handelinge der dinge, de dar scheein van den luden, de dar jegenwordich sin, den nakoemelingen ok witlick werde unde in steder dechtnisse mogen bliven unde ok deste beth unde truweliker moge geholden werden, so iß des noet unde behouff, dat men dar scrifte afmake myt 5

lofwerdiger lude ingesegele bevestet, dar men sek in tokomeden tiden na
richten moge.

Hirumme wy Henningus Breyger, parnher to Sunte Michaele, unde
10 wy de rad in der Oldenstat bynnen Brunswigk bekennen unde betugen
openbar in dußem breve vor unß unde unse nakoemelinge unde vor alß-
weme to ewigen tiden, dat wy dem almechtigen gode, der juncfruwen
Marien, der hymmelschen konnigynnen, unde allem hymmelschen here
to sunderlikem love unde eren, uppe dat de gotliken warcke unde de den-
15 ste godes des heren geoekent unde vormeret werden, belevet unde geful-
bordet hebben, dat de vorsichtigen Henning Rode, Hinrick Middendorp, Hanß Wittehovet unde Jorden van Holle, borgere to Brunswigk,
testamentarii Henning Goedeken saliger dechtnisse, wandageß borgerß
darsulveß, gestichtet unde gemaket hebben van dessulven Hennigeß
20 nagelatenen gudern eyn sunderlick geystlick lehn unde hebben dat
gelecht in de genanten kercken to Sunte Michaele to dem altar, welker
belegen iß vor unser leven fruwen capellen beneven dem chore tor luch-
tern hant in dat norden. Unde duth sulve geystlike lehn hebben de ergenanten testamentarii bewedemet myt drenhunderd unde twintich rin-
25 schen gulden, de belecht syn by dem gemeinen rade to Brunswigk up
sestein gude rinsche gulden jarliker renthe na lude unde inholde der
breve darover gemaket.

Unde to dussem sulven lehne willen de ergedachten testamentarii tom
ersten presentern na inholde unde uthwisinge saliger Henning Godekenß
30 testament den erhaftigen hern Johan Kill. De schall dusse renthe, ok de
darto noch mochte gelecht werden, upnemen unde alle jar dar van geven
den olderluden genanter kerken to Sunte Michaele bynnen Brunswigk
eyne halve marck unde seven schillinge nige. Van der halven marck
schullen se vorplegen to dussem lehne ornat, missewant, luchte, kelcke,
35 boike, win, oblaten unde fuerwarck, so se to den andern missen plegen
todonde. Unde van den seven schillingen nige schullen se laten holden
eyne memorien darsulveß bynnen Sunte Michaelis kerken to ewigen
tiden alle jar up den dach Vincencii. Unde up den sulven dach schalme
holden de vigilie unde des andern dageß darna de selemissen vor Hen-
40 ning Goedeken unde Greten syner husfruwen sele unde vor alle de uthe
dem slechte vorstorven synt unde vor alle Cristen sele. Ok schullen to
dusser memorien medegaen de viccarien der kerken to Sunte Michaele
edder ore officianten. Unde de eergedachten olderlude schullen presen-
tien geven: dem parner veer penninge, dem prediger unde den cappella-
45 nen jowelcken dre penninge, den viccarien jowelckem dre penninge, dem

---

7 ingesegele] *verbessert aus* ingesele 15 geoekent] *davor etwa 3 Buchstaben durchgestrichen,
erster Buchstabe* g 24 drenhunderd] *verbessert aus* drenhunderden

oppermanne unde dem parscholer jowelckem twe penninge. Ok schullen se geven dem oppermanne twe schillinge nige alle jar. Darvoer schall he alle dage, wan de prester unde syne nakoemelinge missen holden, de missen helpen lesen unde to dem altar denen edder schicken dar eynen andern to. Wente de prester schall to dem ergedachten altar sine missen 50 holden, waneer de klocke sesse sleith, des warkeldageß unde deß hilligen dageß deß gelick, angeseen dat twischen der ersten unde fromissen in der kerken nichteß todonde iß. Darumme iß dusse misse gemaket uppe de sesten stunde, unde men denne nemande hebben kan, de to dem altar dene, hirvoer schalme geven dem oppermanne wu voer twe schillinge 55 nige, up dath he deste beth myt flite darup warde. Weß denne overlepe den olderluden von den seven schillingen, dat scholde by dem godeshuse bliven, wurto men deß behoevede in der kerken beste.

Ok schullen de patronen dussen prester unde de, so van tiden to tyden myt dussem lehne begnadet werden, antworden dem parhner myt orer 60 besegelden presentatien edder dem, de van syner wegen de kerken to Sunte Michaele regerende iß in syner stede. De scholde om dussen altar myt der renthe, de darto gemaket were unde noch gemaket worde, fulborden unde one investiern myt syner besegelden investituren umme godeß willen, alse sek dat geborde. 65

Unde de sulve prester, de myt dussem lehne begnadet worde, unde syne nakoemelinge schullen alle dage vor dem vorgescreven altar missen holden, id enwere denne, dat ome echte noet beneme, unde schal ok in allen weken eynß suffragern van Sunte Philippo unde Iacobo. Ok schall dusse prester unde syne nakoemelinge alle weken eynß eine vigilie by sek 70 lesen unde innichliken bidden vor de sele, wo vorgescreven staen, unde vor de fundatores dusses lehnes unde de deelhaftich maken in syner andacht alle syner vigilien, tiden, missen, beden unde alle syner guden warke.

Unde wan dat so keme na dem willen godeß, dat her Johan Kyll von 75 dodeswegen vorfallen were, denne mochten de ergenanten vormundere edder ore erven eynen fromen personen kesen, de alrede eyn gotlick, erlick prester were edder in dem sulven jare prester werden wolde, unde denne na vorlopen tiden den dridden, so dat se edder ore negesten erven dre leninge darane hebben schullen, so dat saliger Henning Godeken 80 testament uthwiset. Unde na den dren belehningen schall de rad in der Oldenstat dar lenheren unde patronen to syn to ewigen tiden. Wur ok denne de ergedachten vormundere unde ore negesten erven so voer beden, der bede scholde one de rad in der Oldenstat twiden unde nicht weygern. Waneer denne de dre belegen personen von dodeswegen vor- 85

---

64 investituren] *verbessert aus* investuren

scheden weren, denne mochte de rad in der Oldenstat, so vaken dat vor-
leddigede, vorlehnen unde darmede begnaden, wen se wolden. Unde we
denne so van tiden to tiden myt dussem lehne begnadet worde, de
scholde alle dingk myt flite holden, so voer unde na bescreven steit.
90   Qwemet ok, wen dusse prester missen heelde vor dem erbenanten
altar, dat ome weß van fromen personen geoppert worde, dat scholde he
truweliken upantworden dem parner edder synem procuratori, so syne
andern viccarien unde capellane plegen todonde. Ok schal dusse prester
mede to chore syn myt dem rucheln tor vesper unde to der missen unde
95   mede umme den hoff gaen des hilligen dages na gemeiner wise der vicca-
riesse in der sulven kerken, id enbeneme om denne echte noet, so scholde
he darto unvorplichtiget sin. Unde kemet, dat in der kerken to Sunte
Michaele nige feste edder memorien gemaket worden, dar dusse persone
mede towesende bescheden worde, des schullen de parner, ander altari-
100 sten unde capellan darsulveß om gunnen unde darmede tostaden, so
verne om syne presentie dar van ok werden mogen.
      Weret ok, dat welck ofte jenich prester, dem duth leen befolen worde,
nicht gotlicken unde redeliken levede edder dat nicht enhalde, so voer up
one gescreven steit, dat men openbar up one bewisen mochte, den schol-
105 den de perner unde de rad in der Oldenstad darumme straffen to dren
tiden unde one vormanen dat vorgescreven toholdende na geboere.
Wolde he sek dar denne nicht redeliken inne richten, so mochte de rad
in der Oldenstad einen fromen prester in syne stede setten, de alle ding
heelde, wente solange dat he dede, so vorberort iß.
110   Qwemet ok, dat dusse gulde worde wedderafgekoft, de nu to dussem
lehne unde memorien gekoft iß, so men don mach ⟨na⟩ uthwisinge ok
der breve darover gegeven, so scholdemen dat gelt wedderantworden
dem rade in der Oldenstat, dem prester, dem dat lehn befolen were,
unde den olderluden to Sunte Michaele to sampder hant. Unde de schol-
115 den denne dat gelt leggen in eyne kisten in dem gerhuse to Sunte
Michaele edder to Sunte Marten unde dat vestliken darinne bewaren.
Unde se enscholden dat dar nicht uthnemen, se enwusten denne dat rede
an ander gulde to dussem lehne tobeleggende na orer aller rade. Unde
we darinne de besten unde endigesten wise vornheme, dat gelt wedder
120 tobeleggende dussem lehne togude, dem scholden de andern folgen unde
bifall don. Unde qwemet also, dath myt dussem golde myn renthe gekoft
worde, wen dar nu mede gekoft iß, so scholde de prester, dem dat lehn
befolen were, allikewoll allent don, dat hiervoer up one gescreven steit.
Worde dar averß mer renthe mede gekoft, dat scholde dem prester denne
125 tobate komen. Unde duth gelt scholdemen anderß nergen tobederven.

---

103 unde] *davor gestrichen* edde   **107** dar] *verbessert aus* darinne   **111** na] *Konjektur nach*
der Fundationsurkunde des ersten Lehens, StadtA Braunschweig: A III 1:241

Ok de wile duth unangelecht were, endorfte de prester by dwange allent des nicht don, dat hir voer up one gescreven steit, id enwere, dat he gode gerne wat to eren don wolde van gudem willen. Ok enschullen de olderlude, dewile sodan golt unangelecht iß, nicht vorplichtiget wesen, jenige memorien tobestellende van dusses lehnes wegen. 130

Dat alle dusse stucke unde article vorgescreven stede, vast unde unvorbroken schullen geholden werden sunder jenigerleie list ofte hulperede, des to tuchnisse unde openbarer bewisinge hebbe ek Henningus Broiger myn ingesegell unde wy de rad in der Oldenstat deß gemeinen radeß to Brunswigk secret(um), deß wy hirto gebruken, gehenget laten an dussen 135 breff, de gegeven iß na der gebort Cristi unses heren im dusentigesten unde vifhundersten jaren am dage Sancti Ambrosii des hilligen biscopeß.

Unde dusser breve syn twe van eynem lude, der de eyne by den obgemelten olderluden unde de ander by den vormundern vorgerort unde oren erven in bewaringe wesen schullen. 140

4.3. Präsentation Johann Kills durch den Rat der Altstadt in Braunschweig auf ein von den Testamentaren Henning Godekens errichtetes Lehen am Marienaltar der Michaelskirche zu Braunschweig, 1501 Februar 10

StadtA Braunschweig: B I 3:2, S. 127 (Reinkonzept). Schreiber: Ulrich Elers.

Edition: BUBENHEIMER 1984b, 65f.

Die Präsentationsurkunden des mit 400 Gulden ausgestatteten anderen Lehens der Stiftung Godeken werden hier nicht abgedruckt. Es handelt sich um folgende:

1501 Februar 12	Heinrich Wittehovet in der Nachfolge des verstorbenen Konrad Wittehovet. B I 3:2, S. 127.
1503 Dezember 22	Ludolf Wittehovet in der Nachfolge des verstorbenen Heinrich Wittehovet. B I 3:2, S. 178.

Presentatio domini Iohannis Operman[1]

Venerabili viro domino Henningo Broiger[2] ecclesie Sancti Michaelis opidi Brunswicens(is) Hildensemen(sis) dyoc(esis) rectori domino nostro singulari proconsules ac consules Antique Civitatis dicti opidi Brunswicen(sis) obsequii promptitudinem indefessi. 5

Ad viccariam altaris beatisime et gloriosissime virginis Marie in dicta vestra ecclesia siti per testamentarios Henningi Goedeken[3] felicis memo-

---

[1] Johann Kill war ein Sohn des Opfermanns an St. Michael Heinrich (I.) Kill. 1499 war er bereits Priester (Q 4.1 Z. 37). † vor 6. Mai 1514 (Q 4.4 Z. 7f). Siehe S. 81f.

[2] Als Pfarrherr an St. Michael belegt seit 1500, † 1515. Siehe S. 82 Anm. 99.

[3] Mindestens seit 1487 einer der beiden Altermänner an St. Michael. † vor 11. November 1495. Siehe S. 76f. Zu seiner Stiftung zweier Altarlehen s. Q 4.1-4.2.

rie quondam parrochiani vestri noviter erectam et fundatam, cuius
iuspatronatus sive presentandi ad nos pleno iure pertinere dinoscitur,
10 vobis honorabilem virum dominum Iohannem Opperman alias Kiell
Hildensemens(is) dyoc(esis) presbiterum tanquam idoneum et abilem
presentium litterarum exhibitorem hiis scriptis dei nomine legittime presentamus affectuosis precibus devote suplicantes, quatenus eundem
dominum Iohannem ad prefatum altare ob dei intuitum instituere et
15 investire dignemini ipsumque in realem actualem et corporalem possessionem inducendo facientes ipsi, quantum in vobis est, de singulis censibus fructibus obventionibus et iuribus prememoratam viccariam concer-
nentibus iux(ta) prefate ecclesie vestre laudabilem consuetudinem
integre responderi.
20 In cuius rei evidens testimonium secretum opidi predicti, quo impresentiarum utimur, hiis nostris patentibus litteris est appensum anno
domini millesimo quingentesimo primo quarto ydus Februarii.

10 alias Kiell] *am Rand nachgetragen*   13 suplicantes] *verschlimmbessert aus* supplicantes
17 obventionibus] *am Rand nachgetragen*   17 iuribus] *danach* suis *gestrichen*   18 prefate]
danach vestre *gestrichen*

*4.4. Präsentation Thomas Müntzers durch den Rat der Altstadt in Braunschweig
auf ein durch den Tod Johann [Kills] freigewordenes Lehen am Marienaltar der
Michaelskirche zu Braunschweig, 1514 Mai 6*

Überlieferungen:

    A   StaatsA Dresden: Orig. Urk. 10018b. Pergamenturkunde mit beschädig-
        tem anhängendem Siegel der Altstadt in Braunschweig. Siehe Abb. 2.
        Schreiber: Johann Reinbolt, Ratsschreiber vor 1506 bis 1517. Rückenver-
        merk von späterer Hand: »Thomas Muntzers praesentatio. Braun-
        schweig. 1514. d. 6. Mai.« Dazwischen alte Signatur: »No 206«. Entspre-
        chende Signaturen von derselben Hand finden sich mehrfach in MAB;
        auf Bl. 30r (= MSB 450f Nr. 72) und 40v (= MSB 362 Nr. 15) die Signa-
        tur »No 205«. Dadurch wird die frühere Zugehörigkeit der vorliegenden
        Urkunde zu einem Teil der in MAB gesammelten Müntzeriana belegt.
    B   StadtA Braunschweig: B I 3:2, S. 332 (Reinkonzept). Schreiber: Ulrich
        Elers (s. Beschreibung von Beil. 4.2).

Editionen nach A: BK 129; MSB 553. — Edition nach A und B: BUBENHEIMER
1984b, 66.

Honorabili viro domino Henningo Breyer[1] plebano parrochialis ecclesie Sancti Michaelis opidi Brunswicen(sis) Hildensemens(is) dyoc(esis)

1 Honorabili] *In B geht die Überschrift* Presentatio domini Thome Münther *voraus.*
1 plebano parrochialis] *in B über der Zeile nachgetragen*   2 Brunswicen(sis)] Brunßwi-
cenn(sis) A

[1] Siehe Q 4.3 Anm. 2.

domino et amico nostro favoroso prothoconsules ac consules Antique
Civitatis opidi eiusdem in omnibus obsequiosam complacendi voluntatem. 5

Ad altare sancte et gloriose virginis Marie in prefata vestra ecclesia
situm per domini Iohannis Opperman[2] ultimi ac immediati possessoris
eiusdem obitum vacans, cuius iuspatronatus sive presentandi ad nos pertinere dinoscitur, vobis venerabilem virum dominum Thomam Munther
Halberstaden(sis) dyoc(esis) presbiterum presentium litterarum exhibito- 10
rem hiis script(is) legittime presentamus affectuosis precibus supplicantes, quatenus eundem dominum Thomam ad predictum altare instituere
et investire dignemini ipsumque in realem et corporalem possessionem
inducendo facientes ipsi, quantum in vobis est, de singulis censibus fructibus et iuribus suis iuxta prememorate ecclesie vestre laudabilem con- 15
suetudinem integre responderi.

In cuius rei evidens testimonium secretum opidi Brunswicen(sis), quo
impresentiarum utimur, hiis patentibus nostris litteris est appensum
anno domini millesimo quingentesimo decimo quarto die sexta mensis
Maii. 20

4/5 voluntatem] *B mit Korrektur im Wortanfang* 9 Thomam] Tomam *B* 9 Munther]
Münther *B* 12 Thomam] Tomam *B* 15 vestre] *in B über der Zeile nachgetragen*
17 Brunswicen(sis)] Brunßwicenn(sis) *A*

² Siehe Q 4.3 Anm. 1.

4.5. Präsentation Gregor Harwens durch den Rat der Altstadt in Braunschweig auf ein durch den Verzicht Thomas Müntzers freigewordenes Lehen am Marienaltar der Michaelskirche zu Braunschweig, 1522 Februar 22

StadtA Braunschweig: B I 3:2, S. 380 (Reinkonzept). Schreiber: Ulrich Elers.

Edition: BUBENHEIMER 1984b, 66f.

Presentatio domini Gregorii Harwen[1]

Honorabili viro domino Tilemanno Kroiger[2] plebano parrochialis ecclesie Sancti Michaelis opidi Brunswicen(sis) Hildensemens(is) dyoc(esis)

---

¹ Gregor Harwen (Herwen) stammt aus Ülzen, imm. Erfurt W 1502/03, bacc. art. S
1505 (AErfurt 2, 227b, 20; StadtA Erfurt: 1-1/X B XIII/46 Bd. 6, Bl. 73ra), Priesterweihe in der Diözese Verden (Z. 11).
² Imm. Erfurt W 1500/01, bacc. art. S 1502 (AErfurt 2, 217b, 11; StadtA Erfurt: 1-
1/X B XIII/46 Bd. 6, Bl. 70ra). Zum Pfarrherrn an St. Michael präsentiert am 9. Mai
1515 (StadtA Braunschweig: A III 4:115; B I 2:4, S. 337); wirkte ab 1528 als evangelischer Pfarrer an der Michaelskirche weiter (H III 7:1, S. 19), gestorben 1543 (A I 4:1

domino et amico nostro favoroso prothoconsules ac consules Antique
5 Civitatis opidi prenotati in omnibus obsequiosam complacendi
voluntatem.

Ad altare sancte ac gloriose virginis Marie in prefata vestra ecclesia
situm per domini Thome Munther ultimi ac immediati possessoris libe-
ram resignationem vacans, cuius iuspatronatus sive presentandi ad nos
10 pertinere dinoscitur, vobis venerabilem virum dominum Gregorium
Harwen Verdensis dyoc(esis) presbiterum presentium litterarum exhibitorem hiis scriptis ad intuitum testamentariorum Henningi Godeken[3]
felicis memorie, qui ius nominandi ad hoc gerere dicuntur, legittime presentamus affectuosis precibus supplicantes, quatenus eundem dominum
15 Gregorium ad predictum altare instituere et investire dignemini ipsumque in realem et corporalem possessionem inducendo facientes ipsi,
quantum in vobis est, de singulis censibus fructibus et iuribus suis iux(ta)
prememorate ecclesie vestre laudabilem consuetudinem integre
responderi.
20 In cuius rei evidens testimonium secretum opidi Brunswicen(sis), quo
impresentiarum utimur, hiis patentibus nostris litteris est appensum
anno domini millesimo quingentesimo vigesimo secundo die vigesima
secunda mensis Februarii.

5 prenotati] *ersetzt gestrichenes* eiusdem   7 ecclesia] *davor ein durchgestrichener Buchstabe*
11 Verdensis] *ersetzt gestrichenes* Hildensemen(sis)   11 presbiterum] *Danach hat der Schrei-*
ber ein Korrekturzeichen, mit dem er die eigentlich hinter scriptis *gehörige Randnotiz zunächst hier*
einfügen wollte, wieder gestrichen.   12/13 ad intuitum... dicuntur] *am Rand nachgetragen*
13 gerere] *davor gestrichen* ha

Stück 63). Vgl. H.-G. von WERNSDORFF: Der für die Kinder deines Volkes steht! 500
Jahre Geschichte der St. Michaelskirche zu Braunschweig 1157-1957, Braunschweig
1957, 40. 42f.
[3] Siehe Q 4.3 Anm. 3.

QUELLEN- UND LITERATURVERZEICHNIS

1. Archivalien und Handschriften

Braunschweig, Stadtarchiv

A I 1	Urkunden Gemeiner Stadt und der Weichbilde, 1199-1980
A I 3:1	Einzeltestamente, um 1350-1580
A I 4:1	Nachlaßinventare, um 1400-1560
A III 1	Urkunden St. Martini
A III 4	Urkunden St. Michaelis
A III 7	Urkunden St. Magni
A III 11	Urkunden Stifter, Klöster, Hospitäler und Beginenhäuser
B I 2:4	Gedenkbuch, 1485-1526
B I 2:15	Gedenkbuch Altstadt
B I 3:1-4,1	Briefbücher der Gemeinen Stadt, 1456-1539
B I 7 Bd. 1. 4	Bürgerbücher
B I 9:57	Zollbuch des Hermann Bote, angelegt 1503
B I 9:59	Zollschuldbuch, 1515
B I 14:4	Fundationsbuch über geistliche Lehen, 1408-1520
B I 15:13	Gerichtsbuch Altstadt, 1465-1516
B I 19:6	Degedingbuch Altstadt, 1491-1579
B I 20:1	Handelbuch der Altstadt, 1531-1556
B I 20:5	Handelbuch des Hagen, 1490-1552
B I 23 Bd. 2. 3	Testamentbücher Altstadt
B I 23:8	Testamentbuch Hagen, 1511-1566
B I 23:13	Testamentbuch Neustadt
B II 1	Hauptrechnungen der Gemeinen Stadt, 1400-1671
B II 2 Bd. 1. 2. 3	Kämmererbücher der Gemeinen Stadt, 1513-1539
B II 4	Weichbildrechnungen Altstadt
B II 5:1-113	Schoßregister Altstadt, 1387-1671
B II 5:415-698	Schoßregister Sack, 1401-1671
B IV 11:2	Armenkastenregister, 1528-1572
G VIII 147 B	Gildebuch der Gewandschneider in der Altstadt, 1401-1640
G VIII 193 B	Gildebuch der Goldschmiede, (1231) 16. Jhdt.-1743
G VIII 270 B	Gildebuch der Krämer, (1325) 1403-16. Jhdt.
H III 7:1	[Heinrich Lampe]: Chronik der Reformation in Braunschweig, (1523) 1524-1531
H IV 282	Andreas Pawel: Nachrichten von der ältesten Verfassung der Stadt Braunschweig, verfaßt 1603ff
H V 113	Auszüge aus Kämmereirechnungen 1500-1599, von dem Sekretär Autor Fluwerk um 1600 angefertigt

Braunschweig, Stadtbibliothek

Einblattdrucke, Bekanntmachungen, Quaestiones etc.

Dessau, Stadtbibliothek

Georg. 1049a (2)	Nachschrift Sigismund Reichenbachs aus der Wittenberger Hieronymusvorlesung des [Johannes Rhagius,

1517/18], in: Epistola Diui Hieronymi ad Paulinum presbyterum... Wittenberg 1517

Georg. 1049a (3)   Nachschrift Sigismund Reichenbachs aus der Wittenberger Hieronymusvorlesung des [Johannes Rhagius, 1517/18], in: Decem Diui Hieronymi Epistolae... Wittenberg 1517

Dresden, Staatsarchiv

Orig. Urk. 10018b   Präsentationsurkunde des Rats der Altstadt Braunschweig für Thomas Müntzer, 1514 Mai 6

Dresden, Sächsische Landesbibliothek

Mscr. Dresd. App. 747   Randbemerkungen Thomas Müntzers, [ca. 1521/22], in: [1] Opera Divi Caecilii Cypriani... Basel 1521; [2] Opera Q. Septimii Florentis Tertulliani... Basel 1521

Mscr. Dresd. C 109d   Johannes Oelhaffen: Excerpta ex epistolis ad Hieronymum Paumgärtner avum datis, 16. Jhdt.

Erfurt, Stadtarchiv

1-1/X B XIII/46, Bd. 6   Matricula facultatis artium liberalium studii Erfordiensis baccalaureorum et magistrorum, decanorum itidem, sub quibus promotiones adornatae..., 1392-1757

Freiburg, Universitätsbibliothek

K 2626   Nachschrift einer Hieronymusvorlesung, in: Quattuor diui Hieronymi epistole... Leipzig 1514

Gotha, Forschungsbibliothek

Chart. A 395   Humanistenbriefe, insbesondere Hermann Keiser, Philipp Glünspieß und Georg Römer betreffend, 1502-1543

Chart. A 399, Bl. 252^r-253^v Brief des Euricius Cordus an Johannes Lang, [1523] Juni 24

Halle, Universitätsarchiv

Dekanatsbuch der medizinischen Fakultät der Universität Wittenberg, (1502) 1519ff.

Halle, Universitäts- und Landesbibliothek Sachsen-Anhalt

Yo 1   Matrikel der Universität Wittenberg, Bd. 1, 1502ff

Hannover, Niedersächsisches Hauptstaatsarchiv

Cal. Br. 21 Nr. 182   Wolfenbütteler Kammerregister des Heinrich Schöppenstedter, 1515-1517

Cal. Br. 21 Nr. 584   Einnahme- und Ausgabenregister der Fürstl. Hofhaltung in Wolfenbüttel, 1518

København, Kongelige Bibliotek

21,-240,4°   Nachschrift [Matthäus Schliebeners OESA] aus einer Wittenberger Hieronymusvorlesung [Heinrich Stackmanns, 1517], in: Decem Diui Hieronymi Epistolae... Wittenberg 1517

21,-245,4° ex. 1   Nachschrift Matthäus Schliebeners OESA aus der Augustinvorlesung Andreas Bodensteins von Karlstadt,

Wittenberg 1517-1518/19, in: Pro Diuinae graciae defensione. Sanctissimi Augustini de spiritu .et. litera liber... Wittenberg [1517-] 1519

74[II], 363   Nachschrift aus einer Wittenberger Pliniusvorlesung des [Johannes Rhagius, 1518], in: C. Plinij Praefatio. ... Wittenberg 1518

London, British Library

C. 107. bb. 14   Notizen von der Hand des [Johannes Rhagius], in: Septem diui Hieronymi epistole... Leipzig 1508

Magdeburg, Staatsarchiv

Rep. H Stolberg-   Ratsakten Stadt Stolberg
Wernigerode, Stolberg-
Stolberg B, Stadt Stol-
berg Nr.2a
Rep. H Stolberg-   Gräfliches Handelsbuch
Wernigerode, Stolberg-
Stolberg F I 1
Rep. H Stolberg-   Amtsrechnungen der gräflichen Rentei zu Stolberg
Wernigerode, Stolberg-
Stolberg F I 3
Rep. H Stolberg-   Ratsrechnungen Stadt Stolberg
Wernigerode, Stolberg-
Stolberg F II 35-36

Moskau, Staatliche Leninbibliothek der UdSSR, Handschriftenabteilung

Fonds 218, Nr. 390   Alte Briefe und Zettel, welche zum Theil Thomas Münster [sic!], zum Theil andere an ihn als D. Andr: Carolstadius, Joh: Agricola Islebiensis pp. an ihn geschrieben pp., ca. 1515-1525

München, Bayerische Staatsbibliothek

4° A. lat. b 404[g]   Nachschrift des Matthias [Henselin] aus Magdeburg aus einer Wittenberger Pliniusvorlesung des [Johannes Rhagius, 1518], in: C. Plinij Praefatio. ... Wittenberg 1518

München, Universitätsbibliothek

4° Theol. 5464,4   Randbemerkungen [Andreas Bodensteins, 1519], in: Epitome Andree Carolostadij De impij iustificatione... Leipzig 1519

Nürnberg, Staatsarchiv

Rep. 15a, S I L 64 Nr. 14   Briefe Christoph Fürers an den Rat zu Nürnberg aus dem Württemberger Krieg, 1519

Nürnberg, Familienarchiv Scheurl

XII D 4   Wiedertäufer und Bauernkrieg, [1524-1538]

Nürnberg, Familienbibliothek Scheurl

Cod. M   Briefbuch Christoph Scheurls, 1524-1529

Oslo, Universitetsbiblioteket

Lib. rar. 722   Nachschrift einer Vorlesung [Andreas Bodensteins, 1519], in: Epitome Andree Carolostadij De impij iustificatione... Leipzig 1519

Paris, Archives de l'Université (Sorbonne)

Reg 91   Liber receptorum nationis Alamannicae, 1494-1531

Regensburg, Staatliche Bibliothek

Patr. 609   Nachschrift aus einer Wiener Hieronymusvorlesung, in: Epistola beati Hieronymi ad Paulinum Praesbyterum. ... [Wien] 1515

St. Gallen, Kantonsbibliothek

Vadianische Briefsamm-   Zwei Briefe Konrad Grebels u.a. an Thomas Müntzer,
lung XI 97, S. 1-12   1524 September 5

Stuttgart, Württembergische Landesbibliothek

Ba lat 1515 03   Teilnachschrift von [Martin Luthers] Römerbriefvorlesung, [1515], in: Diui Pauli apostoli ad Romanos epistola. Wittenberg 1515

Theol. qt. 3243   Nachschrift einer Hieronymusvorlesung, in: Quattuor divi Hieronymi epistole... Leipzig 1514

Theol. qt. K 274   Nachschrift einer Wittenberger Hieronymusvorlesung, [1515], in: Quae hoc libello habentur. Divi Hieronymi epistola ad Magnum vrbis Oratorem elegantiss. ... Wittenberg 1515

Theol. fol. 825   Randbemerkungen Johannes Geilings, in: Omnium operum divi Eusebii Hieronymi Stridonensis Tomus primus (secundus...) ... Basel 1516. Teil 1-2. 5-9

Tübingen, Bibliothek des Evangelischen Stifts

f 55   Sammelband aus dem Besitz des Johannes Geiling, enthaltend Frühdrucke und handschriftliche Notizen, teilweise aus der Wittenberger Studienzeit (1515 bis ca. 1250) Geilings

Weimar, Staatsarchiv

Reg. O 408, Bl. 2-3   Brief Konrad Glitschs an die Universität Wittenberg, 1526 April 4

Wien, Österreichische Nationalbibliothek

227.833-B.Rara   Nachschrift (nur Interlinearglossen) aus einer Wiener Hieronymusvorlesung, in: Epistola beati Hieronymi ad Paulinum Praesbyterum. ... [Wien] 1515

Wittenberg, Stadtarchiv

Kämmereirechnungen 1510. 1517-1519

Wittenberg, Bibliothek des Evangelischen Predigerseminars

HTh fol 631-635   Randbemerkungen des Johannes Rhagius, in: Prima (Secunda...) pars librorum diui Aurelij Augustini...

	Basel: Johann Amerbach, Johann Petri, Johann Froben 1505-1506. 11 Teile
HTh fol 665-669	Omnium operum divi Eusebii Hieronymi Stridonensis Tomus primus (secundus...) ... Basel 1516, 9 Teile, mit Randbemerkungen des Johannes Rhagius (in Teil 1-2. 5-9) und [Martin Luthers]
HTh fol 891	Niederschriften und Randbemerkungen Andreas Bodensteins, 1517ff, in: Sermones: des höchgeleerten in gnaden erleuchten doctoris Johannis Thaulerii... Augsburg 1508

Wolfenbüttel, Niedersächsisches Staatsarchiv

19 Urk	Augustinerchorfrauenstift Marienberg vor Helmstedt, 1189-1791
119 Urk	Braunschweiger Patrizier und Bürger im allgemeinen, 1312-1832
II Hs 9	Schuldverschreibungen und Bestallungen Herzog Heinrichs d. J., 1514-1522
VII B Hs 288	Siegelbuch des Augustinerchorfrauenstifts Marienberg vor Helmstedt, 1725
17 III Alt 1 Nr. 1	Einnahme- und Ausgaberegister des Amtmanns Heinrich Reise in Wolfenbüttel, 1518-1520

Wolfenbüttel, Herzog August Bibliothek

Cod. Guelf. 33 Extrav.	Braunschweiger Chronik des Johann Pekedole, bearbeitet von Ludolf Wagenfürer, 769-1569
Cod. Guelf. 193 Helmst.	Braunschweiger Chronik des Johann Pedekole, Fragment 1493-1559 (Bl. 1^r-77^v) mit Nachträgen von Ludolf Wagenfürer 1559-1565/1569 (Bl. 77^v-82^r)
Cod. Guelf. 378 Helmst.	Braunschweiger Chronik des Johann Pekedole (Abschrift), 769-1559 (1569)
202.71 Qu. (3)	Nachschrift einer Wittenberger Hieronymusvorlesung, [1515], in: Quae hoc libello habentur. Divi Hieronymi epistola ad magnum vrbis Oratorem elegantiss. ... Wittenberg 1515
202.71 Qu. (4)	Widmung und Randbemerkungen Heinrich Stackmanns, 1517, in: Decem Diui Hieronymi Epistolae... Wittenberg 1517
K 151 Helmst. 4° (40)	Nachschrift [Kaspar Schmidts] aus der Wittenberger Hieronymusvorlesung des [Johannes Rhagius, 1517/18], in: Epistola Diui Hieronymi ad Paulinum presbyterum... Wittenberg 1517
97.5 Th. (16)	Nachschrift aus einer Wittenberger Vorlesung des [Johannes Rhagius, 1519], in: Diui Aurelii Augustini libellus de vita Christiana... Leipzig 1519

Zürich, Stadtarchiv

Alphabetisches Namenregister zum Zürcher Bürgerbuch

2. Inkunabeln und Frühdrucke (bis 1600)

AGRICOLA, JOHANN s. auch MUSAEUS, RAPHAEL
——: Drey Sermon vnd Predigen. Eine von Abraham vnd dem Heidnischen weiblin/ am Sonntag Reminiscere jnn der fasten. ... Wittenberg: Hans Lufft 1537. (UB Heidelberg: Sal. 101,3)

ALFELD, AUGUSTINUS: Eyn gar fruchtbar vñ nutzbarlich buchleyn võ dē Babstlichē stul: vnnd von sant Peter: vnd võ den/ die warhafftige scheflein Christi sein/ die Christus vnser herr Petro befolen hat in sein hute vnd regirung/ gemacht durch bruder Augustinū Alueldt sant Francisci ordens tzu Leiptzk. [Leipzig: Melchior Lotter d. Ä. 1520]. (SB München: 4° H. ref. 259/9)

——: Super apostolica sede, An videlicet diuino sit iure nec ne, anque pōtifex qui Papa dici caeptus est, iure diuino in ea ipsa pręsideat, nō parū laudanda, ex sacro Biblio(rum) canone declaratio. aedita p(er) F. Augustinū Alueldēsem Franciscanū, ... Leipzig: Melchior Lotter d. Ä. 1520. (SB München: 4° H. ref. 259/10)

——: TRACtatus de cōmunione Sub vtraque Specie quantū ad laicos, An ex sacris litteris elici possit, Christū hanc, vel p(re)cepisse, vel p(re)cipere debuisse, Et q(ui)d ī re hac sentiēdū pie sane, catholice sit, iuxta veritatē euangelicā Nuper editus A Fratre Augustino Alueldiano Frāciscano regularis obseruātie Sancte Crucis Sacri biblio(rum) Canonis Lectore. ... S.l. et a. (SB München: 4° H. ref. 259/8)

AUGUSTINUS, AURELIUS s. auch BODENSTEIN VON KARLSTADT, ANDREAS RUDOLFF; RHAGIUS, JOHANNES

——: Prima (Secunda...) pars librorum diui Aurelij Augustini... Basel: Johann Amerbach, Johann Petri, Johann Froben 1505-1506. 11 Bde. (PS Wittenberg: HTh fol 631-635 mit Randbemerkungen des Johannes Rhagius)

——: Quattuor diui Augustini Libri. de Doctrina Christiana: omnibus qui sacrā scripturā. vel recte intelligere vel fructuose predicare volūt. perq(uam) et vtiles. et necessarij in hoc volumine habentur. Leipzig: Melchior Lotter d.Ä. 1515 Mai. (SB München: 2° P. lat. 147)

BEATUS RHENANUS s. TERTULLIANUS, QUINTUS SEPTIMIUS FLORENS

BEROALDO, FILIPPO: VARIA PHILIPPI BEROALDI OPVSCVLA... Basel 1517. (UB Tübingen: Kf II 106.4°)

[Biblia] Diui Pauli apostoli ad RomaNOS EPISTOLA. Wittenberg: Johann Rhau-Grunenberg 1515. (LB Stuttgart: Ba lat 1515 03 mit Teilnachschrift aus Luthers Römerbriefvorlesung)

BODENSTEIN VON KARLSTADT, ANDREAS RUDOLFF s. auch STÜRLL, LIGNACIUS

——: DISTINCTIONES THOMISTARVM:... Wittenberg: Johann Rhau-Grunenberg 1507 Dezember 30. (SB Berlin-West: Nl 2285.8° mit durchgestrichener Widmung von Bodensteins Hand: »Sapientissimo theologo N. fortt.«)

——: Pro Diuinae graciae defensione. SANCTISSIMI AVGVSTINI DE SPIRITV .ET. LITERA LIBER Magne Theologo commoditati. CVM Explicationibus siue lecturis. D: Andreae Boden: Carolstatini Theologiae doctoris & Archidiaconi Vuittenburgeñ. Wittenberg: Johann Rhau-Grunenberg [1517-]1519. (KB København: 21,-245,4° ex. 1 mit Vorlesungsnachschrift Matthäus Schliebeners OESA)

——: D. Andree Carolstatini doctoRIS ET ARCHIDIACONI VVITTENBVRGENSIS: CCCLXX: ET APOLOGEticę Cōclusiōes p(ro) sacris literis & Vuittenburgeñ. ita editę vt & lectoribus p(ro)futurę sint. ... Wittenberg: Johann Rhau-Grunenberg 1518. (SB München: 4° Polem. 2498)

——: Conclusiōes Carolostadij contra D. Joannem Eccum Lipsiae xxvij Junij tuende. [Wittenberg: Johann Rhau-Grunenberg 1519.] (LB Stuttgart: Theol. 4°. 881)

——: EPISTOLA ANDREE CAROLOSTADII ADVERSVS INEPTAM ET RIDICVLAM INVENTIONEM IOANNIS ECKII ARGVTATORIS, QVI DIXIT, LIPSIAE, CVM VRGERETVR. OPVS BONVM ESSE A DEO TOTVM, SED NON TOTALITER. Wittenberg: Johann Rhau-Grunenberg 1519. (KiB St. Gotthardt Brandenburg: B 4, 14, 6 mit Widmung Bodensteins an Hermann Tulken)

——: Epitome Andree Carolostadij De impij iustificatione, quam non male ad inferos deductum reductūq(ue) vocaueris. ... Leipzig: Melchior Lotter d.Ä. 1519. (UB München: 4° Theol. 5464,4 mit Notizen Bodensteins für seine Vorlesung; UB Oslo: Lib. rar. 722 mit Vorlesungsnachschrift)

CALEPINUS, AMBROSIUS: Ambrosius Calepinus Bergomates: professor deuotus ordinis eremitarum sancti Augustini: Dictionum latinarum e greco pariter diriuantium:

earūdēq(ue) interpretationū collector studiosissim(us): ... Basel: Adam Petri 1512. (UB Tübingen: Cc 4 fol.)

CYPRIANUS, THASCIUS CAECILIUS: OPERA DIVI CAECILII EPISCOPI CARTHAGInensis... unà cū annotatiunculis. Atq(ue) haec omnia nobis praestitit ingenti labore suo ERASMVS ROTERODAMVS ... Basel: Johann Froben 1521. (LB Dresden: Mscr. Dresd. App. 747 mit Randbemerkungen Thomas Müntzers)

DAPPEN, BERNHARD: ARTICVLI PER FRATRES MINORES DE obseruantia propositi Reuerendissimo domino Episcopo Brandenburgeñ contra LVTERANOS. ... [Ingolstadt: Andreas Lutz? 1519]. (SB München: 4° H. Ref. 800/4)

DIOGENES LAERTIOS: Diogenes laertii historiographi de philosophorum vita decem per q(uam) fecundi libri ad bene beateq(ue) viuendū coṁotiui. Paris: Jean Petit [um 1510]. (LB Stuttgart: HB 626)

ERASMUS VON ROTTERDAM s. CYPRIANUS, THASCIUS CAECILIUS

FABER STAPULENSIS, JACOBUS (Hg.): LIBER trium virorum & trium spiritualium virginum. Paris: Henricus Stephanus 1513. (UB Marburg: XIX c A 571^d)

FICINO, MARSILIO s. PLATON

HANNER, HEINRICH: VIRGILIOCENTONES. Siue Probae Valeriae ingeniosissimae atq(ue) doctissimae fẹminae Centonum opus pulcherrimum ex Virgilianis voluminibus subtilissime congestum noui & veteris Testamenti misteria ... continens/ familiari ac parabili Henrici .H. Stemeciani Cōmētario illustratum... Braunschweig: [Hans Dorn] 1516. (HAB Wolfenbüttel: 98 Qu. N. (4). Provenienz: Andreas Gittelde)

HIERONYMUS, SOPHRONIUS EUSEBIUS s. auch RHAGIUS, JOHANNES

——: Quattuor diui Hieronymi epistole ad vitā mortaliū instituendā accōmodatissime ac mira scatentes eruditione hoc continent(ur) libello. Leipzig: Jakob Thanner 1514. (UB Freiburg: K 2626 und LB Stuttgart: Theol. qt. 3243 enthalten Nachschriften aus derselben Vorlesung.)

——: EPISTOLA BEATI HIERONYMI ad Paulinum Praesbyterum. Additis insuper quibusdam Prologis. Rudolphus Agricola Iunior. ... [Wien:] H[ieronymus] V[ietor] 1515 September. (SB Regensburg: Patr. 609 und ÖNB Wien: 227.833-B.Rara mit Nachschriften aus derselben Vorlesung, wobei das Exemplar Wien nur Interlinearglossen aufweist.)

——: QVAE HOC LIBELLO HABENTVR. DIVI HIERONYMI EPISTOLA AD magnū vrbis Oratorem elegantiss. Eiusdem ad Athletam de filiae educatione. F. Philelphi epistola de Hieronymo & Augustino. Wittenberg: Johann Rhau-Grunenberg 1515. (PS Wittenberg: LC 423/4 mit handschriftlicher Widmung Johannes Langs OESA an Heinrich Stackmann; LB Stuttgart: Theol. qt. K 274 und HAB Wolfenbüttel: 202.71 Qu. (3) mit Nachschriften aus derselben Vorlesung)

——: CONTENTA IN HOC LIBRO: DIVI HIERONYMI CONTRA IOVINIANVM HEREticum libri duo, cum Apologetico eiusdē in defensionem librorum contra praedictum Iouinianū. Adiuncta est praeterea tabula pro electioribus sententiis & historiis. ... Wien: Johannes Singriener 1516. (KB København: 21,-239,4°)

——: OMNIVM OPERVM DIVI EVSEBII HIERONYMI STRIDONENSIS TOMVS PRIMVS (SECVNDVS...) ... Basel: Johann Froben 1516. (PS Wittenberg: HTh fol 665-669, Provenienzen und Randbemerkungen: Johannes Rhagius, Martin Luther; LB Stuttgart: Theol. fol. 825, Provenienz und Randbemerkungen: Johannes Geiling [ohne Teil 3-4])

——: Decem Diui Hieronymi EpistoLAE AD VITAM MORTALIVM INSTITVENDAM ACCOMODATISSIMAE. ... Wittenberg: Johann Rhau-Grunenberg 1517. (HAB Wolfenbüttel: 202.71 Qu. (4) mit handschriftlicher Widmung Heinrich Stackmanns an Heinrich Rommel aus Celle; KB København: 21,-240,4° mit Vorlesungsnachschrift Matthäus Schliebeners OESA aus der Vorlesung Heinrich Stackmanns; StadtB Dessau: Georg. 1049a (3) mit Nachschrift Sigismund Reichenbachs aus der Vorlesung des Johannes Rhagius)

——: Epistola Diui Hieronymi ad Paulinū presbyterum de omnibus diuinae historiae libris. Wittenberg: Johann Rhau-Grunenberg 1517. (Nachschriften der Vorlesung des Johannes Rhagius von Sigismund Reichenbach in StadtB Dessau: Georg. 1049a (2); von Kaspar Schmidt in HAB Wolfenbüttel: K 151 Helmst. 4° (40))

——: Quattuor diui Hieronymi epistole ad vitā mortaliū instituendā accōmodatissime ac mira scatentes eruditione hoc continent(ur) libello. ARGVMENTA SINGVLARVM EPISTOLARVM COMPENDIARIA ORATIONE CONTEXTA, ... Leipzig: Jakob Thanner 1518. (LB Stuttgart: Theol. qt. 3244)

KRUSE, GOTTSCHALK: Van adams vnd vnsem valle vnd wedder vperstandinghe Doctor Gotscalcus kruse... [Braunschweig: Hans Dorn 1522]. (HAB Wolfenbüttel: C 199 Helmst. 4° (10), Provenienz: Johann Dureke)

——: To allen Christgelôuigen fromen mynschen beßondern der statt Brunswygk/ D. Godschalci Crußen Wôrumme hee gheweken wth synem kloester eyn vnderrichtunghe. [Wittenberg: Nickel Schirlentz 1523.] (UB Tübingen: Gf 29.4°)

LUTHER, MARTIN: Eyn sermon van dem Aflath vnd genade. dorch den werdigē doctorū Martinū Luther Augustiner tho Wittenbergk. [Braunschweig: Hans Dorn] 1518. (HAB Wolfenbüttel: 116.5. Theol. 4° (1), Provenienz: Ludeke Remmerdes, Braunschweig)

——: Eyn Schrecklich geschicht vnd gericht Gotes vber Thomas Mûntzer/ darynn Gott offentlich desselbigen geyst lûgenstrafft vnd verdamnet. [Sternchen] Mart. Luther. [Wittenberg: Joseph Klug 1525.] (StadtB Lübeck: Theol. Hist. 4856 (Nr. 22) 4°)

MARTIANUS CAPELLA s. RHAGIUS, JOHANNES

Murnarus Leuiathan Vulgo dictus Geltnar/ oder Genß Prediger. Murnarus, qui & Schônhenselin, oder Schmutzkolb, de se ipso. Si nugae, & fastus, faciunt quem relligiosum, Sum bonus, & magnus, relligiosus ego. Raphaelis Musaei in gratiam Martini Lutheri, & Hutteni, propugnatorum Christianae & Germanicae libertatis, ad Osores Epistola. [Hagenau: Thomas Anshelm? 1521.] (UB Tübingen: Gf 109a.4°)

MUSAEUS, RAPHAEL s. auch Murnarus Leuiathan...

——: Ain Kurtzi anred zů allen myszgünstigen Doctor Luthers vñ der Christenlichen freyheit. [Augsburg: Jörg Nadler] 1521. (SB München: 4° H. ref. 801/44)

——: EIn kurtze anred zů allen missgünstigen der Christlichē freiheit. [Basel: Valentin Curio 1521.] (LB Stuttgart: Theol. qt. K. 20)

ORIGENES ADAMANTIUS: Secundus tomus operum Origenis Adamantij: qui cōplectitur: folio proximo signantius explicanda. ... [Paris:] Johannes Parvus et Jodocus Badius Ascensius [1512]. (UB Tübingen: Gb 141.Fol.)

PHILOSTRATOS, FLAVIUS: PHILOSTRATI LEMNII SEnioris Historiae dè uita Apollonij libri VIII. Alemano Rhinuccino Florentino interprete. ... Köln: Johannes Gymnicus 1532. (UB Tübingen: Cd 10003.8° R)

PLATON: (Opera latine, translatione MARSILII FICINI.) S. l. et a. [1484/85.] (LB Stuttgart: Incun. 13062, 1. Exemplar, HAIN Nr. 13062)

——: (Opera latine, translatione MARSILII FICINI.) Venedig: Bernardinus de Coris de Cremona und Simon de Luere für Andreas Torresanus, 1491 August 13. (UB Heidelberg: D 2496 Inc., HAIN Nr. 13063)

——: PLATONIS OPERA. Venedig: Philippus Pincius Mantuanus 1517 April 22. (ZB Zürich: V E 4, Provenienz: Huldrych Zwingli)

PLINIUS SECUNDUS, GAIUS s. RHAGIUS, JOHANNES

PLUTARCHOS: Vitẹ Plutarchi Cheronei Post Pyladen Brixianum lōge diligentius repositẹ: cum maiore verioreq(ue) Indice: necnon cum Aemilij Probi Vitis. [Paris:] Jean Petit 1514 November 13. (UB Tübingen: Cd 4290 fol.)

PROBA s. HANNER, HEINRICH

RHAGIUS, JOHANNES (Hg.): Tabula Cebetis philosophi socratici/ cū Iohānis Aesticāpiani Epistola. Frankfurt/Oder: Nikolaus Lamparter und Balthasar Murrer 1507. (StB Augsburg: 4° Lb 97)

—— (Hg.): C. Plinij Secundi Veronensis ad Titum Vespasianū in libros naturalis hystorie Epistola. Cū Johānis Aesticāpiani Rhetoris et Poete laureati Epistolio... Leipzig: Wolfgang Stöckel 1508. (SB München: 4° A lat. b 751/7)

—— (Hg.): Grāmatica Martiani foelicis Capelle cū Johānis Rhagij Aesticampiani. Rhetoris & poete prefatione. [Frankfurt/Oder:] Balthasar Murrer [1508]

—— (Hg.): Septē diui Hieronymi epistole. ad vitam mortaliū instituendam accomodatissime. cū Johānis Aesticampiani Rhetoris ac poete Laureati et Epistola & Sapphico carmine. aliorumq(ue) eruditissimorū virorum Epigrāmatibus. Hoc libello cōtinentur. Leipzig: Melchior Lotter d.Ä. 1508 (BL London: C. 107.bb.14 mit Notizen von der Hand des Rhagius)

—— (Hg.): Cornelij Taciti Illustrissimi hystorici de situ. moribus et populis Germanie. Aureus libellus. Leipzig: Melchior Lotter d.Ä. 1509 Dezember 31. (UB Tübingen: Ce 1239.4° R)

—— (Hg.): FMC Scientissimi et clarissimi Authoris. Rethorica, cuius... artem Rhetor Iohannes Aesticāpianus edocebit... Leipzig: Martin Landsberg 1509. (ÖNB Wien: + 46.S.42)

—— (Hg.): C. Plinij Praefatio. ... Wittenberg: Johann Rhau-Grunenberg 1518. (SB München: 4° A. lat. b. 404g mit Vorlesungsnachschrift des Matthias Henselin aus Magdeburg; KB København: 74II,363 mit Nachschrift aus derselben Vorlesung)

—— (Hg.): Diui Aurelii Augustini libellus de vita Christiana: ad sororē suam viduā. ... Leipzig: Melchior Lotter d.Ä. 1518. (HAB Wolfenbüttel: 97.5 Th. (16) mit Vorlesungsnachschrift)

RHEGIUS, URBAN: Verantwortung dreyer gegenwurff der Papisten zu Braunswig/ dar jnn fast jr grôster grund ligt/ zu dienst dem Ersamen Heisen Oschersleuen/ D. Vrbanum Regium/ Celle Saxonum. 1536. ... Wittenberg: Joseph Klug 1536. (Evang. Stift Tübingen: 9 an q. 1709)

RHINUCCINUS FLORENTINUS, ALEMANUS s. PHILOSTRATOS, FLAVIUS

SCHOTT, PETER: Petri Schotti Argentiñ. Patricii:... Lucubraciunculae ornatissimae. [Straßburg:] Martin Schott 1498 Oktober 2. (UB Tübingen: Kf IV 11.4°, HAIN 14524)

STROMER, HEINRICH; KOPP, GREGOR; FRANK, ANDREAS: Duae Epistole: Hērici Stromeri Auerbachij: & Gregorij Coppi Calui medicorū: que statū reipublicae Christianae hoc seculo degeneratis attīgūt. Adiecta est Andree Franci Camicziani Epistola ad Pircheimerū: subiunctis etiam in fine libelli in Leum epigrammatis. Leipzig: Melchior Lotter d.Ä. 1520. (MKB Goslar: 332 mit Geschenkwidmung Stromers an Eberhard Weidensee, Propst des Johannesklosters in Halberstadt, und Notizen Andreas Grunewalds, Vikars in Halberstadt)

STÜRLL, LIGNACIUS (Pseud.) = ANDREAS RUDOLFF BODENSTEIN VON KARLSTADT: Gloße/ Des Hochgelarten/ yrleuchten/ Andechtigen/ vñ Barmhertzigen/ ABLAS Der tzu Hall in Sachsen/ mit wunn vñ freudē außgeruffen. [Wittenberg: Nickel Schirlentz 1521.] (LB Dresden: Hist. eccl. E 356, 1m mit Vermerk von der Hand Bodensteins auf dem Titelblatt: »Gedruckt zcu Wittenberg auff Mathei apostoli Anno etc. 21«. HAB Wolfenbüttel: H 67 Helmst. 4°, Provenienz: Abt Theodor Koch, Braunschweig)

STULER (STELLA), ERASMUS: ERASMI STELLAE LIBONOTHANI INTERPRAETAMENTI GEMMARVM LIBELLVS VNICVS. ... Nürnberg: Friedrich Peypus 1517 August. (StB Nürnberg)

TACITUS, CORNELIUS s. RHAGIUS, JOHANNES

TAULER, JOHANNES: Sermones: des höchgeleerten in gnaden erleüchten doctoris Johannis Thaulerii sannt dominici ordens die da weiszend auff den nächesten waren weg im gaist zů wanderen durch überswebenden syn. von latein in teütsch gewendt manchem menschenn zů säliger fruchtbarkaitt. Augsburg: Johann Otmar 1508. (PS Wittenberg: HTh fol 891 mit Niederschriften und Randbemerkungen Andreas Bodensteins von Karlstadt)

TERTULLIANUS, QUINTUS SEPTIMIUS FLORENS: OPERA Q. SEPTIMII FLORENTIS TERTVLliani inter Latinos ecclesiae scriptores primi, sine quorum lectione nullum diem intermittebat olim diuus Cyprianus, per Beatum Rhenanum Seletstadiensem è tenebris eruta atque à situ pro uirili uindicata, adiectis singulorum librorum argumētis & alicubi coniecturis... Basel: Johann Froben 1521 Juli. (LB Dresden: Mscr. Dresd. App. 747 mit Randbemerkungen Thomas Müntzers)

3. Weitere Quellen (Erscheinungsjahr nach 1600)

Acten der Erfurter Universitaet/ bearb. v. HERMANN WEISSENBORN. Halle 1881-1899. 3 Bde. (GPS 8, 1-3.)

Aeltere Universitäts-Matrikeln. I: Universität Frankfurt a.O./ hg. v. ERNST FRIEDLAENDER. Leipzig 1887-1891. 3 Bde. (PPSA 32. 36. 49.)

Das älteste Decanatsbuch der philosophischen Facultät an der Universität zu Frankfurt a.O./ hg. v. GUSTAV BAUCH. Teil 1: Die artistisch-philosophischen Promotionen von 1506 bis 1540. Breslau 1897. (AUUF 1.)

AGRICOLA, JOHANN: Die Historia des Leidens und Sterbens Jhesu Christi (1543). Nachdruck Bern 1986. (BAGerm.)

Akten und Briefe zur Kirchenpolitik Herzog Georgs von Sachsen/ hg. v. FELICIAN GESS. Leipzig 1905-1917. 2 Bde.

Akten zur Geschichte des Bauernkriegs in Mitteldeutschland. Bd. 1, 1/ hg. von OTTO MERX. Leipzig 1923; Bd. 1, 2/ hg. v. GÜNTHER FRANZ. Leipzig 1934; Bd. 2/ hg. v. WALTHER PETER FUCHS. Jena 1942.

Album Academiae Vitebergensis. Bd. 1/ hg. v. KARL EDUARD FÖRSTEMANN. Leipzig 1841; Bd. 2/ hg. v. OTTO HARTWIG. Halle 1894; Bd. 3/ hg. v. KARL GERHARD. Halle 1905.

APULEIUS: Apologie. Florides/ texte établi et traduit par PAUL VALLETTE. Paris 1924. (CUFr.)

AUGUSTINUS, AURELIUS s. KÄHLER, ERNST

Aus dem ersten Jahrzehnt der Universität und die ältesten Dekanatsbücher der Juristen und der Mediziner: Festschrift zur vierhundertjährigen Jubelfeier der Alma Mater Viadrina 26. April 1906/ hg. v. GUSTAV BAUCH. Breslau 1906. (AUUF 6.)

Die Baccalaurei und Magistri der Wittenberger philosophischen Fakultät aus der Fakultätsmatrikel veröffentlicht v. JULIUS KÖSTLIN. Halle 1887-1891. 4 Bde.

BAUMANN, FRANZ LUDWIG: Quellen zur Geschichte des Bauernkriegs aus Rotenburg an der Tauber. Stuttgart 1878. (BLVS 139.)

BODENSTEIN VON KARLSTADT, ANDREAS RUDOLFF s. auch KÄHLER, ERNST

——: D. Andr. Carolstadts Sermon am Lichtmeß-Tag A. 1518 zu Wittenberg gehalten/ ex MSto. UnNachr 1703, 119-125.

BUCHWALD, GEORG (Hg.): Ungedruckte Predigten des Johann Sylvius Egranus (gehalten in Zwickau und Joachimsthal 1519-1522). Leipzig 1911. (Quellen und Darstellungen aus der Geschichte des Reformationsjahrhunderts 18.)

—— (Hg.): Die Matrikel des Hochstifts Merseburg 1469 bis 1558. Weimar 1926.

BUGENHAGEN, JOHANNES: Dr. Johannes Bugenhagens Briefwechsel/ gesammelt u. hg. durch OTTO VOGT. Stettin 1888-1899; mit einem Vorwort und Nachträgen v. EIKE WOLGAST unter Mitarbeit v. HANS VOLZ. Hildesheim 1966.

Die Chroniken der niedersächsischen Städte: Braunschweig. Bd. 2. Leipzig 1880. (CDS 16.)

CYPRIANUS, THASCIUS CAECILIUS: Saint Cyprien: Correspondance/ hg. v. L. BAYARD. Paris 1925. Bd. 1. (CUFr.)

Deutsche Reichstagsakten unter Kaiser Karl V. Bd. 2/ bearb. v. ADOLF WREDE. Gotha 1896. (DRTA.JR 2.)

ERASMUS VON ROTTERDAM: Ausgewählte Schriften: Ausgabe in acht Bänden lateinisch und deutsch/ hg. v. WERNER WELZIG. Darmstadt 1967-1980.

FISCHER, LUDWIG (Hg.): Die lutherischen Pamphlete gegen Thomas Müntzer. Tübingen 1976. (Dt. Texte 39.)

Flugschriften der Bauernkriegszeit/ hg. v. der Akademie der Wissenschaften der DDR: Zentralinstitut für Geschichte; Zentralinstitut für Literaturgeschichte. Köln ²1978.

FÖRSTEMANN, KARL EDUARD (Hg.): Zur Geschichte des Bauernkriegs im Thüringischen und Mansfeldischen. NMHAF 12 (1869) 150-244.

GELDENHAUER, GERHARD: Itinerarium Gerardi Geldenhaurii Noviomagi, Antverpia Vitebergam, Anno 1525/ hg. v. L. J. F. JANSSEN. AKeG 9 (1838) 500-513.

GELLIUS, AULUS: Noctium Atticarum libri XX/ recensuit CAROLUS HOSIUS. Editio stereotypa editionis prioris (MCMIII). Stuttgart 1959. 2 Bde. (BSGRT.)

GERSON, JEAN: Oeuvres complètes/ hg. v. PALÉMON GLORIEUX. Bd. 3. Paris 1962.

GREBEL, KONRAD: Conrad Grebel's Programmatic Letters of 1524: with Facsimiles of the Original German Script of Grebel's Letters/ transcribed and translated by J. C. WENGER. Scottdale, Pennsylvania 1970.

HAMELMANN, HERMANN: Opera genealogico-historica, de Westfalia et Saxonia inferiori/ hg. v. ERNST KASIMIR WASSERBACH. Lemgo 1711.

HEGESIPPUS: Hegesippi qui dicitur historiae libri V/ hg. v. VINCENTIUS USSANI. Wien 1932-1960. Pars 1. 2. (CSEL 66, 1. 2.)

HELT, GEORG: Georg Helts Briefwechsel/ hg. v. OTTO CLEMEN. Leipzig 1907. (ARG.E 2.)

HIERONYMUS, SOPHRONIUS EUSEBIUS: Sancti Eusebii Hieronymi Epistulae/ recensuit ISIDORUS HILBERG. Wien 1910-1918. Bd. 1-3.) CSEL 54-56.)

——: Opera. Pars 1: Opera Exegetica 1. Turnhout 1969. (CChr.SL 72.)

HORAWITZ, ADALBERT; HARTFELDER, KARL (Hg.): Briefwechsel des Beatus Rhenanus. Leipzig 1886.

JACOBS, EDUARD (Hg.): Briefwechsel Cardinal-Erzbischof Albrechts mit seinem Hofmeister Botho, Grafen zu Stolberg-Wernigerode, aus dem Jahre 1517. GBSLM 10 (1875) 286-302.

KÄHLER, ERNST (Hg.): Karlstadt und Augustin: der Kommentar des Andreas Bodenstein von Karlstadt zu Augustins Schrift De spiritu et litera/ Einführung und Text. Halle (Saale) 1952. (HM 19.)

KAPP, JOHANN ERHARD (Hg.): Kleine Nachlese einiger, größten Theils noch ungedruckten, und sonderlich zur Erläuterung der Reformations-Geschichte nützlichen Urkunden. Bd. 3. Leipzig 1730.

KAWERAU, GUSTAV: Kleine Nachlese zum Briefwechsel des Thomas Münzer. ZHVG 12 (1879) 641-645.

KÖHLER, WALTHER (Hg.): Dokumente zum Ablaßstreit von 1517. Tübingen ²1934. (SQS 2, 3.)

KOLDEWEY, FRIEDRICH (Hg.): Braunschweigische Schulordnungen von den ältesten Zeiten bis zum Jahre 1828. Bd. 1: Schulordnungen der Stadt Braunschweig. Berlin 1886. (MGP 1.)

KRAFFT, KARL; KRAFFT, WILHELM: Briefe und Documente aus der Zeit der Reformation im 16. Jahrhundert nebst Mittheilungen über Kölnische Gelehrte und Studien im 13. und 16. Jahrhundert. Elberfeld [1875].

KRUSE, GOTTSCHALK: D. Gottschalk Krusens... Unterrichtung, warum er aus dem Kloster gewichen/ hg. v. LUDWIG HÄNSELMANN. Wolfenbüttel 1887.

Liber Decanorum: das Dekanatsbuch der theologischen Fakultät zu Wittenberg in Lichtdruck nachgebildet/ mit einem Vorwort von JOHANNES FICKER. Halle a. S. 1923.

LÖSCHER, VALENTIN ERNST: Vollständige Reformations-Acta und Documenta... Leipzig 1720-1729. 3 Bde.

LUTHER, MARTIN: Werke: kritische Gesamtausgabe. Weimar 1883-1988. Bd. 1-63.

——: Werke: kritische Gesamtausgabe. Die Deutsche Bibel. Weimar 1906-1961. Bd. 1-12.

——: Werke: kritische Gesamtausgabe. Briefwechsel. Weimar 1930-1985. Bd. 1-18.

——: Studienausgabe/ hg. v. HANS-ULRICH DELIUS. Berlin 1979-1986. Bd. 1-4.

Die Matrikel der Universität Heidelberg/ bearb. und hg. v. GUSTAV TOEPKE. Heidelberg 1884-1893. 3 Bde.

Die Matrikel der Universität Köln/ bearb. v. HERMANN KEUSSEN. Bd. 1. Bonn ²1928; Bd. 2. Bonn 1919; Bd. 3. Bonn 1931. (PGRGK 8, 1-3.)

Die Matrikel der Universität Leipzig/ hg. v. GEORG ERLER. Leipzig 1895-1902. 3 Bde. (Codex diplomaticus Saxoniae Regiae 2, 16-18.)

MELA, POMPONIUS: De chorographia libri tres/ recognovit CAROLUS FRICK. Editio stereotypa editionis primae (MDCCCLXXX) aucta conspectu librorum commentationum disputationum. Stuttgart 1968. (BSGRT.)

MELANCHTHON, PHILIPP: Melanchthons Werke in Auswahl/ hg. v. ROBERT STUPPERICH. Gütersloh 1951-1980. 7 Bde.

MÖLLENBERG, WALTER (Bearb.): Urkundenbuch zur Geschichte des Mansfeldischen Saigerhandels im 16. Jahrhundert. Halle a.d.S. 1915. (GPS 47.)

MÜNTZER, THOMAS: Thomas Müntzers Briefwechsel/ auf Grund der Handschriften und ältesten Vorlagen hg. v. HEINRICH BÖHMER und PAUL KIRN. Leipzig 1931.

——: Politische Schriften/ mit Kommentar hg. v. CARL HINRICHS. Halle (Saale) 1950. (HM 17.)

——: Thomas Müntzers Briefwechsel: Lichtdrucke Nr. 1-73 nach Originalen aus dem Sächs. Landeshauptarchiv Dresden/ bearb. v. H. MÜLLER. [Leipzig 1953.]

——: Schriften und Briefe: kritische Gesamtausgabe/ unter Mitarbeit von PAUL KIRN hg. v. GÜNTHER FRANZ. Gütersloh 1968. (QFRG 33.)

Neues Urkundenbuch zur Geschichte der evangelischen Kirchen-Reformation/ hg. v. KARL EDUARD FÖRSTEMANN. Bd. 1. Hamburg 1842.

OLEARIUS, JOHANN GOTTFRIED: Scrinium antiquarium... Halle 1671.

OVIDIUS NASO, PUBLIUS: Metamorphoses. (Opera 2.) Leipzig 1900. (BSGRT.)

PALTZ, JOHANNES VON: Werke. Bd. 2: Supplementum Coelifodinae/ hg. u. bearb. v. BERNDT HAMM. Berlin 1983. (SuR 3.)

PERSIUS FLACCUS, AULUS; IUVENALIS, DECIMUS IUNIUS: A. Persi Flacci et D. Iuni Iuvenalis Saturae/ hg. v. WENDELL VERNON CLAUSEN. Oxford 1959. (SCBO.)

PLATON: ΠΟΛΙΤΕΙΑ. Der Staat/ bearb. v. DIETRICH KURZ; griechischer Text v. ÉMILE CHAMBRY; deutsche Übersetzung v. FRIEDRICH SCHLEIERMACHER. Darmstadt 1971.

PLINIUS SECUNDUS, GAIUS: Naturalis historiae libri XXXVII/ edidit CAROLUS MAYHOFF. Editio stereotypa editionis prioris. Stuttgart 1967. 2 Bde. (BSGRT.)

Poetae Christiani minores. Pars 1. Wien 1887. (CSEL 16.)

POPPEROD, ANDREAS: Annales Gernrodensium. In: JOHANN CHRISTOFF BECKMAN: Accessiones historiae Anhaltinae. Zerbst 1716, 27-82.

Quellen zur Geschichte der Täufer in der Schweiz. Bd. 1: Zürich/ hg. v. LEONHARD VON MURALT und WALTER SCHMID. Zürich 1952.

QUINTILIANUS, MARCUS FABIUS: Institutionis oratoriae libri XII/ ad usum antiquitatis amantium edidit, transtulit, adnotationibus criticis atque exegeticis instruxit HELMUT RAHN. Darmstadt 1972-1975. 2 Bde. (Texte zur Forschung 2. 3.)

RHENANUS, BEATUS s. HORAWITZ, ADALBERT und HARTFELDER, KARL

Sammlung Etlicher noch nicht gedrucken Alten Chroniken, als der Nieder-Sächsischen, Halberstädtischen. Quedlinburgischen, Ascherslebischen, und Ermslebischen/ hg. v. CASPAR ABEL. Braunschweig 1732.

SCHADE, OSKAR (Hg.): Satiren und Pasquille aus der Reformationszeit. Hannover ²1863. Bd. 2.

SCHEURL, CHRISTOPH: Christoph Scheurl's Briefbuch, ein Beitrag zur Geschichte der Reformation und ihrer Zeit/ hg. v. FRANZ VON SODEN und J. K. F. KNAAKE. Bd. 1. Potsdam 1867.

Scriptores Brunsvicensia illustrantes/ hg. v. GOTTFRIED WILHELM LEIBNIZ. Bd. 2. Hannover 1710.

SOLINUS, GAIUS IULIUS: Collectanea rerum momorabilium/ iterum recensuit THEODORUS MOMMSEN. Berlin 1895.

Die Statutenbücher der Universität Leipzig aus den ersten 150 Jahren ihres Bestehens/ hg. v. FRIEDRICH ZARNCKE. Leipzig 1861.
TERTULLIANUS, QUINTUS SEPTIMIUS FLORENS: Opera. Pars 2: Opera Montanistica. Turnhout 1954. (CChr.SL 2.)
Die theologischen Promotionen auf der Universität Leipzig 1428-1539/ hg. v. THEODOR BRIEGER. Leipzig 1890.
Urkundenbuch der Stadt Wernigerode bis zum Jahre 1460/ bearb. v. EDUARD JACOBS. Halle 1891.
Urkundenbuch der Universität Wittenberg. Teil 1 (1502-1611)/ bearb. v. WALTER FRIEDENSBURG. Magdeburg 1926. (GPSFA NR 3.)
VALERIUS MAXIMUS: Factorum et dictorum memorabilium libri novem cum Iulii Paridis et Ianuarii Nepotiani epitomis. Leipzig ²1888. (BSGRT.)
WILDENAUER (genannt SYLVIUS EGRANUS), JOHANNES s. BUCHWALD, GEORG
WILISCH, CHRISTIAN GOTTHOLD: Arcana Bibliotheca Annabergensis. Leipzig 1730.
WUSTMANN, GUSTAV (Hg.): Quellen zur Geschichte Leipzigs: Veröffentlichungen aus dem Archiv und der Bibliothek der Stadt Leipzig. Bd. 1. Leipzig 1899.

4. Sekundärliteratur

ABE, HORST RUDOLF: Die artistische Fakultät der Universität Erfurt im Spiegel ihrer Bakkalaurei- und Magisterpromotionen der Jahre 1392-1521. Beitr. zur Gesch. der Univ. Erfurt 13 (1967) 33-90.
Alma mater Lipsiensis: Geschichte der Karl-Marx-Universität Leipzig/ hg. v. LOTHAR RATHMANN. Leipzig 1984.
AUGUSTIJN, CORNELIS: Erasmus von Rotterdam: Leben — Werk — Wirkung. München 1986.
BAHLOW, HANS: Deutsches Namenlexikon: Familien- und Vornamen nach Ursprung und Sinn erklärt. Frankfurt ⁵1980. (st 65.)
BALZER HANS R.: Reformation in Niedersachsen: Luthers Anhänger im 16. Jahrhundert. Wolfenbüttel 1983.
BARGE, HERMANN: Andreas Bodenstein von Karlstadt. Leipzig 1905. 2 Bde.
BARING, GEORG: Hans Denck und Thomas Müntzer in Nürnberg 1524 (1959). In: FRIESEN/GOERTZ 1978, 132-177.
BAUCH, GUSTAV: Johannes Rhagius Aesticampianus in Krakau, seine erste Reise nach Italien und sein Aufenthalt in Mainz. Archiv für Litteraturgesch. 12 (1884) 321-370.
——: Die Vertreibung des Johannes Rhagius Aesticampianus aus Leipzig: nach actenmässigen Quellen. Archiv für Litteraturgesch. 13 (1885) 1-33.
——: Zu Luthers Briefwechsel. ZKG 18 (1898) 391-412.
——: Geschichte des Leipziger Frühhumanismus mit besonderer Rücksicht auf die Streitigkeiten zwischen Konrad Wimpina und Martin Mellerstadt. Leipzig 1899. (ZfB.B 22.)
——: Agricola: Rudolf A. (Baumann), junior. ADB 45, 1900, 709f.
——: Aus der Geschichte des Mainzer Humanismus. Archiv f. hessische Gesch. und Altertumskunde NF 5 (1907) 3-86.
BAYER, OSWALD; BRECHT, MARTIN: Unbekannte Texte des frühen Luther aus dem Besitz des Wittenberger Studenten Iohannes Geiling. ZKG 82 (1971) 229-259.
BAYLOR, MICHAEL G.: Thomas Müntzer's First Publication. SCJ 17 (1986) 451-458.
BENRATH, GUSTAV ADOLF: Die Lehre außerhalb der Konfessionskirchen. In: Handbuch der Dogmen- und Theologiegeschichte/ hg. v. CARL ANDRESEN. Bd. 2: Die Lehrentwicklung im Rahmen der Konfessionalität. Göttingen 1980, 560-664.
BENSING, MANFRED: Thomas Müntzers Frühzeit: zu Hermann Goebkes »Neuen Forschungen über Thomas Müntzer«. ZfG 14 (1966[a]) 423-430.
——: Thomas Müntzer und der Thüringer Aufstand. Berlin 1966[b]. (LÜAMA B 3.)
——: Thomas Müntzer. Leipzig (1965) ²1975; ³1983[a].

——: Thomas Müntzers Kampf und Weggefährten. Bad Frankenhausen 1977. (Veröff. der Bauernkriegsgedenkstätte »Panorama« Bad Frankenhausen 1.)

——: Thomas Müntzer und die Reformationsbewegung in Nordhausen 1522 bis 1525. Beitr. zur Heimatkunde aus Stadt und Kreis Nordhausen/ Meyenburg-Museum Nordhausen 8 (1983[b]) 4-18.

BENSING, MANFRED; TRILLITZSCH, WINFRIED: Bernhard Dappens »Articuli... contra Lutheranos«: zur Auseinandersetzung der Jüterboger Franziskaner mit Thomas Müntzer und Franz Günther 1519. Jb. f. Regionalgesch. 2 (1967) 113-147.

BENZING, JOSEF: Lutherbibliographie: Verzeichnis der gedruckten Schriften Martin Luthers bis zu dessen Tod. Baden-Baden 1966. (Bibliotheca bibliographica Aureliana 10. 16. 19.)

——: Die Buchdrucker des 16. und 17. Jahrhunderts im deutschen Sprachgebiet. Wiesbaden ²1982. (BBBw 12.)

BODE, WILHELM JULIUS LUDWIG: Beitrag zu der Geschichte der Unterrichtsanstalten, besonders der Bürgerschulen der Stadt Braunschweig. BM 43 (1830) 162-191.

BOEHMER, HEINRICH: Studien zu Thomas Müntzer. Leipzig 1922.

——: Thomas Müntzer und das jüngste Deutschland. In: DERS.: Gesammelte Aufsätze/ mit einem Geleitwort von RUDOLF BOEHMER. Gotha 1927, 187-222.

——: Der junge Luther (1939)/ durchgesehen und mit einem Nachwort hg. v. HEINRICH BORNKAMM. Stuttgart ⁵1962.

BOEHMER, JULIUS: Die Beschaffenheit der Quellenschriften zu Hinrich Voes und Johann van den Esschen. ARG 28 (1931) 112-133.

BÖSCH, HANS: Der Eibogenhandel der Gesellschaft des Christoph Fürer und Leonhard Stockhamer zu Nürnberg. In: Mitt. aus dem germ. Nationalmuseum 1 (1884/86) 246-255.

BORCHLING, CONRAD; CLAUSSEN, BRUNO: Niederdeutsche Bibliographie: Gesamtverzeichnis der niederdeutschen Drucke bis zum Jahre 1880. Bd. 1. Neumünster 1931.

BOSSERT, GUSTAV: Johann Geyling, ein Lutherschüler und Brenzfreund, der erste evangelische Prediger in Württemberg (ca. 1495-1559): Untersuchungen und Beiträge zu seiner Lebensbeschreibung. In: Aus dem Lande von Brenz und Bengel: 50 Jahre württembergische Kirchengeschichtsforschung. Stuttgart 1946, 13-121.

BRÄUER, SIEGFRIED: Zu Müntzers Geburtsjahr. LuJ 36 (1969) 80-83.

——: Die erste Gesamtausgabe von Thomas Müntzers Schriften und Briefe: ein erfülltes Desiderat der Reformationsforschung. LuJ 38 (1971) 121-131.

——: Die zeitgenössischen Dichtungen über Thomas Müntzer und den Thüringer Bauernaufstand (Untersuchungen zum Müntzerbild der Zeitgenossen in Spottgedichten und Liedern, im Dialog und im neulateinischen Epos von 1521 bis 1525). Theol. Diss. Leipzig 1973 [Masch.].

——: Der Humanist Euricius Cordus und sein neulateinisches Epos »...Antilutheromastix« von 1525. ZKG 85 (1974) 65-94.

——: Thomas Müntzer. ZdZ 29 (1975) 121-129.

——: Müntzerforschung von 1965 bis 1975. LuJ 44 (1977[a]) 127-141; 45 (1978) 102-139.

——: Rezension von WALTER ELLIGER: Thomas Müntzer, 1975. ThLZ 102 (1977[b]) 215-220.

——: Thomas Müntzers Beziehungen zur Braunschweiger Frühreformation. ThLZ 109 (1984) 636-638.

BRÄUER, SIEGFRIED; GOERTZ, HANS-JÜRGEN: Thomas Müntzer. In: Gestalten der Kirchengeschichte. Bd. 5. Stuttgart 1981, 335-352.

BRECHT, MARTIN: Martin Luther. Bd. 1 (1981). Stuttgart ²1983.

BUBENHEIMER, ULRICH: Consonantia Theologiae et Iurisprudentiae: Andreas Bodenstein von Karlstadt als Theologe und Jurist zwischen Scholastik und Reformation. Tübingen 1977. (JusEcc 24.)

——: Andreas Rudolff Bodenstein von Karlstadt: sein Leben, seine Herkunft und seine innere Entwicklung. In: Andreas Bodenstein von Karlstadt 1480-1541: Festschrift

der Stadt Karlstadt zum Jubiläumsjahr 1980/ hg. v. WOLFGANG MERKLEIN. Karlstadt 1980, 5-58.
——: Thomas Müntzer. In: Protestantische Profile: Lebensbilder aus fünf Jahrhunderten/ hg. v. KLAUS SCHOLDER u. DIETER KLEINMANN. Königstein/Ts. 1983, 1-30.
——: Radikale Reformation: von Luther zu Müntzer. Grünwald: Institut für Film und Bild in Wissenschaft und Unterricht 1984[a]. (Beiheft zur Diareihe Nr. 102816.)
——: Thomas Müntzer in Braunschweig: Teil 1. BJb 65 (1984[b]) 37-78.
——: Luthers Stellung zum Aufruhr in Wittenberg 1520-1522 und die frühreformatorischen Wurzeln des landesherrlichen Kirchenregiments. ZSRG.K 71 = 102 (1985[a]) 147-214.
——: Thomas Müntzer in Braunschweig: Teil 2. BJb 66 (1985[b]) 79-114.
——: Thomas Müntzer und der Anfang der Reformation in Braunschweig. NAKG 65 (1985[c]) 1-30.
——: Luther — Karlstadt — Müntzer: soziale Herkunft und humanistische Bildung. Ausgewählte Aspekte vergleichender Biographie. Amtsblatt der Ev.-luth. Kirche in Thüringen 40 (1987[a]) 60-62. 65-68.
——: Streit um das Bischofsamt in der Wittenberger Reformation 1521/22: von der Auseinandersetzung mit den Bischöfen um Priesterehen und den Ablaß in Halle zum Modell des evangelischen Gemeindebischofs. Teil 1. ZSRG.K 73 = 104 (1987[b]) 155-209.
——: Karlstadt, Andreas Rudolff Bodenstein von (1486-1541). In: TRE 17, 1988[a], 649-657.
——: Thomas Müntzers Nachschrift einer Wittenberger Hieronymusvorlesung. ZKG 99 (1988[b]) 214-237.
——: Thomas Müntzers Wittenberger Studienzeit. ZKG 99 (1988[c]) 168-213.
BUCK, ROBERT: Friedrich der Weise als Förderer der Kunst. Straßburg 1903.
BUDINSZKY, ALEXANDER: Die Universität Paris und die Fremden an derselben im Mittelalter. Berlin 1876.
BÜNGER, FRITZ; WENTZ, GOTTFRIED: Das Bistum Brandenburg. Zweiter Teil. Berlin 1941. (GermSac 1, 3, 2.)
BURMEISTER, KARL-HEINZ: Der Vorarlberger Reformationstheologe Bartholomäus Bernhardi. Monfort: Zs. f. Gesch., Heimat- und Volkskunde Vorarlbergs 19 (1967) 218-238.
CAMERER, LUITGARD: Die Bibliothek des Franziskanerklosters in Braunschweig. Braunschweig 1982. (BWS 60.)
CHRISTIANI, FRANZ-JOSEF: Tetzels Ablaßkiste. Braunschweig 1983. (Städtisches Museum Braunschweig Miszellen 37.)
CLAUS, HELMUT; PEGG, MICHAEL A.: Ergänzungen zur Bibliographie der zeitgenössischen Lutherdrucke. Gotha 1982. (VFG 20.)
CLEMEN, OTTO: Johannes Sylvius Egranus. Mitt. des Altertumsvereins f. Zwickau und Umgegend 6 (1899) 1-39; 7 (1902) 1-32.
——: Eulenspiegels Epitaphium (1904). In: DERS.: Kleine Schriften zur Reformationsgeschichte (1897-1944)/ hg. v. ERNST KOCH. Bd. 2. Leipzig 1983, 5-8.
——: Aus den Anfängen der Universität Wittenberg (1906). In: DERS.: Kleine Schriften zur Reformationsgeschichte (1897-1944)/ hg. v. ERNST KOCH. Bd. 2. Leipzig 1983, 133-135.
CUNZE, FRIEDRICH: Ein Brief des Euricius Cordus aus Braunschweig (1523). Jb. des Geschichtsvereins f. das Herzogtum Braunschweig 1 (1902) 103-107.
CYPRIAN, ERNST SALOMON: Der Andere und Letzte Theil zu Wilh. Ernst Tentzels, Hist. Sax. Historischen Bericht vom Anfang und ersten Fortgang der Reformation Lutheri... Leipzig 1718.
D'AMICO, JOHN F.: Beatus Rhenanus, Tertullian and the Reformation: A Humanist's Critique of Scholasticism. ARG 71 (1980) 37-64.
DAMM, RICHARD VON: Bertram v. Damm, ein braunschweigischer Zeit- und Streitgenosse Luthers. ZGNKG 18 (1913) 160-205.

DELIUS, WALTER: Die Reformationsgeschichte der Stadt Halle a.S. Berlin 1953. (Beitr. zur Kirchengesch. Deutschlands 1.)

Die Denkmale der Lutherstadt Wittenberg/ bearb. v. FRITZ BELLMANN [u.a.]. Weimar 1979. (Die Denkmale im Bezirk Halle.)

Deutsches Wörterbuch/ begr. v. JACOB und WILHELM GRIMM. Leipzig 1854-1954. Neuausgabe 1965ff.

DISMER, ROLF: Geschichte Glaube Revolution: zur Schriftauslegung Thomas Müntzers. Theol. Diss. Hamburg 1974 [Masch.]

DÖLL, ERNST: Die Kollegiatstifte St. Blasius und St. Cyriacus zu Braunschweig. Braunschweig 1967. (BWS 36.)

DREYHAUPT, JOHANN CHRISTOPH VON: Genealogische Tabellen oder Geschlechts-Register sowohl derer vornehmsten im Saal-Creyse mit Ritter-Gütern angesessenen Adelichen Familien als auch derer vornehmsten alten und neuen, theils abgestorbenen, Adelichen, Patricien und Bürgerlichen Geschlechter zu Halle. Halle 1750.

DRUCKER, RENATE; RÜDIGER, BERND: Thomas Müntzers Leipziger Studienzeit. WZ(L).GS 23 (1974) 445-453.

EBERT, KLAUS: Thomas Müntzer: von Eigensinn und Widerspruch. Frankfurt am Main 1987.

ELLIGER, WALTER: Thomas Müntzer: Leben und Werk (1975). Göttingen ³1976.

FEINE, HANS ERICH: Kirchliche Rechtsgeschichte: die katholische Kirche. Köln ⁴1964.

FIDLER, DANIEL: De Ioanne Rhagio, Aesticampiano. [Leipzig] 1703.

FISCHER, WERNER: Bergbau und Hüttenwesen Thüringens am Vorabend der frühbürgerlichen Revolution. MB 9 (1986) 32-42.

FLASCHENDRÄGER, WERNER: Viadrina und Studium Lipsiense — zur Geschichte der Beziehungen zwischen zwei Universitäten. In: Die Oder-Universität Frankfurt: Beiträge zur ihrer Geschichte/ hg. v. GÜNTHER HAASE und JOACHIM WINKLER. Weimar 1983, 171-183.

FÖRSTEMANN, EDUARD: Mittheilungen aus den Wittenberger Kämmerei-Rechnungen in der ersten Hälfte des sechszehnten Jahrhunderts. NMHAF 3, 1 (1836) 103-119.

FRANKE: Elisabeth von Weida und Wildenfels, Äbtissin des freien weltlichen Stifts Gernrode: 1504-1532. Mitt. des Vereins f. Anhaltische Gesch. und Altertumskunde 8 (1900) 313-335.

FREYS, ERNST; BARGE, HERMANN: Verzeichnis der gedruckten Schriften des Andreas Bodenstein von Karlstadt. ZfB 21 (1904) 153-179. 209-243. 305-331. (Nachdruck Nieuwkoop 1965.)

FRIEDENSBURG, WALTER: Geschichte der Universität Wittenberg. Halle 1917.

——: Die Berufung des Johannes Rhagius Aesticampianus an die Universität Wittenberg 1517. ARG 20 (1923) 146-148.

FRIESEN, ABRAHAM: Thomas Müntzer and the Anabaptists. Journal of Mennonite Studies 4 (1986) 143-161.

FRIESEN, ABRAHAM; GOERTZ, HANS-JÜRGEN (Hg.): Thomas Müntzer. Darmstadt 1978. (Wege der Forschung 491.)

FRITZ, JOHANN MICHAEL: Gestochene Bilder: Gravierungen auf deutschen Goldschmiedearbeiten der Spätgotik. Köln 1966.

FRÜH, GUSTAV; GOEDECKE, HANS; WILCKENS, HANS JÜRGEN VON (Bearb.): Die Leichenpredigten des Stadtarchivs Braunschweig. Bd. 4. Hannover 1979. (NLF.S 14, 4.)

GASSNER-HADLICH, GISELA: Bartholomäus Bernhardi (1487-1551) — ein Freund Luthers. Archiv f. Sippenforschung 49 (1983) 261-264.

GEIGER, LUDWIG: Renaissance und Humanismus in Italien und Deutschland. Berlin 1882. (AGE 2, 8.)

GERICKE, WOLFGANG: Luthers Verbrennungstat vom 10. Dezember 1520 und der Bericht Agricolas in seinen verschiedenen Fassungen. HerChr 1981/82, 39-46.

Gestalten der Kirchengeschichte/ hg. v. MARTIN GRESCHAT. Bd. 5. 6 = Die Reformationszeit I. II. Stuttgart 1981.

GOEBKE, HERMANN: Neue Forschungen über Thomas Müntzer bis zum Jahre 1520: seine Abstammung und die Wurzeln seiner religiösen, politischen und sozialen Ziele. HarzZ 9 (1957) 1-30.

——: Thomas Müntzer — familiengeschichtlich und zeitgeschichtlich gesehen. In: DEUTSCHE HISTORIKER-GESELLSCHAFT: Die frühbürgerliche Revolution in Deutschland/ Redaktionsleitung GERHARD BRENDLER. Berlin 1961, 91-100. (Tagung der Sektion Mediävistik der Deutschen Historiker-Gesellschaft vom 21.-23.1.1960 in Wernigerode. Bd. 2.)

——: Thomas Müntzer: familiengeschichtlich und zeitgeschichtlich gesehen. Kulturbote f. den Kreis Quedlinburg, Jg. 1962, 44-48. 61-66. 84-89.

GOERTZ, HANS-JÜRGEN: Innere und äussere Ordnung in der Theologie Thomas Müntzers. Leiden 1967. (SHCT 2.)

——: Der Mystiker mit dem Hammer: die theologische Begründung der Revolution bei Thomas Müntzer (1974). In: FRIESEN/GOERTZ 1978, 403-444.

——: Schwerpunkte der neueren Müntzerforschung. In: FRIESEN/GOERTZ 1978, 481-536.

GÖTZE, LUDWIG: Die Magdeburger und Hallenser auf der Universität Wittenberg in den Jahren 1502-1560. GBSLM 4 (1869) 125-152.

GOLDBACH, GÜNTER: Hans Denck und Thomas Müntzer — ein Vergleich ihrer wesentlichen theologischen Auffassungen: eine Untersuchung zur Morphologie der Randströmungen der Reformation. Theol. Diss. Hamburg 1969 [Masch.].

GRANE, LEIF: Thomas Müntzer und Martin Luther (1975). In: FRIESEN/GOERTZ 1978, 74-111.

GRAY, HANNA H.: Renaissance Humanism: the Pursuit of Eloquence. JHI 24 (1963) 497-514.

GRIESE, CHRISTIANE; ROMMEL, LUDWIG: Aus der Werkstatt einer Müntzerbiographie. ZfG 36 (1988) 428.

GRIMM, HEINRICH: Die Buchführer des deutschen Kulturbereichs und ihre Niederlassungsorte in der Zeitspanne 1490 bis um 1550. Archiv f. Gesch. des Buchwesens 7 (1967) 1153-1772.

GRITSCH, ERIC W.: Reformer without A Church: the Life and Thought of Thomas Muentzer 1488[?]-1525. Philadelphia 1967.

——: Thomas Müntzer and Luther: A Tragedy of Errors. In: Radical Tendencies in the Reformation/ hg. v. HANS J. HILLERBRAND. St. Louis 1988, 55-83. (SCES 9.)

GROSSMANN, Maria: Wittenberger Drucke 1502 bis 1517. Wien; Bad Bocklet 1971.

GRUNE, MANFRED: Martin Luther, Thomas Müntzer und die Bauernkriege. Gesch.: hist. Magazin 68 (1986) 35-42; 69 (1986) 24-31.

HAIN, LUDWIG: Repertorium bibliographicum, in quo libri omnes ab arte typographica inventa usque ad annum MD. typis expressi… recensentur. Stuttgart 1826-1838. Bd. 1,1-2,2.

HAMM, BERNDT: Frömmigkeitstheologie am Anfang des 16. Jahrhunderts: Studien zu Johannes von Paltz und seinem Umkreis. Tübingen 1982. (BHTh 65.)

HASE, E.: Karlstadt in Orlamünda. Mitt. der Geschichts- und alterthumsforschenden Gesellschaft des Osterlandes 4 (1858) 42-125.

HEEPE, JOHANNES: Die Organisation der Altarpfründen an den Pfarrkirchen der Stadt Braunschweig im Mittelalter. Jb. des Geschichtsvereins f. das Herzogtum Braunschweig 12 (1913) 1-68.

HEINEMANN, OTTO VON: Die Handschriften der Herzoglichen Bibliothek zu Wolfenbüttel. Erste Abt.: Die Helmstedter Handschriften. I. Wolfenbüttel 1884.

HERBST, HERMANN: Die Bibliothek der St. Andreaskirche zu Braunschweig. ZfB 58 (1941) 301-338.

Hermen Bote: Braunschweiger Autor zwischen Mittelalter und Neuzeit/ hg. v. DETLEV SCHÖTTKER u. WERNER WUNDERLICH. Wiesbaden 1987. (Wolfenbütteler Forschungen 37.)

HESSENMÜLLER, CARL: Heinrich Lampe, der erste evangelische Prediger in der Stadt Braunschweig: ein auf Quellenstudium beruhender Beitrag zur Reformationsgeschichte der Stadt Braunschweig. Braunschweig 1852.

HILF, RICHARD B.: Die Eibenholzmonopole des 16. Jahrhunderts. VSWG 18 (1925) 183-191.

HINRICHS, CARL: Luther und Müntzer: ihre Auseinandersetzung über Obrigkeit und Widerstandsrecht. Berlin ²1962. (AKG(B) 29.)

HÖSS, IRMGARD: Humanismus und Reformation. In: Geschichte Thüringens/ hg. v. HANS PATZE und WALTER SCHLESINGER. Köln 1967, 1-145.

HOLECZEK, HEINZ: Erasmus deutsch. Bd. 1: Die volkssprachliche Rezeption des Erasmus von Rotterdam in der reformatorischen Öffentlichkeit 1519-1536. Stuttgart-Bad Cannstatt 1983.

HOPKINS, WILLIAM LOWELL: From Interpretation to Revolution: Thomas Müntzer's Use of »starcke vorgleichung,« »leyden« and »gesetz«. Phil. Diss. Madison: University of Wisconsin 1983 [Masch.].

HOYER, SIEGFRIED: Die scholastische Universität bis 1480. In: Alma Mater Lipsiensis: Geschichte der Karl-Marx-Universität Leipzig/ hg. v. LOTHAR RATHMANN. Leipzig 1984, 9-32.

HUSA, VÁCLAV: Tomáš Müntzer a Čechy. Rozpravy Československé Akademie Věd 67 (1957), H. 11.

IMHOFF, CHRISTOPH VON (Hg.): Berühmte Nürnberger aus neun Jahrhunderten. Nürnberg 1984.

ISERLOH, ERNST: Zur Gestalt und Biographie Thomas Münzers. TThZ 71 (1962) 248-253.

JACOBS, EDUARD: Thalmansfeld, Luther, seine Familie und Mansfelder Freundschaft: Brief von Phil. Melanchton. ZHVG 2 (1869) 53-66.

——: Hochzeitsordnungen der Städte Stolberg und Halberstadt aus der ersten Hälfte des 16. Jahrhunderts. ZHVG 16 (1883) 370-373.

——: Das Stolbergische Ratsjahrbuch mit Ausführungen über Spiele und Gebräuche, den Bauernkrieg und Luthers Anwesenheit in Stolberg. ZHVG 17 (1884) 146-215.

JORDAN, ADOLPH-DIETRICH: Martin Luther und Thomas Müntzer: religiöser Reformer und politischer Revolutionär. Gesch.: hist. Magazin 41 (1981) 4-16.

JORDAN, REINHARD: Wiedertäufer in Mühlhausen (Thür.). Mühlhäuser Geschichtsblätter 15 (1914/15) 35-50.

JÜRGENS, KLAUS: Die Reformation in der Stadt Braunschweig von den Anfängen bis zur Annahme der Kirchenordnung. In: Die Reformation in der Stadt Braunschweig: Festschrift 1528-1978. Braunschweig 1978, 25-70.

JUNGHANS, HELMAR: Wittenberg als Lutherstadt. Göttingen 1979.

——: Der junge Luther und die Humanisten. Weimar 1984. (AKG(W) 8.)

KAISER, BEATE: Mühlhäuser Neubürger im 15. und 16. Jahrhundert. Mühlhausen 1979. (MB, Sonderheft 1.)

KAMANN, JOHANN BAPTIST: Schreiben des Nürnberger Kriegshauptmanns und Diplomaten Christoph Kress vom Speierer Reichstag 1529 an Christoph Fürer. MVGN 5 (1884) 226-228.

——: Aus dem Briefwechsel der Nürnberger Patrizierfamilie Fürer von Haimendorf mit dem Kloster Gnadenberg in der Oberpfalz 1460-1540. VHVOPf 45 (1893) 55-79.

——: Nürnberger Ratskorrespondenzen zur Geschichte des Württemberger Krieges 1519, namentlich Christoph Fürers Denkwürdigkeiten über den zweiten Bundesfeldzug gegen Herzog Ulrich. WVLG NS 13 (1904) 233-270.

——: Der Nürnberger Patrizier Christoph Fürer der Ältere und seine Denkwürdigkeiten 1479-1537. MVGN 28 (1928) 209-311.

KAWERAU, GUSTAV: Johann Agricola von Eisleben. Berlin 1881.

——: Spangenberg, Vater und Sohn, evangelische Theologen. In: RE³ 18, 1906, 563-572.

KETTNER, FRIEDRICH ERNST: Kirchen- und Reformations-Historie des Kåyserl. Freyen Weltlichen Stiffts Quedlinburg. Quedlinburg 1710.

KINTZINGER, MARTIN: »harmen boten [...] to scrivende« — Hermann Bote und Anthonius Brandenhagen im Dienst für die Stadt Braunschweig und ihre Erwähnung in den Kämmereirechnungen, in: Korrespondenzbl. des Vereins für niederdt. Sprachforschung 92 (1985) 58-66.

——: Consules contra consuetudinem: kirchliches Schulwesen und bildungsgeschichtliche Tendenzen als Grundlage städtischer Schulpolitik im spätmittelalterlichen Braunschweig. In: Rat und Verfassung im mittelalterlichen Braunschweig. Braunschweig 1986, 187-233.

KIRCHNER, HUBERT: Johannes Sylvius Egranus: ein Beitrag zum Verhältnis von Humanismus und Reformation. Berlin 1961.

KIRN, PAUL: Friedrich der Weise und die Kirche: seine Kirchenpolitik vor und nach Luthers Hervortreten im Jahre 1517. Leipzig 1926. (BKMR 30.)

KLEINEIDAM, ERICH: Universitas Studii Erffordensis. Leipzig 1964-1980. 3 Bde. (EThSt 14. 22. 42.)

KLUGE, FRIEDRICH; MITZKA, WALTHER: Etymologisches Wörterbuch der deutschen Sprache. Berlin [20]1967.

KNOD, GUSTAV C.: Deutsche Studenten in Bologna (1289-1562): biographischer Index zu den Acta nationis Germanicae universitatis Bononiensis. Berlin 1899.

KOCH, ERNST: Agricola, Johann. DL II A, Lfg. 1 und 2, 1985[a], 453-460.

——: »Zwinglianer« zwischen Ostsee und Harz in den Anfangsjahren der Reformation (1525-1532). Zwing. 16 (1985[b]) 517-545.

KÖRBER, HANS: Mainz und Halle: ein reformationsgeschichtlicher Spannungsbogen. Bl. f. pfälzische Kirchengesch. 37/38 (1970/71) 682-691.

KOHLS, ERNST-WILHELM: Die Theologie des Erasmus. Basel 1966. 2 Bde. (ThZ, Sonderband 1, 1. 2.)

KOLDE, THEODOR: Die deutsche Augustiner-Congregation und Johann von Staupitz: ein Beitrag zur Ordens- und Reformationsgeschichte. Gotha 1879.

KOLDEWEY, FRIEDRICH: Die Titulatur des höheren Lehrerstandes im Herzogthume Braunschweig: in ihre geschichtlichen Entwickelung dargestellt. BM 4 (1898) 105-109. 113-117. 125-127. 129-133. 140-144. 149-157. 172-176. 179-181.

KOLESNYK, ALEXANDER: Probleme einer philosophiegeschichtlichen Einordnung der Lehre Thomas Müntzers. DZPh 23 (1975) 583-594.

KRAMM, HEINRICH: Studien über die Oberschicht der mitteldeutschen Städte im 16. Jahrhundert: Sachsen, Thüringen, Anhalt. Köln 1981. 2 Teilbde. (MDF 87, 1. 2.)

KRASCHEWSKI, HANS-JOACHIM: Der Bergbau des Harzes im 16. und zu Beginn des 17. Jahrhunderts: Stand und Aufgaben der Forschung. In: Montanwirtschaft Mitteleuropas vom 12. bis 17. Jahrhundert: Stand, Wege und Aufgaben der Forschung/ bearb. v. WERNER KROKER und EKKEHARD WESTERMANN. Bochum 1984, 134-143. (Der Anschnitt, Beih. 2.)

KRAUS, WALTHER: Platon. KP 4, 1972, 894-905.

KRISTELLER, PAUL OSKAR: Studies on Renaissance Humanism during the Last Twenty Years. StRen 11 (1962) 7-30.

KROKER, ERNST: Handelsgeschichte der Stadt Leipzig: die Entwicklung des Leipziger Handels und der Leipziger Messen von der Gründung der Stadt bis auf die Gegenwart. Leipzig 1925.

KRÜGER, FRIEDHELM: Humanistische Evangelienauslegung: Desiderius Erasmus von Rotterdam als Ausleger der Evangelien in seinen Paraphrasen. Tübingen 1986. (BHTh 68.)

KÜHNE, HEINRICH: Hier wohnte...: Gedenktafeln erzählen Wittenberger Geschichte/ hg. v. Stadtgeschichtlichen Museum Lutherstadt Wittenberg 1980.

Kunst der Reformationszeit/ Staatliche Museen zu Berlin, Hauptstadt der DDR: Ausstellung im Alten Museum vom 26. August bis 13. November 1983. Berlin 1983.

LACHMANN, ERHARD: Johannes Rak: zwischen Hoffnung und Erfüllung — Stationen eines Lebens —. Leutkirch 1982.

LANGE, BERNHARD: D. Gottschalk Kruse in seiner Bedeutung für die Reformation in der Stadt Braunschweig und im Fürstentum Lüneburg. JGNKG 56 (1958) 97-149.

LAUBE, ADOLF: Luther und Müntzer in der Erbe- und Traditionsauffassung der DDR. Geschichtsunterricht und Staatsbürgerkunde, Jg. 1982, 691-696. — Erneut in: Zur Luther-Ehrung in der DDR/ Seminarmaterial des Gesamtdeutschen Instituts — Bundesanstalt für gesamtdeutsche Aufgaben —. Bonn [1983], 42-47.

LAUSBERG, HEINRICH: Handbuch der literarischen Rhetorik. München 1960. 2 Bde.

LEDER, HANS-GÜNTER: Aspekte der Glaubenserfahrung bei Thomas Müntzer (und Martin Luther). In: Theologie und Erfahrung/ hg. v. der Ernst-Moritz-Arndt-Universität Greifswald; Sektion Theologie. Greifswald 1979, 29-79.

LEHMANN, PAUL: Gerwin van Hameln und die Andreasbibliothek in Braunschweig. ZfB 52 (1935) 565-586.

LIEBMANN, MAXIMILIAN: Urbanus Rhegius und die Anfänge der Reformation: ein Beitrag zu seinem Leben, seiner Lehre und seinem Wirken bis zum Augsburger Reichstag von 1530 mit einer Bibliographie seiner Schriften. Münster 1980. (RGST 17.)

LOCHNER, GEORG WOLFGANG KARL: Aus dem Leben Christoff Fürers des Aeltern. In: DERS.: Geschichtliche Studien. Nürnberg 1836, 68-92.

LÖSCHE, DIETRICH: Achtmänner, Ewiger Bund Gottes und Ewiger Rat: zur Geschichte der revolutionären Bewegung in Mühlhausen i. Th. 1523 bis 1525. JWG, Jg. 1960, 135-162.

LOHSE, HANS: Geschichte des Dorfes Frose i. Anhalt. Quedlinburg [1936].

LOMMER, VICTOR: Nachträge zu den Regesten und Jahrbüchern der Stadt Orlamünde. Mitt. des Vereins f. Geschichts- und Alterthumskunde zu Kahla und Roda 3 (1885-88) 1-138.

——: Beiträge zur Geschichte der Stadt Orlamünde-Naschhausen. Pößneck 1906.

MAURER, WILHELM: Der junge Melanchthon zwischen Humanismus und Reformation. Bd. 2. Göttingen 1969.

MAY, GEORG: Die geistliche Gerichtsbarkeit des Erzbischofs von Mainz im Thüringen des späten Mittelalters: das Generalgericht zu Erfurt. Leipzig 1956. (EThSt 2.)

MEIER, HEINRICH: Braunschweiger Bürgersöhne auf deutschen Universitäten vor Errichtung der Julius-Universität zu Helmstedt. Jb. des Geschichtsvereins f. das Herzogtum Braunschweig 7 (1908) 80-142.

Mittelniederdeutsches Handwörterbuch/ begr. v. AGATHE LASCH und CONRAD BORCHLING; hg. v. GERHARD CORDES. Neumünster 1933ff.

MÖLLENBERG, WALTER: Die Eroberung des Weltmarktes durch das mansfeldische Kupfer: Studien zur Geschichte des Thüringer Saigerhüttenhandels im sechzehnten Jahrhundert. Gotha 1911.

MOELLER, BERND: Die Anfänge kommunaler Bibliotheken in Deutschland. In: Studien zum städtischen Bildungswesen des späten Mittelalters und der frühen Neuzeit: Bericht über Kolloquien der Kommission zur Erforschung der Kultur des Spätmittelalters 1978 bis 1981/ hg. v. BERND MOELLER, HANS PATZE und KARL STACKMANN. Göttingen 1983, 136-151.

MÖRKE, OLAF: Rat und Bürger in der Reformation: soziale Gruppen und kirchlicher Wandel in den welfischen Hansestädten Lüneburg, Braunschweig und Göttingen. Hildesheim 1983. (VIHLUG 19.)

MÜLLER, MICHAEL: Die Gottlosen bei Thomas Müntzer — mit einem Vergleich zu Martin Luther. LuJ 46 (1979) 97-119.

MÜLLER, NIKOLAUS: Die Wittenberger Bewegung 1521 und 1522. Leipzig ²1911.

MÜTZENBERG, GABRIEL: Thomas Müntzer ou l'illuminisme sanglant. Lausanne 1987.

NOBBE, HEINRICH: Dr. Hieronymus Weller: biographische Skizze. ZHTh 40 (1870) 153-181.

OBERMAN, HEIKO AUGUSTINUS: Thomas Müntzer: van verontrusting tot verzet. KeTh 24 (1973) 205-214.

——: Quoscunque tulit foecunda vetustas: ad lectorem. In: Itinerarium Italicum: the Profile of the Italian Renaissance in the Mirror of Its European Transformations. Dedicated to Paul Oskar Kristeller on the Occasion of His 70th Birthday/ hg. v. HEIKO A. OBERMAN und THOMAS A. BRADY, jr.. Leiden 1975, IX-XXVIII. (SMRT 14.)

——: Reformation: Epoche oder Episode. ARG 68 (1977) 56-111.

——: Wurzeln des Antisemitismus: Christenangst und Judenplage im Zeitalter von Humanismus und Reformation. Berlin ²1981.

OZMENT, STEVEN E.: Mysticism and Dissent: Religious Ideology and Social Protest in the Sixteenth Century. New Haven 1973.

PAULUS, NIKOLAUS: Johann Tetzel der Ablaßprediger. Mainz 1899.

PFITZNER, E.: Die Kirche St. Martini in Stolberg am Harz im Mittelalter. ZHVG 23 (1890) 292-332.

PIEKAREK, RODERICH: Die Braunschweiger Ablaßbriefe: eine quellenkundliche Untersuchung über die Finanzierung der mittelalterlichen Kirchenbauten im Hinblick auf die damalige Bußpraxis. BJb 54 (1973) 110-137.

PLOSS, EMIL ERNST: Ein Buch von alten Farben: Technologie der Textilfarben im Mittelalter mit einem Ausblick auf die festen Farben. Heidelberg 1962.

PRELLER, LUDWIG: Nicolaus Hausmann, der Reformator von Zwickau und Anhalt: zwei Gutachten von ihm über die Reformation von Zwickau, sammt andern Beiträgen zur Geschichte der Reformation daselbst. ZHTh 22 (1852) 325-379.

PRESCHER, HANS: Georgius Agricola: Persönlichkeit und Wirken für den Bergbau und das Hüttenwesen des 16. Jahrhunderts. Leipzig 1985.

Rat und Verfassung im mittelalterlichen Braunschweig: Festschrift zum 600jährigen Bestehen der Ratsverfassung 1386-1986/ hg. v. MANFRED R. W. GARZMANN. Braunschweig 1986. (BWS 64.)

Regesta Stolbergica: Quellensammlung zur Geschichte der Grafen zu Stolberg im Mittelalter/ bearb. v. BOTHO GRAFEN ZU STOLBERG-WERNIGERODE; neu bearb., vermehrt u. ... hg. v. GEORGE ADALBERT VON MÜLVERSTEDT. Magdeburg 1885.

Regesten der Urkunden des Herzoglichen Haus- und Staatsarchivs zu Zerbst aus den Jahren 1401-1500/ hg. v. H. WÄSCHKE. Dessau 1909.

REHTMEYER, PHILIPP JULIUS: Der berühmten Stadt Braunschweig Kirchen-Historie. Braunschweig 1707-1710. Teil 1/2. 3.

REIDEMEISTER, SOPHIE: Genealogien Braunschweiger Patrizier- und Ratsgeschlechter aus der Zeit der Selbständigkeit der Stadt (vor 1671)/ hg. v. WERNER SPIESS. Braunschweig 1948. (BWS 12.)

REIMANN, HANS LEO: Unruhe und Aufruhr im mittelalterlichen Braunschweig. Braunschweig 1962. (BWS 28).

REINHARD, WOLFGANG: Freunde und Kreaturen: »Verflechtung« als Konzept zur Erforschung historischer Führungsgruppen. Römische Oligarchie um 1600. München 1979. (SPFUA 14.)

RICCA, PAOLO: Lutero e Müntzer: la politica. In: GUISEPPE ALBERIGO [u.a.]: Lutero nel suo e nel nostro tempo. Turin 1983, 201-225. 328-331.

RICE, EUGENE F., jr.: Saint Jerome in the Renaissance. Baltimore 1985. (JHSCH.)

ROGGE, JOACHIM: Humanistisches Gedankengut bei Johann Agricola (Islebius). In: Renaissance und Humanismus in Mittel- und Osteuropa: eine Sammlung von Materialien/ besorgt v. JOHANNES IRMSCHER. Berlin 1962, 227-234.

——: Agricola, Johann. TRE 2, 1978, 110-118.

ROMMEL, LUDWIG: Heinrich Pfeiffer und Thomas Müntzer oder die Geschichte einer Legende. Jb. f. Gesch. des Feudalismus 11 (1987) 203-221.

ROSENBERG, MARC: Geschichte der Goldschmiedekunst auf technischer Grundlage. [H. 1]. Frankfurt a.M. 1910.

RUDLOFF, ORTWIN: Bonae litterae et Lutherus: Texte und Untersuchungen zu den Anfängen der Theologie des Bremer Reformators Jakob Propst. Bremen 1985. (HosEc 14.)

——: Quod dictus assertus frater Henricus de ambone publice praedicabat: zu Heinrich von Zütphens Bremer Predigten im Januar und Februar 1523. HosEc 15 (1987) 77-116.

RÜGER, HANS PETER: Thomas Müntzers Erklärung hebräischer Eigennamen und der Liber de interpretatione hebraicorum nominum des Hieronymus. ZKG 94 (1983) 83-87.

——: Karlstadt als Hebraist an der Universität zu Wittenberg. ARG 75 (1984) 297-308.

RUPP, GORDON: Thomas Müntzer, Hans Huth and the »Gospel of All Creatures«. BJRL 43 (1960/61) 492-519.

——: Patterns of Reformation. London 1969.

——: Thomas Müntzer, Hans Hut und das »Evangelium aller Kreatur«. In: FRIE-SEN/GOERTZ 1978, 178-210.

——: 'True History': Martin Luther and Thomas Müntzer. In: History, Society and the Churches: Essays in Honor of Owen Chadwick/ hg. v. DEREK BEALES [u.a.]. Cambridge 1985, 77-87.

SACK, CARL WILHELM: Geschichte der Schulen in Braunschweig von ihrer Entstehung an und die Verhältnisse der Stadt in verschiedenen Jahrhunderten. Bd. 1: Die Schulen zu Braunschweig von ihrer Entstehung an bis zur Reformation und die Verhältnisse der Stadt im Jahre 1414. Braunschweig 1861.

SAMSE, HELMUT: Die Zentralverwaltung in den südwelfischen Landen vom 15. bis zum 17. Jahrhundert. Hildesheim 1940. (QDGNS 49.)

SAUERLANDT, MAX: Hans Huauf, Goldschmied von Halle. Jb. f. Kunstsammler 2 (1922) 13-22.

SCHACHT, VALENTIN: Eine christliche Leichpredigt/ Bey dem Begrebnis Des Weiland Ehrnvesten vnd Hochgelarten D. Henrici Camerarii... Rostock 1601.

SCHADE, GÜNTER: Deutsche Goldschmiedekunst: ein Überblick über die kunst- und kulturgeschichtliche Entwicklung der deutschen Gold- und Silberschmiedekunst vom Mittelalter bis zum beginnenden 19. Jahrhundert. Leipzig 1974.

SCHADE, WERNER: Die Malerfamilie Cranach. Dresden 1974.

SCHATTENMANN, PAUL: Die Einführung der Reformation in der ehemaligen Reichsstadt Rothenburg ob der Tauber (1520-1580). München 1928. (EKGB 7.)

SCHAUB, MARIANNE: Müntzer contre Luther: le droit divin contre l'absolutisme princier. Paris 1984.

SCHEFFLER, WOLFGANG: Goldschmiede Niedersachsens: Daten Werke Zeichen. Berlin 1965.

——: Goldschmiede Rheinland-Westfalens: Daten Werke Zeichen. Berlin 1973. 2 Bde.

——: Goldschmiede Hessens. Berlin 1976.

——: Goldschmiede Mittel- und Nordostdeutschlands von Wernigerode bis Lauenburg in Pommern. Berlin 1980.

SCHEIDIG, WALTER: Lucas Cranach und die Niederlande. Bildende Kunst, Jg. 1972, 301f.

SCHEURL, SIEGFRIED FREIHERR VON: Christoph II. Scheurl: Humanist und Jurist 1481-1542. In: IMHOFF 1984, 97f.

SCHILD, MAURICE E.: Abendländische Bibelvorreden bis zur Lutherbibel. Gütersloh 1970. (QFRG 39.)

SCHIFF, OTTO: Thomas Müntzer als Prediger in Halle. ARG 23 (1926) 287-293.

SCHMIDT, OSWALD GOTTLOB: Nicolaus Hausmann, der Freund Luther's. Leipzig 1860.

SCHMINCKE, JULIUS: Geschichte des Cyriacusstiftes zu Eschwege. ZVHG 6 (1854) 217-261.

SCHNEIDER, JÜRGEN: Christoph III. Fürer von Haimendorf: Kaufmann 1479-1537. In. IMHOFF 1984, 92f.

SCHÖLER, EUGEN: Historische Familienwappen in Franken. Neustadt an der Aisch 1975.

SCHOTTENLOHER, KARL: Kaiserliche Dichterkrönungen im Heiligen Römischen Reiche deutscher Nation. In: Papsttum und Kaisertum: Paul Kehr zum 65. Geburtstag dargebracht/ hg. v. ALBERT BRACKMANN. München 1926, 648-673.

SCHRECKENBERG, HEINZ: Die Flavius-Josephus-Tradition in Antike und Mittelalter. Leiden 1972. (ALGHJ 5.)

SCHULZE, HANS K.: Das Stift Gernrode/ unter Verwendung eines Manuskripts v. REINHOLD SPECHT; mit einem kunstgeschichtlichen Beitrag über die Stiftskirche v. GÜNTER W. VORBRODT. Köln 1965. (MDF 38.)

SCHWARZ, REINHARD: Rezension von THOMAS MÜNTZER: Schriften und Briefe: kritische Gesamtausgabe/ hg. v. GÜNTHER FRANZ, 1968. ThZ 26 (1970) 147f.

SEIBOLD, GERHARD: Christoph Fürer (1479-1537). In: Fränkische Lebensbilder/ hg. v. ALFRED WENDEHORST und GERHARD PFEIFFER. Bd. 10. Neustadt a.d. Aisch 1982, 67-96.

SEIDEMANN, JOHANN KARL: Thomas Müntzer: eine Biographie, nach den im Königlich Sächsischen Hauptstaatsarchive zu Dresden vorhandenen Quellen bearbeitet. Dresden 1842.

SIEBMACHER, JOHANN: Großes und allgemeines Wappenbuch/ neu hg. v. OTTO TIT. VON HEFNER. Bd. 5,1. Nürnberg 1857.

SIGGINS, IAN: Luther and His Mother. Philadelphia 1981.

SIMON, KARL: Die Züricher Täufer und der Hofgoldschmied Kardinal Albrechts. Zwing. 6 (1934) 50-54.

SLOOTMANS, C. J. F.: Paas- en Koudemarkten te Bergen op Zoom 1365-1565. Tilburg 1985. Bd. 1-3. (BGZN 64.)

SPIES, GERD: Braunschweiger Goldschmiede. In: Festschrift zur Ausstellung Brunswiek 1031 Braunschweig 1981: die Stadt Heinrichs des Löwen von den Anfängen bis zur Gegenwart vom 25.4.1981 bis 11.10.1981/ hg. v. GERD SPIES. Braunschweig 1981, 275-337.

SPIESS, WERNER: Von Vechelde: die Geschichte einer Braunschweiger Patrizierfamilie 1332-1864. Braunschweig 1951. (BWS 13.)

——: Goldschmiede, Gerber und Schuster in Braunschweig: Meisterverzeichnisse und Gildefamilien. Braunschweig 1958. (BWS 22.)

——: Geschichte der Stadt Braunschweig im Nachmittelalter: vom Ausgang des Mittelalters bis zum Ende der Stadtfreiheit (1491-1671). Braunschweig 1966.

——: Die Ratsherren der Hansestadt Braunschweig 1231-1671. Braunschweig ²1970. (BWS 42.)

SPITZ, LEWIS W.: Humanismus/Humanismusforschung. TRE 15, 1986, 639-661.

STAHL, KARL HEINZ: Luther und/oder Müntzer? Zur religiösen Problematik unseres Weltbezugs. Aus Politik und Zeitgeschichte: Beilage zur Wochenzeitung das Parlament, Jg. 1983, Nr. B 3, 24-34.

STANELLE, UDO: Die Hildesheimer Stiftsfehde in Berichten und Chroniken des 16. Jahrhunderts: ein Beitrag zur niedersächsischen Geschichtsschreibung. Hildesheim 1982. (VIHLUG 15.)

STAUFFER, RICHARD: Luther, critique de Müntzer. AEPHE.R 91 (1982/83) 39-68.

STEINMETZ, MAX: Das Erbe Thomas Müntzers. ZfG 17 (1969[a]) 1117-1129.

——: Schriften und Briefe Thomas Müntzers: zum Erscheinen einer westdeutschen Müntzergesamtausgabe. ZfG 17 (1969[b]) 739-748.

——: Das Müntzerbild von Martin Luther bis Friedrich Engels. Berlin 1971. (LÜAMA B 4.)

——: Thomas Müntzer in der Forschung der Gegenwart. ZfG 23 (1975) 666-685.

——: Thomas Müntzer und die Mystik: quellenkritische Bemerkungen. In: Bauer, Reich und Reformation: Festschrift für Günther Franz zum 80. Geburtstag am 23. Mai 1982/ hg. v. PETER BLICKLE. Stuttgart 1982, 148-159.

——: Luther, Müntzer und die Bibel — Erwägungen zum Verhältnis der frühen Reformation zur Apokalyptik. In: Martin Luther: Leben, Werk, Wirkung/ hg. v. GÜNTER VOGLER. Berlin 1983, 147-167.

——: Thomas Müntzer ca. 1490 bis 1525: für die Wahrheit in der Welt. In: Berühmte Leipziger Studenten/ hg. v. HANS PIAZZA [u.a.]. Leipzig 1984[a], 17-23.

——: Thomas Müntzer und die Bücher: neue Quellen zur Entwicklung seines Denkens. ZfG 32 (1982[b]) 603-611.

——: Die Universität Leipzig und der Humanismus. In: Alma Mater Lipsiensis: Geschichte der Karl-Marx-Universität Leipzig/ hg. v. LOTHAR RATHMANN. Leipzig 1984[c], 33-54.

——: Bemerkungen zu Thomas Müntzers Büchern in Mühlhausen. In: Archiv und Geschichtsforschung: Kolloquium anläßlich des 25jährigen Berufsjubiläums von Gerhard Günther am 29. Februar 1984/ hg. vom Kreisarchiv Mühlhausen. Mühlhausen Thomas-Müntzer-Stadt 1985, 45-51.

——: Der Humanismus an der Universität Leipzig. Beitr. zur Hochschul- und Wissenschaftsgesch. Erfurts 21 (1987/88) 21-52.

——: Müntzer und Leipzig. Leipziger Beitr. zur Universitätsgesch. 1 (1987) 31-42.

STRAUBE, MANFRED: Soziale Struktur und Besitzverhältnisse in Wittenberg zur Luther-zeit. Jb. f. Gesch. des Feudalismus 9 (1985) 145-188.

STROBEL, GEORG THEODOR: Leben, Schriften und Lehren Thomä Müntzers, des Urhe-bers des Bauernaufruhrs in Thüringen. Nürnberg 1795.

STRUVE, BURKHARD GOTTHELF: Manuscriptum Thomae Monetarii, alias Muntzeri. In: DERS.: Acta litteraria ex manuscriptis eruta atque collecta. [Bd. 1]. Jena 1703, 196-198.

STUPPERICH, ROBERT: Reformatorenlexikon. Gütersloh 1984.

STURK, CHRISTOPH; BRASCH, MARTIN: Orationes memoriae Henrici Camerarii... Rostock 1601.

TCHICOLINI, L. S.: The Specific Features of the Reformation in Italy. In: COMITÉ INTERNATIONAL DES SCIENCES HISTORIQUES: XVIᵉ Congrès International des Sciences Historiques Stuttgart du 25 août au 1ᵉʳ septembre 1985: Rapport. Stutt-gart 1985. Bd. 2, 406f.

Thesen über Thomas Müntzer: zum 500. Geburtstag. Einheit: Zs. f. Theorie und Praxis des wiss. Sozialismus 43 (1988) 36-58. — Erneut abgedruckt in: ZfG 36 (1988) 99-121.

Thomas Müntzer: Anfragen an Theologie und Kirche/ hg. v. CHRISTOPH DEMKE. Berlin 1977.

Thomas Müntzer — von Thüringen in den Klettgau 1524/25/ hg. v. der Landeszentrale für politische Bildung Baden-Württemberg. Vaihingen/Enz 1984. (Die deutsche Frage im Unterricht, H. 4.)

TORNAU, OTTO: Münzwesen und Münzen der Grafschaft Mansfeld von der Mitte des fünfzehnten Jahrhunderts bis zum Erlöschen des gräflichen und fürstlichen Hau-ses. Prag 1937.

TREFFTZ, JOHANNES: Karlstadt und Glitzsch. ARG 7 (1909/10) 348-350.

TREU, MARTIN: Annäherung an einen Einzelgänger — zum 450. Todestag des Deside-rius Erasmus von Rotterdam. Schriftenreihe der Staatlichen Lutherhalle Witten-berg 3 (1987) 40-48.

TSCHACKERT, PAUL: Dr. Eberhard Weidensee († 1547): Leben und Schriften. Berlin 1911. (NSGTK 12.)

UGGLAS, CARL R. AF: Ärkebiskoparna av Magdeburg och guldsmeden Hans Huauf i Halle. Nationalmusei Årsbok NS 7 (1937) 12-53.

ULLMANN, WOLFGANG: Ordo rerum: Müntzers Randbemerkungen zu Tertullian als Quelle für das Verständnis seiner Theologie. Theol. Versuche 7 (1976) 125-140.

——: Das Geschichtsverständnis Thomas Müntzers. In: Thomas Müntzer: Anfragen an Theologie und Kirche/ hg. v. CHRISTOPH DEMKE. Berlin 1977, 45-63.

——: Die sprachgeschichtliche Bedeutung von Müntzers Liturgieübersetzungen. MB 5 (1982) 9-31.

Ursprung der Biblia Deutsch von Martin Luther: Ausstellung in der Württembergischen Landesbibliothek Stuttgart 21. September bis 19. November 1983/ Katalog und Ausstellung: STEFAN STROHM und EBERHARD ZWINK. Stuttgart 1983.

VOGLER, GÜNTER: Thomas Müntzer auf dem Wege zur Bildung — Anmerkungen zur Frankfurter Studienzeit. MB 4 (1981) 28-35. — Erneut abgedruckt unter dem Titel: Thomas Müntzer als Student der Viadrina. In: Die Oder-Universität Frankfurt: Beiträge zu ihrer Geschichte/ hg. v. GÜNTHER HAASE und JOACHIM WINKLER. Weimar 1983, 243-251.

——: Nürnberg 1524/25: Studien zur Geschichte der reformatorischen und sozialen Bewegung in der Reichsstadt. Berlin 1982.

VOLZ, HANS: Der St. Peter-Ablaß in Göttingen 1517/18. Göttinger Jb. 6 (1958) 77-87.

——: Martin Luthers Thesenanschlag und dessen Vorgeschichte. Weimar 1959.

——: Rezension von THOMAS MÜNTZER: Schriften und Briefe: kritische Gesamtaus-gabe/ hg. v. GÜNTHER FRANZ, 1968. BDLG 105 (1969) 599-603.

——: Der Nürnberger Augustinermönch Martin Glaser und seine Beziehungen zu Martin Luther. ZBKG 40 (1971) 38-45.

WÄHLER, MARTIN: Die Einführung der Reformation in Orlamünde: zugleich ein Beitrag zum Verständnis von Karlstadts Verhältnis zu Luther. Erfurt 1918.

WALLENBORN, JAKOBUS: Luther und die Franziskaner in Jüterbog. FS 17 (1930) 140-159.

WEHR, GERHARD: Thomas Müntzer in Selbstzeugnissen und Bilddokumenten. Reinbek bei Hamburg 1972. (RoMo 188.)

WERNSDORFF, HANS-GEORG VON: Der für die Kinder deines Volkes steht! 800 Jahre Geschichte der St. Michaelskirche zu Braunschweig 1157-1957. Braunschweig 1957.

WESTERMANN, EKKEHARD: Das Eislebener Garkupfer und seine Bedeutung für den europäischen Kupfermarkt 1460-1560. Köln 1971.

——: Hans Luther und die Hüttenmeister der Grafschaft Mansfeld im 16. Jahrhundert: eine Forschungsaufgabe. Scripta Mercaturae 2 (1975) 53-94.

——: Silbererzeugung, Silberhandel und Wechselgeschäft im Thüringer Saigerhandel von 1460-1620: Tatsachen und Zusammenhänge, Probleme und Aufgaben der Forschung. VSWG 70 (1983) 192-214.

WEYHE, EMIL: Landeskunde des Herzogtums Anhalt. Dessau 1907. Bd. 2.

WOHLFEIL, RAINER: Luther und Müntzer: welche Freiheit meinen wir? In: Die Reformation geht weiter: Ertrag eines Jahres/ hg. v. LUDWIG MARKERT und KARL HEINZ STAHL. Erlangen 1984, 151-159.

WOLGAST, EIKE: Thomas Müntzer: ein Verstörer der Ungläubigen. Göttingen 1981. (Persönlichkeit und Geschichte 111/112.)

WOTKE, KARL: Der Olmützer Bischof Stanislaus Thurzó von Béthlenfalva (1497-1540) und dessen Humanistenkreis. Zs. des Vereins f. die Gesch. Mährens und Schlesiens 3 (1899) 337-388.

WUSTMANN, GUSTAV: Der Wirt von Auerbachs Keller: Dr. Heinrich Stromer von Auerbach. 1482-1542. Leipzig 1902.

ZEITFUCHS, JOHANN ARNOLD: Stolbergische Kirchen- und Stadt-Historie, Frankfurt 1717.

ZIMMERMANN, GOTTFRIED: Der Mönch Gottschalk Kruse, Initiator der reformatorischen Bewegung in Braunschweig. In: Die Reformation in der Stadt Braunschweig: Festschrift 1528-1978. Braunschweig 1978, 19-24.

ZIMMERMANN, JOACHIM: Thomas Müntzer: ein deutsches Schicksal. Berlin 1925.

ZODER, RUDOLF: Familiennamen in Ostfalen. Hildesheim 1968. 2 Bde.

ZUMKELLER, ADOLAR: Thomas Müntzer — Augustiner? Aug(L) 9 (1959) 380-385.

REGISTER

Frowin, Fuhrmann aus Wermelskirchen 138
Frundt (Philostorgus), Achatius 62f
Fürer
- Christoph 5, 39, 143, 268-276, 313
- Katharina, geb. Imhoff 271
- Siegmund 271
Fuher
- Hans 268
- Ilse 268
Funk, Gerhard 65
Funk, Simon 48, 50

Gaff, Theodoricus 19
Gattingast, Bartholomäus 52
Gebhard VII., Graf von Mansfeld-Mittelort 48
Geiling, Johannes 18, 153f, 187f, 191, 293, 314, 317
Geißendorfer, Wolfgang 176, 257
Geldenhauer (Noviomagus), Gerhard 123
Gellius, Aulus 283f, 292, 296
Genzel (Gentzel, Günzel)
- Jodokus 14
- Martin 14, 23, 30
Georg der Bärtige, Herzog von Sachsen 21f, 57, 59, 70
Georg, Neffe des Johannes Rhagius 198
Gerson s. Johannes Gerson
Gilderhart, Roleff 77
Giovanni Antonio de San Giorgio (Cardinalis Alexandrinus) 248
Gittelde, Andreas 317
Glaser, Martin 181-185
Glatz, Kaspar 181
Glitsch, Konrad 17, 50f, 53, 175-183, 185, 253-257, 259, 314
Glor, Achatius 149f, 152f, 166, 204, 256
Gluenspieß, Philipp 39, 312
Godeken
- Grete 304
- Henning 76-82, 84, 88, 125, 127, 241, 301-310
Görlitz, Martin 124
Goldschmied, Veit 14, 23, 30
Goltsmeth (Aurifabri), Joseph 30
Gordius, Presbyter 191
Gorgias von Leontinoi, griech. Rhetor 300
Grebel, Konrad 31f, 314
Gregor I., der Große, Papst 188, 204
Gregorios von Nazianz 158
Gropper, Jakob 66, 107, 186
Grunewald, Andreas 319
Günther, Franz 66, 88, 107, 146, 149,

152, 175, 185, 187-189, 192, 204, 208, 273
Günzel s. Genzel
Gunkel, Johannes 252
Guterboch s. Emmen
Gymnicus, Johannes 295

Hake, Hinrik 136
Haken, Hermann 91
Hallendorpes, Wilkin 135
Hameln, van, Familie in Braunschweig 130
- Gerwin 130f
Hanner, Heinrich 28f, 82, 104, 106, 108, 110, 113f, 141, 149, 247-249
Harderwick, Wilhelm van 136
Hartel, Petrus 63
Hartmann, Kurt 26
Harwen (Herwen), Gregor 88, 309f
Hauenschilt, Wolfgang 63
Hausmann
- Johann 148
- Margarete, geb. Weller von Molsdorff 147
- Nikolaus 94, 147f
Hegesippus, altkirchl. Schriftsteller 204f
Heinrich I., d. Ä., Herzog von Braunschweig-Wolfenbüttel 98, 124
Heinrich II., d. J., Herzog von Braunschweig-Wolfenbüttel 89, 100, 111, 115, 117, 119-121, 124, 134-136, 260, 267
Heinrich d. Ä., Graf von Stolberg 13, 47
Heinrich d. J., Graf von Stolberg 16
Helt, Georg 22
Henoch, myth. Gestalt 15
Hennig (Henne), Hans 25
Henselin, Matthias 313, 319
Herford, Henrik van 137f
Hermannsgrün, Johann Wolf von 50
Hermas, altkirchl. Schriftsteller 209
Hermogenes, Stoiker 208
Herolt s. Teuschlein
Herwen s. Harwen
Hessen, Bartold 133
Hiarchas, Brachmane 290, 297
Hieronymus, Eusebius 149, 153-170, 187f, 191, 194, 196, 198-201, 203f, 207, 223, 228, 233, 276-297, 299
Himmel, Augustin 281
Hinrik, Steinmetz in Braunschweig 123
Hipparchos, athen. Herrscher 299
Hippias, athen. Herrscher 299f
Hippokrates aus Kos, Arzt 158
Hirschfelder, Leonhard 271
Hirsing, Georg 170

Koch, Lorenz 25
Koch, Michael 34
Koch, Theodor 104, 108, 110, 113-115, 319
Kock, Hans 138
Köncken, Johann 81
König, Konrad 120
Konrad, Magister, Priester in Braunschweig 98
Konrad, Schulmeister in Orlamünde 259
Kopp, Gregor 58, 208, 224
Kram, Assa von 124
Kratylos, griech. Philosoph 300
Kritias, athen. Politiker und Dichter 300
Kriton von Athen, Freund des Sokrates 300
Kröger, Tilemann 82, 84, 309f
Krumpe, Barthel 60
Kruse, Gottschalk 89, 114-118, 121-123, 134, 246, 267f
Külstein, Bartold 81
Kyle s. Kill

Laches, athen. Politiker 300
Lactantius, Lucius Caecilius Firmianus 159
Lafferde (Lafferdes, Laffert)
– Bartold II. 112
– Bartold III. 111f
– Hinrik 302
– Johann 122
Lamparter, Nikolaus 198
Lampe, Heinrich 311
Landsberg, Martin 198
Lang, Johann 120, 155f, 162, 312, 317
Largus, Gefährte des Hl. Cyriakus 92
Laubichen, Johannes 25
Lauterbach
– Anton 22
– Bartholomäus 22
– Matthäus 22
Lauwen, Hans 135
Lefèvre d'Etaples, Jacques (Faber Stapulensis, Jacobus) 209
Leimbach, Familie auf Zschepplin bei Eilenburg 48f
– Hans d. Ä. 48
– Hans d. J. 48
– Markus 48
Lemlin, N., Klosterfrau zu Öttingen 273
Leo X., Papst 99f, 102, 248
Leser, Gories 89
Lindemann, Kaspar 22
Livius, Titus 282, 286, 290
Löner, Wolfgang 54

Lotter
– Melchior d. Ä. 15, 58, 148, 150, 155, 161, 179, 185, 199, 207, 209, 227, 255f, 272
– Melchior d. J. 17, 256
Lowke, Martin 63
Lucke, Magd in Braunschweig 303
Ludwig von Padua, Heiliger 240
Luere, Simon de 298
Lufft, Hans 68
Lupinus s. Wolf
Luter, Familie in Braunschweig 135
Luther (Luder)
– Hans 37f
– Margarethe, geb. Lindemann 22, 38
– Martin 5, 15, 17, 22, 32, 37-40, 65, 82, 88, 96, 103, 105f, 108, 113-124, 141-143, 146-148, 150-154, 156, 162f, 166, 168, 173, 175, 177-179, 181-183, 185, 188-190, 194, 202, 215, 223, 226f, 232, 234f, 252, 254-256, 262-268, 270-274, 276, 279f, 285, 314-317
Lutz, Andreas 66, 152
Lysis, Gestalt im gleichnamigen Dialog Platons 300

Magdalena von Braunschweig, Kanonisse in Frose 90
Magdeborch s. Murmester
Magnus, röm. Rhetor 156
Malhub (Melhube), Martin 175
Mantz, Felix 31
Marcella, Korrespondentin des Hieronymus 155
Maria, Heilige 304
Markion, Gnostiker 218, 221
Marschalk, Nikolaus 202
Marsilius, Zollschreiber in Braunschweig 87-89, 116, 121f, 262
Martini, Christian 52, 63f
Matheolus s. Kleinmathes
Matthias, Goldschmied 120
Mattis, Münzmeister 26
Maximilian I., deutscher Kaiser 98
Mazzolini s. Prierias
Meiger
– Hans 136, 138, 266
– Ilsebe 266
Meinhard (Meinhart), Familie in Eisleben 39
– Alexius 37
– Berthold 39
– Christoph 37, 39, 273, 275
– Georg 39

Mela, Pomponius 294
Melanchthon, Philipp 17, 150f, 173, 185, 194, 202, 207f, 234f, 255, 299
Melhube s. Malhub
Menau, Johannes 53
Menexenos, Freund des Sokrates 300
Menon aus Larisa, griech. Heerführer 299
Merlin, Jakob 224
Meyendorf, Martin 52
Meyger, Matthias 137
Michael (AT) 201
Middendorp, Hinrik 80, 301f, 304
Miltitz, Karl von 173
Minos, kret. König 299
Mittelrauff s. Wittehovet
Mnesarchos von Samos, Vater des Pythagoras 292
Möller, Hans 18f
Mohr, Engelhard 62
Moller, Hans 18f
Möntzer, Matthäus 19
Monester 27
Monetarii 35
Monetarius 27
Monter 27
Montzer 27
 – Matthias 19, 25f
 – Michael 21
 – Thomas 18f, 23
Mose (AT) 220
Mosellanus, Petrus 120
Müller, Kaspar 270
Münder 27
Münt, Karle 24
Münter 24, 27
 – Karl 24
Münther, Johann 126
Müntzer 19, 22, 26f, 35
 – Hans 19
 – Martin 173
 – Michael 21-23
Münzmeister (Montzer), Matthias 26
Mund 27
Mundstidde, Gefke 129
Muntmester, Henning 91
Murmester (Magdeborch), Johann 137
Murner, Thomas 265
Murrer, Balthasar 198
Musaeus, Raphael 264
Mut 27
Myconius, Oswald 95

Nadler, Jörg 265
Nauwen, Henning 134
Nepotianus, Presbyter, Korrespondent

des Hieronymus 155, 157, 159, 161, 164
Neptunus, röm. Gott 292
Nicia, Subdiakon, Korrespondent des Hieronymus 155
Nikolaus I., Graf von Salm 270
Nikolaus von Kues 97
Nolthen, Geori 137
Normbergerin, Dorothea 39
North, Johann 130
Novatus, Presbyter 191
Noviomagus s. Geldenhauer

Oelhaffen, Johannes 312
Oggenfüß, Hans 31
Oppermann s. Kill
Origenes, altkirchl. Schriftsteller 223f, 236
Ornatomontanus s. Rasche
Oschersleven
 – Hans 124
 – Heinrich 124
 – Heise 124
Otmar, Johann 184
Ovidius Naso, Publius 65, 208

Paltz, Johannes von 49, 97f, 102
Panicellus s. Brötli
Parmenides von Elea, griech. Philosoph 299
Parvus s. Petit
Paulinus, Presbyter, Korrespondent des Hieronymus 159-161, 164-166, 278, 280f, 286, 289
Paulus, Apostel 67, 167f, 188, 275, 281
Paulus N. 48
Paumgärtner s. Baumgartner
Pawel, Andreas 244, 311
Peine
 – Henning 245
 – Ludeke 137
Pekedole (Pekedal), Johann 89f, 99, 101, 315
Pelagius, altkirchl. Schriftsteller 161, 272
Pels 129
 – Hans s. Pelt, Hans I.
Pelt, Familie in Braunschweig 18, 23, 124, 126, 128f, 131, 133, 137, 242
 – Arndt I. 129, 265
 – Arndt II. 138, 265
 – Arndt III. 126, 132, 265f
 – Arndt (II. oder III. ?) 137
 – Autor 129, 266
 – Hans I. 128-132, 262, 265
 – Hans II. 18, 23, 29, 41, 67, 73-76,

2. Autoren

3. Orte

Zürich 30-32, 95
- Stadtarchiv 315
Zwickau 1, 11, 37, 43, 49, 53, 57, 67,
  85-87, 94, 118, 141, 147, 168, 172, 187,
  189, 202-204, 216, 218, 227f, 240, 255,
  259f

- Griechischschule 172, 202, 227
- St. Katharinen 86, 228
- St. Marien 86
Zypern 297

4. Sachen

Abgrund 184
Ablaß 32, 49, 96-108, 112-115, 141,
  248f, 268, 274, 278
Ablaßbulle 100, 102-104, 106, 248
Ablaßgelder 98f
Ablaßkritik 103, 106, 149
Ablaßpredigt 98f, 102-105, 248f
Absenz 79-81, 86, 141
Adel 48, 268
Aeneis 208
Ärgernis 267
Akademie 168, 207, 286, 290f, 293
Albaner 166, 290, 296
Allegorese 210f, 223f
Allegorie 223f
Anfang 213f, 226, 273, 275
Anfechtung 231f
Antichrist 192, 265
Apokalypse des Johannes 222
Apokalyptik 195, 229, 236
Apostel 192f, 205, 275
Apostelbriefe 220
Apostelgeschichte 192, 220
Appellation 178, 255
Araber 290
Armut 119, 171, 250f
Askese 118f, 141-143, 164f, 168-170,
  233, 286
Assyrer 290
Auferstehung der Toten 212, 222f, 225
Augustiner 18, 48, 97, 154, 157, 182,
  186-188 206
Auserwählte 209, 211, 231, 275f
Autorität 188, 193, 219, 222, 248

Babylonier 283, 290
baccalaureus artium 13, 41f, 45-47, 54f,
  61f, 81, 105, 111
baccalaureus biblicus 13, 41-43, 45, 47,
  64f, 151, 260
baccalaureus formatus 13, 47
baccalaureus sententiarius 13, 47
Bauern 58f, 67
Bauernkrieg 2, 19, 21, 33f, 37, 58, 171,
  176, 182, 268, 270
Beichte 91

Beichtvater 107, 152, 183, 227
Bekenntnis Müntzers 59-62, 95f, 270
Benediktiner 89, 114, 267
Beredsamkeit 156, 197, 211, 221, 285,
  290, 293
Bewährung 274f
Bibel 45, 65, 103, 108, 154f, 158, 164f,
  168, 187, 200f, 210f, 215, 217, 219-222,
  225f, 236, 273, 275f, 281, 286
Bild s. imago
Bilder 225f
Bildung 7f, 47, 56, 94, 154f, 158, 162,
  166, 167f, 170, 188, 194-197, 199-209,
  220, 230-233, 247, 281, 290-292
Bildungsgeschichte 7
Bildungsreisen 167, 228, 281
Bischof 189-191
Bitterkeit 169, 286
Böhmen 187, 267
Brachmanen 290, 296f
Briefsack Müntzers 70
Briefstil 202f, 208-210, 224, 229
Buchstabe 206, 223f, 226, 228, 255
Bücher 275f
Bücherliste Müntzers 20, 209, 218
Buße 103, 169, 179, 248, 255

Chaldäer 290, 292, 297
Christen 187, 192, 219, 267, 273
Christologie 189, 225
collaborator 59, 61f, 95, 105
collatio locorum 220f
comparatio 220, 222, 225
consensus populi 191

Demut 273
deus dicens 215, 224, 275
Deutsch 159, 178, 200, 254f, 271
devotio moderna 195
Dialektik 44, 214, 224
dispositio 214
Disputation 48, 122, 151, 163
- Leipziger 149f, 153, 176, 178f, 183,
  188, 192, 218, 227, 255
Dissidenten 229, 272
doctor theologiae 13, 115, 161, 163

Doktoren 232
Dominikaner 98, 101f, 188, 249
dominus 48, 50, 82, 239
Dunkelmännerbriefe 187, 202

Editionen 4f, 196, 200
Ehe 157, 164, 168-170, 223
Elamiten 291
Ende 213f
Entgröberung 119
Erasmianer 4, 194, 197-199, 216, 218, 227f
Erziehung 164, 168, 198, 232
essentia 184
Ethik 45, 155, 159, 164, 197f, 219, 233, 290f
Evangelien 221
Evangelium 103, 123f, 188f, 218, 220-222, 248, 267, 274f
Exegese 215, 220, 223f
Exkommunikation 151, 263

Fasten 117f, 266
Fernhändler 29-37, 74, 76, 95, 111, 114-116, 118, 128-130, 132-140, 142, 173, 230, 243f, 260
Feudalismus 143
Feuer 274f
Fleisch 119, 168f, 223, 225f
Franziskaner 58, 66, 98, 106f, 112f, 118, 121, 152, 186-188, 203, 227, 232, 239-241, 266
Frauen 84, 181f, 242
Freiheit 264f
Frühhumanismus 196, 199, 209, 221
Frühkapitalismus 13, 37, 40, 118f, 142-144, 230
Fürsten 33, 60f, 142f, 192, 267
Fundation 301, 303
Furcht Gottes 20, 119, 231, 273f, 289

Ganzes 210f, 213, 216
Geburtsjahr Müntzers 6, 11, 16-19
Gedächtnis 167, 211, 221, 293
Geduld 267
Geist 181, 184, 192, 206, 226, 228, 232, 255, 272, 274f
– Heiliger 58, 121, 224, 231
Geistesgeschichte 213
Geißelbrüder 15
Gelassenheit 20
Gemeinde 191f, 275
Generalkonzil 189-191, 205
Geographie 164, 283, 292, 295
gerecht 210
Gerechte 209

Gerechtigkeit 96
Gericht 204
Geschichte 225f, 228, 233, 236, 278, 289, 292
Gesetz 220, 225, 273, 293, 299f
Gewandschneider 111, 117, 124, 128, 130, 132, 137, 260, 262
Gewissen 255, 273
Gezeugnis 228
Gläubige 211, 226
Glaube 20, 103, 210, 231f, 248, 272-274
– gedichteter 272f
Gleichnis 225f
Gnade 169, 268, 273
Gold 225, 274f
Goldschmiede 14, 29-37, 53, 76, 120, 130, 138, 173-175, 245, 252f
Gott, lebendiger 228
Gotteserkenntnis 214, 225, 251
Gottlose 143, 179, 209
Grammatik 44f, 162, 200, 202, 256
Griechisch 158, 187, 200, 202, 218, 255f, 277
Grund 184
Gymnasium 284, 290, 293
Gymnosophisten 290

Händlermarken 132, 136
Hebräerbrief 163, 279, 281
Hebräisch 187, 200-202, 255f
Heiden 169, 188, 199
Heilige 103, 240, 249, 273
Heilsgeschichte 211, 214, 226
Heilsökonomie 211, 214
Hermeneutik 103, 210, 214-228, 234, 236, 275
Herr s. dominus
Herz 215f, 273, 276
Hierarchie 190f
Hieronymusrezeption 153-170
Himmelsleiter 169, 291
historia 292
Hüttenmeister 37f
Humanismus 7f, 44, 56f, 65, 95, 108, 110, 141, 148, 153f, 162-165, 170, 187-189, 194-231, 233-236
Humanisten 7f, 47, 49f, 55-57, 59, 65, 95, 108-110, 120, 123, 150, 154-156, 158, 161, 163-168, 187f, 194, 198f, 202, 208f, 216, 226-228, 233, 256

Ilias 256
imago 223, 274
imitatio Christi 189
Inder 291
Institution 71, 84, 104, 107, 308-310

5. Bibelstellen